Döhler, Franzke, Wegrich (Hg.)

Der gut organisierte Staat

Modernisierung des öffentlichen Sektors **Sonderband 45**

Marian Döhler
Jochen Franzke
Kai Wegrich (Hg.)

Der gut organisierte Staat

Festschrift für Werner Jann
zum 65. Geburtstag

Nomos

edition sigma

Die Deutsche Nationalbibliothek verzeichnet diese Publikation in der Deutschen Nationalbibliografie; detaillierte bibliografische Daten sind im Internet über http://dnb.d-nb.de abrufbar.

ISBN 978-3-8487-2062-0 (Print)

ISBN 978-3-8452-6270-3 (ePDF)

edition sigma in der Nomos Verlagsgesellschaft

1. Auflage 2015

Druck: Rosch-Buch, Scheßlitz

Inhalt

Einleitung: Politik, Verwaltung und Organisation – und Governance?

Marian Döhler, Jochen Franzke, Kai Wegrich

Angesichts wachsender Anforderungen an die staatliche Steuerung und den öffentlichen Sektor – Stichworte wie Finanzkrise, Klimawandel und demografischer Wandel genügen an dieser Stelle – drängt sich die Frage auf, was ein „gut organisierter Staat“ heute bedeutet. Welche institutionellen Strukturen und Verfahren, welche Qualifikationen des Personals und welche Art von Steuerungsinstrumenten sind heute notwendig, um neue Herausforderungen zu bewältigen? Welche Kapazitäten hat der Staat heute – nach mehreren Umbrüchen und Reformwellen in den letzten 20 bis 30 Jahren und angesichts knapper werdender Ressourcen? Wie funktionieren Organisationen im öffentlichen Sektor und wie kann man sie angesichts der Grenzen rationaler Steuerung reformieren? Wie kann Politik und Verwaltung, die durch eine nicht nur territoriale, sondern vor allem auch sektorspezifische Arbeitsteilung (oder Fragmentierung) geprägt ist, zunehmend komplexere Querschnittsprobleme bearbeiten? Dies sind einige der Fragen, die Werner Jann zum Gegenstand seiner Arbeit machte und die in den nachfolgenden Beiträgen aufgegriffen und aus verschiedenen Perspektiven behandelt werden sollen. Im Vordergrund steht dabei eine Forschungsperspektive, die durch die Verbindung politik- und organisationswissenschaftlicher Zugänge auf Politik und Verwaltung gekennzeichnet ist, die – wie wir meinem – einen besonderen Beitrag zu diesen Fragen von „Governance“ leisten kann.

Zwischen 1993 und 2015 hatte Werner Jann an der Universität Potsdam den Lehrstuhl für „Politikwissenschaft, Verwaltung und Organisation“ inne. Diese Denomination geht auf den Wunsch des seinerzeit frisch berufenen Lehrstuhlinhabers zurück. Sie war und ist singulär unter den rund 330 politikwissenschaftlichen Professuren in Deutschland und stellte immer mehr dar als nur eine Lehrstuhlbezeichnung: sie war Programm für das Selbstverständnis eines Wissenschaftlers, der sich nicht mit der Rolle eines ausschließlich akademisch wirkenden Hochschullehrers zufrieden geben mochte, sondern stets auch nach außen, vornehmlich in die politische Praxis hinein wirken wollte, ohne dabei die theoretische Rückbindung bzw. Selbstvergewisserung aus den Augen zu verlieren. Mit „Politik“ verbindet Werner Jann sowohl das Fach Politikwissenschaft wie auch die praktische Politik, die für ihn nicht nur das Objekt wissenschaftlicher Neugier war und ist, sondern auch der Adressat wissenschaftlich begründeter, dabei gleichzeitig verständlicher und auf politische Wirksamkeit gerichteter Politikberatung. Das wissenschaftliche Rüstzeug dafür stammt aus drei Quellen: der (vergleichenden) Policy-Analyse, der politikwissenschaftlichen Verwaltungsforschung sowie der Organisationstheorie. Dass die „sich selbst verändernde Organisation“ eine heroische Annahme darstellt, war nur eine von vielen Anregungen, die Werner Jann aus der Organisationsforschung bezog. Die March-Simon Schule der Organisations- und später zunehmend Entscheidungsforschung bildet neben einem ausgeprägten Institutionenverständnis, wie es in einer einflussreichen Prägung von Renate Mayntz und Fritz Scharpf als „akteurzentrierter Institutionalismus“ bekannt ist, das wissenschaftliche Rückgrat von Werner Jann. Vor allem in der skandinavischen Literatur fand sich jene auf Regierung und Verwaltung bezogene und organisationstheoretisch inspirierte Ausprägung von politikwissenschaftlicher Verwaltungsforschung, die ihm als Vorbild und Inspiration diente (vgl. Jann 2006). Als es für eine Umbenennung des Lehrstuhls schon lange zu spät war, entwickelte sich die Governance-Debatte zu einem weiteren Interessenschwerpunkt, den Werner Jann auf die kaum existente, aber von ihm doch als notwendig betrachtete „Verwaltungspolitik“ bezog und damit um eine neue Facette bereicherte. Während die Governance-Debatte grundsätzlich mit einer weiter fortschreitenden Abkehr von der Rolle des Staates in Fragen der politischen Steuerung verbunden ist und zugleich der Mainstream der Verwaltungsforschung wenig Interesse für diese Fragen zeigt, hat sich der Beitrag einer organisations- und institutionentheoretischen Politik- und Verwaltungswissenschaft zu Fragen von Governance als eines seiner Kernthemen herauskristallisiert.

Die „Festschrift“ ist ein typisch deutsches Publikationsformat, das dazu dient, dem zu ehrenden Kollegen, Lehrer oder Wegbegleiter Anerkennung zu zollen und seine wissenschaftlichen Verdienste in Gestalt von Aufsätzen Revue passieren zu lassen. Typischerweise behandeln diese Aufsätze Themen, die dem Jubilar thematisch nahe stehen, und werden von Schülern, Kollegen oder anderen „usual suspects“ verfasst. Das ist auch im vorliegenden Band der Fall. Dementsprechend wird in den nachfolgenden Beiträgen auf Themen, Fragestellungen und Thesen eingegangen, die Werner Jann im Lauf der Zeit verfolgt bzw. verfochten hat. Wir wollen in unserer Einleitung aber auch den Versuch unternehmen, die verschiedenen Arbeitsschwerpunkte in einen breiteren Kontext zu stellen, der sowohl fachliche wie auch politische Problemlagen berücksichtigt. In lockerer Form dienen die verschiedenen Stationen des beruflichen bzw. wissenschaftlichen Werdegangs von Werner Jann als Gliederungspunkte. Wissenschaftliche Karrieren weisen in der Regel keinen „Plan“ auf. Sie sind kontingent und – sieht man einmal von wissenschaftstypischen Qualifikationsstufen ab – von vielen Zufällen beeinflusst. Gleichwohl ist es in nicht wenigen Fällen möglich, einen roten Faden zu identifizieren. Bei Werner Jann zeichnete sich schon früh ein spezielles Interesse an den Voraussetzungen, Hindernissen und Konsequenzen staatlicher Handlungsfähigkeit ab. Daher lässt sich durchaus ein innerer Zusammenhang von Forschungsfragen identifizieren, die angefangen von den Wirkungen der Staatstätigkeit, über die Verwaltungskultur, die Verwaltungsmodernisierung, bis hin zur Regierungsorganisation und einer institutionell geprägten Governance-Forschung reichen. Damit sind auch die zentralen Forschungsfelder benannt, mit denen sich Werner Jann beschäftigt.

Pionierarbeit: Policy-Forschung

Ein erster Arbeitsschwerpunkt bildete in den späten 1970er- und frühen 1980er-Jahren die Policy-Analyse, die damals noch nicht zum Mainstream des Fachs gehörte und erste wissenschaftlicher Profilierungsmöglichkeiten bot. Der Wechsel von der FU Berlin an die Deutsche Hochschule für Verwaltungswissenschaften in Speyer bereitete dafür den Boden. „Handlungsspielräume und Entscheidungsfähigkeit des politisch-administrativen Systems der Bundesrepublik Deutschland" (Jann/Kronenwett 1979), ein früher Speyerer Forschungsbericht von Werner Jann, hatte bereits in der Überschrift etwas Programmatisches, selbst wenn das seinerzeit nicht beabsichtigt war. Das Interesse an der Handlungs- und Leistungsfähigkeit von Politik und Verwaltung ist einerseits durchaus typisch für die Problemperspektive der Policy-Analyse, andererseits hat sich Werner Jann von den beiden Zielrichtungen „science for knowledge" und „science for action" (Jann 1983, S. 29) vor allem für Letzteres stark gemacht und damit einem beratungsorientierten Verständnis von Policy-Analyse entsprochen. Er gehörte zu den ersten bundesdeutschen Politikwissenschaftlern, die sich der Rezeption der amerikanischen Policy-Analyse widmeten (vgl. Jann 1981, 1983, 1985) und damit erheblich zu deren Popularisierung beitragen konnten.

In diesem Kontext entstand auch die Dissertation über „Staatliche Programme und ‚Verwaltungskultur'" (1983), in dem zwei Politikfelder in drei Ländern untersucht werden. Dabei geht es um die Frage, inwieweit sich die auf Bekämpfung von Drogenmissbrauch und Jugendarbeitslosigkeit abzielenden Policies mit Hilfe des Konzeptes der Verwaltungskultur erklären lassen. Dies wird für die Policies in Schweden, Großbritannien und der Bundesrepublik vergleichend analysiert. Die besondere Leistung der Arbeit besteht in der Ausarbeitung und Operationalisierung des Verwaltungskultur-Konzeptes, welches sich nicht am bloß atmosphärisch konnotierten Verständnis von politischer Kultur orientiert, sondern an der sozialpsychologischen Forschung über Werte und Einstellungen in Organisationen (vgl. Jann 1983, S. 18ff.). Werner Jann hat das Thema verschiedentlich wieder aufgegriffen (Jann 1986, 2000, 2002a), sich aber dann anderen Fragestellungen und Konzepten zugewandt. Stabil geblieben ist hingegen das Interesse am Verwaltungshandeln und dessen organisatorischer Fundierung, was innerhalb der Policy-Analyse keineswegs selbstverständlich ist (vgl. Döhler 2014).

In die Speyerer Zeit fällt auch eine 1979 erstmals erschienene Monografie, die noch nicht der Policy-Analyse zurechenbar war: „Innenpolitik und politische Theorie – ein Studienbuch“, das Werner Jann zusammen mit seinem späteren Doktorvater Carl Böhret und der damals ebenfalls an dessen Lehrstuhl angestellten Eva Kronenwett verfasste, lässt sich in seinem thematischen „crossover“ als eines der – der damals noch nicht sehr verbreiteten – politikwissenschaftlichen Lehrbücher interpretieren, das in die Breite geht und noch wenig von der Spezialisierung zeigt, die das Fach heute kennzeichnet. Zentrale Merkmale des Wirtschaftssystems, der Gesellschaftsordnung und zentraler politischer Institutionen werden hier im Lichte politischer Theorieansätze behandelt und jeweils aus vier unterschiedlichen theoretischen Perspektiven (konservativ, rechtfertigend, kritisch und marxistisch) diskutiert. Das erfordert eine starke Vereinfachung komplexer Sachverhalte, die ihren Ausdruck u.a. in der häufigen Verwendung von Tabellen und Abbildungen findet. Dies dürfte sich nicht nur dem Lehrbuchcharakter und der Materialfülle verdanken, sondern auch schon ein Vorbote jener „brutalen Zuspitzung“ gewesen sein, die Werner Jann in späteren Jahren gerne und häufig für sich in Anspruch nahm, wobei das Adjektiv „brutal“ lange vor Roland Koch Verwendung fand. Das Bestreben, wissenschaftliche Argumente auf möglichst eingängige Formeln zuzuspitzen und dabei bewusst auf Sprachbombast und Schachtelsatzbau zu verzichten, verdankt sich bei Werner Jann nicht nur dem Gebot wissenschaftlicher Transparenz, sondern steht auch für ein Wissenschaftsverständnis, in dem das „going public“ als integraler Bestandteil wissenschaftlicher Bringschuld gegenüber der Gesellschaft gesehen wird.

Ein längerer USA-Aufenthalt Mitte der 1980er-Jahre, zunächst als Congressional Fellow in Washington D.C. und dann als Forschungsstipendiat der Deutschen Forschungsgemeinschaft an der University of California, Berkeley, lenkte die Aufmerksamkeit auf das Konzept des Inkrementalismus, wie es vor allem von Charles Lindblom und auch Aaron Willdavsky entwickelt worden ist. Für Werner Jann transportiert dieses Konzept eine Lesart des politischen Prozesses (inklusive der Politik in Organisationen), die nicht nur gegenüber Heilserwartungen bzw. Rationalitätsversprechen (vgl. dazu *Wegrich* in diesem Band) skeptisch bleibt, sondern auch bei der Frage nach dem „richtigen" institutionellen bzw. Policy-Design vor Irrtümern schützen kann, die aus überhöhten Erwartungen resultieren. Insbesondere die Arbeiten zu Bürokratieabbau/besserer Rechtsetzung und zu Verwaltungsreformen sind durch diese Perspektive inspiriert (siehe unten). So geht es bei Verwaltungsreformen eben nicht darum, angeblich irrationale Prozesse durch rationale Instrumente zu ersetzen, sondern die politische Logik von Organisationen – und insbesondere der Ministerialverwaltung – für eine intelligente Institutionenpolitik und Verwaltungsreform zu nutzen und die spezifische Rationalität von Organisationshandeln zu verstehen. In gewisser Weise ließ sich hier auch eine Verbindung zu der von Nils Brunsson (1989) entwickelten Trias „talk, decision, action" herstellen, die Werner Jann bei vielen Gelegenheiten zitierte. Eine Entkopplung dieser drei Handlungsebenen kann eben sehr rational sein, etwa um eigentlich unvereinbare Anforderungen zu erfüllen, und nur wenn wir dies verstehen, können wir intelligent über Verwaltungsreformen nachdenken.

Während seiner Zeit als Congressional Fellow veröffentlichte Werner Jann einen kurzen Artikel über den amerikanischen Kongress, der sich vor allem mit der vergleichsweise hohen Personal- und Beratungskapazität beschäftigt, auf die Abgeordnete und Senatoren zurückgreifen können (Jann 1984). Dieses Interesse mündete in der 1989 abgeschlossenen Habilitationsschrift mit dem Titel „Gesetzgebung und Parlamente". In der unveröffentlicht gebliebenen Schrift analysierte Werner Jann, wiederum in einem Drei-Länder-Vergleich (USA, Schweden, Großbritannien), die Entwicklung organisatorischer Kapazitäten von Parlamenten zum Policy-Making (vgl. auch Jann/Tiessen 2013). Das hier zu beobachtende Interesse an den institutionellen bzw. organisatorischen Voraussetzungen für politische Handlungsfähigkeit fand nicht nur einige Jahre später in der Verwaltungsreform-Diskussion eine logische Fortsetzung, sondern kann auch als Ausgangspunkt für die Beschäftigung mit dem Generalisten-Spezialisten-Dilemma gelten (siehe unten).

Schon vor Fertigstellung der Habilitationsschrift erwuchs eine weitere Frucht aus dem USA-Aufenthalt. 1987 veröffentlichte Werner Jann mit der Monographie „Policy-orientierte Aus- und Fortbildung für den öffentlichen Dienst" (Jann 1987) eine Analyse der Ausbildungsinhalte der Public Policy Schools in den USA – und ein Vorgriff auf den Boom der Policy-Schools in Deutschland und international in den 2000er-Jahren. Eine Spätwirkung dieser Studie, in der die Ausbildung für den öffentlichen Sektor jenseits des juristischen Staatsexamens propagiert wurde, war die Einführung des Diplom-Studiengangs Verwaltungswissenschaft an der Universität Potsdam im Jahr 1996, die Werner Jann an zentraler Stelle vorangetrieben hat. Neben der Universität Konstanz bot nunmehr auch Potsdam ein grundständiges verwaltungswissenschaftliches Studium an.[1] Die Regelstudienzeit betrug neun Semester. Zuerst war ein breit angelegtes Grundstudium in Politik- und Verwaltungswissenschaft von vier Semestern zu absolvieren, welches mit einer Diplom-Vorprüfung abschloss. Dann folgte ein spezifisch verwaltungswissenschaftliches Hauptstudium von fünf Semestern, in dem auch die Diplomarbeit angefertigt wurde und die Diplomprüfungen abzulegen waren. Das Lehrangebot erstreckte sich über acht Semester und umfasste im Grundstudium vor allem den sogenannten „Kernbereich", welcher neben den klassischen Feldern der politische Theorie, der Analyse und des Vergleich politischer Systeme, des politischen Systems der Bundesrepublik sowie der internationalen Politik gleichberechtigt auch den Bereich „Verwaltung und Organisation" einbezog. Die Studierenden konnten sich in den Bereichen Regierungsorganisation, Kommunal- und Regionalpolitik, Europäische Politik und Verwaltung, internationale Organisationen und Verwaltungen sowie der Politikfeldforschung (Policy-Analyse) spezialisieren. Seit Mitte der 2000er-Jahre wurde dieser Diplomstudiengang durch verwaltungswissenschaftliche Angebote im Bachelor- und Masterbereich schrittweise abgelöst. Es handelt sich um die Bachelor-Studiengänge „Politik und Verwaltung" und „Politik, Verwaltung und Organisation" sowie den Masterstudiengang Verwaltungswissenschaft. An all diesen Studiengängen ist die Handschrift von Werner Jann zu erkennen, der die Verwaltungsausbildung stets auch als Beitrag zur Verwaltungsmodernisierung betrachtet. Im Kern geht es darum, dass Absolventen mit einem realistischen Verständnis über die Handlungslogik von Organisationen, insbesondere der Ministerialverwaltung, und Politik ausgestattet werden – und genau deswegen nicht nur für eine Reihe von Positionen in der Praxis qualifiziert werden, sondern auch eine wichtige Rolle bei der Entwicklung und Reform der Verwaltung spielen können.

Doch zuvor folgte eine ganz andere berufliche Station. Als Leiter der „Denkfabrik", einer Stabsstelle der Staatskanzlei des Landes Schleswig-Holstein, hatte Werner Jann als Ministerialrat zwischen 1989 und 1993 selbst politische Prozesse planen und umsetzen können. Dies brachte ihm

---

1 Prüfungsordnung für den Diplomstudiengang Verwaltungswissenschaft an der Universität Potsdam vom 14. Juni 1995 (siehe http://www.uni-potsdam.de/u/ambek/ambek996.htm#name3); Studienordnung für den Diplomstudiengang Verwaltungswissenschaft vom 10. Juli 1997 (siehe http://www.uni-potsdam.de/u/ambek/ambe1197.htm#name7).

später den Vorteil ein, als Politikberater die Denkmuster und Interessenlagen beide Seiten zu kennen und kritisch hinterfragen zu können (vgl. Jann 1994a). Eine Schlussfolgerung aus dieser Erfahrung lautete, dass „Politikberatung“ eigentlich eine problematische Zuschreibung darstellt, da sowohl Auftraggeber wie auch Adressat der Beratungsleistungen meist gar nicht die Politik, sondern vielmehr die der Politik zuarbeitende Verwaltung ist. Diese Erkenntnis ist weniger banal als es auf den ersten Blick scheint, da sie weder in der reichlich vorhandenen Literatur über Politikberatung reflektiert wird noch bei den Politikberatern selbst. Sie gewinnt dadurch an Relevanz, dass die Verwaltung und ihre Modernisierung über viele Jahre hinweg einen Interessenschwerpunkt von Werner Jann bildeten.

Daueraufgaben: Verwaltungsmodernisierung, Regierungsorganisation und Institutionenpolitik

Die Berufung an die neu gegründete Universität Potsdam im Jahr 1993 fiel in die Anfangsjahre der Diskussion um die Modernisierung der bundesdeutschen Verwaltung, die sich – ausgehend von den Kommunen – wie ein „Buschfeuer“ (Reichard 1994, S. 5) auszubreiten begonnen hatte. In einem vielzitierten Gutachten für die Friedrich Ebert-Stiftung (FES) richtete Werner Jann sein Augenmerk allerdings auf die Bundesverwaltung, der eine „erhebliche Vorbildfunktion“ (Jann 1994, S. 23) für das gesamte deutsche Verwaltungsmodell zugerechnet wurde. Das FES-Gutachten war nicht nur der Auftakt zu einer ganzen Reihe von Veröffentlichungen über Verwaltungsmodernisierung. Es gehörte auch zu den ersten Arbeiten, die das Thema nicht nur aus einer technokratischen Bedarfsperspektive, sondern eine genuin politikwissenschaftliche Sicht behandelten, aus der Reformen stets auch mit Konflikten verknüpft sind und daher einer politischen Durchsetzung bedürfen. In diesem Gutachten wird an diversen Stellen betont, dass „Verwaltungsmodernisierung als eigenständiges Politikziel“ (ebd., S. 35 und passim) behandelt werden sollte. Dahinter stand die Einsicht, dass „das Problem der Verwaltungsreform ... nicht die Wissensebene, sondern die Handlungsebene“ (ebd., S. 35) bildet. Verwaltungsreformen als zentrale politische Leitungsaufgabe zu betrachten, die sich nicht in Kommissionen und Arbeitskreise betroffener Praktiker „wegloben“ lässt, ist seither ein Thema, dass Werner Jann immer wieder aufgegriffen hat. Folgt man der von Helmut Wollmann eingeführten Unterscheidung zwischen „traditionellen“ und „NPM-Modernisierern“ (vgl. Wollmann 2002), dann ist Werner Jann zweifellos der letzteren Kategorie zuzurechnen, allerdings mit einer wichtigen Einschränkung. Sein – durchaus mit Nachdruck betriebenes – Werben für Verwaltungsreformen war stets von einer gewissen Skepsis gegenüber rationalen Entscheidungsmodellen und den entsprechenden ökonomischen Analyseverfahren (Kosten-Nutzen-Analysen) begleitet und führte auch gegenüber der technokratisch-rationalistischen Komponente des NPM zu einer vorsichtig-skeptischen (aber nicht komplett ablehnenden) Haltung. Ein dabei immer wieder vorgetragenes Argument lautet, dass zwar über die Ziele der Verwaltungsmodernisierung Konsens bestehe, über die Wirkungen der dabei eingesetzten Instrumente hingegen viele Unsicherheiten bestünden (z.B. Jann 2001, S. 334), die auch unerwünschte Effekte umfassen können (vgl. Jann 2011, S. 107). Auch wenn Werner Jann mehr Distanz zu Modernisierungsvorschlägen bewahrte als viele andere Protagonisten des NPM-Diskurses (siehe unten), hat auch er in der Hochzeit dieser Debatte der Versuchung des „overselling" nicht gänzlich widerstehen können.

Für einen von der Policy-Analyse herkommenden Verwaltungsforscher lag es nahe, auch nach einer Verwaltungspolitik im Sinne eines materiellen Politikfeldes Ausschau zu halten, was letztlich auch wieder zu einer gewissen Erdung der Reformemphase beitrug. Werner Jann konnte hier an Überlegungen seines Lehrers Carl Böhret anknüpfen, der mit diesem Begriff bereits seit den 1970er-Jahren operierte (vgl. z.B. Böhret 1977, 1983) und darunter eine „Führungsaufgabe" (Böhret 2011, S. 65) der Politik gegenüber der Verwaltung verstand, von der als „Betroffener" vielfältige Widerstände zu erwarten sind. Das lässt die Frage offen, worin eigentlich der Unterschied zwischen Verwaltungsmodernisierung und Verwaltungspolitik besteht. Bei Klaus König, einem anderen Speyerer Verwaltungswissenschaftler, findet sich eine – rudimentär angedeutete – Unterscheidung. Demnach verweist Verwaltungsmodernisierung mehr auf den Instrumentenkasten oder wie König es formulierte: die „ökonomisch-managerialistischen" (König 2008, S. 701) Aspekte von Modernisierungsvorhaben, während Verwaltungspolitik als Summe nationalstaatlicher Kontextfaktoren verstanden wird, innerhalb derer Verwaltungen modernisiert werden. Werner Jann hat sich aus naheliegenden Gründen mehr an der Böhret-Variante orientiert. Sie entsprach nicht nur seinen Erfahrungen mit dem administrativen Beharrungsvermögen (vgl. Jann 1999), sondern ließ sich auch besser mit der These von der Eigendynamik verbinden, der sich intendierte Reformvorhaben gegenüber sehen. Werner Jann leitete aus dieser Überlegung die These ab, dass das Verhältnis beider Konzepte zueinander einer dynamischen Wechselbeziehung gleichkommt, die nicht mit Hilfe definitorischer Festlegungen zu erfassen und zu verstehen ist, so dass Verwaltungsmodernisierung als voraussetzungsvoller Teil von Verwaltungspolitik betrachtet werden kann (vgl. Jann 2001, S. 330). Im Unterschied zu einem verbreiteten technokratischen Verständnis von Verwaltungsreform oder -modernisierung, das von der Vorstellung getragen ist, genügend Reformeifer sei bereits ausreichend, um die gewünschten Ergebnisse zu erzielen, hat Werner Jann Verwaltungsmodernisierung immer als politischen Prozess betrachtet, der nicht konfliktfrei bleiben kann.

Dass gegenüber Reformvorhaben stets mit Widerständen gerechnet werden muss, lässt sich an folgendem Beispiel aus Brandenburg illustrieren. Im Jahr 1995 wurde Werner Jann vom damaligen Ministerium für Ernährung, Landwirtschaft und Forsten (heute: „für Infrastruktur und Landwirtschaft") mit der Erstellung eines Gutachtens über die damals sechs Ämter für Agrarordnung (ÄfAO) betraut, das er zusammen mit Jochen Franzke verfasste (vgl. Jann/Franzke 1996). Agrarordnungsämter sind auf Grundlage des Flurbereinigungsgesetzes von 1976 mit dieser oder ähnlicher Bezeichnung in den meisten Bundesländern eingerichtet worden, wobei der Aufgabenzuschnitt durch Landesgesetz geregelt ist. In Brandenburg kam den ÄfAO in der Nachwendezeit die wichtige Aufgabe der Neuordnung der Eigentumsverhältnisse im ländlichen Raum zu. Nachdem die Fallzahlen ungeordneter Eigentumsfragen sanken, stellte sich auch in Brandenburg die Frage nach der Zukunft der ÄfAO bzw. der Neuausrichtung ihrer Aufgaben. Die Analyse ergab, dass mehr als die Hälfte aller Tätigkeiten der ÄfAO im Bereich der Flurneuordnung lagen und führten im Gutachten zu der Empfehlung, damit nicht eng zusammenhängende Aufgaben wie z.B. die Dorferneuerung oder das Programm „Urlaub auf dem Land" auf die Kreise zu übertragen. Dies sollte lange Verfahrenswege abkürzen und zu einer Konzentration von Aufgaben führen, an deren Durchführung die Kreise ohnehin beteiligt waren. Noch bevor das Gutachten eine breitere Fachöffentlichkeit erreichte, regte sich heftiger Widerstand von Seiten der Agrarwissenschaft, die das Vordringen „fachfremder" Expertise in ihren Zuständigkeitsbereich mit dem nicht ganz überraschenden Vorwurf der fehlenden Expertise von Verwaltungswissenschaftlern für die Agrarverwaltung abzuwehren versuchte. Zunächst mochte die brandenburgische Landesregierung den Gutachtervorschlägen nur zum kleinen Teil folgen. 1997 wurde die Zahl der ÄfAO auf fünf reduziert und diese in „Ämter für Flurneuordnung und ländliche Entwicklung" umbenannt. 2004 folgte dann allerdings deren Fusion in das zentrale „Landesamt für Ländliche Entwicklung, Landwirtschaft und Flurneuordnung".

Auch wenn Werner Jann sich mit seinen Vorschlägen zur Aufgabenkonzentration der brandenburgischen Agrarverwaltung nur teilweise und mit einiger Verzögerung durchzusetzen vermochte, konnte er sich in seinem schon vorher bestehenden Argwohn gegenüber Fach- bzw. Sonderbehörden bestätigt fühlen. Dies hat folgenden Hintergrund: Wer Reformvorschläge für die Verwaltung präsentiert, sieht sich beständig mit jenen Spezialisten konfrontiert, die aus „fachlicher Perspektive“ vielfältige Argumente für die Beibehaltung des Status quo mobilisieren können. Die fachliche Expertise, die die Verwaltung ja erst in die Lage versetzt, ihre Aufgaben zu erfüllen, ist dabei nicht das Problem, sondern der selektive und von Eigeninteressen gefärbte Blick der „Fachbruderschaften“, die sich nicht auf die Betrachtung größerer Zusammenhänge einlassen, die dann möglicherweise zu anderen Bewertungen der eigenen Position führen können. Werner Jann ist auf dieses Phänomen bereits in Speyer gestoßen, wo Frido Wagener die Begriffe „vertikale Fachbruderschaften“ und „Ressortkumpanei“ (Wagener 1979, S. 238ff.) geprägt hatte. Als Mitarbeiter der Kieler Staatskanzlei konnte er zudem beobachten, dass die harmlos klingende „Ressortabstimmung“ in der Praxis häufig kontrovers verlief. Von einigen seiner ehemaligen Mitarbeiter/innen ist das Problem der Koordination innerhalb der Verwaltung weiterverfolgt worden (vgl. Hustedt/Veit 2014; Hustedt 2014).

Werner Jann selbst hat die Thematik in Form des Spannungsverhältnisses zwischen Generalisten und Spezialisten immer wieder aufgegriffen (Jann/Wegrich 2008). Das Kernargument besteht darin, dass es eine strukturelle Überlegenheit der Spezialisten – also der Akteure in Verwaltung, Politik und Interessengruppen, deren Aufmerksamkeit und Interesse auf ein sektorspezifisches Handlungs- und Themenfeld gerichtet ist – gegenüber den Generalisten in den Regierungszentralen, Finanzministerien und Verwaltungsreformeinheiten gibt. Diese Überlegenheit basiert einerseits auf der Homogenität der Interessen in diesen „eisernen Dreiecken“, die eine Mobilisierung, Koalitionsbildung und Koordination erleichtert. Andererseits ermöglicht dies den Koalitionen von Spezialisten, die Deutungshoheit fachspezifischer Problemsichten und Lösungen aufrecht zu erhalten. Die Aufgabe einer intelligenten Institutionenpolitik ist nun nicht einfach, die Generalisten gegenüber den Spezialisten hierarchisch zu stärken – denn eine effektive (Selbst-)Koordination der Spezialisten ist eine wichtige Funktionsvoraussetzung politischer Steuerung. Es geht eher darum, die Generalisten argumentativ so aufzurüsten, dass sie den fachspezifischen Argumentations- und Rechtfertigungsmustern der Spezialisten Paroli bieten können und diese unter einen ständigen Begründungszwang setzen. Ein von Werner Jann gern zitiertes Referenzbeispiel ist die von Lotte Jensen (2003) analysierte Strategie des dänischen Finanzministeriums, das Kriterium der finanziellen Nachhaltigkeit so zu etablieren, dass es von den Fachspezialisten bei der Entwicklung und Begründung politischer Programme immer mitgedacht werden musste. Werner Janns „Generalisten-

Spezialisten-These“ prägte auch seine Analysen in dem Reformfeld Bürokratieabbau und „Better Regulation“ (siehe unten).

Es war sicher kein Zufall, dass Werner Jann sich intensiv mit dem Regierungsumzug beschäftigt hat. Denn hier bot sich die nicht alltägliche Chance, „im Windschatten“ einer gesetzlichen Vorgabe, dem Hauptstadtbeschluss von 1991, eine verwaltungspolitische Reformagenda zu verfolgen. Die als „Kombinationsmodell“ bezeichnete Aufteilung der Bundesministerien zwischen Bonn und Berlin mit jeweils zwei Dienstsitzen hat Werner Jann als das „schlechteste aller denkbaren Modelle“ (Jann 1996, S. 90) bezeichnet und einen „Rutschbahneffekt“ zugunsten der Berliner Dienstsitze prognostiziert, der nicht nur dauerhafte Kosten produziert, sondern den Bonner Ministeriumsteilen Nachrangigkeit signalisiert, was auf der Mitarbeiterebene wie eine Motivationsbremse wirken würde. Diese Prognose ist nicht nur eingetreten, sondern der Rutschbahneffekt hält bis zum heutigen Tage an, und dass obwohl das Bonn-Berlin-Gesetz auch im Koalitionsvertrag von 2013 erneut bekräftigt wurde (näheres bei *Hustedt* in diesem Band).

Werner Jann sah in dem scheinbar rein technischen Umzugsvorgang ein „window of opportunity“, das die Chance zu einer neuen Arbeitsteilung zwischen Bonn und Berlin eröffnete. Der Umzug – so die Überlegung – hätte durch eine Abspaltung von vollzugsnahen und dadurch politikfernen Aufgaben eine Verschlankung der Bundesministerien ermöglicht, die dann alle ihren Sitz in Berlin haben sollten. Die in Bonn verbliebenen Teile hätten zu Bundesoberbehörden umgewandelt werden können. Die solchermaßen geschaffene Kompensationsmasse hätte den Abzug der Bundesministerien für Nordrhein-Westfalen erträglich gemacht und damit auch die von Regionalinteressen gespeisten Widerstände reduzieren können. Das von Werner Jann favorisierte „Abschichtungsmodell“ bezieht sich zwar auf die bundesdeutsche Regierungsorganisation, hatte aber zwei verwaltungswissenschaftlich bedeutsame Quellen: Zum einen die in Schweden seit dem 18. Jahrhundert praktizierte scharfe Trennung zwischen Ministerien und autonomen Vollzugsbehörden und zum anderen die im NPM-Diskurs propagierte Unterscheidung zwischen „policies“ und „operations“, wonach die Politik wesentliche Grundsatzentscheidungen zu treffen hat, während die Verwaltung für deren Umsetzung zuständig ist. Auf die Vorzüge dieses Modells hat Werner Jann verschiedentlich hingewiesen (vgl. Jann et al. 1999; Jann/Döhler 2002), was nicht wenige seiner ehemaligen Mitarbeiter zur vertieften Beschäftigung mit dieser Thematik animierte (vgl. Jann/Döhler 2007; Döhler 2007; Bach et al. 2010; Bach 2014). Das Abschichtungsmodell war zudem mit einer Grundvermutung von Werner Jann kompatibel, der zufolge alle Organisationen im Laufe der Zeit „Fett ansetzen“ und durch lange Dienstwege, steigenden Koordinationsaufwand und abnehmende Konzentration auf ihre Kernaufgaben an Leistungsfähigkeit und Flexibilität einbüßen. Auch wenn nicht ganz klar ist, ob das Abschichtungsmodell für alle Ressorts gleichermaßen sinnvoll gewesen wäre, zeigt die Gründung des Bundesamtes für Justiz im Jahr 2007, dass die von Werner Jann geforderte Arbeitsteilung keineswegs unrealistisch ist.

Obwohl in Deutschland in ähnlich großem Umfang Politikberatung betrieben wird wie in anderen Ländern, ist vor allem die wissenschaftliche Politikberatung immer wieder auf Skepsis von Seiten der Politik gestoßen: Zu praxisfern, zu akademisch, zu wenig bereit, sich auf die Logik des politischen Prozesses einzulassen – so oder ähnlich lauten die kritischen Einschätzungen, die besonders während der rot-grünen Koalition unter Gerhard Schröder artikuliert wurden. Durchaus typisch für die damalige Stimmungslage war etwa die Bemerkung des damaligen Staatssekretärs im Wirtschaftsministerium, Alfred Tacke, anstelle von Forschungsinstituten frage er „lieber Unternehmensberater wie McKinsey und Berger" (FAZ vom 2.12.2003) wenn es schnell gehen solle. Dass sich Werner Jann dennoch als Mitglied der von der Bundesregierung 2002 eingesetzten Kommission „Moderne Dienstleistungen am Arbeitsmarkt" (Hartz Kommission) inmitten von Praktikern und Unternehmensberatern wiederfand, darf als Hinweis darauf verstanden werden, dass ihm nicht der Makel der Praxisferne anhaftete. Es ist sicher schwer möglich, den Beitrag einzelner Kommissionsmitglieder zum Endbericht zu rekonstruieren. Allerdings finden sich in der Arbeitsgruppe „Personal, Steuerung und Organisation", an der Werner Jann teilnahm, verschiedene Empfehlungen, die er auch anderer Stelle vertreten hat, insbesondere zur Personalentwicklung, der Nutzung von Zielvereinbarungen oder dem Abbau von hierarchischen Zwischenstufen. Gut dokumentiert ist der Entscheidungsprozess der Hartz-Kommission in einer der zahlreichen, von Werner Jann betreuten Dissertationen (vgl. Weimar 2004).

■ Neue Themen: Bürokratieabbau und Better Regulation

In Deutschland wurde Bürokratieabbau lange als Teilaspekt von Verwaltungsreformen behandelt. Als das Thema Anfang/Mitte der 2000er-Jahre als eigenständiges Handlungsfeld auch in Deutschland an Profil gewann, konnte Werner Jann die Nachfrage nach Begleitung und Beratung dieser Prozesse auf der Grundlage eines reichen Fundus an Analysen und Publikationen zum Thema Bürokratieabbau bedienen (vgl. z.B. Jann/Wewer 1998). Anders als im Bürokratieabbau-Boom, der insbesondere von der

Bertelsmann Stiftung um das angeblich in den Niederlanden so erfolgreiche Standardkosten-Modell ausgelöst wurde, positionierte Werner Jann eine Lesart, die vom technokratisch-rationalistischen Mainstream abwich. Kurz zur Erinnerung: Das Standardkosten-Modell ist ein simples Schätzverfahren für den Teil der Befolgungskosten von Regulierungen für deren Adressaten (zunächst Unternehmen), die aus Informationspflichten und ähnlichen „administrativen Lasten“ resultieren. Es versprach gegenüber allen bisherigen Bemühungen zum Bürokratieabbau eine Objektivierung – der Bestand an bürokratischen Lasten konnte ebenso gemessen werden wie der Erfolg von Reduzierungsmaßnahmen. Erstmals wurde eine Art Zielsteuerung im Bereich des Bürokratieabbaus möglich, und dem niederländischen Modell folgend setzte sich die Bundesregierung, wie auch viele andere europäische Regierungen, ein 25%-Reduktionsziel (vgl. Wegrich 2009).

Werner Jann hat diesen Ansatz in Gutachten (Jann et al. 2005) und wissenschaftlichen Publikationen (Jann/Wegrich 2008) und auf zahlreichen Diskussionsveranstaltungen unterstützt – allerdings nicht, weil das Messverfahren und die Zielsteuerung eine objektive Erfassung und Reduzierung der administrativen Lasten ermöglicht. Dazu erschien die Messmethode als viel zu ungenau und die Anreize der Akteure, die politisch gesetzten Reduktionsziele auch unbedingt zu erreichen, als zu hoch. Vielmehr bot der Hype um das Standardkosten-Modell die seltene Chance die Schwäche der Generalisten gegenüber den gerade auf Bundesebene starken Spezialisten zumindest ansatzweise zu korrigieren. Die dann in der ersten Großen Koalition unter Kanzlerin Merkel (2005–2009) realisierte Einrichtung eines „Nationalen Normenkontrollrates“ (NKR) wies tatsächlich in diese Richtung. Der NKR ist als unabhängiges Expertengremium in die Regierungskoordination der Bundesregierung eingebunden und bewertet die Qualität der sogenannten ex-ante-Messungen von Gesetzes- und Verordnungsentwürfen, die die Ministerien durchführen müssen (siehe *Böllhoff* in diesem Band). Während die hochgesteckten Erwartungen an das Standardkosten-Modell mittlerweile einer gewissen Ernüchterung gewichen sind, hat sich der NKR als Gremium der Generalisten in der deutschen Regierungsorganisation etabliert und konnte seinen Geltungsanspruch inkrementell erweitern (vgl. Wegrich 2013). Mit anderen Worten: der „Nebeneffekt“ des Standardkosten-Modells, nämlich die argumentative Aufrüstung der Generalisten, ist nachhaltiger als der direkte Effekt dieses Ansatzes.

Und jetzt, alles Governance?

Wie eingangs erwähnt hat sich „Governance“ in den letzten Jahren als eines der Kernthemen von Werner Jann herauskristallisiert. Das Interesse gilt dabei der Frage, was die unter dem Stichwort „Governance“ zusammengefassten Veränderungen für die Verwaltung bedeuten – und gleichzeitig welchen Beitrag eine organisations- und institutionentheoretische informierte Verwaltungsforschung zu einem besseren Verständnis von Governance-Prozessen leisten kann. Diese Fragen schienen Werner Jann so selbstverständlich zu sein, dass er – aus Anlass einer Einladung, einen Beitrag über „Governance und Verwaltungspolitik“ in einem Sammelband über Governance zu schreiben (in ersten Auflage 2004 erschienen, Jann/ Wegrich 2010) – einen von uns Herausgebern und den späteren Ko-Autoren des Beitrags fragte, was wir zu diesem Thema denn noch sagen könnten, dazu sei doch schon alles gesagt. Die Welle des „aktivierenden Staates“ und auch der Versuch sozialdemokratischer Spitzenpolitiker in einem „Progressive Governance Network“ die Governance-Idee für die Eigenprofilierung zu nutzen, waren zu diesem Zeitpunkt schon fast wieder Geschichte. Das Programm der Schröder-Regierung von 1999 (moderner Staat – moderne Verwaltung, bis heute als „Hülle“ für alle möglichen verwaltungspolitischen Aktivitäten verwendet), das stark durch die Idee des aktivierenden und kooperativen Staates geprägt war, hatte schon lange die Niederungen der bürokratischen Abarbeitung von „Projekten“ erreicht. Nun, offensichtlich gab es doch noch einiges zu sagen, denn der Beitrag wurde einer der meistzitierten von Werner Jann.

Wie der Titel des Beitrags andeutet, lag der Schwerpunkt darauf, den Einfluss der Governance-Debatte auf die Verwaltung zu analysieren – sowohl hinsichtlich der Analyse von Verwaltungshandeln und -strukturen als auch mit Blick auf Verwaltungspolitik und -reformen. Dieser und eine Reihe weiterer Beiträge von Werner Jann trugen dazu bei, „Governance“ auch als verwaltungspolitisches Leitbild zu etablieren. Nach der Reformwelle des New Public Management und dem „Schlanken Staat“ wird die Rolle der Verwaltung wieder stärker in interorganisatorischen und auch sektorübergreifenden Netzwerken und als Organisator und Moderator von gesellschaftlichen Prozessen begriffen (Jann 2002, 2003). Denn ein „aktivierende[r] Staat“ benötigt eine Verwaltung, die sich nicht nur auf die effiziente Bereitstellung oder die Regulierung von Dienstleistungen beschränkt, sondern gleichermaßen als Architekt und Förderer gesellschaftlicher (Selbst)Steuerungsprozesse agieren kann.

Die Governance-Debatte verzeichnete Mitte der 2000er-Jahre noch einmal einen Schub, vermutlich nicht zuletzt durch die Gründung von

Governance-Schools und entsprechenden Programmen (Hertie School of Governance, NRW School of Governance. In den Politik- und Verwaltungswissenschaftlichen Studiengängen der Universität Potsdam spielte Governance „schon immer" eine zentrale Rolle). Es kam dabei zu einem – zumindest für den durch die Steuerungsdiskussion informierten Beobachter – seltsamen „Aufkochen" der Argumentationslinien aus den 1990er-Jahren, in denen die Grenzen staatlicher und hierarchischer Steuerung thematisiert wurden und die Lösung vieler Probleme vor allem in gesellschaftlichen Prozessen und Institutionen gesehen wurde (eine Themenkonjunktur, die sich heute in Themen wie „soziale Innovationen" fortsetzt). Werner Jann ist demgegenüber einer der weniger Politik- und Verwaltungswissenschaftler, die sich auf die Governance-Debatte einließen und zugleich die Rolle von Staat, Verwaltung und Organisation betont haben (Jann/Wegrich 2010; Jann 2013).

Einen Zugang zu der Frage, welche Rolle Verwaltung und Organisation in Governance-Prozessen spielen, bieten Koordinationsprobleme bei der Bearbeitung von „vertrackten Problemen". Vertrackte Probleme („wicked problems") zeichnen sich durch hohe Komplexität, unsichere Ursache-Wirkungszusammenhänge und Wertekonflikte aus. Wie Werner Jann (2009, S. 496f.) zeigt, spielen staatliche Organisations- und Institutionalisierungsformen eine zentrale Rolle dafür, wie entsprechende Probleme wahrgenommen und verarbeitet werden. Die grundlegenden konzeptionellen Perspektiven und Fragestellungen der Organisationsforschung – die selektive Wahrnehmung begrenzt rationaler Akteure, die Bedeutung von bürokratischen und politischen Zuständigkeiten und „Turfs", die Frage, wer denn Verantwortlichkeit für Resultate übernimmt, wenn niemand allein zuständig ist, sondern diese im Netzwerk diffundiert – sind bei komplexen Steuerungs- und Governance-Prozessen vermutlich noch wichtiger als unter Bedingungen „zahmer" Probleme. Neben diesen klassischen Konzepten hat Werner Jann neue Konzepte der Institutionentheorie – insbesondere das Drei-Säulen-Konzept von Scott (Scott 2008) – aufgegriffen, um einen analytischen Zugang zu den Chancen und Grenzen einer Steuerung komplexer Policy- und Reformprozessen jenseits hierarchischer Intervention zu ermöglichen (Jann 2006). Die Betonung von normativen („angemessenes Verhalten") und kognitiven („Weltbilder") Komponenten institutioneller Systeme hat Werner Jann dazu genutzt, um auf die Grenzen simpler Reformstrategien, die lediglich bei regulativen Komponenten ansetzen, hinzuweisen. Diese regulative Komponente ist zwar leicht zu verändern, führt aber häufig nicht zu „wirklichen" Verhaltensänderungen, sondern lediglich zu formaler Regelbefolgung. Während kognitive Weltbilder nur sehr langsam veränderbar sind, hat Werner Jann die normative Säule als jene Ebene identifiziert, die für eine intelligente Institutionenpolitik zumindest zugänglich ist.

Ein anderer verwaltungswissenschaftlicher Zugang zu Governance verläuft über die Kompetenzen und Qualifikationen der Mitarbeiter und Führungskräfte – in Politik und Verwaltung wie in NGOs, Verbänden und Unternehmen oder internationalen Organisationen. Während der Mainstream der Governance-Debatte sich für die Frage, welche Qualifikationen eigentlich für das Management komplexer Steuerungsbeziehungen benötigt werden, kaum interessiert, scheint sich zugleich ein Trend zu verstärken, der einerseits generische Managementkompetenzen („Skills") betont und andererseits quantitative Analysekompetenzen, verbunden mit einem technokratischen Verständnis von Politik als Produktionsstätte isolierter Interventionen gegenüber Individuen (Stichworte: „Nudge" und randomisierte Kontrollstudien). Werner Jann hat demgegenüber stets betont, dass eines der ersten Lernziele eines policy- und verwaltungsorientierten Studiengangs ein theoretisch informiertes Verständnis der Realität von Entscheidungsprozessen in Politik und Verwaltung sein muss (sehr aufschlussreich hierzu schon die Diskussion dieser Fragen in Jann 1987, Kapitel 6!). Nur auf dieser Grundlage können erfolgreiche Reformstrategien entwickelt und implementiert werden. Dies lässt sich auf die Formel zuspitzen, dass mehr Generalisten (Füchse) und nicht nur Spezialisten (oder Igel) notwendig sind, die zwar eine Sache gut kennen, aber nicht einmal verstehen, warum andere dies nicht können oder wollen. Eine derart ausgerichtete Verwaltungswissenschaft würde Experten für den politischen und administrativen Prozess ausbilden, den es zu beeinflussen gilt, und nicht nur Spezialisten für Inhalte oder ökonomische Analysemethoden.

Abschließend stellt sich die Frage nach der Zukunft des von Werner Jann propagierten Wissenschaftsprogramms und dessen politischer Wirksamkeit. Auch wenn sein unermüdliches Eintreten für eine Institutionen- und Verwaltungsforschung, die sich nicht auf akademische Diskurse beschränkt, sondern offensiv an politischen Reformdebatten teilnimmt, immer von dem Bewusstsein getragen war, dass dieser Teil der Politikwissenschaft kein Selbstläufer ist, lässt die jüngere Diskussion um eine „Rückkehr des Staates" den Schluss zu, dass auch neue Diskussionen ein verwaltungswissenschaftliches Betätigungsfeld eröffnen. Hier gilt quasi spiegelverkehrt, worauf Werner Jann während der Verwaltungsmodernisierungsbestrebungen der letzten zwei Jahrzehnte insistiert hat: zu viel überbordender Reformeifer bedarf einer „Erdung" durch verwaltungswissenschaftliche Konzepte, die die Schwächen von zu viel „Schlankem Staat" ebenso wie die von übermäßiger Regulierung aufdecken und in das politische Bewusstsein rufen. Dass dieser von Werner Jann vorgezeichnete Pfad weiterhin aktuell ist, kann an einer jüngeren Generation von Politik- und Verwaltungswissenschaftlern und -wissenschaftlerinnen abgelesen werden, die entweder ihre Promotion unter seiner – manchmal zu lockeren – „Federführung" abschließen konnten oder seinem Lehrstuhl auf andere Art verbunden sind. Die hier vorgelegte Festschrift dokumentiert nicht nur diese neueren Entwicklungen, sondern umfasst auch Rückblicke, Praktikereinsichten und konzeptionelle Beiträge. Sie ist in vier thematische Schwerpunkte gegliedert, in denen die oben genannten Themen von 30 Autoren und Autorinnen aus dem In- und Ausland behandelt werden. Im ersten Teil werden verwaltungswissenschaftliche Fragen behandelt, die sich um den Wandel der Verwaltung, ihre Arbeitsweise und deren theoretische Konzeptualisierung drehen. Im Mittelpunkt des zweiten Teils stehen Themen, die im weitesten Sinne unter Regierungsorganisation zusammengefasst werden können. Teil drei widmet sich dem breiten Feld von Verwaltungsreform und Verwaltungspolitik. Im vierten und letzten Teil stehen schließlich Konzepte und Themen der Policy-Forschung im Vordergrund.

Literatur

Bach, Tobias (2014): Autonomie und Steuerung verselbständigter Behörden. Eine empirische Analyse am Beispiel Deutschlands und Norwegens. Wiesbaden: Springer VS

Bach, Tobias/Fleischer, Julia/Hustedt, Thurid (2010): Organisation und Steuerung zentralstaatlicher Behörden. Agenturen im westeuropäischen Vergleich. Berlin: edition sigma

Böhret, Carl (1977): Institutionelle Bestimmungsfaktoren politischer Veränderungen. In: Böhret, Carl (Hg.): Politik und Wirtschaft. Sonderheft Politische Vierteljahresschrift 8. Opladen: Westdeutscher Verlag, S. 156–177

Böhret, Carl (1983): Verwaltungspolitik als Reaktion auf gesellschaftliche Bindungen und politische Freiräume der Verwaltung, In: Böhret, Carl/Siedentopf, Heinrich (Hg.): Politik und Verwaltung. Berlin: Duncker & Humblot, S. 27–45

Böhret, Carl (2011): Aktive Verwaltungspolitik. In: Blanke, Bernhard/Nullmeier, Frank/Reichard, Christoph/Wewer, Göttrik (Hg.): Handbuch zur Verwaltungsreform (4. Auflage). Wiesbaden: VS, S. 60–66

Brunsson, Nils (1989): The Organization of Hypocrisy: Talk, Decisions and Actions in Organizations. Chichester u.a.O.: Wiley

Döhler, Marian (2007): Die politische Steuerung der Verwaltung. Eine empirische Studie über politisch-administrative Interaktionen auf der Bundesebene. Baden-Baden: Nomos

Döhler, Marian (2014): Verwaltungswissenschaftliche Problemperspektiven in der Politikfeldanalyse. In: Schubert, Klaus/Bandelow, Nils (Hg.): Lehrbuch der Politikfeldanalyse (3. Auflage). München: De Gruyter Oldenbourg, S. 75–93

FAZ vom 21.11.2003: (Mark Siemons) Im Hamsterrad

Hustedt, Thurid (2014): Negative Koordination in der Ministerialverwaltung – Die interministerielle Arbeitsgruppe Anpassungsstrategie. In: dms – der moderne staat, 7, S. 311–330

Hustedt, Thurid/Sylvia Veit (2014): Forschungsperspektiven auf Regierungs- und Verwaltungskoordination: Koordinationsprobleme und Erklärungsfaktoren. In: dms – der moderne staat, 7, S. 17–36

Jann, Werner (1983): Policy-Forschung – ein sinnvoller Schwerpunkt der Politikwissenschaft? In: Aus Politik und Zeitgeschichte, 47, S. 26–38

Jann, Werner (1984): The Internal Workings of Congress and Bundestag: Surprises and Second Thoughts. In: PS: Political Science, 17 (1), S. 90–93

Jann, Werner (1985): Policy-Forschung als angewandte Sozialforschung. In: Klages, Helmut (Hg.): Arbeitsperspektiven angewandter Sozialforschung. Opladen: Westdeutscher Verlag, S. 64–110

Jann, Werner (1987): Policy-orientierte Aus- und Fortbildung für den öffentlichen Dienst: Erfahrungen in den USA und Lehren für die Bundesrepublik Deutschland. Basel u.a.O.: Birkhäuser

Jann, Werner (1994): Moderner Staat und effiziente Verwaltung. Zur Reform des öffentlichen Sektors in Deutschland – Gutachten. Bonn: Friedrich Ebert Stiftung

Jann, Werner (1994a): Wissenschaftler in der Regierung – Advokatoren der Verwissenschaftlichung der Politik? In: Murswieck, Axel (Hg.): Regieren und Politikberatung. Opladen: Leske + Budrich, S. 159–174

Jann, Werner (1996): Regierungsumzug ohne Verwaltungsreform: Verpasste Chance. In: Hennicke, Martin/Klocksin, Jens (Hg.): Aufbruch im Umbruch. Beiträge zur Zukunft von Bonn und Region. Bonn: Bouvier, S. 88–93

Jann, Werner (1999): Zur Entwicklung der öffentlichen Verwaltung. In: Ellwein, Thomas/Holtmann, Everhard (Hg.): 50 Jahre Bundesrepublik Deutschland. Politische Vierteljahresschrift, Sonderheft 30. Opladen: Westdeutscher Verlag, S. 520–543

Jann, Werner (2000): Verwaltungskulturen im internationalen Vergleich. Ein Überblick über den Stand der empirischen Forschung. In: Die Verwaltung, 33, S. 325–349

Jann, Werner (2001): Verwaltungsreform als Verwaltungspolitik: Verwaltungsmodernisierung und Policy-Forschung. In: Schröter, Eckart (Hg.): Empirische Policy- und Verwaltungsforschung: Lokale, nationale und internationale Perspektiven. Festschrift für Hellmut Wollmann. Opladen: Leske + Budrich, S. 321–344

Jann, Werner (2002): Der Wandel verwaltungspolitischer Leitbilder: Von Management zu Governance. In: König, Klaus (Hg.): Deutsche Verwaltung an der Wende zum 21. Jahrhundert. Baden-Baden: Nomos, S. 279–303

Jann, Werner (2002a): Verwaltungskultur. In: König, Klaus (Hg.): Deutsche Verwaltung an der Wende zum 21. Jahrhundert. Baden-Baden: Nomos, S. 425–447

Jann, Werner (2003): State, administration and governance in Germany: competing traditions and dominant narratives. In: Public Administration, 81 (1), S. 95–118

Jann, Werner (2006): Die skandinavische Schule der Verwaltungswissenschaft – Institutionentheorie und die Renaissance der Bürokratie. In: Bogumil, Jörg/Jann, Werner/Nullmeier, Frank (Hg.): Politik und Verwaltung, Politische Vierteljahresschrift, Sonderheft 37. Wiesbaden: VS, S. 121–148

Jann, Werner (2009): Praktische Fragen und theoretische Antworten: 50 Jahre Policy-Analyse und Verwaltungsforschung. In: Politische Vierteljahresschrift, 50, S. 476–505

Jann, Werner (2011): Verwaltungswissenschaft, Policy-Forschung und Managementlehre. In: Blanke, Bernhard/Nullmeier, Frank/Reichard, Christoph/Wewer, Göttrik (Hg.): Handbuch zur Verwaltungsreform. Wiesbaden: VS, S. 67–75

Jann, Werner (2013): Nunmehr alles Governance, oder was? Über die Bedeutung von Verwaltungen, Institutionen und Institutionentheorie. In: Bumke, Christian/Meinel, Florian/Voßkuhle, Andreas (Hg.): Verabschiedung und Wiederentdeckung des Staates im Spannungsfeld der Disziplinen (Beiheft 21 zur Zeitschrift ‚Der Staat'). Berlin: Duncker & Humblot, S. 93–109

Jann, Werner/Döhler, Marian (2002): Germany. In: OECD (ed.): Distributed Public Governance. Agencies, Authorities and other Government Bodies. Paris: OECD, S. 97–112

Jann, Werner/Döhler, Marian (Hg.) (2007): Agencies in Westeuropa. Wiesbaden: VS

Jann, Werner/Franzke, Jochen (1996): Zukünftige Organisation und Aufgabenverteilung im Bereich der Agrarverwaltung. Gutachten im Auftrag des MELF, Potsdam

Jann, Werner/Kronenwett, Eva (1979): Handlungsspielräume und Entscheidungsfähigkeit des politisch-administrativen Systems der Bundesrepublik Deutschland. Speyer: Speyerer Forschungsberichte, 9,1

Jann, Werner/Naschold, Frieder/Reichard, Christoph (1999): Innovation, Effektivität, Nachhaltigkeit – Internationale Erfahrungen zentralstaatlicher Verwaltungsreform (Schriftenreihe Modernisierung des öffentlichen Sektors, Bd. 16). Berlin: edition sigma

Jann, Werner/Schmid, Günther (Hg.) (2004): Eins zu eins? Ein Zwischenbericht der Hartz-Reformen am Arbeitsmarkt. Berlin: edition sigma

Jann, Werner/Tiessen, Jan (2013): Gesetzgebung im politischen System Schwedens. In: Ismayr, Wolfgang (Hg.): Gesetzgebung in Westeuropa. EU-Staaten und Europäischen Union. Wiesbaden: VS, S. 99–131

Jann, Werner/Wegrich, Kai/Veit, Sylvia (2005): Verfahren und Instrumente erfolgreicher (De-)Regulierung. In: Empter, Stefan/Frick, Frank/Vehrkamp, Robert (Hg.): Auf dem Weg zu moderner Regulierung – eine kritische Bestandsaufnahme. Gütersloh: Verlag Bertelsmann Stiftung, S. 47–77

Jann, Werner/Wegrich, Kai (2010): Governance und Verwaltungspolitik. In: Benz, Arthur/Dose, Nicolai (Hg.): Governance – Regieren in komplexen Regelsystemen (2. akt. u. veränderte Aufl.). Wiesbaden: VS, S. 175–200

Jann, Werner/Wewer, Göttrik (1998): Helmut Kohl und der „schlanke Staat". In: Wewer, Göttrik (Hg.): Bilanz der Ära Kohl. Christlich-liberale Politik in Deutschland 1982–1998 (Sonderband der Zeitschrift Gegenwartskunde). Opladen: Leske + Budrich, S. 229–266

König, Klaus (2008): Moderne öffentliche Verwaltung. Studium der Verwaltungswissenschaft. Berlin: Duncker & Humblot

Reichard, Christoph (1994): Umdenken im Rathaus: neue Steuerungsmodelle in der Kommunalverwaltung. Berlin: edition sigma

Scott, W. Richard (2008): Institutions and Organizations. Ideas and Interests. Los Angeles u.a.O.: Sage

Wagener, Frido (1979): Der öffentliche Dienst im Staat der Gegenwart. In: Veröffentlichungen des Vereinigung der Deutschen Staatsrechtslehrer, Heft 37. Berlin, New York: de Gruyter, S. 215–266

Wegrich, Kai (2009): The administrative burden reduction policy boom in Europe: comparing mechanisms of policy diffusion. Centre for Analysis of Risk and Regulation, London School of Economics and Political Science, discussion paper 52. London

Wegrich, Kai (2013): Expertengremien in der Regierungsorganisation: Die Institutionalisierung regulativer Kontrolle in der bundesdeutschen Regierungsorganisation. In: dms – der moderne staat, (Sonderheft 1/2013), S. 285–304

Weimar, Anne-Marie (2004): Die Arbeit und die Entscheidungsprozesse der Hartz-Kommission. Wiesbaden: VS

Wollmann, Helmut (2002): Verwaltungspolitische Reformdiskurse und -verläufe im internationalen Vergleich. In: König, Klaus (Hg.): Deutsche Verwaltung in der Wende zum 21. Jahrhundert. Baden-Baden: Nomos, S. 489–524

Teil 1

VERWALTUNGS-WISSENSCHAFT

The Seven Secular Sins of Academic Public Administration

Christopher Pollitt

Introduction

This paper is about what goes wrong in academic PA. It has a somewhat personal form, which is hopefully not entirely unsuitable for a Festschrift. It is in essence an analytic essay – a form which is, incidentally, increasingly absent from our major journals. Thus it is not based on an original research project, although some personal research has gone into it. Rather, it is based on a whole professional lifetime of academic research and experience, the editorships of two major journals and much else besides.

Academic public administration has always balanced between many powers and purposes. Its most distinguished members have usually managed to keep their balances, and to dance around the stage without falling off from one side or another. Such dancing commonly involves partners, although occasionally there may be solo displays. Werner Jann has certainly achieved this equilibrium. This may be because he has always seemed to be equally concerned to understand the practical details of what goes on in the world and to develop frames and models and theories to explain these complexities. And he has also proven to be a considerate partner in joint enterprises.

Losing balance is, however, a constant danger and temptation, and one to which each new generation is exposed. It may even be that, with the ever-growing pressures on academics to sub-specialize and publish, the danger is increasing – and some evidence for this is introduced later in this chapter. An opposite problem occurs when academics stop dancing and sit still. In so far, as this is because they no longer can or want to dance with the times it may be thought of as a loss of balance in a different sense. In this mode, some academics just get tired, go to their corners, and begin to repeat old stories instead of engaging with new dances or partners.

The purpose of this paper is to identify and analyse some of the principal ways in which balance is (currently) being lost. It describes seven such imbalances. My conceit is to think of them as the seven secular sins of public administration (some of the names of the original cardinal sins fit the scheme quite well, but others less so, as you will see). Before that, however, it is necessary to describe the stage itself – the academic field.

■ The field of public administration

We thus begin with a brief review of the nature of our academic field, intended to set the context for the subsequent critique. The core argument is that the complex dynamics of public administration's academic inheritance and contemporary positioning creates a force field in which it is often easy (and tempting) to fly off too far along one particular dimension. The field's close links to practice and power, its interdisciplinarity, and the more generic current pressures on academic social science combine to push public administration academics in a variety of directions. In the subsequent sections some of the main processes which can push individuals and departments towards a range of unfortunate destinations are identified.

Academic Public Administration (PA) is disciplined, but not a discipline (but neither are most other social sciences – Raadschelders 2011a, p. 205). It is an interdisciplinary field unified mainly by its real-world 'object of study' – government (or, more broadly and recently, and still slightly controversially, governance). This material focus has given rise to a shared agenda of issues, recognized as significant by many (but not all) scholars in the community (Lynn 2005). In terms of theories and methodologies, however, PA has always been pluralist, and remains resolutely so (see, e.g. Bouckaert/Van de Donk 2010). Again, this is not so different from other social sciences):

Where public administration is a field of study defined by its material object, its theoretical make-up is a mosaic with a rich variety of theories and conceptualizations about government that are successfully used in public administration scholarship (Raadschelders 2011a, p. 147).

The theories come from those disciplines which have intermingled to create the contemporary field of PA. These include law, political science, economics, management studies, organization theory and social psychology. We academics dance on this interdisciplinary 'stage' but we also, from time to time, partially reconstruct it. New contributory disciplines may enter (as organization theory did after the Second World War) and others may fall out (as, regrettably, law has done in many universities). However, its pluralist character and continuing object of study do not change – or not very much or very fast. At various junctures imperialistic claims are made to the effect that one or more of the disciplines are the prime parent – or future core – of PA. Yet, a historical perspective and/or an analysis of the contemporary organization of academe make it seem very unlikely that any single discipline or theory will ever become widely acknowledged as dominant. Pluralism (the upside) and fragmentation (the downside) will persist; indeed, they may be increasing (Ferlie et al. 2005).

The key difference, perhaps, is that in pluralism the different groupings talk to each other, while in fragmentation they do not.

PA is not by any means a narrow field, exclusively concerned with questions of governmental machinery.

> "After all, government serves society and the study cannot afford to be disconnected from the major questions about and challenges in the society in which it is embedded." (Raadschelders 2011a, pp. 146f.)

> "It is not in the organization of public administration in the narrow sense, but in shaping society in the broad sense, rooted in the behavior of citizens and consumers, where the key lies to effective policy..." (Bouckaert/Van de Donk 2010, pp. 13f.)

So it most certainly includes the nuts and bolts of public service delivery, but also wider questions of policymaking and 'speaking truth to power'.

PA is also a field with a distinctive relationship to practice and practitioners. This relationship has always been – and remains – very close. In a survey of European PA academics 69% of those who responded to the open question: 'What impact do you want your work to have?', explicitly cited hoped-for effects in the real world of public administration (Bouckaert/Van de Donk 2010 – n = 91; I subtracted the two respondents, who were primarily practitioners, from these figures). Only 31% answered purely in terms of academic objectives. "[A] field such as public administration – an applied field – cannot survive without finding ways to bring the insights of both cultures together" (Radin 2013, p. 1).

Of course this does not mean that some academics cannot pursue 'pure' academic research, without much, if any, thought for its practical application. Some can and some do (and it is essential that this high freedom is preserved, in at least a few places). But these 'purists' are a minority, and if they were somehow completely to dominate the field an important element in its raison d'être would be lost. The head of one of the academically most respected continental PA research units put it like this:

> "PA research needs to remain connected to PA practice. Most of our students will not become academics after graduation, but the public administrators and public sector cadres of the future (...) Besides, how in the long run can we legitimize the substantial public spending that goes into academic PA research if we are not able to demonstrate that our field maintains an active and productive dialogue with the world of practice?" (Bovens 2010, p. 125)

Thus the PA stage is quite wide, yet it has its limits. When academics do not specifically address government, or governance, as the object of study, then they may have fallen over the edge. When they insist on the need for a mono-disciplinary or mono-theoretical or mono-method approach, then they have at the very least lost sight of the broader setting for the play. When they studiously avoid all normative issues, and/or disdain all thought of practical applications, then they are to be found in the wings, if not off-stage altogether. We now turn to the seven more specific manifestations of such imbalances. Some of these – it will be noted – are probably increasing in prevalence.

Imbalance 1: Subordination to the world of practice (greed/avaritia)

Taking the academic community of PA in its entirety, it is likely that more professors spend more time on practitioner-funded and practice-oriented projects than on 'pure' academic research (partly because there is relatively little funding for the latter – especially now – and more for the former). As indicated earlier, the academic/practice links are both close and long-standing. In some (many?) universities PA is heavily dependent for its existence on attracting practitioner funding. In the UK this is particularly true for some of the 'new' universities, which routinely perform multiple advisory and information-gathering tasks for their local governments, local branches of national agencies and third sector organizations involved in the provision of public services. This is a part (but not all) of the reason for the way in which PA academia has tended to trail the practitioner world and follow its agenda, rather than developing an independent set of its own theoretical priorities.

This is not at all to say that there is anything wrong with producing knowledge that is useful to the actual practice of public administration. Indeed, there are many ways in which academics can (and, normatively, should) offer advice to practitioners (e.g. Pollitt 2006a). In his magisterial survey of the field Raadschelders identifies practitioner-oriented research and practitioner education as two of the four main streams of activity (the other two being academic research and academic education – Raadschelders 2011a, pp. 210f.) Balance is lost, however, when academics allow their research agendas to be dominated by what practitioners see as the most pressing problems of the day.

Research agendas dominated by practitioner concerns framed in practitioner terms is not the only imbalance here. Balance is also lost when complex findings have to be packaged up as five-point plans, when certain potential solutions are neglected or ejected because it is believed by academics that they are unfavourably regarded by the political powers of the day, and when findings uncomfortable to those in power are supressed or 'gagged' (e.g. by clauses limiting what researchers can publish, or by more informal pressures). It is lost when public administration academics ignore or refrain from mentioning relevant aspects of executive politics and treat the processes of state administration as though they were purely technical or managerial issues (Lodge/Wegrich 2012). What is perhaps most worrying about this whole suite of issues is how little it is debated on the face of the academic PA literature. So many of us encounter it, at one time or another, but while it may be the subject of corridor gossip it seldom receives formal analysis and discussion on the printed page.

Collaborating with practitioners always has a power dimension and can very easily lead to loss of academic independence (Clegg/Pitsis 2011; Pollitt et al. 1992; Shdaimah/Stahl 2011). The judgement of when collaboration becomes unbalanced by practitioner dominance is sometimes a difficult one to make, but on some occasions it is obvious that researchers have fallen off the stage. Dictated agendas, apparently viable options ruled out ab initio, publications censored or refused – these are the marks of subordination, not collaboration.

If one signs up to the ethic of independent academic research, then such lapses are regrettable. They have various possible explanations. One would be the desire for money, and hence my attribution of the sin of greed. Unfortunately for my scheme, however, the fit with the classic sins is not so neat, because there are several other possible motives too. A second one would be to exercise influence over public policymaking and administration. This, of course, can be aimed at noble goals. A third, more prosaic but perhaps more common reason, is the desperation for external funding. In this context acceptance of practitioner dominance can easily be more a matter of institutional survival than personal or organizational greed. A fourth is the need to gain access for empirical research – in a number of ways researcher access has become more difficult and hedged about by rules and requirements than it was a generation ago. These four motives are not mutually exclusive – on the contrary, they often occur in combination.

None of this means that every single PA academic must constantly keep the pure fires of independent, theory-driven, academic research burning. There are two issues here. The first is the one of the loss of academic independence, which has just been described. That potentially affects the very large proportion of existing PA academics who undertake at least some practice-oriented work. It means they have to struggle (continuously) to avoid censorship and distortion (Clegg/Pitsis 2011) and to try to establish acceptable rules of the game (Pollitt 2006a). The second is a matter of proportion – and status – within the academic PA community. I would put it this way: the community as a whole needs to continue to support a critical mass of individuals whose professional circumstances allow them to do 'blue skies', non-practitioner-influenced research. This group may well be (and for some time has been) a minority, but it must not be allowed to be eroded away to nothing.

The distortions identified above are the most dangerous aspects of practitioner dominance but they are not the only ones. There is also a more indirect influence, in so far as many PA academics orient even their more purely academic research towards whatever may be the practitioner fashions of the day. Consider the huge outflow of academic writing on (inter alia) contracting out, quality, partnerships, networks, innovation, regulatory agencies and performance management. Compare that vast textual spread with the meagre acreage devoted by PA academics to some of the biggest and most enduring areas of direct state provision – the armed services, the police, the courts and pensions and social security. In both the US and Europe the former is much bigger than the latter. Why? An obvious answer would be that it is because the former topics are (or have been) headline issues for practitioners, whilst the latter are just dull, old mainstream PA-in-practice.

Is this particular form of imbalance growing or diminishing? There is only partial, indirect evidence (e.g. percentages of departmental funding accruing from external advice work). However, a reasonable working hypothesis would be that it is growing. This is because the pressures on university budgets are increasing in most parts of Europe, and, at the same time, in many countries, so are the pressures from governments for universities to demonstrate social relevance or impact (Flinders 2013). Both these factors push PA academics to seek external, practitioner-funded projects.

■ Imbalance 2: Concept frenzy (gluttony/gula)

Balance is lost when the concept itself, rather than what it is used for, becomes the prime focus of attention. Academic PA has become particularly prone to this, with many rather pointless debates about how big models and concepts should be defined, and what they 'really mean', and how they are related to each other. 'NPM', 'Governance', 'Networks', 'Innovation', 'Participation' and 'Accountability' are just some of the 'magic concepts' which have been endlessly re-defined and argued over, creating an industry in itself, but one which adds little value for the outside world (Pollitt/Hupe 2011).

Consider, for example, the concept of 'governance'. A standard academic text opens with two experts offering, respectively, five and seven different meanings for the term (Hirst 2000; Rhodes 2000). In another seminal text Kooiman finds ten different meanings (Kooiman 1999). A range of other authors offer 'public governance', 'local governance', 'new governance', 'multiple governance', 'co-governance', 'hybrid governance', 'operational governance', 'collaborative governance', 'meta governance' and, of course 'good governance' (and there is a whole sub-literature arguing over what this last one might mean). Even a diligent student might pall at this proliferation: practitioners have little patience with it and, if they want to use the term, usually simply choose a version that suits their purposes. Bovaird and Löffler (2003, p. 316) described the process of developing the concept as trying to "nail a pudding on the wall".

I label this imbalance as akin to the sin of gluttony, since there is definitely a sense in which it resembles a normal appetite run out of control. All scholars need to use concepts and all need to take care with their definitions and possible meanings. What causes an imbalance, however, is when scholars get bogged down in this task and endlessly refine and redefine, often as much to stake their own claims as to clarify.

It is not clear whether or not concept frenzy is increasing. It is also hard to draw the line between the entirely legitimate and necessary definition of the concepts one intends to use in a particular piece of research, and the excessive wallowing in distinctions for their own sake which is described above. Possibly the temptation to commit this kind of imbalance is increasing as the sheer amount of PA literature balloons (with the increase in the number of journals and the pressures to publish) and the ease of access to that literature is greatly increased (through web-based electronic routes). This makes it easier for the armchair academic to crawl over hundreds of sources and point out, in a most scholarly way, minute differences of definition and usage. It may also have some inverse relationship to the first sin – that of subordination to practitioners. In so far as empirical research becomes more hedged about by access problems and demanding practitioners, the temptations for academics to retreat into pure concept-mongering increases. Ever-finer and more sophisticated conceptual distinctions can be forged from the safety of one's office. Successfully executed, these apparent innovations may bring the longed-for publications and academic reputation.

■ Imbalance 3: Extreme method (envy/invidia)

PA is going through the same process of post-graduate professionalization as most of the social sciences. In more and more countries doctoral students are required to take rigorous methods and research design courses. This is all to the good. No academic in their right mind would object to giving close attention to, and a clear account of, the methods employed in a piece of research. Balance can be – and is – lost, however, in two main ways. First, method takes precedence over substance – in effect method is fetishized. Papers are regularly published in which the discussion of methods takes up far more space than the discussion of findings, and where rather weak or uninteresting research questions are dressed up in sophisticated methodological costumes in order to make them appear 'rigorous'. One might caricature this as "I don't have anything particularly interesting to say, but look how sophisticated my methods are". Second, one particular method is claimed to be the gold standard, and all others are regarded as poor substitutes, if not wholly unacceptable. This is the idea of one best way applied to social science. I will address each of these method-oriented unbalancings in turn.

I first became aware of the fetishization of methods while working at a Dutch university. Many of the masters dissertations produced by students consisted of 30–50% of the text given to a discussion of research design and methods, and less than 10% to the discussion of findings and their significance. Extreme method was frequently combined with concept frenzy (Imbalance 2 – above). These distortions were sometimes echoed at the doctoral level. Yet these masters dissertations were, perforce, based on very small-scale projects, typically involving a small literature search and a handful of interviews. Given the nature of the exercise, the extended discussions of methods, with many references to methods handbooks, were both tedious and pretentious. Students had, however, been led to believe that this sort of technical display was necessary, and a hallmark of real postgraduate scholarship. This was a species of "teching up" (Flinders 2013, p. 160).

Subsequently I have witnessed the same phenomenon at several other universities, in at least three EU countries, as an external examiner at masters and doctoral levels. It also sometimes infects journals and reports. For example, I recall a recent survey – part of a major European research project – in which senior public servants across the EU were asked their opinions of various management changes. In the final report the methods used in the survey, and especially the sampling procedure, were accounted for in commendable (and extended) detail. Yet, somehow almost nothing was made of the most obvious bias of all – the fact that if you ask officials what they think of reforms, which they have been (at least partly) responsible for you will get answers biased in favour of the success of those reforms. This is a probability which is known to practitioners and the most sophisticated quantitative researchers alike (Meier/O'Toole 2013) but which was evidently deemed less important than a range of other 'technical' issues.

We now turn to the idea that one method is the 'gold standard'. Curiously, this seems to emanate from both ends of the spectrum that runs from hard-line quantitative positivists to post-modern relativists. Both camps, in effect, disown the richly multi-theoretical, multi-method history of the field in order to insist that their patch, and their patch alone, is the real deal. In this section I will address the hard-line quants issue, which crops up again in a different form under Imbalance 4. Later, under Imbalance 5, I will tackle the postmodern relativists. I begin with an unqualified statement from an article in a top American PA journal:

> "The gold standard in social science is a randomized experimental design in which a treatment is tested against a control." (Brown et al. 2013, p. 401)

To which one may well reply (my wording):

No, actually it is not. It is the gold standard for those for whom it is the gold standard. For the rest of us, (many!) the status of the randomized experimental design ranges from 'occasionally very useful but unsuitable for many important questions' to 'a misguided, positivistic pretence to ape the natural sciences under conditions where such an approach is fundamentally inappropriate'.

This approach to social science afflicts many disciplines, especially political science, where it has been amusingly termed 'physics envy' (Flinders 2013 – for public administration specifically; see Raadschelders 2011b). Econometrics has been an even more severe case. I therefore dub this tendency 'envy'.

One can criticize this narrowness in many ways. One aspect of it – which is particularly damaging in the PA field – is that it ignores or looks down upon 'tacit' or practitioner knowledge. Such knowledge is regarded as wholly unreliable because it has not been acquired by the right methods. This is a serious blind spot in a subject where tacit, 'craft' knowledge is often so important (Tsoukas 2005). "Practical consciousness is a tacit knowledge that enables us to be competent and capable actors in our everyday lives" (Clegg/Pitsis 2012, p. 71). Some of the most influential classics in the academic PA literature have been written by authors who draw extensively on practitioner knowledge (e.g. Lipsky 1980; Wilson 1989).

Extreme methods enthusiasts also tend to 'leave the politics out', an omission that Werner Jann would be quick to notice.

A further problem also involves a narrowing of focus. It is that researchers committed to highly quantified methods tend to go looking for particular kinds of quantified databases on which to practice their skills. Typically, a professor 'finds' a hitherto unexploited database and sets his or her doctoral students to work on it. This subsequently feeds through to publications so that, for example, many PA academics all over the world now know a great deal about Texas school districts – not because these are necessarily typical of some wider set of issues but rather because a few very talented professors discovered a huge database, stretching back over time, upon which they then conducted a range of quantitative analyses which became must-reads for hard-line quants scholars.

Finally, this tendency is disappointing because 'pure' experimental methods often mean that a) at the end of the day, little can be said and/or b) findings are very slow to emerge. Both these are acute problems for PA, mainly because of the strong link with the practitioner world. Practitioners seek help with a range of questions: descriptive, prescriptive and normative. Experimental methods cannot hope to tackle more than a limited subset of these (Pawson/Tilley 1997; Pawson 2013). Even where such methods – or, indeed, other rigorous techniques – can be applied, their proper exercise frequently ends in the 'results' arriving long after politicians and officials have lost patience and gone ahead with a new policy anyway (Pollitt 2006b). These are severe limitations for a field such as public administration.

Finally, we should note that within the social sciences the critique of standard quantitative methods (and, more narrowly, experimental methods) has gone from strength to strength. They are and have been under attack from many angles and on many different grounds (e.g. Abbot 1997; Flvberg 2001; Pawson 2013). This is not to say that they are wrong or useless, but simply that treating them as a 'gold standard' is to ignore a series of significant weaknesses and limitations.

It is hard to say whether the condition of 'extreme method' is still growing. Impressionistically, it is certainly more obvious than it was 20 years ago. The (generally welcome) professionalization of the field does seem to carry this along with it as an unfortunate side effect. In which case we may expect some further manifestations of the problem, since there are still centres and countries where that professionalization is as yet far from complete.

Imbalance 4: Elite publishing (lust/luxuria)

The explosion of bibliometrics has affected academic PA in many countries. While Rhodes could write in 2011 that "the most striking feature of the citation data is that it shows America and Europe as two relatively self-contained academic communities" (Rhodes 2011, p. 560) bibliometric pressures may be beginning to change this. Many university research centres in EU states now proclaim their official missions as increasing publications in the elite, top journals as measured by Impact Factor. To begin with, this is an arithmetic absurdity – there simply are not nearly as many 'slots' in the top journals as there are academics and units proclaiming aspirations to publish in them. More profoundly, there is an identifiable, dominant methodology in most of the very top journals, which, whatever its merits, is not that adopted by many scholars in the field. Furthermore it is an approach actually not suitable for addressing many of the key types of question in PA (although highly suited to some).

> "When public administration scholars focus on what is measurable, they risk losing sight of big questions about issues that do not allow for measurement." (Raadschelders/Lee 2011, p. 28)

The increasing focus on JPART and IPMJ-type publications therefore amounts to, de facto, a progressive unbalancing of a previously diverse academic community.

Most prestigious journals are invariably dominated by North Americans who share much habitus in common, such as graduate school, training and cognitive maps of the field of production of knowledge. (Clegg/Pitsis 2012, p. 67).

It should immediately be acknowledged that these journals – JPART, IPMJ, Governance and, to a lesser extent (because of its stronger practitioner links), Public Administration Review – are somewhat more pluralistic than their political science counterparts (most notoriously, the American Journal of Political Science and its UK cousin, the British Journal of Political Science). They do sometimes publish papers – and occasionally even themes issues – which depart from the standard scientific format. Nevertheless, they have a certain image (especially JPART and IPMJ) which influences who submits what to them, and which is sustained in the majority of their published articles. The image is that of hypothetico-deductive social science, normally involving heavy quantitative analysis. Papers are typically arranged in a sequence of problem-framing, hypothesis statement, data collection, analysis, findings. They do not usually publish discursive essays, or 'think pieces'. "[T]here is an unmistakable bias in American administrative sciences to idolize a specific, positivist type of knowledge" (Raadschelders 2011b, p. 917). Even in Public Administration Review the trend has been strongly towards quantitative empirical material, and the number of practitioner contributors has dwindled fast (Raadschelders/Lee 2011). The categories identified by Rhodes as dominant in the UK journal Public Administration during the 1970s – 'descriptive recollections and logical argument' are almost entirely squeezed out (Rhodes 1995, p. 5). Reviewing the articles published in Public Administration Review from 2000–2009, Raadschelders and Lee concluded that: "The emphasis on methodology without reference to ontology and epistemology, is tantamount to placing the cart before the horse" (Raadschelders/Lee 2011, p. 26). This sin is therefore closely related to, and overlapping with, extreme method/invidia.

The aforementioned journals play a crucial role in the game of appointments, promotions and tenure in the US. They hold the high spots in PA impact analysis, thanks partly to their very large natural constituency of American academics, who seldom read non-American material:

> "The overwhelming proportion of content in American political science and public administration journals is by Americans for Americans on America." (Rhodes 2011, p. 560)

In short, the apparently desperate desire of an increasing number of European universities (and individuals within them) to 'score' in these journals amounts to a distortion of both European academic tradition and European academic practice. It also cuts academic PA off even further from the practitioner world (Radin 2013, p. 4).

Is the lust for elite publication increasing? Probably. The use of bibliometrics in university management is still spreading south and east from its European point-of-origin in the UK. Aspiring PA scholars in (inter alia) Italy, Portugal and Switzerland are being advised to aim for the top American journals. Paradoxically, the attraction of the 'scientific model' as a career-enhancing mode of publication is increasing just as its epistemological authority, battered from several sides is diminishing – at least in academe.

■ Imbalance 5: Textual totalitarianism (wrath/ira)

Postmodern perspectives have made their mark in PA, as elsewhere. They have their own conferences and journals and networks. They have made a major contribution in deconstructing the surfaces of texts and analysing political and bureaucratic rhetoric and story-telling. They have assembled a powerful critique of modern technocratic rationalism (Bogason 2005), though they are not the only ones to have done this. However, the more radical claims of some postmodern PA scholars should be regarded as destructive of the basic rationale for the whole field. A PA which is reduced solely to the interpretation of texts, which denies or doubts the existence of an external reality, which attacks any notion of causation, and which holds all interpretations to be in some sense equally valid, is no longer the PA to which so many scholars and governments have given their best efforts, and attention. It is every bit as extreme as its arch foe – the 'physics envying' quantitative positivists (see the preceding section on elite publishing). In terms of our opening metaphor, this faction of postmodernism has fallen off the stage altogether.

The postmodern 'tendency' has its own stars and journals. Some of its followers are/were no doubt attracted by its claims to radicalism and iconoclasm. We find well-known authors in PA and public policy committing themselves to propositions such as the following:

> "A fact is a piece of evidence that nearly everyone in a given community would accept as true (...) We define objectivity as evaluation by comparing rival stories." (Bevir/Rhodes 2006, p. 28) and:
>
> "Phenomena can only be understood within the context in which they are studied; findings from one context cannot be generalized to another." (Guba/Lincoln 1989, p. 45)

To the first of these propositions one may reply (my wording):

Only if you are prepared to accept that everything one wishes to study in PA is best conceived of as a narrative.

To the second (again, my wording):

Taken literally, this implies that the whole mission of traditional social science – and of PA – is foolish and unworkable. No generalizations that 'travel' are possible. If so, one can see no reason why the public should pay much attention to academics, or, indeed, why the taxpayers should be prepared to fund them – other, possibly, than as a kind of neighbourhood social worker.

Not all advocates of these approaches are so extreme. Thus, for example, one narrative analyst acknowledges that, alongside the advantages, "there are also many distinct disadvantages to narrative analysis" (Landman 2011, p. 32). More broadly, a minority of postmodernists have made valiant efforts to suggest that their approach is capable of conducting empirical, socially-relevant research. A few even struggle to redefine what it might mean – very cautiously – to generalize. In the end, however, these attempts remain unconvincing – at least in relation to the kind of work that many (most?) PA academics want and need to undertake. Alvesson (2002) is one example of a leading scholar who has tried to make 'pomo' fit for empirical social research. In his somewhat tortured book he is in the end driven to separate 'hard-core pomo' from the rest, and then try to build bridges between the rest and other post-positivist approaches. Even then, the kind of empirical research that can be envisaged is painfully narrow. It is not particularly helpful to be told that any narrative of events around a policy or programme (politician, civil servant, journalist, academic) is as valid as any other. And the idea that no form of reasoning can be elevated above any other form of reasoning (Bogason 2005, p. 252) would appear to put the whole edifice of policy analysis and evaluation – not to speak of the reasoned choice of public policies by elected representatives – on thin ice. In fact, of course, most postmodernists clearly do put some forms of reasoning above others – their whole critique of rationalistic modernism is based on the belief that a qualitative, interpretive, contextualized approach is superior. They are implacable foes of generalization, except for the huge generalization that generalizations are inadmissible. They are resistant, if not hostile, to those post-positivist realists who struggle to construct context-sensitive middle level generalizations (e.g. Pawson 2013). It is for this reason that I classify this imbalance as a species of ira. In much of the writing within this genre there is a seeming anger at the continuing dominance of traditional models ('empiricism' being a target for particular hatred). Respect for other approaches is in short supply. Co-operation is not on the agenda.

For most PA academics – let alone practitioners – to be told that PA is no more than a set of texts or narratives, or that this is the only/best way administration can be correctly studied or understood, or that any reasoning or story is inherently as valid as any other – these are each acts of towering intellectual imperialism. One suspects that they may sometimes emanate from those who have, in PA terms, spent most of their lives on the page rather than on the street. And they run directly against a strong and valuable thread through the history of academic PA – precisely that of empirical studies 'on the street' (Crozier 1964; Lipsky 1980; Pressman/Wildavsky 1973; Ingraham et al. 2003). Postmodernism in all its various forms has made some valuable critical points about PA but it has very little to say to those many PA academics – and practitioners – who still believe that we can engage with an external reality and that some ways of doing so are – in certain types of context – likely to be more successful than others. This may be why an element of mainstream exasperation creeps in on those rare occasions when 'empiricists' and post moderns actually get into structured dialogue (Lynn et al. 2008; Luton 2008; Andrews et al. 2008).

Is textual totalitarianism increasing? It is hard to say. The 'linguistic turn' took place more than a quarter of a century ago (Fischer/Forester 1993). It is no longer the hottest show in town. But it has quite successfully institutionalised itself, and its adherents continue to be impressively active. So, whilst possibly no longer gaining strength, it continues to make a lot of noise, sometimes at the edge of the stage, but more usually just off.

Imbalance 6: Careless cases (sloth/acedia)

The final two imbalances – numbers six and seven – differ from the earlier ones in that they arise when academics stop moving with the times. By this I mean both ignoring relevant new theories and methods and withholding attention from important new topics and themes. To continue with our opening metaphor, they just sit on the stage instead of dancing.

This sixth problem concerns the continuing predominance of case studies and, more particularly, the (equally persistent) misuse of this particular mode of analysis as a basis for explicit, or implied, generalizations. Case studies can be useful in many ways, but their limitations are frequently ignored or understated in PA. This is connected with the problem of practitioner subordination (Imbalance 1), in so far as the practitioner world seems to like case studies (especially 'best practice' cases), partly, one suspects, because they most closely resemble their own prime mode of analysis and debate.

Of course, case studies can be used for several academically valuable purposes. Case studies are no longer stuck at the King, Keohane and Verba stage of being accepted, but mainly as a kind of low-level assistant to 'proper', large N quantitative studies (King et al. 1994). Extensive subsequent scholarship has shown that they can be used in a range of ways (Blatter/Blume 2008; George/Bennett 2005; Gerring 2007). First, they may be deployed to test specific hypotheses (although if the latter are probabilistic rather than determinative, one or two cases will not be sufficient to falsify or modify the hypothesis). Does this particular case bear out the hypothesized relationship between one or more dependent and independent variables? Second, a case study can be used to trace a mechanism or process, thus breaking into the black box of input/output analysis and directly addressing the nature of causation. Third, cases can be used to perform 'congruence analysis', where the researcher compares a whole set of expectations that can be derived from a theory with the empirical findings that emerge from the case. Fourth, case studies can function as vehicles for generating a range of practitioner narratives about a given policy, programme or other object of interest. Fifth, sets of cases can be used for comparative versions of any of the four purposes briefly alluded to above.

Given this valuable versatility of case studies, one might therefore conclude that the high prevalence of these gems in academic PA was a sign of good health. In 1995 a review by Rhodes et al. found that case studies were the most important single method, accounting for 38% of all empirical analysis published in the leading journal Public Administration between 1970 and 1994 (Rhodes et al. 1995). In a later study by Rhodes (2011) case studies remained the most important empirical method. All is not well, however. Many of the case studies that are submitted to journals – and quite a few of those which achieve publication – are ambiguous about one or more of the following: purpose, context and generalizability. Given the amount of recent scholarship devoted to the possible roles for case studies such ambiguity could be characterised as a form of carelessness.

It is still so that many case studies are very hazy about their purposes. Are they being used to test a specific hypothesis, track a causal process, examine the congruence of a case with a broader set of theoretical presumptions, extract a narrative or narratives, or what? Too many case studies dive almost immediately into the specifics, relying on the obvious importance of the overt subject matter (partnerships, accountability, e-government, or whatever) to make them seem relevant, rather than discussing exactly what role the case study is designed to play in generating understanding.

The handling of context is also often sloppy in case studies. Merely supplying lots of local details is not an adequate way of dealing with context (and context is the very thing case studies are supposed to be good at). Contexts themselves need to be defined and theorised (Pollitt 2013). Otherwise they degenerate into garbage cans into which all unknowns and unexpecteds are conveniently bundled.

Finally, and most grievously, despite many warning voices in the literature, cases are not infrequently still used as a basis for generalizations that run far beyond what a single case can bear. This is sometimes done in a vague and imprecise way – general points are drawn from the case, and the implication is that these apply more broadly, but just how broadly is never discussed – the reader is left to decide whether these findings are supposed to hold for the type of organization, the sector, the country, globally, or whatever. One or two cases will seldom tell much about the representativeness of a practice or other phenomenon.

In the light of the considerable methodological scholarship around case studies over the past 20 years the persistence of sloppiness can plausibly be seen as a form of sloth. Whether this sin is increasing or decreasing is hard to say. A charitable view would be that it is decreasing, squeezed out by better research training and more generally by the growing professionalism of the field – including journal editors.

Imbalance 7: Nothing new under the sun (pride/superbia)

Partly in reaction to tendencies 1, 3, 4 and 5 a few PA academics take a jaundiced view of the contemporary field, harking back to classic writers, claiming that the core issues in PA have not changed that much, and that informal/connoisseurial methods are good enough for most research. This essentially conservative stance also represents an unbalancing, in so far as it ignores many genuinely new and emerging issues, including new governing technologies (Pollitt 2012), shifts in the basic relationships between citizens, the business sector and public authorities (Alford/O'Flynn 2012), and opportunities for new kinds of research, such as web-based non-reactive research (Dunleavy/Carrera 2013). It also downgrades the importance of recent theoretical advances (including those proposed by experimentalists, postmodernists and critical realists), and it weakens the links to practitioners (who are certainly deeply uninterested in the message that nothing has changed, when they know it has). It is an even more stubborn form of sitting still than 'careless cases'.

This imbalance could be said to resemble the sin of pride. There is a sense of 'what we have done already is the really important stuff' – about it. However, across the PA academic community such pride is probably on the wane, and may disappear as the generations move on – indeed, it is in itself a form of nostalgia. 'Unreconstructed' professors retire and are replaced at the other end of the tunnel by highly trained post-docs who are more likely to suffer from concept frenzy or extreme method or elite publishing than from the 'nothing new' syndrome. So, perhaps it can be left to rest (for it is a form of resting) in peace.

For the avoidance of misunderstanding: what this paper is not saying

It should be obvious that this chapter is not saying that there is one best way of doing academic public administration (but, to be safe, I will reaffirm that anyway). Further, it is not saying that certain topics or issues should take automatic priority as foci for research. Neither is it suggesting that being useful to practitioners should be the dominant principle for the academic community. As in Raadschelders' authoritative text, the position taken here is a pluralist one (Raadschelders 2011). The argument is not that X or Y should be the gold standard: we are simply saying that the seven identified imbalances are not useful, either for theory building or for practice, in our subject field. We should watch out for them, and walk round them or, even better, plan to avoid them beforehand.

Conclusions: a return to virtue?

It is vital to understand that all seven of the imbalances discussed in this paper are tendencies which are positive to begin with and only become negative when carried beyond a certain point. Thus, defining concepts, carefully spelling out methods, interpreting texts, etc. are not dangerous in themselves – indeed, they are necessary and useful. Similarly, case studies can be very useful, and returning to traditional topics and themes (nothing new under the sun) is often a fruitful exercise. These tendencies only become damaging to our academic community when taken to an extreme. But at these extremes they damage us both internally and externally. They damage us internally because they represent wastes of academic resources. Effort and ingenuity is expended on activities which do not advance the field and which create unnecessary complexities, internal barriers and unwinnable 'paradigm wars' – all things that yield no collective profit. They damage us externally because they present to practitioners and public an image of the academic community as either

a) easy, compliant (and often relatively cheap) contractors (Imbalance 1),
b) ivory-towered and irrelevant (Imbalances 2, 3, 4 and 5) or
c) intellectually somewhat underpowered and backward (Imbalances 6 and 7).

"If this is true, then what can be done?" is an obvious question. Perhaps I betray my allegiance to a traditional, pre-managerial view of academe when I say that almost the last thing we should do is look for some inspectorate, audit or review that will eliminate these unbalancing activities. Even less should we try to articulate a rule, law or formal process which outlaws the excesses described above. Academic freedom most certainly embraces the freedom to err, and to race off down the occasional cul-de-sac or even into a comforting cellar. The answer, for a community that still aspires to a measure of self-government and reflexivity, is simply to be aware of what these falls-from-or-on-the-stage look like, and how they happen, and so to avoid becoming part of them ourselves. This will be easier for some members of the community than for others. It is easier to maintain one's academic autonomy, to balance pure and applied research, and to pursue one's own theoretical and methodological avenues if one is at Harvard, Oxford or Leuven than if one works at the universities of Babes-Bolyai, Bolton or Mykolas Romeris. In the former establishments one enjoys the resources, status, traditions, networks, and other requisites to stay near the centre of the stage, or to recover if one happens to fall. In the latter, the relevant community is smaller, the workloads are usually heavier, resources much scarcer, and the pressures to be 'relevant' are more intense.

Another way of expressing these conclusions would be to look at what are traditionally seen as the seven virtues. While chastity/castitas may be rather hard to fit into our discussion, most of the other virtues have a distinct bearing on the present subject matter – and fit rather well with the analysis above. Temperance/temperantia involves restraint in one's views and a mindfulness for others. Charity/caritas suggests generosity towards others, and a willingness to be benevolent towards them even if those others may not be particularly to one's taste. Hardly the attitude of the extreme methodologists, the elite publicists or the textual totalitarians. Diligence/industria, of course, is always a good thing in an academic, and one may add that this virtue has an element of ethical integrity to it as well as mere effort. Patience/patientia entails the resolution of conflict through moderation and suggests a spirit of co-operation rather than a will to theoretical or methodological victory. Kindness/humanitas was once the expected attitude of the professor to the young, would-be scholar, but is often quite absent from the back-biting competition between one 'school' of professors and another. It suggests the avoidance of spite – something the present author has not entirely managed to achieve in the foregoing pages! Finally, humility/humilitas means constant self-examination and a respect for others. Note that – in keeping with the aversion to managerial 'solutions' expressed earlier – these are all individual virtues: they can be practiced by each of us without the assistance of external rules and procedures. Which is not to say, of course, that a positive framework of rules and procedures would not be of considerable assistance in exercising these virtues and achieving cultural change.

Of course my little game with the idea of the seven sins has tight limits. There is no threat of eternal damnation, and no god or gods making final judgements on PA research – as far as we know. On the contrary, such judgements – at least as regards research funding and publications – are taken by all-too-fallible mortals. Accompanying our secular sins, however, there may well be some loss of the virtues mentioned directly above. Also, as with the classical portfolio of sins, one sin easily leads to further vices. Redemption can take place only after an act of free will by the sinner, who must renounce his or her misguided ways. None of us, perhaps, are entirely free from these sins. All of us have at least some opportunity to repent.

References

Abbot, A. (1997): Of time and space: the contemporary relevance of the Chicago School. In: Social Forces, 75 (4), pp. 1149–1182

Alford, J./O'Flynn, J. (2012): Re-thinking Public Service Delivery: Managing with External Providers. Basingstoke

Alvesson, M. (2002): Postmodernism and Social Research. Maidenhead

Andrews, R./Boyne, G./Walker, R. (2008): Reconstructing empirical public administration: Lutonism or scientific realism'. In: Administration and Society, 40 (3), pp. 424–430

Bevir, M./Rhodes, R. (2006): Governance Stories. London

Blatter, J./Blume, T. (2008): In search of co-variance, causal mechanisms or congruence? Towards a plural understanding of case studies. In: Swiss Political Science Review, 14 (2), pp. 315–356

Bogason, P. (2005): Postmodern public administration. In: Ferlie, E./Lynn Jnr. L./ Pollitt, C. (eds.) The Oxford Handbook of Public Management. Oxford, pp. 234–256

Bouckaert, G./Van de Donk, W. (eds.) 2010: The European Group for Public Administration (1975–2010): Perspectives for the Future. Brussells

Bovaird, T./Löffler, E. (2003): Evaluating the quality of public governance: indicators, models and methodologies. In: International Review of Administrative Sciences, 69 (3), pp. 313–328

Bovens, M. (2010): The academic advisor: professionalizing commissioned research in public administration: academically sophisticated, irrelevant to practitioners. In: Bouckaert, G./Van de Donk, W. (eds.): The European Group for Public Administration (1975–2010): Perspectives for the Future. Brussells, pp. 123–126

Brown, T./Gong, T./Jing, Y. (2012): Collaborative governance in mainland China and Hong Kong. In: International Public Management Journal, 15 (4), pp. 393–404

Clegg, S./Pitsis, T. (2011): Phronesis, projects and power research. In: Flyvberg, B./ Landman, T./Schram, S. (eds.): Real Social Science: Applied Phronesis. Cambridge, pp. 66–91

Crozier, M. (1964): The Bureaucratic Phenomenon. London

Dunleavy, P./Carrera, L. (2013): Growing the Productivity of Government Services. Cheltenham

Ferlie, E./Lynn Jnr., L./Pollitt, C. (2005): Afterword. In: Ferlie, E./Lynn Jnr., L./Pollitt, C. (eds.): The Oxford Handbook of Public Management. Oxford, pp. 720–729

Fischer, F./Forester, J. (eds.) (1993): The Argumentative Turn in Policy Analysis and Planning. London

Flinders, M. (2013): The Tyranny of Relevance and the Art of Translation'. In: Political Studies Review, 11, pp. 149–167

Flyvbjerg, B. (2001): Making Social Science Matter: Why Social Inquiry Fails and How it can Succeed Again. Cambridge

George, A./Bennett, A. (2005): Case Studies and Theory Development in the Social Sciences. Cambridge/MA

Gerring, J. (2007): Case Study Research: Principles and Practice. Cambridge

Guba, Y./Lincoln, E. (1989): Fourth Generation Evaluation. London

Hirst, P. (2000): Democracy and governance. In: Pierre, J. (ed.): Debating Governance. Oxford, pp. 13–35

Ingraham, P./Joyce, P./Donahue, A. (2003): Government Performance: Why Management Matters. Baltimore, London

King, G./Keohane, R./Verba, S. 1994: Designing Social Enquiry: Scientific Inference in Qualitative Research. Princeton/NJ

Kooiman, J. (1999): Social political governance: overview, reflections and design. In: Public Management, 1 (1), pp. 67–92

Landman, T. (2011): Phronesis and narrative analysis. In: Flyvbjerg, B./Landman, T./ Schram, S. (eds.): Real Social Science: Applied Phronesis. Cambridge, pp. 27–47

Lipsky, M. (1980): Street Level Bureaucracy. Thousand Oaks/CA

Lodge, M./Wegrich, K. (2012): Public administration and executive politics: perennial questions in changing contexts. Public Policy and Administration, 27 (3), pp. 212–229

Luton, L. (2008): Beyond empiricists versus postmodernists. In: Administration and Society, 40 (2), pp. 211–219

Lynn Jnr., L. (2005): Public management: a concise history of the field. In: Ferlie, E./Lynn Jnr., L./Pollitt, C. (eds.): The Oxford Handbook of Public Management. Oxford, pp. 27–50

Lynn, Jnr. L./Heinrich, C./Hill, C. (2008): The empiricist goose has not been cooked: In: Administration and Society, 40 (1), pp. 104–109

Meier, K./O'Toole, L. (2013): I think (I am doing well) therefore I am: Assessing the Validity of Administrator's Self-assessments of Performance'. In: International Public Management Journal, 16 (1), pp. 1–27

Newman, J. (2013): Constituting context? In: Pollitt, C. (ed.): Context in Public Policy and Management: the Missing Link? Cheltenham, pp. 35–43

Pawson, R. (2013): The Science of Evaluation: a Realist Manifesto. Los Angeles, London (forthcoming)

Pawson, R./Tilley, N. (1997): Realistic Evaluation. London

Pollitt, C. (2006a): Academic advice to practitioners – what is its nature, place and value within academia? In: Public Money and Management, 26 (4), pp. 257–264

Pollitt, C. (2006b): Performance information for democracy: the missing link? In: Evaluation, 12 (1), 38–55

Pollitt, C. (2011): New Perspectives on Public Services: Place and Technology. Oxford

Pollitt, C. (ed.) (2013): Context in Public Policy and Management: the Missing Link? Cheltenham

Pollitt, C./Harrison, S./Hunter, D. J./Marnoch, G. (1992): No hiding place: on the discomforts of researching the contemporary policy process. In: Vincent, J./Brown, S. (eds.): Critics and Customers: the Control of Social Policy Research. Avebury

Pollitt, C./Hupe, P. (2011): Talking about government. The role of magic concepts. In: Public Management Review, 13 (5), pp. 641–658

Pressman, J./Wildavsky, A. (1973): Implementation: How Great Expectations in Washington are dashed in Oakland, or Why it's amazing that Federal Programms work at all. Berkeley

Raadschelders, J. (2011a): Public Administration: the Interdisciplinary Study of Government. Oxford

Raadschelders, J. (2011b): The future of the study of public administration: embedding research object and methodology in epistemology and ontology. In: Public Administration Review, 71 (6), pp. 916–924

Raadschelders, J,/Lee, K.-H. (2011): Trends in the study of public administration: empirical and qualitative observations from. In: Public Administration Review, 2000–2009, 71 (1), pp. 19–33

Radin, B. (2013): Reclaiming our past: linking theory and practice (the '2012 John Gaus Lecture'). In: PS: Political Science and Politics, 46 (1), pp. 1–7

Rhodes, R. (2000): Governance and public administration. In: Pierre, J. (ed.): Debating Governance. Oxford, pp. 54–90

Rhodes, R. (2011): One-way, two-way or dead-end street: British influence on the study of public administration in America since 1945. In: Public Administration Review, Vol. 71 (July/August), pp. 559–570

Rhodes, R./Dargie, C./Melville, A./Tutt, B. (1995): The state of public administration: a professional history, 1970–1995. In: Public Administration, 73 (1), pp. 1–15

Robson, C. (2002): Real World Research, (2nd ed.). Oxford

Shdaimah, C./Stahl, R. (2011): Power and conflict in collaborative research. In: Flyvbjerg, B./Landman, T./Schram, S. (eds.): Real Social Science: Applied Phronesis. Cambridge, pp. 122–136

Tsoukas, H. (2005): Complex Knowledge: Studies in Organizational Epistemology. Oxford

Wilson, J. Q. (1989): Bureaucracy: What Government Agencies do and why they do it. New York

A Norwegian tradition of studying public administration

Bounded rationality and institutional features combined

Tom Christensen, Per Lægreid

Introduction

To describe and analyze the development of a research tradition – in our case the Norwegian Public Administration Research Tradition – primarily means to focus on the theoretical underpinning of the tradition, but also on the characteristics of the empirical areas emphasized (Christensen/Lægreid 2013b). The process whereby a research tradition is developing is often rather complex and eventually hybrid. It often consists of both a national process and international influences in a dynamic process. The national and internal process may have what we can label a research tradition entrepreneur, like the concept of the political or policy entrepreneur used by Kingdon (1984), meaning an academic actor who utilizes opportunities or 'windows', someone who has special abilities to initiate and lead research programs, to develop research groups, influence institutional development based on own research profile, etc. However, national traditions could also be more heterogeneous, consisting of different groups that follow different paths. International processes that may influence a national research tradition are strong international research networks, strong research institutions, international research organizations, etc. The international influence can be global or regional; in the Norwegian case it could be American, European or Nordic.

A national research tradition in an area may reflect the dynamics of national and international factors. On the one end of the spectrum, a national research entrepreneur with strong international connections will be rather dominant, while on the other national research traditions may be fragmented and have connections with various influences and dependencies internationally. Between these extremes we can imagine research entrepreneurs that are more like facilitators and go-betweens related to international influence, competing research entrepreneurs, competing international research networks influencing nationally-based research, etc.

We will describe and analyse the Norwegian PA research tradition along these lines. The research questions we ask are as follows:

- To what extent and how can we explain the development of the Norwegian PA research tradition as the result of research entrepreneurs? What are the main international influences in this process and what is the important international connection of the entrepreneurs?
- How is the Norwegian PA research tradition developing concerning theoretical bases and empirical focus? How much continuity and change do we see? How does its content compare to the research traditions it is influenced by internationally?

We start by describing and analyzing the PA research tradition in Norway from an internal perspective, focusing both on entrepreneurship and changing content. Second, we focus on the international influence, both related to research milieus and institutions abroad, but also concerning the content of this influence. Are the international influences mainly theoretical or also empirical, and is it homogeneous or varied concerning sources and networks?

Main features of the Norwegian PA tradition – two founding entrepreneurs

The PA research tradition in Norway started out in the 1950s when Knut Dahl Jacobsen, the first professor of political science in Norway, was inspired by the Carnegie Tech group and bounded rationality. He challenged the legal constitutional legacy in political science and prepared early on major, ground-breaking and innovative studies of the central civil service in Norway (Jacobsen 1960, 1964). He was the founding father of PA research in Norway, and was a significant figure for the developing higher education institutions teaching and carrying out research on public administration and policy.

In what way can we conclude that Dahl Jacobsen was a research entrepreneur? First, he had a rather unambiguous theoretical basis in bounded rationality (March/Simon 1958; Simon 1957), a basis that at the time was innovative in Norway when PA studies were in their embryonic phase. This also meant that PA studies got a theoretical anchoring and not an empirical one, which was typical for historical-judicial studies of public administration at that time (Peters 2011). There has been a lot of analytical path-dependency in PA research in Norway since then. Second, Dahl Jacobsen consciously recruited promising researchers in PA. Most important was his recruiting of Johan P. Olsen and getting him to work at the University of Bergen, meaning that a research entrepreneur recruited another, and eventually more important entrepreneur, who later founded the so-called 'Olsen school'.

Third, Dahl Jacobsen was a typical entrepreneur also in the way of building academic institutions. His influence was of course evident at the University of Bergen, but he also had a program for developing PA studies at the regional colleges. His influence in this respect was more related to teaching than research, but some of these colleges have become universities in the last decade, thereby providing more of a research development potential. Fourth, Dahl Jacobsen was also an entrepreneur in empirical and normative ways. From the 1970s onwards he initiated research on social and health policies, which has a clear normative profile in the way that the profile was not only carrying out research on users or clients but to also research 'on behalf of' those groups, especially those with few social resources.

Johan P. Olsen has been the most influential researcher in the field of public administration and organization theory in Norway since the beginning of the 1970's. He became a professor at Bergen in 1972 and was a leader of the Study of the Distribution of Power in Norway in the 1970s, which was the most important individual research project of the generation concerning empirical knowledge about the political-administrative system in Norway. In the 1980s, Olsen also served as a research director on the Swedish Power Project, and he played an important part in the establishment of the Norwegian Research Centre in Organization and Management in Bergen in 1987. In 1993 Olsen established ARENA at the University of Oslo, which is a research program on Europeanization of the national state. More than anyone else he has contributed to the international reputation of the Norwegian public administration research.

Olsen has been a true research entrepreneur in many respects. First, he has consistently developed and diversified a theoretical position over time, i.e. in international comparison among PA researchers probably the most impressive analytical profile of the last 40 years. He started out with bounded rationality, but soon ventured into the Garbage Can theory in the 1970s (March/Olsen 1976). This theory can be seen as a bridge in his research. It can be considered partly as a modification of the rationality preconditions in bounded rationality, but also as a start of a broader institutional or neo-institutional strand from the 1980s, using elements from both old and new institutionalism (Meyer/Rowan 1977; Selznick 1957). Second, during his career Olsen managed to initiate and lead many important research programs. The driving force of these programs has been a continuous innovative search for developing the analytical basis of PA studies.

Third, not only has Olsen been leading many important research programs over three decades, he also managed to produce both a continuous series of important research output throughout the entire period – books and international articles – that has had a central position at the curriculums of universities and colleges. Fourth, Olsen recruited and inspired two generations of followers that have both had central positions at the universities and have been among the most productive researchers. In this respect he has managed something that not always happens with dominant research entrepreneurs – to shape the next generations.

Fifty years of development of PA research in Norway has been heavily influenced by two research entrepreneurs, but what has overall characterized the PA research in Norway over the last three decades, following in the footsteps of these two entrepreneurs? First, Norwegian PA researchers have put more emphasize on large empirical studies than on developing theory. Their attitude towards theory has been more one of utilizing already existing theories or operationalizing them for empirical studies. They have stressed the use of 'theories of the middle-range', the significance of context, and how organization theory might be operationalized and how it combines with more general political science theory. Bounded rationality, in its different versions, has been central (Christensen/Lægreid 2013a; Egeberg 2012). The historical-institutional context has been brought back in and, in general, it pointed to the usefulness of meso-level theories taking the different contextual features into consideration. And, neo-institutional theories have increasingly been used, in particular from the 1990s onwards (Christensen et al. 2007).

Second, the access of PA researchers to data in the Norwegian context is rather unique and effortless and has been a great advantage for Norwegian researchers. It also says something about the status of this research in a high-trust society. One important focus empirically has been studies of administrative reforms, policies and politics. They have shown that reform processes in Norway are often characterized by compromise and an apolitical rhetoric, creating incremental results. The link between general attitudes, specific solutions and actual implementation has not always been very tight, i.e. double-talk or decoupling talk and action is rather common (March 1984; Brunsson 1989). Even though general comprehensive programs of administrative policy have been formulated, a segmented public administration has – to a large extent – created segmented reforms, because of a lack of overall coordinative capacity. Compared to the political-administrative doctrines dominating in the central administration until the 1970s, with strong centralization, standardization and rule-following, studies have shown an overall development in the last decades towards relatively more devolution, increased flexibility, more management by objectives and results, and increased market-orientation, i.e. reflecting New Public Management features (Christensen/Lægreid 2011, 2012). The result is a more complex and fragmented state. New studies are emerging that show a reassertion of the centre and increased emphasis on coordination during the last 10 years, reflecting post-NPM features that both supplement and modify NPM (Christensen/Lægreid 2007).

Over time large empirical programs have characterized the PA tradition in Norway, often producing research and text books that have been seminal for its further development. The first Power Study of the 1970s had an empirical width concerning governmental surveys that was and still is unique, with its later follow-up every tenth year, in an international comparison. A large empirical study of the structure and working of the ministries (Lægreid/Olsen 1978) was conducted. These surveys have been used as data sources in 13 books and 64 book chapters as well as journal articles since the end of the 1970s, which have contributed significantly to the knowledge base of the central government both in Norway and internationally (Christensen et al. 2009; Christensen/Lægreid 1998b; Olsen 1983; Egeberg 1989). The first Power Study was a big leap forward in Norwegian public administration research and laid the foundation for the international reputation of the Norwegian PA community. The second Power Study, 1998–2003, had less of a systematic PA profile; as it was mainly preoccupied with increasing judicial features and fragmentation of government it also contained studies of demography, scrutiny bodies and New Public Management (Tranøy/Østerud 2001). The Norwegian power studies, as large-scale social science projects funded by government were an international innovation that inspired similar studies in Sweden and Denmark, and which might also serve as an example for other countries.

Realising that it is impossible to understand the development of the Norwegian public administration from an internal, domestic point of view alone has led to a greater interest in comparative studies between countries (Christensen/Lægreid 2001, 2006, 2007; Christensen/Peters 1999; Bleiklie et al. 2009; Jacobsson et al. 2004; Lægreid/Verhoest 2010; Verhoest et al. 2010, 2012).

Over the past years we have witnessed an increasing pluralism in theoretical perspectives and frames of reference in the study of public organisations and institutions in Norway. This has coincided with more attention being given to studies of the internationalisation of political processes, understood as the development of more extensive networks of transactions and organizations among countries. Transnational policy perspectives and the idea that a fourth system level exists in addition to the traditional three characterizing domestic political processes have emerged. There is a growing interest for the implications of globalisation and internationalisation on public administration, and a central set of questions analysed in the ARENA program includes to what extent and in what ways processes of Europeanization influence national institutions of governance in small countries like Norway (Egeberg 2006; Olsen 2007; Gornitzka/Sverdrup 2011). Domestic, administrative institutions have adapted to European integration in an incremental and differentiated manner, and supranational allegiances have become supplements to domestic and national identities and role perceptions (Curtin/Egeberg 2009; Trondal 2010).

■ The influence of Stanford – building networks

We now turn to the influence of international research milieus and networks. Overall political science and PA research in Norway have been heavily influenced by the USA. In PA this is very much reflected in the institutional and individual connection to Stanford University. When Johan P. Olsen met James G. March for the first time at Irvine in California in 1968 a unique collaboration started. Then later, March moved to Stanford in 1971 and participated in developing the organization theory and research milieu there with W.R. Scott and J. Meyer; both of these events represented a unique Norwegian connection to the world-leading organization theory group, but also brought together theories of bounded rationality with more culturally- and socially-inspired organization theories. The collaboration became even firmer when the Scandinavian Consortium of Organizational Research (SCANCOR) was established in 1988, with March as its director.

March and Olsen together have published three seminal books (*Ambiguity and Choice in Organizations* – 1976, *Rediscovering Institutions* – 1989, and *Democratic Governance* – 1995) and 20 articles that have changed the way we think about organizations, institutions and democratic governance. These publications have provided new insight into democratic governance and how political-administrative systems work and change, and have a wider importance within the international research community in political science, organization theory and public administration. The topics that have been essential in their scholarly works include organizational decision-making and learning, processes of organizational and institutional change and the influence institutions have on policy-making and identity formation, democratic governance and design.

In 1972 March and Olsen formulated the Garbage Can Model of decision making in organizations together with the late Michael Cohen (Cohen et al. 1972). This model established a basis for studying loosely-coupled organizations and non-routine decisions. The role that simultaneity, ambiguity and symbols might play for decision outcomes was highlighted. It became a very influential theoretical framework among PA scholars.

A second result from the fruitful cooperation between March and Olsen (1975) is their work on experiential learning under ambiguity, which challenged the dominant idea of a rational learning cycle. The third of their major contributions is the development of a broad institutional perspective on political life launched in the mid-1980s through the concept of the 'New Institutionalism' (March/Olsen 1984, 1989, 1995). Their research paints a picture of public organizations integrated into a complex political and societal network of organized interests and clients. They focus on the potential for democratic governance by combining environmental features, purposeful actors and historically developed institutions.

March and Olsen's scholarly work inspired a Norwegian approach to public administration research which typifies a communal conception of democratic governance, celebrating the sovereign demos as a corporation of equal citizens; while more recent administrative reforms typify an individualistic conception, celebrating the autonomous individual (Olsen 1992, 2007). The communal conception understands a democratic polity as a configuration of fairly enduring institutions, rules and roles (March/Olsen 1989, 1995).

As indicated, early on March and Olsen very much influenced Norwegian PA research through developing and using theories of bounded rationality and Garbage Can but also by challenging the legal-constitutional legacy in political science (Egeberg/Lægreid 1999; March/Olsen 1976). Their particular contribution over the later decades has been to introduce a broad institutional perspective in analyses of the political-administrative system's organisation and functioning (March/Olsen 1989, 1995). This perspective is mainly formulated as an alternative to economic perspectives in political science and public administration, but can also be seen as an elaboration on the theory of bounded rationality and Garbage Can (Roness 2001). March and Olsen (1989) emphasize that politics has both an instrumental and a symbolic, or 'creation of meaning', side and they stress the important distinction between aggregative and integrative processes in politics. The focus turned more to the development of identity and the discretion for democratic governance (March/Olsen 1995). In this regard, they specifically emphasize the development of political capabilities as well as political accounts and adaptiveness.

Other Stanford scholars have also inspired Norwegian PA researchers. W.R. Scott's textbook in organization theory shows his valuable 'taxonomy' competence, sorting out the main trends and schools in organization theory (Scott/Davis 2006). This has provided Norwegian researchers with a firm historical and theoretical basis for their studies. Further the book underlines the importance of theoretical pluralism. Scott's book on organizations and institutions (2013) underlines the importance of 'old institutionalism', which had a tendency to disappear somewhat in the constructivist-inspired macro theories of institutionalism. Especially his distinction between the regulative, the normative and the cognitive pillars of institutionalism has inspired many Norwegian scholars. Third, Scott's book on health systems in the Bay Area is maybe the most impressive empirical study carried out by an organization theorist at Stanford and has inspired many PA researchers in Norway (Scott et al. 2000).

John W. Meyer's seminal article, which he wrote together with Rowan in 1977 (Meyer/Rowan 1977) had a strong influence on clarifying the distinction between technical and institutional environment. During the last two decades, Meyer has developed his theories more in a global direction, stressing the spreading of formalized and rationalized organizations around the world (Meyer 2002; Meyer et al. 2006). Also Woody Powell has been an inspiration to Norwegian scholars. Especially his work on isomorphism, together with DiMaggio, and his work on organizational fields and network theory have been influential (DiMaggio/Powell 1983; Padgett/Powell 2012).

This rather social-constructive school also inspired Norwegian researchers in their studies of public sector reforms. Often labelled the myth or fashion/fad perspective, these theoretical ideas focus on the 'institutional environment'. Røvik (2002, 2007) especially has been developing such a perspective on studies of changes in public administration and he emphasizes that organizations are 'multi-standard organizations', combining institutional components from different 'organization fields'. Christensen and Lægreid (2001, 2007) have developed and used a transformative perspective on public reforms, by discussing the dynamic relationship between environmental, structural and cultural factors. In a book on organization theory for the public sector, PA scholars try to integrate an instrumental, a cultural and a myth perspective on public organizations underlining the specific features of public sector organizations in contrast to private sector organizations (Christensen et al. 2007). Institutional-cultural theories that see public organizations as 'institutionalised organizations', have increasingly been used in empirical studies of public administration (Christensen/Lægreid 2001; Christensen/Peters 1999).

A stronger European focus

Over time the strong Stanford connection has been supplemented with increased inspiration from Scandinavian and European scholars (Sverdrup/Trondal 2008; Roness/Sætren 2009). One good example is the study of increased European integration represented by ARENA, Centre for European Studies, University of Oslo, which has developed a strong European connection through several big European comparative projects. Examples of research projects from ARENA are *The Transformation and Sustainability of the European Political Order, Integration and division: Towards a segmented Europe?* and *The Norwegian Constitution in a Changing European Context.* Other European and international research projects and comparative programs in Bergen include the *Comparative Public Organization Data Base for Research and Analysis*, the *Comparative Research into Current Trends in Public Sector Organizations, Organizing for Societal Security and Crisis Management – Building Governance Capacity and Legitimacy, Coordination for Cohesion in the Public Sector of the Future, Reforming the Welfare State – Democracy, Accountability and Management*, and *Transforming Universities in Europe.* At the University of Agder professors such as Jarle Trondal have also built up strong European research networks and projects in PA.

Norwegian PA scholars are now involved in several European and international scholarly networks such as the Structure and Organization of Government (SOG) research group part of IPSA, the work in groups and panels as part of the European Group of Public Administration, the European Group of Organizational Studies (EGOS) and the International Public Management Network.

One stronghold of public administration research in Europe is the group on political science, administration and organization at Potsdam University headed by Professor Werner Jann. A research group that theoretically, empirically and methodologically belongs to the same scientific family as the Norwegian PA research, combining political science organization theory and public administration. There is a lot of joint interest in the research on the organization of government and administrative systems, public sector reforms and modernization, legitimacy, public policy and management and democratic governance in general. Norwegian PA scholars have extended and strengthened the collaboration with the Potsdam group over several years. They have collaborated in joint research projects linked to studies of 'wicked issues', coordination and accountability in the welfare state and organizing for internal security and crisis management. The collaboration has been strengthened by working together in the EGPA's permanent study groups on public sector performance and governance of public sector organizations, and in workshops in the ECPR's Joint Session of Workshops. There have been joint PhD courses, an active exchange of students, PhD fellows and faculty between Norway and Potsdam in general, and particularly with Bergen. In addition, Werner Jann has been an adjunct professor at Bergen University over several years. This has been a very fruitful collaboration that inspired many Norwegian researchers in Public Administration and Organizational Studies throughout the past decade.

The Scandinavian tradition – distinctiveness and similarities

It is quite easy to point to the fact that the tradition of Scandinavian Organizational Theory, or some label it Scandinavian Institutionalism (Czarniawska/Sevon 1996; Boxenbaum/Pedersen 2009; Engwall 2003), has developed through a dynamic relationship between organizational theory entrepreneurs in Scandinavia and at Stanford University; Norwegian PA research is part of this tradition (Lægreid 2007).

During the 1970s the focus on bounded rationality was supplemented by emerging institutional theories, a feature that has been dominant and increasingly elaborated in Scandinavia ever since. Czarniavska and Sevon (2003) have labelled the Scandinavian way of studying organizations the 'Viking' approach. The main features of this approach are: the ambiguity of organizational choice; that talk and action might be loosely coupled; that the logic of appropriateness is seen as complementary to the logic of consequentiality; that identities and interests are not given exogenously but develop within institutions; that history is inefficient; that change and stability together become an organizational norm; that imitation, diffusion and translation of organizational forms and practice are widespread, and that integration and disintegration is a main tension in organizations (March/Olsen 1976; March/Olsen 1989; Brunsson/Olsen 1993; Brunsson 1989).

Institutional theories and studies of public institutions is one specific feature of Scandinavian organization studies (Thoenig 2003; Christensen/Lægreid 2004). It differs from its American heritage by being more process-oriented, applying qualitative approaches, and also by focusing more on how ideas about organizing are shaped, diffused and translated. Many scholars are embedded in a constructivist tradition, but most of them take a moderate stand and avoid the pure subjectivist position.

It might be difficult to find strong support for a very distinctive Scandinavian way of organization theory (Kreiner 2007). However, the claim can be made that Nordic organization scholarship has been remote enough to evade the 'paradigm police' and connected enough to influence the more vulnerable elements of non-Nordic research community (March 2003). Thoenig (2007) highlights the following features of the Scandinavian way of carrying out organizational studies: a publication practice being able to combine a global and a local approach; strong disciplinary roots combined with interdisciplinary openness; a combination of paradigmatic approaches and empirical pluralism; and processes of co-constructed identities.

One special feature of Scandinavian organisation theory is the interest in the practice of organizing, facilitated by a distinctiveness of Scandinavian organizations, openness and transparency and easy access to organizations, especially in the public sector (Czarniawska/Sevon 2003; Kreiner 2007). Scandinavian institutionalism revolves around the concepts of loose coupling, sense-making and translation (Boxenbaum et al. 2009), but also around the logic of appropriateness (March/Olsen 1989). The idea of loose coupling goes back to the Garbage Can model and is followed up in later studies (Cohen et al. 1972; Brunsson 1989; Brunsson/Olsen 1993). Sense-making is a core idea in *Ambiguity and Choice* (March/Olsen 1976) and later followed up by Czarniawska and Sevon (1996), Sahlin-Andersson (2001) and Røvik (2007), who also addressed the issue of translation.

So what are the distinct Norwegian elements of the Scandinavian tradition of organization theory? The Norwegian approach to organizational studies has a stronger attention to the public sector and less focus on ideas from economics and efficiency in individual organizations and organizational strategies (Christensen et al. 2007). In contrast to the continental European and the US tradition, in Norway political science and public administration are not seen as separate disciplines but as integrated in one discipline (March 1997). Public organizations are integrated into a complex political and societal network of organized interests and clients (March/Olsen 1995; Christensen/Lægreid 1998). The interest for the organizational basis of politics has been a particular characteristic of the Norwegian combination of political science and organization theory inspired by the collaboration with Stanford. The main question is how different institutions affect citizens' living conditions and contribute to a legitimate governance system (Olsen 2012). Administrative institutions and staff affect policy design, preparation and implementation of decisions, and thus whose values, interests and world views are attended to.

The Norwegian PA research has been empirically more ambitious than in other Scandinavian countries (Beck Jørgensen 1996). Our strong tradition of studying public administration by bringing together administrative practice, organization theory and democratic theory is a tradition lost in the US (March 1997). The empirical analyses of organizational design have been dominating, but there are also normative and prescriptive analyses. An organizational perspective on decision-making in formal public organizations is addressing not only formal structure, but also demography and organizational locus have developed (Egeberg 2012).

Organization theory features are more prominent in political science departments than in business schools in Norway, compared to other Scandinavian countries. The balance between the different strands of Scandinavian organization theory has been somewhat different than in other Scandinavian countries, with bounded rationality featuring more prominently as a basic perspective over a long period of time, supplemented by the more typical institutional approaches. The main elements of the Garbage Can model, the main 'streams' of actors, problems, solutions and choice opportunities, have been used most extensively in Norway as the basic analytical elements or tools in many PA studies, as an elaboration of bounded rationality.

■ Conclusion

PA research in Norway has very much been the result of two research entrepreneurs, while their followers have elaborated on the theoretical basis and diversified as well as expanded empirical studies into new areas, but, overall, also followed up the basis established by the founders, which means that it has been a rather homogeneous PA research milieu. The special mixture of political science and organization theory has given Norwegian public administration research a relatively stronger theoretical profile than comparable research in many other countries. A strong argument in the Norwegian research community is that political processes and the content of public policy cannot be fully understood without considering the structure and practice of public administration (Christensen et al. 2007). Norwegian public administration research shows continuity through its focus on the political features and the democratic context of civil service, on formal structure, bounded rationality and internal processes. But it has also been characterized by a development from the intraorganisational approach to the interorganisational, to greater interest for comparative studies and internationalization of public administration.

A main lesson is that public administration faces increasingly complex environmental and internal conditions, reflected in multifunctional organizational forms; administrative reforms in the public sector can be understood as compound reforms that combine different organizational principles based on multiple factors working together in a complex mix (Egeberg/Trondal 2009). Compound administrative reforms are multi-dimensional and represent 'mixed' orders and combinations of competing, inconsistent and contradictory organizational principles and structures that co-exist and balance interests and values (Olsen 2007). It is not a question of hierarchy, market or networks, but a question of how the mixtures of these forms of coordination change in different reform movements and how the trade-off between them is altered. In a composite public administrative system democratic governance is about organizing lasting tensions and shifting balances of power (Olsen 2014). Not only governance capacity matters, but also governance representativity and legitimacy.

The criticism of theories of rational choice has gradually expanded; first emphasizing bounded rationality, then temporal logic, and finally the logic of appropriateness. If we make a distinction between analytical-descriptive studies, where the attention is directed towards how central administration actually is working; prescriptive studies, which are more preoccupied with how public administration can function, and normative studies focusing on how public administration should or ought to work. We will conclude, that analytical-descriptive studies have had a dominant position in Norwegian research on public administration. However, prescriptive and normative studies have been strengthened over time, especially in the last decade.

We have also shown how the PA research tradition has developed through interaction with and learning from international academic institutions and networks. Dahl Jacobsen learned bounded rationality from Simon, and Olsen too brought a great variety of other organization theories home from Stanford, inspiring the PA research in Norway to stay focused on theory. Over the past decade we have seen a strengthening of European connections in Norwegian PA research. Compared to the Scandinavian Institutionalism, as developed in Sweden and Denmark, the Norwegian PA tradition has been more focused on research of public organizations and marginally more focused on bounded rationality. PA research in Norway has also been in the international forefront concerning large surveys and other studies of central civil service, something that is also reflected in Norway having a leading role in comparative large European PA projects.

Summing up, a set of core contributions of the tradition described are its high theoretical profile, combining organization theory and political science and conducting theoretically informed empirical studies of living institutions and organizations. It has an increasingly diversified theoretical profile, integrating instrumental and institutional perspectives. It is using complex theoretical models to analyse complex political-administrative structures and processes, often as counter-acting simplified economic models; it is combining large survey studies and clusters of case studies. The discipline has been able to influence political and administrative life through strong recruitment of PA candidates into government. Social scientists are now the largest group in central government and political scientists held 21 percent of the top civil servant positions in ministries in 2006. PA as a part of political science has become a key disciplinary background for civil servants in Norway. More generally, the PA perspectives have been accepted and used by central actors.

The Norwegian research profile is also a reflection on contextual features like a homogeneous political-administrative system, a high-trust system scoring high on transparency and a collaborating decision-making style, a collective and egalitarian culture, Rechtsstaat norms and integrated participation of stakeholders in policy making and implementation (Christensen 2004).

References

Beck Jørgensen, T. (1996): From continental law to Anglo-Saxon behavioralism: Scandinavian Public Administration. In: Public Administration Review, 56 (1), pp. 94–103

Bleiklie, I./Paradeise, C./Reale E./Ferlie W. (eds.) (2009): University Governance: Western European Comparative Perspectives. Dordrecht: Springer

Boxenbaum, E./Pedersen, J. S. (2009): Scandinavian institutionalism – a case of institutional work. In: Lawrence, T. B./Suddaby, R./Leca, B. (eds.): Institutional Work. Cambridge: Cambridge University Press

Brunsson, N. (1989): The Organization of Hypocrisy. New York: John Wiley & Sons

Brunsson, N./Olsen, J. P. (1993): The Reforming Organization. London: Routledge

Christensen, T. (2004): Modern State Reforms. In: Heidar, K. (ed.): Nordic Politics. Comparative Perspectives. Oslo: Universitetsforlaget

Christensen, T./Lægreid, P. (1998): Public Administration in a Democratic Context – A Review of Norwegian Research. In: Brunsson, Nils/Olsen Johan P. (eds.): Organizing Organizations. Bergen: Fagbokforlaget

Christensen, T./Lægreid, P. (1998b): Den moderne forvaltning (The modern administration). Oslo: Tano Aschehoug

Christensen, T./Lægreid, P. (eds.) (2001): New Public Management. The Transformation of Theory and Practice. Aldeshot: Ashgate

Christensen, T./Lægreid, P. (2004): Public Administration Research in Norway: Organization Theory, Institutionalism and Empirical Studies in a Democratic Context. In: Public Administration, 83 (3), pp. 679–690

Christensen, T./Lægreid, P. (eds.) (2006): Autonomy and Regulation. Cheltenham: Edward Elgar

Christensen, T./Lægreid, P. (2007): Transcending New Public Management. Aldershot: Ashgate

Christensen, T./Lægreid, P. (eds.) (2011): The Ashgate Research Companion to New Public Management. Aldershot: Ashgate

Christensen, T./Lægreid, P. (2012): Administrative reforms in Western democracies. In: Peters, B. Guy/Pierre, Jon (eds.): The SAGE Handbook of Public Administration (2nd ed.) London: Sage, pp. 577–589

Christensen, T./Lægreid, P. (2013a): Context and administrative reforms – a transformative approach. In: Pollitt, Christopher (ed.): Context in Public Policy and Management: The missing link? Cheltenham: Edward Elgar, pp. 131–156

Christensen, T./Lægreid, P. 2013(b): Scancor and Norwegian Public Administation Research Development. In: Nordiske Organisasjonsstudier, 15 (4), pp. 91–110

Christensen, T./M. Egeberg, M./Lægreid, P./Larsen, H. O./Roness, P. G. (2009): Forvaltning og politikk (Administration and Politics). Oslo: Universitetsforlaget

Christensen, T./Lægreid P./Roness P. G./Røvik, K. A. (2007): Organization Theory and the Public Sector. London: Routledge

Christensen, T./Peters, B. G. (1999): Structure, Culture and Governance. A Comparison of Norway and the United States. Lanham: Rowman & Littlefield

Cohen M. D., J./March, G./Olsen, J. P. (1972): A garbage can model of organizational choice. Administrative Science Quarterly, 17 (1), pp. 1–25

Czarniawska, B./Sevon, G. (1996): Introduction. In: Czarniawska, B./Sevón, G. (eds.): Translating Organizational Change. Berlin: de Gruyter, pp. 1–12

Czarniawaka, B./Sevón, G. (2003): Introduction: Did the Vikings Know How to Organize? In: Czarniawska, B./Sevon, G. (eds.): The Northern Lights: Organization Theory in Scandinavia. Lund: Liber

Curtin, D./Egeberg, M. (2009): Towards a New Executive Order in Europe? London: Routledge

DiMaggio, P. J./Powell, W. W. (1983): The Iron Cage Revisited: Institutional Isomorphism and Collectove Rationality in Orgnaizational fields. In: American Sociological Reviews, 48 (2), pp. 147–160

Egeberg, M. (1989): Institusjonspolitikk og forvaltningsutvikling (Institutional politics and administrative development). Oslo: Tano

Egeberg, M. (ed.) (2006): Multilevel Union Administration. Basingstoke: Palgrave

Egeberg, M. (2012): How Bureaucratic Structure Matters: An Organizational Perspective. In: Peters, B. Guy/Pierre, Jon (eds.): The SAGE Handbook of Public Administration (2nd ed.). London: Sage, pp. 157–168

Egeberg, M./Lægreid, P. (1999): Organizing Political Institutions. Essays for Johan P. Olsen. Oslo: Scandinavian University Press

Egeberg, M./Trondal, J. (2009): National Agencies in the European Administrative Space: Government Driven, Commission Driven or Networked? Public Administration. 87 (4), pp. 779–790

Engwall, L. (2003): On the Origin of the Northern Light. In: Czarniawska, B./Sevón, G. (eds.): The Northern Lights. Organization Theory in Scandinavia. Lund: Liber

Gornitzka, Å./Sverdrup, U. (2011): Access of Experts: Information and EU Decision-making. In: West European politics, 34(1), pp. 48–70

Jacobsen, K. D. (1960): Lojalitet, nøytralitet og faglig uavhengighet (Loyalty, neutrality and professional independence). Tidsskrift for Samfunnsforskning, 1, pp. 231–248

Jacobsen, K. D. (1964): Teknisk hjelp og politisk struktur (Technical help and political structure). Oslo: Universitetsforlaget

Jacobsson, B./Lægreid, P./Pedersen, O. K. (2004): Europeanization and transnational states: Comparing Nordic Central Governments. London: Routledge

Kingdon, J. (1984): Agendas, Alternatives, and Public Policies. Boston: Little, Brown

Kreiner, K. (2007): A Scandinavian way in organizational theory: What is the evidence, and does evidence matter? Nordiske Organisasjonsstudier, 9 (1), pp. 83–92

Lægreid, P. (2007): Organization Theory – the Scandinavian way. Nordiske Organisasjonsstudier, 9 (1), pp. 77–82

Lægreid, P./Olsen, J. P. (1978): Byråkrati og beslutninger (Bureaucracy and Decisions). Bergen: Universitetsforlaget

Lægreid, P./Verhoest, K. (eds.) (2010): Governance of Public Sector Organizations: Proliferation, Autonomy and Performance. Basingstoke: Palgrave Macmillan

March, J. G. (1984): How we talk and how we act: Administrative theory and administrative life. In: Sergiovanni, T. J./Corbally, J. E. (eds.): Leadership and Organizational Culture. Urbana: University of Illinois Press, pp. 18–35

March, J. G. (1997): Administrative Practice, Organization Theory, and Political Philosophy: Ruminations on the Reflections of John M. Gaus. In: PS: Political Science and Politics, 30 (4), pp. 689–698

March, J. G. (2003): Afterword. In: Czarniawska, B./Sevón, G. (eds.): The Northern Lights. Organization Theory in Scandinavia. Lund: Liber

March, J. G./Olsen, J. P. 1975: The uncertainty of the past: Organizational learning under ambiguity. In: European Journal of Political Research, 3 (2), pp. 147–171

March, J. G./Olsen, J. P. 1976: Ambiguity and Choice in Organizations. Bergen: Universitetsforlaget

March, J. G./Olsen, J. P. 1984: The New Institutionalism: Organizational Factors in Political Life. In: American Political Science Review, 78 (3), pp. 734–749

March. J. G./Olsen, J. P. (1989): Rediscovering Institutions. The Organizational Basis of Politics. New York: The Free Press

March, J. G./Olsen, J. P. (1995): Democratic Governance. New York: The Free Press

March, J. G./Simon, H. A. (1958): Organizations. New York: John Wiley & Sons

Meyer, J. W. (2002): Globalization and the expansion and standardization of management. In: Sahlin-Andersson, K./Engwall, L. (eds.): The expansion of management knowledge. Carriers, flows, and sources. Stanford/CA: Stanford University Press, pp. 33–44

Meyer, J. W./Drori, G. S./Hwang, H. (2006): World society and the proliferation of formal organization. In: Meyer, J. W./Drori, G. S./Hwang, H. (eds.): Globalization and organization. World society and organizational change. Oxford: Oxford University Press, pp. 25–48

Meyer, J. W./Rowan, B. (1977): Institutionalized Organizations: Formal Structure as Myth and Ceremony. In: American Journal of Sociology, 83 (September), pp. 340–363

Olsen, J. P. (19839: Organized Democracy. Bergen: Scandinavian University Press

Olsen, J. P. (1992): Analyzing Institutional Dynamics. In: Staatswissenschaften und Staatspraxis, 2, pp. 247–271

Olsen, J. P. (2007): Organization theory, public administration, democratic governance. In: Nordiske Organisasjonsstudier, 9 (1), pp. 93–110

Olsen, J. P. (2007): Europe in Search of Political Order. Oxford: Oxford University Press

Olsen, J. P. (2012): Hvor går statsvitenskapen? (Where is political science heading?). In: Norsk Statsvitenskapelig Tidsskrift, 28 (3), pp. 125–151

Olsen, J. P. (2014): Folkestyrets varige spenningen (Lasting tension in democratic governance). Oslo: Universitetsforlaget

Padgett, J. F./Powell, W. W. (eds.) (2012): The Emergence of Organizations and Markets. Princeton: Princeton University Press

Peters, B. G. (2011): Institutional Theory in Political Science: The New Institutionalism (3rd ed.) London, New York: Continuum

Roness, P. G. (1997): Organisasjonsendringar (Organizational Changes). Bergen: Fagbokforlaget

Roness, P. G., Sætren, H. (eds.) (2009): Change and Continuity in Public Sector Organizations. Essays in Honour of Per Lægreid. Bergen: Fagbokforlaget

Røvik, K. A. (2002): The Secrets of the Winners: Management Ideas That Flow. In: Sahlin-Andersson, K./Engwall, L. (eds.): The Expansion of Management Knowledge – Carriers, Flows and Sources. Stanford/CA: Stanford University Press, pp. 113–144

Røvik, K. A. (2007): Trender og translasjoner – ideer som former det 21. Århundres organisasjoner (Trends and translations – ideas that forms the organizations of the 21. Century). Bergen: Fagbokforlaget

Sahlin-Andersson, K. (2001): National, international and transnational constructions of new public management. In: Christensen, T./Lægreid, P. (eds.): New Public Management. The translation of ideas and practice. Aldershot: Ashgate, pp. 43–72

Scott, W. R. (2013): Institutions and Organizations: Ideas, Interests and Identities (4th ed., revised). Thousand Oaks: Sage

Scott, W. R./Davis, G. F. (2006): Organizations and Organizing: Rational, Natural and Open Systems Perspectives. (6th ed., revised). New York: Prentice Hall

Scott, W. R./Ruef, M./Mendel, P. J./Caronna, C. A. (2000): Institutional Change and Healthcare Organizations. From Professional Dominance to Managed Care. Chicago: University of Chicago Press

Selznick, P. (1957): Leadership in Administration. New York: Harper & Row

Simon, H. A. (1957): Administrative Behaviour. New York: Macmillan

Sverdrup, U./Trondal, J. (eds.) (2008): The Organizational Dimension of Politics. Essays in Honour of Morten Egeberg. Bergen: Fagbokforlaget

Thoenig, J.-C. (2000): New Institutionalism and Organization Theory: A Review Article. Public Administration, 78 (3), pp. 455–460

Thoenig, J.-C. (2003): Institutional Theories and Public Institutions: Traditions and Appropriateness. In: Peters, B. G./Pierre, J. (eds.): Handbook of Public Administration. London: Sage, pp. 127–137

Thoenig, J.-C. (2007): Some lessons from nordic way of doing science. In: Nordiske Organisasjonsstudier, 9 (1), pp. 111–117

Tranøy, B. S./Østerud, Ø. (eds.) (2001): Den fragmenterte staten (The fragmented state). Oslo: Ad Notam Gyldendal.

Trondal, J. (2010): An Emergent European Executive Order. Oxford: Oxford University Press

Verhoest, K./Roness, P. G./Verschuere, B./Rubecksen, K./MacCarthaigh, M. (2010): Autonomy and Control of State Agencies. Comparing States and Agencies. Basingstoke: Palgrave Macmillan

Verhoest, K./Thiel, S. v./Bouckaert, G./Lægreid P. (eds.) (2012): Government Agencies. Practice and lessons from 30 countries. London: Palgrave Macmillan

The Future of the Field of Public Administration

Geert Bouckaert

There is a need to reconsider research and teaching at universities for the field of Public Administration. The public sector within a changing society has many challenges and wicked problems to handle, now and in the future. Four major dimensions affect the traditional patterns of supplying and demanding research and teaching in the PA field: the changing role and interaction of the scientific disciplines, the increasingly important role of cultural diversity, the difficulties of anticipating societal futures, and the increasingly demanding behaviour of societies vis-à-vis their public sector to effectively deliver services and develop policies. The driving question is how should future PA research and education be organized in universities?

There are several ideal types labeling these reform processes (Maintain, Modernise, Marketise, Minimise) or models (New Public Management, Neo Weberian State, New Public Governance) (Pollitt/Bouckaert 2011). These reforms have been based on ideology and imitation, but increasingly they are based on 'evidence'. This results in evidence-based reform policies, which require a solid base of research. This chapter refers briefly to the changed dynamics of supply and demand of scientific knowledge in the public sector (or public administration without capitals) and its reforms. This knowledge is gathered in the academic field of Public Administration (with capitals). To the extent that the field of Public Administration is not only following its research object, the public sector, but is also defining the reform agenda itself, and therefore it is a 'forerunner' that drives reforms; to this extent it is crucial that the field of Public Administration prepares its own future for research and teaching. These intellectual efforts have been conducted in the past: the European Bielefeld Project (1986) and the American Minnowbrook Perspectives (1968, 1988, 2008) held once every 20 years, are examples of attempts to prepare the future of the field of Public Administration. Similarly, the Potsdam-Leuven-Perspectives, a project conducted by Professor Jann, of the University of Potsdam, together with the author of this chapter, which was financed by the Alexander von Humboldt Stiftung, is a current research programme effort to develop the future of the field of Public Administration (PA). If PA wants to be relevant for guiding and driving the current and future public sector reform policies, it needs to have these visions of the future. This chapter defines a research programme to develop this future of the field of PA. Hence, it lists more questions than answers.

■ 1. Supply and demand of scientific knowledge on Public Administration: some changing mechanisms

Increasingly, knowledge becomes a driver and a pivot for reforming economies and societies. To make this happen, it is necessary to manage knowledge and organize its production and use. Information is necessary but not sufficient to become knowledge. Knowledge is necessary but not sufficient to become accepted and useful evidence for guiding, controlling and evaluating changing economies and societies. Grounded policies in the public sector need to be 'evidence'-based, including reform policies. This implies that information and data need to be transformed into knowledge that can be used to develop these grounded policies to reform societies and economies (see also European Commission 2007, 2011).

The object of this chapter is knowledge available in the public sector. This knowledge is not contained in one discipline but in many empirical disciplines varying from law, economics, management, and political science, to sociology, psychology, etc. This knowledge is clustered and scientifically organized in the academic field of Public Administration. The chapter is also relevant for knowledge about the content of policies. In that case, the knowledge provided by the field of PA needs to add the specific knowledge of that policy field, such as education, health, security, agriculture, etc.

To make the field of PA fit for purpose, i.e. to develop grounded and evidence-based reform policies for a functional public sector in the future, there is a need to thoroughly reflect on how to organize the supply, the demand, and the match of supply and demand, not just of data and information, but of useful knowledge. To do this, it is necessary to study the shifting mechanisms of PA knowledge supply, demand, and their match (or mismatch).

In analyzing changing and shifting mechanisms of PA knowledge supply, existing actors have changed and new actors are present and emerging. Within universities the shifting structures and practices to organize knowledge is substantial and significant. Three models could be defined in producing knowledge in universities. These three models turned into a sequence of stages, even if all models are currently alive (see also OECD 2011).

What are the implications of these shifts in supplying knowledge? In the interest of a well-equipped public sector, society and economy it is necessary to have a rich variety of supply required by the range of problems to solve. It is also necessary to have a decently organized supply side that can create synergies to specialize, to create complementary capacity and to co-ordinate. Finally, the different types of supply require a range of dissemination patterns and formats, from very academic to more hands-on.

There are also shifting mechanisms of PA knowledge demand. The public sector has become complex in itself. As an instrument to solve, anticipate and respond, its complexity needs to be at the same level as its environment to which it responds. To the extent that problems become 'wicked' or 'unsolvable' the public sector needs to provide extra proof of its legitimacy based on its capacity to solve problems. If a public sector is not able to be part of the solution of problems, it becomes part of the perceived problems. Also, previously the public sector, as the representative of the state, was above all parties. Now, the public sector is increasingly not automatically above all actors anymore but becomes a partner with other actors. This affects the borderlines and interfaces of the public sector. Previously, the inside and outside the public sector was clearly delineated. This was also supported by separate legal frames, at least in administrative law based countries, contrary to common law based countries. Now, the public sector uses a lot of private sector law within the public sector. Inside and outside become less clear, and there is a permeable interface with the outside. Previously, stability allowed having long-term visions where short-term fitted very well. Now, short-term becomes very dominant, unpredictable and heterogeneous, and does not fit very well anymore with long-term issues.

As a consequence demand for PA knowledge has changed. In this context the demand for adequate and fit-for-purpose knowledge becomes essential for its own purpose. The demand for PA knowledge has significantly shifted from stable and predictable questions to dynamic and unpredictable issues to solve; from internal demand to internal and external demand; from homogeneous predictable and long-term to heterogeneous unpredictable and short-term; and from one dimensional to multidimensional demand.

Finally, there are shifting mechanisms of matching supply and demand. When mechanisms of supply and demand are shifting, then consequently, it is normal to expect that the mechanisms that need to match supply and demand are also shifting. In theory there are four positions depending on whether knowledge is supplied or not, and whether this knowledge is requested or not. These four positions could be labelled as ignorance, mismatch, or match.

2. The Future of the Field of Public Administration: Previous Efforts

The future of the field of PA needs to take changes in societal reality into account as well as changes in the public sector and changes in paradigms in PA. There have been several efforts in the past to redefine the future of the field of PA. The Bielefeld Project (1986) was about establishing an intellectual state of the art of PA with relevance for future challenges; the three Minnowbrook meetings (1968, 1988, and 2008), held once every 20 years, were US visions of their PA future.

The Bielefeld Initiative (1986) was an academic initiative taken by some of the 'giants' in the field (Kaufmann, Majone and Ostrom) to summarize issues of PA looking at challenges and disciplines, at problems and contestable issues, from broad perspectives such as history, biology, political science, economics, philosophy, but also managerialism (guidance, control, evaluation), with a reflection on experience, theory, and design. Key paradigms, topics and issues were anticipated in this initiative (e.g. the blurring of the distinction of state and society announcing 'governance', the measuring of performance, 'quangocratization', the coordination problems, etc.).

In 1968, the first Minnowbrook conference (Minnowbrook I) was organized (Marini 1972). The 1960s, in the USA, were considered and perceived as a time of unusual social and political turbulence. Waldo concluded that "neither the study nor the practice of public administration was responding suitably to the escalating turmoil and the complications that arose from those conditions". At Minnowbrook I (1968) only scholars under 35 years old were admitted to this Syracuse University conference. The meeting resulted in a demand for a New Public Administration ('Toward a New Public Administration: The Minnowbrook Perspective'). In general this was seen as a shift towards a more normative approach. There was also an emphasis to be 'relevant'. Finally, there was an effort to define the 'optimal future' of the state of PA, of the School of PA and of the Curricula of PA.

Minnowbrook II (1988) was headed by Georges Frederickson (Frederickson/Mayer, 1989). It focused on Public Management in an Interconnected World ('Essays in the Minnowbrook Tradition'). In general this was a move towards more management. The context was one of privatization, contracting out, and the role of non-state actors. A second difference was that the second edition was attended by a variety to disciplines.

What is striking is how USA-focused both conferences were, and how they were connected to the US political cycles (I: Vietnam; II: the end of the Reagan era). Minnowbrook III (2008) gathered about 200 'young' scholars to discuss how "public service can better respond to the turbulence and critical problems of our times" (sic) (O'Leary et al. 2010). Since NPM has not offered the solutions that were expected to resolve conflicts and tensions, other solutions were needed. This version addressed "the future of PA around the world"; 'around the world' should not be exaggerated since only some researchers from Mexico and South-Korea were present. This version was more about public administration's challenges of the future (as the practice of administrating), and not about the future of PA (as a field of research and teaching).

Academic disciplines, as organized at universities, are traditionally divided in faculty stove pipes or silos and are basically disconnected. While problems converge, disciplines continue to specialize and become ever more fragmented and 'autopoetic' (Luhmann). Academics stay within their own discipline and citation circle. On the one hand, area studies such as culture, security, agriculture, sports, health, etc. are gaining importance, and some of them are even importing PA knowledge such as strategic planning, monitoring, evaluation, policy design, policy instrument selections, implementation, and managerial concepts to run organizations in these policy fields. On the other hand, the disciplinary university faculty ghettos are fiercely defended and reinforced by ever more dogmatic 'refereed journals'. This is unfortunately also the case for law, economics, psychology, sociology, political science, anthropology, and obviously it impacts on 'Public Administration' (the academic field of researching and teaching). We need the traditional disciplines, their theories, methods and concepts, but these are less and less interested in the practical, messy, untidy and sometimes confusing field of PA.

The European PA community needs to launch an initiative of its own combining to 'take stock' and to 'prepare the future'. Also, such an initiative should go beyond the existing ones to develop a 'PA think strategy' to influence the public administration practices. The future of PA should prepare and anticipate, not in a re-active but in a pro-active way, the next realities of public administration.

Combining the three observations of changing realities, the increasing fragmentation of disciplines and the increasing connectedness of problems may allow tackling global governance issues, wicked problems, complex societal chains, and the like. This may imply not only interdisciplinarity but parallel and sequential disciplinary research. And, this may imply not only disciplinary education and research, but also problem-driven education and research with the kaleidoscopic disciplinary views of tackling problems.

The implications for teaching/training, research, and problem-solving may vary from discipline-driven to problem-driven teaching and research, different accreditations, mono-, multi-, and inter-disciplinary research for global, wicked, and chain problems. Therefore there is a need to rewrite the logic of the Bielefeld Project to reinvent the logic of Minnowbrook I, II, and III, and above all, to translate this to a European voice in this debate.

3. The Future of the field of Public Administration: The Potsdam-Leuven-Perspectives (PLP)

The purpose of the PLP-initiative is to frame the future research and teaching activities of PA. Four dimensions are emphasized: the changing role and interaction of the scientific disciplines, the increasingly important role of cultural diversity, the difficulties to anticipate societal futures, and the increasingly demanding behaviour of societies vis-à-vis their public sector practice.

3.1 Keeping an eye on the disciplines: PA: from problems to understanding to solutions?

The case of the interaction of public and administrative law and public sector reform is crucial in administrative law based countries. Many European countries, but also the USA are administrative law countries not common law countries, which had to absorb elements, instruments, mechanisms of New Public Management. The travelling of these NPM ideas didn't turn continental Europe into NPM countries since this is reserved for the common law Anglo Saxon countries. These amended systems could be called Neo-Weberian systems. The development of these systems could be a distinct European agenda.

To keep an eye simultaneously on the range of relevant disciplines should have an impact on the supply and demand of knowledge. It is essential to re-emphasize the existence of economics, law, psychology, political science, history, anthropology, and other disciplines in the field of PA. This implies that also methods such as surveys, experiments, modelling, process-tracing, or ethnography need to be more imported into PA. From a theoretical point of view, the whole range of grand theories, middle-range theories, and micro theories need to be explored, including models. The dynamics of the rise and decline of paradigms, sometimes related to the rise and decline of a discipline within PA, needs also to be taken into account. This may imply preparing Weber's Renaissance or developing a Neo-Weberian paradigm.

In all OECD public sectors (elements of) New Public Management (NPM) based reforms have been implemented. These NPM reforms are predominantly based on economic neo-institutionalist and market logics with a focus on results defined as economy, efficiency, and effectiveness. The implementation of these reforms has been more intense, profound and coherent in common law based systems. Many of the techniques on the reform menu have been transferred to administrative law systems, which traditionally focus on due process, as if the legal framework was not a relevant independent variable. Most of the reform research was also conducted in Anglo-Saxon countries, which are predominantly common law countries, except for the USA. There is a scientific intuition and expectation by academics and practitioners that an administrative law based system, as exists in continental Europe, does make a difference for the functioning of a performing system, for the dynamics of its reform trajectories, and for particular performance potentials (Bouckaert 2006).

The research logic, in principle, states that when a Weberian administrative bureaucracy shifts to a more managerial system such as a Neo-Weberian system (NWS), or New Public Management (NPM), or New Public Governance (NPG), the initial and traditional administrative legal framework will not be fit for purpose and will need adjustment since it interacts with this reform agenda (see figure 1). In the short term, incremental and ad hoc (policy-field-related) adjustments may suffice. However, in the long term, a more stable and sustainable interaction of administrative and managerial practices and this legal embeddedness will require a more significant adjustment and change. In this case, it will be interest-

Figure 1: Research rationale for mapping reform in Administrative Law and Public Administration

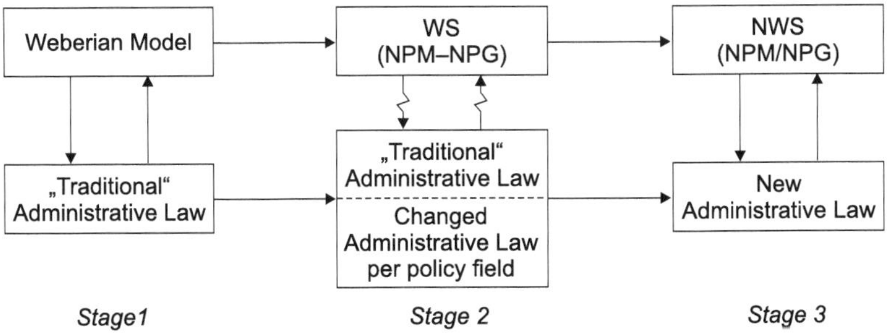

ing, from a bench-learning perspective, how a similar but still different a country like Germany has 'managed' the adjustment to better match this shift to NWS/NPM/NPG.

The interaction of Public Administration and Law should be studied from the point of view of how to enhance reform for increased performance, an almost common objective of all reform programmes, according to the following syllogism:

- there is an understanding and agreement that administrative practices need to change and reform for improved performance;
- since reform measures taken need to be, or are legally framed, a legal context is needed that is facilitating administrative law changes that support reforms driven by performance. The central thesis is that the classical administrative law/rule of law tradition in countries, such as Germany needs adapting to performance orientations.

As a reaction the legal framework could:

- remain the initial, traditional and unadjusted system;
- partially adjust and therefore become uncoordinated, incoherent, unsystematic, and unsustainable;
- be reviewed and adjusted to fit its purpose.

This triggers the question of how and under what circumstances the legal context, legislation and regulations need to be (re)designed to (positively) facilitate public sector reform in the direction of NWS/NPM/NPG, and (negatively) to avoid hindrances to avoid non-implementation, and to avoid undesired and unintended practices. Which performance-driven reforms and legal initiatives could be initiated to improve performance?

The research on public sector reform, from the public administration field, is very rich, systematic, updated and well-spread (see e.g. Pollitt/Bouckaert 2011). However, this is not the case for the legal dimension of the reforms or for the interaction between these reforms and the legal dimensions.

One of the major aims of this agenda is to make a critical assessment of the role and conditions of continental European administrative law systems in general. Historical neo-institutionalism states the existence of path dependency in general (Baumgartner/Jones 2002; Pierson 2004; Kay 2006), and for the whole 'reform process' in particular (Pollitt et al. 2009). To the extent that legal and regulatory frames belong to significant antecedents, this may have an impact on the process and the effects of importing a performance-driven reform agenda. Also, theories and models of the effectiveness of rules and regulations are emerging. It is assumed that releasing legal constraints results in more flexibility, which may allow to use resources (financial and human), possibilities to contract in or out, shift between budget lines (less budget line items), transfer budgets to the next budget years, etc. in a more performance-focused way. Flexibility of legal frames (choice of frames, relaxed procedures, etc.), e.g. for personnel, may result in improved performance. Flexibility of rules and regulations to include participation and co-governance leads to more legitimacy and higher levels of citizen satisfaction.

It has often been indicated that an important shift of the tasks of the State and of its administrative framework has fundamentally altered the role of the administration in realizing effective public sector reform. Administrative law has evolved from a basically unilateral approach that was focused upon the role of the State towards a more reciprocal branch of law. The development of new mechanisms has largely influenced this evolution. Concepts such as public-private partnerships or (partial) contracting out frameworks have narrowed the original summa divisio between public and private law. Also, the recognition of 'mediation' which includes a concern for functionality and openness for procedural options, and the awareness that administrative law should 'solve' conflicts (Lancksweerdt 2013) is emerging. In continental Europe some research has raised the generic topic (Dragos et al. 2011/2012; Lienard 2005; Zouridis 2011/2012), or more country-specific (e.g. in Switzerland, Lienard 2011/2012). The European level and its efforts to 'streamline' administrative law systems to reach higher levels of legitimacy and effectiveness are expressions of a shift that reaches out to an agenda of an administrative law system that wants to contribute to solutions, rather than become part of a 'problem' (Ziller 2005; Craig 2012). Research is scarce, ad hoc, unsystematic, and fragmented. This proposal is aimed at looking at this interaction between public and administrative law and public management reform in a systematic and structured way.

It goes without saying that it is not a coincidence that concepts such as contracting out or public-private partnerships both originate from British law where the divide between public and private law is not as clear as on the continent. The British approach originally differed fundamentally from the continental approach and more specifically from the approach in Belgium and France. The fundamental distinction lies in the element that British law analyses that the State should, in principle, be considered subject to the same Rule of Law as its citizens. This is what is called Common Law. The Common Law approach has serious consequences as it does not include an important legal divide between public and private law, nor does it include an important divide between the organization in the public and the private sector. As a consequence, certainly during and after the Thatcher years, the private sector management model was often used as an example for the public sector.

The ideas of new management models in the public sector (e.g. NPM) have significantly influenced the science of public administration in a comparative manner. This has resulted in proposals for public sector management reforms and related toolkits. However, these proposals stand, in principle, at odds with the framework of administrative law contexts in general.

3.2 Keeping an eye around us: How to take different cultures seriously?

A second dimension is cultures and values. How to take different cultures and values into account in the endeavor of developing PA for the future?

PA has been very Western-oriented, even very USA-oriented. The emerging countries (BRICS, but also others) will want to develop their own PA traditions taking their culture into account. Asian (Confucianism, Taoism), Arabic (Muslim), African, Latin-American PA should be taken into account. How does this affect research and teaching? How does this affect knowledge about public administration realities?

A recent controversy about 'governance' showed this cultural component. According to Fukuyama, the Western concept of governance includes democracy which is not the case in the Asian definition: it is possible to have good governance without democracy. The whole ambition to export the Western model to developing countries ignores the PA cultural diversity and the range of values in societies. To the extent that Western societies include more variety and diversity of cultures and values it must have an impact on the functioning of our public administrations and therefore on PA (Jann 2000).

This focus on culture is important for a range of reasons:

- the effectiveness of teaching, researching, and counseling in a context of other cultures in general, and developing countries in particular,
- governance of multicultural international organisations (Priebe 2000; Christoph 1993),
- managing effective policies in Western multicultural societies.

There is an abundant literature on organisational culture in general and on the impact of national cultures on organisational performance in particular (Bouckaert 2007), even if most of this research is within the business sector and has been driven by multinational company issues. The assumption for this research type is that culture does make a difference and that the knowledge of this is beneficial for organisations. A general conclusion is "[t]hat the cultures of organizations have an important influence on effectiveness" (Denison/Mishra 1995, p. 220).

Organisational effectiveness and culture have been modelled and studied substantially. There is Cameron and Quinn's Competing Values Framework (1999), Hofstede's IRIC model, Quinn Rohrbaugh's FOCUS-model, and many others. This becomes clear in the following, inexhaustible, selection of studies.

Individual and collective cultures should be distinguished when, e.g. performance-related pay systems are developed or when training is organised (Earley 1994; Brown/Humphreys 1995; Morris/Davis et al. 1994; Johansen/Mc Lean 2006).

Obviously power and culture is connected and 'masculine/feminine' cultures do make a difference. According to Jaeger in

> "the more 'masculine' United States, jobs are 'masculinized' allowing for individual performance. In the more 'feminine' Scandinavian countries jobs are 'femininized', allowing for the development of interpersonal relationships." (Jaeger 1986, p. 185)

Apart from the challenge of finding the cultural determinants of organisational performance two other elements are pending in the scientific debate.

There is still a remaining discussion on how dominant macro culture is for meso, and meso for micro, and micro for nano culture. Or, phrased differently: to what extent can an organisational culture be specific and divergent from a broader cultural environment since "not only the national preference influences the values within an organization but the values of its founders and important leaders of its sector are also influential" (Muijen/Koopman 1994, p. 367). Ultimately this debate is about generic versus contingent management and three positions are observed.

First, there is a more generic point of view. Even if an anthropological methodology was used, Wilkins and Ouchi are stating that "[c]ontrary to the currently popular notion of organizational culture, we claim that the existence of local organizational cultures that are distinct from more generally shared background cultures occurs relatively infrequently at the level of the whole organization" (Wilkins/Ouchi 1983, p. 468). Books comparing very different countries, e.g. Japan and Germany (Muramatsu/Naschold 1997), or Hungary and Queensland (Australia) (Hajnal 2004), or Canada and South Korea (Dastmalchian et al. 2000) may suggest a common base. However, this is only the case at a high level of abstraction.

Second, there is a mixed point of view; according to Morris, Davis and Allene (1994) "[w]hen examining corporate entrepreneurship, the influence of national culture may be moderated by the influence of organizational culture. While organizational culture might be expected to reflect national culture, it may also have its own distinct characteristics" (1994, p. 65f.). But by stating that deeper insights regarding the relationship between individualism-collectivism at the societal and organisational levels are needed, they take a mixed position.

Third, there is the contingent point of view. Within the contingency cluster of theories and models, the pending discussion is still how macro, meso and micro are affected and interacting.

Expressed with a negative slant, Laurent concludes his study casting "serious doubt on the universality of management and organizational knowledge and praxis" (Laurent 1983, p. 95).

According to Earley a cultural contingency approach is needed for subsequent research on self-efficacy, but also "to understand managing in an intercultural context requires a depth of understanding at both the cultural and individual levels" (1994, p. 115). This was also confirmed by Brown and Humphreys, that management instruments developed in the Western world may need to be modified and adapted in order to fit the cultural beliefs, values and expectations of developing nations (1995, p. 10). Newman and Nollen said that "management practices should be adapted to the local culture to be most effective" (1996, p. 764). It means for example that employee participation will enhance performance in the USA, but in countries with high-power distance such as Latin America and East Asia it is likely to worsen it.

A major consequence of this cultural contingency approach is that management reforms should be congruent and matching the cultural features, otherwise they will be difficult to be functional or simply be ineffective (Hofstede 1993, 2001).

A derived conclusion is in many cases that one size (of management) does not fit all (cultural) purposes. A derived strategy or tactic is then to choose these management methods and techniques that fit the culture, based on the knowledge of these cultures. For this reason PA research from different cultures is needed to better understand how similarities and differences allow for reform policy transfers, or not.

3.3 Keeping an eye on the futures: PA: trusting utopias and distrusting dystopias?

What do logics of appropriateness look like? How do utopias appeal to public administrations and to Public Administration (what are the hidden values in our theories?) What is public administration in utopia/dystopia?

And, what is utopia/dystopia in Public Administration? Are we moving to new or post-democratic systems in the West, and what does it mean for public administration? What does it mean that the legitimacy of democratic institutions seems to be diminishing, while technocratic, non-majoritarian institutions gain acceptance and legitimacy? This vector is about values, politics, democracy, citizenship versus the state, trust.

This third dimension is about preparing knowledge of futures of PA. This has an implication of causality but also of teleology, which may be connected to ideology. It is also about the value of the public share in society its Public Value and the range of public values. Reform drivers could be based on a causal logic (path dependency) or a teleological logic (backward mapping). Historically, these futures could be based on social critiques (Thomas Morus) leading to new state models, or on scientific innovations (H. G. Wells) leading to new societies. It is interesting to see that from the twentieth century on the number of dystopias has outnumbered the number of utopias. In any case, there is an unbalanced evolution (Elias). The increase in knowledge on technology and nature is higher than the increase in knowledge in social sciences and certainly in Public Administration, also because of the disciplinary disconnectedness. As a consequence the capacity to control technology and nature became higher than the capacity to control societies or the public sphere. The implications for PA are that logics of 'consequences' need to be equilibrated with logics of 'appropriateness', that the normative question of 'good' governance becomes more relevant, that questions about governance without government, and governance without democracy appear to be unavoidable. Finally, the knowledge about futures, and the attitudes towards values become relevant for leadership training.

3.4 *Keeping an eye on practice: PA: what do we know that works and what doesn't work, when and how?*

A fourth dimension is the interaction of public administration and PA itself, as a driver or a follower. How to organize accumulation of knowledge in PA? How to develop a research cycle around a theme? How to strengthen comparative research and mission-driven teaching? How to bridge PA disciplines and its scientific approaches with public administration practices? To what extent is PA a driver for realities or just following these realities (see also Posner 2009)? This is relevant for all civil servants and the leadership of Senior Civil Servants (Van Wart/Hondeghem 2015).

Key questions are: How to organize accumulation of knowledge in PA? How to develop a research cycle around a theme? How to strengthen comparative research and mission-driven teaching? How to bridge PA disciplines and its scientific approaches with public administration practices? (Posner 2009)

■ 4. Preparing the field of Public Administration for the future

The question whether the field of public administration education is prepared for the future of the public sector in Europe is a complex question, which needs to be unpacked to give a grounded answer. Unpacking this question means that we need to discuss not just what educating the field of public administration means, but also that we need to have some idea of what the future of public administration will look like, with a range of uncertainties, and how these two topics interact. To cover this, at least three issues need to be discussed: what is the mental frame we take? How do we determine the content of our teaching and training? How do we institutionalize this to make sure our changes and improvements are accumulating and irreversible (see also Randma-Liiv 2005; Hajnal 2003; Cepiku 2007; Floc'h 2008).

The mental framework is an essential starting point. It is important to state what we do not want. We do not want the public administration teaching and training, which we offer now for the current public administration, to be offered for the future. If we were to take that position, it would mean that we are convinced that the current PA teaching and training is sufficiently generic or one-size-fits-all, also for changing circumstances, or we assume that the future public sector will look approximately the same as the current one. There are many arguments to think that both positions are suboptimal in their problem-solving capacity. This is too much of a single-loop ET (Education and Training).

A second mental framework we do not want is that the public sector is shaping our teaching and training. This position could be a bit more disputable. Do we accept a contingency-driven teaching and training? Circumstances, especially changing circumstances, are shaping and determining our teaching and training. Of course, our ET should be responding to changing circumstances and take these changes into account. This happens in many programmes and is needed as mental frame. It is necessary, however, it is not sufficient. This position is too passive, too reactive, and puts ET too much in an instrumental position which potentially becomes a weak part in the chain of PA since there are time lags in adjusting programmes to realities, and it focuses too much on reproduction, even of new situations. This mental framework is too weak to consider ET as a driver for innovation. It is too much adjusted single loop, perhaps some double loop learning. Also it is in many cases too little, and too late, when major reforms are needed and new leadership is necessary.

Therefore we need to re-invent, anticipate and innovate our teaching and training according to a mental framework where PA teaching and education is pro-actively shaping our future public sector. This assumes a conviction that ET has a voluntaristic capacity to change realities. It also assumes that innovative ideas are determining future practices, and that they become sustainable by importing these in organizational practices. This results in renewing organizational memories. This mental framework is not just voluntaristic, and idealistic (even perhaps Hegelian), it is also producing – not just reproducing – new realities. Teaching and training in PA, at universities, and even more at national schools, becomes smart double loop and meta-learning. It becomes smart double since it is about adjusting to future and expected standards, not just about brand-new standards. It also becomes meta-learning (or deuteron-learning) since it includes, accepts, actively encourages key concepts such as risk, ambiguity, openness, change, flexibility, etc. This is not just about anticipating scenarios and different options. This is about a changed public sector that is able to handle unexpected situations. The key concepts in the mental framework are systemic features and questions such as responsibility and accountability, performance, state of law and due process, equity, transparency, checks and balances, ownership and partnerships, etc.

The related question then is how to develop such a mental framework that makes PA a 'forerunner', which sets the reform agenda. There are probably three drivers to feed such a mental framework which needs to be made explicit. To be relevant, PA teaching and training for the future needs to be research driven; it needs to be future-problem driven and it needs to be future-context driven. This implies that a generic answer is not sufficient, even if generic elements and components should be considered.

A second debate is about the content, obviously derived from the mental frames developed. It is important to consider some key strategic principles to generate and test contents. There are certainly four principles to be considered.

First, the shift from public sector to public service has significant implications for organizing service delivery and developing policy cycles in the public space. It includes blurred borderlines, chains of delivery, partnerships, shared services, cloud sourcing, cooperation, data sharing, etc.

Second, the shift from monopoly (of the public sector) to oligopoly requires less hierarchy-based mechanisms and more market-type mechanisms and network-type mechanisms. It also requires a reflection on a fair and functional mixture of related tools and techniques to coordinate. This results in generating information for comparisons of models and performance across country and language borders. Exchange of students and staff involved in education and training across countries and cultures is a requirement to determine content.

Third, public space should not only be prepared for different (renewed) types of routine delivery of services, but also for new, innovative deliveries, and for coping with crises. These three types of needs, routine, innovation, and crises, require different capacities, skills, resources, structures, etc. A performing and sustainable public space needs to be prepared for these three different situations: how to deliver reliable routine services, how to innovate new ways of delivering and functioning, how to cope or solve a crisis.

Fourth, increasingly there is a need to recognize that public administration teaching and training is not just about disciplinary parts (law, political science, management, etc.) but is also about bringing these disciplines together at the level of problem solving through service delivery and policies. Instead of teaching and training for experts which are disciplinary disconnected and become the centre, there will be a need to teach and train with a focus on routine delivery, innovation, and crisis, as a centre, but from a disciplinary caleidoscopic point of view. Designing a PA teaching and training programme with a routine delivery, an innovation, and a crisis as a point of departure requires then to involve law, economics, management, political science, etc., not vice versa.

These four strategic principles could serve as a base-line for the next generation of PA teaching and training principles.

All this does not happen automatically and spontaneously. There is a need to organize this by building and renewing institutions. In reality, PA is part of defined faculties or schools which increasingly are subject to accreditation. It is crucial that the structural embeddedness and the related accreditation and quality control systems are owned by the PA community, nationally and internationally. For this reason, at least four measures should be taken.

First, national and international public administration communities should include teaching and training in their agenda of critical reflections through study groups or panels. This should result in a grounded debate driven by research, problems, and context. It is important that national and international PA communities share this information and the lessons learned.

Second, we need to connect different regions to make similarities and differences more explicit. This includes not just a leveling-up in certain cases, but also a possibility to recognize identity and diversity of PA teaching and training. It also helps to organize quality control systems.

Third, there is a need to define the governance system and principles of accreditation. Market-driven accreditation is very different from network- and peer-review-driven accreditation. In any case, there is a need to organize learning cycles and improvement strategies. There is also a need to have transparency, definitions of responsibility and accountability, and sufficient checks and balances in the whole accreditation system of our teaching and training.

Fourth, it is essential to organize the memory of our teaching and training organizations. This requires also a solid organization in itself, which guarantees an efficient and effective production of teaching and training, a receptive demand, and a sustainable and functional match of this qualitative supply and qualitative demand of PA teaching and training.

References

Baumgartner, Frank R./Jones, Bryan D. (eds.) (2002): Policy Dynamics. Chicago: University of Chicago Press

Bouckaert, Geert (2006): Towards a Neo-Weberian Administration. In: Bogumil, Jorg/Jann, Werner/Nullmeier, Frank (eds.): Politik und Verwaltung (Politische Vierteljahresschrift, Sonderheft 37), pp. 354–372

Bouckaert, Geert (2007): Cultural Characteristics from Public Management Reforms Worldwide. In: Schedler, Kuno/Pröller, Isabella (eds.): Cultural Aspects of Public Management Reforms. Elsevier: Amsterdam, pp. 29–64

Brown, Andrew D./Humphreys, Michael (1995): International cultural differences in public sector management. In: International Journal of Public Sector Management, 8 (3), pp. 5–23

Cameron, Kim S./Quinn, Robert E. (1999): Diagnosing and Changing Organizational Culture: Based on the Competing Values Framework. Addison-Wesley: Reading/MA

Cepiku, Denita/Meneguzzo, Marco (2007): Public Administration Education in Italy: A statistical analysis. In: Public Administration and Teaching Permanent Study Group Paper presented at the 2007 EGPA Conference, 19.–22. September 2007, INAP, Madrid, Spain

Christoph, James B. (1993): The effects of Britons in Brussels: The European Community and the Culture of Whitehall. In: Governance, 6 (4), pp. 518–537

Commission of the European Communities (2007): Green Paper: The European Research Area: New Perspectives. Brussels, COM (2007) 161

Craig, Paul (2012): EU Administrative Law. Oxford: Oxford University Press

Dastmalchian, Ali/Sangho, Lee/Ng, Ignace (2000): The interplay between organizational and national cultures: a comparison of organizational practices in Canada and South Korea using the Competing Values Framework. In: International Journal of Human Resource Management, 11 (2), pp. 388–412

Dragos, Dacian/Gellen, Marton/Kovac, Polonca/Langbroek, Philip M. (2011/2012): Special Issue: Law and Public Management Revisited. In: The NISPcee Journal of Public Administration and Policy, IV (2), pp. 9–22

Early, P. Christopher (1994): Self of Group? Cultural effects of training on self-efficacy and performance. In: Administrative Science Quarterly, 39, pp. 89–117

European Commission (2011): Green Paper: From Challenges to Opportunities: Towards a Common Strategic Framework for EU Research and Innovation Funding. Brussels: COM(2011) 48

Fisch, Stefan (2000): Verwaltungskulturen, Geronnene Geschichte? In: Die Verwaltung, 33, pp. 303–325

Floc'h, Benoît (2008): La guerre des MPA, masters pour leaders. Le Monde de l'Education, Dossier 'Qui forme l'Elite?', 369 (05/2008), pp. 51–65

Frederickson H. George/Mayer, Richard (1989): Minnowbrook II, Changing Epochs of Public Administration. In: Public Administration Review, 49 (2), pp. 95–227

György, Hajnal (2003): Diversity and convergence: A quantitative analysis of European public administration education progams. In: Journal of Public Affairs Education, 9 (4), pp. 245–258

György, Hajnal (2004): Administrative Culture and New Public Management Reforms in a Comparative Case Study. Budapest: Budapest University of Economic Sciences and Public Administration, p. 176

Hofstede, Geert (1993): Cultural constraints in management theories. In: Academy of Management Executive, 7 (1), pp. 81–94

Hofstede, Geert (2001): Culture's consequences: comparing values, behaviors, institutions, and organizations across nations. Thousand Oaks/CA, p. 596

Jaeger, Alfred M. (1986): Organization development and national culture: Where's the fit? In: Academy of Management Review, 11, pp. 178–190

Jann, Werner (2000): Verwaltungskulturen im internationalen Vergleich. In: Die Verwaltung, 33 (3), pp. 325–351

Johansen, Barry-Craig P./McLean Gary N. (2006): Worldviews of Adult Learning in the Workplace: A Core Concept in Human Resource Development. In: Advances in Developing Human Resources, 8 (3), pp.321–328

Kaufmann, Franz-Xaver/Majone, Giandomenico/Ostrom, Vincent (1986): Guidance, Control, and Evaluation in the Public Sector (The Bielefeld Interdisciplinary Project). Berlin, New York

Kay, Adrian (2006): The Dynamics of Public Policy: Theory and Evidence. Cheltenham

Lancksweerdt, Eric (2009): Handboek burgerparticipatie: een juridische verkenning toegespitst op het lokale bestuursniveau, met verdere beschouwingen over de ontwikkelingsmogelijkheden van onze democratie. Brugge

Laurent, André (1983): The cultural diversity of Western conceptions of Management. In: International Studies of Management and Organizations, 13 (1–2), pp. 75–96

Lienhard, Andreas (2011/2012): New Public Management and Law: The Swiss Case. Special Issue: Law and Public Management Revisited. The NISPcee Journal of Public Administration and Policy, IV (2), pp. 169–194

Marini, Frank (1972): Toward a New Public Administration: the Minnowbrook Perspective. London, Toronto

Meier, Kenneth J./O'Toole, Laurence. J. jr/Boyne, G./Walker, R. (2007): Strategic Management and the Performance of Public Organizations: Testing Venerable Ideas against Recent Theories. In: Journal of Public Administration Research and Theory, 17 (3), pp. 357–377

Morris, Michael H./Davis Duane L./Allene, Jeffrey W. (1994): Fostering corporate entrepreneurship: Cross-cultural comparisons of the importance of individualism versus collectivism. In: Journal of International Business Studies, 25 (1), pp. 65–90

Muijen Jaap J. van/Koopman Paul L. (1994): The influence of national culture on organizational culture: a comparative study between 10 countries. In: European Work and Organizational Psychologist, 4 (4), pp. 367–380

Muramatsu, Michio/Naschold, Frieder (1997): State and Administration in Japan and Germany. A Comparative Perspective on Continuity and Change. New York, p. 349

Newman, Karen L./Nollen, Stanley D. (1996): Culture and congruence: the fit between management practices and national culture. In: Journal of International Business Studies, 27 (4), pp. 753–779

O'Leary, Rosemary/Van Slyke, David M./Soonhee, Kim (eds.) (2010): The Future of Public Administration around the world: the Minnowbrook Perspective. Washington/D.C.

OECD (2011): The Call for Innovative and Open Government. Paris

Pierson, Paul (2004): Politics in Time: History, Institutions and Social Analysis. Princeton

Pollitt, Christopher/Bouckaert, Geert (2011): Public Management Reform: A Comparative Analysis. In: New Public Management, Governance, and the Neo-Weberian State. Oxford, p. 367

Pollitt, Christopher/Bouckaert, Geert (2009): Continuity and Change in Public Policy and Management. Cheltenham

Posner, Paul L. (2009): The Pracademic: An Agenda for Re-Engaging Practitioners and Academics. In: Public Budgeting and Finance, 29 (1), pp. 12–26

Priebe, Reinhard (2000): Anmerkungen zur Verwaltungskultur der EU. In: Die Verwaltung, 33, pp. 379–413

Randma-Liiv, Tiina/Connaughton, Bernadette (2005): Public Administration as a field of study: Divergence or convergence in the light of 'Europeanization'? In: Trames, 9 (4), pp. 348–360

Wilkins, Alan L./Ouchi, William G. (1983): Efficient cultures: Exploring the relationship between culture and organizational performance. In: Administrative Science Quarterly, 28 (3), pp. 468–481

Ziller, Jacques (2005): What's new in European Administrative Law. EUI Working Paper Law No. 2005/10

Zouridis, Stavros (2011/2012): Rule of Law or Law Overruled? Why the Rule of Law Should Be on the Public Administration Research Agenda. Special Issue: Law and Public Management Revisited. The NISPcee Journal of Public Administration and Policy, IV (2), pp. 23–38

Das Verhältnis zwischen Politik und Verwaltung im Wandel

Über das Ende alter Gewissheiten

Marian Döhler

1. Einleitung

Dass Politik und Verwaltung keine klar unterscheidbaren Handlungssphären bilden, sondern vielfältige Überschneidungen aufweisen, überrascht heute niemanden mehr. Seitdem sich in den frühen 1970er-Jahren der von David Easton inspirierte Begriff des „politisch-administrativen Systems" durchsetzen konnte, hat die Frage nach dem Verhältnis zwischen Politik und Verwaltung viel von ihrer einstmaligen Brisanz verloren. Sieht man einmal von der immer wieder aufflammenden Debatte über die (Partei-)Politisierung der Verwaltung ab (vgl. *Veit* in diesem Band), dann ist ein abnehmendes Interesse an dieser Thematik zu konstatieren. Die nach wie vor umfangreichste Untersuchung stammt von einem amerikanischen Forscherteam aus den 1980er-Jahren (Aberbach et al. 1981), welches einen – an den Phasen des Policy-Zyklus orientierten – funktionalen Wandel diagnostiziert. Der Gesetzesvollzug bleibt demnach alleinige Domäne der Verwaltung, wohingegen die administrative Teilhabe an der Politikformulierung zunimmt, so dass ein Bedeutungszuwachs der Verwaltung gegenüber der Politik konstatiert werden kann.

Werner Jann stand der Rede vom politisch-administrativen System immer kritisch gegenüber und hat zwei Einwände gegen dessen unreflektierten Gebrauch formuliert. Erstens habe „das Konzept des nahtlosen und undifferenzierten politisch-administrativen Systems (PAS) wenig zum Verständnis der empirisch vorfindbaren Probleme" (Bogumil/Jann 2009, S. 186), wie etwa der Steuerbarkeit, der Politisierung der Verwaltung oder der wechselseitigen Beeinflussung von Politik und Verwaltung beigetragen. Konnte man in den 1960er und 1970er-Jahren noch einen Erkenntnisfortschritt darin sehen, zu einer realistischeren Zustandsbeschreibung des Regierungssystems gelangt zu sein, hat der Befund vom PAS später eine eigentümliche Statik angenommen. Nicht nur, dass damit ein Dauerzustand unterstellt wird, sondern als Konsequenz daraus wird auch die Frage ausgeblendet, ob im Verhältnis zwischen Politik und Verwaltung Verschiebungen stattfinden, die die Funktionalität oder auch Legitimität staatlichen Handelns beeinflussen. Darauf soll anschließend näher eingegangen werden. Ein zweiter Einwand betrifft die Operationalisierung bzw. die Lokalisierung der Schnittstelle zwischen Politik und Verwaltung. Sie wird meist am Beispiel der Ministerialverwaltung illustriert, so auch in der bereits erwähnten Studie von Aberbach et al. Das ist insofern plausibel, als in der Gesetzesvorbereitung eine Funktionsverschmelzung zwischen Politik und Verwaltung stattfindet, bei der zwar deskriptiv zwischen Leitungs- und Arbeitsebene oder einem politischen und einem administrativen Rollenverständnis unterschieden werden kann, in der Praxis hingegen keine klare Arbeitsteilung auszumachen ist. Daher

> „[mag] das politisch-administrative System (...) eine Metapher sein, mit der man die Wirklichkeit in Ministerien einfangen kann, aber sie versagt vor der Größe und gleichzeitigen Vielgestaltigkeit der öffentlichen Verwaltung." (Bogumil/Jann 2009, S. 192)

Um insbesondere den Wandel im Verhältnis zwischen Politik und Verwaltung zu analysieren, sind Ministerien demzufolge nicht der einzige und womöglich kein besonders gut geeigneter Untersuchungsgegenstand. Denn die Symbiose zwischen Politik und Verwaltung ist ein konstitutives Merkmal dieses Behördentyps, mit der Folge, dass Grenzverschiebungen zwischen beiden Sphären empirisch schwer nachweisbar sind. Die nachfolgende Analyse konzentriert sich daher auf die Vollzugsverwaltung, in der die Trennung nicht nur normativ, sondern auch praktisch sehr viel klarer ist als in der Ministerialverwaltung.

Im Kern weisen die Bemühungen, das Verhältnis zwischen Politik und Verwaltung zu erfassen bzw. zu operationalisieren, auf drei Dimensionen. Am weitesten verbreitet ist eine funktionale Unterscheidung entlang von Aufgaben, die sich entweder eindeutig der Politik bzw. der Verwaltung zuordnen lassen. Grauhan hat dies auf die Unterscheidung „zwischen Politik als Willensbildung und Verwaltung als Willensausführung" (Grauhan 1969, S. 270) zugespitzt. Eine zweite Differenzierung hebt auf die Legitimationsebene ab. Demnach kann die Verwaltung nur jene Funktionen ausüben, zu denen sie politisch ausdrücklich ermächtigt ist. Daher sieht das sogenannte Bestimmtheitsgebot des Grundgesetzes vor, dass „Inhalt, Zweck und Ausmaß der erteilten Ermächtigung im Gesetze bestimmt werden" (Art. 80 Abs. 1 GG) müssen. Luhmann hat beide Dimensionen durch das Argument verknüpft, dass die Funktion der Politik darin bestehe, die Legitimation zu beschaffen, um so „die Verwaltung von politischer Selbstversorgung mit Konsens [zu] entlaste[n]" (Luhmann 1969, S. 209). In beiden Perspektiven ist die Vorstellung bzw. die normative Anforderung enthalten, dass sich die Verwaltung durch gesetzliche Vorgaben ausreichend programmieren lasse. Dies ist im Zuge der Implementationsforschung der

1970er- und 1980er-Jahre durch eine dritte Perspektive in Frage gestellt worden, die einerseits empirisch wachsende Beurteilungsspielräume der Verwaltung mit einer spürbaren Tendenz zur Autonomisierung beobachtet und daraus andererseits auf gewandelte Anforderungen zur politischen Steuerung schließt (vgl. Döhler 2006, 2007; Bach et al. 2010).

Auch wenn sich damit abzeichnet, dass das Verhältnis zwischen Politik und Verwaltung zwar analytisch, aber nicht empirisch trennscharf in drei verschiedene Dimensionen unterteilbar ist, nehmen die anschließenden Ausführungen diese Unterscheidung auf. In zweiten Abschnitt erfolgt zunächst ein Rückblick auf die „alte Welt" des Verwaltungshandelns sowie die Wahrnehmung seiner Erosion. Im dritten Abschnitt werden die Diskussion sowie die darin beinhalteten empirischen Indizien für eine wachsende Entscheidungskompetenz der Verwaltung aufgegriffen. Operationalisiert wird dies durch die Veränderungen des Entscheidungsanteils der Verwaltung im Vollzug. Mit Entscheidungsanteil sind jene weißen Flecken in Gesetzen und Verordnungen bzw. Beurteilungsspielräume gemeint, die von der Verwaltung eigenständig ausgefüllt werden. Diese „neue Welt" umfasst spürbare Grenzverschiebungen zwischen Politik und Verwaltung, deren Triebkräfte und Konsequenzen hier näher beleuchtet werden sollen.

2. Politik und Verwaltung: die „alte Welt"

Zunächst gilt es daran zu erinnern, dass die Trennung zwischen Politik und Verwaltung in der deutschen wie auch kontinentaleuropäischen Tradition nicht die zentrale Schnittstelle bildet, aus der sich Grundprinzipien der Gewaltenteilung, des Staatsaufbaus oder des Staatshandelns ableiten. Verwaltung ist insbesondere im deutschen Staatsverständnis seit Mitte des 19. Jahrhunderts als (unpolitischer) Teil der Regierung konzipiert worden (vgl. Ellwein 1976; Rutgers 2000, S. 296ff.). Dies ist einerseits Resultat der sich durchsetzenden Rechtsstaatsidee, in der die Verwaltung als neutrales Organ der Rechtsanwendung fungieren soll, und andererseits eine Folge der zunehmend juristischen Sichtweise auf die Verwaltung, in der die Gesetzesbindung des Verwaltungshandelns sowie dessen lückenlose Kontrolle durch Gerichte als wesentliche Steuerungsinstrumente wahrgenommen werden. Die ursprünglich stark ausgeprägte Idee, dass die Verwaltung vor dem willkürlichen Zugriff des monarchischen Herrschers geschützt werden soll, um deren Neutralität und Gemeinwohlorientierung zu gewährleisten (vgl. Hegewisch 2011), verlor im Laufe des 19. Jahrhunderts an Bedeutung. Mit der Herausbildung einer eigenständigen Verwaltungsgerichtsbarkeit rückte die Kontrolle der Verwaltung bzw. der rechtsstaatliche Schutz der Bürger vor staatlicher Willkür in den Vordergrund. Diese Sichtweise, in der das Binnenverhältnis zwischen Politik und Verwaltung als Problem gar nicht mehr auftaucht, wurde nach den Erfahrungen mit dem NS-Regime nochmals verstärkt. Zentrale Orientierungsmarke wurde nun der demokratisch legitimierte „Wille des Gesetzgebers“, dem die Verwaltung durch eine strikte Gesetzesbindung unterworfen sein sollte. Dominierend war dabei die Vorstellung, dass es sich um eine konditionale Gesetzesprogrammierung handelt, die der Verwaltung kaum eigene Beurteilungsspielräume belässt. Nach Grauhan entscheidet die Politik über die „großen allgemeinen Wertalternativen“ (Grauhan 1969, S. 276), während die Verwaltung dann nur noch einen vorentschiedenen Normenbestand vollzieht, dessen Anwendung in der Regel unstrittig ist bzw. sein soll. Die alte Figur der Ministerverantwortlichkeit wurde – nicht zuletzt durch ihre Verankerung im Grundgesetz – revitalisiert und über einen hierarchischen Verwaltungsaufbau – zumindest theoretisch – in die Lage versetzt, die Recht- und Zweckmäßigkeit des Verwaltungshandelns zu sichern (vgl. Döhler 2007, S. 90ff.). Die Subordination unter politisch definierte Ziele, die Gesetzesbindung, der hierarchische Aufbau sowie die Ministerialaufsicht bildeten die Elemente der „klassischen“ Verwaltung, die erstaunlich lange nicht nur normative Modellvorstellungen, sondern auch Realitätsannahmen über die Verwaltung dominierten. Grauhan hat das als „legislatorische Programmsteuerung“ (Grauhan 1969, S. 272) bezeichnet, die aber vom Modell der „exekutiven Führerschaft“ in Frage gestellt werde. Die „alte Welt“ einer funktionalen und legitimatorischen Trennung zwischen Politik und Verwaltung war damit noch nicht untergegangen, denn die Vollzugsverwaltung blieb davon zunächst unberührt, wohl aber in ihrem Geltungsanspruch reduziert.

Dass der öffentliche Sektor insgesamt von einem Wandel erfasst worden war, der das Bild der klassischen Verwaltung revisionsbedürftig erscheinen ließ, machte sich in der ersten Hälfte der 1970er-Jahre bemerkbar. 1974 erschienen zwei von überaus gegensätzlichen Autoren verfasste Aufsätze, die beide kritische Veränderungen der Verwaltung diagnostizierten. Der noch im selben Jahr verstorbene konservative Staatsrechtslehrer Ernst Forsthoff beklagte „eine mehr und mehr sich abschwächende[n] Staatlichkeit“, die auf den Verlust des Juristenmonopols mit seinem „Sinn für Ruhelagen, also für den Fortbestand des Bestehenden“ (Forsthoff 1974, S. 44) zurückzuführen sei. Der damals noch in der Kontinuität zur Frankfurter Schule gewähnte Claus Offe gelangt hingegen zu dem Befund, dass sich die alleinige Orientierung der Verwaltung an Kriterien der formalen und legalen Richtigkeit nicht mehr mit den gestiegenen funktionalen Anforderungen in Einklang bringen lasse. Es sei vor allem die Leistungsverwaltung, deren „Effizienz (...) nicht mehr durch die Befolgung von Regeln, sondern durch das Bewirken von Wirkungen oder durch [das] Erfüllen von Funktionen definiert“ (Offe 1974, S. 336) werde. Daher sei eine Politisierung der Verwaltung zu beobachten, die in Verhandlungen mit den Klientelen „selbst die Legitimationsbeschaffung organisieren“ (ebd., S. 340) müsse. Diesen gegensätzlich anmutenden Diagnosen ist eines gemeinsam: Sie konstatieren den Aufstieg von Rationalitäts- bzw. Entscheidungskriterien, die jenseits formal-legaler Richtigkeit angesiedelt sind, die die klassische Verwaltung charakterisiert. Bei Forsthoff wird dieser Wandel operationalisiert durch das Vordringen von nicht-juristischem „Fachwissen“ (Forsthoff 1974, S. 43), dessen Träger anfällig seien für gesellschaftliche Vereinnahmung, bei Offe sind es externe Leistungs- und Akzeptanzanforderungen, die das „Unzuverlässigwerden der alten, rechtsstaatlichen, eben strikt konditionalen Handlungsprogramme“ (Offe 1974, S. 340) zur Folge haben. Diese Befunde wirken noch tastend und undifferenziert, spiegeln aber schon die Wahrnehmung wider, dass die Verwaltung nicht mehr in der Gewissheit eines klar definierten Handlungsauftrages agieren kann, sondern zunehmend in gesellschaftliche Kontroversen hineingezogen und mit neuen Leistungsansprüchen konfrontiert wird. Dies hat zur Konsequenz, dass der Schutzkordon eines hierarchischen Verwaltungsaufbaus, innerhalb dessen auf Weisungen „von oben“ verwiesen werden konnte, sukzessive „von unten“ ausgehöhlt wird (vgl. Ellwein 1994, S. 87ff.). Die Bezugspunkte für empirische Analysen schwankten allerdings zu stark, als dass sich eine dominierende Problemperspektive durchsetzen konnte.

Dazu passt auch, dass sich die Wahrnehmung einer Erosion von Hierarchie immer stärker auf die Beziehungen zwischen Staat und Gesellschaft konzentrierte, so dass die Verwaltung und ihr Verhältnis zur Politik als Analysegegenstand von einer auf gesellschaftliche Teilsysteme bzw. Politikfelder ausgerichteten Problemperspektive verdrängt wurde, die sich mehr für die dort vermuteten Steuerungsrestriktionen sowie die Fähigkeit zur gesellschaftlichen Selbstregelung interessierte als für die Feinheiten des politisch-administrativen Systems (vgl. etwa Mayntz/Scharpf 1995; zusammenfassend Döhler 2014). Die ab den frühen 1990er-Jahren für zwei Jahrzehnte anhaltende Verwaltungsmodernisierungsdebatte brachte das Verhältnis zwischen Politik und Verwaltung dann zwar erneut in Erinnerung (vgl. Blanke et al. 2011). Allerdings standen hier Reformvorschläge für eine effektivere Verwaltungssteuerung im Vordergrund, die ohne empirische Analyse der Ursachen für die unterstellten Steuerungsdefizite auskamen (vgl. Proeller/Siegel 2012). Im Grunde wurde im New-Public-Management-Diskurs nur eine Diagnose wiederholt, die bereits in den 1980er-Jahren formuliert worden war: Die Politik habe sich im Umgang mit der Verwaltung verzettelt, die wechselseitigen Verflechtungen so weit und so lange hingenommen, bis eine effiziente Verwaltungssteuerung kaum noch möglich gewesen sei (vgl. Böhret 1986). Auf welchen Dimensionen sich allerdings der zugrunde liegende Wandel abspielt, blieb unklar bzw. abhängig von spezifischen Problemperspektiven.

3. Politik und Verwaltung: die „neue Welt"

Die „alte Welt" des Verhältnisses zwischen Politik und Verwaltung ist demnach nicht einfach einem Epochenbruch gleich untergegangen. Vielmehr haben sich die Grenzverschiebungen zwischen Politik und Verwaltung durch Überlagerung ergeben, die nicht alle Dimensionen des Verwaltungshandelns, seiner Steuerung und Legitimation einschließen, sondern stets einzelne Aspekte betreffen. Aus den oben erwähnten Problemperspektiven lassen sich drei Dimensionen herausfiltern, die nachfolgend genauer betrachtet werden sollen: Zentral für die Frage nach der politischen Ermächtigung ist erstens die Steuerungskraft des Gesetzes gegenüber der Verwaltung. Damit zusammenhängend wird zweitens nach dem Wandel jener Expertise gefragt, die den Vollzug prägt bzw. teilweise überhaupt erst möglich macht. Dies leitet schließlich drittens zum Phänomen der Autonomisierung der Verwaltung und daraus resultierenden Legitimations- und Steuerungsproblemen über. Auch wenn dies jeweils nur kursorisch geschehen kann und die Kontrastierung zwischen alter und neuer Welt sehr plakativ erscheinen mag, so sind in diesen drei Dimension wesentliche Elemente des Verhältnisses zwischen Politik und Verwaltung angesprochen, und zwar funktionale Arbeitsteilung, Wissen und Expertise sowie Steuerung und Legitimation.

3.1 Legislative Steuerung und exekutive Entscheidungskompetenz

In der bundesdeutschen Regierungs- und Parlamentspraxis – so der ehemalige Leiter des wissenschaftlichen Dienstes des Bundestages – herrscht die „tiefe Überzeugung aller Beteiligten und Betroffenen von der prinzipiellen Wirksamkeit legislatorischer Steuerung" (Zeh 1998, S. 369). Dieser Befund scheint auf den ersten Blick der Implementationsforschung zuwiderzulaufen, in der zahlreiche empirische Nachweise erbracht wurden, dass sich der Wille des Gesetzgebers oftmals nicht oder nur teilweise im Gesetzesvollzug wiederfindet (vgl. Wollmann 1980). Offenbar gibt es unterschiedliche Wahrnehmungen darüber, was unter der „prinzipiellen Wirksamkeit legislatorischer Steuerung" zu verstehen ist. Bezieht man dies auf den normativen und praktischen Stellenwert von gesetzlichen Regelungen, dann ist empirisch gut belegt und auf die – nicht immer freundlich gemeinte – Charakterisierung „legalistisch" (Bogumil/Jann 2009, S. 218) zugespitzt, dass die deutsche Verwaltung der Beachtung gesetzlicher Vorgaben hohe Bedeutung zumisst. Insofern „wirken" Gesetze tatsächlich. Rückt man hingegen die Wirkungs*richtung* in den Vordergrund, dann trifft man auf das eben angesprochene Problem des Vollzugsdefizits, mit dem zum Ausdruck gebracht werden soll, dass die Gesetzesziele nur unvollkommen realisiert werden konnten. Dass es Vollzugsdefizite gibt, ist nicht nur mit dem Widerstand der Adressaten und dem Problem der administrativen Zuständigkeit erklärt worden, sondern auch mit Programmierungsschwächen, die in der Verantwortung von Politik und Gesetzgebung liegen.

Dass eine vollständige Bindung der Verwaltung an Gesetze und Normen unrealistisch ist und es auch in der „alten Welt" immer Spielräume gegeben hat, ist in der Verwaltungswissenschaft hinlänglich bekannt (vgl. etwa Ellwein 1994, S. 45ff.; Jann 1998, S. 259). Der Umstand allerdings, dass das Bundesverfassungsgericht mit seiner im Verlauf der 1970er-Jahre entwickelten Wesentlichkeitstheorie eine Verpflichtung an den Gesetzgeber adressiert hat, alles „Wesentliche" selbst zu entscheiden, kann als Indiz dafür gelten, dass die Neigung politischer Entscheidungsträger gewachsen ist, strittige oder schwer zu antizipierende Fragen in den Vollzug abzuschieben. Selbst wenn dies nicht nur aus Bequemlichkeit, sondern auch aus Praktikabilitätsgründen geschieht, hat die Furcht vor einem Herrschaftsverlust des Gesetzes immer wieder Anlass zu kritischen Nachfragen geboten. Besonders plakativ ist etwa der Verweis auf die „Not des Gesetzgebers", die darin besteht, dass beim „Wettlauf zwischen Recht und Technik (...) das Recht eine notorische Verspätung" (Ossenbühl 2000, S. 12f.) hinnehmen müsse. Dies bezieht sich vor allem auf die Regulierung technischer Risiken oder den Schutz der Umwelt, wo sich die zugrunde liegenden Wissensbestände rasch ändern. Die bis weit in die 1960er-Jahre dominierende Vorstellung, dass auf geänderte Anforderungen an die Verwaltung mit der Novellierung von Gesetzen reagiert werden könne, lässt sich angesichts der Geschwindigkeit des technischen Fortschritts heute mit dem parlamentarischen Kodifikationstempo nicht mehr flächendeckend einlösen. Als Reaktion darauf wird in Normtexten zum einen mit unbestimmten Rechtsbegriffen, Verweisungen, Abwägungsgeboten oder Generalklauseln reagiert. Zum anderen gewinnen untergesetzliche Regelungen (Verordnungen, Verwaltungsvorschriften, Richtlinien etc.) an Bedeutung, so dass sich eine „Spielraumöffnung für Rechtsanwender" (Hoffmann-Riem 2005, S. 35) ergibt. Wohlgemerkt entstehen damit keine norm- oder gar rechtsfreien Räume, sondern andere Bezugspunkte für die Recht- und

Zweckmäßigkeit des Verwaltungshandelns, die zwar von einem eng definierten „Willen des Gesetzgebers“ entkoppelt sind, aber eine eigene Bindungswirkung entfalten, die als funktionales Äquivalent zur legislativen Steuerung wirkt.

Soweit es sich um Verwaltungsvorschriften handelt, die von der Verwaltung im Zuge der Selbstprogrammierung entwickelt werden, wirft dies Legitimationsprobleme auf, die sich aber durch „prozedurale Sicherungen“ (ebd., S. 36) abmildern lassen. Dies ist auch den betroffenen Behörden bewusst, so dass sich vielerorts eine Art Kooperationsstrategie herausgebildet hat, die bis in die 1990er-Jahre vor allem der Vorbereitung und Begleitung von Einzelentscheidungen diente, nun aber zunehmend für die Entwicklung regulativer Standards eingesetzt wird (vgl. Döhler 2006, S. 222; Lutz et al. 2012, S. 348). Konsultationen mit den Adressaten, die über die allgemeine Öffentlichkeitsbeteiligung hinausgehen, beruhen entweder auf Eigeninitiative, wie etwa bei der Bundesanstalt für Finanzdienstleistungsaufsicht, oder sind gesetzlich vorgeschrieben wie in der Telekommunikations- (§ 12 Abs. 1 Telekommunikationsgesetz – TKG) oder Energieregulierung (§ 112a Abs. 2 Energiewirtschaftsgesetz – EnWG). Der Vollzugsverwaltung ist mit dieser Form der Legitimationsbeschaffung eine Aufgabe zugewachsen bzw. zugewiesen, die in der alten Welt noch eindeutig und ausschließlich Sache der Politik war.

Die Verlagerung von der Input- zur Output-Legitimation hängt neben der schwächer werdenden Gesetzesbindung auch mit der wachsenden Interventionstiefe des Verwaltungshandelns zusammen, die sich insbesondere in der Risikoregulierung zeigt (vgl. Döhler 2006, S. 213ff.). Deren Charakteristikum besteht darin, dass mit der Entscheidung über die Zulassung von Produkten bzw. Stoffen, wie z.B. Arzneimittel oder Chemikalien, die behördliche Tätigkeit nicht endet, sondern in eine dauerhafte Marktüberwachung mündet. Bei neuen Erkenntnissen über Gesundheitsrisiken für die Bevölkerung kann das Produkt vom Markt genommen werden (vgl. z.B. § 69 Arzneimittelgesetz; § 12g Abs. 1 Chemikaliengesetz). Es ist fraglos schwierig, eine die gesamte Staatstätigkeit einschließende Gesamtbilanz der Interventionstiefe des Verwaltungshandelns zu ziehen. Es lässt sich allerdings feststellen, dass im Anschluss an die globale Banken- und Finanzkrise seit 2008 die Zerfalls- und Niedergangsthesen deutlich seltener geworden sind und häufiger eine „Rückkehr des Staates“ diagnostiziert wird. Ein Beispiel dafür, dass die administrative Interventionstiefe zunimmt, bietet die früher nur punktuell auf „Missstände“ reagierende Banken- und Versicherungsaufsicht. Die Aufsichtstätigkeit wird mittlerweile als „symbiotisch“ bezeichnet, weil sie „in sonst kaum anzutreffender Weise das tägliche Wirtschaftshandeln der Aufsichtssubjekte begleitet“

und sämtliche Geschäftsvorgänge zum Gegenstand eines laufenden „Risikodialogs" (Lutz et al. 2012, S. 344) macht.

Während die erhöhte Interventionstiefe im Fall der Finanzmarktregulierung politisch gewollt war, auch um gegenüber dem Steuerzahler Handlungsbereitschaft zu signalisieren, ist dies in anderen Regelungsbereichen weniger klar. Dies kann zum einen an der Komplexität der jeweiligen Regelungsziele liegen. Die Energieregulierung soll durch staatliche Eingriffe einen „unverfälschten Wettbewerb" (§ 1 Abs. 2 EnWG) herbeiführen. Zu dieser erst wenige Jahre alten Zieldimension ist mit der Energiewende eine alles überlagernde Regelungsschicht hinzugetreten. Wenn alte Ziele (Wettbewerb) durch neue (Erhöhung des Anteils erneuerbarer Energien) überholt bzw. verdrängt werden, droht ein politisch schwer aufzulösendes Zielwirrwarr (vgl. Mautz 2012), das zunächst der Verwaltung Probleme bereitet. Ähnliches gilt, wenn Gesetze zugleich einen Schutz- und einen Förderzweck zu erfüllen haben (vgl. Döhler 2006, S. 214f.), was als latenter Zielkonflikt im Vollzug ausbalanciert werden muss. Der Verlust an Eindeutigkeit des gesetzlichen Auftrages drängt die Vollzugsverwaltung in ein „arbiträres Verhalten" (Ellwein 1994a, S. 480), das nach außen unentschlossen oder gar willkürlich erscheint. Zum anderen – und darin liegt eine wichtige Ursache für die eben beschriebenen Entwicklungen – mangelt es häufig an einem klaren Steuerungswillen (vgl. Beyme 1997, S. 328ff.). Die Motive für Regierung und Parlament, Festlegungen zu vermeiden, sind vielfältig: Zeitnot, fehlender Konsens, der Wunsch, Optionen offen zu halten, oder die Gesetzgebung „mit heißer Nadel", deren Schwächen erst später zutage treten, die in der Außendarstellung aber besser ankommt als ein langwieriger Gesetzgebungsprozess, der medial stets als schuldhaftes Verzögern der beteiligten Parteien interpretiert wird. Diese Faktoren tragen in ihrer kumulierten Wirkung dazu bei, dass gesetzliche Regelungen an Bindungskraft verlieren und dadurch erhöhte Konkretisierungsanforderungen an die Vollzugsverwaltung stellen.

3.2 Wissenschaft und Expertise im Verwaltungshandeln

Der hier beschriebene Prozess wird oft als eine Art Verlustgeschichte wahrgenommen: Wo sich die Verwaltung ehedem auf einen klaren Normbefehl mit einfacher Rechtsfolge verlassen konnte, klafft heute eine Lücke, die nicht ohne weiteres durch Verwaltungsroutine oder die Anwendung fachlicher Standards zu schließen ist. Das lässt sich umgekehrt aber auch positiv als erhöhter Freiraum für die Verwaltung deuten, aus einem interpretationsbedürftigen Normenbestand heraus vollziehbare Entscheidungen abzuleiten. Folgt man historischen Analysen (z.B. Ellwein 1997), dann stand die Verwaltung schon immer vor dieser Herausforderung. Das sollte indes nicht darüber hinwegtäuschen, dass die Art des Wissens, auf dessen Grundlage die Verwaltung tätig wird, in vielen Aufgabenbereichen einem Wandel unterliegt. Bis weit in die 1970er-Jahre galt ein lebensweltliches Erfahrungswissen als ausreichend, um eine korrekte Rechtsanwendung zu sichern. In dem Maße allerdings, in dem technische, insbesondere Umweltrisiken zum politischen Regelungsgegenstand wurden und der Verweis auf den „Stand von Wissenschaft und Technik" in die Gesetzgebungssprache einsickerte (nachgezeichnet bei Steinberg 1998, S. 185ff.), haben Spezialisierung und Expertisierung sowohl auf der personellen wie auch auf der Ebene der Entscheidungsinhalte zugenommen (vgl. Vosskuhle 2008).

Eine wesentliche Konsequenz besteht darin, dass die betroffenen Behörden auf der Basis instabiler Wissensbestände entscheiden müssen. Das gilt insbesondere dann, wenn der Stand oder gar der „neueste Stand von Wissenschaft und Technik" (§ 16 Abs. 1 Gentechnik-Gesetz – GenTG) zu ermitteln ist. Ein wichtiges Erschwernis im Unterschied zur klassischen Amtsermittlung besteht darin, dass die Wissensgenerierung nicht mehr als verwaltungsinterner Prozess abläuft, sondern durch die Nutzung von Sachverständigen, die Bezugnahme auf Wissenschaftsdiskurse oder die Einschaltung von Gremien, in denen auch „Laien" oder Betroffene eine Artikulationsmöglichkeit besitzen, etwa in der Zentralen Kommission für die Biologische Sicherheit (vgl. dazu Jasanoff 2005, S. 103ff.), zu einer (fach) öffentlich erörterten Angelegenheit werden. Selbst wenn man unterstellt, dass die legalistisch geprägte deutsche Verwaltung „außerrechtliche" Kriterien und Beurteilungsmaßstäbe ohne größere Friktionen in rechtsförmige Sachverhalte zu transponieren vermag, so findet über die Verwissenschaftlichung ebenfalls eine Konfliktverlagerung in die Verwaltung statt. Denn allein die Nutzung wissenschaftlicher Expertise, die man in der Hierarchie der Wissensformen lange Zeit an der Spitze wähnte, löst heute nicht mehr automatisch Akzeptanzprobleme, sondern fordert in nicht wenigen Fällen die „Gegenexpertise" betroffener Unternehmen, NGOs oder anderer Beteiligter heraus.

Um diese Ungewissheiten zu kanalisieren, wird die Verwaltung vom Gesetzgeber auf zwei Lösungswege verwiesen, die sich als Temporalisierung und Prozeduralisierung charakterisieren lassen (vgl. Wollenschläger 2009, S. 129). Unter Temporalisierung können alle jene Regelungen zusammengefasst werden, die Verwaltungsentscheidungen unter einen Änderungsvorbehalt stellen. Dies spiegelt die Instabilität jener Wissensbestände wider, auf denen wissenschaftsbasierte Verwaltungsentscheidungen häufig beruhen. Typisch dafür sind Produkt-, Stoff- oder Anlagengenehmigungen, die entweder befristet erteilt werden oder modifiziert bzw. widerrufen werden können, wenn sich neue Erkenntnisse ergeben. Mittlerweile gibt es auch für Gegenstände des täglichen Bedarfs einen behördlichen Beobachtungsauftrag. Das erst kürzlich grundlegend novellierte Lebensmittel- und Futtermittelgesetzbuch etwa widmet dem sogenannten Monitoring unerwünschter Inhaltsstoffe jetzt einen eigenen Abschnitt (§§ 50 LFGB). Unter Prozeduralisierung lassen sich alle Formen von Konsultations- und Beteiligungsrechten subsummieren, die Betroffenen im Vorfeld einer Verwaltungsentscheidung offen stehen. Dies ist als „Öffentlichkeitsbeteiligung" bereits seit den 1970er-Jahren im Verwaltungsverfahrensgesetz verankert (§ 25 VwVfG) und hat erst kürzlich durch die Einführung der „frühen Öffentlichkeitsbeteiligung" eine Aufwertung dahingehend erfahren, dass „die betroffene Öffentlichkeit frühzeitig über die Ziele des Vorhabens, die Mittel, es zu verwirklichen, und die voraussichtlichen Auswirkungen des Vorhabens unterrichtet" (§ 25 Abs. 3 VwVfG) werden soll. Ähnliche Vorschriften finden sich regelmäßig in Umweltgesetzen, aber auch in anderen expertisierten bzw. verwissenschaftlichen Regelungsfeldern wie der Telekommunikation (§ 12 TKG), der Energiewirtschaft (§ 12d EWG) oder der Lebensmittelsicherheit (§ 71 LFGB). Ob diese „kommunikative Öffnung" (Wollenschläger 2009, S. 73) mehr Akzeptanz für kontroverse Verwaltungsentscheidungen schafft, lässt sich nur unter Bezugnahme auf die Problemstruktur des jeweiligen Politikfeldes beantworten. Aus der Sicht des Gesetzgebers dürfte hingegen die Indienstnahme der Vollzugsverwaltung für eine Legitimationsbeschaffung, die im parlamentarischen Prozess nicht gelingt, generell als Entlastung erscheinen.

Der naheliegende Einwand, dass der Anwendungsbereich wissenschaftsbasierten Verwaltungshandelns begrenzt ist und daher weite Teile der Vollzugsverwaltung kaum betrifft, ist nicht von der Hand zu weisen. Gleichwohl sollte bedacht werden, dass all jene Vollzugsbehörden auf Landes- bzw. kommunaler Ebene, zu deren Aufgabenbereich der Umwelt- und Naturschutz, die Agrarförderung (vgl. dazu überaus kritisch: Uekötter 2010, S. 391ff.) oder die Lebensmittelsicherheit gehören, durchweg als wissenschaftsnah charakterisiert werden können. Auch die Ressortforschungseinrichtungen des Bundes besitzen keineswegs „nur ausnahmsweise (...) Vollzugskompetenzen" (Steinberg 1998, S. 225). Einer Erhebung von 2010 zufolge sind 32 von den 47 Ressortforschungseinrichtungen „hoheitliche Aufgaben" (vgl. Wissenschaftsrat 2010, S. 59ff.) zugewiesen. Zudem verfügen auch die Bundesländer über eigene Wissenschaftsbehörden, so dass wissenschaftsbasiertes Verwaltungshandeln insgesamt nicht (mehr) als exotisch gelten kann. Für das hier interessierende Problem haben Expertisierung und Verwissenschaftlichung eine wichtige Konsequenz, die sicher nicht flächendeckend wirkt, aber das Über- und Unterordnungsverhältnis zwischen Politik und Verwaltung von einer zusätzlichen Flanke her untergräbt.

3.3 Autonome Verwaltung und politische Steuerung

Neben der klassischen, hierarchisch geleiteten Verwaltung hat seit den 1990er-Jahren die Zahl von Behörden bzw. administrativen Aufgaben zugenommen, die entweder teilweise oder vollständig dem hierarchischen Zugriff eines vorgesetzten Ministeriums entzogen sind. Unabhängige Behörden bzw. „ministerialfreie Räume" sind zwar kein neues Phänomen, galten aber stets als Ausnahme, die mit einem funktionalen Sonderstatus (etwa der Bundesbank oder dem Bundesrechnungshof) oder mit den Neutralitätserfordernissen von gerichtsähnlichen bzw. Wertungsentscheidungen begründet wurden, etwa bei der Prüfung von Kriegsdienstverweigerern, der Indizierung jugendgefährdender Schriften oder der Untersuchung von Flug- oder Seeunfällen (vgl. Döhler 2007, S. 102ff.). Da die stärkere funktionale Trennung zwischen Politik und Verwaltung zu den wesentlichen Reformforderungen des NPM gehört, ist die Autonomisierung bzw. Verselbständigung von Behörden häufig in den Kontext der Verwaltungsmodernisierung gestellt worden (näheres bei Bach et al. 2010, S. 15ff.). Im deutschen Fall gab es aber anders als etwa in Großbritannien weder eine großflächige „agencyfication", noch sind die vergleichsweise wenigen unabhängigen Behörden Resultat von Modernisierungsmaßnahmen. Die zentrale Triebkraft ist vielmehr in den Liberalisierungsbestrebungen der EU zu sehen, die seit den 1990er-Jahren bei der Telekommunikation, über die Energieversorgung, bis hin zur Vergabe öffentlicher Aufträge auf einen diskriminierungsfreien Wettbewerb abzielte, der nicht durch staatliche Eigentums- oder Arbeitsplatzinteressen gestört werden soll. Anfänglich waren die EU-Vorgaben zur Liberalisierung insbesondere der sogenannten Netzindustrien rechtsformneutral. Vorgeschrieben war lediglich, dass die Regulierungsbehörden „legally distinct and functionally independent from the operators" (Richtlinie 97/51/EG, Amtsbl. EG Nr. L 295, 23) sein sollten, was aber nur eine Trennung von den zu regulierenden Unternehmen vorsah und die Frage nach der Unabhängigkeit von den vorgesetzten Ministerien offen ließ. Das änderte sich mit der sogenannten Beschleunigungsrichtlinie von 2003, die allen Mitgliedsstaaten die Einrichtung einer unabhängigen Regulierungsbehörde für den Energiesektor vorschrieb (vgl. Ruffing 2014).

Darüber hinaus ist die Autonomisierung durch sektorale Entwicklungen oder Krisen nicht nur ausgelöst, sondern auch hoffähig geworden. Dass das Bundesinstitut für Risikobewertung bei der Unterrichtung der

Öffentlichkeit über „Risiken gesundheitlicher Art" (§ 2 Abs. 1 Nr. 12 Gesetz über die Errichtung eines Bundesinstitutes für Risikobewertung – BfRG) sowie „bei seinen wissenschaftlichen Bewertungen und Forschungen" (§ 2 Abs. 3 BfRG) nicht der Fachaufsicht durch das Landwirtschaftsministerium unterliegt, eine in dieser Klarheit seltene Regelung, verdankt sich mit der BSE-Krise zwar einem singulären Ereignis. Allerdings ist zu beobachten, dass die – wenn auch formal selten fixierte – Unabhängigkeit von Behörden selbstverständlicher wird, während gleichzeitig hierarchische Eingriffe in Begründungsnot geraten, insbesondere wenn die Verwaltung aufgrund fachlicher Expertise oder wissenschaftlich gewonnener Erkenntnisse entscheidet (vgl. Döhler 2011, S. 117). Gut dokumentiert ist dieser Wandel für die Ressortforschungseinrichtungen des Bundes, die sich bei der Entscheidung über ihre Forschungsprogramme, die Auswahl des Leitungspersonals, den Abruf von Beratungsleistungen sowie die Publikation ihrer Arbeitsergebnisse in den letzten Jahren spürbar größere Freiräume gegenüber den vorgesetzten Ministerien erarbeitet haben (vgl. Bach/Döhler 2013; Böcher 2012).

Die Autonomisierung der Vollzugsverwaltung wird in zunehmendem Maße auch von der Europäisierung bzw. Transnationalisierung des Verwaltungshandelns vorangetrieben. Vor allem die wachsende Zahl europäischer und internationaler Gremien oder Netzwerke, in denen nationale Behörden für die Entscheidungsvorbereitung der EU-Kommission, die internationale Standardsetzung oder die Beschlussfassung über vertragliche Vereinbarungen teilnehmen (vgl. Eberlein/Grande 2005), können als Autonomisierungsquelle identifiziert werden (vgl. Bach/Ruffing 2013). Neben jenen Aufgaben, deren Gestaltung der nationalen Gesetzgebung schon seit geraumer Zeit entwachsen ist wie der Umweltschutz, die Agrarförderung oder die Arzneimittelzulassung (vgl. zu Letzterem Engelke 2010), sind die Finanzmärkte, die Energieversorgung oder die Lebensmittelsicherheit als neue Regelungsfelder zu nennen, in denen nationale Behörden Lösungsvorschläge aushandeln, denen die jeweiligen Regierungen ihre Zustimmung deshalb kaum versagen können, weil damit – in der Regel mühsam – erzielte Kompromisse in Frage gestellt würden. Auch wenn die Behörden ihre vorgesetzten Ministerien lückenlos informieren und von ihnen im Vorfeld inhaltlich eingehend instruiert wurden, begünstigt der aus Verhandlungswissen und technischer Expertise bestehende Informationsvorsprung eine „policy autonomy" (vgl. Bach/Ruffing 2013, S. 722ff.), wie sie allein auf nationaler Ebene kaum entstehen könnte. Von wenigen Ausnahmen abgesehen (vgl. Döhler 2011, S. 120), haben die aufsichtführenden Ministerien und ihre politische Leitung dies offenbar als Sachzwang akzeptiert bzw. das Abfließen politischer (Vor-)Entscheidungskompetenzen aus der parlamentarischen in die exekutive Arena als Entlastung gebilligt. Freilich bestand bisher auch kaum Anlass zu der Besorgnis, dass Behörden, die in transnationalen Verhandlungszusammenhängen agieren, dies in politikschädigender Weise ausnutzen.

Dieser Befund ist deshalb bemerkenswert, weil von der Verselbständigung der Verwaltung bislang eher negative als positive Konsequenzen erwartet wurden. Der Maßstab war allerdings überwiegend normativer Natur und bestand darin, den Geltungsanspruch der „alten Welt" aufrecht zu erhalten. Im Hinblick auf die Funktionstüchtigkeit einer zugunsten der Verwaltung verschobenen Arbeitsteilung sind kaum Beeinträchtigungen zu erkennen, die durch einen erhöhten Entscheidungsanteil der Politik zu beheben wären. Anders sieht es mit der Verschiebung von der Input- auf die Output-Legitimation aus. Denn in dem Maße, in dem die Legitimationsbeschaffung zur Aufgabe der Verwaltung wird, desto größer wird der Aufwand für die „prozeduralen Sicherungen" vor Ort, so dass hier durchaus die Gefahr einer Überforderung droht. Von Seiten der politischen Entscheidungsträger ist kaum Abhilfe zu erwarten. Denn im Anschluss an die Gesetzesverabschiedung sinken regelmäßig die politischen Steuerungsambitionen, u.a. weil von der Fiktion wirksamer legislativer Steuerung ausgegangen wird oder weil der Gesetzgeber sich auf die administrative bzw. gerichtliche Problemnachsorge verlässt (vgl. u.a. *Jantz/Klenk* in diesem Band). Dies spiegelt freilich eher eine parlamentarische Sicht wider, die nicht mit der Interessenlage der zuständigen Minister übereinstimmen muss.

Die unbestrittene Geltung der Ministerverantwortlichkeit könnte die Vermutung begründen, dass Amtsinhaber ein großes Interesse an funktionierenden Steuerungssträngen in die Vollzugsverwaltung besitzen, um im Bedarfsfall intervenieren zu können. Dies gilt, solange Eingriffe im Rahmen einer öffentlichkeitsabgewandten Rechts- und Fachaufsicht stattfinden und der diskreten Durchsetzung politischer Ziele dienen (vgl. Döhler 2011, S. 124ff.). Auf der anderen Seite kann die Ministerverantwortlichkeit rasch hohe politische Kosten verursachen, die den Nutzen des hierarchischen Zugriffsrechts übersteigen. Immer dann, wenn ein Bürokratieversagen geltend gemacht wird, etwa im Zuge der Finanzkrise, bei Lebensmittel- oder Arzneimittelskandalen, droht die Ministerverantwortlichkeit in den Vorwurf des Politikversagens umzuschlagen. Daher erscheint ein Steuerungsverzicht durch die intendierte oder konkludent akzeptierte Autonomisierung von Vollzugsbehörden als durchaus attraktive Option, die zwar nicht zu den zentralen Triebkräften der hier beschriebenen Entwicklung gehört, aber das widerstandsarme Wachstum verselbständigter bzw. autonomisierter Behörden erklären kann.

4. Zusammenfassung

Ausgangspunkt dieses Beitrages waren die von Werner Jann geäußerten Bedenken, ob die verbreitete Rede vom politisch-administrativen System nicht in eine analytische Sackgasse führt, die wichtige politik- und verwaltungswissenschaftliche Fragen ausblendet. Gibt man sich nicht mit der kompakten Begriffsfassade vom „PAS“ zufrieden, sondern richtet den Blick auf dessen Innenleben, dann wird deutlich, dass sich das Verhältnis zwischen Politik und Verwaltung gerade unterhalb von Regierung und Ministerialverwaltung in einem Prozess des Wandels befindet. Die abnehmende Steuerungswirkung legislativer Vorgaben ist dabei die ohne Zweifel zentrale Dimension, deren Vielschichtigkeit hier nur ansatzweise wiedergegeben werden konnte. Ihre Bedeutung ist darin zu sehen, dass der Umfang der „weißen Flecken“, die von der Vollzugsverwaltung ausgefüllt werden müssen, ansteigt und zu einer Verlagerung der Entscheidungskompetenz von der Politik auf die Verwaltung beiträgt. Dieser Trend wird komplettiert durch die Expertisierung bzw. Verwissenschaftlichung des Verwaltungshandelns wie auch die Autonomisierung von Behörden bzw. Aufgaben, die jeweils spezifische Ursachen besitzen, aber in eine ähnliche Richtung weisen: Wenn es eine „Rückkehr des Staates“ gibt, dann nicht allein in Gestalt eines neuen Gesetzgebungsaktivismus, sondern auch in Gestalt eines spürbaren Aufgabenwachstums für die Verwaltung. Auch wenn hier der Eindruck einer Art Einbahnstraße erweckt werden könnte, so ist daran zu erinnern, dass es sich um eine politisch gewollte oder zumindest gebilligte Arbeitsteilung handelt, die – zumindest theoretisch – jederzeit änderbar ist.

Doch welche Konsequenzen besitzt dieser Wandel? Wenn eine veränderte Arbeitsteilung zwischen Politik und Verwaltung keine erkennbaren Folgen zeitigt, dann muss man sich darüber nicht weiter den Kopf zerbrechen. Diese Schlussfolgerung liegt deshalb nahe, weil die von Werner Jann betonte Vielgestaltigkeit des öffentlichen Sektors dazu beiträgt, dass erhöhte Entscheidungsanteile der Verwaltung nicht als kompaktes Phänomen oder gar Problem erscheinen, sondern als Sonderentwicklung in jeweils kaum miteinander verbundenen Regelungsfeldern. Auch diesbezüglich ist das Konzept des PAS nicht unbedingt hilfreich, weil damit die Vorstellung einer Gleichförmigkeit im Verhältnis zwischen Politik und Verwaltung transportiert wird, die den Partialrationalitäten einer beständig ausdifferenzierten Staatstätigkeit nicht entspricht. Aus Gründen der Darstellungseffizienz wird der Begriff des PAS auch zukünftig in Gebrauch bleiben. Dagegen ist nichts einzuwenden. Mit Werner Jann ist allerdings daran zu erinnern, dass die politik- und verwaltungswissenschaftliche Forschung, auch wenn sie stark auf die Identifikation von Regelmäßigkeiten ausgerichtet ist, ihre Sensibilität für die Eigensinnigkeiten einzelner Politikfelder bzw. staatlicher Aufgaben nicht verlieren sollte.

Literatur

Aberbach, J. D./Putnam, R. D./Burt A. Rockman, B. A. (1981): Bureaucrats and Politicians in Western Democracies. Cambridge/MA

Bach, T./Döhler, M. (2013): The dynamics of administrative and scientific rationality in policy-making: A cross-sectoral comparison of research agencies in Germany. Workshop „Politische und epistemische Autorität" WZB, November 2013

Bach, T./Fleischer J./Hustedt, T. (2010): Organisation und Steuerung zentralstaatlicher Behörden. Agenturen im westeuropäischen Vergleich. Berlin

Bach, T./Ruffing, E. (2013): Networking for autonomy? National agencies in European networks. In: Public Administration, Vol. 91, S. 712–726

Beyme, K. v. (1997): Der Gesetzgeber: der Bundestag als Entscheidungszentrum. Opladen

Blanke, B./Nullmeier, F./Reichard, Ch./Wewer, G. (Hg.) (2011): Handbuch zur Verwaltungsreform (4. Aufl.). Wiesbaden

Böcher, M. (2012): Wissenschaftsbasierte Politikberatung auf Abruf – Zur Rolle der Ressortforschungseinrichtungen für Ministerien am Beispiel des BMU. In: der moderne staat – dms, Jg. 5, S. 459–480

Böhret, C. (1986): Politik und Verwaltung. In: Wehling, H.-G. (Red.): Verwaltung und Politik in der Bundesrepublik (Der Bürger im Staat). Stuttgart, S. 36–53

Bogumil, J./Jann, W. (2009): Verwaltung und Verwaltungswissenschaft in Deutschland. Einführung in die Verwaltungswissenschaft. Wiesbaden

Döhler, M. (2006): Regulative Politik und die Transformation der klassischen Verwaltung. In: Bogumil, J./Jann, W./Nullmeier, F. (Hg.): Politik und Verwaltung (Politische Vierteljahresschrift, Sonderheft 37). Wiesbaden, S. 208–227

Döhler, M. (2007): Die politische Steuerung der Verwaltung. Eine empirische Studie über politisch-administrative Interaktionen auf der Bundesebene. Baden-Baden

Döhler, M. (2011): Wie Ministerien (versuchen,) Bundesbehörden (zu) steuern. In: Verwaltungsarchiv, Jg. 102, S. 110–133

Döhler, M. (2014): Verwaltungswissenschaftliche Problemperspektiven in der Politikfeldanalyse. In: Schubert, K./Bandelow, N. (Hg.): Lehrbuch der Politikfeldanalyse (3. Aufl.). München, S. 75–93

Eberlein, B./Grande, E. (2005): Beyond Delegation: Transnational Regulatory Regimes and the EU Regulatory State. In: Journal of European Public Policy, Vol. 12, S. 89–112

Ellwein, T. (1976): Regieren und Verwalten. Eine kritische Einführung. Opladen

Ellwein, T. (1994): Das Dilemma der Verwaltung. Verwaltungsstruktur und Verwaltungsreformen in Deutschland. Mannheim

Ellwein, T. (1994a): Gesetz und Verwaltung. Analytische Ergebnisse und theoretische Konsequenzen. In: Greven, M. Th. (Hg.): Politikwissenschaft als Kritische Theorie. Festschrift für Kurt Lenk. Baden-Baden, S. 473–493

Ellwein, T. (1997): Der Staat als Zufall und als Notwendigkeit. Bd. 2: Die öffentliche Verwaltung im gesellschaftlichen und politischen Wandel 1919–1990. Opladen

Engelke, K. (2010): Transnationalisierung der Arzneimittelregulierung: Der Einfluss der ICH-Guidelines auf das deutsche Arzneimittelzulassungsrecht. In: Medizinrecht, Jg. 28, S. 619–624

Forsthoff, E. (1974): Bemerkungen zur Situation der Verwaltung. In: Forsthoff, E./Hörstel, R. (Hg.): Standorte im Zeitstrom. Festschrift für Arnold Gehlen zum 70. Geburtstag. Frankfurt/M., S. 41–51

Grauhan, R. (1969): Modelle politischer Verwaltungsführung. In: Politische Vierteljahresschrift, Jg. 10, S. 269–284

Hegewisch, N. (2011): Politik und Verwaltung in der Gewaltenteilungslehre des Vormärz. Ein ideengeschichtlicher Beitrag zu einem aktuellen Problem. In: Traverse – Zeitschrift für Geschichte, Jg. 18, S. 75–90

Hoffmann-Riem, W. (2005): Gesetz und Gesetzesvorbehalt im Umbruch: zur Qualitäts- Gewährleistung durch Normen. In: Archiv des öffentlichen Rechts, Jg. 130, S. 5–70

Jann, W. (1998): Politik und Verwaltung im funktionalen Staat. In: Jann, W./König, K./Landfried, C./Wordelmann, P. (Hg.): Politik und Verwaltung auf dem Wege in die transindustrielle Gesellschaft. Carl Böhret zum 65. Geburtstag. Baden-Baden, S. 253–280

Jasanoff, S. (2005): Designs on Nature. Science and Democracy in Europe and the United States. Princeton

Luhmann, N. (1969): Legitimation durch Verfahren. Neuwied

Lutz, P./Röhl, H. C./Schneider, A. (2012): Bankenaufsicht und unternehmerische Entscheidungen. In: Zeitschrift für Bankrecht und Bankwirtschaft, Jg. 24, S. 342–350

Mautz, R. (2012): Atomausstieg und was dann? Probleme staatlicher Steuerung der Energiewende. In: der moderne staat – dms, Jg. 5, S. 149–168

Mayntz, R./Scharpf, F. W. (Hg.) (1995): Gesellschaftliche Selbstregelung und politische Steuerung. Frankfurt/M., New York

Offe, C. (1974): Rationalitätskriterien und Funktionsprobleme politisch-administrativen Handelns. In: Leviathan, Jg. 2, S. 333–345

Ossenbühl, F. (2000): Die Not des Gesetzgebers im naturwissenschaftlich-technischen Zeitalter. Wiesbaden

Pröller, I./Siegel, J. P. (2012): Strategisches Management zwischen Politik und Verwaltung: Komplementäre Steuerung, Konflikt oder Indifferenz? In: Schröter, E./Maravić, P. von/Röber, J. (Hg.): Zukunftsfähige Verwaltung? Herausforderungen und Lösungsstrategien in Deutschland, Österreich und der Schweiz im Vergleich. Leverkusen, S. 61–82

Ruffing, E. (2014): How to Become an Independent Agency: The Creation of the German Federal Network Agency. In: German Politics, Vol. 23, S. 43–58

Rutgers, M. R. (2000): Public Administration and the Separation of Powers in a Cross-Atlantic Perspective. In: Administrative Theory & Praxis, Vol. 22, S. 287–308

Steinberg, R. (1998): Der ökologische Verfassungsstaat. Frankfurt/M.

Uekötter, F. (2010): Die Wahrheit ist auf dem Feld: eine Wissensgeschichte der deutschen Landwirtschaft. Göttingen

Voßkuhle, A. (2008): Verwaltung und Expertise. In: Trute, H. H. (Hg.): Allgemeines Verwaltungsrecht – Zur Tragfähigkeit eines Konzepts. Tübingen, S. 637–663

Wissenschaftsrat (2010): Empfehlungen zur Profilierung der Einrichtungen mit Ressortforschungsaufgaben des Bundes. Lübeck: Wissenschaftsrat (Drs. 10295-10)

Wollenschläger, B. (2009): Wissensgenerierung im Verfahren. Tübingen

Wollmann, H. (Hg.) (1980): Politik im Dickicht der Bürokratie. Beiträge zur Implementationsforschung (Leviathan, Sonderheft 3). Wiesbaden

Zeh, W. (1998): Gesetzesfolgenabschätzung – Politikgestaltung durch Gesetze. In: Jann, W./König, K./Landfried, C./Wordelmann, P. (Hg.): Politik und Verwaltung auf dem Wege in die transindustrielle Gesellschaft. Carl Böhret zum 65. Geburtstag. Baden-Baden, S. 365–374

Verwaltung und Verwaltungsreformen im internationalen Vergleich

Sabine Kuhlmann

1. Einleitung

Die international vergleichende Verwaltungswissenschaft (*Comparative Public Administration – CPA*) ist in den vergangenen Jahrzehnten zu einem dominanten Bereich der politikwissenschaftlich orientierten Verwaltungswissenschaft und zu einem wichtigen Teilsegment der vergleichenden Politikwissenschaft avanciert (Fitzpatrick et al. 2011, S. 823; Pollitt 2011, S. 115; Kuhlmann/Wollmann 2013, 2014; Kuhlmann 2014).

> „Comparative PA has become quite competitive (...) It has become more prominent and mainstream." (Pollitt 2010, S. 763)

> „Comparative public administration research (...), today, has considerable vitality" (Fitzpatrick et al. 2011, S. 822).

Werner Jann hat nicht nur mit seinen Forschungsarbeiten (siehe u.a. Jann 1983, 2002, 2004; Jann/Döhler 2007) maßgeblich zur Profilierung dieser ländervergleichenden Perspektive in der Verwaltungswissenschaft beigetragen. Er hat auch in prominenten Funktionen auf der internationalen „Bühne" (siehe weiter unten) den grenzüberschreitenden Austausch zwischen den nationalen Kulturen, Traditionen und Forschungsbeständen der Verwaltungswissenschaft in Europa befördert. Vor diesem Hintergrund will der vorliegende Beitrag an zwei Schwerpunkte anknüpfen, die das Werk von *Werner Jann* kennzeichnen. Zum einen sollen die internationale Perspektive und der konzeptionelle Zugang zum Vergleichen in der Verwaltungswissenschaft aufgegriffen werden. Zum anderen und im Speziellen geht es darum, Verwaltungsreformen als Variante von Verwaltungspolitik (vgl. auch die Beiträge in Teil 3 des vorliegenden Bandes) ländervergleichend zu untersuchen, wobei neben den intendierten Veränderungen auch Aspekte der „Bewahrung" und eigendynamischen Entwicklung angesprochen werden (Jann 2001, S. 328).

Hierzu wird in einem ersten Schritt kurz der Entwicklungsstand der vergleichenden Verwaltungswissenschaft konturiert (Abschnitt 2). Sodann wird eine Typologie wesentlicher Verwaltungsprofile in Europa vorgestellt und in die einschlägige internationale Diskussion eingebettet (Abschnitt 3). Anhand prägnanter europäischer Verwaltungsprofile soll danach eine ländervergleichende Analyse der Verwaltungsreformen vorgenommen werden (Abschnitt 4). Abschließend erfolgt ein Ausblick auf die zukünftigen Herausforderungen der vergleichenden Verwaltungswissenschaft (Abschnitt 5).[1]

2. Entwicklungsstand der vergleichenden Verwaltungswissenschaft

Noch zu Beginn der 1990er-Jahre wurde kritisiert, dass die vergleichende Verwaltungsforschung „rather comparable than comparative" sei (Derlien 1992) und es an „echten" Vergleichen fehle. Inzwischen liegen neben *vergleichbaren* Studien, die sich mit eher ideografischen Analysen von Verwaltungssystemen befassen, auch analytisch anspruchsvollere *vergleichende* Arbeiten vor, in denen theoretisch-konzeptionell angeleitete Kategorienbildung und Generalisierung unternommen wurden (Riggs 2010, S. 752ff.; Kuhlmann 2014, S. 472ff.). Zwar ist die *grand theory* oder *general rule* bislang nicht identifiziert worden, was auch mit der interdisziplinären Ausrichtung des Faches, seiner Anschlussfähigkeit an Praxisdiskurse (Jann 2006, S. 122; Bogumil/Jann 2009, S. 302) sowie der starken Kontextbezogenheit nationaler Verwaltungssysteme und -kulturen zusammenhängt (Peters 1996, S. 18). Jedoch lassen sich den verschiedenen Studien „Theorien mittlerer Reichweite" (*middle level generalization*; Pollitt 2010, S. 762) entnehmen, die wesentliche Aussagen zur Wirkungsweise und zum Erklärungsbeitrag unterschiedlicher Verwaltungssysteme in vergleichender Perspektive enthalten. Damit hat sich zwar nicht unbedingt die optimistische Riggssche Prognose bewahrheitet, wonach die CPA zur „'master science' in public administration" (Riggs 1976) aufsteigen würde, aber auch die pessimistische Derliensche Diagnose (siehe oben) bedarf aus heutiger Sicht der Revision (Kuhlmann/Wollmann 2013, S. 13ff.).

Mit der konzeptionellen und empirischen Weiterentwicklung der CPA haben auch der Wettbewerb und Institutionalisierungsgrad innerhalb des Faches deutlich zugenommen. Dies lässt sich zum einen am zahlenmäßigen Anstieg von entsprechenden Forschungsstandorten, Spezialisierungsmöglichkeiten, wissenschaftlichen Fachzeitschriften, Konferenzen, Netzwerken etc. ablesen. Zum anderen hat sich die CPA als Subdisziplin mit einer eigenen internationalen *scientific community* etabliert. Hier kann etwa auf die (Neu-)Gründung von wissenschaftlichen Vereinigungen auf allen Kontinenten der Welt hingewiesen werden, die die internationale Vernet-

1 Der Beitrag stützt sich in Teilen auf Kuhlmann/Wollmann 2013.

zung von einschlägig arbeitenden Akteuren und Institutionen im Bereich Public Administration (PA) zum Gegenstand haben. Neben dem in seiner Gründungsgeschichte bereits auf die 1930er-Jahre zurückgehenden International Institute of Administrative Sciences (IIAS), in dem *Werner Jann* die Verwaltungswissenschaft in Westeuropa als Mitglied des Council of Administration repräsentiert, ist hier die European Group for Public Administration (EGPA) zu nennen, die als Regionalvereinigung innerhalb des IIAS im Jahre 1975 gegründet wurde und als deren Präsident *Werner Jann* zwischen 2001 und 2004 fungierte. In jüngerer Zeit etablierten sich auch in Mittel- und Osteuropa (Network of Institutes and Schools of Public Administration in Central and Eastern Europe – NISPACee; gegründet 1994) und in Asien (Asian Group for Public Administration – AGPA; gegründet 2010), entsprechende Vereinigungen, worin sich die zunehmende Institutionalisierung und Internationalisierung des Faches widerspiegelt.

Die verwaltungswissenschaftliche Komparatistik ist ein facettenreiches und vieldimensionales Forschungsgebiet. So ist ein Teil der Forschung auf Vergleiche von Bürokratie-, Ministerial- und Beamteneliten gerichtet. Andere Arbeiten konzentrieren sich auf Organisationsstrukturen, formale und informale Regeln in der Verwaltung und wieder andere vergleichen administrative Entscheidungsprozesse, ihre Ergebnisse und Wirkungen (siehe ausführlich Kuhlmann/Wollmann 2013). Der Vergleich von Verwaltung kann sich entweder auf die nationale/zentralstaatliche oder auf die subnationale/lokale Verwaltungsebene richten und so zu unterschiedlichen Aussagen kommen. Verwaltungsvergleiche können natürlich – wie Vergleiche generell – über die Zeit (diachron) oder über Systemgrenzen (synchron) erfolgen. Die CPA im engeren Sinne bezieht sich auf die letztgenannte Vergleichsdimension, d.h. Vergleiche zwischen mindestens zwei institutionellen Einheiten (Fitzpatrick et al. 2011, S. 823). Teilweise wird der Gegenstandsbereich der CPA allerdings noch enger gefasst, nämlich als das Vergleichen zwischen Nationen (Pollitt 2011, S. 115). Dabei können Verwaltungsvergleiche auf bestimmte Aufgaben- und Funktionsbereiche der Verwaltung (z.B. Ordnungsverwaltung, Leistungsverwaltung) bezogen sein, also eine policy-spezifische Perspektive einnehmen, so dass es weite Überschneidungsbereiche zur Policy-Forschung gibt (Jann 2001, S. 334ff.). Methodisch können sie sich auf viele oder wenige Vergleichsfälle, auf Aggregatdatenvergleiche oder Fallstudien stützen, was zu der bekannten, auch für andere Teile der Politikwissenschaft typischen Kontroverse zwischen *thick description* und *large-n-studies* geführt hat (Raadschelders 2011, S. 831ff.).

■ 3. Typologien des Verwaltungsvergleichs und Verwaltungsprofile in Europa

Ein möglicher Zugang zum Vergleich von Verwaltungssystemen in internationaler Perspektive ist die Bildung von Typologien (siehe König 2002, 2006; Kuhlmann/Wollmann 2013). Da Verwaltungstraditionen vieldimensional sind (vgl. Painter/Peters 2010), ist für Vergleiche immer eine bestimmte Auswahl von Vergleichskriterien erforderlich, aus deren Kombination sich Typen bilden lassen. Die Auswahl dieser Kriterien ist dabei vom Erkenntnisinteresse des Betrachters abhängig, so dass je nach Analysefokus unterschiedliche Vergleichstypologien sinnvoll sein können. Beispielsweise kann das Verhältnis zwischen Staat/Verwaltung auf der einen Seite und Gesellschaft/Bürgern auf der anderen Seite als Basis seiner Vergleichstypologie herangezogen werden. Diese Vergleichsperspektive findet sich heute weiterhin in der Verwaltungskulturforschung (vgl. Jann 1983, 2002) und auch in der neuen Diskussion um „Regulierungskulturen" (Wegrich 2009, S. 59ff.). Dabei stehen das konkrete Verwaltungshandeln als Problemverarbeitung und Interaktionsprozess mit dem Bürger im Mittelpunkt (Jann 1983, 2002).

Die von Kuhlmann/Wollmann (2013, S. 19ff., S. 61ff.) vorgeschlagene Klassifikation kombiniert verwaltungs- und rechtskulturelle mit politisch-institutionellen Vergleichsmerkmalen. Hinsichtlich der Verwaltungstradition/-kultur wird auf die gebräuchliche typologische Unterscheidung zwischen der klassisch-kontinentaleuropäischen Rechtsstaatskultur auf der einen und der angelsächsischen Public-Interest-Kultur (oder Civic Culture Tradition) auf der anderen Seite (vgl. Raadschelders/Rutgers 1996; König 2002, 2006; Heady 1996; Pollitt/Bouckaert 2004; Kuhlmann 2009) zurückgegriffen. Die Zugehörigkeit zu einem Verwaltungskulturkreis ist dabei maßgeblich durch die Rechtstradition und Zuordnung des jeweiligen Landes zu bestimmten Rechtsfamilien geprägt (für Europa: Common Law; Römisch-französisch; Römisch-deutsch; Römisch-skandinavisch; vgl. La Porta et al. 1999; Schnapp 2004, S. 44ff.; König 2006). Eine zentrale Annahme ist, dass die überkommene Rechtstradition eines Landes wesentlichen Einfluss auf die dominierenden Werte im Verwaltungshandeln und die Art und Weise des Verwaltungsvollzugs sowie das Verhältnis zwischen Politik, Bürger und Verwaltung hat. Beim Staats- und Verwaltungsaufbau als Vergleichskriterium sind der Grad der Zentralisierung bzw. Dezentralisierung der öffentlichen Verwaltung, das Verhältnis von zentralstaatlicher und subnational-dezentraler/kommunaler Selbstverwaltung sowie die Organisation von Verwaltungsaufgaben im Mehrebenensystem einzubeziehen (siehe Wagener 1979; Wollmann 2008; Kuhlmann 2009; Bogumil/

Jann 2009, S. 85ff.). In internationaler Perspektive zeigt sich, dass Verwaltungssysteme mit starken dezentralen (föderalen/kommunalen) Einheiten eher dem Typus der Gebietsorganisation (*multi purpose model*) zuzuordnen sind (traditionell u.a. Deutschland, Schweden, aber auch Großbritannien). Dagegen ist das Aufgabenorganisationsmodell (*single purpose model*) traditionell für Verwaltungssysteme der napoleonischen Ländergruppe charakteristisch, die für abgrenzbare Fachaufgaben spartenhafte Behördenapparate von der (zentral)staatlichen bis auf die lokale Ebene aufweisen (z.B. Frankreich, Italien). Auf dieser Grundlage lassen sich für den europäischen Verwaltungsraum fünf Länderfamilien oder -gruppen unterschieden, die jeweils durch typische Merkmalskombinationen ihrer Verwaltungssysteme und -traditionen gekennzeichnet sind (siehe ausführlich Kuhlmann/Wollmann 2013). Diese grobe Gruppierung darf nicht darüber hinwegtäuschen, dass es auch innerhalb der Ländergruppen eine Reihe von Unterschieden gibt, die es teils nahelegen, weitere Subgruppen zu bilden (vgl. Tab. 1).

Tab. 1: Verwaltungsprofile in Europa ≡

Verwaltungsprofil/ Ländergruppe	Verwaltungstradition	Verwaltungsaufbau
Kontinental-europäisch-napoleonisch (F, I, P, GR, E)	Rechtsstaatskultur, Legalismus Südeuropäische Subgruppe: Klientelismus, Parteipatronage, Politisierung	Unitarisch-zentralistisch; schwache Kommunalverwaltung (Dezentralisierung in F, I, E seit 1980er-/1990er-Jahren)
Kontinental-europäisch-föderal (D, A, CH)	Rechtsstaatskultur, Legalismus Schweiz: Trennung Staat-Gesellschaft schwächer; Beamtentum, Legalismus schwächer	Föderal-dezentral; starke Kommunalverwaltung
Skandinavisch (S, N, DK, FIN)	Rechtsstaatskultur, Transparenz-/Kontaktkultur; Öffnung der Verwaltung zur Bürgerschaft	Unitarisch-dezentralisiert; starke Kommunalverwaltung/bürgerschaftliche Selbstbestimmung
Angelsächsisch (UK/England)	Public Interest-Kultur, Pragmatismus	Unitarisch-zentralistisch; starke (seit 1980er-Jahren geschwächte) Kommunalverwaltung
Mittel-osteuropäisch (H, PL, CZ) Süd-osteuropäisch (BG, RO)	Real-sozialistische Kaderverwaltung („stalinistischer“ Prägung); seit Systemwechsel Wiederanknüpfung an vorkommunistische (Rechtsstaats-) Traditionen	Unitarisch-dezentralisiert; starke Kommunalverwaltung (Re-Zentralisierung seit 2011 in H) Unitarisch-zentralistisch; schwache Kommunalverwaltung

Quelle: Kuhlmann/Wollmann 2013, S. 29.

In der Literatur sind eine Reihe weiterer Klassifizierungen zum Vergleich von Teilaspekten der öffentlichen Verwaltung oder ganzer Verwaltungssysteme vorgeschlagen worden. Painter/Peters (2010) unterscheiden vier westliche Verwaltungstraditionen: *Anglo-American; Napoleonic; Germanic, Scandinavian* (vgl. Painter/Peters 2010, S. 20). Ihrer Typologie liegen dabei die Merkmale (1) Rechtstradition, (2) Verhältnis von Staat und Gesellschaft, (3) Regierungs- und Verwaltungsorganisation und (4) öffentlicher Dienst zugrunde. Dagegen ordnet Kickert (2011) die kontinentaleuropäischen Länder vier Verwaltungstraditionen zu: *Napoleonic, Germanic, Small European States* und *Southern European States*. Sein Erkenntnisinteresse ist dabei vor allem auf die Erklärung von Public-Management-Reformen in Kontinentaleuropa gerichtet, was zu der spezifischen Ländergruppierung (insbesondere *Small* und *Southern European States*) führt. In der vergleichenden Verwaltungsreformforschung wird der klassischen Einordnung von Ländern als entweder majoritäre oder konsensuale Demokratien (Lijphart 1984, 1999) besondere Erklärungskraft im Hinblick auf Public-Management-Reformen zugeschrieben (Kickert 2011, S. 104ff.; Pollitt/Bouckaert 2011, S. 48ff.). Diese hat sich als wichtige Ausgangsbedingung (*starting condition*) von NPM-Reformen in den verschiedenen Ländern und als eine zentrale Erklärung dafür erwiesen, wie schnell und umfassend, konfliktiv oder konsensual entsprechende Reformprozesse ablaufen und wie nachhaltig oder unbeständig die Wirkungen sind.[2]

Liegt das Erkenntnisinteresse auf ausgewählten Teilaspekten der öffentlichen Verwaltung, ergeben sich wieder andere Länderklassifizierungen. So wurde für den Vergleich der öffentlichen Dienst-Systeme in Europa die Unterscheidung von fünf Länderfamilien vorgeschlagen: *Anglo-Saxon, Continental European, Mediterranean/South European, Scandinavian, Eastern European* (Demmke et al. 2007, S. 12). Diese sind jeweils durch Eigenheiten in der rechtlichen Ausgestaltung, in den Rekrutierungs- und Beförderungsmechanismen sowie den Zugangswegen zum öffentlichen Dienst gekennzeichnet. Allerdings konzentrieren sich die Autoren vor allem auf die nationale/zentralstaatliche Ebene, so dass der vertikale Verwaltungsaufbau und die Ausgestaltung der subnationalen Ebenen für sie weniger von Interesse ist.

Eine letzte Klassifizierung, die hier Erwähnung finden soll, bezieht sich auf die Unterschiede zwischen den Ländern hinsichtlich des Umfangs und Inhalts der Staatstätigkeit. Diese Unterscheidung ist für den Vergleich

2 Bei der Erklärung von Reformverläufen ist allerdings zu beachten, dass sich die reformbezogenen Typologien teils auf Verwaltungen in unterschiedlichen Entwicklungs-/Reifestadien beziehen.

von Verwaltungssystemen deshalb wichtig, weil die Tradition und Ausgestaltung des Wohlfahrtsstaates (als konservativ, sozialdemokratisch oder liberal; vgl. Esping-Andersen 1990), in welchen das nationale Verwaltungssystem eingebettet ist, wesentlichen Einfluss auf die Verwaltungstätigkeit in einem Land haben. Aus diesem Blickwinkel lassen sich vor allem Länder(gruppen)unterschiede in der Dimensionierung des öffentlichen Sektors, in den inhaltlichen Schwerpunkten der Verwaltungstätigkeit, aber auch in der Affinität oder Aversion für bestimmte Verwaltungsreformkonzepte (z.B. Privatisierung, Wettbewerbselemente etc.) erklären. Die folgende Darstellung fasst die genannten Typologien mit ihren jeweiligen Distinktionsmerkmalen und Ländergruppierungen überblicksartig zusammen (vgl. Tab. 2). Dabei sei noch einmal daran erinnert, dass diese verschiedenen Typologien für sehr unterschiedliche Analysezwecke geeignet sind (siehe oben). Die hier interessierende Untersuchung von Verwaltungsreformen (siehe Abschnitt 4) stützt sich auf die von Kuhlmann/Wollmann (2013) vorgeschlagene Typologie, da diese verwaltungskulturelle und -institutionelle Vergleichsmerkmale kombiniert, welche sich als wesentlich für die Erklärung von Reformen erwiesen haben.

Tab. 2: Typologien des Verwaltungsvergleichs (Auswahl)

Autor/en	Erkenntnisinteresse (Geogr. Bezug)	Vergleichsdimensionen	Länderfamilien/-gruppen	Länderbeispiele
Jann 1983, 2002	Vgl. von Verwaltungshandeln als Problemverarbeitungsprozess (Westeuropa)	Problemlösungsverhalten der Verw.; Interaktion mit Bürger	Kooperative Kontaktkultur	S
			Flexible Verhandlungskultur	UK
			Formalisierte Regelungskultur	D
Kuhlmann/Wollmann 2013	Vgl. v. Verwaltungssystemen/-reformen (Europa)	Verwaltungstradition; Politisch-institutionelle Merkmale des Verwaltungsaufbaus	Kontinentaleurop.-napol.	F, I, E, P, GR
			Kontinentaleurop.-föderal	D, A, CH
			Angelsächsisch	UK, IRE
			Skandinavisch	S, N, FIN, DK
			Osteuropäisch	H, PL, CZ

→

≡ Tab. 2: Typologien des Verwaltungsvergleichs *[Fortsetzung]*

Painter/ Peters 2010	Klassifizierung von Verwaltungstraditionen (international/global)	Rechtstradition; Verhältnis Staat-Gesellschaft; Verwaltungsorg.; öff. Dienst (+geograf. Lage)	Anglo-American Napoleonic Germanic Scandinavian Latin American Postcolon. South Asian/African East Asian Soviet Islamic	UK, USA, IRE, NZ F, I, E, P, GR D, A, CH, NL S, N, FIN, DK RA, BR, ME IND, EAU J, ROK, RP CN, VN, MOE-Länder TR, UAE, IR
Kickert 2011	Erklärung von NPM-Reformen (Kontinentaleuropa)	Verwaltungstradition; Verhältnis Staat-Gesellsch.; Demokratietypus	Napoleonic, Germanic Small European States Southern European States	F, I, E, P, GR, B D A, CH, NL, B I, E, GR, P
Demmke et al. 2007	Vgl. öff.-Dienst-Systeme (Europa)	Merkmale des öff. Personals (Rekrutierung, Beförderung, Rechtsstatus)	Anglo-Saxon Continental European Mediterr./South European Scandinavian Eastern European	UK, IRE, M F, A, D, NL, B E, I, P, CY DK, S, N, FIN BG, CZ, PL
Esping-Andersen 1990	Vgl. von Wohlfahrtsstaaten/Staatstätigkeit (Westeuropa)	Staatstätigkeit (Finanzierung, Leistungsstandards, Umverteilung, Dekommodifizierung)	Konservativ Sozialdemokratisch Liberal	D, F, I, B, A S, DK, FIN, N UK, USA, CH

Legende zu Tabelle 2

a – D = Deutschland; F = Frankreich; H = Ungarn; I = Italien; S = Schweden; UK = Vereinigtes Königreich. Darüber hinaus finden folgende Kürzel Anwendung: A = Österreich; B = Belgien; BG = Bulgarien; CH = Schweiz; CY = Zypern; CZ = Tschechische Republik; DK = Dänemark; E = Spanien, GR = Griechenland; IRE = Irland; M = Malta; N = Norwegen; NL = Niederlande; P = Portugal; PL = Polen; BR = Brasilien; CN = China; EAU = Uganda; J = Japan; IND = Indien; IR = Iran; ME = Mexiko; NZ = Neuseeland; RA = Argentinien; ROK = Korea; RP = Philippinen; TR = Türkei; UAE = Vereinigte Arabische Emirate; VN = Vietnam

Quelle: In Anlehnung an Kuhlmann/Wollmann 2013, S. 24

4. Verwaltungsreformen als Gegenstand vergleichender Verwaltungswissenschaft

Es lassen sich verschiedene Pfade (*trajectories*) von Verwaltungsreformen in Europa unterscheiden, von denen im Folgenden drei herausgegriffen werden.

(1) Die Umschichtung von Verwaltungskompetenzen im Mehrebenensystem bildet einen ersten wesentlichen Reformpfad in Europa, womit Prozesse der De-/Rezentralisierung von Aufgaben, Regionalisierung, Devolution bis hin zur „Quasi-Föderalisierung" angesprochen sind (Kuhlmann/ Wollmann 2013, S. 119ff.). In den letzten Jahrzehnten sind in einer wachsenden Zahl bislang unitarisch verfasster europäischer Länder Prozesse der Dezentralisierung in Gang gesetzt worden – sei es als Föderalisierung bzw. Quasi-Föderalisierung (Belgien, Spanien, Italien, Großbritannien) oder als „einfache" Regionalisierung (Frankreich, Schweden). Die Kompetenzabschichtung erfolgt dabei entweder nach unten (*top-down*, d.h. vom Staat auf die Region) oder nach oben (*bottom-up*, d.h. von der kommunalen Ebene auf die Region), wobei Letztere in der Regel mit der Etablierung vollkommen neuer regionaler Gebietseinheiten, zumeist in kommunaler Verfasstheit, verbunden ist. Einen weiteren Sonderfall in der Gruppe der einfachen Regionalisierer stellen die Transformationsländer dar, deren Regionsbildung vielfach förderpolitischen Erwägungen folgte und sich eher auf die (statistische) Systematik der NUTS-Regionen stützte, oftmals ohne diese „mit Leben zu füllen".

Ferner stellen die Dezentralisierung und Kommunalisierung europaweite Trends der Verwaltungsreform dar. Lediglich im Vereinigten Königreich (England) sowie in jüngster Zeit in Ungarn kam es zu markant rezentralisierenden Tendenzen im Verhältnis zwischen staatlicher und kommunaler Ebene.[3] In der Grundtendenz läuft die Verwaltungsentwicklung im europäischen Raum somit darauf hinaus, dass die kommunalen Gebietskörperschaften an Kompetenzen und Handlungsmöglichkeiten gewinnen und der Staat Funktionen „nach unten" abgibt. Im Ergebnis dringt das multifunktionale starke Kommunalmodell (*multi purpose model*) weiter vor. Allerdings unterscheiden sich der Modus und die Wirkungen der De-

3 Ungarn – als postsozialistisches Transformationsland – stellt im hier präsentierten Ländervergleich natürlich einen Sonderfall dar. Auch die jüngeren Re-Zentralisierungstendenzen, bei denen es sich in erster Linie um den Zugriff einer zunehmend autoritär agierenden Regierung auf dezentrale Ebenen und Ressourcen handelt, sind in diesem Lichte zu interpretieren.

zentralisierung/Kommunalisierung erheblich. Während in Schweden umfassend politisch dezentralisiert und das monistische Aufgabenmodell weiter gestärkt wurde, kam es in Deutschland mit den neuen Verwaltungsstruktur- und Funktionalreformen (siehe *Bogumil* in diesem Band) überwiegend „nur" zur administrativen Dezentralisierung und „unechten" Kommunalisierung, durch die das traditionelle dualistische Aufgabenmodell weiter bekräftigt wurde (vgl. Wollmann 2008, S. 259ff.). Auch Frankreich und Italien, die einschneidende Schritte der politischen Dezentralisierung kodifizierten, halten nach wie vor grundsätzlich am dualen Aufgabenmodell fest und weisen eine starke Persistenz staatlicher Verwaltung in der Fläche auf, wenngleich die Staatsaufsicht inzwischen erheblich abgeschwächt wurde. Ob sich die Aufgabenübertragung positiv oder negativ auf die Performanz des Verwaltungshandelns auswirkt, hängt dabei unter anderem vom Aufgabentypus, der Ressourcenausstattung und der lokalen *institutional capacity* ab (vgl. Kuhlmann et al. 2011).

(2) Ein weiterer Strang der Verwaltungsreform europäischer Staaten betrifft die territoriale Neugliederung von Verwaltungseinheiten oder auch „territoriale Konsolidierung" subnationaler Räume (*territorial consolidation*; vgl. Baldersheim/Rose 2010; Hulst/Montfort 2007). Hier bewegen sich die europäischen Reformansätze insbesondere zwischen den beiden Extrempolen der – eher weichen Variante von – Verwaltungskooperation oder auch *trans-scaling* (Beispiel Frankreich, Italien, Spanien, Süddeutschland) und der – radikaleren Form von – Gebietsfusionen oder *up-scaling* (Großbritannien, Skandinavien, Nord- und teils Ostdeutschland). In der *up-scaling* Ländergruppe (vgl. Baldersheim/Rose 2010, S. 20) waren die Reformen darauf gerichtet, die administrative Leistungsfähigkeit der Kommunen durch deren Maßstabsvergrößerung zu steigern (vgl. John 2010, S. 106ff. für das Vereinigte Königreich). *Up-scaling* kam ursprünglich (nach dem Zweiten Weltkrieg) insbesondere in Schweden, England/UK und in einigen deutschen Bundesländern (etwa NRW, Hessen) zur Anwendung, weshalb in der international vergleichenden Literatur von einem „nordeuropäischen" Reformmodell (Norton 1994, S. 40) die Rede ist. Dagegen ist das „südeuropäische" Reformmuster (insbesondere Frankreich, Italien) dadurch gekennzeichnet, dass die kleinteilige, territoriale Struktur weitgehend unverändert geblieben ist und die operative Handlungsfähigkeit der Kommunen durch interkommunale Verbände/Formationen (*intercommunalité*) gefördert wird, die als institutionenpolitischer „Ersatz" für förmliche Gebietsreformen im Wege von Gemeindezusammenlegungen gesehen werden.

Tab. 3: Territoriale Reformmuster in Europa

Nordeuropäische Reformvariante: Up-Scaling	Südeuropäische Reformvariante: Trans-Scaling
UK, S, DK, dt. Länder (NRW, HE) Maßstabsvergrößerung; Fusion UK: Ø EW: metrop. districts: 310.000; non me-trop. districts: 100.000; counties: 760.000 Leistungskraft; verwaltungs-ökonomische Verbesserung Hintergrund: Funktional starke Kommunalsys-teme; oft sozialdemokr. Handschrift; rationaler Zeitgeist/Planungseuphorie Durchsetzung letztlich mittels verbindlicher Gesetzgebung Unterordnung komm. SV unter parl. Entscheidungsmacht	F, I, viele MOE-Länder; dt. Länder (RhP, SH) Kleinteilige Gemeindestruktur beibehalten; wei-tere Fragmentierung F: 37.000 communes; Ø 1.700 EW Hintergrund: Kommunale Aufgabenwahrneh-mung durch Staatsverw. (napoleon. Länder) Volontariat: Fusionen nur mit Zustimmung der Kommunen Massive lokale Widerstände gegen Gebiets-reform Interkommunale Formationen als Ersatz (intercommunalité; Verbandsgemeinden; Ämter)

Quelle: Kuhlmann/Wollmann 2013, S. 147

Zwar weisen die Gemeinden hinsichtlich der Gebietsgrößen und Einwohnerzahlen im europäischen Vergleich nach wie vor große, teilweise eklatante Unterschiede in ihrer Durchschnittsgröße (zwischen 1.640 in Tschechien und 139.000 im UK; vgl. Kuhlmann/Wollmann 2013, S. 163) auf. Jedoch lassen sich einige konvergierende Muster ausmachen. So kam es in einigen Ländern des „nordeuropäischen„ Reformprofils (z.B. ostdeutsche Bundesländer, Dänemark) teils zu weiteren territorialen Maßstabsvergrößerungen. Zudem haben sich in einer neuerlichen seit 2000 einsetzenden Reformwelle auch die „südeuropäischen" Länder Griechenland und Portugal sowie die mittel-osteuropäischen EU-Beitrittsländer Bulgarien und Litauen dem „nordeuropäischen„ Reformprofil angenähert, was durch die Finanz- und EURO-Krise sowie den Druck der EU zusätzlich befördert worden ist. Inwieweit der Krisen- und EU-induzierte Handlungsdruck dazu führen wird, dass sich die „Süd-Länder" noch stärker in Richtung *up-scaling* bewegen, bleibt indes abzuwarten. Anzeichen dafür sind bereits in der italienischen Gesetzgebung von 2012 zu erkennen (Kuhlmann/Wollmann 2014).

(3) Die Modernisierungsbewegung im Rahmen des New Public Management (NPM) stellt die wohl bekannteste und einflussreichste Reformdoktrin der Verwaltung in Europa dar (vgl. Pollitt/Bouckaert 2004; 2011; Kuhlmann 2010a). Sie beinhaltet sowohl externe als auch interne Reformelemente.

a) Externe NPM-Dimension: Privatisierung, Vermarktlichung und Kommerzialisierung öffentlicher Leistungen haben sich als wesentliche NPM-inspirierte „Mega-Trends" der Verwaltungsreform im europäischen und internationalen Kontext erwiesen. Neben der formalen und inzwischen zum großen Teil auch materiellen Privatisierung von Staatsbetrieben auf nationaler Ebene kam es europaweit auch zu vermehrten Ausgründungen von Eigengesellschaften und Unternehmen privaten Rechts auf der kommunalen Ebene (*corporatization*; Grossi et al. 2010). Zudem erweisen sich der *purchaser-provider-split* und die Einbindung privater Leistungsanbieter über Leistungsverträge (funktionale Privatisierung) als übergreifende (konvergente) Modernisierungstrends in den Verwaltungen Europas. Der öffentliche Sektor ist als Folge dieser Entwicklungen in vielen europäischen Ländern nicht nur numerisch geschrumpft, sondern er hat sich auch sektoral stärker ausdifferenziert und fragmentiert, da zahlreiche externe, monofunktional operierende „Erfüllungsgehilfen" in die öffentliche Leistungserbringung eingebunden wurden und sich Staat und Kommunen als direkte Produzenten öffentlicher Güter zurückgezogen haben.

Trotz dieser generellen Trends und Diskurskonvergenzen (*discurse convergence*) gibt es beachtliche Unterschiede in der Reichweite, Intensität und Art und Weise der Privatisierungspolitik (*practice divergence*) zwischen den europäischen Ländern, aber auch innerhalb der Länder zwischen Sektoren und Verwaltungsebenen. Dabei kann das Vereinigte Königreich als marktradikales Privatisierungsmodell herausgestellt werden, das aufgrund der zeitgleichen Entmachtung der *local governments* als Monopolanbieter zahlreicher Leistungen stark zentralisierende Züge trägt und das von Pollitt/Bouckaert (2004) – zusammen mit Neuseeland – der Gruppe der *marketizing-* und *minimizing*-Länder zugerechnet wurde („that have gone further and faster down the roads of marketizing and minimizing"; Pollitt/Bouckaert 2004, S. 179). Sie haben sich in der Modernisierung des öffentlichen Sektors am stärksten von Liberalisierungsideen und NPM-Konzepten leiten lassen. Schweden und Frankreich können anknüpfend an Pollitt/Bouckaert als *modernizer* eingestuft werden, da die Privatisierung maßvoller erfolgte und in die jeweils bestehende Verwaltungskultur und Wohlfahrtstaatstradition eingebettet wurde. In Schweden wurde dabei in erster Linie eine Modernisierung des Wohlfahrtsstaates durch Wettbewerbsöffnung und Anbieterpluralisierung vorgenommen, die durch soziale Regulierungen und Elemente der Nutzerdemokratie flankiert wurde. Die Privatisierung von Staatsbetrieben hat in Schweden bei Weitem nicht das Ausmaß anderer europäischer Länder erreicht und materielle Privatisierungen sind nach wie vor die Ausnahme. Auch in Frankreich setzte die Wettbewerbsöffnung auf nationaler Ebene nur schrittweise und sehr spät ein, was ebenfalls mit dem Versuch im Zusammenhang zu sehen ist, überkommene Strukturen gemäß der französischen Tradition des *Service Public* zu erhalten und notfalls gegen Widerstand zu verteidigen. Auch im lokalen Raum wurden besondere rechtliche Vorkehrungen für einen privilegierten Zugriff öffentlicher Akteure auf teilprivatisierte Unternehmen (*SEML*) getroffen und sind es zudem aufgrund der langjährigen Praxis von Konzessionierung keine radikalen Schritte in Richtung Funktionalprivatisierung nötig, so dass man hier auch von *modernizing* (im Sinne der Typologie von Pollitt/Bouckaert) sprechen kann.

Deutschland wurde von Pollitt/Bouckaert zu Beginn der 2000er-Jahre als *maintaining-*/ansatzweise *modernizing-*Land qualifiziert, das auf der Grundlage der im Wesentlichen fortbestehenden Politik- und Verwaltungsstrukturen eher anpassende NPM-Veränderungen betreibt. Mit Blick auf die nationale Privatisierungspolitik der 1990er-Jahre kann an dieser Eingruppierung jedoch nicht festgehalten werden. Zum einen verschärfte sich nach den vergleichsweise maßvollen Privatisierungsplänen zu Beginn der *Kohl*-Ära im Verlaufe der 1990er-Jahre der Privatisierungsdruck rasant, so dass sich von den großen staatlichen Infrastrukturunternehmen heute nur noch die Bahn zu 100% in Staatsbesitz befindet, deren Börsengang auch „nur" an der Finanzmarktkrise, nicht aber am fehlenden nationalen Politikwillen (vorläufig) scheiterte. Unabhängig von der politischen Couleur der Regierungen seit 1982 und (im Unterschied etwa zu Frankreich, Italien und zum Vereinigten Königreich) ohne nennenswerten Widerstand der Gewerkschaften entwickelte sich Deutschland seit Mitte der 1990er-Jahre zum „fleißigen Übererfüller" (Deckwirth 2008, S. 87) europäischer Liberalisierungsvorgaben und verabschiedete die drei großen Liberalisierungsgesetze (Bahn 1994, Telekom 1996, Post 1997) in einem breiten nationalen Privatisierungskonsens. Vor diesem Hintergrund spricht manches dafür, dass sich Deutschland – zumindest mit Blick auf die nationale Ebene – vom *maintainer* zum *marketizer/minimizer* entwickelt hat, was sich auch im deutlichen Rückgang der Staatsbeschäftigtenquote von 12,2% (1995) auf 9,6% (2008) zeigt. Damit rangiert Deutschland in der OECD-Schlussgruppe, d.h. klar hinter Schweden (26,2% in 2008) und Frankreich (21,9%), aber auch markant hinter Italien (14,3%), dem Vereinigten Königreich (17,4%) und Ungarn (19,5%), in etwa gleichauf mit Polen (9,7%) und der Schweiz (9,7%; vgl. OECD 2011). Für die deutsche Kommunalwirtschaft als nach wie vor dominantem Standbein der Daseinsvorsorge ist die *marketizer/minimizer*-Einordnung teilweise etwas zu relativieren, da zwar auch dort zunehmend liberalisiert und privatisiert worden ist. Jedoch befinden sich die lokalen Strom-, Gas- und Wasserversorger nach wie vor überwiegend in kommunalem Besitz und es finden sogar Rückkäufe teilprivatisierter Betriebe statt, so dass die Persistenz (*maintaining*) traditioneller Versorgungsstrukturen hier ausgeprägter ist.

Ein ähnliches Profil ergibt sich für Italien, das nach zurückhaltenden (formalen) Privatisierungsschritten zu Beginn der 1990er-Jahre im weiteren Verlauf des Jahrzehnts das – gemessen am Einnahmevolumen – europaweit umfassendste Privatisierungsprogramm implementierte. Im Unterschied zu Deutschland als „Übererfüller“ und „Antizipierer“ europäischer Vorgaben war die EU-Politik in Italien einer der wesentlichen Auslöser und maßgebliche Triebkraft der Privatisierung, die sich von Privatverkäufen bis hin zu großen Börsengängen erstreckte. Nach dem Rückzug des Staates aus den Industrieunternehmen, dem Banken- und Versicherungssektor und schließlich schrittweise aus den großen Infrastrukturunternehmen erreichte die italienische Entstaatlichungspolitik Mitte/Ende der 1990er-Jahre einen Höhepunkt. Wenngleich der italienische Staat nach wie vor unternehmerisch substanziell tätig ist und der Wandel vom *Stato impreditore* zum *Stato regolatore* nicht abgeschlossen scheint (Mayer 2006, S. 205), kann Italien mit Blick auf den Privatisierungsumfang der vergangenen zwei Jahrzehnte doch mit Recht der Gruppe von *marketizing/minimizing*-Länder zugeordnet werden. Dies findet auch darin Bestätigung, dass die Staatsbeschäftigtenquote in Italien bei 14,3% (2008) und damit deutlich unter jener in Schweden und in Frankreich und sogar noch geringfügig unter der Quote des Vereinigten Königreichs liegt (OECD 2011).

Seit Beginn des neuen Jahrtausends scheint sich – mutmaßlich als Folge kritischer Privatisierungseffekte sowie im Zusammenhang mit offenkundigem Marktversagen (Finanzmarktkrise) – eine Trendwende zur „Rückkehr des Öffentlichen“ abzuzeichnen, die durch Re-Regulierung, Re-Kom-

≡ Abb. 1: Diskurskonvergenz und Praxisdivergenz der Privatisierung im Ländervergleich

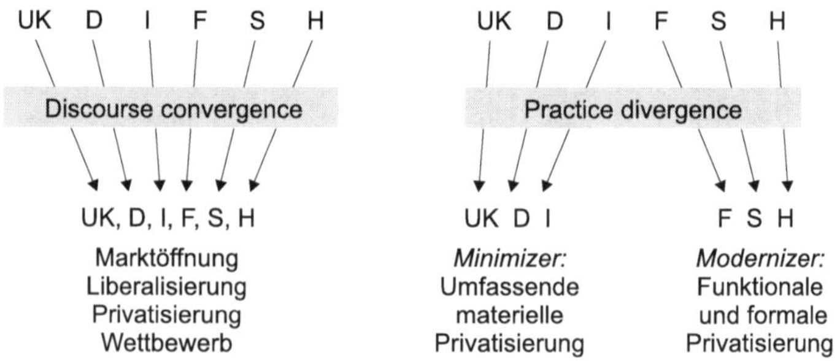

Quelle: Kuhlmann/Wollmann 2013, S. 203

munalisierung und Vermögensrückkäufe gekennzeichnet ist. In dem Bemühen der nationalen Regierungen und supranationalen Organisationen, die globale Wirtschafts- und Finanzkrise zu bewältigen, griffen diese wieder verstärkt auf staatliche Regulierungen zurück und gewannen öffentliche Institutionen an Bedeutung. Der neoliberale Schlachtruf „private is better than public“ hat an Überzeugungskraft verloren, so dass sich eine „Re-Habilitierung“ des Staates und des öffentlichen Gutes anzudeuten scheint (vgl. Verbuecheln 2009; Röber 2009; Engartner 2009; Wollmann/Marcou 2010). Zudem variieren Ausmaß und Intensität des „Pendelrückschwungs“ erheblich nach Ländern, Verwaltungsebenen und Sektoren. Während etwa für die nationale Ebene prognostiziert wurde, dass der „Niedergang des unternehmerisch tätigen Staates (...) wahrscheinlich von Dauer sein (wird)“ (Mayer 2006, S. 279), wird für die kommunale Ebene zumindest die Frage aufgeworfen: „Is the „Pendulum swinging back?“ (Wollmann/Marcou 2010; Wollmann 2011). Offensichtlich verschieben sich die Gewichte zwischen den Trägern von Aufgaben der Daseinsvorsorge wieder zugunsten kommunaler Institutionen – „das Pendel scheint sich wieder in die andere Richtung zu bewegen“ (Röber 2009). Dieser Gegentrend ist auch mit dem Schlagwort des „Post-NPM“ etikettiert worden (Wegrich 2011; Christensen/Laegreid 2010; Verhoest/Laegreid 2010).

b) Interne NPM-Dimension: Im Binnenverhältnis ging es darum, betriebswirtschaftliche Managementmethoden einzuführen, bürokratische Organisationsstrukturen aufzubrechen und die Handlungssphären von Politik und Verwaltung klarer zu entkoppeln. Die Einführung von ergebnisorientierter Steuerung, Leistungsmessung, Leistungsvergleich und Leistungsbezahlung, die Flexibilisierung und Individualisierung von Dienstverhältnissen, Dezentralisierung und organisatorische Verselbständigung von Verwaltungseinheiten, also ein ganzer „Baukasten“ von NPM-inspirierten Reformelementen, waren in allen untersuchten Ländern zentrale Modernisierungsthemen – zumindest auf der Verlautbarungsebene (*talk*). Insoweit ist es zu *discursive convergence* gekommen, wofür als maßgebliche Erklärungsfaktoren zum einen die Konzeptdiffusion des NPM und die sich daraus ergebenden normativen Anpassungen in den nationalen Reformdiskursen (*normative isomorphism*) zu nennen sind. Denn das NPM wurde zum effektivsten Weg zur Modernisierung des Wohlfahrtsstaates erklärt (vgl. kritisch Naschold 1995, S. 69), von dem abzuweichen als normativ nicht wünschenswert oder eben als „unangemessenes Verhalten“ betrachtet wurde.

Jedoch kann im Bereich der konkreten Reformumsetzung und hinsichtlich der Ergebnisse und Wirkungen nur sehr bedingt von Konvergenz (*practice/result convergence*) die Rede sein (vgl. auch Christensen/Laegreid 2010). Im Bereich der Organisationsreformen kontrastiert der radikale britische Ansatz von Agencification, der die Umsetzung von NPM-Konzeptideen in „Reinform" anstrebte und zu einer regelrechten Transformation von Whitehall führte, mit der skandinavischen Variante von Agentur-Steuerung, die sich auf einen historisch entstandenen, seit langem etablierten institutionellen „Eigenwuchs" (*ämbetsverk*) stützt und diesen „nur" durch neue Elemente des Resultat- und Kontraktsteuerung anreicherte, also im Ganzen viel stärker durch Kontinuität und eine behutsame NPM-Modernisierung geprägt war, was auch als „skandinavischer Regimetypus" im Gegensatz zum „angelsächsischen Regimetypus" der NPM-Reform bezeichnet worden ist (Schröter 2001, S. 438). In Kontinentaleuropa wiederum ist zwischen den föderalen und den unitarischen Ländern zu differenzieren. In Ersteren erwies sich – wie am deutschen Beispiel gezeigt wurde – aufgrund der ohnedies dezentralen Vollzugsstrukturen die Verwaltung von vornherein als weniger „agencifizierbar" (Döhler 2007), so dass die Agenturbildung im Ergebnis eher moderat ausfällt. In den unitarischen Ländern ist die Staatsverwaltung aufgrund der napoleonischen Verwaltungstradition, die durch den Dualismus von Staats- und Kommunalverwaltung und eine ausgeprägte territoriale Präsenz des Staates gekennzeichnet ist, bereits hochgradig dekonzentriert, so dass auch hier das Potenzial für zusätzliche Agency-Bildung begrenzt ist. Allerdings sind in Kontinentaleuropa – insoweit konvergierend zum Vereinigten Königreich und Schweden – zunehmend Versuche der NPM-inspirierten Ergebnis- und Kontrakt-Steuerung der dekonzentrierten Behörden, Anstalten, Einrichtungen und Agenturen zu erkennen. Diese hatten jedoch bislang eher eine begrenzte Durchschlagkraft, worin aber weniger *result convergence* als *persistence* sichtbar wird.

Auch im Bereich der Steuerungsinstrumente und Verfahrensinnovationen zeigt sich nur bedingt eine Konvergenz zwischen den Ländern. Dem Einsatz von Performance Management als staatliches Kontroll- und Interventionsinstrument im Vereinigten Königreich, das verpflichtend und in hohem Maße mit Sanktionen verknüpft ist, steht seine Handhabung als Verfahren freiwilliger Selbstbewertung und -optimierung im skandinavischen Kontext gegenüber. Auch ist hinsichtlich der Frage, ob Leistungsergebnisse veröffentlicht werden (Vereinigtes Königreich, Schweden) oder nicht (Deutschland, Frankreich), zwischen den Ländern bislang keine Konvergenz zu erkennen, sondern wiederum ein Festhalten (Persistenz) an überkommenen Traditionen von Informationsfreiheit, resp. -geheimhaltung. Last but not least, ist der Verbreitungsgrad dieses Reforminstruments in den europäischen Ländern höchst heterogen (Kuhlmann 2010b). So finden sich in der institutionell fragmentierten französischen Verwaltungslandschaft, vor allem im kommunalen Raum, nur bedingt sinnvolle Anwendungsmöglichkeiten für Leistungsmessung, weil kaum Verwaltungshandeln stattfindet, während in Schweden und im Vereinigten Königreich die Verbreitung fast flächendeckend ist (für weitere Länderbeispiele siehe auch Christensen/Laegreid 2010). Deutschland, Italien und Ungarn nehmen mittlere Plätze ein. Im Vergleich der Ansätze von Performance Management fällt zudem auf, dass der den klassisch-kontinentaleuropäischen Verwaltungsregimen unterstellte Regel- und Verfahrensperfektionismus hier eher dem britischen Managerialismus eigen ist, der auf *procedures* (statt *outcomes*) und auf die Perfektionierung von *Performance-Indicator*-Systemen gerichtet ist, wohingegen beispielsweise die (größeren) französischen Verwaltungen auffällig pragmatisch, anpassungsflexibel und experimentell vorgehen (vgl. ähnlich Ashford 1982; Kuhlmann 2010b).

Im Bereich des Personalwesens wurde anhand der Länderbeispiele ebenfalls deutlich, dass die konvergente Diskussion um Leistungsbezahlung im öffentlichen Dienst eine enorme Varianzbreite an nationalen und lokalen Lösungen hervorgebracht hat. So haben das Vereinigte Königreich und die skandinavischen Länder die konsequentesten Schritte zur Einführung leistungsbezogener Bezahlung im öffentlichen Dienst unternommen, womit die überkommenen Modelle der senioritätsbasierten Beförderung und Bezahlung teils vollkommen obsolet geworden sind. Dagegen nahmen die kontinentaleuropäischen Länder Leistungselemente eher maßvoll in die bestehenden Entgeltsysteme auf, bis hin zu ihrer Karikierung dergestalt, dass (fast) alle Beschäftigten – dem überkommenen Gleichheitsgrundsatz *l'égalité* folgend – Leistungsprämien erhalten. Ungarn wiederum stellt einen vollkommen anders gelagerten Fall dar, da es zunächst darum ging, überhaupt einen rechtsstaatlichen öffentlichen Dienst und ein Laufbahnsystem für Beamte einzuführen, mit dem deren Neutralität und Professionalität sichergestellt werden sollte. Es stand also weniger die Managerialisierung des Personals als vielmehr der Aufbau einer klassischen Bürokratie im Mittelpunkt der Personalreformen, was man mit Blick auf die anderen Vergleichsländer als Divergenz interpretieren könnte. Eine markante Annäherung – Konvergenz – in Richtung des britischen und skandinavischen *position based system*, in welchem auch die Abgrenzung zwischen öffentlichem und privatem Arbeitsrecht nicht vorhanden oder wenig ausgeprägt ist, hat Italien mit seiner Abkehr vom traditionellen *career based system* und der Privatisierung der öffentlichen Dienstverhältnisse durchlaufen.

≡ Abb. 2: Praxisdivergenz der Binnenmodernisierung und Personalreformen im Ländervergleich

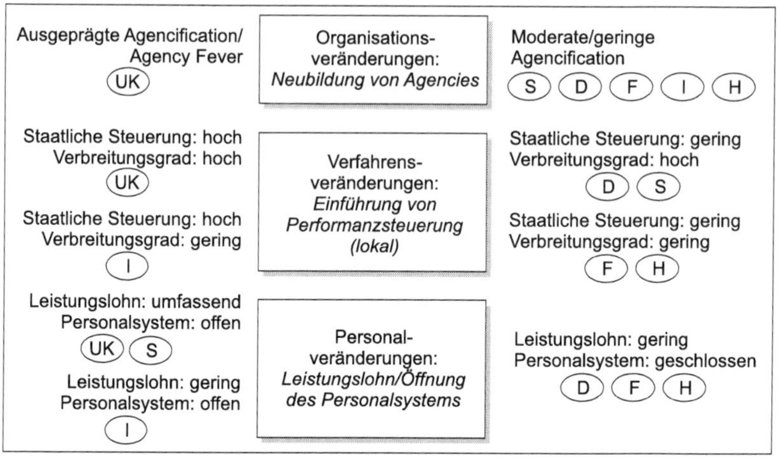

Quelle: Kuhlmann/Wollmann 2013, S. 247

■ 5. Ausblick

Abschließend sei ein kurzer Ausblick auf die Zukunftsperspektiven der vergleichenden Verwaltungswissenschaft und auf mögliche Herausforderungen gewagt. Was auch *Werner Jann* für die politikwissenschaftliche Verwaltungsforschung insgesamt konstatierte (Bogumil/Jann 2009, S. 302; Jann 2006, S. 121ff.), gilt für die vergleichende Verwaltungswissenschaft in noch stärkerem Maße: Für die weitere Profilierung der Forschungsrichtung sowie eine bessere Anerkennung innerhalb der Politikwissenschaft wäre eine stärkere theoretische Fundierung und Konzeptentwicklung wünschenswert. Diese könnte helfen, die Verwaltungswissenschaft von ihrem Image als „low politics" zu befreien, das ihr im Unterschied zu den Internationalen Beziehungen, der Politischen Theorie und der Vergleichenden Regierungslehre anhaftet (Jann 2006, S. 121). Allerdings stößt diese Forderung aufgrund der trans- und interdisziplinären Ausrichtung, des Anspruchs auf Praxisrelevanz sowie infolge der internationalen Vergleichsperspektive auf größere Barrieren als in anderen Teildisziplinen der Politikwissenschaft. Die für verwaltungswissenschaftliche Forschungsfragen notwendige Einbeziehung unterschiedlicher disziplinärer Zugänge erschwert die Konzept- und Theoriebildung und macht eine Abgrenzung und Konsolidierung von Wissensbeständen und Theorien schwierig. *Werner Jann* hat in seinen Publikationen aber auch immer wieder gezeigt, dass sich zum einen der Neo-Institutionalismus (in seinen verschiedenen Spielarten) als ein nützlicher Ansatzpunkt für die weitere theoretische Profilierung der (vergleichenden) Verwaltungswissenschaft erweist (Jann 2001, S. 338ff.; 2006, S. 128ff.). „Institutionen" bieten den unterschiedlichen verwaltungswissenschaftlich orientierten Teildisziplinen eine transdisziplinäre Brücke und können zwischen ihnen gewissermaßen als einende Klammer dienen. Zum anderen liegt in der Verknüpfung von Policy- und Institutionenforschung (vgl. Jann 2001, 2011, S. 74) ein konzeptionelles Potenzial, das für die weitere Theoriebildung in der vergleichenden Verwaltungswissenschaft noch stärker genutzt werden sollte. Hierzu wäre allerdings die Forderung einzulösen, verwaltungswissenschaftliche Vergleiche auch policy-orientiert anzulegen und die bislang dominierende, eher generelle Sicht auf Verwaltungsreformen durch den Blick auf konkrete Aufgabenfelder der Verwaltung zu erweitern. Ferner scheint eine Verknüpfung der unterschiedlichen vergleichenden Forschungsstränge in der Verwaltungswissenschaft erstrebenswert, um gegenseitige Synergieeffekte für die weitere Theoriebildung zu erhalten (vgl. Jann 2009). Nach wie vor nehmen sich die Vertreter der unterschiedlichen Forschungsschwerpunkte, etwa der vergleichenden Kommunalforschung, der Ministerial- und Verwaltungselitenforschung oder der Europäisierungsforschung, wechselseitig zu wenig wahr. Da sich ihre empirische Anschauung jedoch immer nur auf bestimmte Ebenen oder Bereiche des Verwaltungssystems (EU, Ministerialverwaltung, Kommunen) konzentriert und einengt, ist die Reichweite von Schlussfolgerungen und Theorien als begrenzt einzuschätzen. Schließlich muss es zukünftig auch darum gehen, die vergleichende Analyse der Leistung unterschiedlicher Verwaltungsmodelle sowie der Wirkungen von Verwaltungsreformen, also die evaluative Verwaltungsforschung, konzeptionell wie methodisch und empirisch weiter voranzubringen. Zwar wird dies als ein besonderes Potenzial der CPA gesehen, da durch das Aufzeigen alternativer Verwaltungslösungen institutionelle Optionen für Leistungsverbesserungen präsentiert werden können (Jreisat 2011, S. 834). Im nationalen wie im internationalen Kontext sind jedoch systematische Wirkungsanalysen zu Verlauf und Ergebnis der Verwaltungsreformen und zu Performanzvergleichen unterschiedlicher Verwaltungslösungen nach wie vor rar (vgl. Ebinger 2014; Richter 2014). Dieses Defizit ist um so auffälliger, als die Schaffung von Transparenz der Wirkungen, Kosten und Nutzen des Verwaltungshandelns eine Kernbotschaft der Verwaltungsmodernisierung ist, die sich damit zuvörderst auch selber zum Gegenstand von Wirkungsanalysen machen sollte. Aufgabe der Verwaltungswissenschaft sollte es daher sein, einen empirisch informierten Diskurs über die Leistungskraft von Verwaltung und die Wirksamkeit von Verwaltungspolitik in ländervergleichender Perspektive zu organisieren (Bogumil/Kuhlmann 2010, S. 347ff.). Denn der Beitrag der vergleichenden Verwaltungswissenschaft sollte auch darin bestehen, allgemeine Aussagen über erfolgreiche und weniger erfolgreiche Verwaltungslösungen zu erarbeiten (Jreisat 2011, S. 834). Hierbei ist der Pluralität von Bewertungskriterien des Verwaltungshandelns (Legalität, Effizienz, demokratische Legitimation, professionelle Qualität etc.) Rechnung zu tragen, die in den jeweiligen nationalen und lokalen Verwaltungskontexten oftmals unterschiedlich gewichtet sind und in der Regel nicht gleichzeitig optimiert werden können.

Literatur

Ashford, D. E. (1982): British Dogmatism and French Pragmatism. Central-Local Policymaking in the Welfare State. London

Baldersheim, H./Rose, L. E. (2010): Territorial Choice. Rescaling Governance in European States. In: Baldersheim, H./Rose, L. E. (eds.): Territorial Choice. Houndmills, S. 1–20

Bogumil, J./Jann, W. (2009): Verwaltung und Verwaltungswissenschaft in Deutschland. Einführung in die Verwaltungswissenschaft (2., völlig überarbeitete Aufl.; Reihe: Grundwissen Politik, Bd. 36). Wiesbaden

Bogumil, J./Kuhlmann, S. (2010): Kommunalisierung und Regionalisierung – Perspektiven der Verwaltungsforschung. In: Bogumil, J./Kuhlmann, S. (Hg.): Kommunale Aufgabenwahrnehmung im Wandel: Kommunalisierung, Regionalisierung und Territorialreform in Deutschland und Europa. Wiesbaden, S. 347–352

Christensen, T./Lægreid, P. (2010): New Public Management. London u.a.O.

Deckwirth, C. (2008): Der Erfolg der Global Player. Liberalisierung und Privatisierung in der Bundesrepublik Deutschland. In: Bieling, H.-J./Deckwirth, C./Schmalz, S. (Hg.): Liberalisierung und Privatisierung in Europa. Die Reorganisation der öffentlichen Infrastruktur in der Europäischen Union. Münster, S. 64–95

Demmke, C. (2007): Leistungsbewertung im öffentlichen Dienst in den Mitgliedsstaaten der EU. Maastricht

Derlien, H.-U. (1992): Observations on the State of Comparative Administrative Research in Europe – Rather Comparable than Comparative. In: Governance, 5 (3), S. 279–311

Döhler, M. (2007): Vom Amt zur Agentur? Organisationsvielfalt, institutioneller Anpassungsdruck und Wandlungsprozesse im deutschen Verwaltungsmodell. In: Jann, W./Döhler, M. (Hg.): Agencies in Westeuropa. Wiesbaden, S. 12–47

Ebinger, F. (2014): Wege zur guten Bürokratie. Erklärungsansätze und Evidenz zur Leistungsfähigkeit öffentlicher Verwaltungen. Baden-Baden

Engartner, T. (2009): Kehrt der Staat zurück? Rekommunalisierung in den Aufgabenbereichen Entsorgung und Gebäudereinigung. In: Zeitschrift für öffentliche und gemeinnützige Unternehmen, Jg. 32/Heft 4, S. 339–355

Esping-Andersen, G. (1990): The Three Worlds of Welfare Capitalism. Cambridge

Fitzpatrick, J./Goggin, M./Heikkila, T./Klinger, D./Machado, J./Martell, C. (eds.) (2011): A New Look at Comparative Public Administration. Trends in Research and an Agenda for the Future. In: Public Administration Review, 71 (6), S. 821–830

Grossi, G./Marcou, G./Reichard, Ch. (2010): Comparative aspects of institutional variants for local public service provision. In: Wollmann, H./Marcou, G. (eds.): The Provision of Public Services in Europe. Between state, local government and market. Cheltenham, Northampton, S. 217–239

Heady, F. (1996): Configurations of Civil Service Systems. In: Bekke, H./Perry, J./ Toonen, T. (eds.): Civil Service Systems in Comparative Perspective. Bloomington, S. 207–226

Hulst, R./Montfort, A. v. (2007): Inter-municipal cooperation in Europe. Dordrecht

Jann, W. (1983): Politische Programme und „Verwaltungskultur". Bekämpfung des Drogenmissbrauchs und der Jugendarbeitslosigkeit in Schweden, Großbritannien und der Bundesrepublik Deutschland im Vergleich. Opladen

Jann, W. (2001): Verwaltungsreform als Verwaltungspolitik. Verwaltungsmodernisierung und Policy-Forschung. In: Schröter, E. (Hg.): Empirische Policy- und Verwaltungsforschung. Lokale, nationale und internationale Perspektiven. Opladen, S. 321–344

Jann, W. (2002): Verwaltungskultur. In: König, K. (Hg.): Deutsche Verwaltung an der Wende zum 21. Jahrhundert. Baden-Baden, S. 425–447

Jann, W. (2004): Entwicklungen der Ministerialverwaltung in Mittel- und Osteuropa – organisationstheoretische Zugänge und Hypothesen. In: Benz, A./Siedentopf, H./ Sommermann, K.-P. (Hg.): Institutionenwandel in Regierung und Verwaltung. Festschrift für Klaus König zum 70. Geburtstag. Berlin, S. 593–612

Jann, W. (2006): Die skandinavische Schule der Verwaltungswissenschaft. Neo-Institutionalismus und die Renaissance der Bürokratie. In: Bogumil, J./Jann, W./Nullmeier, F. (Hg.): Politik und Verwaltung (Politische Vierteljahresschrift, Sonderheft 37). Wiesbaden, S. 121–148

Jann, W. (2011): Verwaltungswissenschaft, Policy-Forschung, Managementlehre. In: Blanke, B./Nullmeier, F./Reichard, Ch./Wewer, G. (Hg.): Handbuch zur Verwaltungsreform (4. akt. Aufl.). Wiesbaden, S. 6–78

Jann, W./Döhler, M. (2007): Agencies in Westeuropa (Schriftenreihe Interdisziplinäre Organisation- und Verwaltungsforschung, Bd. 15). Wiesbaden

John, P. (2010): Larger and larger? The endless search for efficiency in the U.K. In: Baldersheim, H./Rose, L. E. (eds.): Territorial Choice. Houndmills, S. 101–117

Jreisat, J. E. (2011): Commentary. Comparative Public Administration. A Global Perspective . In: Public Administration Review, 71 (6), S. 834–838

Kickert, W. J. M. (2011): Public management reform in Continental Europe. National Distinctiveness. In: Christensen, T./Lægreid, P. (eds.): The Ashgate research companion to new public management. Aldershot, S. 97–112

Kuhlmann, S. (2009): Politik- und Verwaltungsreform in Kontinentaleuropa. Subnationaler Institutionenwandel im deutsch-französischen Vergleich. Baden-Baden

Kuhlmann, S. (2010a): New Public Management for the „Classical Continental European Administration": Modernization at the Local Level in Germany, France, and Italy. In: Public Administration, Vol. 88/No. 4, S. 1116–1130

Kuhlmann, S. (2010b): Performance Measurement in European local governments: a comparative analysis of reform experiences in Great Britain, France, Sweden and Germany. In: International Review of Administrative Sciences, Vol. 76/No. 2, S. 331–345

Kuhlmann, S. (2014): Verwaltungspluralität in Europa: Konvergenz, Divergenz oder Persistenz? In: König, K./Kropp, S./Kuhlmann, S./Reichard, Ch./Sommermann, K.-P./Ziekow, J. (Hg.): Grundmuster der Verwaltungskultur. Interdisziplinäre Diskurse über kulturelle Grundformen der öffentlichen Verwaltung. Baden-Baden, S. 469–492

Kuhlmann, S./Bogumil, J./Ebinger, F./Grohs, S./Reiter, R. (2011): Dezentralisierung des Staates in Europa: Auswirkungen auf die kommunale Aufgabenerfüllung in Deutschland, Frankreich und Großbritannien. Wiesbaden

Kuhlmann, S./Wollmann, H. (2013): Verwaltung und Verwaltungsreformen in Europa. Einführung in die vergleichende Verwaltungswissenschaft (Lehrbuchreihe „Grundwissen Politik"). Wiesbaden

Kuhlmann, S./Wollmann, H. (2014): Introduction to Comparative Public Administration: Administrative Systems and Reforms in Europe. Cheltenham, Northampton

König, K. (2002): Zwei Paradigmen des Verwaltungsstudiums – Vereinigte Staaten von Amerika und Kontinentaleuropa. In: König, K. (Hg.): Deutsche Verwaltung an der Wende zum 21. Jahrhundert. Baden-Baden, S. 393–423

König, K. (2006): Öffentliches Management in einer legalistischen Verwaltungskultur. In: Jann, W./Röber, M./Wollmann, H. (Hg.): Public Management. Grundlagen, Wirkungen, Kritik. Festschrift für Christoph Reichard zum 65. Geburtstag. Wiesbaden, S. 24–24

La Porta, R./Lopez-de-Silanes, F./Shleifer, A./Vishny, R. (eds.) (1999): The quality of government. In: Journal of Law, Economics, and Organization, 15 (1), S. 222–279

Lijphart, A. (1984): Democracies. Patterns of Majoritarian and Consensus Government in Twenty-One Countries. New Haven, London

Lijphart, A. (1999): Patterns of Democracy. Government Forms and Performance in Thirty-Six Countries. New Haven

Mayer, F. (2006): Vom Niedergang des unternehmerisch tätigen Staates. Wiesbaden

Naschold, F. (1995): Ergebnissteuerung, Wettbewerb, Qualitätspolitik. Berlin

Norton, A. (1994): International Handbook of Local and Regional Government: A Comparative Analyses of Advanced Democracies. Aldershot

OECD (2011): Economic Outlook, Vol. 2011/1, 2 (Internet: http://dx.doi.org/10.1787/eco_outlook-v2011-1-en.; 1.3.2013)

Painter, M./Peters, B. G. (2010): Administrative Traditions in Comparative Perspective: Families, Groups and Hybrids. In: Painter, M./Peters, B. G (eds.): Tradition and Public Administration. Basingstoke, S. 19–30

Peters, B. G. (1996): Theory and Methodology. In: Bekke, H. A. G. M./Perry, J. L./ Toonen, T. A. J. (eds.): Civil Service systems in comparative perspective. Bloomington, S. 13–41

Pollitt, C. (2010): Riggs on comparative public administration. Looking back half a century. In: International Review of Administrative Sciences, 76 (4), S. 761–766

Pollitt, C. (2011): Not odious but onerous. Comparative public administration. In: Public Administration, 89 (1), S. 114–127

Pollitt, C./Bouckaert, G. (eds.) (2004): Public Management Reform. A Comparative Analysis (2.nd ed.). Oxford

Pollitt, C./Bouckaert, G. (2011): Public Management Reform. A Comparative Analysis – New Public Management, Governance, and the Neo-Weberian State (3rd ed.). Oxford

Raadschelders, J. C. N. (2011): Commentary – Between „Thick Description" and Large N-studies. The fragmentation of Comparative Research. In: Public Administration Review, 71 (6), S. 831–833

Raadschelders, J. C. N./Rutgers, M. R. (1996): The Evolution of Civil Service Systems. In: Bekke, H. A. G. M./Perry, J. L./Toonen, T. A. J. (eds.): Civil Service systems in comparative perspective. Bloomington, S. 67–99

Richter, P. (2014): Der äußere Aufbau der Landesverwaltung und sein Einfluss auf den Aufgabenvollzug. Territoriale, funktionale und politische Lösungen und Wirkungen in den deutschen Bundesländern am Beispiel der Versorgungsverwaltung. Speyer: Universität Speyer (Diss.)

Riggs, F. W. (1976): The Group and the Movement. Notes on Comparative Development Administration. In: Public Administration Review, 36 (6), S. 648–654

Riggs, F. W. (2010): Trends in the comparative study of public administration. In: International Review of Administrative Sciences, 76 (4). S. 750–760

Röber, M. (2009): Privatisierung adé? Rekommunalisierung öffentlicher Dienstleistungen im Lichte des Public Managements. In: Verwaltung & Management, Jg. 15/ Heft 5, S. 227–240

Schnapp, K. U. (2004): Ministerialbürokratien in westlichen Demokratien. Eine vergleichende Analyse. Opladen

Schröter, E. (2001): Staats- und Verwaltungsmodernisierung in Europa. Internationale Trends und nationale Profile. In: Schröter, E. (Hg.): Empirische Policy- und Verwaltungsforschung. Lokale, nationale und internationale Perspektiven. Opladen, S. 421–451

Verbuecheln, M. (2009): Rückübertragung operativer Dienstleistungen durch Kommunen am Beispiel der Abfallwirtschaft (DIfU-Papers). Berlin

Verhoest, K./Laegreid, P. (2010): Organizing Public Sector Agencies: Challenges and Reflections. In: Laegreid, P./Verhoest, K. (eds.): Governance of public sector organizations: proliferation, autonomy and performance. Hampshire, S. 276–297

Wagener, F. (1979): Der öffentliche Dienst im Staat der Gegenwart. Veröffentlichungen der Vereinigung der Deutschen Staatsrechtslehrer, 37, S. 215–260

Wegrich, K. (2009): Better Regulation? Grundmerkmale moderner Regulierungspolitik im internationalen Vergleich. Zukunft Regieren (Beiträge für eine gestaltungsfähige Politik 2009, Nr. 1). Gütersloh: Bertelsmann Stiftung

Wegrich, K. (2011): Post-New Public Management. In: Blanke, B./Nullmeier, F./Reichard, Ch./Wewer, G. (Hg.): Handbuch zur Verwaltungsreform (4. akt. Aufl.). Wiesbaden, S. 90–97

Wollmann, H. (2008): Reformen in Kommunalpolitik und -verwaltung. England, Schweden, Frankreich und Deutschland im Vergleich. Wiesbaden

Wollmann, H. (2011): Provision of Public Services in European Countries. From Public/Municipal to Private and Reverse? In: Croatian and Comparative Public Administration, 11 (4), S. 880–910

Wollmann, H./Marcou, G. (2010): From public sector-based to privatized service provision. Is the pendulum swinging back again? Comparative summary. In: Wollmann, H./Marcou, G. (eds.): The Provision of Public Services in Europe. Between State, Local Government and Market. Cheltenham, Northampton, S. 240–260

The roles of politics and institutions in Dutch cutback decision-making

Walter Kickert

1. Introduction

In this essay the roles of politics, institutions and organisations – the common main theme of this 'Festschrift' for my distinguished colleague and dear friend Werner Jann – are illustrated with the example of fiscal cutback decision-making in the Netherlands. The focus is on the political decision-making by Dutch governments in the successive stages of fiscal consolidation – the October 2010 coalition agreement, the 2012 Spring agreement, and the 2012 October coalition agreement.

First I will present a description of the remarkable changes in political decision-making in the successive stages. When it became clear, after the bank rescue measures in 2008 and the economic recovery plans in 2009, that the consequent increase of budget deficit and state debt inevitably had to be compensated by fiscal consolidation measures, the initial reaction of Dutch consensual politics was to escape its responsibilities and install 'reconsideration working-groups' consisting of top-officials instead. Announcing cutback measures right before the approaching 2010 general elections was to be avoided. So the first real cutback decision stage coincided with the coalition formation after the elections, resulting in the October 2010 cutback package of €18 billion. The second stage of cutback decisions followed in the spring of 2012 when mounting budget deficits forced the coalition government to deliberate about additional cutbacks, resulting in the blow-up of the coalition and a call for early elections. Then, astoundingly within a few days three small opposition parties managed to reach an agreement about the necessary €14 billion cutbacks. For Dutch consensual politics this was an incredible accomplishment. The third stage was the coalition formation after the 2012 elections, which for Dutch circumstances was exceptionally swift. Within half a month a budget agreement was reached. Dutch political viscosity seemed broken through.

Next I will turn to the role of institutions in the decision-making on fiscal cutbacks. I am going to look at the vital role that financial experts play in institutionalised budgetary decision-making procedures, especially the Central Planning Bureau, which has an uncontested authority in determining the economic facts and figures underlying fiscal decisions. I will then return to the role of the 2009 ‘reconsideration working-groups’, which consisted of expert top-officials from the ministerial departments in various policy sectors and show how their influence progressed over time. The reports of the ‘reconsideration working-groups’, which at the time of their publication in early 2010 were hardly noticed and seemed to play no role in the political decision-making, after all turned out to significantly shape political decisions about targeted cutbacks in the various policy sectors.

Finally, I allow myself the essayistic freedom to draw a conclusion on the role of politics, institutions and organisations that is especially provocative as to the role of Dutch politicians; either on the presumption that they are not the primary audience of this German ‘Festschrift’, or maybe in the hopeful yet futile belief that they do read this.

2. Politics

Prelude to fiscal consolidation: Reconsideration working-groups

At the time the Christian-Social-Democrat cabinet Balkenende announced its economic recovery plan in March 2009 it was already clear that somehow this had to be compensated by major retrenchments. The cabinet, however, had no intention to take politically unpopular cutback measures in its latest government-year right before the upcoming 2010 general elections. Instead, in the fall of 2009 the cabinet installed nineteen ‘reconsideration working-groups’ on all relevant policy areas (energy, nature, mobility, housing, education etc.), consisting of expert top-officials in the respective policy areas (from ministerial departments) and presided by a senior politician or external top-official. These working-groups were requested to develop three scenarios: one resulting in relatively minor cutbacks, a second with more severe cuts, and a third resulting in drastic savings. The first scenario largely consisted of mere efficiency-gains, the second cautiously introduced some stronger cuts, and the third consisted of what the policy-sector experts knew to be the possible fundamental and targeted cutback decisions. For insiders it was clear that here the fundamental priorities and retrenchments were prepared. The working-groups published their reports in April 2010, right in time before the June 2010 elections. Remarkably, the reports received hardly any publicity and hardly played a role during the election campaign. And, although the working-group reports were brought to the attention of the cabinet (in)formers, hardly any of the actions proposed in the nineteen ‘reconsideration reports’ could be recognised in the retrenchment plans of the new cabinet in October 2010.

Fiscal consolidation stage 1: October 2010 coalition agreement

The first stage of cutback decision-making coincided with the cabinet formation process after the June 2010 general elections. The usual time-consuming Dutch coalition procedure consists of first appointing an 'explorer' of a possible party-combination (senior politician suggested by the political parties right after the elections, and selected and appointed by the Queen), then having 'informers' (idem) deliberate and negotiate with parties about policy-compromises (when such negotiations fail, other party-combinations are tried out by other 'informers'), and only as a last step the intended Prime Minister 'forms' the coalition agreement. The cutback measures were the outcome of the coalition formation, which was a sequence of political party alterations. First, in June a coalition of the centre-right was investigated, then in July a coalition of left-plus-right, subsequently in August a centre-right-populist cooperation, which shipwrecked but was later restored, resulting – in September – in plans for a coalition between the Conservative Liberals (VVD) and Christian-Democrats (CDA), supported by the Right-Populist anti-Muslim party (PVV), which led to the final coalition agreement in October. The regular procedure in the Netherlands is that during the coalition formation 'cabinet-informers' negotiate with the party-leaders and their adjutants, while every deal is extensively discussed in the party fractions. The 'cabinet-informers' are assisted by a secretariat consisting of officials, borrowed from the Ministry of General Affairs (office of the Prime Minister). The 'cabinet-informers' habitually ask questions about policy issues that are answered by officials in the respective ministerial departments. Departments have long before prepared answers to every conceivable question, to make sure that the cabinet-informers are immediately served when a question arrives. Furthermore, hundreds of widely different interest organisations write letters to the cabinet-informers, so it is not surprising that in such hectic circumstances fundamental priority-setting could hardly take place. Moreover, fiscal consolidation was certainly not the only political hot-issue at stake. The anti-Muslim rhetoric of Geert Wilders had overshadowed the election campaign. The coalition agreement contained a financial addendum, which specified the cutback measures and which was drawn up by the financial party-specialists with the support of expert officials.

During the coalition formation the 'main negotiation table' was composed of the deliberating party leaders, Rutte of the Conservative Liberal party (VVD), Verhagen of the Christian-Democrats (CDA), and Wilders of the Right-Populist party (PVV). Besides the 'main table' there was a financial 'side-table' where financial specialists of the negotiating parties convened. The CDA-representative, De Jager, at the time also functioned as Minister of Finance of the outgoing cabinet giving him a linking-pin position (he became the new Minister of Finance). He was Deputy-Minister of Finance when the €3,2 billion cutbacks in the 2009 economic recovery program were conceived, and was now crucial in conceiving the €18 billion cutback package of October 2010. Outgoing and incoming Finance Minister De Jager played a highly influential role in the financial-economic part of the coalition agreement (and so did the top-officials of his ministry).

The VVD-CDA coalition government, headed by Prime Minister Rutte, had a minority in parliament which in the Dutch political tradition was an exceptional situation. The parliamentary minority coalition was supported by the right-populist 'anti-Muslim' Freedom Party (PVV) of Wilders.

Fiscal consolidation stage 2: April 2012 Spring Agreement

Following negative forecasts by the Central Planning Bureau about impending budget deficits, in March 2012 the two coalition partners VVD and CDA and the supporting Freedom Party (PVV) started negotiations about a new €14 billion cutback package. After six weeks the PVV leader Wilders left the negotiating table, withdrawing his support for the cutback package as well as his support for the coalition cabinet. Early general elections were called.

Right after the fall of the cabinet the three opposition parties Green Left (ecologists) D'66 (Progressive Liberals) and Christen Unie (orthodox Protestants) took the initiative to reach an agreement on cutbacks necessary to fulfil the European three per cent deficit norm. The parties agreed to turn back certain painful cutbacks of the Rutte-cabinet and invest more in sustainability and nature. Finance minister De Jager deliberated extensively with the parties (he was named the 'oil-man' who lubricated the negotiation wheels), and within a couple of days the three parties were able to agree upon a cutback package that was presented to the coalition parties VVD and CDA, resulting in a five-party agreement on measures to consolidate the budget deficit in 2013. The five parties together possessed a majority in parliament.

Unlike Denmark with its long tradition of minority coalitions, which generally do deliberate and cooperate with opposition parties to reach parliamentary majorities, this event was highly exceptional and unique in Dutch political history. Minority coalitions are exceptional and opposition parties taking the lead in solving a government's budget problem even more so. Dutch consensual politics invariably lead to eternal deliberations, endless compromise-seeking and lengthy decision-making processes. And, now suddenly three small opposition parties took the lead and in a few days, in unison, they reached a joint agreement on €14 billion cutbacks. Both the speed and the extent of the decision-making were an incredible accomplishment in Dutch political habits. The fact that three small progressive parties took their democratic responsibility to take hard cutback decisions, made even more clear how 'irresponsible' the Populist Freedom Party was in governing the country in hard times, an issue that was time and time again highlighted during the ensuing election campaign. The electoral victory of Wilders' Freedom Party in 2010 was not repeated in September 2012.

Fiscal consolidation stage 3: October 2012 coalition agreement

The September 2012 general elections resulted in the Conservative-Liberals (VVD) and Social-Democrats (PvdA) becoming the two largest parties. These two ideologically opposite parties started coalition negotiations. Usually the complicated multi-stage coalition formation process lasted many months (see before). Amazingly, this time it only took half a month to reach a budget agreement and another month to finalise a coalition agreement, resulting in the new Rutte-II cabinet at the end of October.

One of the main reasons for this quick outcome was a deliberate change in the decision-making procedure by the negotiators. Instead of both parties endlessly searching for intricate compromises on every single policy-issue, which was expectedly troublesome in view of the two opposing party ideologies, the two parties more or less swapped policy-issues. In exchange for one issue to be gained by one party, the other party acquired another issue in turn. No endless negotiations at the many side-tables of the coalition formation by numerous party-specialists, but just a quick exchange of cards between the two informers, the two party leaders, and their two adjutants. The two party leaders Rutte (VVD) and Samsom (PvdA) were both youthful and energetic, and eager to show that together they could break through the usual Dutch political viscosity where coalition formations normally took ages.

Although this novel way of negotiating certainly was time-saving, the negotiators had miscalculated the risk of political side-effects. Especially the decision to make the health-care insurance premium income-dependent and some other income-levelling measures, turned out to have excessive income-effects. This Socialist-won issue caused such major discontent and turmoil in the Conservative Liberal party that it had to be withdrawn quickly. Apparently the negotiators, in their hurry, had forgotten to calculate detailed income-effects. The Rutte-II cabinet made an unhappy start. The impression was made that the Liberals had been out-manoeuvred by the Social-Democrats at the 'happy family' card-swapping-play. The calculation of the financial-economic effects of the various measures in the coalition agreement by the Central Planning Bureau in November 2012 also indicated that the Social-Democrats had won the coalition negotiations.

Another imminent problem was that the coalition did have a majority in parliament, but only a minority in the Senate, which has the right to veto legislation. In 2013 this turned out to be a real problem for the cabinet. In order to get its major reforms legislations approved in the Senate, it had to spend much time and effort in reaching compromises with opposition parties. In the end the three opposition parties D'66 (Progressive Liberals) Christen Unie (Orthodox Protestants) and SGP (Protestants) became the normally supporting parties for the VVD-PvdA coalition. All five parties together had a majority in the Senate. The long-standing Danish tradition of minority coalitions deliberating and cooperating with opposition parties to reach a parliamentary majority on each major policy issue time and time again, has now been introduced in Dutch political practice.

3. Institutions

'Study group on budget-room'

A long-standing institutionalised budgetary procedure in the Netherlands is that before the general elections a 'study group on budget-room' produces a (financial-economic) advisory report. That study group consists of top-officials from various ministries and from the Central Planning Bureau (CPB) as well as the National Bank; it is headed by the Treasury-General of the Ministry of Finance. The study group works without interference from politics, and the cabinet sends the study group's advisory report to parliament without adding any commentary. The advice is a major financial-economic expert input for the coalition deliberations after the general elections. The April 2010 report of the study group was called 'risks and certainties' and contained major retrenchment proposals.

Central Planning Bureau

Another institutionalised budgetary procedure is that the Central Planning Bureau (CPB) publishes its economic forecast, which forms the input for the 'study group on budget-room'. CPB is a highly authoritative, economist-staffed agency, responsible primarily for economic forecasting and policy analysis, which is an organisational part of the Ministry of Economic Affairs; the CPB is substantially independent of politics and government with its own legal basis. The Bureau's forecast before the 2010 elections was that the budget deficit would rise to €29 billion in the long run. Notwithstanding the enormity of this amount this figure of €29 billion came to be widely accepted. In their party programs all political parties (except for the left-wing Socialist Party [SP] and the right-wing Populist Party [PVV]) conformed to this long-term figure, which thus became leading in the political debate on cutbacks.

Another role of the Central Planning Bureau is that it checks economic aspects of the political party programs before the election campaigns. All political parties (except the left-wing Socialists and right-wing Populists) undisputedly accept these economic calculations of the Central Planning Bureau. Knowing the calculation models of the CPB, political parties deliberately adjust figures in their campaigns' party program to positively manipulate its forecasted economic outcomes (economic growth, employment, deficits etc.). After the general elections a significant role of the Central Planning Bureau is that it checks the financial outcomes of the coalition agreement of the incoming government from an economic standpoint. The financial attachment of the new coalition agreement has first to be checked by the economists at the Central Planning Bureau before it can be accepted. In the Netherlands the politically widely-accepted influence of the CPB seems virtually dominant in financial-economic affairs.

So it seems that besides the political 'world' of deliberation, negotiation, compromise and consensus during the 2010 coalition formation, another financial-economic 'world' existed in which the financial framework of the cutbacks was predetermined and maintained, and where budget discipline was predominant. One is tempted to get the impression that the financial frames for consolidation, that is, the cutback volumes, were determined in the one 'world' and that the political 'world' was about policy-making substance within these determined financial constraints. In other words, the experts at the Ministry of Finance and the Central Planning Bureau determined the financial figures, the politicians the policy contents.

Not by coincidence the wording "tempted to get the impression" was used. In a constitutional democracy the elected politicians have the formal authority and responsibility to take decisions, and not the expert (top-) officials. Political and administrative scientists know that this formal-legal model of the relationship between politicians and bureaucrats is only one of the many models that exist in Western democracies (Aberbach et al. 1981). Nevertheless the question of how politicians can ensure they are taking crucial decisions is relevant. Political decision-making on fiscal consolidation and cutbacks is predominantly of the incremental across-the-board type and explicit political priority-setting tends to be rather the exception. The classical dichotomy between incremental and rational-comprehensive (Lindblom 1959) was elaborated by Peters and his co-authors (2011) into a number of characteristics of cutback decision-making. Decision-making was distinguished along several dimensions into swift, large and drastic versus slow, small and gradual decision-making, into centralized versus decentralized decision-making, into coherent and systematic versus incoherent patchwork decisions, and into long-term sustainable solutions versus short-term quick fixes (Peters et al. 2011). The political decision-making on fiscal consolidation by the Dutch government mainly consisted of slow and incremental compromises, as is common in Dutch consensual politics, while drastic political priority-setting remained an exception.

Reconsideration working-groups

As decision-making on major cutback packages usually coincides with coalition formations or annual budget preparations, which consist of extensive multi-party deliberation and consultation leading to intricate political compromises, it is virtually impossible for fundamental political priority-setting to take place. The instalment of nineteen 'reconsideration working-groups' by the Balkenende-cabinet in 2009 was an illustration of politicians escaping their responsibility for political priority-setting by delegating that to top-officials. In Dutch consensual politics 'wicked-problem'-decisions are often circumvented or at least postponed by installing an advisory committee that will produce a report in due time. Often the main content of the advice is to install a follow-up advisory committee. The virtual absence of any of the proposals of the 'reconsideration working-groups' in the 2010 coalition agreement once again illustrated that targeted prioritised cutbacks are hardly possible in consensual politics.

However, in later stages of cutback decision-making some of the working-groups' proposals could be recognised. The reform of mortgage interest deduction, the increase of the pension-age, the reform of the unemployment benefit system, the replacing of the student bursary system with a loan system, and the scaling-up of provincial and local administration – all these 2012-reforms more or less resembled the fundamental and targeted cutback proposals made by the 'reconsideration working-groups' (although no reference was publicly made to them). Apparently it was impossible for Dutch consensual politics to take the lead in fundamental priority-setting and very difficult to make such decisions, but after a while some fundamental reconsideration did seep through into politics, especially at the time of a new coalition formation, the only moment when more-than-incremental reforms are conceivable in Dutch politics.

4. Conclusions

Role of politics, institutions and organisations

For the sake of the debate, I am tantalized to come to the following provocative conclusion: Not only did the financial experts of the Ministry of Finance and the Central Planning Bureau – the budgetary institutions – more or less determine the financial volumes of the cutbacks, but also the expert top-officials in the various policy sector departments – the organisations – who staffed the 'reconsideration working-groups', highly influenced the policy contents of the cuts, particularly the more fundamental targeted retrenchments. This, by consequence implies sombre questions about the role that is actually left for politicians. When politicians didn't determine the cutback volumes, and neither determined the fundamentally prioritised cuts, what else than merely the pragmatic compromises, the small incremental and gradual cutbacks, was there for Dutch consensual politics to decide upon?

This more than slightly provocative and moreover highly debatable conclusion about Dutch cutback decision-making nevertheless does seem to offer an intriguing illustration of the interrelated roles of politics, institutions and organisations, which happens to be Werner Jann's main theme of academic interest.

From incrementalism to political priority-setting

Fiscal consolidation decision-making in the Netherlands was not a one-off event but took place in successive stages. A review of the literature on cutback management in the 1970s and 1980s (Raudla et al. 2013) taught us that cutbacks took place in a series of stages that bear resemblance to the social-psychological theories on 'resistance to change' – people first deny the need for change, then defend the advantages of the current situation, and only afterwards they recognise and comply with the need for change, adapt to it and internalise it and agree to take action to change

(Carnall 2003). In the first denial and defence stage political decision-makers were unconvinced of the gravity and duration of the fiscal crisis, and only took small temporary measures, moderate adjustments to the status quo. Cutbacks were postponed or planned to materialise in later years. In the second stage politicians started to recognise and comply with the need for serious cutback measures, and first attempts at spending cuts were made. Only in the third stage, when the political decision-makers were truly convinced of (internalising) the need for cutbacks, were resolute cutback decisions to be expected; at first across-the-board and efficiency cuts, later, targeted down-sizing and cuts in public tasks, and only finally fundamental political priority-setting.

Cutback decision-making by the Dutch government illustrates this multiple-stages scheme. In the first stage of fiscal consolidation only non-targeted across-the-board measures were taken. Then, as gradually the severity and duration of the fiscal crisis became recognised more cutback measures were taken, and first hesitant attempts at targeted political priority-setting were made. The increase of the pension age in 2020 was brought forward to 2013. The taboo about house-mortgage interest-deduction was broken, first only for new cases, later for all existing cases. The unemployment system was revised. The student bursary system was replaced by a loan system. And administrative reform plans that were at first only announced were later specified and targeted. The Dutch case of fiscal consolidation illustrates that only in later stages of cutbacks the incremental across-the-board type of decision-making was alternated with first hesitant attempts to targeted priority-setting. Although compromising and incrementalism mainly prevailed, as usual in the Dutch political system of consensus democracy, apparently now and then targeted political priority-setting was conceivable.

In the unfortunate but not improbable case that the fiscal crisis is not over yet and will last longer than hoped and expected, government will again face future cutback rounds. However, the low-hanging fruit of apparent inefficiencies has been cut in the early consolidation rounds. Sooner or later there will be no major inefficiencies left to cut in coming consolidation rounds. So, sooner or later across-the-board and incremental cutback decisions will become deficient to turn the fiscal tide. Sooner or later the muddling-through of successive rounds of incrementalism will have to make way for fundamental political priority-setting needed to achieve far-reaching and drastic spending cuts.

A dilemma seems to exist between the seeming incapability of government to take drastic and targeted measures on the one hand, and the ultimate inevitability of such decisions on the other. A comparative analysis of fiscal consolidation in fourteen larger and smaller countries in Western, Southern and Central Europe (Kickert et al. 2013) showed that this dilemma was not the monopoly of the Netherlands. Governments in consensual democracies are mainly good at practising incrementalism, another main theme of academic interest of Werner Jann.

Note

For a less essayistic and more academic and therefore a maybe more persuasive description of Dutch governmental decision-making during the fiscal crisis, the reader is referred to:

Kickert, W. (2012): How the Dutch government responded to financial, economic and fiscal crisis. In: Public Money and Management, 32 (6): 439–444

Kickert, W. The politics of fiscal consolidation in the Netherlands. Mainly compromising but hesitant attempts at targeted priority-setting, accepted for publication in International Review of Public Administration (2015)

References

Aberbach, J. D./Putnam, R. D./Rockman, B. A. (1981): Bureaucrats and Politicians in Western Democracies. Cambridge: Harvard University Press

Carnall, C. A. (2003): Managing Change in Organizations. London: Prentice Hall

Kickert, W./Randma-Liiv, T./Savi, R. (2013): Fiscal Consolidation in Europe. A Comparative Analysis, COCOPS deliverable 7.2, September 2013

Lindblom, C. E. (1959): The Science of Muddling Through. In: Public Administration Review, 19 (2), pp. 79–88

Peters, B. G./Pierre, J./Randma-Liiv, T. (2011): Global Financial Crisis, Public Administration and Governance: Do New Problems Require New Solutions? In: Public Organization Review, 11, pp. 13–27

Raudla, R./Savi, R./Randma-Liiv, T. (2013): Cutback management literature in the 1970s and 1980s, COCOPS deliverable 7.1, March 2013, accepted for publication in: International Review of Public Administration (2015)

Die bürokratische Verwaltung

Weder Paragrafenautomat noch triviale Maschine

Thomas Edeling

Es ist eine Weile her, dass Frido Wagener seine lange Abhandlung über den öffentlichen Dienst in Deutschland mit der „schockierenden“ Feststellung begann: „Der öffentliche Dienst in Deutschland ist gut“ (Wagener 1979, S. 216). In den auf diese Feststellung folgenden zwei Jahrzehnten – also in den 1980er- und 1990er-Jahren – und zum Teil bis in die Gegenwart überwog dagegen in Deutschland (und nicht nur dort) die Kritik an der öffentlichen Verwaltung. „Bürokratisch“ zu entscheiden, galt als Vorwurf, „Bürokratie“ schlechthin war fast ausnahmslos pejorativ gemeint und forderte scheinbar selbstverständlich zu „Bürokratiekritik“ und Bürokratieabbau“ auf. Trotz ihrer unbestreitbaren Leistungsfähigkeit, beklagt Grimmer, gelte die öffentliche Verwaltung heute als „umständlich, ineffizient, bürgerunfreundlich und teuer“ und „in ihrer überkommenen Struktur und in ihren Aufgaben als Ausdruck eines nicht mehr zeitgemäßen Staatsverständnisses“ (Grimmer 2004, S. 51).

Meinungsumfragen bestätigen das überwiegend negative Bild der öffentlichen Verwaltung: Sie gilt in den Augen der Bürger als schwerfällig, aufgebläht, koste zu viel und drohe die Freiheit des einzelnen immer stärker einzuschränken (Bundesleitung des DBB Beamtenbund und Tarifunion 2010, S. 23). In den Medien gerät dieses ohnehin schon wenig schmeichelhafte Bild der öffentlichen Verwaltung leicht zum Zerrbild. Eine Inhaltsanalyse von Zeitungsartikeln und Fernseh-Talkshows (Mahn/Ließfeld 2011) illustriert, wie mit reißerischen Schlagzeilen – „Beamtenwillkür“, „Macht der Bürokratie“ – Einzelfälle aus der Verwaltungspraxis herausgegriffen und für die Verwaltung als Ganzes verallgemeinert werden.

Auf der anderen Seite wird neuerdings wieder verstärkt die öffentliche Verwaltung in ihrer bürokratischen Organisation und Arbeitsweise in Schutz genommen sowie gegen vermeintlich überlegene Alternativen marktlicher Organisation und Steuerung verteidigt. Regelgebundenheit, Berechenbarkeit, demokratische Legitimation und Kontrolle, Gleichbehandlung der Bürger und Gemeinwohlorientierung werden als „Tugenden“ der bürokratischen Verwaltung hervorgehoben und dem Mainstream eines „New Public Management“ entgegengesetzt (vgl. exemplarisch du Gay 2005; Olsen 2008).

Nun erklären sich die „ups and downs“ der bürokratischen Organisation der Verwaltung (Olsen 2008) kaum aus der höheren Effizienz der marktlichen bzw. der niedrigeren Effizienz der bürokratischen Organisation der Verwaltung (vgl. dazu ausführlicher Edeling 2013), sondern folgen eher einer „Logik der Angemessenheit“ gegenüber vorherrschenden Staatsbildern (Voßkuhle 2001) oder den Werten und Normen einer eher individualistischen oder kollektivistischen Kultur (Olsen 2008, S. 29ff.). In der Bürokratiekritik steckt deshalb mehr als nur die vielfach berechtigte Bekämpfung von „Bürokratismus“ in Gestalt ausufernder Verregelung und Verrechtlichung, wenn das Ziel der Kritik nicht so sehr die bürokratische Verwaltung, desto mehr aber der Staat schlechthin ist. Man kann – auch heute noch – sehr heftig „den Sack Bürokraten schlagen, aber den Esel Sozialstaat meinen“ (Wagener 1979, S. 232; Bogumil/Jann 2005, S. 125) und streitet dann nicht um die Rationalität bürokratischer Verwaltungsorganisation, sondern um Aufgabe und Rolle des Staates.

Im Folgenden soll es allerdings nicht um „den Staat“ oder „die Bürokratie“ gehen, sondern ausschließlich um die Verwaltung als bürokratische Organisation. Im Mittelpunkt der Erörterung stehen damit die Verwaltung als Handlungs- und Entscheidungssystem (Luhmann 1999, 2000; Männle 2011) und die Rationalität von Entscheidungen in der Verwaltung. Im Unterschied zur Selbstbeschreibung der Verwaltung, sachlich und fachlich, „sine ira et studio“ *berechenbare* Entscheidungen zu treffen, wird zu analysieren sein, wie angesichts begrenzter Rationalität jeglichen Entscheidens und der Mehrdeutigkeit von Entscheidungssituationen (vgl. grundlegend March 1994, S. 175ff.) Verwaltungen dennoch entscheiden und tagtäglich entscheiden müssen, ohne ihre Entscheidungen auf vollständiges Wissen oder eindeutige Regeln gründen zu können. Eines sind Verwaltungen dabei jedenfalls nicht: Paragrafenautomaten, „in welchen oben die Akten nebst den Kosten hineingeworfen werden“, damit „unten das Urteil nebst den mechanisch aus Paragraphen abgelesenen Gründen“ ausgespien werde (Weber 1985, S. 565). Trotz aller politisch bestimmten Zwecke und aller durch Recht begründeten Regeln, die die Bürokratie im Unterschied zu vorbürokratischen Ordnungen als legitime Herrschaftsordnung kennzeichnen, sind Verwaltungen deshalb – um eine weitere Metapher zu benutzen – keine „triviale Maschine“ im Verständnis Heinz von Foersters (vgl. dazu Luhmann 1994, 2000, S. 260), in die – gleich einem technischen Apparat – von außen bestimmte „Inputs“ eingegeben und berechenbare Ergebnisse als „Outputs“ herauskommen.

Entscheidungslegitimation: Herrschaft kraft Wissen?

Die bürokratische Verwaltung – die Behörde – stellt für Max Weber die „formal rationalste Form der Herrschaftsausübung“ (Weber 1985, S. 128) dar. Gegenüber vorbürokratischen, traditionalen Formen der Verwaltung gewinnt die bürokratische Organisation der Verwaltung ihre Überlegenheit aus den für sie charakteristischen Merkmalen: feste Zuordnung von Kompetenzen, Pflichten, Aufgaben und Befehlsgewalten, Amtshierarchie, Regelgebundenheit der Amtsgeschäfte und – nicht zuletzt – aus der Professionalität der Beamten, gegründet auf Fach- und Dienstwissen (Weber 1985, S. 124ff., S. 551ff.).

> „Man hat nur die Wahl zwischen Bureaukratisierung und Dilettantisierung der Verwaltung, und das große Mittel der Überlegenheit der bureaukratischen Verwaltung ist: Fachwissen.“ (Weber 1985, S. 128)

Zwei Fehler bei der Interpretation Webers sollten bekanntlich vermieden werden: Zum einen ist das Bild der bürokratischen Verwaltung kein Abbild der Verwaltung, wie sie ist, sondern ein „Idealtypus“, eine theoretische Konstruktion, die gerade dazu auffordert, empirische Abweichungen vom Idealtypus aufzufinden und zu erklären. Als „Gedankengebilde“ ist der Idealtypus der bürokratischen Verwaltung „nirgends in der Wirklichkeit empirisch vorfindbar“ (Weber 1991, S. 73; vgl. ebenso Jann 2011, S. 86), immerhin ist der Idealtyp aber eine Hypothese, wie eine bürokratische Verwaltung aussehen könnte, wenn sie rational gestaltet wäre. Zum anderen beschränkt sich der Idealtypus der Bürokratie auf ihre *Zweck*rationalität, ihre „*technische* Überlegenheit“, d.h. auf eine lediglich „formale Rationalität“ in der Abwägung von Zwecken, Mitteln und Nebenfolgen (Weber 1985, S. 13, S. 561), die unter Anlegen anderer Werte und Zwecke ihre Rationalität möglicherweise verlieren würde. Nur in diesen Grenzen ist die bürokratische Verwaltung „rationalen“ Charakters: „Regel, Zweck, Mittel, sachliche Unpersönlichkeit beherrschen ihr Gebaren“ (Weber 1985, S. 578).

Aus der Vorstellung heraus, die bürokratische Verwaltung bedeute „Herrschaft kraft Wissen“ (Weber 1985, S. 129), ist gelegentlich der Schluss gezogen worden, Wissen um die objektiv richtige und notwendige Entscheidung ersetze die politische Auseinandersetzung um Entscheidungen ebenso wie die Unumgänglichkeit von Herrschaft. Eine „herrschaftsfreie Verwaltung“ ließe sich unter Berufung auf zweifelsfreies Wissen als eine Verwaltung denken, die ihr Handeln auf die Einsicht in „Sachgesetzlichkeiten“ stützt, die in einer verwissenschaftlichten Gesellschaft dann als „Sachzwänge“ erkennbar und als Leitlinie des Verwaltungshandelns zu befolgen wären (vgl. exemplarisch dafür Schelsky 1965 und kritisch dazu

Schluchter 1985, S. 177ff.). Ein solches Bild einer herrschaftsfreien Verwaltung unterstellt, dass unabhängig vom Beobachter und unbeeinflusst von Interessen Sachgesetzlichkeiten existierten und erkannt werden könnten – und dass vor allem es Instanzen oder Gruppen gäbe, die eher als andere in der Lage und berufen wären, diese Sachgesetzlichkeiten zu benennen.

Mit dem Einspruch gegen eine vermeintlich allwissende oder über den Partikularinteressen stehende Verwaltungsbürokratie (vgl. kritisch dazu Bogumil/Jann 2005, S. 165) ist nichts gegen Bemühungen gesagt, Verwaltungsentscheidungen auf Wissen – Analysen und Expertisen – zu stützen. Da aber auch Wissenschaft inzwischen nicht als unabhängig davon angesehen werden kann, wer in der Wissenschaft nach welchen Theorien und Methoden beobachtet, mündet das Projekt einer „Verwissenschaftlichung der Politik" in eine „Politisierung der Wissenschaft" (Schluchter 1985, S. 223; ähnlich Mayntz 1985, S. 73).

Max Weber selbst hat mit der Unterscheidung von „formaler" und „materialer" Rationalität bzw. von „Zweckrationalität" und „Wertrationalität" (Weber 1985, S. 13, S. 44ff.) alles andere als eine wissenschaftliche Begründbarkeit von Werturteilen suggerieren wollen. Allerdings kann seine Vorstellung zweckrationalen Handelns, verstanden als durch Wissen bestimmte Abwägung von Zwecken, Mitteln und Nebenfolgen, die Illusion nähren, auf der Basis von vollständigem Wissen ließe sich für als gegeben angenommene Zwecke ein „one best way" in der Wahl der zu ihrem Erreichen geeigneten Mittel angeben. Mit der Einsicht in die „funktionale Äquivalenz" (Merton 1995, S. 50) verschiedenartiger Mittel zur Erreichung selbst eines unstrittigen Zweckes zerfällt jedoch auch dieser Schein: „Entscheidungen" lassen sich nicht durch „Berechnungen" ersetzen! Nur die Fragen, so Luhmann (1993, S. 289) unter Bezug auf Heinz von Foerster, die im Prinzip unentscheidbar sind, entscheiden wir. Mit anderen Worten: „Entscheidungen gibt es nur, wenn etwas prinzipiell Unentscheidbares (...) vorliegt" (Luhmann 1995, S. 308).

■ Der blinde Fleck von Entscheidungen

Luhmanns vielleicht zu provokant formulierte Einsicht, dass entschieden werden muss, was sich eigentlich nicht entscheiden (sprich: berechnen) lässt, knüpft unmittelbar an die Entscheidungstheorie an (vgl. im Überblick wiederum March 1994, S. 175ff.; Jann 2013): Situationen wie Ereignisse sind mehrdeutig und verlangen nach Interpretation, Entscheidungsprämissen und -programme sind in sich weder konsistent noch stabil, Umwelterwartungen an Entscheidungen der Verwaltung sind heterogen oder konfligieren untereinander. Innerhalb der Organisation streiten „competing logics“ (Burns/Flam 1990, S. 348ff.) um Anerkennung und Geltung, wenn sich, wie gerade in der öffentlichen Verwaltung, juristische, politische oder auch ökonomische Rationalitäten des Verwaltungshandelns gegenüberstehen (Bogumil/Jann 2005, S. 40) oder die Verantwortlichkeit nicht nur gegenüber Politik und Recht, sondern auch gegenüber der eigenen Klientel oder Profession (Maravic 2013, S. 349ff.) eine eindimensionale Ausrichtung der Entscheidung an lediglich einem einzigen Ziel verhindert. „Es ist gerade der Mangel an Begründung, der uns eine Entscheidung abverlangt“ (Ortmann 2004, S. 37).

Dennoch sind Entscheidungen nicht völlig unbestimmt, willkürlich oder beliebig: Sie sind „kontingent“, d.h. sie sind „weder notwendig noch unmöglich“ (Luhmann 1993, S. 291). In seiner systemtheoretischen Sicht auf Organisationen schließt Luhmann, wie gesagt, einerseits unmittelbar an die Entscheidungstheorie an, geht aber vor allem dort über entscheidungstheoretische Vorüberlegungen hinaus, wo er danach fragt, wie Organisationen Unsicherheit bewältigen und trotz Kontingenz Entscheidungen treffen, die jederzeit auch anders hätten getroffen werden können. Im Unterschied etwa zu „doppelter Kontingenz“ – also einer Situation völliger Unbestimmtheit – sind Entscheidungen in einer Situation reduzierter Komplexität und verringerter Unsicherheit bereits vorstrukturiert, ohne dadurch determiniert zu sein. Jede bereits einmal getroffene Entscheidung kann zum Anknüpfungspunkt für weitere Entscheidungen werden, muss es aber nicht; jede Umwelt- oder Situationsbeobachtung bzw. -interpretation behält so lange Gültigkeit, solange nicht über ihre Gültigkeit erneut und gegebenenfalls anders entschieden wird; jede Regelsetzung macht künftige Entscheidungen mit einer gewissen Wahrscheinlichkeit vorhersehbar, ohne dass eine bestimmte Entscheidung mit Sicherheit erwartbar wäre. In ihrer Selbstbeschreibung nach außen verstärkt die Verwaltung allerdings durch ein Bild wohlstrukturierter, in ihrem Ausgang scheinbar berechenbarer Entscheidungsverfahren den Eindruck einer von Willkür freien bürokratischen „Maschinerie“, ohne indessen diesem Anspruch ganz entsprechen zu können: Jedes Verfahren enthält trotz aller Verfahrensregeln ein Moment der Ungewissheit über seinen Ausgang (Luhmann 1995, S. 210) – wäre das nicht so, bliebe also das Verfahren in seinem Ausgang *nicht* offen, würde es zum bloßen Ritual degenerieren (Luhmann 1969, S. 38ff.).

Gleich anderen Organisationssystemen kann auch eine Verwaltung nicht alle Seiten einer komplexen Entscheidungssituation erfassen oder sämtlichen Erwartungen ihrer Umwelt gleichermaßen entsprechen. In einer solchen Situation unreduzierter Umweltkomplexität ließe sich überhaupt nichts mehr entscheiden. Eine erste Reduktion von Komplexität und damit von Unsicherheit erfolgt durch die nur selektive Beobachtung der Umwelt, indem etwa zwischen politischen Wünschen und rechtlichen Restriktionen abwägende Entscheidungen gefällt werden, auf eine Wirtschaftlichkeitsanalyse oder wissenschaftliche Expertise aber zumindest für den Moment verzichtet wird. Die Definition der Situation und die Bestimmung des Problems ist so ein erster Schritt zur Reduktion von Komplexität im Entscheidungsprozess (Luhmann 2009, S. 7). Die Situation, die Umwelt, die Wirklichkeit kommen damit nur eingeschränkt ins Bild und nur in der Weise, in der dieses Bild in der Verwaltung selbst erzeugt wird. Der Preis für diese Komplexitätsreduktion ist die Inkaufnahme eines „blinden Flecks" gegenüber all dem, was nicht beobachtet wird:

> „Ein System kann nur sehen, was es sehen kann. Es kann nicht sehen, was es nicht sehen kann. Es kann auch nicht sehen, dass es nicht sehen kann, was es nicht sehen kann." (Luhmann 1990, S. 52)

Könnte das System sehen, was es nicht sieht oder nicht sehen kann, ließe sich fortfahren, würde es sich in Paradoxien verfangen und wäre, wenn es den „blinden Fleck" aufdeckte, wiederum entscheidungsunfähig (vgl. zu solchen Paradoxien ausführlicher Luhmann 1993, S. 294ff.).

Das heißt nicht, dass eine Verwaltung nicht zu einem späteren Zeitpunkt auf der Grundlage anderer oder erweiterter Gesichtspunkte erneut über dasselbe Problem auf andere Weise entscheiden könnte. Im Moment der Entscheidung aber ist der „blinde Fleck" für die Entscheidung unerlässlich, soll überhaupt eine Entscheidung zustande kommen. Für verwaltungsinterne Beobachter (etwa innerhalb der Verwaltungshierarchie) wie für externe Beobachter (etwa aus Politik, Publikum oder Wissenschaft) kann der „blinde Fleck" einer Entscheidung durchaus sichtbar werden. Für einen solchen „Beobachter 2. Ordnung" kann es sogar zur Aufgabe werden, den „blinden Fleck" von Verwaltungsentscheidungen aufzudecken und zu skandalieren, um dadurch die Verwaltung in ihren Entscheidungsverfahren so stark zu irritieren, dass sie zur Korrektur der eigenen Beobachtungsweise und der eigenen Entscheidungsverfahren angeregt wird. Dass auch ein „Beobachter 2. Ordnung" in seinen Beobachtungen ebenfalls „borniert", also mit seinem eigenen „blinden Fleck" behaftet ist, sei hier nur angemerkt. Sein vielleicht von den eigenen Interessen als Betroffener eingefärbter Blick oder sein durch Theorie und Methode bestimmtes Bild der Verwaltung wird leicht für einen „Beobachter 3. Ordnung" sichtbar, der als Verwaltungsrichter bzw. als Fachkollege beobachtet, wie „blind" der Betroffene bzw. die Kollegin beobachtet und entschieden haben... (vgl. dazu näher Luhmann 2000, S. 46ff.).

Auf jeder Beobachtungsebene innerhalb wie außerhalb der Verwaltung bleibt der „blinde Fleck der Beobachtung unabdingbar. Erst durch Inkaufnahme des „blinden Flecks“ werden Entscheidungen möglich, weil nur so die Komplexität von Entscheidungssituationen verringert werden kann. Wenn alle Entscheidungen der Verwaltung so auf Informationen beruhen, die *in* der Verwaltung nach den der Verwaltung eigenen Beobachtungsweisen erzeugt werden, kann die Verwaltung sich nur selbst informieren, nicht aber von außen informiert werden. Von außen – durch politische Interventionen, Gerichtsentscheidungen oder Publikumsproteste – kann die Verwaltung irritiert werden, wie sie aber mit diesen Irritationen umgeht, was sie aus ihnen macht, also als Information entnimmt, entscheidet sich immer in der Verwaltung selbst. In dieser „operativen Schließung“ der Verwaltungsentscheidungen unter Rekurs auf selbst erzeugte Informationen und selbst gesetzte Entscheidungsprämissen spiegelt sich die Autonomie der Verwaltung gegenüber ihrer politischen oder wirtschaftlichen Umwelt wider. Trotz operativer Schließung aber bleibt die Verwaltung gegenüber ihrer Umwelt offen: Sie beobachtet ihre Umwelt, lässt sich unter Umständen von dieser Umwelt irritieren und zur Korrektur ihrer Beobachtungsweise oder ihrer Entscheidungsprämissen anregen. Da keine Organisation, mithin auch keine Behörde, alles in der Umwelt beobachten und nicht jeder Umwelterwartung an sie gleichzeitig und gleichermaßen Rechnung tragen kann, ist die operative Schließung von Verwaltungsentscheidungen Voraussetzung für die Offenheit von Systemen (Luhmann 2000, S. 54), ist „Offenheit nur auf der Basis von Geschlossenheit möglich“ (ebd., S. 71), weil nur so Komplexität reduziert und überhaupt etwas entschieden werden kann.

Dennoch sind – nota bene – Verwaltungen keine „Autisten“: Politische Ziele, Verbändeinteressen, Wirtschaftserwartungen oder Publikumswünsche sind durchaus nicht irrelevant für die Verwaltung, selbst wenn sie nicht allen diesen Erwartungen entsprechen kann. Vor allem aber ist die Verwaltung selbst weder politische Partei noch Publikum, weder Wirtschaftsunternehmen noch Interessenverband, sondern muss, wenn sie Verwaltung bleiben und als Verwaltung entscheiden soll, gerade eine Grenze zu diesen Umwelten aufrecht erhalten, indem sie auf andere Weise beobachtet und nach anderen Prämissen entscheidet als in der Umwelt beobachtet und entschieden wird. Umweltoffenheit als Umweltbeobachtung bei gleichzeitiger Grenzziehung durch operative Schließung von Verwaltungsentscheidungen unter Rekurs auf verwaltungseigene Relevanzsysteme und Entscheidungsprämissen verhindern, dass das System „sich an sich selbst oder an die Umwelt verliert“ (Luhmann 2000, S. 65), also weder „autistisch“ noch in seinen Entscheidungen beliebig wird. Wenn und wo eben das in der Praxis dennoch geschieht, eine Verwaltung entweder nur (diesmal im pejorativen Sinne) „bürokratisch-weltvergessen“ agiert oder sich „selbstvergessen“ für Partikularinteressen instrumentalisieren lässt, erwächst daraus nicht so sehr ein Einwand gegen einen theoretischen Begriff von Verwaltung als zugleich umweltoffenes und operativ geschlossenes System, sondern eher eine Aufforderung, empirisch zu untersuchen, wieso es zu solcher Pathologie einer Verwaltung gekommen ist.

■ Brauchbare Illegalität

Schon vor mehr als vierzig Jahren hatte Frido Wagener angesichts der Zunahme öffentlicher Aufgaben und der gleichzeitig wachsenden Regelungsdichte den Eindruck,

> „dass der öffentliche Dienst nur noch Teile der Gesetze und Verordnungen, Richtlinien und Erlasse, Programme und Pläne beachten und durchführen kann, dass er also selbst bestimmt, was er noch tut.“ (Wagener 1979, S. 253)

In dieser Aussage Wageners drückt sich nichts anderes aus als die Autonomie der öffentlichen Verwaltung, nach ihren eigenen Relevanzsystemen zu beobachten und nach ihren eigenen Regeln zu entscheiden.

Das heißt nicht, dass politische Richtlinien und Zielvorgaben von der Verwaltung ignoriert werden oder politische Planung keine Rolle mehr spielte. Planung heißt „Festlegung von Entscheidungsprämissen für künftige Entscheidungen“ (Luhmann 1994, S. 67). Trotz aller Regelungsdichte bleiben jedoch Entscheidungsprämissen und tatsächlich getroffene Entscheidungen in der Verwaltung nur „lose gekoppelt“, so dass keine Entscheidung durch eine bestimmte Prämisse determiniert ist (Luhmann 2000, S. 222ff). In Anbetracht der Vielzahl von Entscheidungsprämissen, die gerade durch politische Steuerungsversuche gesetzt worden sind und fortlaufend weiter gesetzt werden, in Anbetracht auch der Inkonsistenz von Entscheidungsprämissen kommt keine Verwaltung umhin, selbst zu entscheiden, an welche Prämissen eine Entscheidung jeweils „andockt“. Wiederum funktioniert die Verwaltung nicht als „Paragrafenautomat“ oder „triviale Maschine“. Sie entscheidet zwar alles andre als beliebig in den Grenzen des politisch oder rechtlich Zulässigen, immerhin aber in einer Weise, die sich nicht voraussagen oder im Voraus berechnen ließe.

Mit jeder Entscheidung schließlich, die getroffen wird, vermehrt sich die Anzahl der Prämissen, an die weitere Entscheidungen anknüpfen können, aber nicht anknüpfen müssen. Wiederholungen, Redundanzen, Routinen machen bestimmte Entscheidungen wahrscheinlicher, garantieren aber nicht, dass aus der gleichen Entscheidungssituation in der Zukunft erneut dieselbe Entscheidung erwächst. An dieser Unbestimmtheit der Entscheidung ändert auch die Festlegung von Entscheidungsprogrammen in Gestalt von Vorschriften und Verfahrensregeln nichts. Regeln schränken in der Tat die Freiheit von Verwaltungsentscheidungen ein und entsprechen so den klassischen Vorstellungen einer legalen, von Willkür freien Herrschaftsordnung. Dennoch bleiben Entscheidungen kontingent, können so oder auch anders ausfallen, weil ganz offensichtlich nicht für jeden konkreten Fall eindeutig eine bestimmte Regel abrufbar ist und keine Regel eindeutig mit dem Blick auf den Einzelfall formuliert wurde.

Regeln als generelle Entscheidungsprogramme existieren als „Zweckprogramme" oder als „Konditionalprogramme", machen aber in keiner der beiden Regelungsformen Entscheidungen überflüssig (vgl. ausführlicher Luhmann 1994, S. 70ff., 2000, S. 256ff.). *Zweckprogramme* finden in der Verwaltung (nicht anders als in Unternehmen oder Universitäten) ihre Grenzen daran, dass sich Entscheidungen nicht mit dem Blick auf ein einziges Ziel oder Oberziel und dafür instrumentale Unterziele ausrichten lassen. Deshalb bleibt es immer eine Entscheidung, ob im Moment der Entscheidung dem einen oder dem anderen Ziel höhere Priorität gegeben wird und ob bei künftigen Entscheidungen diese Priorität beibehalten wird.

Auch *Konditionalprogramme* schreiben nur auf den ersten Blick eindeutig eine bestimmte Entscheidung vor. In der Form: „Wenn der Fall A eintritt, dann tue B", suggeriert Konditionalprogrammierung die Berechenbarkeit von Entscheidungen, vergisst aber, dass auch hier erst wieder entschieden werden muss, ob denn der Fall „A" tatsächlich eingetreten ist. Über dies hinaus schließlich kann auch Konditionalprogrammierung bekanntlich unter Berufung auf den „guten Zweck" außer Kraft gesetzt werden. Aber auch das bleibt eine Entscheidung!

So kommt denn in der Verwaltung keine Entscheidung ohne „brauchbare Illegalität" aus, wenn „illegal" ein Handeln meint, „das formale Erwartungen verletzt" (Luhmann 1999, S. 304). „Brauchbar" ist illegales Handeln, wenn es sicherstellt, dass angesichts heterogener Umwelterwartungen an die Verwaltung oder inkonsistenter, konfligierender Regeln in der Verwaltung überhaupt etwas entschieden werden kann. Die „gewohnte Abweichung von obsoleten Normen" oder „das rechte Handeln zu unrechter Zeit" (Luhmann 1999, S. 304) gehören zu solchen Formen „brauchbarer Illegalität". Die darin enthaltene Willkür des Entscheidens findet ihre Grenzen darin, dass die Entscheidung sich zum einen auf bereits vorfindbare Entscheidungsprämissen – legitime Zwecke, anerkannte Normen oder bereits in der Vergangenheit getroffene Entscheidungen – stützen muss, jedenfalls aber nicht gegen den Sinn des Verwaltungshandelns, wie er in den formalisierten oder ungeschriebenen Mitgliedschaftsregeln generalisiert zum Ausdruck kommt, verstoßen darf. „Brauchbare“ Illegalität wird dann unbrauchbar, wenn sie Grundwerte, politische Ziele oder Rechtsnormen verletzt. Ob und wann das der Fall ist, bleibt aber auch hier wieder eine Entscheidung, die nicht eindeutig vorherbestimmt ist, sondern erst getroffen werden muss und so oder auch anders ausfallen kann.

■ Entscheidungen in und durch Verhandlungssysteme

Das traditionelle Verständnis des Verhältnisses von Politik und Verwaltung als einer Beziehung zwischen „Herr“ und „Diener“ trifft, wie bekannt, kaum noch zu, weil die Verwaltungsbürokratie Eigenmacht und Eigeninteressen entwickelt hat, die eine unmittelbare politische Steuerung der Verwaltung unwahrscheinlich machen. Wenn trotz „Aufstieg, Niedergang und Transformation“ einer Theorie politischer Steuerung (Mayntz 1997) am Anspruch politischer Steuerung der Verwaltung festgehalten wird, erhebt sich die Frage, wie das angesichts der bislang aus systemtheoretischer Sicht behaupteten Autonomie und Selbststeuerung der Verwaltung vorstellbar ist. Mit dem Begriff der „strukturellen Kopplung“ von Funktionssystemen über Organisationen gibt die Systemtheorie darauf eine Antwort, ohne die eigenen theoretischen Annahmen der operativen Schließung von Systemen dadurch zu relativieren.

Entgegen frühen kybernetischen Anschauungen sind Organisationen keine „trivialen Maschinen“, die von außen steuerbar sind, indem ein externer „Input“ einen mehr oder weniger berechenbaren „Output“ auslöst. Das gilt prinzipiell auch für das Verhältnis von Politik und Verwaltung. Es gibt deshalb keinen unmittelbaren Durchgriff der Politik auf die Verwaltung. Immerhin aber kann die Verwaltung von außen – von der Politik wie vom Recht oder auch von der Wirtschaft – irritiert und veranlasst werden, politische Erwartungen, Rechtsnormen oder wirtschaftliche Interessen zu Prämissen eigener Verwaltungsentscheidungen zu machen. Ob und wie die Verwaltung damit umgeht, entscheidet sich erst *in* der Verwaltung, so dass die politische, wirtschaftliche oder Rechtsumwelt der Verwaltung zwar immer noch keine *Durchgriffsmöglichkeit* auf Verwaltungsentscheidungen, wohl aber *Auslösemöglichkeiten* zur Formulierung oder Reformulierung von Entscheidungsprämissen in der Verwaltung besitzt (Luhmann 2000, S. 401ff.; Männle 2011, S. 366ff.).

Je heterogener die Umwelt ist, deren Erwartungen die Verwaltung sich ausgesetzt sieht, desto größer wird der Druck, diese Erwartungen in eigene Entscheidungsprämissen und -programme zu übersetzen. Wie immer auch diese Übersetzung sich vollzieht, sie hat zur Folge, dass sich mehrere Funktionssysteme – Politik, Recht, zunehmend auch Wirtschaft – in der Organisation „einnisten" (Luhmann 2000, S. 398) und in den Relevanzsystemen und Entscheidungsprämissen der Verwaltung niederschlagen. Durch diese „strukturelle Kopplung" verschiedener Funktionssysteme in der Verwaltung wird die Verwaltung „multireferentiell" und „multilingual" (Bora 2001, S. 179ff.), versteht also sowohl die Sprache der Politik wie des Rechts oder der Wirtschaft, wägt Macht und Gegenmacht ebenso ab wie die die Durchsetzung von Geboten und Regeln und die Kosten, die daraus entstehen. Ob und in welcher Weise politische Erwartungen berücksichtigt, wie Rechtsnormen ausgelegt und praktisch angewandt oder Kosten kalkuliert werden, entscheidet sich jedoch immer in der Verwaltung und ist von außen nicht steuerbar.

Zunehmender Druck auf die Verwaltung in der Absicht, sie zu einer stärkeren Verankerung von Politik, Recht oder Wirtschaft in den eigenen Entscheidungsprämissen zu veranlassen, nimmt allerdings in Kauf, dass im Angesicht immer unübersichtlicher werdender Anforderungen immer weniger entschieden werden kann oder aber die Verwaltung, um dieser Unübersichtlichkeit zu entgehen, einzelnen Erwartungen in ihren Entscheidungsprämissen und -programmen Priorität gibt und andere verdrängt. Das Resultat ist dann nicht bessere Steuerbarkeit der Verwaltung, sondern ein „structural drift" in der Selbststeuerung der Verwaltung (Luhmann 2002, S. 397) nach eher politischen, rechtlichen oder wirtschaftlichen Kriterien. Als Phänomen ist dieser Prozess theoretisch wie praktisch in der „Politisierung", „Ökonomisierung" oder „Verrechtlichung" der Verwaltung längst beobachtet und kritisiert worden (Bora 2001; Czerwick 2007; Richter 2009).

Die strukturelle Kopplung von zumindest Politik, Recht und Wirtschaft in den Entscheidungsprämissen und -programmen der Verwaltung – also in ihren Strukturen – erhöht so immerhin die Irritierbarkeit und damit die Empfänglichkeit der Verwaltung für Steuerungsimpulse von außen, ohne dass sie unmittelbar im Durchgriff von außen durch Politik, Recht oder Wirtschaft steuerbar würde. Die Verwaltung wahrt auf diese Weise nichts anderes als lediglich ihre Grenzen zu Politik, Recht oder Wirtschaft und bleibt „Verwaltung", die sich als bürokratische Verwaltung ebenso von Parteien wie von Gerichtshöfen oder Wirtschaftsunternehmen unterscheidet.

Neben der Irritierbarkeit der Verwaltung auf der Grundlage der strukturellen Kopplung von Politik, Recht oder Wirtschaft in den verwaltungseigenen Beobachtungs- und Entscheidungsprogrammen erwachsen zusätzliche Hoffnungen auf eine bessere externe Steuerung der Verwaltung aus der Ausbreitung von Verhandlungssystemen, wie sie etwa im Modell des

„verhandelnden Staates“ oder der „kooperativen Verwaltung“ zum Ausdruck kommen (vgl. dazu Bogumil/Jann 2009, S. 200ff.; Mayntz 2009, S. 277ff.). Verhandlungssysteme entstehen an der Grenze der Verwaltung gegenüber den verschiedensten Segmenten ihrer Umwelt: zur Politik, zu Interessenverbänden, zu Professionen und zu den unterschiedlichsten Bürgerinitiativen und Betroffenenvertretungen. Die Grenzstellen der Verwaltung (vgl. Luhmann 1999, S. 220ff.; Tacke 1997) und die ihnen entsprechenden Grenzstellen in den Organisationen ihrer Umwelt bilden in Gestalt von Verhandlungssystemen, Beiräten oder Projektgruppen Zwischensysteme aus, die als Interaktionssysteme eigene Systemreferenzen, Relevanzordnungen, Beobachtungs- und Deutungsschemata entwickeln, in denen sie sich von den am Netzwerk beteiligten Organisationen unterscheiden können. Verhandlungssysteme beobachten und entscheiden so unter Umständen anders als jede einzelne der entsendenden Organisationen eine Situation beurteilen und eine Entscheidung treffen würde. Eben daraus entsteht der Mehrwert von Verhandlungssystemen, der über die Grenzstellen in die Organisationen zurückfließt und wechselseitige Borniertheiten überwinden kann. Wie in anderen Organisationen des Netzwerks ändern sich auf diesem Wege auch in der Verwaltung die Programme, mit deren Hilfe beobachtet und entschieden wird. Im „systemischen Wissensmanagement“ (Willke 1998) ist dieser Ansatz auch und gerade praktisch vertieft worden. Verhandlungssysteme und Grenzstellen der Organisation erhöhen so zunächst wiederum die Irritierbarkeit jedes der beteiligten Systeme und können damit Lernprozesse anstoßen, die zu strukturellen Veränderungen in den Entscheidungsprogrammen führen. Im Ergebnis entscheiden dann vielleicht Verwaltungen anders, so dass der Eindruck erfolgreicher Steuerung von außen über Verhandlungsnetzwerke erweckt wird.

Gleichwohl können sich „Umwelterwartungen nicht natürlich und unverändert in das System hinein fortsetzen“ (Luhmann 1999, S. 223), kann auch die Verwaltung nicht die heterogenen Erwartungen aller Umweltsegmente gleichermaßen erfüllen. Auch Verhandlungssysteme gehören zur Umwelt der Organisation. Die in Verhandlungssystemen erarbeiteten Lösungsvorschläge für ein Problem ersetzen deshalb nicht die Entscheidung, die *in der Organisation* erst zu treffen ist. Auch in Verhandlungssystemen bleibt die Verwaltung in ihrer Entscheidung autonom und bestimmt selbst darüber, welche extern gefundenen Lösungsmöglichkeiten zu Entscheidungen der Verwaltung werden. Praktisch drückt sich dieser Entscheidungsvorbehalt der Verwaltung gegenüber den verschiedensten Verhandlungsnetzwerken deutlich darin aus, in welchem Grade Verantwortung und Befugnisse auf Verhandlungsnetze delegiert werden, welche Probleme dort verhandelt werden oder welchen Rang die dorthin entsandten Vertreter in der Verwaltungshierarchie einnehmen. Die Verwaltung bleibt Herr im eigenen Hause und frei, die Verhandlungsergebnisse des Netzwerks zu akzeptieren, zurückzuweisen oder zu ignorieren. Wäre es anders, drohte die Verwaltung am einen Ende angesichts heterogener Außenerwartungen ihre Entscheidungsfähigkeit zu verlieren oder am anderen Ende durch die Netzwerke und ihre Sonderinteressen gefangen genommen zu werden.

Zusammenfassung ■

Verwaltungen sind, wie zu zeigen war, weder als „Paragrafenautomaten" noch als „triviale Maschinen" vorstellbar. Wenngleich sie in ihren Selbstbeschreibungen und Darstellungen nach außen den Eindruck von Berechenbarkeit erwecken wollen, entscheiden Verwaltungen – wie andere Organisationen auch – unter der Bedingung von Unsicherheit und unvollständigem Wissen nur begrenzt rational. Sie reduzieren die Komplexität von Entscheidungssituationen durch Inkaufnahme „blinder Flecke", die Entscheidungen noch entscheidbar machen, stützen sich auf Regeln, deren Interpretation und Anwendung selbst wiederum eine Entscheidung voraussetzt, und beschränken ihre Offenheit gegenüber der Vielfalt heterogener Erwartungen in ihrer Umwelt durch Rückzug auf verwaltungseigene Relevanzsysteme, Entscheidungsprämissen und -programme. Wenngleich sich diese Entscheidungsstrukturen einem unmittelbaren Zugriff von außen und damit jedwedem direkten Interventionsversuch entziehen, werden Verwaltungen dadurch nicht unerreichbar für ihre Umwelt. Sie müssen sich auch nicht zwangsläufig gegenüber ihrer Umwelt verselbständigen und können sich schon gar nicht von Leistungsverpflichtungen oder Ressourcenabhängigkeiten im Verhältnis zu ihrer Umwelt loslösen, nur entscheidet sich die Art und Weise, wie die Verwaltung komplexe Umweltansprüche bearbeitet, in der Verwaltung selbst. Redundanzen, die sich auf der Grundlage wiederholten Rückgriffs auf bereits getroffene Entscheidungen einstellen und als „bewährte Praxis" und Routine sichtbar werden, machen bestimmte Entscheidungen wahrscheinlicher und scheinbar berechenbar, ohne dass sie jedoch mit Sicherheit erwartbar würden.

Der Rückzug der Verwaltung „auf sich selbst", also auf die „operative Geschlossenheit" dabei, wie die Verwaltung Erwartungen der Umwelt in eigene Entscheidungen umsetzt, sichert die Grenze als Erhaltung einer Differenz, die Verwaltungen von Parteien oder Wirtschaftsunternehmen, Börsen oder Jakobinerklubs unterscheidet. Nur wenn und solange die Verwaltung solche Grenze in ihrer Weltbeobachtung und Entscheidungspraxis aufrechterhält, kann sie ihre Funktion und Leistung als öffentliche Verwaltung im Rechtsstaat erfüllen. Eben in dieser Differenzerhaltung zur Umwelt in der eigenen faktischen Entscheidungspraxis besteht ihre *formale Rationalität* (Luhmann 1992, S. 179ff.).

Die Berufung auf die formale Rationalität der Verwaltung, auf Autonomie, Grenzerhaltung und operative Geschlossenheit, durch die erst die Entscheidungsfähigkeit der Verwaltung in komplexen Situationen gewährleistet wird, macht jedoch die Frage nach der *substanziellen Rationalität* des Verwaltungshandelns nicht überflüssig, nämlich danach, wie ein System „seine Entscheidungskriterien durch Bezugnahme auf Werte, Normen und Interessen der Umwelt (...) validiert" (Luhmann 1992, S. 179ff.). Anders formuliert: „Wie kann man operative Geschlossenheit beibehalten und trotzdem mehr Rücksicht auf die Umwelt zulassen..."(Luhmann 2000, S. 463).

Die zunehmende Irritation der Verwaltung durch Bürgerbewegungen und Bürgerproteste gegen formal kaum anfechtbare Verwaltungsentscheidungen sind sicher Indizien, die rein praktisch gegen eine Vorstellung von Verwaltung als „Paragrafenautomat" oder „triviale Maschine" sprechen. Sie werfen allerdings auch (system-)theoretisch das Problem auf, wie die Verwaltung „formale" und „substantielle" Rationalität, Selbst- und Fremdreferenz verbinden kann, ohne auf der einen Seite Bürokratie in Bürokratismus zu verkehren oder auf der anderen Seite Umweltoffenheit in Beliebigkeit zu verwandeln.

Literatur

Bogumil, J./Jann, W. (2005): Verwaltung und Verwaltungswissenschaft in Deutschland. Wiesbaden

Bogumil, J./Jann, W. (2009): Verwaltungswissenschaft in Deutschland (2. Aufl.). Wiesbaden

Bora, A. (2001): Öffentliche Verwaltungen zwischen Recht und Politik. In: Tacke, V. (Hg.): Organisation und gesellschaftliche Differenzierung. Wiesbaden, S. 170–191

Bundesleitung des DBB Beamtenbund und Tarifunion (Hg.) (2010): Bürgerbefragung öffentlicher Dienst 2010. Berlin

Burns, T./Flam, H. (1990): The Shaping of Social Organization. London

Czerwick, E. (2007): Die Ökonomisierung des öffentlichen Sektors. Wiesbaden

Edeling, Th. (2013): Organisationswandel öffentlicher Aufgaben. In: Reichard, Ch./ Schröter, E. (Hg.): Zur Organisation öffentlicher Aufgaben. Opladen, S. 62–77

Gay, P. du (2005): The Values of Bureaucracy. New York

Grimmer, K. (2004): Öffentliche Verwaltung in Deutschland. Wiesbaden

Jann, W. (2011): Entbürokratisierung in Deutschland: Eine Schwächung der Bürokratie? In: Schimanke, D./Veit, S./Bull, H.-P.: Bürokratie im Irrgarten der Politik. Baden-Baden, S. 85–99

Jann, W. (2013): Michael D. Cohen, James G. March and Johan P. Olsen: A Garbage Can Model of Organizational Choice. Potsdam (Manuskript)

Luhmann, N. (1969): Legitimation durch Verfahren. Neuwied, Berlin

Luhmann, N. (1990): Ökologische Kommunikation. Opladen

Luhmann, N. (1992): Die Unbeliebtheit der Parteien. In: Hofmann, G./Perger, W. A.: Die Kontroverse. Weizsäckers Parteienkritik in der Diskussion. Frankfurt/M., S. 177–186

Luhmann, N. (1993): Die Paradoxie des Entscheidens. In: Verwaltungsarchiv, Jg. 84/ Heft 3, S. 287–310

Luhmann, N. (1994): Die Gesellschaft und ihre Organisationen. In: Derlien, H.-U./ Gerhard, U./Scharpf, F. W. (Hg.): Systemrationalität und Partialinteresse. Baden-Baden, S. 189–201

Luhmann, N. (1995): Das Recht der Gesellschaft. Frankfurt/M.

Luhmann, N. (1999): Funktionen und Folgen formaler Organisation. Berlin

Luhmann, N. (2000): Organisation und Entscheidung. Wiesbaden

Luhmann, N. (2002): Die Politik der Gesellschaft. Frankfurt/M.

Luhmann, N. (2009): Zur Komplexität von Entscheidungssituationen. In: Soziale Systeme, Jg. 15/Heft 1, S. 3–35

Männle, P. (2011): Verwaltung (in) der Gesellschaft. Berlin

Mahn, A./Ließfeld, M. (Hg.) (2011): Die öffentliche Verwaltung im Spiegel der veröffentlichten Meinung. Berlin: Hochschule für Wirtschaft und Recht

Maravic, P. v. (2013): Die Mehrdeutigkeit öffentlicher Verantwortlichkeit. In: Reichard, Ch./Schröter, E. (Hg.): Zur Organisation öffentlicher Aufgaben. Opladen, S. 346 361

March, J. G. (1994): A Primer on Decision Making. New York

Mayntz, R. (1985): Soziologie der öffentlichen Verwaltung. Heidelberg

Mayntz, R. (1997): Soziale Dynamik und politische Steuerung. Frankfurt/M.

Merton, R. K. (1995): Soziologische Theorie und soziale Struktur. Berlin

Olsen, J. P. (2008): The Ups and Downs of Bureaucratic Organization. In: The Annual Review of Political Science, Vol. 11, S. 13–37

Ortmann, G. (2004): Als ob. Fiktionen und Organisationen. Wiesbaden

Richter, P. (2009): Ökonomisierung als gesellschaftliche Entdifferenzierung. Konstanz

Schelsky, H. (1965): Der Mensch in der wissenschaftlichen Zivilisation. In: Schelsky, H.: Auf der Suche nach Wirklichkeit. Düsseldorf, Köln, S. 439–480

Schluchter, W. (1985): Aspekte bürokratischer Herrschaft. Frankfurt/M.

Tacke, V. (1997): Systemrationalisierung an ihren Grenzen. In: Schreyögg, G./Sydow, J. (Hg.): Gestaltung von Organisationsgrenzen (Reihe: Managementforschung, Bd. 7). Berlin, New York, S. 1–44

Voßkuhle, A. (2001): Der Dienstleistungsstaat. Über Nutzen und Gefahren von Staatsbildern. In: Der Staat, Jg. 40, S. 495–523

Wagener, F. (1979): Der öffentliche Dienst im Staat der Gegenwart. In: Veröffentlichungen der Vereinigung der deutschen Staatsrechtslehrer. Berlin u.a.O., S. 216–266

Weber, M. (1985): Wirtschaft und Gesellschaft. Tübingen

Weber, M. (1988): Parlament und Regierung im neugeordneten Deutschland. Abschnitt II: Beamtenherrschaft und politisches Führertum. In: Weber, M.: Gesammelte politische Schriften. Tübingen, S. 320–350

Weber, M. (1991): Schriften zur Wissenschaftslehre. Stuttgart

Willke, H. (1998): Systemisches Wissensmanagement. Stuttgart

Wie „tickt" die öffentliche Verwaltung?

Autonomie, Reputation und Responsivität von Regulierungsbehörden am Beispiel des Bundesinstituts für Risikobewertung

Tobias Bach

Die Untersuchung des „Entscheidungsbeitrags" der öffentlichen Verwaltung im Prozess der Verarbeitung gesellschaftlicher Probleme durch das politisch-administrative System ist eines der zentralen Anliegen der politikwissenschaftlichen Verwaltungsforschung (Scharpf 1973; Jann 2011).[1] Dass die Verwaltung in allen Phasen des Politikprozesses eine wichtige, wenn nicht sogar maßgebliche Rolle einnimmt, hat Werner Jann immer wieder betont (Jann/Wegrich 2009). Allerdings sollte diese Feststellung keinesfalls mit einer präskriptiven Forderung nach einem Regierungssystem verwechselt werden, in dem die öffentliche Verwaltung „die Zügel in der Hand hält" und Bürger und Politiker ein effektives Policy-Making nur behindern. Ganz im Gegenteil zählt Werner Jann zu den vehementen Befürwortern einer demokratisch kontrollierten Verwaltung, wobei er aber – nicht zuletzt aufgrund seiner eigenen Erfahrung als Ministerialbeamter – die weit verbreitete normative Vorstellung eines Primats der Politik gegenüber der Verwaltung als naiv und realitätsfern ablehnt (Jann 1998). Als eine entscheidende Voraussetzung für ein empirisch fundiertes und möglichst realitätsgetreues Verständnis der Funktionsweise moderner Regierungssysteme sieht er daher eine möglichst präzise Vorstellung über die Entscheidungsprämissen der öffentlichen Verwaltung, die wiederum einen maßgeblichen Einfluss auf die konkrete Ausgestaltung des bereits erwähnten Entscheidungsbeitrags der Verwaltung im Policy-Prozess haben.

Der vorliegende Beitrag greift diese Thematik auf, indem er danach fragt, wie die öffentliche Verwaltung „tickt" und welche Konsequenzen sich hieraus für die politische Steuerung der Verwaltung ergeben.[2] Ein zentraler analytischer Ansatzpunkt des Beitrags ist ein Verständnis der öffent-

1 Ich danke *Kai Wegrich* und *Marian Döhler* für hilfreiche Kommentare zu früheren Fassungen dieses Beitrags.

2 Der Titel dieses Beitrags ist angelehnt am Thema der Tagung „What makes government agencies tick?" des IPSA Research Committee „Structure and Organisation of Government" (SOG) in Jerusalem im Januar 2014.

lichen Verwaltung als eine Ansammlung formaler Organisationen (Bach/Jann 2010), die jeweils spezifische Ziele verfolgen, welche mit denen anderer Verwaltungsorganisationen nicht selten in Konflikt geraten (Wilson 1989). Es stehen also nicht etwa die Einstellungen und Motivationen einzelner Verwaltungsmitarbeiter im Mittelpunkt (z.B. Derlien/Mayntz 1989), sondern es soll darum gehen, auf welcher Grundlage Verwaltungsorganisationen Prioritäten setzen, was nicht zuletzt bedeutet, den „Eigeninteressen öffentlicher Organisationen (...) einen hervorragenden Platz in der Analyse" einzuräumen (Jann 1998, S. 275). Der Entscheidungsbeitrag der Verwaltung entsteht nach diesem Verständnis nicht etwa dadurch, dass politische Entscheidungen absichtsvoll durch die Verwaltung unterlaufen oder bekämpft werden (z.B. McCubbins et al. 1987). Das generelle Argument lautet vielmehr, dass Verwaltungsorganisationen aufgrund der Ausgestaltung der Aufbau- und Ablauforganisation (z.B. vertikale und horizontale Arbeitsteilung) oder der Rekrutierung bestimmter Berufsgruppen (z.B. Juristen) unter den Bedingungen begrenzter Ressourcen jeweils spezifische Prioritäten setzen (müssen) und damit auch das Ergebnis des Policy-Prozesses beeinflussen.

Es zählt fast schon zu den Binsenweisheiten der politikwissenschaftlichen Verwaltungsforschung, dass vor allem solche Verwaltungen, die von bestimmten Professionen und Fachbruderschaften dominiert werden, mitunter enorme Anstrengungen unternehmen, „ihre (sicherlich keineswegs unbegrenzte) Autonomie gegenüber ‚willkürlichen' politischen und gesellschaftlichen Eingriffen zu verteidigen" (Jann 1998, S. 269). Dieser Typus öffentlicher Organisationen wird von Werner Jann (1998) idealtypisch als „autonome Verwaltung" bezeichnet. Der empirische Fokus des Beitrags liegt auf den sogenannten unabhängigen (Regulierungs)Behörden („independent regulatory agencies"), die in den vergangenen Jahren mindestens zahlenmäßig enorm an Bedeutung gewonnen haben und Gegenstand zahlreicher Untersuchungen sind (Döhler 2006; Bach 2012; Gilardi/Maggetti 2011). Die idealtypische unabhängige Regulierungsbehörde entspricht dabei ziemlich genau dem normativen Bild der autonomen Verwaltung, die sich an der Verwirklichung des Gemeinwohls orientiert und vor der Einflussnahme durch Politik („credible commitment") und Wirtschaft („regulatory capture") geschützt werden muss (Jann 1998). Auf welche Art und Weise Verwaltungsorganisationen und insbesondere unabhängige Behörden ihre Autonomie verteidigen, steht im Mittelpunkt des vorliegenden Beitrags. Die Grundannahme dabei lautet, dass das Autonomiestreben der öffentlichen Verwaltung ein zentraler Bestandteil davon ist, wie die Verwaltung „tickt", und eine verwaltungswissenschaftliche Analyse die Auswirkungen dieser Entscheidungsprämisse auf den politischen Prozess untersuchen sollte.

Das zentrale Argument des Beitrags lautet, dass gerade autonome Verwaltungen besonders responsiv gegenüber externen Anforderungen sein müssen, um ihre Autonomie dauerhaft erhalten zu können. Dieses Phänomen könnte man auch als „Paradox der autonomen Verwaltung" bezeichnen. Hierbei handelt es sich jedoch – anders als beim Bild der modernen Dienstleistungsverwaltung, die sich an den Bedürfnissen ihrer Kunden orientiert (ebd.) – um eine ausgesprochen selektive Responsivität gegenüber konfliktären gesellschaftlichen Anforderungen. Der vorliegende Beitrag illustriert dieses Paradox am Beispiel des Bundesinstituts für Risikobewertung (BfR), einer unabhängigen Bundesbehörde. Er zeigt, wie behördliche Autonomie durch die Anwendung von Strategien, welche auf die Herstellung einer spezifischen Außenwahrnehmung der Behörde zielen, aufgebaut und erhalten werden kann. Für die Unabhängigkeit einer Behörde ist nicht zuletzt entscheidend, inwieweit diese von den relevanten Stakeholdern als unabhängig wahrgenommen wird. Diese Wahrnehmung wird entscheidend dadurch geprägt, wie eine Behörde mit externen Anforderungen, welche aus ihrer Umwelt auf sie treffen, umgeht. Es wird argumentiert, dass die Behörde nicht etwa trotz, sondern aufgrund ihrer formalen Unabhängigkeit besondere Anstrengungen unternimmt, ihre tatsächliche Autonomie zu untermauern. Abschließend wird diskutiert, welche Auswirkungen diese selektive Responsivität auf den Policy-Prozess hat, oder anders gesagt wie der Entscheidungsbeitrag der Verwaltung durch das Autonomiestreben beeinflusst wird.

Autonomie als analytisches Konzept der politikwissenschaftlichen Verwaltungsforschung ■

Das analytische Konzept der Autonomie hat im Zusammenhang mit der Forschung zu strukturell verselbständigten Behörden („Agencies") eine verstärkte Aufmerksamkeit erfahren. Im Kern geht es bei dieser Diskussion darum, die tatsächlichen Steuerungsbeziehungen zwischen der politisch geführten Ministerialverwaltung einerseits und den strukturell verselbständigten Behörden andererseits zu erfassen (Bach 2014). Die tatsächliche („de facto") Autonomie einer Behörde entspricht somit dem eigenständigen Entscheidungsspielraum einer Behörde, welcher der Behörde vom aufsichtführenden Ministerium eingeräumt wird. Die tatsächliche Autonomie einer Behörde im Verhältnis zum Ministerium kann als Ergebnis des Zusammenspiels

(1) der Steuerungsabsichten des Ministeriums,
(2) der Steuerbarkeit der Behörde und
(3) des Autonomiebedarfs der Behörde interpretiert werden (Bach 2014).

Im Folgenden soll es insbesondere um die Steuerbarkeit der Behörde (hier: formale Unabhängigkeit) und den Autonomiebedarf (hier: selektive Responsivität und Reputation) gehen.

Die formale Autonomie einer Behörde gilt als ein wesentlicher Faktor für die Steuerbarkeit der Behörde, indem sie hierarchische Steuerungsversuche durch das Ministerium erschwert bzw. erleichtert. Als typische Erscheinungsformen der formalen Autonomie gelten u.a. unterschiedliche Rechtsformen (Bach/Jann 2010; Thiel 2012), die gesetzliche Einschränkung politischer Weisungsrechte („ministerialfreie Räume"; Döhler 2007) oder eine Leitungsstruktur, in welcher die Behördenleitung gegenüber einem kollegial verfassten Verwaltungsrat rechenschaftspflichtig ist (Christensen 2001). Die gesetzliche Einschränkung formaler Weisungsrechte steht im Mittelpunkt der Diskussion zu unabhängigen Regulierungsbehörden, d.h. solche Behörden unterliegen bei der Ausführung der ihnen übertragenen Aufgaben typischerweise nicht der hierarchischen Aufsicht durch ein Ministerium (Bach 2012). In der Literatur werden Autonomie und Unabhängigkeit häufig synonym verwendet; in der Praxis dominiert allerdings der Begriff der Unabhängigkeit, wobei in der Regel nicht zwischen formaler und tatsächlicher Unabhängigkeit unterschieden wird. Der vorliegende Beitrag verwendet Autonomie als allgemeinen Begriff, wohingegen Unabhängigkeit entweder als politische Unabhängigkeit (Weisungsfreiheit) oder als wissenschaftliche Unabhängigkeit (siehe Fallbeispiel) verwendet wird.

In weiten Teilen der Literatur wird die formale Autonomie verselbständigter Behörden als abhängige Variable behandelt, d.h. die gesetzliche Verankerung der oben genannten „Hindernisse" für ministerielle Eingriffe werden als erklärungsbedürftig angesehen. Wieso werden formal unabhängige Behörden errichtet, anstatt eine bestimmte Aufgabe an weisungsgebundene Behörden zu delegieren oder innerhalb der Ministerialorganisation zu belassen? Diese (und ähnliche) Fragen können als Delegationsperspektive zusammengefasst werden (siehe James/Thiel 2011 für eine Zusammenfassung der Literatur). Die mehr oder weniger explizit zugrundeliegende Annahme lautet dabei, dass formale Strukturen absichtsvoll durch politische Entscheidungsträger gewählt und verändert werden können, und dass sich diese Strukturen auch im tatsächlichen Entscheidungsverhalten der Behörden widerspiegeln. Allerdings zeigen verschiedene empirische Studien, dass sich die formale Autonomie verselbständigter Behörden keineswegs unmittelbar in deren tatsächlicher Autonomie niederschlägt (siehe als Überblick Maggetti/Verhoest 2014). Anders formuliert zeigt sich, dass Behörden mit vergleichbarer formaler Autonomie über sehr unterschiedliche tatsächliche Autonomiegrade verfügen. Beispielweise zeigt Aulich (2012) anhand von drei Fallstudien, dass die tatsächliche Autonomie formal unabhängiger Behörden u.a. von der Finanzierung der Behörden und der Unterstützung durch reputationsrelevante Stakeholder abhängt.[3] Solche Erklärungsfaktoren liegen jedoch jenseits dessen, was üblicherweise unter „formaler Unabhängigkeit" verstanden wird.

Der Befund eines fehlenden Zusammenhangs zwischen formaler und tatsächlicher Autonomie ist vor allem für formal unabhängige Behörden von Bedeutung, und genau für diese Behörden zeigen verschiedene Studien, dass genau dies der Fall ist (Gilardi/Maggetti 2011). Die insbesondere von Giandomenico Majone (1997) vertretene Begründung für die Delegation regulativer Aufgaben an unabhängige Behörden lautet, dass auf diese Weise eine glaubwürdige Verpflichtung der Politik („credible commitment") erreicht werden kann, dass regulative Entscheidungen auf der Grundlage verbindlicher Regeln und professioneller Expertise getroffen werden, wodurch das Vertrauen der Regulierungsadressaten in eine „gute" Regulierung, die nicht dem kurzfristigen politischen Kalkül der Politiker folgt, hergestellt werden kann. Dieser Mechanismus steht und fällt allerdings damit, dass formale Autonomie auch zu tatsächlicher Autonomie führt. Die Glaubwürdigkeit und Legitimität formal unabhängiger Regulierungsbehörden als „unpolitisch" hängt also entscheidend davon ab, dass diese auch tatsächlich unabhängig sind (Maggetti 2009).

Eine mögliche Erklärung für den empirisch nicht gesicherten Zusammenhang zwischen formaler und tatsächlicher Autonomie ist die verwendete Erhebungsmethode. In den allermeisten Forschungsarbeiten wird die tatsächliche Autonomie mithilfe von Fragebögen erfasst, die jeweils einen bestimmten Zeitpunkt erfassen, Entwicklungen über einen längeren Zeitraum jedoch nicht abbilden können. Die Beziehungen zwischen Ministerien und Behörden müssen jedoch als dynamisch angesehen werden, was durch diese Erhebungsmethode nicht erfasst werden kann (Yesilkagit/Thiel 2008). Inwieweit eine Behörde tatsächlich autonom ist, wird demnach nicht unbedingt im Tagesgeschäft deutlich, sondern zeigt sich vor allem bei politisch heiklen Entscheidungen, in Krisensituationen oder wenn Veränderungen der Aufgaben- und Organisationsstruktur auf der Tagesordnung stehen.

Der letztgenannte Punkt knüpft wiederum an ein breiteres Autonomieverständnis an, welches auf die Übereinstimmung der Mission einerseits und der Kompetenzen andererseits abstellt. Demnach sind Organisationen besonders autonom, wenn sie eine klar definierte bürokratische Domäne („Turf") besitzen und auch über die formalen Kompetenzen verfügen, wel-

3 Welche Stakeholder als reputationsrelevant gelten können (z.B. Adressaten, Interessengruppen, andere Behörden) ist von Behörde zu Behörde unterschiedlich.

che zur Erfüllung ihrer Mission notwendig sind. Solche Behörden zeichnen sich durch geringe Abhängigkeiten von externen Akteuren aus, was mit einem geringeren Koordinationsbedarf einhergeht und letztlich zu einer größeren Überlebenswahrscheinlichkeit der Behörde führt (Wilson 1989). Das Streben von Organisationen nach größerer Autonomie äußert sich demnach in unterschiedlichen Formen bürokratischer Politik, etwa dem Streben nach einer selektiven Ausweitung der Kompetenzen, solange sie mit der Mission der Behörde übereinstimmen. Solche Dynamiken von „jurisdictional claims" lassen sich mithilfe von Querschnittsdaten jedoch kaum erfassen.

Hieran knüpft ein weiterer wichtiger Punkt an, nämlich der Fokus der Literatur auf das Verhältnis zwischen Ministerien und Behörden. Dieses dyadische Konzept greift nach dem Autonomiebegriff von Wilson (1989) zu kurz, da es Austauschbeziehungen und Abhängigkeiten von anderen externen Akteuren tendenziell ausblendet. Die Außenbeziehungen der Behörden werden nur insofern berücksichtigt, als beispielsweise die Adressatenstruktur einer Behörde als wichtiger Teilaspekt der politischen Relevanz der Behörde verstanden wird, die sich wiederum im durch politische Aufmerksamkeitskriterien dominierten Steuerungsverhalten der Ministerialverwaltung niederschlagen müsste (Bach 2014). Allerdings ist gerade bei unabhängigen Regulierungsbehörden das Verhältnis zu den Adressaten der Regulierung mindestens genauso problematisch wie das Verhältnis zur politischen Ebene, denn auch eine besonders industriefreundliche Behörde entspricht nicht dem Idealbild einer unabhängigen Regulierungsbehörde (Stichwort „regulatory capture"). Es ist aber nicht zuletzt die formale Autonomie solcher Behörden, welche diese als Adressaten für die Durchsetzung der Interessen der Industrie attraktiv macht (Christensen 2001). Dieser Aspekt wurde in der Literatur zur tatsächlichen Autonomie von Regulierungsbehörden teilweise auch berücksichtigt, allerdings zeigte sich auch hier kein Zusammenhang mit der formalen Autonomie der Behörden (Maggetti 2012). Es bleibt generell festzuhalten, dass die Außenbeziehungen von Behörden jenseits des dyadischen Verhältnisses zu den Ministerien in der neueren Literatur vergleichsweise wenig Aufmerksamkeit erfahren haben.

Einen etwas anderen Ansatzpunkt verfolgt ein Literaturstrang, welcher die Reputation von Behörden als zentralen Erklärungsansatz für bürokratische Autonomie in den Mittelpunkt rückt. Das Argument lautet, dass Autonomie aus dem absichtsvollen Handeln einer Behörde resultiert, anstatt Ergebnis der formalen Delegation von Kompetenzen zu sein (Carpenter 2001).

„Bureaucratic autonomy prevails when bureaucrats take actions consistent with their own wishes, actions to which politicians and organized interests defer even though they would prefer that other actions (or no action at all) be taken." (Carpenter 2001, S. 4)

Als Voraussetzung dafür, dass eine Behörde in diesem Sinne autonom agieren kann, gilt die Fähigkeit zur Herstellung von politischer Legitimität, definiert als „a reputation for expertise, efficiency, or moral protection and a uniquely diverse complex of ties to organized interest and the media" (ebd.). Mit anderen Worten müssen autonome Behörden unter Beweis gestellt haben, dass sie innerhalb ihres Zuständigkeitsbereichs etwas „liefern" können, was andere Behörden so nicht können, und diese Fähigkeit muss auch von relevanten Stakeholdern wahrgenommen und verinnerlicht worden sein. Damit rücken die Außenwahrnehmung der spezifischen Reputation einer Behörde einerseits und das „Management" ihrer Außenwahrnehmung und ihrer Beziehungen zu externen Akteuren andererseits in den Mittelpunkt einer Analyse, die erklären möchte, wie die öffentliche Verwaltung „tickt".

Im Hinblick auf formal unabhängige Behörden ist somit entscheidend, dass diese von (relevanten) externen Akteuren auch als unabhängig wahrgenommen werden. Hierbei ist von besonderer Bedeutung, dass Außenstehende Behörden nicht in ihrer gesamten Komplexität erfassen können und sich ihr Urteil auf der Grundlage eines selektiven Bildes einer Behörde bilden (Carpenter/Krause 2012). Die Reputation einer Behörde kann somit als vereinfachtes Bild der Behörde verstanden werden, die gerade bei Behörden mit besonders komplexen Aufgaben ein wichtiges Mittel zur Reduktion von Komplexität ist. Der folgende Abschnitt skizziert in groben Strichen die aktuelle Forschung, die das Entscheidungsverhalten von Behörden aus der konzeptionellen Perspektive bürokratischer Reputation analysiert.

Wie entsteht bürokratische Autonomie? Reputationsstrategien und Responsivität verselbständigter Behörden

Eine grundlegende Annahme des Reputations-Ansatzes lautet, dass sowohl das externe Entscheidungsverhalten als auch das interne Management von Regulierungsbehörden durch das Streben nach einer einzigartigen Reputation bzw. deren Aufrechterhaltung bestimmt wird. Das Argument lautet letztlich, dass eine einzigartige Reputation zu einem Autonomiegewinn führt, der gerade nicht auf absichtsvollem institutionellem Design beruht, sondern aus dem Entscheidungsverhalten von Behörden und deren Wechselbeziehungen mit ihrer Umwelt erklärt werden muss. Was aber hat man unter der Reputation einer Behörde zu verstehen? Hierzu liegen unterschiedliche Definitionen vor, wobei die Begriffsbestimmung von Carpenter (2010) sich weitestgehend durchgesetzt hat:

> „An organizational reputation is a set of symbolic beliefs about the unique or separable capacities, roles, and obligations of an organization, where these beliefs are embedded in audience networks." (Carpenter 2010, S. 45)

Der entscheidende Punkt ist, dass Reputation eine symbolische, vereinfachte Sichtweise auf eine Behörde darstellt, die von externen Akteuren geteilt wird: „Audiences simplify the aggregated functions and behaviors of the public agencies that they observe" (Carpenter/Krause 2012, S. 31). Wenn also die Reputation einer Behörde entscheidend dafür ist, wie autonom eine Behörde ist, dann kommt dem Management der Reputation und damit der Außenbeziehungen einer Behörde eine entscheidende Bedeutung für die Entscheidungsfindung der Behörde zu.

Die These, dass öffentliche Organisationen reputationsgeleitet handeln, was sowohl Aktivitäten zum Aufbau einer bestimmten Reputation als auch zur Aufrechterhaltung der erreichten Reputation umfasst, wurde auf unterschiedliche Weise empirisch untersucht. Die umfassenden Arbeiten von Carpenter (2001, 2010) sind historische Fallstudien einzelner US-amerikanischer Bundesbehörden, die im Laufe ihrer Existenz eine einzigartige Reputation aufbauen konnten, wodurch sie zu machtvollen Akteuren innerhalb ihres jeweiligen Politikbereichs wurden und Politikinhalte maßgeblich (mit)bestimmen konnten. Andere Studien untersuchen die Annahme, dass öffentliche Organisationen reputationsgeleitet entscheiden, anhand des Zusammenwirkens externer Anforderungen und dem tatsächlichen Entscheidungsverhalten der Behörden. Dabei stehen Analysen des äußerlich messbaren Entscheidungsverhaltens im Vordergrund, also des „Output" des Verwaltungshandelns. Dabei wird u.a. untersucht, auf welche Weise sich dieser Output in Reaktion auf die Außenwahrnehmung einer Behörde verändert. Beispielsweise zeigt Carpenter (2002), dass die Dauer der Zulassung von Medikamenten durch die US-amerikanische Arzneimittelzulassungsbehörde FDA u.a. durch die Struktur der Interessengruppen und durch das Ausmaß der öffentlichen Berichterstattung bestimmt wird. Andere Arbeiten untersuchen, wie Regulierungsbehörden durch Kommunikationsverhalten auf externe Kritik reagieren. So zeigen Maor et al. (2013), dass eine Regulierungsbehörde zurückhaltend agiert, wenn sie in Bereichen kritisiert wird, in denen sie eine starke Reputation besitzt oder in denen sie keine Kompetenzen besitzt, wohingegen die Behörde dann öffentlich reagiert, wenn sie in Bereichen kritisiert wird, in denen sie eine vergleichsweise schwache Reputation besitzt.

Demgegenüber liegen nur wenige empirische Arbeiten zum organisationsinternen Entscheidungsverhalten vor. Die Arbeit von Gilad (2012) zeigt beispielsweise, dass eine spezifische Reputation ausschlaggebend dafür ist, wie als Reaktion auf externe Anforderungen innerhalb von Regulierungsbehörden Prioritäten gesetzt werden. Sie zeigt, dass die spezifische Reputation der britischen Finanzaufsichtsbehörde als „innovativer Regulierer", der Standards für andere Behörden setzt anstelle diese zu kopieren, vermutlich dazu geführt hat, dass die Behörde erhebliche Ressourcen in die Durchsetzung von Verbraucherstandards in der Bankenregulierung investierte, was die Behörde auch während der Finanzkrise noch fortführte und somit tendenziell ihr „Kerngeschäft" der klassischen Bankenaufsicht (Liquiditätsprüfung) vernachlässigte. Bækkeskov (2014) analysiert in einer ethnografischen Studie, inwiefern die Außenwahrnehmung einer internationalen Gesundheitsbehörde bei der Entscheidungsfindung zur „Schweinegrippe" von Bedeutung war. Er kann zeigen, dass die Führungskräfte der Behörde mehrere weitreichende Entscheidungen getroffen haben, bei denen die Außenwahrnehmung der Behörde (z.B. „kann verlässliche Informationen liefern") ausschlaggebend war, auch wenn es jeweils gewichtige Gegenargumente gab. Diese Studie ist zum einen bemerkenswert, weil sie Entscheidungen „in Echtzeit" analysiert und Abwägungsprozesse darstellt, während andere Studien reputationsgeleitetes Entscheidungsverhalten unterstellen und Output-Daten analysieren. Zum anderen betont diese Studie explizit die Bedeutung von Führungskräften für reputationsgeleitetes Entscheidungsverhalten – eine Annahme, die in den meisten Studien eher implizit enthalten ist.

Schließlich zeigt sich die Bedeutung von reputationsgeleitetem Verhalten auch im Zusammenhang mit Veränderungen die den „turf" von Behörden betreffen. Wegrich (2013) zeigt, dass der Normenkontrollrat, dessen zentrale Aufgabe aus der Messung und Bewertung der bürokratischen Lasten besteht, die bei Unternehmen durch neue Gesetze und Verordnungen des Bundes anfallen, in der Phase der Institutionalisierung eine Reputation als „überparteilicher Schiedsrichter der Anwendung einer objektiven Methode zur Messung von Bürokratiekosten" aufbauen konnte (ebd., S. 291). Genau diese spezifische Reputation führte vermutlich dazu, dass eine Erweiterung des Mandats des Normenkontrollrats auf die – vermeintlich weniger objektive – Prüfung von Nachhaltigkeitskriterien vom Normenkontrollrat selbst abgelehnt wurde, weil dessen Rolle hierdurch weniger „objektiv" geworden wäre und in der Folge die Empfehlungen des Normenkontrollrates vermutlich deutlich kontroverser geworden wären. Diese Studie zeigt (ebenso wie die Analyse der britischen Finanzaufsichtsbehörde), dass eine einmal erworbene Reputation sowohl beschränkende als auch ermöglichende Effekte hat. Zudem weisen die Behörden in beiden Fallstudien eine spezifische Reputation auf, die man als „Vorreiterrolle“ oder „international anerkanntes Vorbild“ zusammenfassen kann.

Im folgenden Abschnitt soll es vor allem darum gehen, typische Strategien zu identifizieren, die unabhängige Regulierungsbehörden dazu verwenden, um eine bestimmte Reputation aufzubauen bzw. aufrechtzuerhalten (Gilad/Yogev 2012). Diese Strategien werden am Beispiel des Bundesinstituts für Risikobewertung, einer formal unabhängigen Behörde, illustriert. Diese Fallstudie verdeutlicht, auf welche Weise strukturell verselbständigte Behörden ihre Außenwahrnehmung beeinflussen (können) und arbeitet heraus, dass es hierbei keineswegs um eine „Abschottung“ gegenüber der organisatorischen Umwelt geht, sondern ganz im Gegenteil um eine (selektive) Responsivität gegenüber externen Anforderungen.

■ Wissenschaftliche Unabhängigkeit als Reputationsstrategie: Das Bundesinstitut für Risikobewertung

Das Bundesinstitut für Risikobewertung (BfR) wurde 2002 als Anstalt des öffentlichen Rechts errichtet, die nicht der üblichen ministeriellen Fachaufsicht untersteht. Die Behörde erfüllt demnach ein zentrales Merkmal formaler Unabhängigkeit, nämlich das der politischen Weisungsfreiheit. Die Leitidee einer von äußeren Einflüssen unabhängigen Behörde im Bereich der Lebensmittelsicherheit und des gesundheitlichen Verbraucherschutzes findet sich bereits in einem in Folge der BSE-Krise verfassten Gutachten, welches die Einrichtung einer für Risikobewertung und -kommunikation zuständigen und von äußerer Einflussnahme unabhängigen wissenschaftliche Einrichtung empfiehlt (Wedel 2001). Die Errichtung des BfR geht auf die BSE-Krise zurück, deren Ursache zu einem wesentlichen Teil in einer problematischen Verquickung politischer, administrativer und wissenschaftlicher Entscheidungslogiken gesehen wurde. Maßgeblich von der Diskussion auf der europäischen Ebene beeinflusst, wurde in Deutschland eine Neuorganisation des gesundheitlichen Verbraucherschutzes umgesetzt, die sich am Prinzip der Trennung von Risikobewertung und -kommunikation einerseits und Risikomanagement andererseits orientiert (Fischer 2007). Gemeinsam mit dem BfR wurde daher auch die für Risikomanagement zuständige „Schwesterbehörde“, das Bundesamt für Verbraucherschutz und Lebensmittelsicherheit (BVL), gegründet.

Die wichtigsten Aufgaben des BfR umfassen die wissenschaftliche Bewertung und Kommunikation gesundheitlicher Risiken von Lebens- und Futtermitteln, Chemikalien und verbrauchernahen Produkten. Das BfR erstellt insbesondere gesundheitliche Bewertungen im Rahmen von Zulassungsverfahren für Produkte, als Grundlage für Maßnahmen von Überwachungsbehörden, für Gerichtsverfahren sowie im Auftrag der zuständigen Ressorts, insbesondere des BMELV (Wissenschaftsrat 2006). Das BfR zählt zu den sogenannten Ressortforschungseinrichtungen (Bach et al. 2013), ihm obliegt also u.a. die Aufgabe, eigene Forschung zu betreiben, und im Errichtungsgesetz und der Gesetzesbegründung wird die Bedeutung wissenschaftlicher Tätigkeit der Behörde immer wieder hervorgehoben. Man könnte also vereinfacht sagen, dass fachliche Unabhängigkeit und wissenschaftliche Tätigkeit zu den konstitutiven Merkmalen der Behörde gehören. Mehr noch: Die politische Unabhängigkeit der Behörde im Sinne einer fachlichen Weisungsfreiheit erstreckt sich explizit auf die wissenschaftliche Tätigkeit der Behörde.

Im Folgenden soll es darum gehen, wie diese beiden zentralen Elemente nach der Errichtung der Behörde „mit Leben gefüllt" wurden.[4] Die Ausübung einer einzigartigen Tätigkeit bzw. die eindeutige Abgrenzung von anderen Behörden und die damit einhergehende erfolgreiche Verteidigung einer bestimmten Domäne kann als Voraussetzung für den Aufbau und den Erhalt einer *einzigartigen Reputation für die Ausübung einer bestimmten Aufgabe* gesehen werden. Zunächst einmal verfügte das BfR über eine günstige Ausgangsposition: Die Behörde hatte von Anfang an eine klar umrissene Aufgabe, nämlich die der ausschließlich wissenschaftlichen Bewertung und der Beratung der für das Risikomanagement zuständigen Akteure. Allerdings gibt es empirische Hinweise darauf, dass die Behörde danach strebte, ihre Autonomie im Wilsonschen Sinne weiter zu erhöhen. Der Betrieb von sogenannten nationalen Referenzlaboratorien, in denen Referenzmethoden zum Nachweis bestimmter Kontaminanten entwickelt werden, war nach der Errichtung von BfR und BVL über beide Behörden verteilt. In der Gründungszeit des BfR gab es eine klare Präferenz der Führungsebene, alle nationalen Referenzlaboratorien zum BfR zu überführen. Das Hauptargument lautete dabei, dass die Arbeit solcher Labors im Wesentlichen eine wissenschaftliche Aufgabe ist, die in einer unabhängigen Stelle platziert werden soll. Allerdings waren diese Bemühungen („jurisdictional claims") nur bedingt erfolgreich, denn auch zum gegenwärtigen Zeitpunkt (September 2014) sind mehrere nationale Referenzlaboratorien beim BVL angesiedelt.

4 Die Beobachtungen beruhen auf mehreren Experteninterviews, die mit Vertretern des BfR auf unterschiedlichen hierarchischen Ebenen geführt wurden, der teilnehmenden Beobachtung im Rahmen mehrerer Veranstaltungen des BfR sowie der Analyse zahlreicher, öffentlich verfügbarer Dokumente.

Ein (auch) öffentlich wahrnehmbarer Aspekt des Aufbaus und Erhalts einer einzigartigen Reputation sind sogenannte *„identity-reputation claims"* (Gilad/Yogev 2012). Die Vertreter der Behörde betonen immer wieder (auch in der Öffentlichkeit und in verschiedenen Publikationen und auf der Internetseite der Behörde), dass das BfR eine einzigartige Stellung innerhalb der Behördenlandschaft einnimmt. Zentrale Elemente dieser Aussagen ist die Betonung der wissenschaftlichen Tätigkeit („wissenschaftliche Einrichtung") und der Unabhängigkeit von politischen, wirtschaftlichen und gesellschaftlichen Interessen. Dabei ist die Betonung des wissenschaftlichen Charakters der Tätigkeit von besonderer Bedeutung, weil die Anwendung anerkannter wissenschaftlicher Methoden als ein robuster Schutzschild gegenüber Eingriffen in die Tätigkeit von Behörden gelten kann (Maor 2007). Allerdings beinhaltet diese Strategie der „Verwissenschaftlichung" auch, dass sich die Behörde in stärkerem Maße an den Standards der wissenschaftlichen Gemeinschaft („peers") orientieren muss (Marcussen 2011).

Ein weiteres Element des Aufbaus einer einzigartigen Reputation nach außen ist insbesondere für das organisationsinterne Management die Schaffung einer klaren und kohärenten Mission der Behörde (Wilson 1989). Nur wenn deutlich ist, wofür die Behörde (nicht) zuständig ist und was sie (nicht) erreichen will, kann die Behörde auch eine bestimmte Reputation für die besonders effektive Ausübung einer Aufgabe erlangen. Dieser Aspekt ist umso bedeutender, je heterogener der professionelle Hintergrund der Mitarbeiter einer Behörde ist (Carpenter/Krause 2012). Ein wesentlicher Teil des Auftrags des BfR ist es, die bestmögliche wissenschaftliche Bewertung des von Stoffen und Keimen ausgehenden Risikos zu erstellen. Hieraus leitet die Behörde das Ziel ab, nach außen mit „einer Stimme" zu sprechen.[5] Diese Mission wird im Wesentlichen durch eine hierarchische und bürokratische Form der internen Koordination umgesetzt, die von einer sogenannten „Clearing-Stelle" gewährleistet wird (siehe auch Korinek/Veit 2014). Für die Glaubwürdigkeit der Behörde ist in der Wahrnehmung der Behördenvertreter von entscheidender Bedeutung, dass gewährleistet wird, dass es pro Substanz nur „eine Meinung" der Behörde gibt. Die Leitungsebene ist daher besonders sensibel gegenüber Situationen, in denen beispielsweise einzelne Mitarbeiter/innen vom Ministerium um Auskunft gebeten werden, was in den Vorgängerorganisationen des BfR offenbar gängige Praxis war.

5 Die Herstellung einer einheitlichen „Amtsmeinung" als wichtigstes Produkt einer Behörde, welches durch hierarchische Koordination zustande kommt, lässt sich auch beim Umweltbundesamt beobachten (Döhler 2007, S. 301f.).

Ein verwandter Aspekt ist die interne *Kontrolle über Publikationen* der Mitarbeiter/innen: Einerseits wird eine hohe Qualität der Forschung als sehr wichtig betrachtet, um der Behörde wissenschaftliche Glaubwürdigkeit zu verleihen, nicht zuletzt weil die Risikobewertungen durch Mitarbeiter der Behörde selbst durchgeführt werden (anders als bei der europäischen Schwesterbehörde EFSA). Andererseits beinhaltet Forschung nach dem gängigen Verständnis auch die Veröffentlichung der Forschungsergebnisse, was jedoch nur nach vorheriger Genehmigung möglich ist. Es ist beim BfR nicht möglich, dass jemand „einfach so etwas veröffentlicht“. Schließlich ist anzumerken, dass das enge Mandat der Behörde („Risikobewertung“) gerade in der Aufbauphase der Behörde mit dem Selbstverständnis vieler Mitarbeiter/innen kollidierte, die ihre Rolle im Schutz der Verbraucher insgesamt sahen. Die neue Mission musste also – auch gegen Widerstände seitens der Beschäftigten – innerhalb der Behörde verankert werden (siehe auch Korinek/Veit 2014). Dieses Beispiel verdeutlicht die Bedeutung des Managements der Außenbeziehungen für das BfR. Würden widersprüchliche Aussagen bezüglich des gesundheitlichen Risikos eines Stoffes an die Öffentlichkeit gelangen, wäre die Reputation der Behörde als „objektive Bewertungsinstanz“ und als „Referenzmeinung“ gefährdet. Gleichzeitig wird deutlich, dass der Zugewinn an formaler Autonomie der Behörde gegenüber dem Ministerium mit einer starken organisationsinternen Hierarchisierung einhergeht, was letztlich nichts anderes bedeutet, als dass das Management der Außenkontakte der Behörde ebenfalls stark hierarchisiert wird.

Die Formalisierung von Entscheidungsverfahren (*„Prozeduralisierung“*) ist eine weitere wichtige Strategie des Managements der Außenbeziehungen verselbständigter Behörden. Dieser Mechanismus wird beispielsweise in der Literatur zu „blame avoidance“ diskutiert (Hood/Rothstein 2001). Die zentrale Annahme lautet dabei, dass im Falle externer Kritik darauf verwiesen werden kann, dass alle Vorschriften befolgt wurden und keine Entscheidungsspielräume vorhanden waren. Es wurde bereits angesprochen, dass das interne Entscheidungsverfahren des BfR als klassisch-bürokratisch gelten kann, was nicht zuletzt auch damit begründet wird, dass gewährleistet werden muss, dass alle relevanten fachwissenschaftlichen Perspektiven, die im BfR vorhanden sind, berücksichtigt werden. Es ist allerdings erklärungsbedürftig, weshalb die Entscheidungsprozesse der Behörde seit 2010 nach den Richtlinien der International Standards Organization (ISO) zertifiziert sind. Diese Zertifizierung beinhaltet, dass alle Entscheidungsprozesse in einem mehrere Jahre dauernden und kostspieligen Verfahren genau dokumentiert wurden und deren Einhaltung regelmäßig überprüft wird. Das BfR betont dabei, dass es die einzige Bundesbehörde mit einem ISO-Zertifikat ist, und dass seine Risikobewertungen auf der Grundlage international anerkannter wissenschaftlicher Standards erfolgen. Dieser Prozess wurde von der Behörde selbst angestoßen um mit den Stakeholdern der Behörde „auf Augenhöhe" agieren zu können. Auch wenn man (durchaus plausibel) unterstellt, dass die Zertifizierung nicht ausschließlich mit Blick auf das Abwenden externer Kritik umgesetzt wurde, wird unzweifelhaft deutlich, dass das Management der Außenbeziehungen eine maßgebliche Motivation dieses Prozesses war.[6]

Ein weiterer Gesichtspunkt der Prozeduralisierung organisatorischer Entscheidungen ist der vom BfR entwickelte „Leitfaden für gesundheitliche Bewertungen", in dem Inhalt und Struktur von Risikobewertungen, aber auch die Verwendung bestimmter Begriffe, mit denen gesundheitliche Risiken beschrieben werden, festgelegt sind. Der Leitfaden des BfR wird auch von anderen (ausländischen) Behörden im Bereich des gesundheitlichen Verbraucherschutzes verwendet. Das „BfR-Modell" der Risikobewertung wird etwa im Rahmen von Sommerschulen u.a. auch an Vertreter aus Asien vermittelt. Diese Anerkennung durch die professionelle bzw. die wissenschaftliche Community ist neben der Formalisierung des Bewertungsverfahrens ein wichtiger Aspekt der Herstellung der Reputation des BfR als unabhängige wissenschaftliche Einrichtung. Generell bleibt festzuhalten, dass der wissenschaftliche Status der Behörde dazu führt, dass diese auch wissenschaftstypische Mechanismen der Reputationsgenerierung nutzen kann, dass sie im Umkehrschluss aber auch wissenschaftsspezifischen „reputational risks" ausgeliefert ist.

Das Fallbeispiel zeigt, dass die Herstellung einer Reputation als „unabhängige Behörde" selbst Gegenstand von bürokratischen Reputationsstrategien sein kann. Die Wiederherstellung des Vertrauens der Verbraucher in die Behörden des gesundheitlichen Verbraucherschutzes war zweifelsohne das wichtigste Ziel in der Aufbauphase des BfR. Die gesetzlichen Grundlagen des BfR zielten dabei auf zwei zentrale Aspekte ab: Unabhängigkeit und Wissenschaft. Die empirischen Beobachtungen sind insofern auf den ersten Blick wenig überraschend, denn genau diese beiden Elemente prägen auch die oben skizzierten Reputationsstrategien. Diese verdeutlichen allerdings, dass eine entsprechende gesetzliche Grundlage allein nicht ausreichend ist, um glaubhaft zu versichern, dass die Empfehlungen des BfR tatsächlich unabhängig und aufgrund wissenschaftlicher Erkenntnisse getroffen werden. Einige Strategien zielen darauf ab, zu verdeutli-

---

6 Als weiterer Grund kann die vergleichsweise hohe Personalfluktuation gelten und die damit verbundene Notwendigkeit, neue Mitarbeiter/innen mit der Arbeitsweise der Behörde vertraut zu machen.

chen, dass das BfR die einzige Behörde ist, die wissenschaftlich fundierte Bewertungen im Bereich des gesundheitlichen Verbraucherschutzes liefern kann. Die Versuche des BfR, Mission und formale Kompetenzen in Einklang zu bringen (Wilson 1989), ist ein Element dieser Strategie, ebenso die wiederkehrenden „identity reputation claims", wonach die Behörde einzigartig innerhalb der Behördenlandschaft ist (Gilad/Yogev 2012). Allerdings steht und fällt die Reputation einer Behörde auch damit, inwieweit sie eine bestimmte Dienstleistung verlässlich „liefern" kann. Diese einzigartige Dienstleistung sind die wissenschaftlichen Risikobewertungen des BfR, bei denen die Behörde „mit einer Stimme" spricht und widersprüchliche Äußerungen unbedingt vermeiden möchte. Es zeigt sich eindeutig, dass das interne Management an der Verwirklichung dieser Mission ausgerichtet ist (siehe auch Korinek/Veit 2014). Dass es hierbei aber nicht nur um organisationsinternes Management geht, sondern ganz offensichtlich auch um die Außenwahrnehmung der Behörde, wird insbesondere an der (kostspieligen) ISO-Zertifizierung des Entscheidungsprozesses deutlich. Die Zertifizierung wird von der Behörde als ein wichtiges Element ihrer wissenschaftlichen Unabhängigkeit verstanden (und so auch nach außen vertreten). Es lässt sich aber auch argumentieren, dass es sich hierbei um einen „Schutzmechanismus" gegenüber externer Kritik handelt, welche die Behörde jederzeit treffen kann (Hood/Rothstein 2001).

Insgesamt wird deutlich, dass die Außenwahrnehmung der Behörde für organisationsinterne Entscheidungsverfahren von maßgeblicher Bedeutung ist. Insofern zeigt das Fallbeispiel, dass das Paradox der autonomen Verwaltung nicht nur eine besonders starke Responsivität autonomer Verwaltungen gegenüber der organisatorischen Umwelt beinhaltet, sondern unter bestimmten Umständen auch eine besonders starke interne Hierarchisierung der Verwaltung. Eine hierarchische Entscheidungsstruktur stellt aber nicht nur hohe Anforderungen an die Konflikt- und Informationsverarbeitungskapazität der Behördenleitung, sondern kann auch zu typischen Folgewirkungen bürokratischer Organisation auf das Selbstverständnis und die Motivation der Beschäftigten führen.

Schlussfolgerungen: Außenwahrnehmung und bürokratisches Entscheidungsverhalten als Forschungsperspektive der politikwissenschaftlichen Verwaltungsforschung ■

Der Ausgangspunkt dieses Beitrags war die Frage, welche Auswirkungen die Entscheidungsprämissen der öffentlichen Verwaltung auf den Prozess der Verarbeitung gesellschaftlicher Probleme durch das politisch-administrative System besitzen. Die grundlegende Annahme dabei ist, dass Verwaltungen einen wichtigen Entscheidungsbeitrag liefern und es einen Unterschied für demokratisches Regieren und für eine effektive Problemlösung macht, wie Verwaltungsorganisationen ticken. Mit anderen Worten ging es darum, die institutionelle Eigeninteressen der Verwaltung und ihre Folgewirkungen in den Mittelpunkt der Analyse zu stellen (Jann 1998). Hierin besteht zweifelsohne ein wesentlicher und unverzichtbarer Beitrag der politikwissenschaftlichen Verwaltungsforschung zur wissenschaftlichen Auseinandersetzung mit „Governance".

Der vorliegende Beitrag knüpft damit an einen etablierten verwaltungswissenschaftlichen Wissensbestand an, wonach sich aus den institutionellen Eigeninteressen der Verwaltung unterschiedliche Formen strategischen Verhaltens ergeben, insbesondere dann, wenn institutionelle Entscheidungen getroffen werden, die die Verwaltung selbst betreffen, etwa bei Verwaltungsreformen. Diese institutionellen Eigeninteressen der Verwaltung wurden in unterschiedlichen theoretischen Ansätzen bzw. Handlungslogiken wie Budgetmaximierung (Niskanen 1971), „bureau-shaping" (Dunleavy 1991) oder „turf protection" (Wilson 1989) zusammengefasst. Aber auch im alltäglichen Entscheidungsprozess zeigen sich institutionelle Eigeninteressen etwa in Form von selektiver Perzeption und negativer Koordination mit allen ihren bekannten Folgewirkungen. Die Durchsetzungsfähigkeit von Verwaltungen (die sich letztlich am „Überleben" von Verwaltungsorganisationen festmachen lässt) hängt dabei nicht zuletzt von externen Akteuren ab, welche die Verwaltungen unterstützen (administrative Interessenvermittlung). Gleichzeitig zeigt sich, dass Verwaltungen (ebenso wie Politiker) aufgrund institutioneller Eigeninteressen versuchen, die Verantwortung für Fehler und Missstände nicht zu übernehmen („blame avoidance"; Hood 2011).

Der analytische Zugang, welcher bürokratische Entscheidungen unter dem Gesichtspunkt der bürokratischen Reputation betrachtet, kann vor diesem Hintergrund als eine weitere Handlungslogik verstanden werden, die auf den genannten Ansätzen aufbaut. Die Annahme lautet, dass Verwaltungen potenziellen Bedrohungen ihrer Reputation („reputational risks") eine besondere Aufmerksamkeit widmen, was unter bestimmten Voraussetzungen in ein aktives Reputationsmanagement übergehen kann. Der Ansatz kann zunächst dazu verwendet werden, das (Macht)Verhältnis von Politik und Verwaltung zu analysieren (z.B. Carpenter 2001, 2010), wodurch ein Beitrag zur eingangs skizzierten Autonomie-Debatte geleistet werden kann. Darüber hinaus ermöglicht der Reputations-Ansatz aber auch mögliche „Fehlallokationen" und „Überreaktionen" als Folge reputationsgeleiteter Prioritätensetzungen zu untersuchen (z.B. Gilad 2012; Bækkeskov 2014) oder auch systematisch zu untersuchen, inwieweit die Fähigkeit zur organisationsinternen Selbstkritik und Pluralität unter einer solchen Handlungsmotivation leidet. Es ist Aufgabe zukünftiger Forschungsarbeiten, die Voraussetzungen, Ausprägungen und Folgewirkungen reputationssensitiven Entscheidungsverhaltens zu systematisieren und empirisch zu überprüfen.

Literatur

Aulich, C. (2012): Autonomy and control in three Australian Capital Territory-based integrity agencies. In: Policy Studies, Vol. 33/No. 1, S. 49–63

Bach, T. (2012): Autonomie und Steuerung verselbstständigter Behörden: Management, Regulierung und die Bedeutung formaler Strukturen. In: Politische Vierteljahresschrift, Jg. 53/Heft 1, S. 79–97

Bach, T. (2014): Autonomie und Steuerung verselbständigter Behörden. Wiesbaden: Springer VS

Bach, T./Barlösius, E./Döhler, M./Philipps, A. (2013): Governance von Ressortforschungseinrichtungen. In: Grande, E./Jansen, D./Jarren, O./Rip, A./Schimank, U./ Weingart, P. (Hg.): Neue Governance der Wissenschaft – Wissenschaftspolitik, Re-Organisation des Wissenschaftssystems und ihre Medialisierung, Bielefeld: transcript, S. 139–162

Bach, T./Jann, W. (2010): Animals in the administrative zoo: organizational change and agency autonomy in Germany. In: International Review of Administrative Sciences, Vol. 76/No. 3, S. 443–468

Bækkeskov, E. (2014): Reputation-Seeking by a Government Agency in Europe. Direct Evidence from Responses to the 2009 H1N1 „Swine" Influenza Pandemic. In: Administration & Society (online erschienen am 27. März 2014, DOI: 10. 1177/0095399714528177)

Carpenter, D. P. (2001): The forging of bureaucratic autonomy: reputations, networks, and policy innovation in executive agencies, 1862–1928. Princeton/NJ: Princeton University Press

Carpenter, D. P. (2002): Groups, the Media, Agency Waiting Costs, and FDA Drug Approval. In: American Journal of Political Science, Vol. 46/No. 3, S. 490–505

Carpenter, D. P. (2010): Reputation and power. Princeton: Princeton University Press

Carpenter, D. P./Krause, G. A. (2012): Reputation and Public Administration. In: Public Administration Review, Vol. 72/No. 1, S. 26–32

Christensen, J. G. (2001): Bureaucratic autonomy as a political asset. In: Peters, B. G./ Pierre, J. (eds.): Politicians, Bureaucrats, and Administrative Reform. London, New York: Routledge, S. 119–131

Derlien, H.-U./Mayntz, R. (1989): Party Patronage and Politicization of the West German Administrative Elite 1970–1987 – Towards Hybridization? In: Governance, Vol. 2/No. 4, S. 384–404

Döhler, M. (2006): Regulative Politik und die Transformation der klassischen Verwaltung. In: Bogumil, J./Jann, W./Nullmeier, F. (Hg.): Politik und Verwaltung (Politische Vierteljahresschrift, Sonderheft 37), Wiesbaden: VS, S. 208–227

Döhler, M. (2007): Die politische Steuerung der Verwaltung. Baden-Baden: Nomos

Dunleavy, P. (1991): Democracy, bureaucracy and public choice. New York, London

Fischer, R. (2007): Unabhängige Bewertungsagenturen im gesundheitlichen Verbraucherschutz: Ein Beispiel für gelungenen Politiktransfer in der Europäischen Union? In: Holzinger, K./Jörgens, H./Knill, C. (Hg.): Transfer, Diffusion und Konvergenz von Politik. Wiesbaden, S. 348–373

Gilad, S. (2012): Attention and Reputation: Linking Regulators' Internal and External Worlds. In: Lodge, M./Wegrich, K. (eds.): Executive politics in times of crisis, Houndmills u.a.O.: Palgrave Macmillan, S. 157–175

Gilad, S./Yogev, T. (2012): How reputation regulates regulators: illustrations from the regulation of retail finance. In: Barnett, M. L./Pollock, T. G. (eds.): The Oxford Handbook of Corporate Reputation, Oxford: Oxford University Press, S. 320–340

Gilardi, F./Maggetti, M. (2011): The independence of regulatory authorities. In: Levi-Faur, D. (ed.): Handbook on the politics of regulation, Cheltenham/UK, Northampton/MA: Edward Elgar, S. 201–214

Hood, C. (2011): The Blame Game: spin, bureaucracy, and self-preservation in government. Princeton, Oxford: Princeton University Press

Hood, C./Rothstein, H. (2001): Risk Regulation Under Pressure: Problem Solving or Blame Shifting? In: Administration & Society, Vol. 33/No. 1, S. 21–53

James, O./Thiel, S. v. (2011): Structural Devolution to Agencies. In: Christensen, T./ Lægreid, P. (eds.): The Ashgate research companion to New Public Management. Farnham: Ashgate, S. 209–222

Jann, W. (1998): Politik und Verwaltung im funktionalen Staat. In: Jann, W./König, K./Landfried, C./Wordelmann, P. (Hg.): Politik und Verwaltung auf dem Weg in die transindustrielle Gesellschaft, Baden-Baden: Nomos, S. 253–280

Jann, W. (2011): Verwaltungswissenschaft, Policy-Forschung und Managementlehre. In: Blanke, B./Nullmeier, F./Reichard, Ch./Wewer, G. (Hg.): Handbuch zur Verwaltungsreform Wiesbaden, S. 67–78

Jann, W./Wegrich, K. (2009): Phasenmodelle und Politikprozesse: Der Policy Cycle. In: Schubert, K./Bandelow, N. C. (Hg.): Lehrbuch der Politikfeldanalyse 2.0. München: Oldenbourg, S. 75–114

Korinek, R.-L./Veit, S. (2014): Only Good Fences Keep Good Neighbours! The Institutionalization of Ministry-Agency Relationships at the Science-Policy Nexus in German Food Safety Policy. In: Public Administration. (online erschienen am 28. August 2014, DOI: 10.1111/padm.12117)

Maggetti, M. (2012): Regulation in practice. The de facto independence of regulatory agencies. Essex: ECPR Press

Maggetti, M. (2009): Delegated Authority: Legitimising the Regulatory State. In: Blühdorn, I. (ed.): In Search of Legitimacy. Opladen, Farmington Hills/MI: Barbara Budrich Publishers, S. 135–150

Maggetti, M./Verhoest, K. (2014): Unexplored aspects of bureaucratic autonomy: a state of the field and ways forward. In: International Review of Administrative Sciences, Vol. 80/No. 2, S. 239–256

Majone, G. (1997): From the Positive to the Regulatory State: Causes and Consequences of Changes in the Mode of Governance. In: Journal of Public Policy, Vol. 17/No. 2, S. 139–167

Maor, M. (2007): A Scientific Standard and an Agency's Legal Independence: Which of these Reputation-Protection Mechanisms is less Susceptible to Political Moves. In: Public Administration, Vol. 85/No. 4, S. 961–978

Maor, M. (2014): Theorizing Bureaucratic Reputation. In: Wæraas, A./Maor, M. (eds.): Organizational Reputation in the Public Sector. Branding, Identity, and Images of Government. London: Routledge

Maor, M./Gilad, S./Bloom, P. B.-N. (2013): Organizational Reputation, Regulatory Talk, and Strategic Silence. In: Journal of Public Administration Research and Theory, Vol. 23/No. 3, S. 581–608

Marcussen, M. (2011): Scientization. In: Christensen, T./Lægreid, P. (eds.): The Ashgate research companion to New Public Management. Farnham: Ashgate, S. 321–333

McCubbins, M. D./Noll, R. G./Weingast, B. R. (1987): Administrative Procedures as Instruments of Political Control. In: Journal of Law, Economics, & Organization, Vol. 3/No. 2, S. 243–277

Niskanen, W. A. (1971): Bureaucracy and representative government. Chicago: Aldine, Atherton

Scharpf, F. W. (1973): Verwaltungswissenschaft als Teil der Politikwissenschaft. In: Scharpf, F. W. (Hg.): Planung als politischer Prozeß. Aufsätze zur Theorie der planenden Demokratie. Frankfurt/M.: Suhrkamp, S. 9–32

Thiel, S. v. (2012): Comparing Agencies across Countries. In: Verhoest, K./Thiel, S. v./Bouckaert, G./Lægreid, P. (eds.): Government agencies: Practices and lessons from 30 countries. Basingstoke: Palgrave Macmillan, S. 18–26

Wedel, H. von (2001): Organisation des gesundheitlichen Verbraucherschutzes (Schwerpunkt Lebensmittel). Stuttgart u.a.O.: Kohlhammer

Wegrich, K. (2013): Expertengremien und Reputation: Die Institutionalisierung regulativer Kontrolle in der bundesdeutschen Regierungsorganisation. In: Kropp, S./Kuhlmann, S. (Hg.): Wissen und Expertise in Politik und Verwaltung. Opladen: Barbara Budrich, S. 285–304

Wilson, J. Q. (1989): Bureaucracy: what government agencies do and why they do it. New York: Basic Books

Wissenschaftsrat (2006): Stellungnahme zum Bundesinstitut für Risikobewertung (BfR). Berlin, Nürnberg: Wissenschaftsrat (Drs. 7258-06)

Yesilkagit, K./Thiel, S. v. (2008): Political Influence and Bureaucratic Autonomy. In: Public Organization Review, Vol. 8/No. 2, S. 137–153

Die Betriebswirtschaftliche Organisationslehre und die Verwaltungswissenschaft(en)

Dieter Wagner

Vorbemerkungen

In den Begriffen „Public Administration“ und „Business Administration“ finden sich viele Gemeinsamkeiten. Insofern ist es auch nicht verwunderlich, wenn das Curriculum von Professuren für Organisationspsychologie, -soziologie, betriebswirtschaftliche Organisationslehre und eben auch „Politik und Verwaltung“ für die Studienanfänger viele Ähnlichkeiten aufweist. In der Regel beginnt man mit den Klassikern wie Weber, Fayol und Taylor und setzt fort mit „Neoklassikern“ wie den Human-Relations-Vertretern Mayo, Roethlisberger, Barnard, um über die diversen Entscheidungstheorien (Simon, March etc.; Scott 1981) bei den modernen institutionalistischen Organisationstheorien zu „enden“, sei es die „Neuere Institutionenökonomik“ oder die „Neuere Institutionentheorie“ (North 1990; Meyer/ Rowan 1977).

Es kommt deshalb nicht von ungefähr, wenn einmal gesagt wurde, dass Private und Public Management „fundamentally alike“ sind „in all unimportant respects“ (Jann 1999). Oder sind sie vielleicht sogar ähnlich in allen wichtigen Aspekten? Das kann, jedenfalls auf den zweiten Blick, durchaus der Fall sein. Dabei war die Lehre im jeweiligen Fach bis in die Siebzigerjahre durchaus durch unterschiedliche Organisationsbegriffe geprägt. Nach Erich Kosiol, der die betriebswirtschaftliche Organisationslehre in Deutschland sehr geprägt hat und viele Schüler vorzuweisen hat (z.B. Erwin Grochla, Knut Bleicher, Norbert Szyperski), ist Organisation eine „institutionalisierte Ganzheit“ (Kosiol 1962), geprägt durch aufbau- und ablauforganisatorische Zusammenhänge. Das Unternehmen „hat“ also eine Organisation. „Organisation“ ist gleichbedeutend mit „integrierter Struktur“. In diesem Zusammenhang ist die Betriebswirtschaftliche Organisationslehre eher eine „Kunstlehre“, wie es viele Jahre später auch in der Wirtschaftsinformatik zum Ausdruck kommt. „Organisieren“ und „Beraten“ stehen dabei in einem engen Kontext zu „Handeln“ und „Entscheiden“. Sicherlich stehen dann präskriptive und normative Tendenzen schnell im Vordergrund.

In den Sozialwissenschaften überwiegt traditionell der „institutionalistische“ Organisationsbegriff mit jeweils zu untersuchenden Zwecken innerhalb einer bestimmten Umwelt und eben auch einer bestimmten (hierarchischen) Struktur. Spätestens seit Mitte der Siebzigerjahre, als sich die Betriebswirtschaftslehre zu den Sozialwissenschaften hin öffnete, nachdem aber auch Organisationssoziologie und Organisationspsychologie Ende der Sechzigerjahre häufig in den Strudel der antiautoritären Kapitalismuskritik gerieten, näherten sich die Begriffsauffassungen einander an. Dies führte u.a. aber auch zu einer Erosion des ehemals ganzheitlichen Organisatorenberufes, z.B. im Hinblick auf Managementtätigkeiten, EDV- und Fertigungsorganisatoren.

Ein reichhaltiges Betätigungsfeld für die BWL und für die Verwaltungswissenschaft(en) liefern nach wie vor die Verwaltungen, und zwar die Öffentliche Verwaltung ebenso wie die „Industriebürokratie". Letzteres gilt auch als Gemeinkostenbereich bzw. umgangssprachlich als „Wasserkopf". Viele Jahre gab es ja „Beamte" auch in der Industrie oder in Banken. Organisation ist zwar eng mit Taylor und der Fertigungsorganisation verbunden, letztlich aber auch und gerade mit den verwaltenden Tätigkeiten der Angestellten und der Beamten in privaten ebenso wie in öffentlichen Organisationen.

In diesem Zusammenhang ist die Organisationssoziologie entstanden, die eine jeweils enge Beziehung zu (privaten) Managementproblemen ebenso wie zur Politik- und zur Verwaltungswissenschaft eingegangen ist. Da es „Verwaltung" überall gibt, bilden Organisationstheorien einen wichtigen Bestandteil der Wirtschafts- und Sozialwissenschaften. Dabei gibt es verschiedene Entwicklungstendenzen, auf die im Folgenden exemplarisch eingegangen werden soll.

■ Entwicklungstendenzen

Organisationale Innovationen entstehen schubweise und werden häufig als Moden und Mythen wechselseitig „durchs Dorf" getrieben. Häufig ging die Initiative von Beratungsfirmen aus, die im Übrigen recht früh die Bedeutung der verwaltenden Tätigkeiten im privaten ebenso wie im öffentlichen Sektor als Rationalisierungs- und Gestaltungsobjekt erkannten. Einen wichtigen Bereich bildet auch das Militär mit seinen (häufig vergeblichen) Bemühungen um Zielsetzung und Planung, Wirtschaftlichkeit, Führungs- und Kommandostrukturen. Einerseits zählen militärische Organisationen (in der Regel) zu den öffentlichen Organisationen, andererseits hat die Militärsprache vielfältigen Einfluss auf die Managementwelt ausgeübt.

Planungstools und Projektmanagement haben ihren Ursprung in beiden Bereichen. Dabei spielt auch hier das Militär und z.B. die amerikanische Weltraumforschung (NASA) eine wichtige Rolle für die Einführung von Planungs-, Budgetierungs- und Zielvereinbarungssystemen. Liebevolle Vorurteile zwischen „öffentlich“ und „privat“ gibt es sicherlich bezüglich fehlgeschlagener Termineinhaltung, Kostenüberschreitungen und Qualität. Während das aktuelle Beispiel des Berliner Flughafens zeigt, zu welchen Zeit-, Kosten- und Qualitätslücken man fähig ist, kann man tröstend feststellen, dass der Kosmonaut Armstrong immerhin „pünktlich“ auf dem Mond landete und wieder zurück kam. Es gibt sicherlich positive und negative Beispiele in beiden Bereichen.

Zu den gemeinsamen Herausforderungen zählen darüber hinaus die „Neuen Technologien“. Eine „Fabrik 4.0“ ist sicherlich ohne eine entsprechende moderne Verwaltung nicht denkbar. Dabei gibt es viele Berührungspunkte zwischen Electronic Business und Electronic Government.

Mehr als nur eine Modewelle ist die Prozessorientierung. Prozesse relativieren die Bedeutung der hierarchiebezogenen Arbeitsteilung. Prozessorientierung lässt sich auch darin begründen, dass Kundenorientierung und Bürgerorientierung immer wichtiger werden. Damit handelt es sich sowohl um ein technisch-organisatorisches Phänomen, als auch um ein kulturelles. Deshalb gibt es auch viele Parallelen in der Forschung zur Unternehmenskultur und zur Verwaltungskultur.

Wirtschaft und Verwaltung spüren beide den Zwang, Veränderungsprozesse kontinuierlich zu überprüfen. Eine hierarchielose Organisation gibt es aber auch nicht. Insofern geht es darum, Hierarchien, soweit es geht, zu verflachen und zu entbürokratisieren. Insofern folgt die Prozessorganisation häufig der vorher gebildeten Aufbauorganisation. Andersherum droht die Gefahr als Opfer eines Modegags der Beratungsindustrie dazustehen.

Wirtschaft und Verwaltung ähneln sich auch darin, dass das strategische Management eines normativen Überbaues bedarf. Von der Managementschule an der Universität St. Gallen und von Knut Bleicher wurde das schon recht früh erkannt. Hier hat die Betriebswirtschaftslehre auch einiges von den Politikwissenschaften übernommen und die Bedeutung von „Corporate Governance“ frühzeitig erkannt. Insofern gibt es neben der Staatsverfassung im politischen Bereich gerade bei den Kapitalgesellschaften eine ausgeprägte Unternehmensverfassung. In der Forschung und Lehre zu den Arbeitsbeziehungen und bei den verschiedenen Regelungen zur Betriebs- und zur Unternehmensverfassung wird dies deutlich; „Management“ findet insofern nicht im blutleeren Raum statt. Interessant sind dabei auch die vielfältigen Parallelen zwischen dem Betriebsverfassungsgesetz und den zum Teil fast wortgleichen Formulierungen in den Personalvertretungsgesetzen.

Aus den beiden letztgenannten Punkten wird deutlich, dass alle Organisationen nicht nur der Organisationskultur(-forschung) bedürfen, sondern auch der Organisationsentwicklung. Insofern ist „Change Management" auch mehr als nur eine Mode. Hier können Wirtschaft und Verwaltung ebenfalls wechselseitig viel voneinander lernen, ohne einander kopieren zu wollen. Insofern ist Privatisierung auch nur eine Möglichkeit von mehreren zur Deregulieung und Entbürokratisierung. Sie kann gleichwohl nützlich sein und hat manche Staatsbehörde schon stark verändert.

Lange Zeit hat das „New Public Management" die verwaltungswissenschaftliche Diskussion bestimmt. Mittlerweile sind viele Managementtechniken entzaubert worden, nachdem sie häufig aus dem angloamerikanischen Raum fast unverändert übertragen wurden. Gleichwohl kann es nicht verkehrt sein, Dinge „vernünftig" zu planen, zu delegieren und zu kontrollieren. „Management" ist ja auch gleichbedeutend mit „Steuerung", ebenso wie „Governance". Mit Hilfe eines entsprechenden Wissensmanagements kann man also sicherlich mehr voneinander lernen. Insofern sind „Wissen" und „Strategie" ebenso wie „Koordination" drei wichtige Phänomene im politik- und verwaltungswissenschaftlichen Graduiertenkolleg an der Universität Potsdam „Wicked Problems – Contested Administrations". Aus betriebswirtschaftlicher Sicht ist z.B. der oftmals vorzeitige Ruhestand ein typisches Problem des Wissensmanagements. Koordinative Steuerungsprobleme entstehen häufig auf unterschiedlichen Verwaltungsebenen. Strategische Abstimmungsfragen gibt es z.B. bei Kommunen und „ihren" öffentlichen Unternehmen.

Auffällig erscheint, dass Personalmanagement und Personalführung in der Öffentlichen Verwaltung häufig ein Schattendasein fristen. Dabei bestehen viele Gemeinsamkeiten zwischen beiden Bereichen. Die Verwaltungswissenschaften tun sich auch schwer, Forschungsergebnisse der Verhaltenswissenschaften, insbesondere der Organisationspsychologie, konsequenter zu rezipieren. Mit „Organizational Behavior" kann man häufig nichts anfangen, die behandelten Begriffe werden dann in den Bereich der „soft skills" verschoben.

Leadership und Personalführung können sicherlich eine größere Rolle spielen, auch wenn der „Mensch" dem Primat der „organisatorischen Regelung" eher im Wege steht. Im Mittelpunkt steht er häufig nicht. Bemerkenswert ist jedenfalls die internationale Diskussion über transaktionale Führung und transformationales Management, die in Deutschland durchaus stärker zur Kenntnis genommen werden könnte (Bass/Avolio 2002).

Bleibt noch ein weiteres „Übertragungsfeld": Innovation and Entrepreneurship. Dies ist in einer öffentlichen Verwaltung häufig kaum möglich ohne eine neue „Mode" oder einen „Mythos" zu kreieren. So ist z.B.

eine „unternehmerische“ deutsche, staatliche Universität womöglich ein Widerspruch in sich?

Fazit

Die Begriffe sind oft identisch. Das Ausmaß und die Aggregationsebenen sind häufig dennoch sehr unterschiedlich. Viele Gemeinsamkeiten bestehen in der Rezeption der Organisationtheorien und der Bedeutung organisatorischer Regelungen im Überbau der jeweiligen Governance-Strukturen und kulturellen Rahmenbedingungen.

Gleichwohl hat eine öffentliche Organisation naturgemäß andere Stakeholder, Zwecke und Ziele. Dennoch handelt es sich jeweils um soziotechnische Systeme, bei denen der Mensch und die moderne Technik eine große Rolle spielen. So geht es z.B. um das wechselseitige Verhältnis von Electronic Government und Electronic Business einerseits, um die technische Ebene anzusprechen, und um den Stellenwert von Commitment, Identifikation und Engagement andererseits, womit die soziale Dimension angesprochen wäre. Trotz unterschiedlicher Handlungsspielräume in Wirtschaft und Verwaltung bestehen also noch vielfältige Entwicklungspfade bezüglich Innovation, Leadership, Human Resources Management und Entrepreneurship.

Werner Jann hat sich in den genannten Bereichen stets ohne Scheuklappen bewegt. Dabei überschritt er im Laufe seines Lebens diverse Landesgrenzen (z.B. USA und Skandinavien). Theorie und Praxis waren für ihn zwei Bereiche, in denen er sich ohne Berührungsängste bewegte. Zur Betriebswirtschaftslehre hat er womöglich seine offene und respektlose Einstellung sein Leben lang bewahrt. Dies ist hier ausdrücklich als Kompliment gemeint. Bezogen auf die historische Entwicklung werden viele Vertreter der internationalen organisationswissenschaftlichen Forschung und auch viele Phänomene ohnehin sowohl von der BWL als auch von der Politikwissenschaft wie selbstverständlich rezipiert. Dies kann durchaus die Entwicklung weiter begünstigen, dass sich die jeweiligen Bereiche berühren „like ships passing in the night“ (Pfeffer 1996). Jedenfalls kann man Werner Jann nicht vorwerfen, dass er dabei von seinem Schiff aus nicht etwas Originelles herübergerufen hätte.

Literatur

Bass, B. M./Avolio, B. J. (2002): Developing Potential Across a Full Range of Leadership. Cases on Transactional and Transformational Leadership. Mahwah: New Jersey

Jann, W. (1999): Lernen vom privaten Sektor – Bedrohung oder Chance? Oder: Wer hat Angst vor Public Management? In: Edeling, T./Jann, W./Wagner, D. (Hg.): Öffentliches und privates Management: Fundamentally alike in all unimportant respects? Opladen, S. 11–51

Kosiol, E. (1962): Organisation der Unternehmung. Wiesbaden

Meyer, J. W./Rowan, B. (1977): Institutionalized Organizations. Formal Structure as Myth and Ceremony. In: American Journal of Sociology, Vol. 83, S. 340–363

North, D. (1990): Institutions, Institutional Change and Economic Performance. Cambridge

Pfeffer, Jeffrey (1996): Like Ships Passing in the Night: The Separate Literatures of Organizational Theory and Public Management. In: International Journal of Public Administration, Vol. 19/No. 6, S. 963–989

Scott, W. R. (1981): Organizations. Rational, Natural, and Open Systems. Englewood Cliffs

Teil 2

Regierungsorganisation

Der Rutschbahneffekt

Ministerielle Leitungsbereiche zwischen Bonn und Berlin

Thurid Hustedt

Anlässlich eines Symposiums an der Universität Potsdam im Mai 2011 zum zwanzigjährigen Jahrestag des Beschlusses des Deutschen Bundestages zum Umzug von Parlament und dem „Kernbereich der Regierungsfunktionen" (BT-Drs. 12/815: 1)[1] von Bonn nach Berlin hat Werner Jann die am Ende der zwölfstündigen, parlamentarischen Debatte vom 20. Juni 1991 getroffene Entscheidung als eine bezeichnet, die für viele

> „Politik-Buffs (...) war (...) wie der Tod von John Lennon, oder der Mauerfall, man erinnert sich genau, wo man da war und was man gemacht hat – oder man bildet sich das jedenfalls ein." (Jann 2011, o.P.)

Nun ist es schwierig nachzuvollziehen, wie viele „Politik-Buffs" eine solch lebhafte Erinnerung an diese parlamentarische Entscheidung und Debatte pflegen, zeigt aber, wie eng verbunden Werner Jann mit dem Thema Regierungsumzug und den Folgen des sogenannten Berlin-Bonn-Gesetzes nach wie vor ist. Diese Verbundenheit bildet den Anlass für diesen Beitrag.

Werner Jann zählt zu den hartnäckigen Kritikern des 1994 verabschiedeten „Gesetz[es] zur Umsetzung des Beschlusses des Deutschen Bundestages vom 20. Juni 1991 zur Vollendung der Einheit Deutschlands", kurz „Berlin-Bonn-Gesetz", mit welchem das umstrittene Kombinationsmodell zur Aufteilung der Bundesministerien auf die beiden Städte Berlin und Bonn in Gesetzesform gegossen wurde. Werner Jann kritisierte das Kombinationsmodell als „das schlechteste aller denkbaren Modelle" (Jann 1996, S. 90). Durch die Aufteilung der Ministerien auf zwei Dienstsitze würde die Kommunikation und Koordination innerhalb und zwischen Ministerien sowie zwischen Ministerien und Parlament und zwischen Arbeitsebene und politischer Führung erschwert. Arbeitsfunktionen würden

---

1 Anders als häufig *en passant* formuliert, ist in dem Beschluss des Bundestages lediglich der Umzug des Parlaments beschlossen worden und an die Bundesregierung wurde die Erwartung formuliert, dass sie „in Berlin ihre politische Präsenz dadurch sichert, daß der Kernbereich der Regierungsfunktionen in Berlin angesiedelt wird" (BT-Drs. 12/815, S. 1). Final hat das Kabinett am 3. Juni 1992 entschieden, den Sitz der Bundesregierung als Verfassungsorgan nach Berlin zu verlegen (Busse 1995, S. 102).

in beiden Städten eingerichtet, Abstimmungsprozesse verlängert und die Reisetätigkeit erhöht (Jann 1998, S. 38ff.; Jann/Wewer 1998, S. 244). Im Ergebnis würde ein „Rutschbahneffekt“ (Jann/Wewer 1998, S. 244) einsetzen, durch den früher oder später alle Ministerien nach Berlin gezogen würden, insbesondere aber die motivierten Minister und Mitarbeiter (Jann 1998, S. 42f.). In einer schriftlichen Stellungnahme für eine Anhörung des Innenausschusses des Bundestages zum Thema „Modernisierung der Bundesverwaltung“, an der Werner Jann als Sachverständiger teilnahm, prognostizierte er den Rutschbahneffekt wie folgt:

> „(...) als Folge der bisher vorgesehenen extrem unklaren und problematischen Arbeitsteilung zwischen Bonn und Berlin [werden] nicht nur die dafür bestimmten, sondern auf absehbare Zeit alle ministeriellen Tätigkeiten und alle Ministerien nach Berlin abwandern (...). Jeder Minister mit politischem Ehrgeiz – und jeder Beamte mit beruflichen Ambitionen – wird schnellstens versuchen, seinen Tätigkeitsschwerpunkt dorthin zu verlagern, wo die anderen Ministerien, das Parlament und die Regierungszentrale angesiedelt sind.“ (Ausschussdrucksache 13/63 zur Anhörung des Innenausschusses vom 22. Mai 1996, S. 204)

Insgesamt sei das Kombinationsmodell „auf Dauer teuer, inneffektiv und zeitraubend“ (Jann/Wewer 1998, S. 244) und in erster Linie als Kompromiss aus den Zahlenvorgaben des Umzugsbeschlusses zu verstehen, der „aber ansonsten auf keinerlei sachlichen Erwägungen beruht“ (Jann 1996, S. 90). Verteidiger des Modells – vornehmlich mit dem Regierungsumzug befasste Ministeriale – hoben immer wieder genau darauf ab, dass das Kombinationsmodell am ehesten den Vorgaben des Bundestagsbeschlusses gerecht würde und damit auch akzeptiert würde (vgl. Kroppenstedt 1998; Westkamp 1998).

Der ‚Rutschbahneffekt’ wird in der Regel auf die Verlagerung politisch relevanter Organisationseinheiten und vor allem anhand der von Bonn nach Berlin verlagerten Anzahl der Stellen der Bundesministerien dokumentiert. Und in der Tat zeigen jüngere Zahlen, dass nunmehr die Mehrzahl der Stellen in Berlin angesiedelt ist. So waren im August 2013 40,1% aller Planstellen in Bonn und 59,9% in Berlin angesiedelt (BT-Drs. 17/14577, S. 99f.).[2] Der vorliegende Beitrag untersucht den Rutschbahneffekt anhand des Umzugs der Leitungsbereiche von Bonn nach Berlin und fragt nach den Folgen des Regierungsumzugs für die Funktionsfähigkeit der Bundesministerien. Im Mittelpunkt stehen die Folgewirkungen des Kombinationsmodells für die Struktur der Leitungsbereiche sowie für ihre Rolle in

2 Inkl. Bundeskanzleramt, BPA und Beauftragter der Bundesregierung für Kultur und Medien (BKM), Soll der Planstellen gemäß Bundeshaushaltsplan.

der intraministeriellen Koordination zwischen beiden Standorten. Der Rutschbahneffekt wird hier also auf die strukturelle Entwicklung und die intraministerielle Rolle der Leitungsbereiche bezogen. Der Beitrag zeigt, dass sich die Berliner Sogwirkung bereits mit dem Umzug zumindest auf die Leitungsbereiche voll entfaltet hatte und darüber hinaus de facto zu der prognostizierten „Zwei-Klassen-Gesellschaft" (Jann/Wewer 1998, S. 244) der Ministerien geführt hat.

Der Beitrag beruht auf einer überarbeiteten Fassung eines Kapitels meiner Dissertation[3] und greift die dort erhobenen Daten auf, die sich einerseits aus der Analyse formaler Organisationsdaten aus Organigrammen und nach Organisationseinheiten gegliederten Stellenplänen sowie Geschäftsverteilungsplänen und andererseits aus Interviews mit Mitarbeitern der Leitungsbereiche zusammensetzen (vgl. detailliert: Hustedt 2013, S. 83ff.). Zu den Leitungsbereichen werden hier die Leitungsmitglieder (Minister, Parlamentarischer Staatssekretär, Beamteter Staatssekretär) sowie die Organisationseinheiten der weiteren Leitungsbereiche gezählt, die neben den Persönlichen Referenten der Leitungsmitglieder typischerweise die Ministerbüros, Referate für Kabinetts- und Parlamentsfragen (KabParl), Referate für Presse und Öffentlichkeitsarbeit sowie – oft, aber nicht immer – Planungsreferate und gelegentlich auch Referate umfassen, in denen spezielle Aufgaben angesiedelt sind (Sonderaufgaben; vgl. dazu: Hustedt 2013, S. 28ff., 245ff.).

Nachfolgend wird zunächst nachvollzogen, welche Entscheidungen zur Festlegung auf das Kombinationsmodell geführt haben und durch welche Merkmale es gekennzeichnet ist, bevor im darauffolgenden Abschnitt geschaut wird, wie bzw. welche Positionen und Aufgaben der Leitungsbereiche der Ministerien nach Berlin gezogen sind. Daran schließt eine Analyse der formalen Organisationsstruktur an, in der die Leitungsspannen der Berlin- und Bonn-Ressorts vergleichend gegenübergestellt und die in den Leitungsbereichen angesiedelten Aufgaben und deren Personalausstattung untersucht werden. Nachfolgend wird nach der Rolle der Leitungsbereiche in der Bonn-Berlin-Koordination gefragt. Abschließend werden die Folgen des Kombinationsmodells diskutiert.

3 Die publizierte Fassung ist um die Kapitel zum Regierungsumzug und zur Aufteilung des Regierungssitzes auf die Standorte Berlin und Bonn gekürzt (Hustedt 2013).

Das Kombinationsmodell als (vorerst) finaler Kompromiss

Das umstrittene Kombinationsmodell der Aufteilung der Bundesministerien auf zwei Dienstsitze markiert den bis dato formal letzten Kompromiss im Konflikt um die ‚Hauptstadtfrage', der seit den Vorbereitungen zur deutschen Wiedervereinigung heftig, emotional und quer zu parteipolitischen Konstellationen ausgetragen wurde. Befriedet, aber nicht gelöst wurde dieser Konflikt durch drei aufeinander aufbauende Kompromissentscheidungen, die erstens im Einigungsvertrag, zweitens im Bundestagsbeschluss vom 20. Juni 1991 und drittens im Berlin-Bonn-Gesetz verankert sind. Diese aufeinanderfolgenden Kompromisse spiegeln typische Entscheidungsmuster des föderalen Systems und Parteienwettbewerbs wider, indem ebenen- oder parteiübergreifender Konsens dadurch erzielt wird, dass strittige Fragen möglichst lange offen gehalten werden, inhaltliche Fragen durch politische Konsenserwägungen überformt werden und so schließlich in widersprüchlichen Implementationsanforderungen resultieren.

Im Einigungsvertrag vom 31. August 1990 zwischen der Bundesrepublik Deutschland und der DDR wurde festgelegt „Hauptstadt Deutschlands ist Berlin. Die Frage des Sitzes von Parlament und Regierung wird nach der Herstellung der Einheit Deutschlands entschieden" (Art. 2 Abs. 1 EinigVtr). Die Hauptstadtfrage deutete sich bereits zu Beginn der Verhandlungen über den Einigungsvertrag als einer der „schwierigeren Stolpersteine" (Schäuble 1991, S. 134) an. Während die DDR-Delegation in den Verhandlungen auf Berlin als gesamtdeutscher Hauptstadt beharrte, waren die (westdeutschen) Bundesländer – mit Ausnahme Berlins – dagegen und im Bundestag fanden sich ‚Berlin-Befürworter' und ‚Bonn-Befürworter' in allen Fraktionen (vgl. ebd., S. 131ff.). Schließlich bildete die gefundene Formulierung einen ersten Kompromiss zwischen beiden Lagern, der durch eine dem Einigungsvertrag beigefügte Protokollerklärung möglich wurde. Denn es war nicht nur strittig, wo Parlament und Regierung künftig ihren Sitz nehmen würden, sondern bereits, wie diese Frage überhaupt entschieden werden solle. Der Kompromiss lag erstens darin, dass diese Entscheidung dem ‚Gesetzgeber' übertragen wurde und zweitens darin, dass die Frage unbestimmt blieb, ob der Bundesrat zustimmen müsse (ebd., S. 215ff.).[4]

---

4 Die Formulierung im Wortlaut: „2. Zu Artikel 2 Abs. 1: Die Vertragsparteien stimmen darin überein, daß die Entscheidungen nach Satz 2 der Beschlußfassung der gesetzgebenden Körperschaften des Bundes nach Wahl des ersten gesamtdeutschen Bundestages und nach Herstellung der vollen Mitwirkungsrechte der in Artikel 1 Abs. 1 dieses Vertrags genannten Länder vorbehalten bleiben." (Protokoll zum Einigungsvertrag, I.2).

Der in der Plenardebatte vom 20. Juni 1991 getroffene Beschluss „Vollendung der Deutschen Einheit“ (BT-Drs. 12/815, zur Debatte: vgl. Pl. Prtl. 12/34 vom 20.6.1991) sah neben der Sitzentscheidung für den Deutschen Bundestag erstens vor, den „Kernbereich der Regierungsfunktionen“ (BT-Drs. 12/815: Punkt 3) nach Berlin zu verlagern, und zweitens, eine „faire Arbeitsteilung“ (ebd.: Punkt 4) zwischen beiden Städten herzustellen, die sich insbesondere dadurch auszeichnet, dass Bonn

> „Verwaltungszentrum der Bundesrepublik Deutschland bleibt, indem insbesondere die Bereiche in den Ministerien und die Teile der Regierung, die primär verwaltenden Charakter haben, ihren Sitz in Bonn behalten; dadurch bleibt der größte Teil der Arbeitsplätze in Bonn erhalten.“ (Ebd.)

Drittens sollte ein „Ausgleich“ (ebd.: Punkte 4, 5) für Bonn geschaffen werden.

Die in aller Schärfe geführte mediale und politische Auseinandersetzung über die Frage des Sitzes von Parlament und Regierung hatte sich auf die Dichotomie ‚Bonn oder Berlin’ zugespitzt und war dadurch dominiert, dass symbolische Argumente regionalpolitischen Interessen nahezu unversöhnlich gegenübergestellt wurden, was dazu führte, dass Erwägungen über die künftige Funktionsfähigkeit der Ministerialorganisation nachrangig wurden (Süß 1995, S. 102ff.; Derlien 1995, S. 160ff.). Die knappe Mehrheit für den schließlich erfolgreichen Antrag wurde erreicht, indem die Ministerialorganisation als „Ausgleichsmasse“ (Derlien 1995, S. 161) zur Kompromissfindung eingesetzt wurde, um den Umzug nach Berlin mit „Bestands- und Funktionsgarantien für Bonn“ (Süß 1995, S. 109) zu verknüpfen.

Somit ist es auch nicht weiter verwunderlich, dass der Beschluss durch – darin sind sich alle Beobachter einig – Widersprüche und Zielkonflikte geprägt ist, die sich insbesondere auf die nicht weiter präzisierte Formulierung des „Kernbereichs der Regierungsfunktionen“ zuspitzen, die nach Berlin umzusiedeln sind, während im „Verwaltungszentrum“ Bonn der „größte Teil der Arbeitsplätze“ verbleiben werde (Busse 1995, S. 96f.; Derlien 1995, S. 162f.; König 1995, S. 124f.; Süß 1995, S. 109ff.; Kroppenstedt 1998, S. 76f.; Westkamp 1998, S. 6f.).

Zur Lichtung dieses „semantischen Nebels“ (Derlien 1995, S. 179) hat das Kabinett wenige Tage nach der Bundestagsentscheidung den Arbeitsstab Berlin/Bonn auf Staatssekretärsebene eingerichtet. Der Vorsitz oblag dem Innenministerium, vertreten waren das Bau-, Finanz-, Wirtschafts- und Verkehrsministerium sowie das Kanzleramt (Busse 1995, S. 100). Im Leitungsbereich des BMI wurde eine Geschäftsstelle des Arbeitsstabes eingerichtet, die dem zuständigen Beamteten Staatssekretär Franz Kroppenstedt unmittelbar unterstellt wurde (Organigramm des BMI, Stand: September 1991).

Der Arbeitsstab stand damit vor der Aufgabe den „Kernbereich der Regierungsfunktionen" zu identifizieren und die knifflige Frage zu lösen, wie diese nach Berlin verlagert werden sollten, wenn die Mehrheit der Stellen in Bonn verbleibt (Kroppenstedt 1998, S. 75; dazu: Derlien 1995, S. 163f.). Der Arbeitsstab diskutierte unterschiedliche Umsetzungsmodelle[5], auf deren Basis er das Kombinationsmodell entwarf, auf welches sich das Kabinett im Dezember 1991 festlegte (BT-Drs. 12/1832: Anlage 8, S. 31).

Nach dem Kombinationsmodell werden die Ministerien in, im Ministerialjargon sogenannte ‚Bonn- bzw. Berlin-Ressorts' aufgeteilt, je nachdem, in welcher Stadt sie ihren Hauptsitz haben. In der jeweils anderen Stadt verfügen die Ministerien noch über einen zweiten Dienstsitz. Der Arbeitsstab legte einen Bericht vor, in dem u.a. über die Aufteilung der Ressorts auf Bonn und Berlin entschieden wurde (BT-Drs. 12/1832, Anlage 3, S. 33f.). Tabelle 1 gibt einen Überblick. Das Bundeskanzleramt sowie das Presse- und Informationsamt der Bundesregierung sollten (und sind es auch) nach Berlin ziehen und ebenfalls je einen zweiten Dienstsitz in Bonn behalten (ebd.). Wie der ‚Kernbereich der Regierungsfunktionen' nun exakt definiert wurde, ist nicht genauer dokumentiert. Allerdings lässt der Blick auf die Tabelle die Vermutung zu, dass als ‚Kernbereiche' offenbar jene Ministerien identifiziert wurden, die im Reigen der Ministerien seit Bestehen der Bundesrepublik etabliert waren. Systematisch ist diese Aufteilung gleichwohl nicht, denn das Verteidigungsministerium als zweifellos klassisches Ressort behält seinen ersten Dienstsitz in Bonn.

In einem weiteren, im Juni 1992 durch das Kabinett verabschiedeten Bericht wird die vorgesehene Umsetzung des Kombinationsmodells weiter konkretisiert, indem insbesondere Vorgaben zur Ausgestaltung des jeweiligen zweiten Dienstsitzes festgelegt werden. Dabei sollen die Berlin-Ressorts jeweils „geschlossene Aufgabenbereiche in unterschiedlicher Größe in Bonn belassen" (BT-Drs. 12/2850, S. 35). Für die Bonn-Ressorts wird insbesondere festgelegt, dass „Fachaufgaben und Leitungsfunktionen in

5 In der Debatte wurden unterschiedliche Modelle diskutiert: (1) Das Modell der vertikalen Teilung, nach dem die Gesamtheit der Ministerien auf die beiden Städte aufgeteilt würde; (2) das Modell der horizontalen Teilung, nach dem alle Ministerien Kopfstellen in Berlin bilden und den Rest der Aufgabenwahrnehmung in Bonn belassen würden; (3) das – von Werner Jann favorisierte – Abschichtungsmodell, nach dem genuin ministerielle Aufgaben nach Berlin ziehen sollten und primär administrative Aufgaben in Bonn in Bundesoberbehörden angesiedelt würden (Busse 1995, S. 101; König 1995, S. 124; Kroppenstedt 1995, S. 119f.).

Tab. 1: Aufteilung der Bundesministerien nach Bonn- und Berlin-Ressorts (Stand: 1991)

Erster Dienstsitz in Bonn („Bonn-Ressorts")	Erster Dienstsitz in Berlin („Berlin-Ressorts")
Bundesministerium für Ernährung, Landwirtschaft und Forsten (BMELF)	Auswärtiges Amt (AA)
Bundesministerium der Verteidigung (BMVg)	Bundesministerium des Innern (BMI)
Bundesministerium für Gesundheit (BMG)	Bundesministerium der Justiz (BMJ)
Bundesministerium für Umwelt, Naturschutz und Reaktorsicherheit (BMU)	Bundesministerium der Finanzen (BMF)
Bundesministerium für Forschung und Technologie (BMFT)	Bundesministerium für Wirtschaft (BMWi)
Bundesministerium für Post und Telekommunikation (BMPost)	Bundesministerium für Arbeit und Sozialordnung (BMAS)
Bundesministerium für Bildung und Wissenschaft (BMBW)	Bundesministerium für Familie und Senioren (BMFS)
Bundesministerium für wirtschaftliche Zusammenarbeit (BMZ)	Bundesministerium für Frauen und Jugend (BMFJ)
	Bundesministerium für Verkehr (BMV)
	Bundesministerium für Raumordnung, Bauwesen und Städtebau (BMRBS)

Quelle: Modifizierte Darstellung nach BT-Drs. 12/1832, Anlage 8, S. 33f.

Bonn" verbleiben, eine „Stabsstelle für die zeitweise Präsenz der Leitung in Berlin" eingerichtet werde und insgesamt sowohl die „Zusammenarbeit mit dem Parlament" ebenso sicher zu stellen sei wie die intra- und interministerielle Kommunikation zwischen den Standorten (ebd.).

Die auf den Berichten des Arbeitsstabes beruhenden Kabinettsentscheidungen bildeten die Grundlage für das im März 1994 durch den Bundestag verabschiedete Berlin-Bonn-Gesetz, welches von allen Bundestagsfraktionen gemeinsam eingebracht wurde. Mit der Normierung des Kombinationsmodells reflektiert es den letzten Kompromiss in der Frage des Sitzes von Parlament und Regierung, indem politisch darauf abgestellt wurde, die nach wie vor kontroverse Diskussion möglichst konsensual abzusichern, wie sich nicht nur an der parteiübergreifenden Vorbereitung, sondern auch an dem – für die bundesdeutsche Gesetzestechnik ungewöhnlichen – Umstand zeigt, dass dem eigentlichen Gesetzestext eine Präambel vorangestellt ist, in der die politischen Ziele des Gesetzes bekräftigt werden (Busse 1995, S. 109; Westkamp 1998, S. 9).

■ Der Umzug der Leitungsbereiche nach dem Kombinationsmodell

In der konkreten Umsetzung der Empfehlungen des Arbeitsstabs sind unterschiedliche Varianten der Aufteilung von Organisationseinheiten und Aufgaben zwischen erstem und zweitem Dienstsitz entstanden (vgl. Voss 1999; Mühl 1999; Jani 2002). So beließen einige Ressorts ganze Abteilungen in Bonn, während andere einige Referate nach Berlin verlegten und Referate derselben Abteilung in Bonn beließen.

Als die Ministerien im September 1999 umzogen, verlegten alle Ressorts mindestens Teile ihres Leitungsbereichs nach Berlin (siehe Tab. 2). Die Umsiedelung der Leitungsbereiche wurde erstens damit begründet,

≡ Tab. 2: Dienstsitze der Leitungsbereiche der Bundesministerien nach dem Regierungsumzug (2000)

Ressorts	Sitz des Leitungsbereichs (2000)
Bonn-Ressorts	
BMELF	Geteilt: Minister/PStS + LB-Referate in Berlin (Pressestelle in Bonn und Berlin), BStS in Bonn
BMG	Geteilt (LB-Referate in Bonn und Berlin)
BMU	Geteilt (MinB und LB-Referate in Bonn und Berlin, KabParl in Berlin), PStS in Berlin, BStS in Bonn und Berlin
BMBF	Geteilt (2 MinB, Presse/KabParl in Berlin + Dienstsitz Berlin geleitet durch LLS), PStS + BStS in Bonn
BMZ	Geteilt (MinB + LB-Referate in Berlin, Presse und Öffentlichkeitsarbeit und Protokoll in Bonn und Berlin), PStS + BStS in Bonn
(BMVg)	k.A.
Berlin-Ressorts	
AA	Berlin
BMI	Berlin
BMJ	Berlin
BMF	Berlin
BMWi	Berlin
BMAS	Berlin
BMFSFJ	Berlin (Ausnahme: BStS)
BMVBW (aus: BMV + BMBau)	Berlin

Anmerkung: Aufgrund von Veränderungen des Ressortzuschnitts in den 1990er-Jahren sind Anzahl und Bezeichnungen der Ressorts nicht identisch mit denen in Tabelle 1.

Quellen: Organigramme der Bundesministerien (Stand: 2000) und BT-Drs. 14/8459 dass die überwiegende Präsenz der Leitungsmitglieder in Berlin Unterstützung vor Ort benötige und zweitens damit, dass durch die Aufteilung der Ressorts auf zwei Dienstsitze zusätzlicher Koordinationsbedarf zwischen Berlin und Bonn entstünde (Voss 1999, S. 103; Jani 2002, S. 45ff.). In Tabelle 2 wird deutlich, dass alle Bonn-Ressorts mit einem ähnlichen Modell arbeiteten, nach dem einige für den dortigen Betrieb relevante Stellen nach Berlin umgesiedelt und das Gros der Stellen in Bonn belassen wurde. Zum Beispiel verlegte das Bonn-Ressort BMBF „Kernfunktionen" (Voss 1999, S. 103) des Leitungsbereichs nach Berlin, womit Teile des Kabinettsreferates, Presse- und Öffentlichkeitsarbeit und ein Referat „Politische Analysen" gemeint sind. Um eine „Scharnierfunktion" (ebd.) zu gewährleisten, wurden Teile dieser Arbeitseinheiten in Bonn belassen.

Leitungsspannen der Bonn- und Berlin-Ressorts: Bonn sticht Berlin

Um den Folgen des Regierungsumzugs auf die Leitungsbereiche genauer nachzuspüren, wird nun die Entwicklung der Leitungsspannen in den Berlin-Ressorts jener in den Bonn-Ressorts gegenübergestellt. Der Indikator ‚Leitungsspanne' gibt Auskunft über die hierarchische Konfiguration einer Organisation, indem das Größenverhältnis zwischen über- und untergeordneten Organisationsebenen erfasst wird. Hier wird die Leitungsspanne anhand des Verhältnisses der Anzahl der Mitarbeiter im weiteren Leitungsbereich zur Gesamtzahl der Mitarbeiter eines Ministeriums zum jeweiligen Messzeitpunkt ermittelt (vgl. dazu detailliert: Hustedt 2013, S. 87ff.). Infolge der Umsiedelung der Leitungsbereiche nach Berlin und der Aufteilung der Leitungsbereiche auf beide Dienstsitze in den Bonn-Ressorts ist in diesen eine anteilige Ausdehnung der Leitungsbereiche der Bonn-Ressorts zu erwarten. Wenn in den Bonn-Ressorts anteilig mehr Mitarbeiter in den Leitungsbereichen tätig sind, kann dies als Indiz für einen erhöhten Koordinationsaufwand mit den in Bonn verbleibenden Organisationseinheiten gelten, der durch die in Berlin ansässigen Leitungsbereiche zu erbringen ist.

Tabelle 3 bildet die Leitungsspannen der Bundesministerien geordnet nach ihrem Hauptsitz ab. Die Bonn-Ressorts weisen durchgängig höhere Leitungsspannen auf als die Berlin-Ressorts, d.h. in den Bonn-Ressorts arbeiten anteilig mehr Mitarbeiter in den Leitungsbereichen als in den Berlin-Ressorts. Deutlich wird, dass die Ministerien sich erst 2002 vollständig in Berlin – als Sitz der Leitungsbereiche – eingerichtet haben, da die Unterschiede zwischen den Leitungsbereichen beider Gruppen von

2000 nach 2002 auffallend zunehmen. In den Folgejahren bleiben die Unterschiede ähnlich. Einschränkend sei an dieser Stelle darauf verwiesen, dass die sehr kleinen Fallzahlen in der Interpretation dieser Ergebnisse zu berücksichtigen sind. Demnach sind insbesondere die Mittelwertvergleiche in erster Linie als Trend- bzw. Tendenzaussagen zu bewerten.

≡ Tab. 3: Leitungsspannen in der deutschen Ministerialverwaltung nach Hauptsitz[a]

Jahr	Hauptsitz	Anzahl Ministerien (N)	Mittelwert	Minimum	Maximum	Stand.abw.
2000	Bonn	4[b]	5,47	3,85	9,98	3,01
	Berlin	7[c]	4,33	3,35	5,58	0,83
	Insgesamt	*11*	*4,75*	*3,35*	*9,98*	*1,86*
2002	Bonn	5	8,19	5,57	12,40	2,71
	Berlin	6[c]	5,64	3,20	10,32	2,55
	Insgesamt	*11*	*6,80*	*3,20*	*12,40*	*2,82*
2005	Bonn	5	8,82	5,51	17,87	5,20
	Berlin	8	6,36	2,88	12,20	3,10
	Insgesamt	*13*	*7,31*	*2,88*	*17,87*	*4,02*
2009	Bonn	4[d]	7,78	5,36	12,58	3,25
	Berlin	8	5,93	3,82	8,17	1,81
	Insgesamt	*12*	*6,55*	*3,82*	*12,58*	*2,41*

a – Mittelwerte, 2000 bis 2009; b – ohne BMZ; c – ohne AA; d – ohne BMELV
Quelle: Eigener Datensatz (ohne BMVg und Bundeskanzleramt)

Besonders deutlich werden die Folgen der Verlegung der Leitungsbereiche der Bonn-Ressorts nach Berlin im Vergleich der Entwicklung der mittleren Leitungsspannen der Bundesministerien nach ihrem Hauptsitz. Abbildung 1 stellt die Entwicklungen mittlerer Leitungsspannen der Bundesministerien nach ihrem Hauptsitz einander gegenüber. Dabei fällt auf, dass die mittleren Leitungsspannen beider Vergleichsgruppen sich parallel entwickeln, d.h. insgesamt wachsen die Leitungsspannen durchgängig, was insgesamt einen Bedeutungszuwachs der Leitungsbereiche innerhalb der Bundesministerien aufzeigt (vgl. Hustedt 2013, S. 238ff.). In den Bonn-Ressorts allerdings überragen die mittleren Leitungsspannen jene in den Berlin-Ressorts durchgängig. Die Leitungsspannen steigen in den ersten fünf Jahren dieser Messung kontinuierlich an, bevor sie in beiden Gruppen von 2005 nach 2009 leicht rückläufig sind. Dabei sinkt die mittlere Leitungsspanne der Bonn-Ressorts stärker als jene der Berlin-Ressorts.

Die Ministerien verteidigen die Ausweitung ihrer Leitungsbereiche explizit mit der Aufteilung auf zwei Dienstsitze (vgl. BT-Drs. 14/8459; BT-Drs. 15/5435). Insbesondere wird hier deutlich, dass sich die Vorgabe des Arbeitsstabs, dass die Leitungsfunktionen der Bonn-Ressorts auch dort wahrzunehmen sind, rasch als illusorisch erwiesen hat.[6] Zum Beispiel rechtfertigt das BMG in einer Antwort auf eine Kleine Anfrage die Vergrößerung seines Leitungsbereichs mit der Einrichtung eines Verbindungsreferats im Leitungsbereich, das die Arbeit der beiden Dienstsitze koordiniert sowie mit der überwiegenden Präsenz der Leitungsmitglieder in Berlin und der daraus entstehenden

> „Notwendigkeit, die Referate für Pressearbeit, Öffentlichkeitsarbeit, Kabinett- und Parlamentsangelegenheiten personell leicht aufzustocken, um entsprechende Aufgaben an beiden Dienstsitzen inklusive des Mehrbedarfs im protokollarischen Bereich wahrnehmen zu können." (BT-Drs. 14/8459, S. 2)[7]

Abb. 1: Entwicklung der Leitungsspannen nach Hauptsitz der Bundesministerien[a]

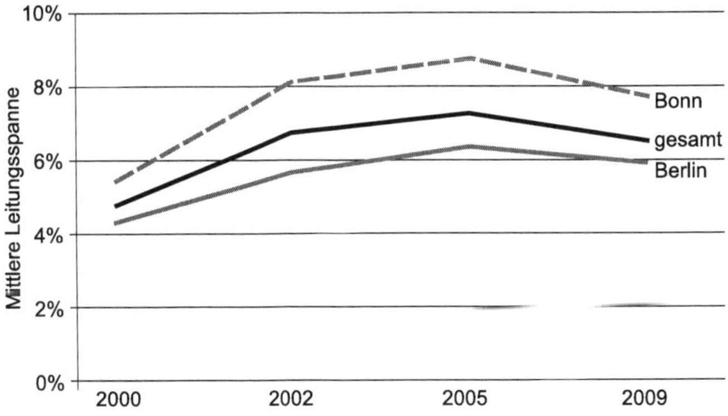

a – Mittelwerte, 2000 bis 2009

Anmerkungen: In der Gruppe der Bonn-Ressorts fehlen folgende Werte: BMZ (2000), BMELV (2009); in der Gruppe der Berlin-Ressorts fehlen folgende Werte: AA (2000, 2002)

Quelle: Eigener Datensatz (ohne BMVg und Bundeskanzleramt)

---

6 Dass diese Vorgabe wohl vor allem aus der Not geboren wurde, den Vorgaben des Bundestagsbeschlusses zu genügen, zeigt auch der Hinweis des Arbeitsstabsvorsitzenden noch vor dem Umzug, er gehe davon aus, dass „auch die Minister der Bonn-Ministerien sich weitgehend in Berlin aufhalten werden" (Kroppenstedt 1998, S. 80).

7 Vgl. dazu auch: Pl. Prtl. 14/229 vom 17.4.2002: 22722.

Aufgaben und Personal in Bonn und Berlin

In den Leitungsbereichen deutscher Ministerien ist im Zeitverlauf mit dem Ministerbüro, dem KabParl-Referat, dem Referat für Presse- und/oder Öffentlichkeitsarbeit, einem Referat für politische Planung und gegebenenfalls einem Referat für Sonderaufgaben ein typisches Portfolio unterschiedlicher Aufgaben angesiedelt worden (vgl. ausführlich Hustedt 2013, S. 245ff.). Während die Ministerbüros ursprünglich ausschließlich den Kalender des Ministers organisiert haben und insgesamt für den reibungslosen Ablauf des Ministeralltags zuständig waren – und nach wie vor sind – hat sich die Rolle insbesondere des Leiters des Leitungsstabs oder des Büroleiters nunmehr zu der eines „privilegierten Beraters" (ebd., S. 328) entwickelt, der zuvorderst als politischer ‚watchdog' des Ministers fungiert. Die KabParl-Referate pflegen die Verbindungen der Ressorts zu Parlament, Bundeskanzleramt und den anderen Bundesministerien und überwachen insbesondere die Einhaltung formaler Abläufe, z.B. in der Gesetzgebung oder bei der Beantwortung parlamentarischer Anfragen. Dass die Presse-/Öffentlichkeitsreferate für die Kontaktpflege zu Journalisten und die breitere Öffentlichkeitsarbeit zuständig sind, ergibt sich bereits aus dem Namen. Da Minister in einer „24/7 media world" (Hood 2011, S. 114) zunehmend zu „Presse-Junkies" (Wewer 2009, S. 403) werden, zählt der Pressesprecher nicht selten zu den wichtigsten Personen im direkten Umfeld des Ministers. Referate für politische Planung sind für die „inhaltlich-programmatische Arbeit des Ministers" (Kullik 2002, S. 57) zuständig und erarbeiten idealerweise Impulse für die mittel- bis langfristige Ressortpolitik, was allerdings durchaus regelmäßig durch das aktuelle ‚Tagesgeschäft' durchbrochen wird. Über diese Aufgaben hinaus werden immer wieder Organisationseinheiten für weitere Aufgaben (hier: Sonderaufgaben) in den Leitungsbereichen der Bundesministerien eingerichtet, die sehr unterschiedlich sind und häufig politische Prioritäten abbilden oder zumindest symbolisieren (vgl. für eine Übersicht: Hustedt 2013, S. 212f.).

Stellt man die Organisationsstrukturen der weiteren Leitungsbereiche nach dem Hauptsitz der Ressorts einander gegenüber, zeigen sich nur geringfügige Unterschiede. In Abbildung 2 wird deutlich, dass die weiteren Leitungsbereiche beider Gruppen einander recht ähnlich sind. In beiden Gruppen zählen die Aufgaben des Ministerbüros, für Kabinetts- und Parlamentsangelegenheiten sowie für Presse und Öffentlichkeitsarbeit zur Grundausstattung. Planung ist in beiden Gruppen bis 2002 etwa gleich verteilt, 2005 sowie 2009 ist sie häufiger in den Berlin-Ressorts vertreten. Sonderaufgaben sind im Jahr 2000 zwischen beiden Hauptsitzen etwa gleich verteilt, während sie 2002 und 2005 häufiger in den weiteren Leitungsbereichen der Berlin-Ressorts und 2009 schließlich wieder häufiger in den Bonn-Ressorts angesiedelt sind.

Abb. 2: Organisationseinheiten in den weiteren Leitungsbereichen der Bundesministerien nach Hauptsitz (2000 bis 2009)

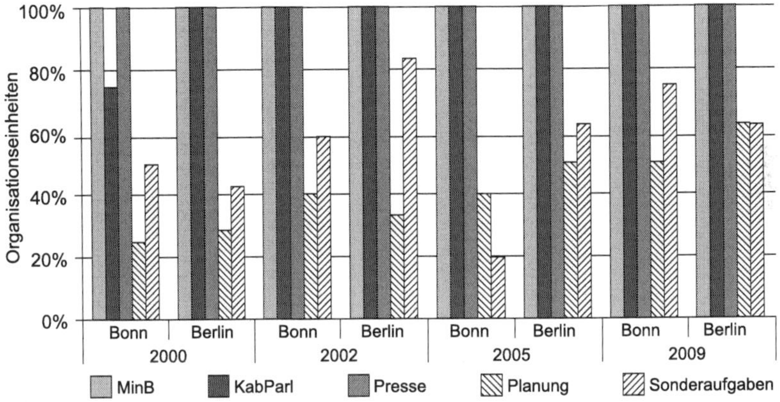

Anmerkungen: In der Gruppe der Bonn-Ressorts fehlen folgende Werte: BMZ (2000), BMELV (2009); in der Gruppe der Berlin-Ressorts fehlen folgende Werte: AA (2000, 2002)

Quelle: Eigener Datensatz (ohne BMVg und Bundeskanzleramt)

Im Hinblick auf die Mitarbeiterzahlen in den einzelnen Organisationseinheiten lässt sich im Gruppenvergleich ebenfalls kein klares Bild zeichnen (siehe Abb. 3). Mit Ausnahme des Jahres 2000 verfügen die Ministerbüros der Bonn-Ressorts im Mittel über mehr Personal als die der Berlin-Ministerien. Die Mitarbeiterzahlen für Kabinetts- und Parlamentsaufgaben hingegen sind mit Ausnahme des Jahres 2000 in den Berlin-Ressorts größer. Presseaufgaben wiederum werden – das Jahr 2002 ausgenommen – in den Berlin-Ministerien von mehr Mitarbeitern wahrgenommen. An Planung arbeiten in den Bonn-Ressorts in den Jahren 2000 und 2002 mehr Mitarbeiter als in der Vergleichsgruppe, im Jahr 2005 sind es wiederum in den Berlin-Ressorts mehr. Da die Mitarbeiterzahlen für die beiden Planungseinheiten der Bonn-Ressorts für das Jahr 2009 fehlen, lässt sich die Personalausstattung dieser Einheiten für dieses Jahr nicht schlüssig vergleichen. Während die Personalausstattung der Sonderaufgaben-Einheiten im Jahr 2005 zwischen beiden Vergleichsgruppen nahezu gleich ist, sind diese Einheiten zu allen anderen Erhebungszeitpunkten in den Bonn-Ressorts (zum Teil deutlich) kleiner.

≡ Abb. 3: Mitarbeiter nach Aufgaben der weiteren Leitungsbereiche nach Hauptsitz der Bundesministerien[a]

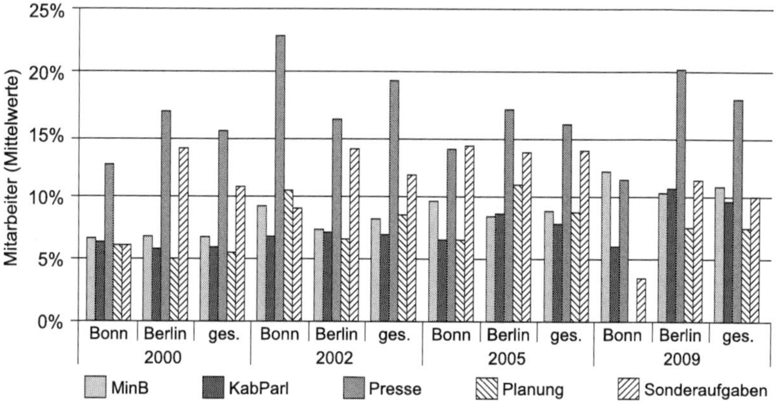

a – Mittelwerte, 2000 bis 2009

Anmerkungen: In der Gruppe der Bonn-Ressorts fehlen folgende Werte: BMZ (2000), BMELV (2009), BMG (2009), BMBF (2009). In der Gruppe der Berlin-Ressorts fehlen folgende Werte: AA (2000, 2002), für den Fall BMI konnten die Mitarbeiterzahlen für den WM-Stab (Sonderaufgaben) im Jahr 2002 nicht ermittelt werden, für den Fall BMJ fehlen die Angaben für das Ministerbüro und das KabParl im Jahr 2009.

Quelle: Eigener Datensatz (ohne BMVg und Bundeskanzleramt)

Diese Gegenüberstellung der Personalausstattung der Leitungsbereiche erlaubt zwei Schlüsse. Erstens entspricht die – gegenüber den Berlin-Ressorts – höhere Personalausstattung der Ministerbüros in den Bonn-Ressorts seit dem Jahr 2002 der Annahme, dass in den weiteren Leitungsbereichen der Bonn-Ministerien mehr Koordinationsleistungen erbracht werden als in den Berlin-Ressorts. Zweitens deutet die bessere Personalausstattung der KabParl- und der Pressereferate in den Berlin-Ressorts darauf hin, dass die Berlin-Ressorts intensiver in die regierungsinternen Gesetzgebungsprozesse eingebunden sind als die Bonn-Ressorts. Damit bestätigt sich die Prognose von Werner Jann, dass die politisch relevanten Ressorts nach Berlin umziehen (Jann/Wewer 1998, S. 244; Jann 1998, S. 44). Die bessere Ausstattung der Pressereferate in den Berlin-Ressorts unterstützt diese Deutung.

■ Koordination zwischen Berlin und Bonn: Berlin entscheidet

Die Interaktionen zwischen Leitungsbereichen und Linienorganisation in den Bundesministerien sind typischerweise als Spannungsverhältnis charakterisiert, das sich aus unterschiedlichen wechselseitigen Erwartungen speist. Während ein typischer Vorwurf der Linienorganisation an den Leitungsbereich lautet, er schotte sich und insbesondere den Minister von der eigentlichen Arbeit des Ressorts ab, informiere die Linienorganisation nur ungenügend über politische Präferenzen und Prioritäten und koppele sich insgesamt von der fachlichen Expertise der Fachabteilungen ab, richtet der Leitungsbereich nunmehr zumeist eine politische Mitdenk-Erwartung an die Linienorganisation, die ihre Vorlagen auf Erwägungen politischer Mach- und Durchsetzbarkeit stützt, sie intern abstimmt, zu klaren Handlungsempfehlungen kommt und den notorisch knappen Zeit- und Aufmerksamkeitsbudgets der politischen Leitung Rechnung trägt (Hustedt 2013, S. 313ff.). Da diese divergierenden Erwartungen im Ministeriumsalltag immer wieder kollidieren, legen insbesondere die weiteren Leitungsbereiche ein besonderes Augenmerk auf Konfliktvermeidungsstrategien im Umgang mit der Linienorganisation und sind in der intraministeriellen Koordination – mehr oder weniger erfolgreich – um Ausgleich, Kommunikation und enge Anbindung bemüht, welche die organisatorisch angelegten Friktionen ausbalancieren sollen. Diese typischen Probleme im Verhältnis von Leitung und Linie in hierarchischen Organisationen werden durch die Aufteilung der Bundesministerien auf die beiden Dienstsitze erheblich verstärkt. Die intraministerielle Koordination zwischen den beiden Standorten leidet zum Beispiel darunter, dass sich deutlich weniger Gelegenheiten zur direkten informellen Kommunikation bieten oder dass Rücksprachen mit dem Minister schwieriger zu organisieren sind. Insgesamt haben es die an den Bonner Dienstsitzen der Ressorts angesiedelten Organisationseinheiten ungleich schwerer, von der Hausleitung wahrgenommen zu werden. Durch die andauernde räumliche Zweiteilung haben sich wechselseitige Stereotypen verfestigt, die sich in internen Friktionen und Koordinationsschwierigkeiten manifestieren. Die von Judith Krohn am Beispiel des BMAS insgesamt beobachteten typischen Zuschreibungen der ‚Bonner' und der ‚Berliner', die „essentiell zum Selbstverständnis des Hauses" (Krohn 2013, S. 171) gehören, lassen sich auch in den Interaktionsbeziehungen zwischen Leitungsbereichen und Linienorganisation nachvollziehen.

Demnach sind die interviewten Mitglieder der Leitungsbereiche[8] einhellig der Meinung, dass die ‚Bonner' in der Beziehung zur Leitung benachteiligt sind (Interviews 1, 2, 3, 5, 6, 8, 11). Die Zweiteilung der Dienstsitze wird sowohl von den Leitungsbereichen der Bonn-Ressorts (Interviews 2,

8 Zur Auswahl der Interviewpartner: Hustedt (2013, S. 85/86). Zur besseren Lesbarkeit wurden die für diesen Beitrag ausgewerteten Interviews neu codiert.

3, 6, 8, 9, 11) als auch von jenen der Berlin-Ressorts (Interviews 1, 4, 7, 10) als problematisch wahrgenommen. Die häufig als Allheilmittel zur Überwindung räumlicher Trennungen angesehenen Videokonferenzen werden sowohl in den Bonn- als auch in den Berlin-Ressorts als unzureichend bewertet, um die Entfernung auszugleichen (Interviews 3, 5, 6). Nach wie vor ist ‚Bonn-Berlin' ein heikles Thema in den Ministerien. So führen angekündigte Kompetenzverschiebungen von Bonn nach Berlin – auch in den Berlin-Ressorts – immer wieder zu internen Konflikten:

> „Die politisch sensiblen Themen sollten nach Berlin. Das ist ein langer Prozess. Da kann man nicht mit der Machete rein." (Interview 7, ähnlich Interviews 6, 11)

In den Bonn-Ressorts herrscht insgesamt der Eindruck vor, dass die Kommunikation zwischen Leitung und Linie – und damit zwischen Bonn und Berlin – unter der räumlichen Trennung leidet (Interviews 3, 5, 6, 8, 11). Die räumliche Trennung führt zu Reibungsverlusten, da es wenig informellen Austausch zwischen der Leitung in Berlin und der Arbeitsebene in Bonn gebe (Interviews 3, 5). Die Einbeziehung der Bonner Arbeitsebene in die Alltagsorganisation des Ressorts gilt aus Sicht des Leitungsbereichs als schwierig (Interviews 3, 6, 8):

> „Die Bonner werden immer so ein bisschen abgestempelt: In Bonn ist immer um 17 Uhr Schicht im Schacht." (Interview 3)

Die Bonner Arbeitsebene „fühlt sich abgehängt" (Interview 8) und häufigere, direkte Rücksprachen mit dem Minister werden eingefordert – aber da „macht Bonn-Berlin einen Strich durch die Rechnung" (Interview 3). Die in Berlin ansässigen Organisationseinheiten der Bonn-Ressorts haben eine deutlich engere Beziehung zu Ministern, Staatssekretären und den weiteren Leitungsbereichen als die Bonner Kollegen:

> „Man hat [in Berlin, TH] viel eher die Chance (...) für die Ministerin einen guten Job zu machen als wenn man irgendwo in Bonn sitzt." (Interview 6, ähnlich: Interview 3)

In den Bonn-Ressorts werden die Berliner Leitungsbereiche als besonders relevant und einflussreich wahrgenommen:

> „Immer wieder entsteht der Eindruck, die Berliner entscheiden. Und das wird in Berlin auch genau so gesehen." (Interview 11)

Um diesem Eindruck entgegenzuwirken wurden Reorganisationen der Leitungsbereiche in zwei Bonn-Ressorts mit der Zweiteilung der Dienstsitze begründet (Interviews 6, 11). In beiden Fällen wurden die personellen Kapazitäten des Leitungsbereichs ausgebaut und die personelle Verstärkung zielte darauf ab, Koordinationsprobleme zwischen Bonn und Berlin zu mildern. Diese konfliktbehaftete Situation wird in folgender Äußerung eines Mitarbeiters eines Bonn-Ressorts beispielhaft deutlich:

> „Bonn-Berlin führt auch zur Legendenbildung. Und ich meine zu diesen Legenden gehört, dass wir [in Berlin, TH] die sagenhaften Stellenausstattungen hätten, das ist alles Unsinn. (...) In meinem Bereich [weiterer Leitungsbereich, TH] habe ich das schlechteste Verhältnis von Stellen zu befristeten Arbeitsverträgen. Die Fachabteilungen sind alle ordentlich ausgestattet. (...). Und die Fachabteilungen [in Bonn, TH] stehen deutlich weniger vor dem Problem, aber die Legende ist da, es sei umgekehrt." (Interview 6)

Insgesamt ergibt sich daraus eine engere und einfachere Beziehung des Leitungsbereichs zu den in Berlin ansässigen Organisationseinheiten der Bonn-Ressorts (Interview 3). Für die in Berlin sitzenden Leitungsbereiche der Bonn-Ressorts bedeutet diese räumliche Konfliktlinie, dass sie noch intensiver als die Leitungsbereiche der Berlin-Ressorts auf die Anwendung von Konfliktvermeidungsstrategien im Verhältnis zur (Bonner) Linienorganisation angewiesen sind.

Die Leitungsbereiche der Berlin-Ressorts kämpfen mit ähnlichen Problemen. Kommunikation und informelle Kontakte leiden unter der Zweiteilung. So führt die seltene Präsenz von Ministern oder Staatssekretären in Bonn auch in den Berlin-Ressorts zu einer faktischen Zweiteilung der internen Relevanz der Organisationseinheiten: „Bonner Referenten werden von der Leitung nie wahrgenommen" (Interview 1). In den Bonner Abteilungen herrscht ein anderes Arbeitsklima, so berichtet ein Interviewpartner von seinen Besuchen am zweiten Dienstsitz des Hauses: „Ich kam mir immer vor wie jemand, der sagte ‚hallo, aufwachen'" (Interview 4).

Insgesamt kristallisiert sich in den Interviews heraus, dass die in Berlin ansässigen Leitungsbereiche der Bonn-Ressorts für die intraministerielle Koordination als bedeutsamer wahrgenommen werden als das in den Berlin-Ressorts der Fall ist. Die Leitungsbereiche der Bonn-Ressorts tragen in besonderem Maße dazu bei, die aus dem Kombinationsmodell erwachsenden Friktionen auszubügeln.

Fazit

Der vorliegende Beitrag verdeutlicht, dass die Leitungsbereiche der Bundesministerien vermittelt über den Kompromisscharakter des Kombinationsmodells zur Bewältigung des deutsch-deutschen Einigungsprozesses beitragen. Sie sind insgesamt anteilig gewachsen, insbesondere aber jene in Berlin ansässigen Leitungsbereiche der Bonn-Ressorts und spielen eine zentrale Rolle in der intraministeriellen Koordination innerhalb und zwischen den Standorten. Die bereits mit dem Regierungsumzug in Berlin angesiedelten Leitungsbereiche repräsentieren damit die ersten Vorboten des allgemeinen Rutschbahneffekts zu Gunsten der Hauptstadt.

Zwar sind nach wie vor nicht alle Ministerien ganz nach Berlin gezogen, aber der vorliegende Beitrag zeigt, dass die Prognosen der Kritiker des Kombinationsmodells eingetreten sind. Berlin hat den vorhergesagten Sog entfaltet, eine Rutschbahn eröffnet, auf der mehr und mehr Aufgaben in die Hauptstadt übergesiedelt sind. Als bedeutsamer allerdings als die bloßen quantitativen Veränderungen zu Gunsten der Berliner Dienstsitze können die Folgen des Kombinationsmodells für die Funktionsfähigkeit der Bundesministerien eingeschätzt werden. Die Aufsplittung der Ressorts auf zwei Dienstsitze hat de facto zu einer verfestigten Fragmentierung zwischen als relevant und weniger relevant erachteten Organisationseinheiten geführt, welche die intraministerielle Koordination und Kommunikation erschweren. Mittlerweile sind die wechselseitigen Stereotypisierungen im Rollenverständnis der ‚Bonner' und ‚Berliner' zementiert. Die räumliche Zweiteilung der Bundesministerien hat letztlich genau zu der erwarteten Zwei-Klassen-Gesellschaft geführt, in der die ‚Bonner Unterschicht' von den Entscheidungsprozessen abgehängt worden ist. Dass die Funktionsfähigkeit der Ministerialorganisation in der Kompromissfindung um die Entscheidung über den Regierungssitz nachrangig war und der politischen Kompromissfindung untergeordnet wurden, zeitigt erhebliche Folgen für den Arbeitsalltag in den Bundesministerien. Intraministerielle Koordination und Kommunikation leiden insbesondere unter mangelnden Gelegenheiten für den direkten, informellen und alltäglichen Kontakt zwischen politischer Leitung und Fachabteilungen. Diese verfestigten Friktionen sind insofern als bedenklich einzuschätzen, weil daraus das Risiko erwächst, dass die in Bonn angesiedelte fachliche Expertise – immerhin der zentrale Aktivposten der Ministerialbürokratie im parlamentarischen Regierungssystem – in wichtigen Fragen zumindest zum Teil brachliegt und ungenutzt bleibt. Reibungsverluste im Austausch zwischen politischen Präferenzen der Leitung und fachlichen Erwägungen der Linienorganisation können damit zum einen in Qualitätsverlusten in Politikformulierungsprozessen resultieren. Zum anderen können diese Friktionen mit Motivationsverlusten der ‚Bonner' einhergehen. Die ursprünglich als ‚faire Arbeitsteilung' deklarierte Kompromissformel hat sich in ihren Wirkungen ins Gegenteil verkehrt: Eine faire Aussicht auf eine erfolgversprechende Karriere in der Ministerialverwaltung dürfte an einem Arbeitsplatz am Rhein in ungleich geringerem Maße bestehen als das an der Spree der Fall ist. Damit sind im Zeitverlauf schleichend Fakten geschaffen worden, ohne dass sie durch einen erneuten formalen Beschluss unterlegt sind.

Das Echo der politischen Kraftanstrengung, als welche die Entscheidung zum Regierungsumzug von vielen Akteuren wahrgenommen wurde, hallt bis heute nach. So bleibt die inhaltliche Entscheidung zwar formal unangetastet – Anpassungen werden aber informal akzeptiert. Dass der Konflikt bis heute weiter schwelt, zeigt sich an nach wie vor reflexhaft aufbrechenden Widerständen sobald Versuche ruchbar werden, an der etablierten Aufteilung zwischen Bonn und Berlin zu rütteln.

Daher ist derzeit auch kein Akteur in Sicht, der erfolgversprechend eine Reform oder Abschaffung des Berlin-Bonn-Gesetzes in Angriff nehmen würde. Eher im Gegenteil: Die große Koalition bekennt sich im Koalitionsvertrag explizit zum Fortbestehen des Berlin-Bonn-Gesetzes (Koalitionsvertrag 2013, S. 107). Zwar legt die Bundestagsfraktion der Partei ‚Die Linke' alljährlich einen Entwurf für ein „Bonn-Berlin-Beendigungsgesetz" vor, das traditionell im Innen- und Haushaltsausschuss sowie in jüngerer Zeit auch im Ausschuss für Verkehr und Stadtentwicklung des Bundestages beraten wird – stets aber von den anderen Fraktionen einmütig abgelehnt wird.

Schließlich bleibt zu erwarten, dass die Frage des Komplettumzugs letztlich mit einem Generationenwechsel im Bundestag und damit einer Entemotionalisierung der Debatte wieder auf die politische Agenda gerät. Der unverkennbare Automatismus des Hauptstadtsogs ist längst nicht mehr zu stoppen. Daher wird es irgendwann nur noch darum gehen, längst geschaffene Fakten post-hoc zu legalisieren. In diesem Sinne kann auch für diese Frage die beliebte Jannsche Formel gelten: „Diese Zeit, diese Sorgen."

Literatur

Ausschussdrucksache 13/63 des Innenausschusses des Deutschen Bundestages zur Öffentlichen Anhörung zum Thema „Modernisierung der Bundesverwaltung" vom 22. Mai 1996

BT-Drs. 12/815 vom 19.06.1991: Vollendung der Deutschen Einheit. Antrag der Abgeordneten Willy Brandt, Dr. Burkhard Hirsch, Dr. Günther Krause (Börgerende), Maria Michalk, Dr. Rainer Ortleb, Dr. Wolfgang Schäuble, Dr. Oscar Schneider (Nürnberg), Dr. Hermann Otto Solms, Wolfgang Thierse, Dr. Wolfgang Ullmann, Dr. Hans-Jochen Vogel und weiterer Abgeordneter

BT-Drs. 12/1832 vom 12.12.1991: Zwischenbericht der Konzeptkommission des Ältestenrates vom 11. Dezember 1991. Unterrichtung durch die Präsidentin des Deutschen Bundestages

BT-Drs. 12/2850 vom 17.06.1992: Beschlussempfehlung des Ältestenrates zum zweiten Zwischenbericht der Konzeptkommission des Ältestenrates zur Umsetzung des Beschlusses des Deutschen Bundestages vom 20. Juni 1991 zur Vollendung der Einheit Deutschlands

BT-Drs. 14/8459 vom 11.03.2002: Personalpolitik des Bundesministeriums für Gesundheit. Antwort der Bundesregierung auf die Kleine Anfrage der Abgeordneten Aribert Wolf, Dr. Michael Luther, Wolfgang Lohmann (Lüderscheid), weiterer Abgeordneter und der Fraktion der CDU/CSU (BT-Drs. 14/8324)

BT-Drs. 15/5435 vom 09.05.2005: Personalpolitik des Bundesministeriums für Verbraucherschutz, Ernährung und Landwirtschaft. Antwort der Bundesregierung auf die Kleine Anfrage der Abgeordneten Jürgen Koppelin, Hans-Micheal Goldmann, Dr. Andreas Pinkwart, weiterer Abgeordneter und der Fraktion der FDP (BT-Drs. 15/5383)

BT-Drs. 17/14577 vom 16.08.2013: Schriftliche Fragen mit den in der Woche vom 12. August 2013 eingegangenen Antworten der Bundesregierung

Busse, Volker (1995): Umzugsplanung Berlin/Bonn aus staatsorganisatorischer Sicht. In: Süß, Werner (Hg.): Hauptstadt Berlin. Berlin im vereinten Deutschland, Bd. 2. Berlin: Berlin Verlag Arno Spitz. S. 93–115

Derlien, Hans-Ulrich (1995): Regierung und Verwaltung in der räumlichen Zweiteilung. In: Süß, Werner (Hg.): Hauptstadt Berlin. Berlin im vereinten Deutschland, Bd. 2. Berlin: Berlin Verlag Arno Spitz. S. 159–180

Hood, Christopher (2011): The Blame Game. Spin, Bureaucracy, and Self-Preservation in Government. Princeton, Oxford: Princeton University Press

Hustedt, Thurid (2013): Ministerialverwaltung im Wandel. Struktur und Rolle der Leitungsbereiche im deutsch-dänischen Vergleich. Baden-Baden: Nomos

Jani, Helge (2002): Der Regierungsumzug zwischen Kombinationsmodell und „schleichender Agencyfication". Praktische Erfahrungen und zukünftige Entwicklungen. Potsdam: Universität Potsdam (verwaltungswissenschaftliche Diplomarbeit)

Jann, Werner (1996): Regierungsumzug ohne Verwaltungsreform: Verpasste Chance. In: Hennicke, Martin/Klocksin, Jens (Hg.): Aufbruch im Umbruch. Beiträge zur Zukunft von Bonn und Region. Bonn: Bouvier Verlag. S. 88–93

Jann, Werner (1998): Regierungsumzug als Chance zur Verwaltungsreform. In: König, Klaus (Hg.): Ministerialorganisation zwischen Berlin und Bonn (2. Aufl.; Speyerer Forschungsberichte 173). Speyer: Forschungsinstitut für öffentliche Verwaltung, S. 28–44

Jann, Werner (2011): Stillstand oder Bewegung. Zwanzig Jahre nach dem Hauptstadtbeschluss Bonn/Berlin – Kann die alte Debatte beendet und die Chance für ein modernes Regierungshandeln genutzt werden? Redemanuskript anlässlich eines Symposiums „Stillstand oder Bewegung" an der Universität Potsdam am 20.05. 2011

Jann, Werner/Wewer, Göttrik (1998): Helmut Kohl und der „schlanke Staat". Eine verwaltungspolitische Bilanz. In: Wewer, Göttrik (Hg.): Bilanz der Ära Kohl. Christlich-liberale Politik in Deutschland 1982. Opladen: Westdeutscher Verlag, S. 229–266

Koalitionsvertrag (2013): Deutschlands Zukunft gestalten. Koalitionsvertrag zwischen CDU, CSU und SPD vom 16.12.2013 (Internet: https://www.cdu.de/sites/default/files/media/dokumente/koalitionsvertrag.pdf; letzter Zugriff am 10.06.2014)

König, Herbert (1995): Berlin als Regierungssitz – Chancen einer umfassenden Reform. In: Süß, Werner (Hg.): Hauptstadt Berlin. Berlin im vereinten Deutschland, Bd. 1. Berlin: Berlin Verlag Arno Spitz. S. 123–144

Krohn, Judith (2013): Subjektivierung in einer Bundesbehörde. Verwaltungsmodernisierung am Beispiel des Bundesministeriums für Arbeit und Soziales. Frankfurt/M., New York: Campus

Kroppenstedt, Franz (1995): Organisation und Kommunikation zwischen Berlin und Bonn. In: Süß, Werner (Hg.): Hauptstadt Berlin. Berlin im vereinten Deutschland, Bd. 1. Berlin: Berlin Verlag Arno Spitz. S. 117–126

Kroppenstedt, Franz (1998): Das Kombinationsmodell und alternative Vorschläge. In: König, Klaus (Hg.): Ministerialorganisation zwischen Berlin und Bonn (2. Aufl.; Speyerer Forschungsberichte 173). Speyer: Forschungsinstitut für öffentliche Verwaltung. S. 75–84

Kullik, Jens (2002): Organisation und Kommunikation im ministeriellen und interministeriellen Leitungsbereich. Speyer: Universität Speyer (Dissertation)

Mühl, Dorothee (1999): Berlin-Ministerium: Das Bundesministerium für Wirtschaft. In: König, Klaus/Füchtner, Natascha (Hg.): Verwaltungsmodernisierung im Bund. Schwerpunkte der 13. Legislaturperiode. Forschungssymposium vom 07.–09. Oktober 1998 (Speyerer Forschungsberichte 196). Speyer: Forschungsinstitut für öffentliche Verwaltung. S. 85–91

Pl. Prtl. 12/34 vom 20.6.1991: Protokoll der Sitzung des Deutschen Bundestages am 20.06.1991.

Pl. Prtl. 14/229 vom 17.04.2002: Protokoll der Sitzung des Deutschen Bundestages am 17.04.2002

Schäuble, Wolfgang (1991): Der Vertrag. Wie ich über die deutsche Einheit verhandelte. Stuttgart: Deutsche Verlagsanstalt

Süß, Werner (1995): Der Bonn-Berlin-Kompromiß – eine faire Arbeitsteilung? In: Süß, Werner (Hg.): Hauptstadt Berlin. Berlin im vereinten Deutschland, Bd. 1. Berlin: Berlin Verlag Arno Spitz. S. 99–122

Voss, Karl-Ulrich (1999): Ein Bonn-Ressort: Ziele und Organisationsentwicklung des BMBF 1994–1998. In: König, Klaus/Füchtner, Natascha (Hg.): Verwaltungsmodernisierung im Bund. Schwerpunkte der 13. Legislaturperiode. Forschungssymposium vom 07.–09. Oktober 1998. Speyerer Forschungsberichte 196. Speyer: Forschungsinstitut für öffentliche Verwaltung. S. 93–103

Westkamp, Klaus (1998): Das Kombinationsmodell als Kompromiss. In: König, Klaus (Hg.): Ministerialorganisation zwischen Berlin und Bonn (2. Aufl.; Speyerer Forschungsberichte 173). Speyer: Forschungsinstitut für öffentliche Verwaltung, S. 5–11

Wewer, Göttrik (2009): Politikberatung und Politikgestaltung. In: Schubert, Klaus/Bandelow, Nils (Hg.): Lehrbuch der Politikfeldanalyse 2.0. München: Oldenbourg. S. 401–428

Wie unabhängig ist die KEF?

Eine empirische Untersuchung zur Unabhängigkeit der Kommission zur Ermittlung des Finanzbedarfs der öffentlich-rechtlichen Rundfunkanstalten (KEF) anhand biografischer Daten ihrer Mitglieder

Markus Seyfried

1. Statt einer Einleitung

Der vorliegende Beitrag befasst sich mit einem Thema, das vielleicht auf den ersten Blick nur wenige Verbindungen zu Werner Jann aufweist.[1] Dennoch gibt es sicher viele Kolleginnen und Kollegen sowie Weggefährtinnen und Weggefährten, die schon einmal mit der Bezeichnung „KEF“ konfrontiert worden sind. Zumeist durch eine Absage bei Terminanfragen, die möglicherweise mit einem „Da habe ich schon KEF“ begründet wurde. Dahinter steht die Mitarbeit von Werner Jann in der Kommission zur Ermittlung des Finanzbedarfs der öffentlich-rechtlichen Rundfunkanstalten (kurz: KEF). Seit 1997 ist er in der Kommission als Vertreter für das Land Brandenburg tätig. Er ist Mitglied der Arbeitsgruppe 3, die für Programmaufwendungen zuständig ist. Zudem hat Werner Jann seit 2007 den Vorsitz in der Arbeitsgruppe 5, die sich mit den Methoden der Ermittlung des Finanzbedarfs befasst.[2]

Nun wäre es sicher kein Problem einen etwas langatmigen Artikel über ein staubiges und leicht juristisch anmutendes Rundfunkthema zu schreiben. Dies wäre allerdings kaum im Interesse Werner Janns und aller anderen Leserinnen und Leser. Stattdessen wurde für den vorliegenden Artikel eine eigene empirische Erhebung durchgeführt, deren Auswertungs-

1 Mein besonderer Dank gilt *Horst Wegner*, Geschäftsführer der KEF, der mir die offiziellen Lebensläufe der KEF-Mitglieder zur Verfügung gestellt hat und mich mit wichtigem Hintergrundwissen über die KEF unterstützt hat. Ferner möchte ich *Alexa Kristin Brase* und *Moritz Ansmann* danken, die eine frühere Version dieses Kapitels kommentiert haben. Dankend erwähnen möchte ich auch die Herausgeber für wichtige Anregungen und Hinweise.

2 Der Artikel nutzt durchgängig die neue Terminologie des Rundfunkbeitrags, auch wenn auf ältere Literatur verwiesen wird, die mit dem Gebührenbegriff arbeitet. Lediglich in Originalzitaten wird letzterer verwendet.

ergebnisse hier präsentiert werden. Diese befasst sich ausschließlich mit den Mitgliedern der KEF und geht anhand biografischer Daten der Frage nach wie unabhängig diese sind.

2. Empirische Betrachtungen zur Unabhängigkeit der KEF

Wie so oft in stark juristisch dominierten Forschungsfeldern gibt es hinsichtlich der KEF einen eklatanten Mangel an empirischer Forschung. Zwar gibt es den einen oder anderen Beitrag von der Kommission selbst oder von einzelnen Mitgliedern (vgl. Conrad 2000; Bachmann 2007; diverse KEF-Berichte) oder auch einige wenige tatsächlich empirische Untersuchungen über die KEF (Meier 2006, 2008). Dennoch lassen sich Innenansichten zur Kommission sprichwörtlich an einer Hand abzählen. Immerhin gibt es zahlreiche Untersuchungen zu Kommissionen (Blumenthal 2003) bzw. zur ‚Kommissionitis' (stellvertretend für viele Siefken 2006, S. 216f.). Diese haben jedoch einen ganz anderen Untersuchungsgegenstand, weshalb die KEF aus diesen Betrachtungen regelmäßig heraus fällt. Und auch in der Literatur über den öffentlich-rechtlichen Rundfunk fristet die Kommission eher ein Schattendasein, denn hier geht es um Politikgestaltung und Regulierung (von Blumenthal 2003, S. 9). Das sind mithin Themen, welche die KEF nur am Rande betreffen.

Die Unabhängigkeit von Organisationen spielt nicht nur für die KEF und deren Mitglieder eine Rolle. Dieses Thema wird ebenso für andere Organisationen – wie etwa Rechnungshöfe, Zentralbanken, Hochschulen etc. – thematisiert. Dabei werden ganz allgemein vier Arten von Unabhängigkeit unterschieden: (1) Die personelle Unabhängigkeit. Sie bedeutet, dass die Mitglieder keinen Weisungen von innen oder von außen unterliegen. (2) Die materielle Unabhängigkeit. Sie impliziert, dass die Organisation eine angemessene und eigene Ressourcenausstattung vorweisen kann, die eine Erfüllung der Aufgaben gewährleistet (vgl. etwa für Rechnungshöfe: Schäfer 1993, S. 49; Sandl 1987, S. 26). Dazu gehören ferner (3) die organisatorische und (4) die operationale Unabhängigkeit. Erstere bezieht sich auf das organisatorische Gefüge zur Sicherung von Unabhängigkeit und letztere geht davon aus, dass die Kerntätigkeit der Organisation ohne Einflussnahmen von innen oder von außen verfolgt werden kann (Power 1997, S. 132). Der vorliegende Beitrag befasst sich mit der personellen Unabhängigkeit der KEF-Mitglieder.

Auch wenn die KEF für die Wissenschaft und die Bevölkerung nicht der sichtbarste Akteur im „Rundfunkbeitragsspiel" ist, so ist sie doch ein Akteur, der gerade in Bezug auf den Rundfunkbeitrag sehr stark durch die

Rundfunkpolitiker und durch die Medien wahrgenommen wird. Allerdings beschränkt sich diese Aufmerksamkeit hauptsächlich auf jene kurzen Zeiträume, in denen eine Beitragsanpassung ansteht. Eine Frage, die sich dabei immer wieder stellt, ist die Frage nach der Ferne zum Staat und zu den öffentlich-rechtlichen Rundfunkanstalten. Gerne werden hier Argumente konstruiert, die der KEF Staatsnähe oder gar ein wohlwollendes Verhalten gegenüber den öffentlich-rechtlichen Rundfunkanstalten attestieren (Rosenbach 2003; Gäbler 2007). Daraus leitet sich die unmittelbar einleuchtende soziale Relevanz des vorliegenden Beitrags ab.

Offenkundig ist die Unabhängigkeit bzw. Staatsferne der Kommission ein spannungsreiches Feld. Schließlich wurden über die Jahre hinweg immer wieder auch Personen mit Parteibuch zu KEF-Mitgliedern benannt oder sogar ehemalige Mitarbeiter der öffentlich-rechtlichen Rundfunkanstalten berufen. Auch eine personelle Nähe zu den Staatskanzleien lässt sich angesichts der Biografien einiger KEF-Mitglieder kaum verhehlen (vgl. etwa Gäbler 2007). Darüber hinaus wird der Besetzungsschlüssel (siehe unten), die Möglichkeit der Wiederberufung sowie die Art der Berufung durch die Staatskanzleien und die Ministerpräsidenten kontrovers diskutiert (für pro und contra siehe Scheel 2007, S. 95f.).

Ein anderes Ereignis, das zu Diskussionen und Zweifeln über die Frage der Unabhängigkeit der KEF geführt hat, war beispielsweise die abweichende Entscheidung der Ministerpräsidenten der Länder zum damaligen Gebührenvorschlag der KEF im Jahr 2004 (vgl. 15. KEF-Bericht, Tzn. 10ff.; Hilker 2009, S. 104). Andere wiederum befürchten Distanzverluste bei doppelten Mitgliedschaften wie etwa im Fall der Mitglieder aus den Landesrechnungshöfen (Porzucek 2007, S. 157). Allerdings ist darauf hinzuweisen, dass die Idee der Berufung von Mitgliedern aus den Landesrechnungshöfen gerade auf deren Unabhängigkeit von Parlament und Regierung zurückzuführen ist.

Um die zu Pauschalurteilen neigende Sichtweise der Öffentlichkeit und der Medien etwas zu hinterfragen, beleuchtet der vorliegende Beitrag die Lebensläufe der KEF-Mitglieder seit 1994. Gestützt auf diese biografischen Daten geht es um die Beantwortung der Frage, wie unabhängig die Mitglieder der KEF wirklich sind oder ob sich mögliche Einschränkungen der Unabhängigkeit empirisch belegen lassen. Dies geschieht im Folgenden mit Hilfe datengestützter Untersuchungen, die vor allem die de-facto-Unabhängigkeit der Kommissionsmitglieder beleuchten. Dagegen verweisen juristische Abhandlungen zumeist auf die de-jure-Unabhängigkeit der Kommission, was sich unter dem Satz: „Die Mitglieder sind in ihrer Aufgabenerfüllung an Aufträge oder Weisungen nicht gebunden" (§ 2 Satz 2 RFinStV) abhandeln lässt. Dass die soziale Realität aber weitaus komplexere Spielarten annehmen kann als formale Kodifizierungen festhalten, ist im Grunde schon ein Allgemeinplatz in der empirischen Verwaltungswissenschaft. Gerade deshalb ist es wichtig „unreflektierte und undiskutierte Interpretationen der Wirklichkeit zu überprüfen“ (Jann 1987, S. 43). Genau diese Zielsetzung verfolgt der vorliegende Beitrag.

Die Untersuchung ist folgendermaßen gegliedert: Abschnitt 3 befasst sich mit der Kommission, ihrer Organisation und ihren Funktionen, wobei der Fokus auf dem de-jure-Unabhängigkeitsbegriff liegt. In Abschnitt 4 werden die methodischen Grundlagen und das Forschungsdesign einschließlich der Datenbasis erläutert. Abschnitt 5 befasst sich mit der Auswertung der erhobenen Daten und beschreibt die de-facto-Besetzung der Kommission. Abschließend werden in Abschnitt 6 die wichtigsten Befunde zusammengefasst.

3. Wer ist eigentlich die Kommission zur Ermittlung des Finanzbedarfs der öffentlich-rechtlichen Rundfunkanstalten (KEF)?

Die KEF wurde im Jahre 1975 durch einen Beschluss der Ministerpräsidenten der Länder eingerichtet. Sie bestand damals aus den Chefs der Staatskanzleien der zehn Bundesländer und war eine bewusst politisch besetzte Prüfungsinstanz. Unmittelbar nach der deutschen Wiedervereinigung bestand die KEF kurzzeitig aus 17 Mitgliedern. Im Einzelnen gehörten dazu: der Chef der Staatskanzlei, die für den Rundfunk hauptsächlich zuständig war, als Kommissionsvorsitzender (damals Rheinland-Pfalz); hinzu kamen fünf weitere Chefs der Staatskanzleien, sechs Sachverständige und fünf Vertreter aus den Rechnungshöfen. Bemerkenswert ist, dass der Vorsitzende der Kommission damals kein Stimmrecht hatte (Dörr 1994, S. 5). Außerdem wurde früher schon kritisch diskutiert, wie „staatsfern“ und „objektiv“ die KEF angesichts dieses Besetzungsschlüssels überhaupt sein konnte (Dörr 1994, S. 10). Die alte KEF wird daher auch als „Hilfsinstrument“ beschrieben, dessen „Unabhängigkeit nicht gesetzlich gesichert“ war (Schwendinger 2003, S. 59). So war es letztlich diese Form der Besetzung, die Kritiker dazu veranlasste von einer „Dominanz der staatlichen Vertreter“ (Dörr 1994, S. 11) zu sprechen. Infolge des 8. Rundfunkurteils des Bundesverfassungsgerichts aus dem Jahre 1994 (BVerfGE 90, 60) wurde das damalige Gebührenverfahren neu geregelt und die Kommission in eine staatsferne Einrichtung umgewandelt, was sich nicht zuletzt in einem neuen Verfahren zur Berufung der Mitglieder äußerte (Schwendinger 2003, S. 59). So verfügt die Kommission seit dem 5. September 1995 über eine neue gesetzliche Grundlage in Form des 3. Rundfunkänderungsstaatsvertrages. Im aktuellen Rundfunkfinanzierungsstaatsvertrag heißt es in § 2:

> „Zur Überprüfung und Ermittlung des Finanzbedarfs wird eine unabhängige Kommission (KEF) eingesetzt. Die Mitglieder sind in ihrer Aufgabenerfüllung an Aufträge und Weisungen nicht gebunden."

Es ist Aufgabe der KEF den angemeldeten Finanzbedarf der Rundfunkanstalten „fachlich zu prüfen und zu ermitteln" (§ 3 Absatz 1 Satz 1 RFinStV). Sie hat allerdings die Programmautonomie zu achten, d.h. sie darf keinen Einfluss auf inhaltliche Aspekte der Programmgestaltung nehmen.

Der Rundfunkbeitrag wird gegenwärtig in einem mehrstufigen und sehr komplexen Verfahren ermittelt (Beck/Beyer 2009, S. 828). Das Verfahren zur Ermittlung der Höhe des Rundfunkbeitrages lässt sich grob in drei Stufen unterteilen:

(1) Anmeldung des Finanzbedarfs,
(2) Prüfung des Finanzbedarfs durch die KEF sowie Formulierung eines Beitragsvorschlags und
(3) Beschluss der Länder über die Höhe des Rundfunkbeitrages und dessen Fixierung im Rahmen eines Staatsvertrages (Donges/Künzler 2000, S. 16; Eberle 2003, S. 9).[3]

Meier (2006) beschreibt das Verfahren als „highly biased" (Meier 2006, S. 171), weil es regelmäßig in Beitragserhöhungen mündet. Die KEF hat dabei nur beschränkte Kompetenzen und folgt einem „purely rule-based approach" (Meier 2008, S. 145). Ob dies allerdings tatsächlich einem „impossible job" (Meier 2008, S. 135ff.) entspricht, ist schwierig zu bewerten. Für die ersten Jahre mag dies stimmen. Allerdings hat sich die KEF mit der Zeit zu einem ernst zu nehmenden „Spieler" entwickelt, was unter anderem daran abzulesen ist, dass die Kommission im Rahmen des objektivierten Beitragsermittlungsverfahrens durch das Bundesverfassungsgericht bestätigt wurde (Bachmann 2007, S. 5). Es gibt zwar nach wie vor Schwachstellen – wie beispielsweise der Umgang mit Kennzahlen oder mit Wirtschaftlichkeit und Sparsamkeit (Seufert 2006, S. 382) – und auch das kontinuierliche Wachstum des Rundfunkbeitrags durch die Teilindexierung bestimmter Aufwandsbereiche – wie etwa Programm-, Personal- oder Sachaufwand – wird sich ohne entsprechende Anpassungen bei den gesetzlichen Rahmenbedingungen nicht einfach umkehren lassen (Meier 2006, S. 172). Den-

3 Die Grundzüge dieses Verfahrens wurden dabei erstmals im 8. KEF-Bericht dargestellt (vgl. 8. KEF-Bericht). Die Prüfkompetenzen sowie das Prüfverfahren sind in § 3, Absätze 1 bis 10 sowie in § 5 RFinStV beschrieben und werden hier nicht im Detail wiedergegeben.

noch arbeitet die Kommission ständig an der Verbesserung ihrer methodischen Grundlagen zur Ermittlung des Rundfunkbeitrags. So hat die Kommission die Verfahren der Beitragsermittlung in den zurückliegenden Jahren mehr und mehr verfeinert und verbessert (vgl. 17. KEF-Bericht, Tz. 30 oder 18. KEF-Bericht, Tz. 26).

Die Berufung der Mitglieder in der „neuen KEF“ (Grätz 1995, S. 9) folgt eher einem pluralistischen Ansatz (Schwendinger 2003, S. 59), wobei zu berücksichtigen ist, dass vor allem Expertise eine wichtige Rolle spielt. Dies gilt insbesondere im Gegensatz zu anderen pluralistischen Besetzungsverfahren, bei denen es tatsächlich darum geht, möglichst das gesamte Spektrum der Gesellschaft zu repräsentieren. Ziel dieser Ausgestaltung ist den Einfluss politischer Akteure auf die Ermittlung des Rundfunkbeitrages zu minimieren (Schwendinger 2003, S. 60). Am Ende entscheiden zwar die Ministerpräsidenten über die Höhe des Rundfunkbeitrags, doch sind sie nicht am Prozess der Ermittlung beteiligt. Außerdem stehen abweichende Entscheidungen unter einem besonderen Begründungszwang, wie die Vergangenheit gezeigt hat (vgl. Eberle 2003, S. 9; Schwendinger 2003, S. 62).

Die Kommission umfasst heute je einen unabhängigen Sachverständigen pro Bundesland (§ 4 Absatz 1 RFinStV), die nach einem bestimmten Schlüssel verteilt sind. Demnach müssen drei Sachverständige aus der Wirtschaftsprüfung und Unternehmensberatung, zwei Sachverständige aus dem Bereich der Betriebswirtschaft, zwei Sachverständige aus dem Bereich des Rundfunkrechts, drei Sachverständige aus der Medienwirtschaft und Medienwissenschaft, ein Sachverständiger aus dem Bereich Rundfunktechnik sowie fünf Sachverständige aus den Landesrechnungshöfen bestellt werden. Die Mitglieder der KEF werden vom Ministerpräsidenten für die Dauer von fünf Jahren berufen, wobei Wiederberufungen zulässig sind (§ 4 Absatz 5 RFinStV).

Daneben gibt es aber auch eine Reihe von Personen, bei denen eine Mitgliedschaft ausgeschlossen ist, wie etwa „Bedienstete der Institutionen der Europäischen Union oder der Verfassungsorgane des Bundes und der Länder, Gremienmitglieder und Bedienstete von Landesrundfunkanstalten der ARD, des ZDF, des Deutschlandradios, des Europäischen Fernsehkulturkanals „ARTE“, der Landesmedienanstalten und der privaten Rundfunkveranstalter“ (§ 4 Absatz 3 RFinStV).

Durch die beschriebene Ausgestaltung des Verfahrens soll sichergestellt werden, dass die Ermittlung des Finanzbedarfs der öffentlich-rechtlichen Rundfunkanstalten weitgehend politikfern abläuft. Unbegründete politische Interventionen oder subjektive Beeinflussungen durch die öffentlich-rechtlichen Rundfunkanstalten sollen vermieden werden. Das BVerfG hat im Rundfunkurteil aus dem Jahre 1994 ganz unmissverständlich festgestellt, dass „die Gebührenfestsetzung nicht zu Zwecken der Programmlenkung oder der Medienpolitik (...)“ benutzt werden darf (BVerfGE 90, 60, Rdnr. 161).

Nach einer systematischen Untersuchung von Kopper (2006) ist die KEF den KVIS zuzuordnen, also „Kommissionen, Verbänden, Institutionen und sonstigen Stellen“, die Informationen über Medien erheben. Die KEF dient der „Bereitstellung von Verknüpfungsdaten für erste problemorientierte Analysen“ (Kopper 2006, S. 25). Diese komplexen Datenbestände werden im Rahmen eines eigens spezifizierten Auftrages analysiert und ausgewertet sowie in Fachdiskurse eingebracht. Kopper sieht die KEF dabei in einem „Mittelfeld betonter Unabhängigkeit“ (ebd., S. 34). Die KEF befindet sich damit zwischen der Ebene „medienökonomischer Erkenntnissuche in den Hochschulen“ und der „medienökonomischen Erkenntnisproduktion der Medien- und Kommunikationsindustrie“ und ist im Wesentlichen durch „staatliche Aufsichtsinteressen geprägt“ (Kopper 2002, S. 21f.). Seit 1992/1993 folgt die KEF komplexen methodischen Grundlagen etwa zur Ermittlung der rundfunkspezifischen Teuerungsrate (vgl. etwa den 8. KEF-Bericht). Dabei wurde 1994 das gesamte von der KEF entwickelte Verfahren zur Feststellung des Rundfunkbeitrags vom Bundesverfassungsgericht bestätigt und bis 1996 das Indexgestützte Integrierte Prüf- und Berechnungsverfahren (IIVF) entwickelt (Kopper 2006, S. 34f.), das heute noch ständigen Anpassungen unterliegt.

Während Kops (1994) die Effizienz der KEF und anderer an der Festlegung des Rundfunkbeitrags beteiligter Akteure in Zweifel zieht (Kops 1994, S. 9), sieht Kopper in der KEF einen überaus wirtschaftlichen Ansatz zur Ermittlung des Rundfunkbeitrags im Vergleich zu anderen privatwirtschaftlichen Ansätzen (Kopper 2006, S. 35). Einschränkend ist jedoch hinzuzufügen, dass zwischen der KEF und den Rundfunkanstalten zum Teil erhebliche Informationsasymmetrien vermutet werden, die unter anderem dem Größenverhältnis von öffentlich-rechtlichen Rundfunkanstalten und Kommission geschuldet sind (Meier 2008, S. 137; Beck/Beyer 2013, S. 180). In diesem Zusammenhang wird unterstellt, dass die öffentlich-rechtlichen Rundfunkanstalten bei ihren Anmeldungen eher eine Maximierungsstrategie verfolgen und sich weniger an tatsächlichen Bedarfen orientieren (Beck/Beyer 2013, 180). Gemäß der Argumentation der Informationsasymmetrien kann die KEF dies nicht vollständig durchschauen, so dass ein Teil der Maximierungsstrategie zu Lasten des Beitragszahlers Erfolg haben dürfte. Gerade vor dem Hintergrund der damit verbundenen Debatten bietet es sich an, die Mitglieder der KEF hinsichtlich ihrer Unabhängigkeit empirisch genauer zu untersuchen.

4. Forschungsdesign, Methoden und Datensatz

Anhand von empirischen Daten, die den Lebensläufen ihrer Mitglieder entnommen sind, soll untersucht werden, inwieweit die KEF tatsächlich als unabhängige Kommission und nicht etwa als parteipolitische Verhandlungsmasse oder als Agent der Rundfunkanstalten angesehen werden kann. Das methodologische Vorgehen dieses Beitrages ist daher deskriptiv. Zu diesem Zweck wurden die Lebensläufe aller KEF-Mitglieder kodiert. Die Lebensläufe der gegenwärtig bestellten Mitglieder sind auf der Webseite der KEF veröffentlicht (www.kef-online.de). Die Lebensläufe der ehemaligen Mitglieder wurden dem Autor über die KEF-Geschäftsstelle zugänglich gemacht. Da es sich hier um nicht-standardisierte Lebensläufe handelte, wurden die Daten durch Internetrecherchen und über Nachfragen bei der KEF-Geschäftsstelle ergänzt.

Der daraus entstandene Datensatz setzt sich zusammen aus den biografischen Informationen der KEF Mitglieder von 1994 bis 2014. Das Anfangsdatum ist insofern wichtig, da seit 1994 festgelegt ist, dass die Mitglieder der Kommission unabhängig und damit keinen Weisungen oder Aufträgen unterworfen sind. Der Datensatz umfasst insgesamt 37 Personen und ist für den genannten Untersuchungszeitraum eine Vollerhebung. Im Rahmen des Datensatzes wurden Variablen für biografische Daten kodiert, ähnlich wie dies in zahlreichen anderen Untersuchungen über bürokratische Eliten, Minister oder Ministerpräsidenten angewandt wird (vgl. Jann/Veit 2010, S. 7ff.; Schwanke/Ebinger 2006, S. 232ff., Ebinger/Jochheim 2009, S. 331ff.). Hier geht es um Standardvariablen wie Geschlecht, Alter, Herkunft, höchster Bildungsabschluss, beruflicher Werdegang (etc.) aber auch um die Positionen innerhalb der KEF. Die verschiedenen Variablen wurden folgendermaßen kodiert:

Zu den soziodemografischen Variablen gehören neben dem Geschlecht, kodiert als dichotome Variable (0 = männlich und 1 = weiblich), die Herkunft nach Geburtsort und Bundesland sowie das Alter. Letzteres wird erfasst als Differenz aus Geburtsdatum und erstem Tag bei Amtsantritt in der KEF. Bei wiederholten Berufungen in die KEF wurde jeweils das Alter der Erstberufung angesetzt. Zu diesen Daten gehört ferner der Bildungsabschluss, hier als höchster erreichter Qualifizierungsgrad, basierend auf den individuellen Bildungsverläufen über Schulabschluss, Studium und postgraduale Abschlüsse wie etwa Promotion und Habilitation.

Darüber hinaus wurden Daten über die berufliche und – sofern vorhanden – die politische Laufbahn gesammelt. Diesen Informationen kommt eine besondere Bedeutung zu, wenn es darum geht, eine Nähe oder Distanz zur Politik oder zum Prüfungsgegenstand öffentlich-rechtlicher Rundfunk zu identifizieren. Beide Variablen werden als dichotome Variable (0 = nein/1 = ja) kodiert.

Dagegen ist die Operationalisierung von „Staatsnähe“ deutlich schwieriger und komplexer. Daher wurde hier zum Zeitpunkt der Erstbestellung durch den Ministerpräsidenten jeweils untersucht, ob einem möglichen Mitgliederwechsel zuvor ein Regierungswechsel vorausgegangen ist, da dies ein Indiz für strategische Besetzungen sein könnte. Ferner wurde ein Abgleich der parteipolitischen Zusammensetzung der Landesregierung mit der Parteimitgliedschaft des jeweiligen KEF-Mitgliedes vorgenommen. Referenzpunkt ist hier jeweils die Partei, die den Ministerpräsidenten stellt. Aus diesem Abgleich ergibt sich ebenfalls eine dichotome Variable (0 = keine Übereinstimmung/1 = Übereinstimmung). Allerdings ist darauf hinzuweisen, dass die Daten zur Parteimitgliedschaft der Kommissionsmitglieder lückenhaft sind, da diese üblicherweise nicht Bestandteil der gelieferten Lebensläufe waren. Die Parteimitgliedschaft wurde daher soweit möglich über Online-Recherchen kodiert. Daneben wurden weitere KEF-spezifische Informationen über entsendende Bundesländer, Amtszeiten, Mitgliedschaften und Vorsitze in einzelnen Arbeitsgruppen sowie den Vorsitz und den stellvertretenden Vorsitz in der Kommission erhoben.

Hinsichtlich des Forschungsdesigns sollen drei zentrale Annahmen überprüft werden. Diese sind allerdings nicht als Hypothesen zu verstehen, die harten statistischen Tests unterzogen werden. Vielmehr handelt es sich um plausible Erklärungsversuche, die sich aus der bestehenden Literatur sowie aus inhaltlich vergleichbaren Untersuchungen ergeben. Diese Annahmen beziehen sich auf die Unabhängigkeit der Kommission und beschreiben Sachverhalte, die bei bestimmten Ausprägungen zu einer Einschränkung derselben führen könnten:

(1) Amtsturnus: Eine hohe Personalfrequentierung innerhalb eines Expertengremiums lässt Rückschlüsse zu, dass politische Akteure wiederholt Zugriff auf die entsprechenden Positionen ausüben, um mögliche Einflussnahmen sicherzustellen und „Delegationsverluste“ zu minimieren (Sieberer 2008, S. 255; 2011, S. 734). Denn es ist unbestritten, dass unabhängige Organisationen auch auf politisch gefärbte und delegierte Akteure eine gewisse *Capture*-Funktion ausüben, d.h. mit zunehmender Arbeit innerhalb der unabhängigen Organisation wird deren Habitus angenommen. Daher wird untersucht, in welchem Turnus die KEF-Mitglieder ernannt werden, welche de facto Amtszeiten vorliegen und ob Bestellungen von KEF-Mitgliedern etwa besonders häufig nach Regierungswechseln auf Landesebene erfolgen.

(2) Nähe zu den Rundfunkanstalten: Die Unabhängigkeit des Gremiums wäre dann als gefährdet zu betrachten, wenn die Mitglieder eine besondere Nähe zu den öffentlich-rechtlichen Rundfunkanstalten aufweisen, da dann möglicherweise die Kontrollfunktion nicht ausreichend wahrgenommen würde – ein Phänomen, das auch bei Rechnungshofpersonal bekannt ist (Jakobs-Woltering 1993, S. 111, S. 119f.). Dementsprechend würde den Budgetmaximierungsbestrebungen der Rundfunkanstalten eine Kommission gegenüberstehen, die diese Strategie nur halbherzig unterbindet.

(3) Nähe zu Politik und Verwaltung: Hier stellt sich die Problematik, dass eine zu starke Nähe zu politischen Akteuren oder zur Verwaltung die Unabhängigkeit der Kommission unterminieren kann, da dann möglicherweise bestimmten politisch induzierten Präferenzen gefolgt wird. Hier hat die Politik beispielsweise ganz unterschiedliche Möglichkeiten Einflussnahmen sicherzustellen, die etwa im Zusammenhang mit *Independent Regulatory Agencies* bestens bekannt sind (siehe Thatcher 2002, S. 959). Daher wird überprüft, ob und in welchem Ausmaß die Mitglieder der KEF bestimmten Parteien angehören oder diesen nahe stehen. Es wird überprüft, ob es eine Übereinstimmung der Parteizugehörigkeit und der Partei des größeren Koalitionspartners zum Zeitpunkt der Bestellung als KEF-Mitglied gibt und inwieweit die Mitglieder der KEF in der Vergangenheit Spitzenpositionen in der Verwaltung besetzt haben.

5. Lebensläufe der KEF-Mitglieder als Indikatoren für die Unabhängigkeit der Kommission?

Mit Blick auf die soziodemografischen Daten zeigt sich, dass das Durchschnittsalter bei Bestellung zum KEF-Mitglied 51,3 Jahre ist und mit Ausnahme von zwei Mitgliedern alle Mitglieder aus den alten Bundesländern stammen. Darüber hinaus sind die meisten der Kommissionsmitglieder der Ausbildung nach Juristen, gefolgt von den Wirtschaftswissenschaftlern. Zwar hängt diese Ausbildungsverteilung auch mit dem Besetzungsschlüssel der KEF zusammen, doch kann dies nicht darüber hinwegtäuschen, dass im Rahmen der KEF das für einige Verwaltungsbereiche so typische „Juristenmonopol“ (Jann/Wegrich 2008, 51) durchschlägt.

Der häufigste und höchste Bildungsabschluss der KEF-Mitglieder ist der Hochschulabschluss (46%, das entspricht n = 17), dicht gefolgt von der Promotion mit 43% (n = 16). Ein mit 11% (n = 4) vergleichsweise geringer Anteil der KEF-Mitglieder hat die Habilitation als höchsten Bildungsabschluss. Hinsichtlich der Geschlechterverteilung zeigt sich ein deutliches

Übergewicht männlicher Mitglieder. Seit 1994 gab es lediglich zwei weibliche KEF-Mitglieder. Das entspricht einem Anteil von 5% (n = 2). Damit sind Frauen in der KEF deutlich unterrepräsentiert.

Hinsichtlich der KEF-spezifischen Informationen ist zunächst der Turnus der Bestellungen von Interesse. Dabei ist anzumerken, dass in der Kommission elf Mitglieder bereits vor 1994 Mitglied der KEF gewesen sind. Zwar wurden zwei der KEF-Mitglieder erst zu einem späteren Zeitpunkt als 1994 erneut berufen, doch verbleiben neun KEF-Mitglieder, die zur KEF gehörten, bevor das 8. Rundfunkurteil die Besetzung der Mitglieder unter das Gebot der Staatsferne stellte. Dieser Befund ist ein erstes Indiz für die hohe personelle Kontinuität, auch wenn die Kommission nach 1994 unter veränderten Rahmenbedingungen arbeitete.

Die Ergebnisse der Bestellungspraxis der KEF-Mitglieder zeigen, dass es zum Teil erhebliche Unterschiede gibt. So haben etwa Bundesländer wie Sachsen oder Schleswig-Holstein seit 1994 nur ein KEF-Mitglied bestellt und dieses in der Folge auch immer wieder benannt (siehe Abb. 1). Bundesländer wie Bayern, Brandenburg, Bremen, Hessen, Niedersachen, Nordrhein-Westfalen, Sachsen-Anhalt und Thüringen haben seit 1994 zwei Mitglieder bestellt; alle anderen Bundesländer mehr als zwei. Die meisten Bestellungen hatte bisher das Saarland.

Darüber hinaus gab es in der Vergangenheit einige ungewöhnliche Vorgänge in der Bestellung der einzelnen Mitglieder, die jedoch die Arbeit der KEF nie nennenswert beeinträchtigt haben, da sie kaum Einfluss auf die Professionalität der Mitglieder hatten. Zu erwähnen ist beispielsweise die Tatsache, dass Brandenburg bis Ende 1996 kein eigenes Mitglied entsandt, sondern das ehemals für Nordrhein-Westfalen bestellte Mitglied berufen hatte. Ferner gab es einen Wechsel der KEF-Mitglieder zwischen den Bundesländern Niedersachsen und Mecklenburg-Vorpommern nach der jeweils ersten Amtszeit. Dieser Schritt wurde vorgenommen, um den Sachverstand des ursprünglich für Mecklenburg-Vorpommern benannten Mitgliedes für die Kommission zu erhalten. Andernfalls wäre das betreffende KEF-Mitglied nicht wiederbenannt worden. Bei der jüngsten Umbesetzung der Kommission aus dem Jahre 2011 haben beispielsweise die Länder Hamburg und Mecklenburg die Funktionen der jeweils berufenen KEF Mitglieder getauscht.

Wie aus Abbildung 1 zu entnehmen ist, erfolgte die Neuberufung von Mitgliedern zumeist in Schüben. Gerade die Jahre 2007 und 2012 haben für die Kommission zu einer Reihe von Neubesetzungen geführt. Zum Teil wurden die Mitglieder gegen Ende 2011 bereits nach nur einer Amtszeit wieder abberufen (Funkkorrespondenz 2011). Die besondere Problematik,

≡ Abb. 1: Anzahl der KEF Mitglieder und ihre Amtszeiten seit 1994 (nach Bundesländern)

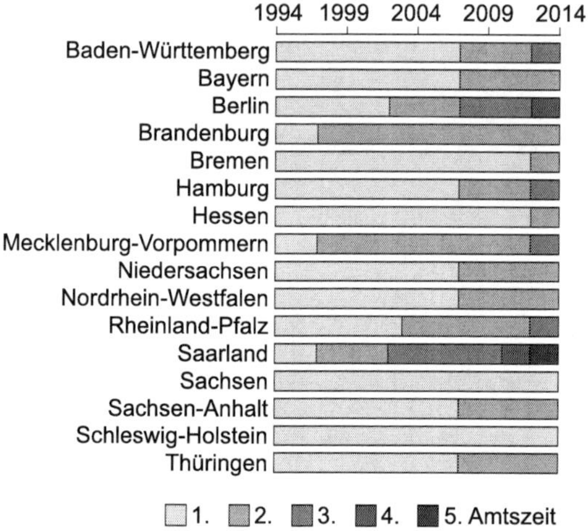

Anmerkung: Jede Amtszeit steht für ein KEF-Mitglied
Eigene Darstellung

die sich daraus für die KEF ergibt, ist ein möglicher Wissensverlust. Die Kommission hat ein vergleichsweise kleines „organisationales Gedächtnis" in Gestalt der KEF-Geschäftsstelle als unveränderbarer Bestandteil der Kommission, d.h. jegliches Wissen, welches nicht über formale Vorgänge oder entsprechende Dokumente kodifiziert und archiviert ist, läuft Gefahr infolge einer Umbesetzung schleichend verloren zu gehen. Die KEF Geschäftsstelle besteht aus dem Geschäftsführer, einem Mitarbeiter – der zu 50% für die KEF und zu 50% für die Staatskanzlei Rheinland-Pfalz beschäftigt ist – und einer Sekretärin. Ein Vergleich mit anderen Kommissionen, wie etwa der Monopolkommission zeigt, dass hier der Bestand an festem Personal deutlich höher ist (vgl. www.monopolkommission.de; Haubrock 1994). Gleichzeitig ist in der Personalfluktuation aber auch ein Vorteil zu sehen, denn die herausgebildeten Routinen werden von neuen KEF-Mitgliedern oftmals hinterfragt, so dass es zu Weiterentwicklungen kommt.

Die KEF-Mitglieder sind unter Berücksichtigung der gesamten KEF-Laufbahn im Durchschnitt rund elf Jahre berufen. Dieser Wert verringert sich auf durchschnittlich neun Jahre, wenn nur die Amtszeiten nach 1994 betrachtet werden. Beide Werte geben Anhaltspunkte dafür, dass die KEF-Mitglieder im Durchschnitt knapp zwei Fünf-Jahresperioden im Amt sind.

Die präsentierten Befunde zu den Amtszeiten der KEF-Mitglieder aus einzelnen Bundesländern zeigen zudem, dass die Stabilität in der Personalbesetzung vergleichsweise groß ist.

Ein weiterer interessanter Aspekt ist die Besetzung der Arbeitsgruppen. Tabelle 1 beinhaltet Informationen über die Anzahl und die durchschnittliche Verweildauer der Mitglieder in den jeweiligen Arbeitsgruppen. Die mit Abstand höchste Mitgliederfluktuation hat die AG 1. Hier sind seit 1994 zwölf Mitglieder benannt worden. Dies schlägt sich in der vergleichsweise geringen durchschnittlichen Amtsdauer von 7,0 bzw. 8,3 Jahren nieder. Interessanterweise gibt es über die Jahre hinweg aber bei einer offiziellen Anzahl von vier Mitgliedern lediglich fünf entsendende Bundesländer. Der AG 1 folgt die AG 3 mit neun Mitgliedern seit 1994, wobei die durchschnittliche Verweildauer mit 9,4 bzw. 11,8 Jahren deutlich höher ist. Die Anzahl der entsendenden Bundesländer liegt bei sechs. Die beiden Arbeitsgruppen mit der kumuliert geringsten Mitgliederzahl sind die Arbeitsgruppen 2 und 4 mit je acht Mitgliedern. Beide Arbeitsgruppen weisen folglich die höchste durchschnittliche Verweildauer auf, wobei die AG 2 für die Daten ab 1994 leicht höhere und für die Daten inklusive der Informationen über die KEF-Laufbahnen vor 1994 deutlich höhere Werte anzeigt. Dies liegt nicht zuletzt daran, dass in der AG 2 KEF-Mitglieder waren, die schon vor 1994 auf eine lange Karriere in der KEF zurückblicken.

Eine Ausnahme stellt die AG 5 dar, da hier nicht nur die Arbeitsgruppenvorsitzenden zusammentreffen, sondern auch der Vorsitzende der gesamten KEF sowie das für den Wirtschaftlichkeits- und Sparsamkeits-

Tab. 1: Mitgliederzahl und durchschnittliche Amtszeit nach KEF-Arbeitsgruppen

KEF-Arbeitsgruppe	Kumulierte Mitglieder seit 1994	Verweil-dauer seit 1994 in Jahren[a]	Verweil-dauer inkl. Amtsjahre vor 1994 in Jahren[a]	Mitglieder nach Bundesland
AG 1 Erträge	12	7,0	8,3	BW, BE, HE, SL, SN
AG 2 Personalaufwand	8	11,1	15,0	HB, HH, SH, NI, MV, ST
AG 3 Programmaufwand	9	9,4	11,8	NW, BW, BY, SL, BB, NW
AG 4 Sachaufwand (etc.)	8	9,9	10,4	RP, TH, MV, ST, HH, RP
nachrichtlich AG 5 Methoden	15	11,3	13,7	HB, TH, HE, HH, BY, SH, RP, BB, NW, NI, MV, ST
KEF Gesamt	37	9,1	11,0	–

a – Die Verweildauer wurde berechnet als durchschnittliche Verweildauer

Eigene Berechnungen

bericht zuständige KEF-Mitglied, denn dieses muss nicht zwangsläufig einen Arbeitsgruppenvorsitz inne haben. Das bedeutet, dass die AG 5 bis zu sieben Personen umfassen kann, wobei der oder die KEF-Vorsitzende formal gesehen kein Mitglied der AG 5 sein muss; etwa dann, wenn er oder sie keinen Arbeitsgruppenvorsitz inne hat. Das erklärt sowohl die hohe Anzahl an kumulierten Mitgliedern sowie die hohe Zahl an entsendenden Bundesländern.

In Tabelle 2 werden weiterführend Daten vorgestellt, die Auskunft darüber geben, inwiefern die KEF-Mitglieder gemäß Wahlzyklen besetzt wurden sowie Verbindungen zu den öffentlich-rechtlichen Rundfunkanstalten, zu den Parteien und/oder zur Exekutive aufweisen. So wurde zunächst überprüft, inwieweit den Bestellungen der neuen Mitglieder ein Wechsel in der Landesregierung vorausgegangen ist (siehe Tab. 2). Von einem Regierungswechsel wird dann gesprochen, wenn mindestens der große Koalitionspartner ausgetauscht wird. Hierbei zeigt sich, dass in vier Fällen ein Austausch des großen Koalitionspartners vor der Bestellung des KEF-Mitgliedes zu beobachten war. Ob diese Befunde allerdings auf eine direkte Zurechenbarkeit der Neubesetzung durch die neue Landesregierung schließen lassen, bleibt offen. Die Ereignisse bedeuten aber, dass nicht per se davon ausgegangen werden kann, dass es zu Besetzungen in Abhängigkeit vom Wahlzyklus kommt. Um diese Schlussfolgerung zu stärken, wurde erhoben, wie viele Wechsel des großen Koalitionspartners in die Amtszeiten von KEF-Mitgliedern fallen, ohne dass es zu einer Neubestellung kommt. Dabei zeigt sich, dass in der Amtszeit von nicht weniger als zwölf KEF-Mitgliedern 13 mal der große Koalitionspartner gewechselt wurde, ohne dass dies unmittelbare Konsequenzen auf die Arbeit des jeweiligen KEF-Mitgliedes hätte (etwa durch Abberufung). Dieser Befund gibt einen ersten Anhaltspunkt, dass die Mitglieder der KEF größtenteils jenseits politisch-strategischer Begehrlichkeiten operieren und widerlegt damit die vorgestellte These 1 (abgesehen von Einzelfällen, die genauer untersucht werden müssten).

Hinsichtlich der Nähe zu den öffentlich-rechtlichen Rundfunkanstalten zeigt sich folgendes Bild: seit 1994 gab es lediglich vier Mitglieder (11%), denen formal gesehen eine Nähe zu den öffentlich-rechtlichen Rundfunkanstalten unterstellt werden kann (siehe Tab. 2). Bei diesen Fällen handelt es sich zumeist um verschiedene Etappen der Berufslaufbahnen. Für die zweite These bedeutet dies, dass sich keine besondere Nähe zu den Rundfunkanstalten rekonstruieren lässt.

Mit Blick auf die Nähe zur Verwaltung zeigt sich, dass rund 43% (n = 16) der Mitglieder eine besondere Nähe zur öffentlichen Verwaltung auf-

Tab. 2: KEF-Mitglieder in Verwaltung, Politik und öffentlich-rechtlichem Rundfunk

Merkmal	Häufigkeit	in Prozent
Regierungswechsel vor Ernennung	4	10,8
Regierungswechsel in KEF-Laufbahn	13	35,1
Nähe zu öffentllich-rechtlichem Rundfunk	4	10,8
keine Nähe	33	89,2
Nähe zur Verwaltung	16	43,2
keine Nähe	21	56,8
Mitgliedschaft	14	37,8
Parteinähe	6	16,2
Nicht bekannt	15	40,5
keine Partei	2	5,4
Kongruente Besetzungen	17	45,9
Inkongruente Besetzungen	3	8,1
Gesamt	*37*	*100*

Eigene Berechnungen

weisen, was nicht zuletzt darin begründet liegt, dass die neun Vertreter der Rechnungshöfe vor ihren Rechnungshoflaufbahnen in höheren Positionen der öffentlichen Verwaltung tätig waren. Daneben hatten sieben weitere Mitglieder Spitzenpositionen in der Verwaltung besetzt. Demnach zeigt sich in den Biografien einiger KEF-Mitglieder eine gewisse Nähe zur ausführenden Gewalt, die allerdings dadurch relativiert wird, dass die betreffenden Mitglieder in Institutionen tätig sind, die ein hohes Maß an Unabhängigkeit und Selbständigkeit garantierten und voraussetzen (wie etwa Rechnungshöfe oder Universitäten). Insofern ist davon auszugehen, dass die Nähe zur Exekutive vor allem dem Verständnis politischer Prozesse und von Verwaltungsvorgängen dienlich ist und weniger zu einer staatsnahen Selbstwahrnehmung der Mitglieder führt.

Für die Parteizugehörigkeit der KEF-Mitglieder zeigen sich dagegen ganz andere Befunde. Während eine bestimmte Affinität zu den Rundfunkanstalten vergleichsweise selten ist, weisen mehr als die Hälfte der KEF-Mitglieder eine Parteimitgliedschaft oder zumindest eine Nähe zu einer bestimmten Partei auf (siehe Tab. 2). Für 14 Mitglieder der Kommission konnte die Parteizugehörigkeit recherchiert, für sechs weitere Mitglieder konnte eine bestimmte Parteinähe eingegrenzt werden. Von zwei KEF-Mitgliedern ist bekannt, dass sie keiner Partei angehören. Die verbleibenden 15 Mitglieder wurden mit „Parteimitgliedschaft unbekannt" kodiert. Mit den 20 KEF-Mitgliedern, die (tendenziell) einer Partei zugeordnet werden konnten, wurde der Abgleich mit der parteipolitischen Zusammensetzung der Landesregierung vorgenommen. Bezugspunkt war erneut die größte Koalitionspartei. Von den insgesamt 20 Fällen zeigen immerhin 17 eine kongruente Besetzung durch die Ministerpräsidenten, d.h. die Partei des KEF-Mitgliedes oder der das KEF-Mitglied nahe steht, entspricht jener Partei, die den Ministerpräsidenten stellt. Gemessen an der Gesamtzahl aller KEF-Mitglieder liegt der Anteil kongruenter Besetzungen bei 46%. Ob diese Befunde allerdings ohne Weiteres zu generalisieren sind, bleibt aufgrund der unsicheren Datenlage fraglich. Fest steht aber, dass Parteimitgliedschaft bei der Kandidatennominierung und bei der späteren Ernennung eine Rolle zu spielen scheint.

6. Zusammenfassung und Schlussfolgerungen

Der Medienrechtler Dieter Dörr bezeichnet die Kommission in Bezug auf die Regulation des öffentlich-rechtlichen Rundfunks als „eine der wichtigsten Einrichtungen überhaupt" (Dörr 1994, S. 5). Sie fungiert im übertragenen Sinne als Anwalt der Beitragszahler (Eckhardt 1998, S. 29). Im 8. Rundfunkurteil hat das Bundesverfassungsgericht festgestellt, dass die KEF sowohl „rundfunk-" als auch „politikfrei" sein soll (BVerfGE 90, 60). Daher ist die Frage, wie rundfunk- und politikfrei die Kommission tatsächlich ist, sehr berechtigt. Interessanterweise wurde diese Frage bisher allerdings noch nie empirisch beantwortet. Der vorliegende Beitrag unternimmt daher einen ersten Blick auf die Daten zur Besetzung der KEF sowie die biografischen Hintergründe ihrer Mitglieder.

Die wichtigsten Befunde sind dabei, dass sich die Kommission durch eine vergleichsweise hohe Stabilität auszeichnet, wenngleich gerade in der jüngeren Vergangenheit innerhalb von zwei Besetzungsperioden nahezu die Hälfte der Mitglieder ausgetauscht wurde. Dies ist schon deshalb bemerkenswert, da die Kommission über ein vergleichsweise kleines organisationales Gedächtnis – in Form der verstetigten KEF-Geschäftsstelle – verfügt.

Darüber hinaus wurde festgestellt, dass sich die Kommissionsmitglieder zu einem Großteil aus der Verwaltungselite rekrutieren, was nicht zuletzt in dem Besetzungsschlüssel der Kommission begründet liegt. Bemerkenswert ist ferner, dass nur einige wenige Mitglieder einen mehr oder weniger direkten Bezug zu den öffentlich-rechtlichen Rundfunkanstalten aufweisen. Deutlich höhere Anteile zeigten sich jedoch hinsichtlich der Parteizugehörigkeit der Kommissionsmitglieder, auch wenn die Datenlage hier nicht zufriedenstellend ist. Beide Sachverhalte dürfen jedoch – anders als in eher polemisch geführten Diskussionen behauptet – nicht zu voreiligen Schlüssen im Sinne von Rundfunk- und Staatsnähe führen. Hierzu sind noch weitere empirische Untersuchungen notwendig, da es eine Vielzahl anderer Sachverhalte gibt, die Rückschlüsse auf die Unabhängigkeit der Kommission erlauben, wie etwa die Entscheidungsfindung innerhalb der Kommission, die bisher nicht untersucht wurde. Auch hier gibt es bisher kaum empirische Informationen und so mutet es etwas befremdlich an, dass mit Bezug zum öffentlich-rechtlichen Rundfunk einerseits von einer der „wichtigsten Einrichtungen überhaupt" (Dörr 1994, S. 5) geschrieben wird, andererseits aber bisher nur einige wenige Versuche unternommen wurden sich diesem interessanten Untersuchungsgegenstand empirisch zu nähern (vgl. etwa Meier 2006, 2008). Daher möchte der Artikel dazu auffordern, weitere Anstrengungen zu unternehmen, sich der Rundfunkpolitik und den relevanten rundfunkpolitischen Akteuren mit einer empirischen Brille anzunähern, denn nur dann ist – um mit Werner Janns Worten zu schließen – „kumulativer Erkenntnisgewinn" möglich (Jann 1987, S. 46).

Literatur

Bachmann, Horst (2007): Die Konsequenzen aus dem 9. Rundfunkurteil des Bundesverfassungsgerichtes für die KEF. In: Arbeitspapiere des Instituts für Rundfunkökonomie an der Universität zu Köln, Heft 236

Beck, Hanno/Beyer, Andrea (2013): Öffentlich-rechtlicher Rundfunk in der Krise. In: Wirtschaftsdienst, Jg. 93/Heft 3, S. 175–181

Beck, Hanno/Beyer, Andrea (2009): Zur Reform des öffentlich-rechtlichen Rundfunks: Ein Vorschlag. In: Wirtschaftsdienst, Jg. 89/Heft 12, S. 827–834

Blumenthal, Julia von (2003): Auswanderung aus den Verfassungsinstitutionen. Kommissionen und Konsensrunden. In: Aus Politik und Zeitgeschichte, B 43, S. 9–15

Conrad, Rainer (2000): Rundfunkfreiheit, Geld und Politik – 25 Jahre KEF. In: Arbeitspapiere des Instituts für Rundfunkökonomie an der Universität zu Köln, Heft 129, S. 25–30

Donges, Patrick/Künzler, Thomas (2000): Rundfunkpolitische Modelle und ihre Diskussion in Europa. Medienheft 14, S. 14–21

Dörr, Dieter (1994): Das Verfahren zur Bemessung der Rundfunkgebühr in der Diskussion. In: Reihe Arbeitspapiere des Instituts für Rundfunkökonomie an der Universität zu Köln, Heft 10

Eberle, Carl-Eugen (2003): Krise der Medienwirtschaft – Ein Fall für die Medienregulierung? In: Institut für Rechtspolitik. Rechtspolitisches Forum, 18, S. 3–16

Ebinger, Falk/Jochheim, Linda (2009): ‚Wessen loyale Diener? Wie die Große Koalition die deutsche Ministerialbürokratie veränderte'. In: der moderne staat – dms, Jg. 2/Heft 2, S. 335–353

Eckhardt, Judith (1998): Strukturen, Aufgaben und Perspektiven des öffentlich-rechtlichen Rundfunks im Kräftefeld der Politik. In: Arbeitspapiere des Instituts für Rundfunkökonomie an der Universität zu Köln, Heft 107

Grätz, Reinhard (1995): Möglichkeiten und Probleme einer politischen Umsetzung des Verfassungsgerichtsurteils zur Gebührenbemessung. In: Arbeitspapiere des Instituts für Rundfunkökonomie an der Universität zu Köln, Heft 27

Haubrock, Manfred (1994): Konzentration und Wettbewerbspolitik: die Funktion der Monopolkommission im Zusammenhang mit der Konzentrationsentwicklung und ihre Bedeutung in der wettbewerbspolitischen Auseinandersetzung in der Bundesrepublik. Frankfurt/M.

Jakobs-Woltering, Peter (1993): Die Personalqualifikation und Personalentwicklung der Rechnungshöfe: Ein Problem der Erfolgskontrolle. Ein theoretisch-empirischer Beitrag zur Personalforschung. Frankfurt/M.

Jann, Werner (1987): Strategien und Probleme der vergleichenden Verwaltungswissenschaft. In: Koch, Rainer (Hg.): Verwaltungsforschung in Perspektive. Ein Colloqium zur Methode, zum Konzept und zum Transfer. Baden-Baden, S. 39–55

Jann, Werner/Wegrich, Kai (2008): Wie bürokratisch ist Deutschland? Und warum? Generalisten und Spezialisten im Entbürokratisierungsspiel. In: der moderne staat – dms, Jg. 1/Heft 1, S. 49–72

Jann, Werner/Veit, Sylvia (2010): Politicisation of administration or bureaucratisation of politics? The case of Germany. Paper für die 5th ECPR General Conference vom 10.–12. September 2009 an der Universität Potsdam. (Zugl.: Potsdamer Diskussionspapiere zur Verwaltungswissenschaft 6; Potsdam: Universitätsverlag. URL: http://opus.kobv.de/ubp/volltexte/2010/4516/)

Hilker, Heiko (2009): Selbstkontrolle stärken. Politiker an ihren Taten messen. In: Lilienthal, Volker (Hg.): Professionalisierung der Medienaufsicht. Neue Aufgaben für Rundfunkräte – die Gremiendebatte in epd medien. Wiesbaden, S. 102–106

Kopper, Gerd G. (2006): Medienökonomie im komplexen Diskurs des Korporatismus in Deutschland. Art und Wirkung der Medienökonomie in Kommissionen, Verbänden, Institutionen und nichtwissenschaftlichen Einrichtungen der Bundesrepublik Deutschland. In: Altmeppen, Klaus-Dieter/Karmasin, Matthias (Hg.): Medien und Ökonomie. Bd. 3: Anwendungsfelder der Medienökonomie. Wiesbaden, S. 19–46

Kopper, Gerd G. (2002): ‚Medienökonomie' im Zeichen der ‚fünften Gewalt'. Bemerkungen zu Zielsetzungen, Strukturen und Paradoxa der Erkenntnisfindung in einem Fachgebiet mit missverständlicher Bezeichnung. In: Siegert, Gabriele (Hg.): Medienökonomie in der Kommunikationswissenschaft. Bedeutung, Grundfragen und Entwicklungsperspektiven (Beiträge zur Medienökonomie). Münster, S. 15–26

Kops, Manfred (1994): Möglichkeiten und Probleme einer Indexierung der Rundfunkgebühr. Institut für Rundfunkökonomie. In: Arbeitspapiere des Instituts für Rundfunkökonomie an der Universität zu Köln, Heft 19

Krönes, Gerhard (1996): Finanzbedarf öffentlichen Rundfunks und Festsetzung von Rundfunkgebühren. In: ZögU – Zeitschrift für öffentliche und gemeinwirtschaftliche Unternehmen, Jg. 19/Heft 1, S. 31–52

Lucht, Jens (2006): Der öffentlich-rechtliche Rundfunk: ein Auslaufmodell. Grundlagen – Analysen – Perspektiven. Wiesbaden

Meier, Henk Erik (2008): Independent Regulatory Bodies and Impossible Jobs: The Failure of German Public Service Broadcasters Regulation. In: Public Administration, Vol. 86/No. 1, S. 133–148

Meier, Henk Erik (2006): 'For a few cents less'? Nested games in German broadcasting regulation. In: German Politics, Vol. 15/No. 2, S. 166–191

Porzucek, Jens (2007): Die Finanzkontrolle der öffentlich-rechtlichen Rundfunkanstalten und ihrer Beteiligungsunternehmen. Berlin

Power, Michael (1997): The Audit Society. Rituals of Verification. Oxford

Sandl, Erich (1987): Reflections on the Perspectives of Financial Control. German Foundation for International Development, Public Administration Centre, S. 9–47

Schäfer, Hans (1993): The Constitutional Position of Supreme Audit Institutions with Special Reference to the Federal Republic of Germany. In: Geist, Benjamin (ed.): State Audit, Developments in Public Accountability. London, Basingstoke, S. 46–69

Scheel, Tobias (2007): Die staatliche Festsetzung der Rundfunkgebühr. Rechtliche Kriterien und Grenzen der Gestaltungsmacht der Länder im Verfahren zur Festsetzung der Rundfunkgebühr. Schriften zum Öffentlichen Recht, Bd. 1049, Berlin

Schwanke, Katja/Ebinger, Falk (2006): Politisierung und Rollenverständnis der deutschen administrativen Elite. In: Bogumil, Jörg (Hg.): Politik und Verwaltung. Wiesbaden, S. 228–249

Schwendinger, Gerd (2003): Deutsche Rundfunkgebühren – „staatlich oder aus staatlichen Mitteln gewährt". Zugleich eine kritische Bestandsaufnahme der Rechtsprechung des EuGH zur staatlichen Zurechenbarkeit von Beihilfen gemäß Art. 87 Abs. 1 EGV. European University Institute, EUI Working Paper Law, No. 2003/5

Seufert, Wolfgang (2006): Programmaufwand, Qualität und Wirtschaftlichkeit öffentlich-rechtlicher Rundfunkprogramme. In: Medien und Kommunikationswissenschaft, Jg. 54/Heft 3, S. 365–384

Sieberer, Ulrich (2011): The Institutional Power of Western European Parliaments: A Multidimensional Analysis. In: West European Politics, Vol. 34/No. 4, S. 731–754

Sieberer, Ulrich (2008): Prinzipal Parlament. Die Bedeutung europäischer Parlamente als Wahlorgane. In: Politische Vierteljahresschrift, Jg. 49/Heft 2, S. 251–282

Siefken, Sven T. (2006): Expertenkommissionen der Bundesregierung. In: Falk, Svenja/Rehfeld, Dieter/Römmele, Andrea/Thunert, Martin (Hg.): Handbuch Politikberatung. Wiesbaden, S. 215–227

Thatcher, Mark (2002): Regulation after delegation: independent regulatory agencies in Europe. In: Journal of European Public Policy, Vol. 9/No. 6, S. 954–972

Weitere Quellen

8. KEF-Bericht, 1991, Kommission zur Ermittlung des Finanzbedarfs der öffentlich-rechtlichen Rundfunkanstalten

15. KEF-Bericht, 2005, Kommission zur Ermittlung des Finanzbedarfs der öffentlich-rechtlichen Rundfunkanstalten

17. KEF-Bericht, 2009, Kommission zur Ermittlung des Finanzbedarfs der öffentlich-rechtlichen Rundfunkanstalten

18. KEF-Bericht, 2011, Kommission zur Ermittlung des Finanzbedarfs der öffentlich-rechtlichen Rundfunkanstalten

Rechtsquellen

BVerfGE 90, 60 Rundfunkgebühren vom 22. Februar 1994

Rundfunkfinanzierungsstaatsvertrag (RFinStV) in Kraft seit 1.1.2013

Pressequellen

Funkkorrespondenz (2011): KEF steht Anfang 2012 vor großem personellen Wechsel. Funkkorrespondenz, vom 4. November 2011

Gäbler, Bernd (2007): Die Gebührenempfehler – Wer ist die KEF? Stern, vom 2. Mai 2007 (Internet: http://www.stern.de/kultur/tv/die-medienkolumne-die-gebuehren empfehler-wer-ist-die-kef-588127.html, letzter Zugriff: 18. März 2014)

Rosenbach, Marcel (2003): Der Gebührenzähler. Der Spiegel 41/2003. S. 214–216

Der Deutsche Bundestag als bürokratische Organisation

Julia Fleischer

Einleitung

Die berühmte Erkenntnis „Politik ist Organisation. Und Organisation ist Politik“ wird gemeinhin dem früheren Vorsitzenden der SPD-Bundestagsfraktion Herbert Wehner zugeschrieben – und auch von seinen Amtsnachfolgern bemüht (Müntefering 2006). Umso erstaunlicher, dass sich die politikwissenschaftliche Verwaltungs- und Organisationsforschung nur selten dem Innenleben von Parlamenten und dessen Konsequenzen für politische Entscheidungsprozesse widmet (vgl. Froman 1968; Hedlund 1984; Weingast/Marshall 1986). Eine der Ausnahmen bildet die Habilitationsschrift von Werner Jann zu „Parlamente und Gesetzgebung. Akteure und Ressourcen der parlamentarischen Gesetzgebung im internationalen Vergleich“ (1989). Ziel seiner Studie ist die komparative Analyse der Rolle der Parlamente in der Gesetzgebung und die Diskussion möglicher Reformstrategien. Im Mittelpunkt steht die Annahme, dass die internen institutionellen Arrangements von Parlamenten in Wechselwirkung zu ihrer Stellung im jeweiligen Regierungssystem stehen. Seine komparative Untersuchung des US-amerikanischen Kongresses, des britischen Unterhauses und des schwedischen Riksdags überrascht mit der Erkenntnis, dass eine homogene Spezialisierung der internen Strukturen und Prozesse sowie der Professionalisierung der parlamentarischen Akteure mit heterogenen Dynamiken der Fraktionierung und Egalisierung der Abgeordneten einhergeht. Dabei zeigt sich die eminent wichtige Ressourcenausstattung der Akteure und deren Nutzung als Erklärung für eben jene Veränderungen in den parlamentarischen Arenen.

Der vorliegende Beitrag zeigt einige daraus folgende „surprises and second thoughts“ (Jann 1984) zu Bedeutung und Konsequenzen der Binnenorganisation von Parlamenten anhand des Deutschen Bundestages auf. Dabei wird ganz in der Forschungstradition Werner Janns die theoretische Erklärungsrelevanz der „skandinavischen Schule“ ebenso verdeutlicht wie die reichhaltige empirische Agenda, die die verwaltungswissenschaftliche Forschung bietet.

Drei theoretische Perspektiven auf Parlamente als bürokratische Organisationen

Die skandinavische Schule der Verwaltungswissenschaft beschäftigt sich mit den institutionellen und organisatorischen Bedingungen und Folgen politischen Handelns, mit besonderer Aufmerksamkeit für politisch kontrollierte Organisationen (vgl. hierzu und im Folgenden Jann 2006; Christensen et al. 2007). Im Grundsatz stimmt sie in das neo-institutionalistische Credo des „institutions matter" ein, folgt aber ihren organisationstheoretischen Wurzeln und fasst jede Institution auch als eine Organisation auf (Christensen et al. 2007, S. 3). Als Konsequenz stellt sie drei theoretische Erklärungsperspektiven explizit nebeneinander, um die Genese, Beständigkeit und den Wandel von Organisationen sowie die Dynamiken organisationaler Entscheidungsprozesse zu verstehen (Christensen et al. 2007; Scott 2014).

Die erste *instrumentelle* Perspektive verwendet einen engen Institutionenbegriff; institutionelle Bedingungen sind aus dieser Sicht Regelsysteme, die das Verhalten der Akteure ermöglichen als auch beschränken. Im Gegenzug werden Akteure als rationale Nutzenmaximierer aufgefasst, die sich durch formale Regeln in ihren Entscheidungsprozessen beeinflussen lassen (Williamson 1985). Diese Logik der Konsequenz motiviert Akteure, die existierenden Regeln zur Erreichung ihrer Ziele auszunutzen bzw. gegebenenfalls zu verändern. Die zweite *kulturelle* Perspektive definiert Institutionen breiter, nicht nur als formale Regeln sondern ebenso als internalisierte Normen und Werte (DiMaggio/Powell 1983). Gleichzeitig werden Akteure als begrenzt rational beschrieben (vgl. Simon 1946), die nicht ausschließlich aufgrund einer rationalen Abwägung ihrer Alternativen entscheiden, sondern sich an den Erwartungen angemessenen Verhaltens orientieren. Dieser Logik der Angemessenheit folgend sind Akteure bestrebt, institutionelle Rahmenbedingungen einzuhalten und nur bedingt fähig, die kulturellen Werte und Normen zu verändern. Die dritte *mythenbezogene* Perspektive wendet sich stärker der organisationalen Umwelt zu und erweitert den Institutionenbegriff um institutionalisierte Weltsichten und Narrative, die die formalen Regelsysteme mit den Normen und Werten verknüpfen und somit als unhinterfragte institutionelle Basis fungieren (Senge 2006, S. 41). Aus dieser Sichtweise haben begrenzt rationale Akteure nur geringe Möglichkeiten der bewussten Umgestaltung ihrer institutionellen Rahmenbedingungen, sind aber sehr wohl an deren Persistenz und Diffusion beteiligt und vermögen, die entsprechenden Ressourcen vorausgesetzt, einflussreiche eigene Weltbilder und Mythen zu kreieren (Johnson/Greenwood 2007, S. 25).

Aus dieser Sicht lassen sich Parlamente als Institutionen bzw. Organisationen auffassen, die durch formale Regeln, Normen und Werte sowie unhinterfragte Weltsichten charakterisiert sind und das Verhalten der Akteure innerhalb und außerhalb der parlamentarischen Arena beeinflussen. Eine Besonderheit ergibt sich dabei aus der temporären Zusammensetzung der parlamentarischen Akteure: In Demokratien stehen Abgeordnete regelmäßig zur Wahl und haben nach (Wieder-)Einzug ins Parlament die Gelegenheit, die internen institutionellen Rahmenbedingungen und Spielregeln an ihren Eigeninteressen, ihren Normen und Werten sowie ihren dominanten Weltsichten auszurichten. Dass dies in der parlamentarischen Praxis nur selten in radikaler Weise geschieht, kann dem von Jann (1989) beschriebenen wechselseitigen Einfluss dieser internen institutionellen Arrangements und der Stellung des Parlaments im Regierungssystem sowie weiteren institutionellen Kontextfaktoren zugeschrieben werden.

Die folgenden empirischen Ausführungen wenden die Perspektive der skandinavischen Schule auf Janns zentrale Analysekategorie der strukturellen und prozeduralen Ressourcen parlamentarischer Akteure an, mit deren Hilfe sie jene organisatorische Stellung nutzen, die ihnen aufgrund ihrer Spezialisierung in Ausschüssen, ihrer Fraktionalisierung nach Parteien sowie ihrer Zugehörigkeit zur parlamentarischen Mehrheit bzw. Minderheit zukommt (Jann 1989, S. 143ff.).

Strukturelle und personelle Ressourcen im Deutschen Bundestag

Der Deutsche Bundestag gilt im internationalen Vergleich als sehr gut ausgestattetes Parlament (für viele: Schüttemeyer 1994). Den Abgeordneten stehen zur Wahrnehmung ihrer Aufgaben verschiedene Formen der personellen Unterstützung zur Verfügung, nämlich die Bundestagsverwaltung, die Mitarbeiter[1] der Fraktionen bzw. Gruppen sowie die persönlichen Mitarbeiter der Abgeordneten. Im Zeitverlauf sind diese Ressourcen kontinuierlich angestiegen. Pro Mandatsträger hat sich seit ihrer Einführung die Zahl der persönlichen Mitarbeiter mehr als verzehnfacht, die Größe der Mitarbeiterstäbe der Fraktionen bzw. Gruppen ist sechs Mal höher als zu deren Einrichtung und die Anzahl der Mitarbeiter der Bundestagsverwaltung hat sich vervierfacht (vgl. Abb. 1).

1 Zur besseren Lesbarkeit wird die maskuline Form verwendet, die feminine Form ist ebenfalls gemeint.

≡ Abb. 1 Personelle Ressourcen im Deutschen Bundestag

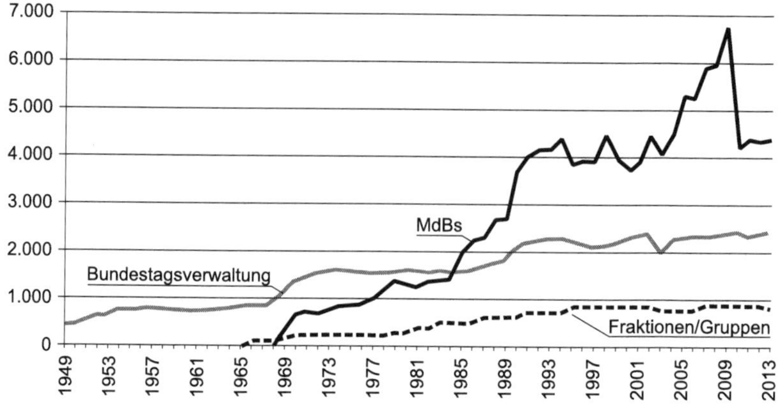

Anmerkung: Seit 2010 wird die durchschnittliche monatliche Anzahl von Mitarbeitern der MdBs als Berechnungsgrundlage verwendet, zuvor wurde dieser Wert für das gesamte Kalenderjahr erhoben. Ebenso wird die Mitarbeiterstärke der Fraktionen und Gruppen seit 1981 für die gesamte Legislaturperiode ausgewiesen, vormals wurde sie zweimal pro Legislaturperiode veröffentlicht.

Quellen: Bundeshaushaltspläne; Deutscher Bundestag (2014b, S. 1).

Dagegen sind die zusätzlich mehr als 100 Mitarbeiter aus der Bundesverwaltung, die von ihren Tätigkeiten beurlaubt und für die Bundestagsfraktionen tätig werden, eine vergleichsweise kleine wenn auch wertvolle Ressource. Zudem werden Bundestagsabgeordnete durch Praktikanten unterstützt, deren Anzahl sich nur sehr grob schätzen lässt. Im Oktober 2007 waren bei CDU/CSU-Abgeordneten etwa 175 Praktikanten beschäftigt (Münning 2007), konservativ hochgerechnet dürften damit aktuell mindestens 600 Praktikanten die Abgeordnetenbüros sowie die Fraktionen bzw. Gruppen und die Bundestagsverwaltung verstärken.

Auf den ersten Blick sollte die Bundestagsverwaltung aufgrund ihrer funktionalen Rolle einen erheblichen Beitrag zum Bundestag als bürokratische Organisation leisten. Dennoch dürften wegen ihres Umfangs auch den persönlichen Mitarbeitern sowie den Mitarbeiterstäben der Fraktionen bzw. Gruppen einige Bedeutung zukommen.

Kontinuität und Wandel der Bundestagsverwaltung

Historisch kann die Parlamentsverwaltung in Deutschland mindestens bis zu den angekündigten bzw. eingerichteten Verwaltungen der Stände in den deutschen Staaten des 19. Jahrhunderts zurückverfolgt werden (Herz 2010,

S. 552). Dabei galten bis zur Weimarer Republik die Zuständigkeiten für die Parlamentsverwaltung und die besondere Stellung des Parlamentspersonals, auch in Abgrenzung zur Ministerialbürokratie, als relativ unklar (Blischke 1981; Herz 2010). Mit Gründung der Bundesrepublik führte die neu errichtete Bundestagsverwaltung in ihren Grundzügen jene Verwaltungsdienste fort, die zuvor den Parlamentarischen Rat und den Wirtschaftsrat des Vereinigten Wirtschaftsgebietes administrativ unterstützt hatten (Schneider/Zeh 1988, S. 842). Ein formales Regelwerk für ihre Aufgaben und Organisation wurde jedoch erst im Rahmen der in 1952 in Kraft getretenen Geschäftsordnung des Bundestages geschaffen (Schindler 1999, S. 3402).

Zunächst konzentrierte sich die Bundestagsverwaltung auf Aufgaben der inneren Verwaltung, die Unterstützung der Bundestagsausschüsse (Schramm 1965), sowie traditionelle Parlamentsdienste wie Bibliothek und Archiv (Jekewitz 1969). Im Rahmen der „Kleinen Parlamentsreform" von 1969 wurde der „wissenschaftliche Fachdienst" der Bundestagsverwaltung aufgewertet sowie die Öffentlichkeitsarbeit als weitere zentrale Aufgabe definiert (Marschall 1999). Zu Beginn der 1980er-Jahre sind weitere Aufgaben organisatorisch verankert worden, etwa im Bereich der auswärtigen parlamentarischen Beziehungen des Bundestages oder in der Zusammenarbeit des Bundestages mit den Landtagen (Schindler 1999, S. 3405).

Im heutigen Zuschnitt werden die vier zentralen Aufgabengebiete der Bundestagsverwaltung in einzelnen Abteilungen organisiert. Für die Analyse der Bürokratisierung des Bundestages werden im Folgenden vor allem die Ausschusssekretariate und die Europazuständigkeiten in der Abteilung „Parlament und Abgeordnete" sowie der wissenschaftliche Dienst in der Abteilung „Wissenschaft und Außenbeziehungen" näher betrachtet.

Die Assistenten der Ausschüsse bildeten zunächst den funktionalen und organisatorischen Kern der Bundestagsverwaltung, sie waren nicht nur mit Protokoll- und Sekretariatsaufgaben betraut sondern nahmen zugleich Dokumentationsdienste wahr (Schramm 1965, S. 104ff.). Der Aufgabenkatalog der Ausschusssekretäre wurde durch einen Brief des früheren Bundestagspräsidenten Ehlers von 1951 umschrieben und ist seitdem nicht näher kodifiziert worden (abgedruckt in Schramm 1965). Dies mag als allgemeine Zustimmung zu ihren Funktionen und ihrer Aufgabenwahrnehmung gelten, ist aber gleichermaßen auch Ausdruck der Relevanz informeller Regeln im parlamentarischen Betrieb. Im Zeitverlauf haben sich die Ausschusssekretariate weiter ausdifferenziert und sind dabei den parlamentarischen Aufmerksamkeitszyklen gefolgt, d.h. neue Ausschüsse bzw. funktionale Ausschusszuschnitte führten zu einer Spezialisierung dieser

Organisationseinheiten der Bundestagsverwaltung. Bis heute gelten dabei die Ausschusssekretariate als Garant bürokratischer Expertise in der Vor- sowie Nachbereitung der Ausschusssitzungen, Versorgung der Ausschussmitglieder mit Unterlagen und Absicherung des Einhaltens der kodifizierten Verfahren (Oertzen 2005, S. 231f.; FAZ 2013; Buche/Fleischer 2014). Das etwaige Spannungsverhältnis zwischen parteipolitischer Neutralität und der Unterstützung des Ausschusses bzw. Ausschussvorsitzenden wird in der Praxis durch die starke Einbindung der Obleute der Fraktionen aufgelöst, etwa in der Vorbereitung der Sitzungsagenda, die wiederum in dieser Aufgabe von den Mitarbeitern ihrer Fraktion unterstützt werden (Buche/Fleischer 2014).

Bereits Anfang der 1990er-Jahre wurde der zunehmenden Relevanz der europäischen Integration für die parlamentarische Arbeit durch ein „Europabüro“ entsprochen, welches zur Unterstützung des Sekretariats des 1991 eingerichteten Bundestagsausschusses für Europaangelegenheiten geschaffen wurde (Feldkamp 2005, S. 768). Dennoch wurden erst nach Inkrafttreten des Lissabonvertrages größere Veränderungen in der legislativen Binnenorganisation des Bundestages vorgenommen. Das neu eingerichtete Referat PA 1 „Europa“ zur Sortierung und Priorisierung der EU-Dokumente (vgl. Vollrath 2011) wurde inzwischen in eine Unterabteilung PE „Europa“ überführt. Deren Organisationseinheiten bündeln Unterstützungsleistungen in Europafragen, allerdings vornehmlich für die Fraktionen (Kropp 2010, S. 132; Buzogány/Kropp 2013, S. 7).[2] Neben der Rolle als Dienstleister zur Wahrnehmung parlamentarischer Aufgaben im Mehrebenensystem der Europäischen Union (EU) lässt sich diese Entwicklung auch als Indiz für den Hang bürokratischer Organisationen zum Ausbau ihrer eigenen Ressourcen werten, mithin der Legitimierung der Aktivitäten der Bundestagsverwaltung im entstehenden „europäischen Parlamentsraum“. So zeugt das Engagement des Direktors beim Deutschen Bundestag als Vorsitzender des europaweiten parlamentarischen Dokumentationsaustauschsystems IPEX während der letzten vier Jahre nicht nur von der Anerkennung der Expertise der Bundestagsverwaltung in den Bereichen Informationsverarbeitung und Dokumentation. Es ist auch Ausdruck eines Selbstverständnisses als Parlamentsverwaltung mit Vorbildfunktion und -charakter für andere.

2 Zusätzlich wurde nach schwedischem Vorbild ein Verbindungsbüro des Deutschen Bundestages in Brüssel eingerichtet, dessen Mitarbeiter zwar der Bundestagsverwaltung angehören aber von den Fraktionen ausgewählt werden, so dass sie die parteipolitische Zusammensetzung des Bundestages widerspiegeln (Kropp 2010, S. 132).

Obwohl es bereits von Beginn an einen wissenschaftlichen Fachdienst gab, wird die Geburtsstunde der wissenschaftlichen Dienste des Bundestages zumeist auf die Schaffung des Referates „Dokumentation" in der Hauptabteilung III im Jahre 1964 datiert (Dietz/Hahn 1989, S. 94, 114f.). Zuvor waren unter dem Fachdienst die Bibliothek, das Archivwesen und das Parlamentsregister organisiert (Winter 2006, S. 200). Seit den 1970er-Jahren sind die wissenschaftlichen Dienste in einer eigenen Unterabteilung in verschiedene Fachbereiche bzw. Themengebiete zusammengefasst und pflegen eher losen fachlichen Kontakt zu den Ausschussdiensten (ebd., S. 201). Auch in diesem Bereich der Bundestagsverwaltung wurde der zunehmenden Bedeutung der europäischen Integration für die parlamentarischen Akteure bereits 1990 mit der Einrichtung eines eigenen Fachbereichs für „Europäische Gemeinschaften" entsprochen (Schindler 1999, S. 3407).

Wiederholt erlangen die wissenschaftlichen Dienste mediale Aufmerksamkeit, etwa in der jüngsten Debatte um die Einführung einer PKW-Maut, da ihren Gutachten in der parlamentarischen Praxis offensichtlich eine präjudizierende Wirkung zukommen kann – und nicht alle darin getroffenen Schlussfolgerungen auf parteipolitische Gegenliebe stoßen (SZ online 2014). Zugleich wird aber auch offenbar, dass Umfang und Agenda ihrer Beratungsaktivitäten intransparent bleiben und keine Veröffentlichungspflicht besteht. In einem der derzeit zehn Themengebiete, dem Bereich „Verfassung und Verwaltung", wurden im Spitzenjahr 2010 mehr als 500 Anfragen von Abgeordneten beantwortet, durchschnittlich sind es in diesem Themengebiet 350 Anfragen pro Jahr (Deutscher Bundestag 2014c). Diese Schätzungen zeigen den Beratungsbedarf der Abgeordneten des Bundestages einerseits und die offenkundig wertgeschätzte Expertise der wissenschaftlichen Dienste andererseits. Allerdings erfreuen sich die wissenschaftlichen Dienste wohl auch für die Erstellung von Expertisen einiger Beliebtheit, die keinerlei direkten Bezug zur parlamentarischen Arbeit aufweisen.[3]

Zusammengefasst stellt die Bundestagsverwaltung eine zentrale Ressource für die parlamentarischen Akteure dar und unterstützt die Einhaltung und Neuschaffung formaler Regeln, trägt aber auch selbst zur Bildung insbesondere policy-spezifischer Vorstellungen zu angemessenen Politiken sowie anerkannten Weltbildern bei. Dabei richten sich die Ausschusssekretariate und die wissenschaftlichen Dienste eher an einzelne Parlamentarier

3 So wurde in Anzeigen bezüglich der plagiierten Promotionsschrift des MdB zu Guttenberg auch auf Untreue verwiesen, da er die wissenschaftlichen Dienste des Bundestages zu privaten Zwecken gebrauchte (FAZ 2011, S. 10).

und die wachsenden europapolitischen Kapazitäten eher an die Fraktionen bzw. Gruppen. Gleichzeitig scheint die bürokratische Neutralität am stärksten für die Ausschussdienste zu gelten (Buche/Fleischer 2014), während die wissenschaftlichen Dienste gelegentlich als Ressource in parteipolitischen Auseinandersetzungen genutzt werden. Die europapolitischen Kapazitäten sind im Vergleich deutlich anfälliger für parteipolitische Vorteilsnahme, bislang wohl aber vor einseitiger Nutzung dadurch gefeit, dass alle Fraktionen an der Personalauswahl in den entscheidenden Organisationseinheiten mitwirken.

Zentralisierung versus Dezentralisierung der Ressourcen für Fraktionen und Abgeordnete

Die Einführung von Mitarbeiterstäben für die Bundestagsfraktionen war von einer lebhaften Kontroverse um die angemessene Unterstützung der Abgeordneten geprägt, wobei das Modell eines neutralen Beratungsapparats nach Vorbild des „Legislative Reference Service" des US-Kongresses letztlich der Einführung von parteipolitischen Hilfsdiensten unterlag (vgl. Dietz/Hahn 1989). Die Notwendigkeit dieser zusätzlichen Expertise für die Fraktionen bzw. Gruppen wurde parteienübergreifend unterstützt, 1955 wurden erstmalig Zuschüsse zur Einstellung von Fraktionsassistenten bewilligt (ebd., S. 90). In 1963 kam ein weiterer „Zuschlag für den Gesetzgebungsdienst der Fraktionen" hinzu, später Zuschläge für die Oppositionsfraktionen, um deren fehlende Möglichkeiten zur Nutzung der Bundesverwaltung zu kompensieren.

Diese kontinuierlichen Fraktionsressourcen stärkten die Professionalisierung der Fraktionen, zu Ungunsten der einzelnen Abgeordneten, die zunächst über keine nennenswerte eigene Ressourcenausstattung verfügten (Schüttemeyer 1998, S. 52). Auch in der Folgezeit bestimmte das Interesse der Fraktionsführung die funktionale und organisatorische Ausgestaltung der Fraktionsstäbe, unabhängig von deren Status als Regierungs- oder Oppositionsfraktion (ebd., S. 42ff.). Formal werden sie von den jeweiligen Parlamentarischen Geschäftsführern geleitet, während die Fraktionsvorsitzenden oder auch die Leiter des Fraktionsbüros als Vorgesetzte fungieren (Jekewitz 1988, S. 1051; Beck 2006, S. 232). Die Fraktionsstäbe beinhalten heute als größte Gruppe die Fraktionsreferenten, die vornehmlich dem erweiterten Fraktionsvorstand zur Verfügung stehen bzw. den permanenten Arbeitskreisen und -gruppen sowie den Obleuten zuarbeiten (Schüttemeyer 1998, S. 46f.; Püschner 2009; Schöne 2010b). Dazu kommen weitere administrative Dienste wie etwa Pressestellen, Informationstechnik und Fahrdienste (Jekewitz 1988, S. 1051).

In der parlamentarischen Praxis haben sich vor allem die Fraktionsreferenten als wertvolle Ressource erwiesen, die nicht nur eigene Expertise bereithalten sondern auch enge Beziehungen zu externen Beratungsquellen pflegen (Beck 2006, S. 232). Es ist daher nicht überraschend, dass ein Teil der Fraktionsreferenten aus der Bundesverwaltung entliehen wird. Für diesen exekutiv erfahrenen Sachverstand gibt es offenkundig Schwerpunkte, in der letzten Legislaturperiode wurden die meisten Mitarbeiter aus den Geschäftsbereichen des Bundesfinanzministeriums, des Bundeswirtschaftsministeriums und des Bundesinnenministeriums entliehen (vgl. Fleischer 2014).

Dass die Fraktionsreferenten nicht nur Initiativen und Aktivitäten der eigenen Fraktion erarbeiten – und dabei der parteipolitisch vorgegebenen Programmatik folgen – sondern auch die große Zahl an parlamentarischen Vorlagen analysieren und aufbereiten, die durch andere Fraktionen, die Bundesregierung, den Bundesrat oder die EU in die parlamentarische Arena eingebracht werden, stärkt ihre sektorale Ausrichtung und Spezialisierung (vgl. Püschner 2009). Zudem kommt Fraktionsreferenten ein entscheidender Beitrag bei der Wahl der „parlamentarischen Mittel" zu, mithin der Frage, welche Möglichkeiten die Geschäftsordnung und die parlamentarische Praxis zur Erreichung der fraktionellen politischen Ziele bieten (Beck 2006, S. 236; Püschner 2009). Damit werden sie zu wichtigen Ressourcen, die Fraktionen und vor allem die Fraktionsführung einsetzen, um einerseits ihre formale organisatorische Stellung im parlamentarischen Entscheidungsprozess zu nutzen, andererseits aber auch die Mitglieder ihrer Fraktion zu disziplinieren.

Seit 1969 dürfen Bundestagsabgeordnete eigene Assistenten einstellen. Es handelt sich dabei um eine recht heterogene Gruppe mit verschiedenen Funktionen, von wissenschaftlicher Politikberatung über Büroorganisation, Redenschreiben und politischer Kommunikation bis zur „Wahlkreisfürsorge" (vgl. Hirsch 1981; Beck 2006). Die interne Organisation der Abgeordnetenmitarbeiter ist lose, sind sie doch beim jeweiligen Abgeordneten angestellt, ihre zentralen Belange werden in der Mitarbeiterkommission im Ältestenrat entschieden. Allerdings gibt es im Bundestag diverse Betriebsgruppen und die einzelnen Fraktionen haben in unterschiedlichen Graden freiwillige Tarifgemeinschaften zur Durchsetzung von Arbeitnehmer- und Arbeitgeberrechten eingerichtet. Viel wichtiger erscheinen diese Dynamiken allerdings mit Blick auf die Bürokratisierung des Bundestages, denn trotz im Vergleich zur Bundestagsverwaltung und den Fraktionsstäben eher loser Binnenorganisation wird die Entwicklung bürokratischer Strukturen offenbar, die auch jenseits der individuellen Abgeordnetenbüros Wirkung entfalten.

Die personellen Ressourcen der Fraktionen und Abgeordneten bieten Sachverstand und Expertise in fachlicher wie partei- und parlamentspolitischer Hinsicht, entfalten so aber auch eine institutionalisierende Wirkung innerhalb der Fraktionen. Sie weisen auf die Möglichkeiten und Grenzen der internen institutionellen Spielregeln des Bundestages hin und tragen gleichzeitig zur Gestaltung und Diffusion vor allem fraktionsinterner Normen und Werte sowie dominanter Narrative bei. Dabei sind diese personellen Ressourcen deutlich stärker parteipolitisch ausgerichtet als die Bundestagsverwaltung. Schließlich müssen die unterschiedlichen Zeithorizonte berücksichtigt werden: Während die Mitarbeiter der Fraktionen zumeist längerfristig in ihren Aufgabengebieten verweilen und dabei weitere sektorale und parlamentspolitische Erfahrung generieren, sind die persönlichen Mitarbeiter der Abgeordneten an die Wahlzyklen gebunden. Eine längerfristige Aufgabenwahrnehmung durch die Mitarbeiterstäbe der Fraktionen bzw. Gruppen kann daher den Bundestag als bürokratische Organisation stärker prägen als die individuellen persönlichen Mitarbeiter der Abgeordneten.

■ Bürokratische Verfahrensweisen im Deutschen Bundestag

Die bürokratischen Arbeitsweisen im Bundestag sind durch dessen Geschäftsordnung sowie weitere Gesetze und die Fraktionssatzungen näher kodifiziert. Der erste Bundestag übernahm zunächst die Geschäftsordnung des Weimarer Reichstages und verabschiedete erst Ende 1951 seine „eigene" Geschäftsordnung, die 1952 in Kraft trat. In der Folgezeit wurde die Geschäftsordnung mehrfach novelliert, wobei als Wesensmerkmal die überfraktionelle Entscheidungsfindung hervortritt, d.h. Änderungen der parlamentarischen Spielregeln werden nicht einseitig mit den Stimmen der Mehrheit vorgenommen (Thaysen 1972; Marschall 1999). In der „Kleinen Parlamentsreform" von 1969 wurde der Ältestenrat als eines der zentralen Lenkungsorgane des Bundestages eingerichtet, die Ausschusssitzungen teilweise für die Öffentlichkeit zugänglich, die Möglichkeit zur Einrichtung von Enquete-Kommissionen eröffnet und die Fraktionsstärke zum maßgeblichen Quorum bei diversen Minderheitenrechten etabliert (Marschall 1999). Die nächste grundlegende Revision wurde 1980 vorgenommen, darin wurden auch erstmalig parlamentarische Verfahrensregeln an die zunehmende Relevanz europäischer Politiken angepasst (Sieberer et al. 2011, S. 965f.). In den folgenden Jahren prägten die Diskussionen und Vorschläge rund um die „Interfraktionelle Initiative Parlamentsreform" und die von ihr angeregte „Ad-hoc-Kommission Parlamentsreform" die

Debatte (BT-Drs. 10/3600). Die 1995 vollzogene „innere Reform" erlangte größere öffentliche Aufmerksamkeit, da sie eine Verkleinerung des Parlaments sowie Änderungen im Bereich der Abgeordnetenentschädigung nach sich zog, ebenso wurden Ausschusssitzungen weiter für die Öffentlichkeit geöffnet sowie die Plenardebatten reformiert. Nachfolgende Veränderungen des Parlamentsrechts sind u.a. das seit 1999 bestehende „Untersuchungsausschussgesetz" (vgl. Demuth 2009b).

In den Fraktionssatzungen sind die Zusammensetzung und Auswahl der Mitglieder der fraktionsinternen Organe, die Entscheidungsfindung für die Mitgliedschaften in den Bundestagsausschüssen und korrespondierenden Arbeitskreisen bzw. -gruppen sowie die Teilhabe am parlamentarischen Prozess durch die Einbringung von Gesetzesentwürfen, Anträgen und Anfragen an die Bundesregierung etc. geregelt (Hauenschild 1968; Jekewitz 1988, S. 1052f.; Saalfeld 2000). Die Entwicklung dieser Regelwerke ist weniger dynamisch verlaufen als die der Geschäftsordnung des Bundestages, allerdings wurden auch hier diverse Anpassungen vorgenommen.

Auch wenn sich die parlamentarischen Akteure über die Relevanz dieser formalen Spielregeln bewusst sind, werden sie nicht reflexiv eingesetzt (Demuth 2009a, S. 112). Mit anderen Worten: So wichtig dieser Teil der legislativen Binnenorganisation sein mag, so selten werden sie reflektiert und gegebenenfalls verändert – es sei denn, es lassen sich damit Eigeninteressen parlamentarischer Akteure befrieden, etwa die Rechte der Oppositionsfraktionen oder individueller Fraktionsmitglieder. Dennoch kommt diesen Regelwerken eine starke Bedeutung für den Bundestag als bürokratische Organisation zu, nicht zuletzt weil sie immer im Wechselspiel mit den dazugehörigen Erwartungshaltungen an angemessenes parlamentarisches und fraktionelles Verhalten sowie der ausgeprägten Parlamentskultur und darin angelegten Weltbildern zur Rolle des Parlaments und des individuellen Abgeordneten stehen (vgl. Schöne 2010a).

Geschäftsordnung und Geschäftsorganisation im Bundestag

Die politikwissenschaftliche Diskussion um die prozeduralen Rahmenbedingungen parlamentarischen Handelns wendet sich zumeist den Geschäftsordnungen zu (vgl. Sieberer 2010) und analysiert deren Effekte auf die legislative Agenda (Döring 1995), auf die Zuständigkeiten der Parlamentsausschüsse (Mattson/Strøm 2004) oder die Aufgaben und Kompetenzen von Fraktionen bzw. Gruppen (Heidar/Koole 2000). Dabei gilt der Bundestag als ein Parlament mit vergleichsweise stabilem Regelwerk, welches den Gang der Gesetzgebung durch den Bundestag und seine Ausschüsse lenkt (Demuth 2009a, S. 100; vgl. Sieberer et al. 2011). Um es mit den Worten des derzeitigen Bundestagspräsidenten Lammert auszudrücken: „Regelfall des parlamentarischen Alltags ist Routine“ (Lammert, zitiert in *Die Zeit* 2014, S. 10).

Dieses routinierte Geschäftsverfahren wird entscheidend durch die „Koordinations- und Lenkungsorgane“ des Bundestages geprägt, d.h. den Bundestagspräsidenten und das Präsidium sowie den Ältestenrat (Ismayr 2000, S. 145). Das Präsidium des Bundestages wird von den Abgeordneten gewählt und besteht aus dem Bundestagspräsidenten und seinen Stellvertretern, seit 1994 gesteht die Geschäftsordnung allen Fraktionen die Entsendung eines Stellvertreters zu. Das Präsidium stellt die einheitliche Auslegung der Geschäftsordnung sicher und kümmert sich um die Angelegenheiten des Hauses. Zudem bietet es aufgrund der Zusammensetzung aus Vertretern aller Fraktionen die Möglichkeit, interfraktionelle Arbeitsweisen abzustimmen, Vorschläge und Entscheidungen des Bundestagspräsidenten breiter abzusichern und gleichzeitig die Meinungsbildung in den Fraktionen an den Bundestagspräsidenten zu kommunizieren (vgl. Bücker 1988).

Entscheidender für den parlamentarischen Alltag ist der Ältestenrat des Bundestages, dem alle Präsidiumsmitglieder sowie weitere Abgeordnete angehören, insgesamt hat dieses Gremium aktuell 30 Mitglieder. Dem Ältestenrat obliegt die Planung der Plenarsitzungen und parlamentarischen Tagesordnung, die Unterstützung und Beratung des Bundestagspräsidenten in der Führung der Geschäfte sowie ein großer Teil der „Selbstverwaltung“ des Bundestages, für die diverse Kommissionen eingerichtet sind (etwa die erwähnte Mitarbeiterkommission für die Belange der Abgeordnetenmitarbeiter). Während für die erstgenannten Aufgaben das Konsensprinzip gilt, werden die inneren Angelegenheiten per Mehrheitsregel entschieden, durch das „Kommissionswesen“ lassen sich diese Entscheidungen allerdings de facto fraktionsübergreifend fällen. Bei fehlendem Konsens agiert der Bundestagspräsident als „ehrlicher Makler“ der Interessen (Ismayr 2000, S. 115). Aufgrund der Überlappung der Organe in der Führungsstruktur des Bundestages sowie der teils unklaren Definition der Zuständigkeitsbereiche und vor allem fehlender Vorbehaltsregeln gibt es kaum einen Bereich des parlamentarischen Alltags, in dem der Ältestenrat nicht tätig werden könnte. Die starke Einbindung der Fraktionen im Ältestenrat stellt allerdings sicher, dass der parlamentarische Alltag für die individuellen Mandatsträger handhabbar bleibt und gleichzeitig parteipolitische Interessen zu Tagesordnungen und organisatorischen Abwicklungen in den Führungsorganen ausgehandelt werden.

Insgesamt tragen Präsidium und Ältestenrat zum bürokratischen Charakter des Bundestages bei und prägen als Koordinations- und Lenkungsorgane die Einhaltung und Fortentwicklung der Geschäftsordnung des

Bundestages, aber auch dominanter Normen interfraktionellen Verhaltens sowie anerkannter Weltsichten über die Rolle des Bundestages und seiner Mitglieder. Die Rückkopplung an die Fraktionen überlässt dem Ältestenrat die vergleichsweise stärkere institutionelle Wirkung, auch da selbige policy-spezifischer ausgerichtet werden kann als die eher allgemein und auf routinierte Geschäftsgänge abzielende Wirkung des Bundestagspräsidiums. Nichtsdestotrotz bietet das Amt des Bundestagspräsidenten einige institutionelle Steuerungsmöglichkeiten über formale Regeln bis hin zum unhinterfragten Weltbild zum Wesen der Plenardebatte, wie die jüngere Diskussion um die Gewährung von Redezeit für Abgeordnete mit fraktionsabweichender Meinung in der Plenardebatte über die Euro-Rettung zeigt (FAS 2012).

Bürokratische Organisation der Bundestagsfraktionen

Neben den zentralen Organen der Fraktionen, d.h. dem Fraktionsvorstand und der Fraktionsversammlung, sind für die Bürokratisierung des Bundestages vor allem die sachpolitische Organisation der Fraktionen sowie die Rolle der Fraktionsgeschäftsführer interessant. Grundsätzlich sind in allen Fraktionen die Mitglieder der Bundestagsausschüsse in einer Arbeitsgruppe (AG) organisiert bzw. in den kleineren Fraktionen bilden die Mitglieder mehrerer Ausschüsse einen Arbeitskreis (AK) (Oertzen 2010, S. 304; Schüttemeyer 2010, S. 17). Die Arbeitskreise bzw. -gruppen bereiten die fraktionsinterne Willensbildung vor, sie richten Vorschläge an die Fraktionsversammlung und bewerten die Vorhaben anderer Fraktionen, zeigen dabei Handlungsspielräume auf und stellen Alternativen bereit. Zumeist wird ihren Vorlagen ohne Diskussion gefolgt, einzig themenübergreifende oder medial stark wahrgenommene Vorhaben werden in der Fraktionsversammlung diskutiert (Oertzen 2010, S. 305). Dabei gilt als ungeschriebene Regel, dass diese Vorlagen unstrittig und mit den AG- bzw. AK-Mitgliedern sowie weiteren relevanten Akteuren abgestimmt sein sollten, eine etwaige Diskussion der Vorlage in der Fraktionssitzung wird regelmäßig als Versagen der AG bzw. des AK gewertet (ebd.). Die Arbeitskreise und -gruppen können daher als die „politisch sortierten Vorbereitungsgremien" charakterisiert werden (ebd., S. 306).

Die einflussreichsten individuellen Akteure in den Fraktionen sind die Fraktionsvorsitzenden, die Parlamentarischen Fraktionsgeschäftsführer (PGF) sowie die weiteren Mitglieder des Fraktionsvorstandes. Für die Bürokratisierung des Bundestages sind vor allem die parlamentarischen Geschäftsführer von besonderem Interesse, da sie als „Manager des Parlaments" mit zentralen intra- und interfraktionellen Aufgaben betraut sind (vgl. Petersen 2000). Jede Bundestagsfraktion wählt zu Beginn der Wahlperiode zwischen vier und sechs PGF, die sich ihre Arbeitsgebiete aufteilen, wichtigster Akteur ist der Erste Parlamentarische Geschäftsführer. Die Aufgaben der parlamentarischen Geschäftsführer beinhalten die Vorbereitung ihrer Fraktionsgremien, die intrafraktionelle Koordination, die Leitung der Fraktionsverwaltung und Kontrolle der Fraktionsfinanzen sowie bei Abstimmungen im Plenum die Herstellung und Sicherung der Disziplin ihrer Fraktionsmitglieder (vgl. Petersen 2000). Entscheidend für den parlamentarischen Ablauf sind die „PGF-Runden", in denen die Tagesordnung des Plenums beraten und anschließend an den Ältestenrat übermittelt wird (ebd.). Daneben schlichten Fraktionsgeschäftsführer etwaige Konflikte zwischen Arbeitskreisen bzw. -gruppen oder auch zwischen den Koalitionspartnern bzw. Regierung und Fraktion bevor diese die Fraktionsversammlung erreichen (Schöne 2010b, S. 327f.). Im Zeitverlauf hat sich die zentrale Position der Geschäftsführer verstärkt; die zunehmende Komplexität von Politik und Verfahren sowie die starke Stellung der Fraktionen im Bundestag führten dazu, dass sie durch ihre entscheidende Mitwirkung an den *interfraktionellen* Koordinationsprozessen und ihre Dominanz in den *intrafraktionellen* Vorgaben des Arbeits- und Wochenplans an Einfluss gewonnen haben – und dieser mittelbar auf die Arbeitsweise der Fachausschüsse abstrahlt (Petersen 2010, S. 292). Gleichzeitig agieren die Geschäftsführer als „Frühwarnsystem und Kummerkasten" der Fraktion (ebd., S. 290) und verfügen über etliche Gratifikations- und Sanktionsmöglichkeiten gegenüber den einzelnen Abgeordneten.

Insgesamt beeinflussen die fraktionsinterne Arbeitsorganisation in Arbeitskreisen und -gruppen sowie die Rollenwahrnehmung der parlamentarischen Geschäftsführer diverse formale Organisations- und Verhaltensregeln innerhalb der Bundestagsfraktionen. Gleichzeitig ermöglichen sie aber auch die Herausbildung und Diffusion policy- und fraktionsspezifischer Regeln angemessenen Verhaltens, so werden die Fraktionsgeschäftsführer im englischen Sprachraum nicht gänzlich falsch als „Einpeitscher" tituliert. Diese institutionelle Wirkung entfalten sie auch hinsichtlich der fraktionsinternen Weltsicht zum Bedeutungsgehalt der „Fraktionsdisziplin" in Abstimmungen. Daneben bieten die fachpolitische Organisation einerseits und die Verzahnung der Fraktionsgeschäftsführer mit dem Ältestenrat und dem Präsidium andererseits eine kognitive Grundlegung des für den Bundestag zentralen Narrativs eines „Arbeitsparlaments".

Konturen einer Forschungsagenda

Der Bundestag kann in vielerlei Hinsicht als bürokratische Organisation aufgefasst werden, die das Entscheidungsverhalten von Akteuren innerhalb und außerhalb des Parlaments prägt. Die strukturellen und personellen Ressourcen in der Bundestagsverwaltung, den Fraktionsverwaltungen und den persönlichen Mitarbeitern der Abgeordneten eröffnen den parlamentarischen Akteuren Gelegenheiten, ihre Stellung im Parlament zu nutzen. In der empirischen Darstellung zeigt sich das Zusammenspiel der formalen Regeln, die vor allem der Fraktionsorganisation und hier insbesondere den Fraktionsspitzen Einfluss auf die parlamentarische Entscheidungsfindung zuweisen, und den eher informellen Normen angemessenen inter- und intrafraktionellen Verhaltens sowie den Narrativen über die Stellung des Bundestags im Regierungssystem als Arbeitsparlament aber auch die Rolle des individuellen Mandatsträgers zwischen Fraktionsdisziplin und imperativem Mandat. Dabei sind die Bundestagsabgeordneten keineswegs ungeübt in der Ausführung bürokratischer Arbeitsweisen. Ein Blick auf die letzte hauptamtliche Tätigkeit vor Eintritt in das Parlament zeigt die im Zeitverlauf stabile Dominanz von Beamten und Angestellten des öffentlichen Diensts bzw. politischer und gesellschaftlicher Organisationen (vgl. Schindler 1999, S. 680f.; Feldkamp 2005, S. 181; Deutscher Bundestag 2014a, S. 1).

Diese notwendigerweise kursorische Analyse der Relevanz struktureller und prozeduraler Ressourcen von Parlamenten für die Wahrnehmung parlamentarischer Aufgaben inspiriert eine vielfältige künftige Forschungsagenda. In theoretischer Hinsicht bietet die Perspektive der skandinavischen Schule einen umfänglicheren Einblick in die Relevanz bürokratischer Organisation in legislativen Arenen, die nicht nur formale Regelwerke berücksichtigt, sondern auch normative und kognitive Bedingungen parlamentarischen Handelns betrachtet. Eine verwaltungswissenschaftliche Untersuchung der skizzierten bürokratischen Elemente eröffnet neue Erkenntnisse zu den Bedingungen und Dynamiken ihrer Institutionalisierung. Ebenso relevant ist eine stärkere Untersuchung der Wirkungsweisen und Konsequenzen dieser Bürokratisierung des Bundestages, nicht nur hinsichtlich des Verhaltens der Akteure innerhalb und außerhalb des Parlaments, sondern auch im Zeitverlauf und im Vergleich zu anderen Parlamenten mit ähnlicher oder anderer Stellung im jeweiligen Regierungssystem. In methodischer Hinsicht bieten die wachsenden Informationsquellen Gelegenheiten für neue Studien, die das Verhalten parlamentarischer Akteure stärker mit ihren Ressourcen und deren Nutzung verknüpfen. Letztlich verspricht eine stärkere Hinwendung zu dieser Forschungsagenda aufgrund ihrer zwangsläufigen Nähe zu politischen Entscheidungen unbezahlbare Momente empirischer Forschung – wie sie Werner Jann widerfuhren, „just watching Congress and enjoying every minute of it“ (1984, S. 906).

Literatur

Beck, A. (2006): Die zweite Reihe im Zentrum der Macht: Politikberatung durch Fraktionsreferentinnen und wissenschaftliche Mitarbeiter in Abgeordnetenbüros. In: Falk, S./Rehfeld, D./Römmele, A./Thunert, T. (Hg.): Handbuch Politikberatung. Wiesbaden: VS, S. 228–240

Blischke, W. (1981): Parliamentary Staffs in the German Bundestag. In: Legislative Studies Quarterly, Vol. 6/No. 4, S. 533–558

Bundestagsdrucksache (BT-Drs.) 10/3600: Bericht der Ad-hoc-Kommission Parlamentsreform, 01.07.1985.

Buche, J./Fleischer, J. (2014): Silent Servants or Mighty Masters? The Role of Parliamentary Committee Secretariats in EU Affairs (Manuskript)

Bücker, J. (1988): Präsident und Präsidium. In: Schneider, H.-P./Zeh, W. (Hg.): Parlamentsrecht und Parlamentspraxis in der Bundesrepublik Deutschland: Ein Handbuch. Berlin: de Gruyter, S. 795–808

Buzogány, A./Kropp, S. (2013): Sisyphos und der Marmorblock: Parlament und Expertise in Zeiten der Euro-Krise. In: Zeitschrift für Politikberatung, Jg. 6/Heft 1, S. 3–14

Christensen, T./Lægreid, P./Roness, P. G./Røvik, K. A. (2007): Organization Theory and the Public Sector. Instrument, Culture and Myth. London: Routledge

Christiansen, T./Neuhold, C./Högenauer, A. L. (2014): National Parliaments in the post-Lisbon European Union: Bureaucratization rather than Democratization? In: Comparative European Politics, Vol. 12, S. 121–140

Demuth, C. (2009a): Der Deutsche Bundestag und seine Eigenzeit. In: Patzelt, W. J./Dreischer, S. (Hg.): Parlamente und ihre Zeit. Zeitstrukturen als Machtpotentiale. Baden-Baden: Nomos, S. 95–122

Demuth, C. (2009b): Parlamentarische Reformen als evolutionärer Prozess. Institutionelles Lernen am Beispiel der Reform des Untersuchungsausschussgesetzes des Deutschen Bundestages. In: Blumenthal, J. v./Bröchler, S. (Hg.): Müssen Parlamentsreformen scheitern? Wiesbaden: VS, S. 67–88

Deutscher Bundestag (2014a): Datenhandbuch zur Geschichte des Deutschen Bundestages, Kap. 3.11 Berufsstruktur (Internet: https://www.bundestag.de/dokumente/datenhandbuch/03; zuletzt aufgesucht am 14.09.2014)

Deutscher Bundestag (2014b): Datenhandbuch zur Geschichte des Deutschen Bundestages. Kap. 5.9 Mitarbeiter der Fraktionen und Gruppen (Internet: https://www.bundestag.de/dokumente/datenhandbuch/05; zuletzt aufgesucht am 14.09.2014)

Deutscher Bundestag (2014c): Die Wissenschaftlichen Dienste, 25.08.2014 (Internet: http://www.bundestag.de/dokumente/textarchiv/2014/-/284858; zuletzt aufgesucht am 14.09.2014)

Dietz, W./Hahn, G. (1989): Zur Geschichte der Bibliothek und des Wissenschaftlichen Dienstes des Deutschen Bundestages (Arbeitsgemeinschaft der Parlaments- und Behördenbibliotheken. Arbeitshefte, Nr. 43). München

DiMaggio, P. J./Powell, W. W. (1983): The Iron Cage Revisited: Institutional Isomorphism and Collective Rationality in Organizational Fields. In: American Sociological Review, Vol. 48/No. 2, S. 147–160

Döring, H. (1995): Time as a Scarce Resource: Government Control of the Agenda. In: Döring, H. (ed.): Parliaments and Majority Rule in Western Europe. Frankfurt/M.: Campus, S. 223–246

Feldkamp, M. F. (2005): Datenhandbuch zur Geschichte des Deutschen Bundestages: 1994 bis 2003. Baden-Baden: Nomos

Fleischer, J. (2014): Parteien und Ministerialverwaltung. In: Bukow, S./Jun, U./Niedermayer, O. (Hg.): Parteien und Staat. Wiesbaden: Springer VS (in Vorbereitung)

Frankfurter Allgemeine Sonntagszeitung – FAS (2012): Mein Widerstand war grundsätzlich, 22.04.2012, S. 2

Frankfurter Allgemeine Zeitung – FAZ (2011): Eigenständige Gestalt. Der Titel und das Urheberrecht: Die Ermittlungen gegen zu Guttenberg, 04.03.2011, S. 10

Frankfurter Allgemeine Zeitung – FAZ (2013): Im Maschinenraum des Bundestags. 21.09.2013, S. C1

Froman, L. A. (1968): Organization Theory and the Explanation of Important Characteristics of Congress. In: American Political Science Review, Vol. 62/No. 2, S. 518–526

Hauenschild, W.-D. (1968): Wesen und Rechtsnatur der parlamentarischen Fraktionen. Berlin: Duncker & Humblot

Hedlund, R. D. (1984): Organizational Attributes of Legislatures: Structure, Rules, Norms, Resources. In: Legislative Studies Quarterly, Vol. 9/No. 1, S. 51–121

Heidar, K./Koole, R. (eds.) (2000): Parliamentary Party Groups in European Democracies: Political Parties Behind Closed Doors. London: Routledge

Herz, H. (2010): Parlaments-„Bureau“ und Parlamentsverwaltung. Zur erfolgreichen Entwicklung des innerparlamentarischen Dienstbetriebs seit 1815. In: Zeitschrift für Parlamentsfragen, Jg. 41/Heft 3, S. 551–563

Hirsch, H.-K. (1981): Die persönlichen parlamentarischen Mitarbeiter der Bundestagsabgeordneten. In: Zeitschrift für Parlamentsfragen, Jg. 12/Heft 2, S. 203–223

Ismayr, W. (2000): Der Deutsche Bundestag im politischen System der Bundesrepublik Deutschland. Ein Studienbuch. Opladen: Leske + Budrich

Jann, W. (1984): The Internal Workings of Congress and Bundestag: Surprise and Second Thoughts. In: International Political Science, Vol. 17/No. 4, S. 901–911

Jann, W. (1989): Parlamente und Gesetzgebung. Akteure und Ressourcen der parlamentarischen Gesetzgebung im internationalen Vergleich. Speyer: Deutsche Hochschule für Verwaltungswissenschaften Speyer (Habilitationsschrift)

Jann, W. (2006): Die skandinavische Schule der Verwaltungswissenschaft: Neo-Institutionalismus und die Renaissance der Bürokratie. In: Bogumil, J./Jann, W. (Hg.): Politische Vierteljahresschrift, Sonderheft 37. Wiesbaden: VS, S. 121–148

Jekewitz, J. (1969): Organisation und Funktion der Verwaltung des Deutschen Bundestages. In: Deutsches Verwaltungsblatt, Jg. 84/Heft 13, S. 513–524

Jekewitz, J. (1988): Politische Bedeutung, Rechtsstellung und Verfahren der Bundestagsfraktionen. In: Schneider, H.-P./Zeh, W. (Hg.): Parlamentsrecht und Parlamentspraxis in der Bundesrepublik Deutschland: Ein Handbuch. Berlin: de Gruyter, S. 1021–1053

Johnson, G./Greenwood, R. (2007): Institutional Theory Perspective. In: Jenkins, M./ Ambrosini, V./Collier, N. (eds.): Advanced Strategic Management: A Multi-Perspective Approach (2nd ed.). Basingstoke: Palgrave Macmillan, S. 11–29

Kropp, S. (2010): German Parliamentary Party Groups in Europeanised Policymaking – Awakening from the Sleep? Institutions and Heuristics as MPs' Resources. In: German Politics, Vol. 19/No. 2, S. 123–147

Marschall, S. (1999): Parlamentsreformen. Ziele, Akteure, Prozesse. Opladen: Leske + Budrich

Münning, M. (2007): Nachwuchs für den Bundestag? ZEIT Online, 25.10.2007 (Internet: http://www.zeit.de/online/2007/39/Praktikanten-Bundestag; zuletzt aufgesucht am 14.09.2014)

Müntefering, F. (2006): Demokratie und Sozialstaat – Erbe und Auftrag. Rede anlässlich der Feier zum 100. Geburtstag Herbert Wehners am 11. Juli 2006 in Dresden (Internet: http://www.franz-muentefering.de/reden/11.07.06.html; zuletzt aufgesucht am 14.09.2014)

Oertzen, J. v. (2005): Das Expertenparlament. Abgeordnetenrollen in den Fachstrukturen bundesdeutscher Parlamente. Baden-Baden: Nomos

Oertzen, J. v. (2010): Die Macht der Fraktionsarbeitskreise. In: Schrenk, K. H./Soldner, M. (Hg.): Analyse demokratischer Regierungssysteme. Festschrift für Wolfgang Ismayr zum 65. Geburtstag. Wiesbaden: VS, S. 303–319

Petersen, S. (2000): Manager des Parlaments. Parlamentarische Geschäftsführer im Deutschen Bundestag – Status, Funktionen, Arbeitsweise. Opladen: Leske + Budrich

Petersen, S. (2010): Die Macht der Fraktionsarbeitskreise. In: Schrenk, K. H./Soldner, M. (Hg.): Analyse demokratischer Regierungssysteme. Festschrift für Wolfgang Ismayr zum 65. Geburtstag. Wiesbaden: VS, S. 303–319

Püschner, M. (2009): Der Fraktionsreferent – ein politischer Akteur? In: Aus Politik und Zeitgeschichte, Jg. 43/Heft 38, S. 33–38

Saalfeld, T. (2000): Bureaucratisation, Coordination and Competition. Parliamentary Party Groups in the German Bundestag. In: Keman, H./Deth, J. W. v. (ed.): Parliamentary Party Groups in European Democracies. London: Routledge, S. 23–38

Schindler, P. (1999): Datenhandbuch zur Geschichte des Deutschen Bundestages: 1949 bis 1999. Baden-Baden: Nomos

Schneider, H.-P./Zeh, W. (1988): Parlamentsrecht und Parlamentspraxis in der Bundesrepublik Deutschland: Ein Handbuch. Berlin: de Gruyter

Schöne, H. (2010a): Alltag im Parlament. Parlamentskultur in Theorie und Empirie. Baden-Baden: Nomos

Schöne, H. (2010b): Ungewählte Repräsentanten? Aufgaben, Selbstverständnis und Karrieren von Fraktionsmitarbeitern im Deutschen Bundestag. In: Schrenk, K. H./Soldner, M. (Hg.): Analyse demokratischer Regierungssysteme. Festschrift für Wolfgang Ismayr zum 65. Geburtstag. Wiesbaden: VS, S. 321–334

Schramm, F. (1965): Die parlamentsinterne Gesetzgebungshilfe unter besonderer Berücksichtigung der entsprechenden Einrichtungen des Deutschen Bundestages. Köln: Gouder u. Hansen

Schüttemeyer, S. S. (1994): Hierarchy and Efficiency in the Bundestag: The German Answer for Institutionalizing Parliament. In: Copeland, G. W./Patterson, S. C. (eds.): Parliaments in the Modern World: Changing Institutions. Ann Arbor: University of Michigan Press, S. 29–58

Schüttemeyer, S. S. (1998): Fraktionen im Deutschen Bundestag, 1949–1997: Empirische Befunde und theoretische Folgerungen. Opladen: Westdeutscher Verlag

Schüttemeyer, S. S. (2010): Politische Führung im Parlament. In: Aus Politik und Zeitgeschichte, Jg. 44/Heft 2–3, S. 15–21

Scott, W. R. (2014): Institutions and Organizations (4th ed.). London: Sage

Senge, K. (2006): Zum Begriff der Institution im Neo-Institutionalismus? In: Senge, K./Hellmann, K.-U. (Hg.): Einführung in den Neo-Institutionalismus. Wiesbaden: VS, S. 35–47

Sieberer, U. (2010): Parlamente als Wahlorgane. Parlamentarische Wahlbefugnisse und ihre Nutzung in 25 europäischen Demokratien. Baden-Baden: Nomos

Sieberer, U./Müller, W. C./Heller, M. I. (2011): Reforming the Rules of the Parliamentary Game: Measuring and Explaining Changes in Parliamentary Rules in Austria, Germany, and Switzerland, 1945–2010. In: West European Politics, Vol. 34/No. 5, S. 948–975

Simon, H. A. (1946): The Proverbs of Administration. In: Public Administration Review, Vol. 6/No. 1, S. 53–67

Süddeutsche Zeitung (SZ online) (2014): CSU will Gutachter feuern, 04.08.2014 (Internet: http://www.sueddeutsche.de/auto/debatte-um-die-pkw-maut-csu-will-gutachter-feuern-1.2076655; zuletzt aufgesucht am 14.09.2014)

Thaysen, U. (1972): Parlamentsreform in Theorie und Praxis. Zur institutionellen Lernfähigkeit des parlamentarischen Regierungssystems. Eine empirische Analyse der Parlamentsreform im 5. Deutschen Bundestag. Opladen: Westdeutscher Verlag

Vollrath, S. (2011): Herausforderungen bei der Umsetzung der neuen Rechte nach dem Vertrag von Lissabon durch den Deutschen Bundestag und die Begleitgesetzgebung. In: Abels, G./Eppler, A. (Hg.): Auf dem Weg zum Mehrebenenparlamentarismus? Funktionen von Parlamenten im politischen System der EU. Baden-Baden: Nomos, S. 177–194

Weingast, B. R./Marshall, W. J. (1988): The Industrial Organization of Congress; or, Why Legislatures, Like Firms, are not Organized as Markets. In: The Journal of Political Economy, Vol. 96/No. 1, S. 132–163

Winter, T. v. (2006): Die Wissenschaftlichen Dienste des Deutschen Bundestages. In: Falk, S./Rehfeld, D./Römmele, A./Thunert, T. (Hg.): Handbuch Politikberatung. Wiesbaden: VS, S. 198–214

Williamson, O. E. (1985): The Economic Institutions of Capitalism. New York: Free Press

Winzen, T. (2014): Bureaucracy and Democracy: Intra-Parliamentary Delegation in European Union Affairs. In: Journal of European Integration, Vol. 36/No. 7 (im Erscheinen)

Die Zeit (2014): Streitgespräch. „Da ist mir unser Parlament lieber!“. Nr. 17, 27.04. 2014, S. 10

Der Nationale Normenkontrollrat (NKR)

Herausforderungen nach Erweiterung des Prüfungsmandats

Dominik Böllhoff

Der „Bürokratieabbau“ kann als ein Kernthema der Forschungsagenda von Werner Jann bezeichnet werden.[1] Nach dem Start des Programms „Bürokratieabbau und bessere Rechtsetzung“ mit Einführung des Standard-Kosten-Modells (SKM) und Einsetzung des Nationalen Normenkontrollrats (NKR) durch die Bundesregierung im Jahr 2006 hat Professor Jann eine Reihe von Aufsätzen publiziert. In diese hat er sich zu methodischem Ansatz, institutioneller Struktur, Steuerungslogik und Erfolgschancen dieses damals noch neuen Programms und Reformansatzes geäußert (Jann 2007; Jann/Jantz 2008; Jann/Wegrich 2008).

Werner Jann hat damals im Sinne einer „ersten Bewertung“ drei zentrale Thesen aufgestellt:

1) Durch das SKM werde eine einfache Methodik eingeführt, durch die bisher nicht vorhandene (Kosten-)Informationen berechnet und transparent gemacht werden. Durch die Diskussion über die Höhe messbarer Bürokratiekosten werde eine bessere Abwägung zwischen politischen Zielen und den damit einhergehenden direkten Belastungen möglich.
2) Durch den NKR werde eine neue Institution in das Gesetzgebungsverfahren eingeführt, die die Rolle der Generalisten und Regulierungsskeptiker gegenüber den (Fach-)Spezialisten und Regulierungsbefürwortern stärke. Dies führe zu einer Änderung der Gesetzgebungskultur. Gesetzgebung könne so weniger hierarchisch und input-orientiert koordiniert und stärker „zur wirkungsorientierten – und damit kostenbewussten – politischen Steuerung“ genutzt werden (Jann/Jantz 2008, 67).
3) Der NKR habe die Funktion, dem Bürokratieabbau „öffentliche Aufmerksamkeit und Resonanz“ zu geben. So werde die Chance geboten, durch „starke Symbole“ den Bürokratieabbau dauerhaft zu stärken und zu mehr Wirksamkeit zu verhelfen (Jann 2007, S. 57).

---

1 Der Autor leitet seit Oktober 2011 das Sekretariat des Nationalen Normenkontrollrats (NKR). Die Abhandlung gibt seine persönliche Meinung wieder. Er dankt *Ronny Kay* und *Stephan Naundorf* für eine kritische Durchsicht und Kommentierung des Beitrags.

Der vorliegende Beitrag gibt erste Antworten, ob und inwieweit sieben Jahre nach dem Start des Programms „Bürokratieabbau und bessere Rechtsetzung“ Belege zur Bestätigung dieser von Werner Jann formulierten Thesen gefunden werden können.

Hierzu wird in einem ersten Schritt der Schwerpunkt auf der Analyse der Aufgaben und Funktionen des NKR liegen. Dabei soll aufgezeigt werden, wie sich diese – insbesondere durch die Änderung des NKR-Gesetzes im Jahr 2011 – weiterentwickelt und modifiziert haben.

In einem zweiten Schritt werden anhand konkreter Forderungen und Maßnahmen des NKR zur Einführung neuer politischer (Steuerungs-)Instrumente beschrieben, wie der NKR das Ziel verfolgt, den Bürokratieabbau innerhalb von Politik und Verwaltung weiter zu stärken und auf der politischen Agenda zu halten. Hierzu zählen die

- Entwicklung eines internationalen Standards für den Erfüllungsaufwand,
- Einführung eines systematischen Ex-post-Evaluierungsverfahrens und
- Einführung eines neuen quantitativen Abbauziels.

■ Aufgaben und Funktionen des NKR

Die Einrichtung des NKR basiert auf dem Programm „Bürokratieabbau und bessere Rechtsetzung“ der Großen Koalition in der 16. Legislaturperiode.[2] Mit dem Programm wurde nach Vorbild der Erfahrungen insbesondere der Niederlande ein neuer, umfassender Ansatz initiiert. Auf der Grundlage des sogenannten Standard-Kosten-Modells (SKM) sollten die bestehenden Bürokratiekosten aus Informationspflichten gemessen werden, spürbar gesenkt und für neue Regelungsvorhaben des Bundes die anfallenden Bürokratiekosten ausgewiesen werden (Kabinettbeschluss der Bundesregierung vom 25. April 2006).

Um dem Programm von Beginn an das nötige politische Gewicht zuzuweisen, wurde die Funktion des Koordinators der Bundesregierung für Bürokratieabbau und bessere Rechtsetzung im Bundeskanzleramt eingerichtet,[3] ein Staatssekretärausschuss[4] zur Einbindung der Fachministerien

2 Siehe eine ausführlich Darstellung im Jahresbericht des NKR 2012, S. 33ff. Siehe zum Regierungsprogramm Gröhe/Naundorf 2009, für einen guten Überblick zur Messung von Bürokratiekosten Jann/Jatz 2008 und zum Leitbild der „besseren Rechtsetzung“ siehe Wegrich 2010.

3 Die Funktion des Koordinators nahmen bisher wahr: Hildegard Müller (Nov. 2005 bis Sept. 2006; Jan. 2008 bis Sept. 2008), Hans-Bernhard Beus (Okt. 2006 bis

eingesetzt, das Statistische Bundesamt (StBA)[5] mit der Durchführung von Bürokratiekostenmessungen beauftragt sowie ein konkretes quantitatives Abbauziel als politisches Steuerungsinstrument formuliert: Bis Ende des Jahres 2011 sollten die durch Informationspflichten bedingten Bürokratiebelastungen um 25% reduziert werden (Kabinettbeschluss der Bundesregierung vom 28. Februar 2007).

Ebenfalls nach niederländischem Vorbild – aber auch mit Bezugnahme auf Vorschläge des Sachverständigenrats „Schlanker Staat" aus dem Jahr 1997 (Abschlußbericht des Sachverständigenrats „Schlanker Staat" 1997, S. 22) – wurde der Nationale Normenkontrollrat als unabhängiges Prüf- und Beratungsgremium beim Bundeskanzleramt eingesetzt.[6] Im Unterschied zu seinem niederländischen Pendant – ACTAL[7] – wurde der NKR jedoch nicht als temporäres Gremium eingesetzt.[8] Vielmehr wurde seine institutionelle Stellung von Beginn an durch Schaffung eines eigenständigen NKR-Gesetzes gestärkt.

Schwerpunkt der Arbeit des Gremiums ist die Überprüfung neuer Regelungsvorhaben der Bundesregierung auf eine nachvollziehbare und methodengerechte Darstellung der Folgekosten für Bürgerinnen und Bürger, Wirtschaft und öffentliche Verwaltung.

Unterstützt wird das ehrenamtlich arbeitende Gremium von einem Arbeitsstab („Sekretariat"), der das operative Geschäft des NKR – hier insbesondere die Vorbereitung von Entwürfen zu Stellungnahmen des NKR,

---

Dez. 2007), Hermann Gröhe (Okt. 2008 bis Okt. 2009), Eckard von Klaeden (Nov. 2009 bis Sept. 2013). Bei der Umsetzung des Regierungsprogramms wird der Koordinator von einer Geschäftsstelle unterstützt.

4 Den Vorsitz des Staatssekretärausschusses Bürokratieabbau als dem verantwortlichen Lenkungsgremium innerhalb der Bundesregierung hat der Koordinator für Bürokratieabbau inne.

5 Eine ganz wesentliche Funktion zur Umsetzung des Bürokratieabbauprogramms kommt weiterhin dem Statistischen Bundesamt (StBA) zu. Statt des Einsatzes externer Berater wurde entschieden, das StBA im Jahr 2006 mit der Ermittlung der Bürokratiekosten aller Informationspflichten der Wirtschaft (gut 49 Mrd. € Bürokratiekosten aus knapp 9.500 Informationspflichten) zu beauftragen.

6 Gesetz zur Einsetzung eines Nationalen Normenkontrollrates vom 14. August 2006 (NKRG); BGBl. I, S. 1866ff.

7 Abkürzung für Adviescollege toetsing Administrative Lasten: Beratungsorgan zur Prüfung administrativer Lasten bzw. von Bürokratiekosten.

8 Auf königlichen Beschluss und gemäß Artikel 5 des Rahmengesetzes „Beratungsgremium" wurde am 30. März 2000 ACTAL mit Wirkung zum 1. Mai 2000 eingerichtet. Das Mandat wurde seitdem alle zwei Jahre verlängert. Die Bemühungen von ACTAL für eine Entfristung hat die niederländische Regierung bisher nicht unterstützt.

Begleitung von Projekten[9] und die Erarbeitung des Jahresberichts – koordiniert (§ 3 Abs. 9 NKRG).

Funktion des NKR und Erweiterung des Prüfrahmens

Mit der Änderung des Gesetzes zur Einrichtung eines Nationalen Normenkontrollrates (NKRG) im März 2011 wurden gesetzliche Prüfaufträge des NKR erheblich erweitert.[10]

Bis 2011 beschränkte sich das Mandat des NKR auf die Prüfung von Bürokratiekosten, die durch bundesrechtliche Informationspflichten entstehen. Informationspflichten werden verstanden als Verpflichtungen, Daten oder sonstige Informationen für Behörden oder Dritte zu beschaffen, verfügbar zu halten oder zu übermitteln. Typische Beispiele für Informationspflichten sind z.B. Erklärungen und Meldungen gegenüber Finanzbehörden, Anträge oder Statistikformulare.

Mit der Mandatserweiterung im Jahr 2011 wurde der gesetzliche Prüfauftrag auf den gesamten Erfüllungsaufwand ausgeweitet. Unter Erfüllungsaufwand werden der Zeitaufwand und alle Folgekosten verstanden, die durch die Befolgung einer bundesrechtlichen Vorgabe entstehen. Die Bürokratiekosten sind ein Teil des Erfüllungsaufwands. Beispiele für Erfüllungsaufwand sind:

- Aufwand zur Einhaltung von Energieeffizienzstandards bei Errichtung neuer Gebäude,
- Anschaffungsaufwand zum Einbau von Filtern zur Vermeidung von Emissionen,
- Vollzugsaufwand für Behörden im Zuge der Antragsbearbeitung,
- Vollzugsaufwand von Behörden im Hinblick auf die Überwachung der Einhaltung von Qualitätsstandards bei Lebensmitteln.

Zudem obliegt dem NKR seit der NKRG-Novelle die Prüfung der Sonstigen Kosten. Das sind insbesondere direkte finanzielle Zahlungen sowie

---

9 Der NKR hat in freiwilliger Zusammenarbeit mit Kommunen, Länder- und Bundesbehörden und mit Unterstützung des StBA Studien erarbeitet, um überflüssige Bürokratie aufzudecken. Bislang befassten sich diese sogenannten „Einfacher zu"-Projekte mit dem Elterngeld, Wohngeld, BAföG und der Einreise ausländischer Fach- und Führungskräfte. Aktuell arbeitete der NKR an dem Projekt „Mehr Zeit für Behandlung – Vereinfachung von Verfahren und Prozessen in Arztpraxen" um unnötigen bürokratischen Aufwand für Ärzte und Zahnärzte zu identifizieren und abzubauen. Die Projektgutachten enthalten am Ende des Berichts Vorschläge, wie die Verwaltungsprozesse deutlich vereinfacht werden können.

10 Gesetz zur Änderung des Gesetzes über den Einsatz eines Nationalen Normenkontrollrates vom 14. August 2006 (NKRG); BGBl. I, S. 420ff.

Auswirkungen auf Einzelpreise und das Preisniveau, speziell das Verbraucherpreisniveau. Diese direkten und indirekten Folgekosten werden laut Methodik der Bundesregierung nicht beim Erfüllungsaufwand berücksichtigt (vgl. NKR-Jahresbericht 2013, S. 23).

Als Grund für die Mandatserweiterung wurde von Seiten der Bundesregierung nicht nur die generelle Stärkung des NKR durch Ausweitung seines Prüfmandats gesehen. Primär wurde argumentiert, dass die Informationspflichten „in vielen Fällen nur den geringeren Teil der Gesamtbelastung aus einer rechtlichen Regelung aus(machen)" und durch die Darstellung sämtlicher Regelungsfolgen „eine bewusste und verantwortungsvolle Entscheidung der Rechtsetzungsorgane" sichergestellt wird.[11]

Weitere neue Prüfkompetenzen des NKR

Über die Prüfung des Erfüllungsaufwands und der Sonstigen Kosten hinaus wurden dem NKR seit 2011 weitere Prüfkompetenzen übertragen.[12] Der Rat kann Regelungsentwürfe der Bundesregierung auch auf methodengerechte Durchführung und nachvollziehbare Darstellung folgender Aspekte überprüfen (vgl. § 4 Absatz 2 NKRG, § 43 GGO):

- Ziel und Notwendigkeit der Regelung
- Andere Lösungsmöglichkeiten (Alternativen)
- Zeitpunkt des Inkrafttretens, Befristung und Evaluierung
- Rechts- und Verwaltungsvereinfachung
- 1:1-Umsetzung von Richtlinien oder sonstigen Rechtsakten der Europäischen Union (Vermeidung von sogenanntem „Goldplating").

Konsequenzen aus der Ausweitung des Prüfmandats

Mit der Ausweitung des Mandats auf den Erfüllungsaufwand hat der NKR nun die gesamten Folgekosten, die aus einem Regelungsvorhaben resultieren, zu prüfen. In seinem Jahresbericht 2013 stellt der NKR fest, dass über die Hälfte aller von ihm geprüften Vorhaben relevante Auswirkungen auf den Erfüllungsaufwand haben. Der Anteil von Regelungsvorhaben mit relevanten Auswirkungen auf die reinen Bürokratiekosten insbesondere für die Wirtschaft lag demgegenüber unter 20%. Damit hat sich die Anzahl der Regelungsvorhaben mit relevanten Auswirkungen im Sinne des NKR-Mandats in etwa verdreifacht.

---

11 Siehe hierzu die Begründung in der NKR-Novelle zur Änderung des § 3 Abs. 1 Satz: BT-DR 17/1954, S. 1f.

12 Eine ausführliche Darstellung findet sich im Jahresbericht des NKR 2012, S. 33ff.

Gleichzeitig ist die Zahl der von den Ministerien erarbeiteten und vom NKR zu prüfenden Regelungsvorhaben weiter stabil. Sie liegt bei rund 330 Vorhaben pro Jahr (NKR-Jahresbericht 2013, S. 22ff.).

Während die Ermittlung der Bürokratiekosten von Informationspflichten aufgrund der SKM-Methodik relativ schwer abgrenzbar, dann aber leicht messbar ist, weist der Ansatz des Erfüllungsaufwands eine höhere Komplexität auf: Er ist umfassender, inhaltlicher und damit auch politischer. Für die Ermittlungen kommen dem NKR, den Ministerien und dem Unterstützung leistenden StBA die Erfahrung aus der Bürokratiekosten-Abschätzung zugute. Der umfassendere Prüfauftrag führt aber dazu, dass sich der NKR stärker als bei den Bürokratiekosten mit den Inhalten, Zielen und dem Zweck von Regelungsvorhaben befassen muss, um eine sinnvolle Prüfung der Darstellung des Erfüllungsaufwands überhaupt vornehmen zu können und z.B. Vorschläge für eine Alternativenprüfung zu entwickeln. Hier besteht immer die Gefahr, sich auf „unsicheres Eis" zu begeben und die Grenzen des NKR-Mandats zu überschreiten.

Der NKR setzt bei seiner praktischen Prüfung den Schwerpunkt auf die Darstellung des Erfüllungsaufwands. Die Kosten aus Informationspflichten werden im Rahmen der Prüfung des Erfüllungsaufwands weiter mit einbezogen, sind aber in den Hintergrund getreten. Darüber hinaus fließen weitere Prüfpunkte, die das NKR-Gesetz vorsieht – so z.B. die Prüfung von Alternativen – in die Prüfung der Regelungsentwürfe und damit in die NKR-Stellungnahme ein.

Verbunden mit der Mandatserweiterung sind zwei weitere Themen: Die Vergrößerung des NKR und eine frühere Einbeziehung des NKR in die Prüfung von Regelungsvorhaben.

Erweiterung der Anzahl der NKR-Mitglieder

Hatte der NKR in der ersten Amtsperiode nur acht Mitglieder, wurde er mit Ausweitung des Mandats und Änderung des NKR-Gesetzes im März 2011 auf zehn Mitglieder vergrößert.[13] Die Mitglieder des Gremiums werden auf Vorschlag des Bundeskanzlers im Einvernehmen mit den anderen Mitgliedern der Bundesregierung in der Mitte der Legislaturperiode für die Amtszeit von fünf Jahren vom Bundespräsidenten berufen (§ 3 Abs. 5 NKRG). Der Bundeskanzler bestimmt den Vorsitzenden des NKR (vgl. § 3 Abs. 1 und 4 NKRG).

Mit Ausnahme des Vorsitzenden, Dr. Johannes Ludewig, und des stellvertretenden Vorsitzenden, Wolf-Michael Catenhusen, wurde der Rat mit

13 Änderungsgesetz zur Einsetzung eines Nationalen Normenkontrollrates vom 16. März 2011 (NKRG); BGBl. I, S. 420.

Beginn der zweiten Amtsperiode im September 2011 neu besetzt.[14] Grund für die Erweiterung der Zahl der NKR-Mitglieder war nicht nur die Möglichkeit, das im Rat vertretene Parteienspektrum zu erweitern, sondern insbesondere aufgrund des erweiterten Aufgabenspektrums die Prüfkapazität des Rates zu stärken.[15]

Frühere Einbeziehung des NKR in die Prüfung von Regelungsvorhaben

Die formalen Verfahren der Einbeziehung des NKR in das Gesetzgebungsverfahren wurden auch nach der Mandatsausweitung fortgeführt.[16]

Der NKR ist im Hinblick auf die Ermittlung und Ausweisung der Kostenfolgen Methodenwächter im Gesetzgebungsverfahren. Weiterhin ist der Rat nach den Regelungen der Gemeinsamen Geschäftsordnung der Bundesministerien (GGO) wie ein Ministerium in das Gesetzgebungsverfahren eingebunden (§ 45 Abs. 1 GGO). Dem Rat werden daher die Referentenentwürfe der Ministerien spätestens zu Beginn der Ressortabstimmung so wie auch den übrigen Ministerien zur Prüfung und Stellungnahme übersandt.

Nach Abschluss der Ressortabstimmung – spätestens bis zur Vorbereitung der jeweiligen Kabinettvorlage – gibt der NKR eine formale Stellungnahme gegenüber dem federführenden Ministerium ab (§ 6 Abs. 1 NKRG). Diese wird vom Sekretariat des NKR erarbeitet, mit dem NKR-Berichterstatter[17] abgestimmt und dann im Plenum des Rates beschlossen. Die Stellungnahme wird – gegebenenfalls mit einer erwidernden Stellungnahme der Bundesregierung – Bestandteil der Kabinettvorlage und dann im Bundeskabinett behandelt. Die Stellungnahme des NKR wird öffentlich, wenn die Bundesrats- und Bundestagsdrucksache zum Regierungsentwurf vorliegt.

---

14 Folgende Ratsmitglieder sind neben dem NKR-Vorsitzenden und seinem Stellvertreter für die zweite Amtszeit des NKR berufen worden: Dr. Thea Dückert, Rainer Funke, Gudrun Grieser, Johann Hahlen, Prof. Dr. Sabine Kuhlmann, Hanns-Eberhard Schleyer, Dorothea Störr-Ritter, Prof. Dr. Andrea Versteyl.

15 Siehe hierzu die Begründung in der NKR-Novelle zur Änderung des § 3 Abs. 1 Satz: BT-DR 17/1954, S. 6.

16 Einen detaillierten Überblick über das Gesetzgebungsverfahren des NKR bieten insbesondere folgende Abhandlungen: Kleemann/Gebert 2009; Hofmann/Birkenmaier 2013.

17 Innerhalb des NKR erfolgt die Gesetzesprüfung durch ein Berichterstattersystem: Jedes Mitglied des NKR hat die fachliche Zuständigkeit für die Regelungsentwürfe von ein bis zwei Ministerien. Es berichtet dem gesamten Gremium über den von ihm bzw. ihr vorbereiteten NKR-Beschlusses.

Auch wenn es keine formalen Anpassungen im Verfahren gab, so hat es gleichwohl seit der Novellierung des NKR-Gesetzes im März 2011 in der praktischen Zusammenarbeit zwischen Ministerien, NKR und StBA Änderungen gegeben. Aufgrund der hohen Komplexität der Prüfungen zur Darstellung des Erfüllungsaufwands sind die Ministerien insbesondere bei komplexen Vorhaben bereit, den NKR und das StBA früher in die Erarbeitung der Folgekostenabschätzung einzubeziehen (NKR-Jahresbericht 2012, S. 28f.). Dies ist durchaus rational – die Ministerien verfolgen so das Ziel, ohne größere Konflikte das Prüftestat des NKR zu erhalten. Insbesondere das StBA unterstützt den NKR und die Bundesministerien sehr viel stärker als in den Vorjahren bei der Ermittlung des Erfüllungsaufwands.

So war das Statistische Bundesamt seit Beginn des erweiterten Ex-ante-Verfahrens im September 2011 an mehr als 100 Ex-ante-Schätzungen beteiligt (Jahresbericht der Bundesregierung 2012, S. 18). Die Tätigkeit reicht dabei von der Überprüfung der vom Ministerium selbst erarbeiteten Schätzungen, über die fachliche Unterstützung bei der Abschätzung, bis zur vollständigen Abschätzung der Folgekosten eines Regelungsvorhabens (z.B. E-Government-Gesetz, Markttransparenzstellen-Gesetz).

Bewertung der Mandatsausweitung durch den NKR

Der Rat bewertete seine Funktion im Regierungssystem als Ratgeber und Prüforgan zum Bürokratieabbau nicht nur seit Beginn seiner Tätigkeit, sondern auch unter dem neuen Mandat positiv (siehe hierzu vertiefend auch Dietze/Färber 2007). Im Herbst 2012 beschrieb ein NKR-Mitglied die Arbeitsweise bei der Zusammenarbeit mit den Bundesministerien wie folgt:[18]

> „Wir erleben natürlich Höhen und Tiefen, aber wir erkennen den deutlichen Willen, dem Anspruch, den der Normenkontrollrat an Gesetzesinitiativen stellt, auch nachzukommen. Wir sind immer wieder mit strittigen Vorhaben befasst. Insbesondere wenn es schnell gehen soll kommt es durchaus zu Reibungen. Aber wir werden als Berater geschätzt und wahrgenommen. Die Stellungnahmen des NKR werden von der Bundesregierung ernst genommen. Ich kann sagen: Wir haben schon die ein oder andere Problematik entschärfen können.
>
> Diese Chance bietet die Ressortabstimmung. Wir sind auf Arbeitsebene gut vernetzt und arbeiten hier größten Teils nicht öffentlich. Wir haben eine

18 Interview mit Sebastian Lechner, NKR-Mitglied von September 2011 bis Februar 2013 im Behördenspiegel, Ausgabe Oktober 2012, S. 16f.; siehe auch Hofmann/Birkenmaier (2013), Ziffer 32.

konstruktive Arbeitsbeziehung zu den Ressorts und erarbeiten unsere Stellungnahmen in enger Abstimmung. Das halte ich für ein gutes Modell. Nicht selten nutzen Abgeordnete unsere Stellungnahmen, um einen schnellen Überblick über Regelungsvorhaben, die anfallenden Kosten und relevante Problembereiche zu erhalten. Wir genießen also einen guten Ruf, ich denke hier haben wir ein wichtiges Ziel erreicht."

Bestätigt wird diese Beschreibung auch durch aktuelle Forschungsergebnisse von Jantz und Veit, die feststellen, dass der NKR im Rahmen der Gesetzesprüfung „die richtige Mischung aus einer Rolle als unabhängiger und konfliktfähiger „Wachhund" einerseits sowie als Unterstützer und kooperativer Partner der Ressorts andererseits" gefunden hat (Jantz/Veith 2011, S. 301).

In Bezug auf die Erweiterung des Prüfmandats argumentiert der NKR, dass sich die Methodik des Erfüllungsaufwands bewährt habe und „neue Maßstäbe für Transparenz bei der Vorbereitung gesetzgeberischer Entscheidungen gesetzt" wurden (NKR-Jahresbericht 2012, S. 5). Die Folgekosten neuer Regelungsvorhaben könnten nun „in einer Vollständigkeit und Stringenz verfolgt werden wie bisher in keinem zweiten Land in Europa" (NKR-Jahresbericht 2013, S. 63).

Aus Sicht des NKR hat der Fokus auf Bürokratiekosten „sich letztlich als zu eng erwiesen", so dass „in vielen Fällen wesentliche Kosten außerhalb der Betrachtung blieben" (NKR-Jahresbericht 2012, S. 17). Unter dem erweiterten Mandat könne „eine umfassende und belastbare Basis für die Entscheidungsfindung gewährleistet" werden. Der Gesetzgeber wisse nun „wesentlich besser und genauer Bescheid, worüber er eigentlich entscheide"(NKR-Jahresbericht 2013, S. 26).

Diese Argumentation wird durch Zahlen belegt. Der von der Bundesregierung eingeführte Bürokratiekostenindex („BKI") stieg – beschränkt auf Informationspflichten der Wirtschaft –im Zeitraum vom Sommer 2012 bis Sommer 2013 um 100 Mio. €. Im selben Berichtszeitraum – bezogen auf alle drei Gruppen Wirtschaft, Bürger und Verwaltung – verzeichnete der Erfüllungsaufwand in Summe einen Anstieg um 1,5 Mrd. € (ebd., S. 17ff., 76). Gleichzeitig hat sich – wie oben dargestellt – der Anteil der im Sinne des NKR-Gesetzes relevanten Regelungsvorhaben verdreifacht.

Obwohl die Transparenz der Kosten zugenommen hat, räumt der NKR zugleich ein, dass innerhalb der Bundesregierung das Engagement beim Bürokratieabbau nachgelassen habe. Nach „motivierenden Anfangserfolgen" seien „weitere Folgeschritte naturgemäß schwerer zu erreichen" (NKR-Jahresbericht 2012, S. 5). Der NKR fordert daher, dass die politische Aufmerksamkeit für die Kostenfolgen erhöht werden müsse:

Weniger ausgeprägt ist die Aufmerksamkeit, die diese Zahlen in den politischen Diskussionen finden, die gesetzgeberischen Entscheidungen vorangehen. Der Normenkontrollrat wünscht sich, dass die Abwägung von Kosten im Rahmen der Gesamtbewertung einzelner Regelungsvorhaben in den Beratungen der Fachausschüsse von Bundestag und Bundesrat einen festen Platz erhält. Das ist heute noch nicht der Fall (NKR-Jahresbericht 2013, S. 5).

Größere Beachtung findet der NKR allerdings für seine Arbeit anlässlich der jährlichen Veröffentlichung und Übergabe des Jahresberichts an die Bundeskanzlerin. In der (Fach-)Presse wird der NKR als inzwischen etablierte Institution und „gefragtes Gremium" beschrieben (Behördenspiegel 2013, S. 1), das als „Kämpfer gegen überbordende Bürokratie" und „Dompteure des Amtsschimmels" durchaus mit Erfolg auftrete. Der Rat versuche weiter den Druck zu erhöhen, um die aktuelle „Flut neuer Gesetze" und den weiteren Bürokratieaufbau zu verringern (Wirtschaftswoche 2013, S. 35).

Allerdings wird auch Kritik an der Arbeit des NKR geäußert. Der Rat sei ein Gremium, das sich „munter neue Aufgaben" suche und zu viele Aktivitäten initiiere. Daher zeige sich die Gefahr einer „Überdehnung" des NKR (Behördenspiegel 2013, S. 1).

Insgesamt ist festzustellen, dass durch die Mandatserweiterung die Bedeutung des NKR für die Gesetzgebung und den Gesetzgebungsprozess gestiegen sind. Damit hat auch die Aufmerksamkeit für die Stellungnahmen des NKR zugenommen. Beispiele wie die Stellungnahmen des NKR zum E-Government-Gesetz, zur Neuordnung der Bundesunfallkasse oder dem Markttransparenzstellen-Gesetz, die zu Anpassungen und Änderungen der Regelungen führten (NKR-Jahresbericht 2013, S. 37f., 56), zeigen, dass der Einfluss des Rates – im Gegensatz zum früheren Mandat auch bei wesentlichen Regelungsvorhaben – an Bedeutung gewonnen hat.

■ Neue Herausforderungen des NKR

Als Berater der Bundesregierung hat der NKR das Ziel, die Kostenfolgentransparenz und den Bürokratieabbau auch unter dem neuen Prüfungsmandat weiter voran zu treiben und zu einer „Verbesserung der Rechtsetzung" beizutragen. Dies soll anhand von drei konkreten Maßnahmen, für die sich der NKR einsetzt, erläutert werden.

Entwicklung eines internationalen Standards für den Erfüllungsaufwand

Basis für die Anwendung des Standard-Kosten-Modells (SKM) in Deutschland war die Entwicklung von Standards zu einer möglichst einheitlichen Anwendung der SKM-Methodik. So erarbeitete die Bundesregierung zunächst ein SKM-Methodenhandbuch, das auf der Grundlage von Erfahrungen unter Einbeziehung der Niederlande, aber auch aus Großbritannien, formuliert wurde (siehe Bundesregierung/Statistisches Bundesamt 2006). In beiden Ländern waren bereits Methodenhandbücher entwickelt und in der Praxis getestet worden. Parallel war von Vertretern aus den Niederlanden, Großbritannien, Dänemark, Schweden und Norwegen das internationale SKM-Netzwerk gegründet und 2005 ein internationales SKM-Handbuch erarbeitet worden.[19] So konnte sich das SKM als internationaler Standard zur Berechnung von Bürokratiekosten in vielen Ländern und auch der EU-Kommission etablieren.

Im Jahr 2011 entwickelten Bundesregierung, StBA und NKR den „Leitfaden zur Ermittlung und Darstellung des Erfüllungsaufwands in Regelungsvorhaben der Bundesregierung“ (Bundesregierung et al. 2011). Auch hier gab es einen internationalen Austausch insbesondere mit den Niederlanden (vgl. Finanzministerium der Niederlande/Regulatory Reform Group 2008), primär handelte es sich aber um eine auf den nationalen Erfahrungen mit dem SKM basierende Methodenentwicklung.

Ergebnis eines von der OECD in Kooperation mit dem Beauftragten für Bürokratieabbau und dem NKR im Sommer 2012 durchgeführten Workshops war es daher, zentrale Grundsätze zur Ermittlung des Erfüllungsaufwands („Compliance Costs“) unter Einbeziehung interessierter OECD-Staaten zu erarbeiten und zu veröffentlichen (Jahresbericht des NKR 2012, S. 80f.).

Unter der Federführung der Organisation für wirtschaftliche Zusammenarbeit und Entwicklung (OECD) wurde Anfang des Jahres 2013 ein Projekt zur Entwicklung eines OECD-Leitfadens zur Messung und Reduzierung vom Erfüllungsaufwand initiiert (Jahresbericht des NKR 2013, S. 52). Derzeit sind neben Deutschland die Niederlande, Großbritannien, Österreich, Norwegen, Tschechien, Mexiko und die Europäische Kommission an der Erarbeitung beteiligt. Ziel des Leitfadens soll es sein, die bestehenden Methoden verschiedener Länder darzustellen sowie bewährte Praktiken und gemeinsame Grundsätze zu definieren. Das Dokument wurde

---

19 Siehe „International Standard Cost Model Manual“ (October 2005) unter www.administrative-burdens.com.

im Frühjahr 2014 von den Gremien der OECD verabschiedet und veröffentlicht.[20]

Der NKR verfolgt mit der Erarbeitung eines internationalen Compliance-Cost-Standard nicht nur das Ziel, Lehren für die Anwendung der Methodik in Deutschland zu ziehen, sondern das Konzept des Erfüllungsaufwands international weiter zu verbreiten. Weitere Ziele sind die Vereinheitlichung der Methodik in den Ländern, die mit der Thematik befasst sind sowie die Ermöglichung internationaler Vergleiche (Jahresbericht des NKR 2013, S. 52).

Einführung eines neuen, quantitativen Abbauziels

Ein zentraler Bestandteil des Bürokratieabbauprogramms seit 2006 war die Festlegung eines quantitativen Abbauziels (siehe hierzu NKR-Jahresbericht 2013, S. 76ff.). Nach dem Vorbild der Niederlande hatte sich die Bundesregierung – wie auch eine Reihe anderer Staaten (so z.B. Großbritannien) – erstmals ein messbares 25%-Ziel zur Reduzierung der Bürokratiekosten gesetzt. Das Ziel war für 2011 avisiert, dann im Jahr 2013 erreicht. Der Koordinator für Bürokratieabbau, Eckardt von Klaeden, erklärte die Verspätung damit, dass zum Ende die „leicht zu erreichenden Früchte bereits abgeerntet seien“ und nur mit großen Kraftanstrengungen und zähem Ringen ein Resultat erreicht werden konnte“ (FAZ 2013, S. 10).

Die Erfahrung mit dem 25%-Abbauziel zeigt, dass die Festlegung eines Ziels für eine Regierung hoch ambitioniert und nur durch „Bohren dicker Bretter“ zu erreichen ist. Aus Sicht der Bürokratieabbau-Befürworter stellt es aber den entscheidenden Faktor für den Erfolg des gesamten Bürokratieabbau-Projekts dar (vgl. Handelsblatt 2013, S. 48). Ein quantitatives Ziel sichert politische Aufmerksamkeit und den notwendigen Druck, der in der Regierung, in den Ministerien und in der „Gesetzgebungsmaschinerie“ nötig ist, um Themen – hier den Bürokratieabbau – auf der Tagesordnung zu halten (NKR-Jahresbericht 2013, S. 6). Vereinfacht ausgedrückt, dient es als Maßstab, an der der Erfolg der Regierung und ihres Regierungsprogramms ganz konkret ablesbar ist und gemessen werden kann (vgl. Behördenspiegel 2013a, S. 4).

Auch für die Adressaten des Bürokratieabbaus – hier insbesondere die Wirtschaftsverbände – ist ein solches Ziel von großer Bedeutung. Das „spröde“ Thema Bürokratieabbau lässt sich so gegenüber Mitgliedsunternehmen mit prägnanten, einfachen Zahlen bzw. Zielgrößen einfacher erklären bzw. „verkaufen“. Gleichzeitig ist ein Abbauziel innerhalb der Ministerialverwaltung wenig populär. Nicht nur wird die mit der Zielvorgabe

---

20 Der Leitfaden ist abrufbar unter: www.normenkontrollrat.bund.de.

einhergehende Transparenz gescheut, sondern auch der hohe Steuerungsaufwand zur Dokumentation der Abbaumaßnahmen kritisiert.

Für den Erfüllungsaufwand fehlt bislang ein solches politisches Steuerungsinstrument. Bisher wurde von der Bundesregierung allein eine qualitative Reduktionsvorgabe formuliert. Im März 2012 wurde beschlossen, dass sich die Bundesregierung in der Pflicht sehe, den „Aufwand von Bürgerinnen und Bürgern, Wirtschaft und Verwaltung zur Erfüllung von Bundesrecht dauerhaft auf niedrigem Niveau zu halten“.[21]

Dieser Beschluss wird vom NKR, aber auch von weiteren Akteuren aufgrund der Erfahrungen mit dem bisherigen 25%-Abbauziel sowie dem zu beobachtenden Anstieg des Erfüllungsaufwands bis Sommer 2013 auf 1,5 Mrd. € (siehe oben) als nicht ausreichende politische Vorgabe angesehen. So fordert der NKR die Formulierung neuer Ziele für den Abbau bestehender und neuer Kostenbelastungen (Jahresberichte des NKR 2012, S. 5, 20; 2013, S. 5, 67). Auch in Zukunft würden durch Regelungsvorhaben zusätzliche Kosten produziert, so dass es wichtig sei, sich parallel neue Ziele für eine spürbare Kostensenkung zu setzen (vgl. Handelsblatt2013, S. 48). Wirtschaftsverbände werden noch konkreter und fordern, dass sich die Regierung ein Ziel zur Reduktion des Erfüllungsaufwands für Unternehmen von 30 Mrd. € innerhalb von sechs Jahren setzen solle (vgl. Tagesspiegel 2013, S. 15). Die Höhe dieser Zahl wird aber nicht weiter belegt bzw. mit Vereinfachungs- und Bürokratieabbauvorschlägen unterlegt.

Die Herausforderung für die Abbauziel-Formulierung besteht darin, dass eine 1:1-Übertragung einer prozentualen Abbauzielformulierung für Bürokratiekosten auf den gesamten Erfüllungsaufwand praktisch nicht realisierbar ist. Es fehlt eine belastbare Ausgangsgröße, so wie es sie durch die Durchführung einer Bestandsmessung für die Bürokratiekosten gab. Eine solche Bestandsmessung zum Erfüllungsaufwand ist aber wegen des damit verbundenen unverhältnismäßig hohen Aufwands nicht durchführbar (NKR-Jahresbericht 2012, S. 5, 20f.).

Darüber hinaus stellen sich eine Reihe von Fragen für die Formulierung eines Abbauziels:

– *Festlegung der Zielgruppe:* Dient das Ziel allein der Entlastung der Wirtschaft, oder wird es auch auf Entlastung von öffentlicher Verwaltung und Bürgerinnen und Bürgern formuliert bzw. Entlastungen hier mit auf das Ziel angerechnet?
– *Brutto- oder Netto-Ziel:* Soll das Ziel allein eine Reduktion des bestehenden Erfüllungsaufwands beinhalten (Brutto), oder auch eine Be-

21 Arbeitsprogramm bessere Rechtsetzung der Bundesregierung vom 22.3.2012, Kapitel I., veröffentlicht im Jahresbericht der Bundesregierung 2012, S. 62ff..

grenzung des weiteren Aufwuchs und Anstiegs des Erfüllungsaufwands einschließen (Netto)?

- *Ziel oder Ziele:* Wird ein regierungsübergreifendes Gesamtziel, oder werden auch – um den Abbau in den Ministerien transparenter darzustellen – ressortspezifische Einzelziele formuliert?
- *Quantitative Zielgröße:* Soll ein prozentuales Abbauziel („Reduktion um einen Prozentsatz") oder eine absolute Abbaugröße („Reduktion um eine Mrd.-Summe") festgelegt werden?
- Wie hoch ist generell das Potenzial für weitere spürbare Entlastung, um einerseits ein ambitioniertes, gleichzeitig aber auch erreichbares Ziel vorgeben zu können?

Zu all diesen grundlegenden methodischen Fragen der quantitativen Zielformulierung sind keine einfachen Antworten möglich. Grundlage für jede Lösungsfindung ist aber eine Klärung der politischen Ambition der Regierung in diesem Politikfeld. Neue politische Abbauziele sollten als Steuerungs- und Sanktionsmechanismus eingeführt und dazu genutzt werden, gegen zu erwartende fachpolitischen Widerstände die Reduktion von Erfüllungsaufwand priorisiert umzusetzen.

Der NKR sieht es als seine Aufgabe, die Formulierung des Ziels und die darauf folgende Realisierung eng zu begleiten. Dies beträfe nicht nur die Klärung methodischer Fragen, sondern auch die Entwicklung von Abbauvorschlägen und Begleitung von durch die Bundesregierung zu verantwortender Projekte und Vorhaben zur Realisierung des Ziels. Zwischenzeitlich wird die Einführung eines „One in, one out"-Verfahrens im Sinne einer Bürokratiebremse diskutiert.

Einführung eines systematischen Ex-post-Evaluierungsverfahrens

Bis zum Jahr 2011 lag der Schwerpunkt der Arbeit des NKR im Bereich der Gesetzgebung und Gesetzesprüfung primär auf der Prüfung der Kostenfolgen neu formulierter Regelungen („Ex-ante-Verfahren").

Die Ausweitung des Mandats des NKR auf die Prüfung des Erfüllungsaufwands und das Fehlen eines quantitativen Abbauziels zur Reduktion des Erfüllungsaufwands (siehe oben) führte dazu, dass der NKR seine Position weiter entwickelte. Die Ex-ante-Prüfung sollte um eine Ex-post-Prüfung ergänzt werden (NKR Jahresbericht 2013, S. 65ff.). Der Rat empfahl der Bundesregierung als Substitut für das Fehlen eines Abbauziels für den Erfüllungsaufwand, dass diese stärker prüfen solle, ob sich die von dieser beschlossenen Regelungen in der Praxis bewährt hätten (NKR-Jahresbericht 2012, S. 54ff.).

Das Thema der „Evaluierung“ von Regelungen – verstanden als eine systematische Klärung der Zusammenhänge zwischen Ziel und Zweck einer Regelung, der tatsächlich erzielten Wirkungen sowie den damit verbundenen Kosten – wurde vom Rat als prioritäres neues Thema angesehen.

Im Rahmen seines Prüfauftrags hatte der NKR schon in der Vergangenheit in seinen Stellungnahmen die Durchführung von Evaluierungen empfohlen und im Rahmen seines gesetzlichen Auftrags die methodengerechte und nachvollziehbare Darstellung der Erwägungen einer Evaluierung in Ausführungen zu einem Regelungsentwurf geprüft. Allerdings gab es kein systematisches Vorgehen innerhalb der Bundesregierung, sondern das jeweilige Ministerium und Gesetzgebungsreferat legte auf Basis von Vorgaben in der Gemeinsamen Geschäftsordnung der Bundesregierung (GGO) in eigenem Ermessen fest, ob, wann und wie Evaluierungen durchgeführt werden sollen.

Im Januar 2013 beschloss der Staatssekretärausschuss für Bürokratieabbau die Einführung einer systematischen Ex-post-Evaluierung für alle Regelungsvorhaben auf Bundesebene, insbesondere mit Folgekosten ab einem Schwellenwert von 1 Mio. € in einem Zeitraum von drei bis fünf Jahren nach Inkrafttreten.[22]

Für die Evaluierung ist die Zielerreichung das wichtigste Kriterium, da Regelungen, die das im Regelungsentwurf formulierte Ziel verfehlen, zwangsläufig unnötigen Erfüllungsaufwand verursachen. Weitere Prüfkriterien können – je nach Umfang der Evaluierung – sein:

- Nebenfolgen der Regelung (positive oder negative),
- Akzeptanz der Regelung (z.B. Inanspruchnahme staatlicher Angebote),
- Praktikabilität der Regelung, die im Hinblick auf vermeidbaren Erfüllungsaufwand zu prüfen ist (z.B. Bündelung von Aufgaben bei einer Vollzugsbehörde),
- Abwägungen, ob die entstandenen Kosten in einem angemessenen Verhältnis zu den Ergebnissen stehen.

---

22 Der Verfahrensbeschluss wurde als Anlage des Jahresberichts der Bundesregierung 2012, S. 64f., veröffentlicht. Der Verfahrensbeschluss legt ergänzend fest, dass neben der Höhe des jährlichen Erfüllungsaufwands als Anlass für eine Evaluierung die Ministerien die Möglichkeit haben, aus anderen Gründen Evaluierungen durchzuführen. Nach dem Konzept erscheinen Evaluierungen z.B. dann als sinnvoll, wenn ein hoher finanzieller Gesamtaufwand vorliegt, das Regelungsvorhaben eine besonders hohe politische Bedeutung hat oder große Unsicherheiten über die Auswirkungen auf den Erfüllungsaufwand oder den Verwaltungsvollzug bestehen. Ein Anlass für eine Evaluierung kann auch die Nachmessung des Erfüllungsaufwands sein. Dies ist insbesondere dann der Fall wenn festgestellt wird, dass der tatsächliche Aufwand den Schwellenwert überschreiten wird.

Das Evaluierungsverfahren macht hinsichtlich der Tiefe (z.B. Regelungsvorhaben insgesamt, Teile eines Artikelgesetzes, einzelne Bereiche eines Stammgesetzes, Vollzug), der Methodik (von interner bis hin zu einer extern wissenschaftlichen Evaluierung) und des Umfangs (vom „Zwei-Seiten-Papier“ bis hin zu einem ausführlichen Bericht) keine Vorgaben. Die Entscheidung liegt hier beim zuständigen Ministerium.

Der NKR, der die Einführung eines solchen Verfahrens gefordert und die Verhandlungen und Abstimmungen innerhalb der Bundesregierung intensiv begleitet hat, sieht das neue Verfahren als einen „Meilenstein“ im Bereich der besseren Rechtsetzung in Deutschland und eine wichtige Maßnahme, um die „Qualität der Gesetzgebung auf den bestmöglichen Stand zu bringen“ (Ludewig 2012, S. 14f.).

Zunächst bleibt allerdings abzuwarten, wie die Ressorts das Verfahren implementieren und in die Gesetzgebungsarbeit integrieren. Hierbei kommt dem NKR bei der Prüfung von Gesetzentwürfen eine wichtige Rolle zu: Der Rat prüft im Rahmen seines Mandats in Regelungsentwürfen die Ausführungen zu der Frage ob, wann und was evaluiert wird (Evaluierungskriterien).

Erste Evaluierungsberichte werden voraussichtlich nicht vor Ende des Jahres 2014 vorliegen. Laut Beschluss des Staatssekretärausschusses erhält der NKR diese Berichte dann zur „Kenntnisnahme“. Der NKR wird dann entscheiden müssen, wie er diese Kenntnisnahme umsetzt. Insbesondere wird von großem Interesse sein zu prüfen, ob nachvollziehbar dargestellt wurde, ob und inwieweit die mit einem Regelungsvorhaben beabsichtigten Ziele erreicht worden sind, die Evaluierung dazu genutzt wurde, alle relevanten Kostenfolgen methodengerecht darzustellen und um Vereinfachungs- bzw. Bürokratieabbauvorschläge vorzuschlagen, die in eine mögliche Novellierung des der Evaluation zugrunde liegenden Regelungsvorhabens einfließen könnten.

■ Ausblick

Welche Lehren lassen sich aus den Ausführungen für die von Werner Jann formulierten Thesen ziehen.

Die *These 1*, nach der das *SKM wesentlicher Erfolgsgarant* des Bürokratieabbauprogramms der Bundesregierung ist, kann als bestätigt gelten. Das SKM war Ausgangspunkt und Motor der Reforminitiative. Durch das SKM wurde erstmals eine Berechnungsmethode eingeführt, durch die Bürokratiekosten abgeschätzt und dargestellt werden können. Nach fünf Jahren erfolgreicher Praxis wurden die methodischen SKM-Grundsätze auch auf den sehr viel umfassenderen Ansatz des Erfüllungsaufwands übertragen.

Durch die Weiterentwicklung des Ansatzes hat sich allerdings der Fokus des Bürokratieabbaus verschoben: Die „einfache“ und leichter zu handhabende SKM-Methodik wird weiter geführt, wurde aber auf die möglichst vollständige Ermittlung der Folgekosten mit dem Ziel, größtmögliche Transparenz herzustellen, ausgeweitet.

So steht der Abbau konkreter bürokratischer Hürden für die Wirtschaft nicht mehr allein im Vordergrund, da die gesamten Folgekosten – und diese nicht nur beschränkt auf die Wirtschaft, sondern auch für Verwaltung und Bürger – systematisch ermittelt und geprüft werden. Durch die inhaltliche Tiefe des Ansatzes werden zunehmend höhere Kosten transparent gemacht, deren Abbau – da es sich zu großen Teilen um konkret materiell-inhaltliche Pflichten handelt – herausforderungsvoller wird. Es kann angenommen werden, dass die Folgekosten durch Regulierungstätigkeit weiter steigen und die Erwartungen an Politik und den NKR, diese abzubauen bzw. Vorschläge zum Abbau zu erarbeiten, schwieriger zu erfüllen sein werden, solange nicht auch der Abbau von Standards in den Blick genommen wird. Andererseits ist davon auszugehen, dass sich in Hinblick auf den Vollzugsaufwand innerhalb der Verwaltung, und den verstärkten Einsatz von IT/E-Government noch erhebliche Entlastungspotenziale identifizieren lassen. Hier wird es interessant sein, von der OECD-Studie und den Erfahrungen aus anderen Staaten, die auch Erfüllungsaufwand abschätzen, zu lernen.

Weitere Erfahrungen sind nötig um zu zeigen, ob die Verbreiterung des Prüfansatzes auf den Erfüllungsaufwand nicht nur zu einer Verbesserung der Entscheidungsgrundlage der Politik, sondern auch zum konkret spürbaren Bürokratieabbau beiträgt.

Zur *zweiten These* konnte gezeigt werden, dass der NKR seine *Rolle als Generalist und Regulierungsskeptiker gegenüber der großen Übermacht der (Fach-)Spezialisten* und Regulierungsbefürworter intensiv nutzt.

Grundsätzlich wurde mit der Ausweitung des Mandats und der Anzahl der NKR-Mitglieder von acht auf zehn eine generalisierende Sicht auf Gesetzgebung weiter gestärkt. Der NKR ist im Gesetzgebungsprozess etabliert und nimmt eine konstruktiv-kritische Position bei der Gesetzesprüfung ein.

Inwieweit die Arbeit des NKR dazu beiträgt, zu einer stärker wirkungsorientierten und damit kostenbewussten politischen Steuerung der Gesetzgebung beizutragen, lässt sich bisher nur an Einzelfällen wie insbesondere der Änderung des Markttransparenzstellen-Gesetzes zeigen. In jedem Fall zeigen die Bemühungen des NKR, neben der ex-ante nun auch die Ex-post-Seite der Gesetzgebung und damit die Ziel-Wirkungs-Dimension stärker in den Blick zu nehmen, dass Effekte und Wirkung der Gesetzgebung weiter an Bedeutung gewinnen können.

In Hinblick auf die *dritte These* wurde aufgezeigt, dass für den NKR die *Steigerung der „öffentlichen Aufmerksamkeit" für Bürokratieabbau und Transparenz der Folgekosten* ein wesentliches Anliegen ist. Der NKR verfolgt damit das Ziel, auch sieben Jahre nach Start des Bürokratieabbau-Programms dieses zu sichern, Stagnation zu verhindern und Weiterentwicklungen des Programms zu erreichen. Die Erarbeitung eines internationalen Standards durch die OECD, das Standard-Evaluierungsverfahren, aber insbesondere die Diskussion für ein neues quantitatives Ziel sind hierfür konkrete Belege. Nicht nur national in der Bundesregierung und im Parlament, sondern auch international soll weiter für den Bürokratieabbau geworben werden.

Der NKR ist ein Prüfungs- und Beratungsgremium, das im Rahmen seines gesetzlichen Auftrags weiterhin intensiv für Transparenz über und Abbau von Bürokratie sorgen wird. Ob dies gelingt und die dargestellten Herausforderungen – hier insbesondere die Implementierung eines neuen Abbauziels – realisiert werden, hängt allerdings primär nicht vom NKR, sondern von der Entscheidung durch Bundesregierung und Bundestag ab.

Literatur

Behördenspiegel (2013): Kommentar „Bürokratieabbau baut ab". In: Behördenspiegel vom 08.02.2013, S. 1

Behördenspiegel (2013a): Quantiative Ziele sind wichtig" – Staatsminister von Klaeden über nächste Schritte beim Bürokratieabbau. In: Behördenspiegel, September, S. 4

Bundesregierung/Statistisches Bundesamt (Hg.) (2006): Einführung des Standardkosten-Modells – Methodenhandbuch der Bundesregierung

Bundesregierung/Statistisches Bundesamt/Nationaler Normenkontrollrat (2011): Leitfaden zur Ermittlung und Darstellung des Erfüllungsaufwands in Regelungsvorhaben der Bundesregierung

Dietze, Doris/Färber, Gisela (2007): Ein Jahr Nationaler Normenkontrollrat – Tätigkeitsschwerpunkte, Erfahrungen und Perspektiven. In: Verwaltung und Management, Jg. 13/Heft 6, S. 283–288

FAZ (2013): Zäher Bürokratieabbau – Kosten sinken um 25 Prozent. In: FAZ vom 16. 05.2013, S. 10

Finanzministerium der Niederlande/Regulatory Reform Group (2008): Handbook and step-by-step plan: Standard Cost Model for Substantive Compliance Costs. Measurement of substantive compliance costs for existing regulations. Den Haag

Handelsblatt (2013): Dicke Bretter Bohren – Johannes Ludewig fordert klare Ziele für den Abbau von Bürokratie. In: Handelsblatt vom 15.05.2013, S. 48

Hermann Gröhe/Stephan Naundorf (2009): Bürokratieabbau und bessere Rechtsetzung – Eckpunkte, Erfahrungen und Perspektiven. In: Zeitschift für Gesetzgebung (ZG), S. 367–392

Hofmann, Hans/Birkenmaier, Philipp (2013): Die Aufgabe des Normenkontrollrats im Gesetzgebungsverfahren. In: Kluth, Winfried/Krings, Günther: Handbuch Gesetzgebung. Heidelberg u.a.O., S. 295–308

Jann, Werner (2007): Warum Bürokratieabbau so schwer ist. In: Berliner Republik: das Debattenmagazin, Heft Nr. 9, S. 46–57

Jann, Werner/Jantz, Bastian (2008): Bürokratiekostenmessung in Deutschland: eine erste Bewertung des Programms „Bürokratieabbau und bessere Rechtsetzung" der Großen Koalition. In: Zeitschrift für Gesetzgebung – ZG, Bd. 23, S. 51–68

Jann, Werner/Wegrich, Kai (2008): Wie bürokratisch ist Deutschland? Und warum? Generalisten und Spezialisten im Entbürokratisierungsspiel. In: Der moderne Staat, Heft 1, S. 49–72

Jantz, Bastian/Veit, Sylvia (2011): Steuerung von Querschnittspolitik durch das Bundeskanzleramt: Das Beispiel Bürokratieabbau. In: Florack, Martin/Grunden, Timo (Hg.): Regierungszentralen. Führung, Steuerung und Koordination zwischen Formalität und Informalität. Wiesbaden, S. 285–310

Jahresbericht der Bundesregierung (2011): Grundstein für besseres Recht: Fünf Jahre Bürokratieabbau und bessere Rechtsetzung. Bericht der Bundesregierung 2011 nach § 7 des Gesetzes zur Einsetzung eines Nationalen Normenkontrollrats, April 2012. Berlin

Jahresbericht der Bundesregierung (2012): Bessere Rechtsetzung 2012: Belastungen vermeiden, bürokratischen Aufwand verringern, Wirtschaftliche Dynamik sichern. Bericht der Bundesregierung 2012 nach § 7 des Gesetzes zur Einsetzung eines Nationalen Normenkontrollrats, Mai 2013. Berlin

Jahresbericht des Nationalen Normenkontrollrates – NKR (2012): Bessere Gesetzgebung: Bürger, Wirtschaft und Verwaltung spürbar entlasten (Oktober 2012). Berlin

Jahresbericht des Nationalen Normenkontrollrates – NKR (2013): Kostentransparenz verbessert, Entlastung forcieren (Juli 2013). Berlin

Kleemann, Georg/Gebert, Alexander (2009): Die Einbindung des Nationalen Normenkontrollrats in das Gesetzgebungsverfahrens des Bundes. In: Zeitschrift für Gesetzgebung, Heft 2, S. 151–166

Ludewig, Johannes (2012): Zu besseren Gesetzen – wichtige Wegmarke erreicht. In: Innovative Verwaltung, Heft 5, S. 14–15

Sachverständigenrat „Schlanker Staat" (1997): Abschlussbericht der Rates. Berlin

Tagesspiegel (2013): Schweitzer klagt über Bürokratie. In: Tagesspiegel vom 7.08. 2013, S. 15

Wegrich, Kai (2010): Das Leitbild „Better Regulation". Ziele, Instrumente, Wirkungsweise. Berlin

Wirtschaftswoche (2013): Jährlich grüßt der Ludewig. In: Wirtschaftswoche vom 01. 07.2013, S. 35

Teil 3

Verwaltungspolitik

Verwaltungsreformen auf Länderebene

Die zunehmende Heterogenisierung der Landesverwaltung und ihre Folgen

Jörg Bogumil

Einleitung

Im deutschen Verwaltungsföderalismus nehmen die Bundesländer die zentrale Rolle als Vollzugsebene für Bundes- und Landesgesetze ein. Die Modernisierung der Verwaltungsstrukturen und -verfahren ist hier eine Daueraufgabe. Seit der Nachkriegszeit gab es immer wieder Ansätze und Vorstöße, den hergebrachten Verwaltungsaufbau zu ändern, zu optimieren und effizienter zu gestalten, allerdings selten mit durchgreifendem Erfolg (Ellwein 1994; Bogumil/Jann 2009).[1]

Seit Beginn des 21. Jahrhunderts jedoch intensivieren die Landesregierungen ihre Reformanstrengungen mit – gemessen an dem Ausmaß und der Intensität der Veränderungen – überraschendem Erfolg.[2] Alle Länder bemühen sich um eine Konzentration und Straffung der unmittelbaren staatlichen Verwaltung. Trotz auf den ersten Blick identischer Reformziele (Abbau von Doppelstrukturen aus Sonderbehörden und Mittelinstanz, Kommunalisierungen[3], Privatisierungen, Normenabbau) hat sich in den letzten Jahren im Zuge dieser Verwaltungsstrukturreformen die ohnehin vielgestaltige und variable föderale Verwaltungspraxis verstärkt. Große Flächenländer mit ähnlichen Problemlagen restrukturieren ihre Landesverwal-

1 In der Kompetenz der Länder liegt die Entscheidung über die Anzahl der Ressorts und (begrenzt) die Anzahl der Sonderverwaltungszweige und Fachbehörden, das Ausmaß an Dekonzentration von Aufgaben auf ortsnahe Träger, den zwei- oder dreistufigen Verwaltungsaufbau (also mit oder ohne der Ebene der Regierungsbezirke), die interne Organisation der Landesministerien und Fachbehörden sowie die Gestaltung der Rahmenbedingungen der kommunalen Selbstverwaltung.

2 Insbesondere die Untersuchung von Verwaltungsreformen als Verwaltungspolitik ist ein Themenbereich, dem sich Werner Jann immer gewidmet hat (z.B. Jann 2001a).

3 Unter Kommunalisierung wird die Überführung von Aufgaben aus der Trägerschaft des Landes in die Trägerschaft der Kommunen verstanden. Kommunen in diesem Sinne umfasst sowohl die Landkreise und kreisfreien Städte, als auch die Gemeinden und in bestimmten Bundesländern die Verwaltungsgemeinschaften, Verbandsgemeinden, Samtgemeinden oder Ämter.

tungen oft gegenläufig mit der Folge einer weiteren Heterogenisierung funktionaler, territorialer und politischer Verwaltungslösungen. So haben sich mittlerweile verschiedenste Typen von Regierungspräsidien und Sonderbehörden, unterschiedlichste Zuschnitte von Verwaltungseinheiten in substanziell ähnlichen Aufgabenfeldern und variierende Trägerformen von Verwaltungsfunktionen herausgebildet. Die institutionellen Formen, in denen die deutschen Bundesländer und Kommunen öffentliche Aufgaben erbringen und Recht vollziehen, driften zunehmend auseinander (Bogumil/ Ebinger 2008b; Kuhlmann/Wollmann 2013, S. 136ff.). Mit der strukturellen Heterogenisierung von Verwaltungen verändert sich auch die Art und Qualität der Aufgabenwahrnehmung (Bauer et al. 2007; Ebinger/Bogumil 2008; Kuhlmann et al. 2011), die Verwaltungsperformanz.[4] Bestimmte Verwaltungslösungen – so die These – bringen nicht unerhebliche Vollzugsprobleme mit sich.

Im Folgenden wird zur Erläuterung der Grundthese einer zunehmenden Heterogenisierung der Verwaltungsstrukturen in den Bundesländern zunächst das strategische Vorgehen in den Bundesländer skizziert. Anschließend erfolgt ein Überblick über die Verwaltungsstrukturen und ihre spezifischen Konstellation in Form von Verwaltungskonfigurationen. Im dritten Abschnitt werden die inhaltlichen Reformausrichtungen (Reform der Mittelinstanzen, Kommunalisierungen, Gebietsreformen) der letzten zehn Jahre erläutert. Am Beispiel ausgewählter Verwaltungsbereiche werden in Abschnitt 4 erste Ergebnisse präsentiert, die die weitergehende These einer unterschiedlichen Qualität von Verwaltungslösungen untermauern. Ein Ausblick für weitere Forschungen schließt die Ausführungen ab.

■ 1. Strategisches Vorgehen in den Bundesländern

Betrachtet man die jüngsten Verwaltungsreformen auf der Ebene der Bundesländer, so erreichen diese 2005 mit den Reformen in Baden-Württemberg (vgl. Bogumil/Ebinger 2005) und Niedersachsen (Bogumil/Kottmann 2006) ihren ersten Höhepunkt und zieht nun in Form von Territorial- und Funktionalreformen ihre Kreise in der Mehrheit der bundesdeutschen Flächenstaaten (vgl. Bogumil et al. 2004; Hesse/Götz 2003, 2004; Reiners

4 Die Bewertung von Verwaltungshandeln erfolgt anhand eines breit definierten Performanzbegriffs, der die in der Verwaltungswissenschaft anerkannten vier gleichberechtigten Kriterien Legalität, demokratische Legitimation, Effizienz und funktionale Aufgabenwahrnehmung abdeckt. Da diese Performanzkriterien nicht gleichzeitig optimiert werden können, geht es immer um einen Kompromiss zwischen unterschiedlichen Rationalitätsansprüchen.

2008; zur Umweltverwaltung Bauer et al. 2007; Benz/Suck 2007; SRU 2007; Hesse 2012; Bogumil/Ebinger 2012, 2013). Der Hauptgrund für diese Aktivitäten liegt in der Notwendigkeit, die Länderhaushalte zu entlasten. Deren dringend notwendige Konsolidierung kann selbst in den süddeutschen Bundesländern nicht mehr weiter ignoriert werden. Angesichts explodierender Pensionslasten, der absehbaren demografische Entwicklung, der Schuldenbremse sowie in den östlichen Bundesländern in Vorausschau auf das Ende der Mittelzuflüsse aus dem Solidarpakts II werden Mittel und Wege gesucht, die Personalkosten zu senken. Mit einem Anteil von über 40% an den Gesamthaushalten aller Länder stellen diese den Schlüssel zur Haushaltskonsolidierung dar.[5]

In dieser Fokussierung auf Einsparpotenziale liegt ein gravierender Unterschied zu den früheren Reformprojekten: Es wird nicht mehr die Optimierung in funktionaler, sondern vor allem jene in fiskalischer Hinsicht angestrebt. Daneben werden stets weitere Ziele, wie die Veränderung der Machtkonstellationen zwischen Verwaltungsebenen (wie der Stärkung der Ministerien oder der Landkreise) oder die ideologiegetriebene Beförderung marktliberaler Vorstellungen verfolgt und stets aus Aktionismus und wahltaktischem Kalkül betrieben (vgl. Bogumil 2007; Bogumil/Ebinger 2008a; Ebinger/Bogumil 2008).

Bei der Umsetzung der Reformmaßnahmen gehen die Länder sehr unterschiedlich vor. So können Bayern, Brandenburg, Hessen, Rheinland-Pfalz, Schleswig-Holstein, das Saarland und Thüringen aufgrund des geringen Umfangs oder der behutsameren Entwicklung und Umsetzung der Reformschritte bisher als „inkrementalistische Reformer" bezeichnet werden.[6] Baden-Württemberg, Niedersachsen, Mecklenburg-Vorpommern, NRW, Sachsen und Sachsen-Anhalt hingegen verfolgen tendenziell eine Strategie eines „großen Wurfes", versuchen also (mit unterschiedlichem Erfolg[7]) in einem oder wenigen Schritten große Reformpakete durchzusetzen.

Diese Gruppe, welche einen großen Wurf anstrebt, zeichnet sich trotz unterschiedlichster inhaltlicher Ausrichtung durch große Ähnlichkeiten in

5 Hinzu kommen veränderte Rahmenbedingungen durch fortschreitende Europäisierungs- und Globalisierungsprozesse, die vor allem Auswirkungen auf die Konstruktion von Regionen haben, sowie die Verschärfung der demografischen Entwicklung, die bestehende kommunale Gebietsstrukturen unter Druck setzt.

6 In Brandenburg ist für die nächste Legislaturperiode, ab Herbst 2014, jedoch eine umfassende Funktional- und Territorialreform geplant (vgl. Enquete-Kommission 2013).

7 In NRW ließen sich die weitreichenden Pläne zur Umwandlung von Bezirksregierungen und Landschaftsverbänden in Regionalverwaltungen bzw. zur Reduzierung der Zahl der Bezirksregierungen nicht durchsetzen.

der Umsetzungsstrategie aus. Diese Strategie erklärt den überraschenden Erfolg der Initiativen und kann als *„Verwaltungspolitik mit unechter Aufgabenkritik"* bezeichnet werden.[8] Konkret werden hierbei ohne Vorschaltung einer echten Aufgabenkritik politische Strukturentscheidungen mit massiven Sparvorgaben verbunden. Damit eignet sich die Politik die Entscheidung über die Grobkonzeption der Reformen wieder an und überlässt diese nicht mehr wie jahrzehntelang üblich der Ministerialbürokratie selbst. Die außerhalb der Verwaltung in geschlossenen politischen Gremien erstellte Blaupause der Reform wird mit festen Einsparzielen verbunden und dann unter hohem Druck umgesetzt. Die politisch vorgegebenen Eckpunkte der Reform werden als monolithische, nicht zu diskutierende Reformpakete dargestellt und entsprechend vermarktet. Mit dem Argument, dass die Reform nur als ganze umgesetzt und Ausnahmen nicht gemacht werden können, entziehen sich die Regierungen der bei inkrementalistischen Reformen üblichen, aufreibenden Kompromisssuche auf fachlicher Ebene. Da man gelernt hat, dass durchgreifende Reformen *mit* der Verwaltung kaum zu machen sind, macht man diese *gegen Teile* der Verwaltung (vgl. hierzu ausführlicher Bogumil/Ebinger 2008b).

Entscheidend für die Ausrichtung der Reform sind landesspezifische strategische Bündnisse, wobei Parteipolitik diese nicht erklärt. So folgten die Regierungskoalitionen mit identischer Parteienkonstellation in Baden-Württemberg und Niedersachsen im Jahr 2005 keiner einheitlichen Linie, sondern machten exakt das Gegenteil (Stärkung der Regierungspräsidien in Baden-Württemberg versus ihre Abschaffung in Niedersachen). Ob bestimmte Aufgaben von der Landesverwaltung oder den Kommunen erledigt werden, ob sie in den Aufgabenbereich einer Landesoberbehörde, der Mittelinstanz, von staatlichen Unteren Sonderbehörden, eines Landesbe-

8 Die früher verfolgte und intuitiv „richtige" Reihenfolge einer Verwaltungsreform wird auf den Kopf gestellt: Statt zuerst mit der Verwaltung eine Aufgabenkritik durchzuführen, dann eine entsprechende Funktionalreform, d.h. die Neuverteilung von Zuständigkeiten zu entwickeln und schließlich eine differenzierte und an die neuen Aufgaben optimal angepasste Strukturreform durchzuführen wird nun das grundlegende Strukturkonzept dogmatisch als Wert an sich durchgesetzt. Die Funktionalität der hierbei geschaffenen Strukturen ist nachrangig. Nach den politischen Grundsatzentscheidungen werden die betroffenen Verwaltungseinrichtungen in der Regel selbst beauftragt, zeitnah Vorschläge für die Umsetzung dieser Maßnahmen vorzulegen. Dies beinhaltet, dass die Ressorts dann eine Aufgabenkritik vornehmen und ein Konzept zur Implementierung der politischen Leitlinien entwickeln müssen. Dieses politische Vorgehen wird als „unechte Aufgabenkritik" bezeichnet, da der Prozess nicht offen, sondern sowohl die zukünftigen Verwaltungsstrukturen als auch die zu erwirtschaftenden Einsparungen vorgegeben sind.

triebs oder gar Dritten fallen, erscheint fast willkürlich. Es gibt offenbar *keine Einigkeit über optimale funktionale Lösungen.* Stattdessen spielen landesspezifische Eigenheiten wie die politischen Positionierung der jeweils amtierenden Regierungen, die Reputation einzelner Verwaltungsebenen, Akteurskonstellationen und Pfadabhängigkeiten in der Verwaltungsorganisation eine wesentliche Rolle.

2. Verwaltungsstrukturen in den Bundesländern

Zweistufiger versus dreistufiger Aufbau

Die inhaltliche Debatte um die Verwaltungsstrukturreformen greift alte verwaltungspolitische Diskussionen wieder auf: Sollen Fachaufgaben in Sonderbehörden oder in der Allgemeinen Verwaltung vollzogen werden, benötigt man staatliche Mittelinstanzen oder wie weit kann die Kommunalisierung von Aufgaben gehen (vgl. Wagener 1969; Ellwein 1993)? In Deutschland existiert ein Mischsystem zwischen dem Gebiets- und Aufgabenorganisationsmodell, ursprünglich mit dem Vorrang der Gebietsorganisation,[9] in dem Sinne, dass

> „nach Möglichkeit der größere Teil der öffentlichen Aufgaben vor Ort und auch noch auf der mittleren Ebene gebündelt [wird d.V.], es aber für bestimmte Aufgaben eine spezielle Organisation (gibt)." (Ellwein 1993, S. 166; vgl. auch Bogumil/Jann 2009, S. 85f.)

Zweistufiger Verwaltungsaufbau stärkt eher die Fachverwaltung, der dreistufige eher die allgemeine Verwaltung.

Auf der Zielebene der neuen Verwaltungsreformen gibt es zunächst erhebliche Gemeinsamkeiten. Überall wird die Konzentration und Straffung der unmittelbaren staatlichen Verwaltung durch den Abbau von Doppelstrukturen zwischen Sonderbehörden und Mittelinstanz, durch zunehmende Kommunalisierungen (vor allem in Ostdeutschland in Verbindung mit Gebietsreformen) und durch den Abbau bürokratischer Normen gefordert. In der Umsetzung dieser Maßnahmen sind jedoch erhebliche Unterschiede erkennbar.

9 Vieles spricht dafür, dass es in Deutschland eine deutliche Zunahme des Typus der Aufgabenorganisation gab, durch die Ausweitung von Verselbständigungen der Verwaltung und durch weitere Deterritorialisierung der Verwaltung im Zuge der Globalisierung, Liberalisierung und Regionalisierung (vgl. Wagener 1969; Benz 2002; Bogumil 2010)

Grundsätzlich lassen sich in den 13 Flächenländern zwei unterschiedliche Reformmodelle unterscheiden, die *Konsequente Zweistufigkeit* und die *Konzentrierte Dreistufigkeit* (vgl. Tab. 1). Die Bundesländer orientieren sich jedoch in unterschiedlich starkem Ausmaß an diesen Modellen. Zudem unterscheiden sich die jeweiligen Ausgangslagen voneinander.[10]

Eine *zweistufige Verwaltung* ohne allgemeine Mittelinstanz findet sich vornehmlich in den einwohnermäßig kleinen Bundesländern (unter 3 Mio. Einwohner, Ausnahmen Sachsen-Anhalt und Thüringen) mit der Ausnahme von Niedersachsen. Hier wird versucht, die durch das Fehlen der Mittelinstanzen in stärkerem Ausmaß vorhandenen Sonderbehörden durch Zusammenführung (Konzentration) oder Umwandlung in Landesbetriebe zu reduzieren. Zudem wird eine Rückführung des Umfangs der unteren Landesverwaltung angestrebt. Dies geschieht durch ihre Integration in obere Landesbehörden oder indem Aufgaben auf Kommunen und Kreise verlagert werden. Das Ausmaß der Kommunalisierung ist abhängig von der kommunalen Gebietsstruktur.

In den meisten Bundesländern (vor allem den größeren Bundesländern mit Ausnahme Niedersachens) dominiert dagegen eine *dreistufige Verwaltung*. Hier wird versucht eine weitgehende Konzentration staatlicher Aufgabenwahrnehmung auf der Mittelebene (staatliche Bündelung) vorzunehmen, indem Aufgaben der unteren und oberen Landesbehörden hierhin verlagert oder kommunalisiert werden. Durch die Integration von unteren und oberen Sonderbehörden ist häufig sogar ein Aufgabenzuwachs auf der Mittelebene zu beobachten (z.B. in Baden-Württemberg). Allerdings gibt es verschiedenste Formen von staatlichen Mittelinstanzen. Weder ihre Aufgaben noch ihre Einbindung in die Verwaltungsstruktur sind bundesweit einheitlich. Es lassen sich drei Modelle unterscheiden: der dreistufige Aufbau mit Landesverwaltungsämtern in Sachsen-Anhalt und Thüringen, der dreistufige Aufbau mit funktionalem Aufgabenzuschnitt in Rheinland-Pfalz und der dreistufige Aufbau mit regional ausgerichteten Mittelinstanzen in Hessen, Baden-Württemberg, Bayern, Sachsen und Nordrhein-Westfalen.

Auch wenn allen Bundesländern auf der Zielebene den Willen zur Kommunalisierung und zur Reduzierung von Sonderbehörden formulie-

10 So hatte z.B. NRW im Vergleich zu Baden-Württemberg vor den Reformmaßnahmen Mitte der 2000er-Jahre die konzentrierte Dreistufigkeit schon wesentlich stärker umgesetzt, so dass das Ausmaß der notwendigen Reformen deutlich kleiner war. Ähnliches gilt für die in NRW schon seit den 1970er-Jahren weitgehend konsolidierten Gebietsstrukturen auf kommunaler Ebene.

Tab. 1: Reformmodelle auf Landesebene

Verwaltungsebene	*Konsequente Zweistufigkeit*	*Konzentrierte Dreistufigkeit*
Landesregierung (Staatskanzleien, Fachministerien)	Sechs bis acht Ministerien (in der Regel: Staatskanzlei, Innenministerium, Finanzministerium, Justizministerium, Wirtschaftsministerium, Sozial-/Arbeitsministerium, Kultus-/Wissenschaftsministerium, Landwirtschafts-/Verbraucher-/ Umweltministerium)	
Obere Verwaltungsebene (Landesoberbehörden, Landesbetriebe)	Konzentration	Reduzierung, Verlagerung in allgemeine Mittelinstanzen
Mittlere Verwaltungsebene (Regierungspräsidien, fachliche Mittelinstanzen)	(---)	Integration von Aufgaben der oberen und unteren Verwaltungsebene
Untere Verwaltungsebene (untere Behörden und nachgeordnete Einrichtungen)	Konzentration und Reduzierung durch weitgehende Kommunalisierung	Reduzierung durch Verlagerung in allgemeine Mittelinstanzen und Kommunalisierung
Kommunale Kreisstufe (Landkreise, kreisfreie Städte bzw. Stadtkreise)	Aufgabenübernahme staatlicher Aufgaben, gegebenenfalls Gebietsreformen	
Kreisangehörige Kommunen (Städte, Gemeinden, Ämter, Verbands-/Samtgemeinden, Verwaltungsgemeinschaften)	Kapazitätssteigerung für Aufgabenübernahme, gegebenenfalls Gebietsreformen, Bildung von Einheitsgemeinden, IKZ	
Länderbeispiele	Brandenburg, Mecklenburg-Vorpommern, Niedersachsen, Saarland, Schleswig-Holstein	Bayern, Baden-Württemberg, Hessen, NRW, Rheinland-Pfalz, Sachsen, Sachsen-Anhalt, Thüringen

Anmerkung: Die bei Hesse immer wieder genannte Variante der Regionalisierung ist bisher in keinem Bundesland verwirklicht, deshalb wird sie hier nicht berücksichtigt (vgl. Hesse 2012, S. 26).

Quelle: Überarbeitung von Hesse 2012, S. 26

ren, sind die Voraussetzungen für die Kommunalisierung aufgrund der unterschiedlichen Gemeinde- und Kreisgrößen recht unterschiedlich und der Abbau von Sonderbehörden in zweistufigen Systemen ungleich schwieriger. Unterschieden werden kann beim Aufbau der Verwaltungsstrukturen prinzipiell zum einen nach der Zwei- oder Dreistufigkeit und zum anderen nach der Größe der kommunalen Gebietsstruktur (vgl. Tab. 2). Grau unterlegt sind die Bereiche, bei denen es aus der Sicht des Autors Handlungsbedarf gibt.

≡ Tab. 2: Verwaltungsstrukturen in den Flächenländern

Bundesland (sortiert nach EW-Zahl)	Einwohner (in Mio.)	Mittelinstanz	Art der staatlichen Mittelinstanz	Durchschnittliche EW-Zahl pro Kreis[a]	Anzahl/ Anteil Kreise unter 150.000 EW	Durchschnittliche EW-Zahl pro Gemeinde[a]
NRW	17,6	Ja	Fünf regional ausgerichtete Bezirksregierungen	338.740	3 10%	44.330
Bayern[b]	12,5	Ja	Sieben regional ausgerichtete Regierungen	124.960	58 82%	6.090
Baden-Württemberg	10,6	Ja	Vier regional ausgerichtete Regierungspräsidien	245.930	8 23%	9.600
Niedersachsen	7,8	teilweise[c]	Vier regional ausgerichtete Ämter für regionale Landesentwicklung (ab 2014)	187.430	21 55%	7.700
Hessen	6	Ja	Drei regional ausgerichtete Regierungsbezirke	218.970	4 19%	14.120
Sachsen	4,1	Ja	Drei regional ausgerichtete Regierungspräsidien	276.310	0	8.920
Rheinland Pfalz	4	Ja	Drei funktional ausgerichtete Direktionen	123.630	19 79%	1.730
Schleswig-Holstein	2,8	Nein		199.500	3 27%	2.520
Brandenburg	2,5	Nein		147.180	6 43%	5.850
Sachsen-Anhalt	2,3	Ja	Landesverwaltungsamt	155.770	5 45%	10.320
Thüringen	2,2	Ja	Landesverwaltungsamt	95.510	17 100%	2.470
Mecklenburg-Vorpommern	1,6	Nein		217.700	0	2.040
Saarland	1	Nein		165.720	4 67%	19.120

a – Gebietsstand: 10.1.2012; b – In Bayern gibt es mit den sieben kommunalen Bezirken parallel zu den sieben staatlichen Regierungspräsidenten eine Sonderkonstruktion auf kommunaler Ebene. Die Bezirke erfüllen Aufgaben, die über die Zuständigkeit oder das Leistungsvermögen der Landkreise bzw. kreisfreien Städte hinausgehen (Träger von psychiatrischen Fachkliniken, Förder- und Berufsschulen, regionaler Kulturarbeit, Aufgaben im Umweltbereich). Dies erklärt zum Teil die Kleinteiligkeit der bayerischen Landkreise; c – In Niedersachsen hat die schwarz-gelbe Landesregierung im Jahr 2005 die Bezirksregierungen abgeschafft. Die seit Ende 2012 amtierende neue rot-grüne Landesregierung hat zum 1.4.2014 vier Ämter für regionale Landesentwicklung an den Standorten der ehemaligen Bezirksregierungen bzw. später Regierungsvertretungen eingerichtet, die einen Teil der ehemaligen Aufgaben der Bezirksregierungen wieder wahrnehmen.

Verwaltungskonfigurationen

Dass Verwaltungsstrukturen einen maßgeblichen Anteil an der Erklärung von Vollzugs- und Leistungsunterschieden haben, entspricht klassischen verwaltungswissenschaftlichen Annahmen über die Vor- und Nachteile bestimmter Verwaltungsorganisationsmodelle. Die hier vertretene weiterführende These lautet, dass sich Unterschiede in der Verwaltungsleistung auf Verwaltungskonfigurationen zurückführen lassen (vgl. Bogumil 2010; Bogumil et al. 2013).

Der Begriff Verwaltungskonfiguration beschreibt die spezifische Ausgestaltung der Makroorganisation, d.h. des äußeren Aufbaus der Verwaltung auf der Landes- und Kommunalebene. Sie umfasst spezifische Anordnungen von

(1) *funktionalen* (monofunktional bzw. multifunktional),
(2) *territorialen* (großräumig, kleinräumig) und
(3) *politischen* (Verwaltungsträgerschaft, Legitimation der Verwaltungsführung) Merkmalen der Verwaltungsorganisation in einem Aufgabenfeld.

Es werden also nicht einzelne Merkmale von Verwaltungslösungen analysiert, sondern das ihr *spezifische Zusammenspiel in einer Verwaltungskonfiguration*. Geht man von einer dichotomen Ausprägung der Makro-Struktur (funktionale, territoriale, politische Dimension) aus, ergeben sich acht (2x2x2) theoretisch mögliche Verwaltungskonfigurationen, von denen sich die folgenden sieben[11] als etablierte Behördenformen in den verschiedenen Bundesländern identifizieren lassen (vgl. Tab. 3).

Deutlich wird bei dieser (nicht aufgabenspezifischen) Betrachtung der Verwaltungskonfigurationen in den Bundesländern, dass die Existenz von Landesverwaltungsämtern, Regierungspräsidien oder höheren Kommunalverbänden *keinem klaren Muster* folgt. Betrachtet man nun ein Beispiel einer aufgabenbezogenen Verwaltungskonfiguration, so verringert sich die Varianz, sie ist aber auch bei Aufgaben, die bundesgesetzlich normierter sind, noch beträchtlich. An der Umweltverwaltung lässt sich zeigen, dass es eine nicht unerhebliche Heterogenisierung der Verwaltungskonfigurationen gibt.

11 Die Verwaltungskonfiguration „Multifunktional – Kleinräumig – Staatlich" existiert in der Praxis nicht.

≡ Tab. 3: Abb. 3: Verwaltungskonfigurationen in den Bundesländern

Verwaltungskonfiguration	Behördenform	Bundesländer
Multifunktional-Großräumig-Staatlich (V1)	Landesverwaltungsämter/ Regierungspräsidien	Baden-Württemberg, Bayern, Hessen, NRW, Sachsen, Sachsen-Anhalt, Thüringen
Multifunktional-Großräumig-Kommunal (V2)	Große Kreise/kreisfreie Städte	alle Bundesländer
Multifunktional-Kleinräumig-Kommunal (V3)	Kleine Kreise/kreisfreie Städte	alle Bundesländer
Monofunktional-Großräumig-Staatlich (V4)	Große Sonderbehörden	alle Bundesländer
Monofunktional-Großräumig-Kommunal (V5)	Höhere Kommunal-verbände	Bayern, Baden-Württemberg, Hessen, Niedersachsen, Nordrhein-Westfalen, Saarland, Sachsen
Monofunktional-Kleinräumig-Staatlich (V6)	Kleine Sonderbehörden	alle Bundesländer
Monofunktional-Kleinräumig-Kommunal (V7)	Kommunale Anstalten/ Agenturen	alle Bundesländer

Quelle: Bogumil et al. 2013

≡ Tab. 4: Verwaltungskonfigurationen in der Umweltverwaltung

	Umweltverwaltung 2011		
Verwaltungskonfiguration	Immissionsschutz	Gewässerschutz	Naturschutz
Multifunktional-Großräumig-Staatlich (V1)	BW-1 BY NRW-1 SN HE RP TH-1	BW-1 SN-1 HE-1 RP TH-1	HE RP TH-1
Multifunktional-Großräumig-Kommunal (V2)	NRW-2 Großstädte	Großstädte	NRW Großstädte
Multifunktional-Kleinräumig-Kommunal (V3)	TH-2 BW-2a NRW-2	BW-2a HE-2 SH SN-2 TH-2	BW TH-2 SN
Monofunktional-Großräumig-Staatlich (V4)	NI BB SL SA SH MV	NI BY NRW BB SL SA SH MV	NI BY BB SL SA MV

→

Tab. 4: (*Fortsetzung)*

Verwaltungskonfiguration	Umweltverwaltung 2011 Immissionsschutz	Gewässerschutz	Naturschutz
Monofunktional-Großräumig-Kommunal (V5)	–	–	–
Monofunktional-Kleinräumig-Staatlich (V6)	–	–	–
Monofunktional-Kleinräumig-Kommunal (V7)	–	–	–

a – Die Baden-Württembergischen Landkreise vollziehen diese Aufgabe als staatliche Behörden.

Quelle: Bogumil et al. 2013

3. Inhaltliche Ausrichtung der Verwaltungsreformen

Reform der Mittelinstanzen

In vielen Bundesländern gab es in der Nachkriegszeit immer wieder Diskussionen um die staatlichen Mittelinstanzen, jüngst in NRW, Niedersachsen und Baden-Württemberg. Der *niedersächsische Fall ist von besonderem Interesse*, da dort im Jahr 2005 zum ersten Mal in einem großen Flächenland die *Bezirksregierungen* als fachübergreifende mittlere Bündelungsinstanz abgeschafft wurden. Auf staatlicher Ebene wird durch die verstärkte Zusammenarbeit von Sonderbehörden eine Bündelung angestrebt. Zudem wurden vier *Regierungsvertretungen* mit jeweils unter 50 Mitarbeitern eingerichtet. Diese strukturellen Veränderungen gingen Hand in Hand mit wesentlichen prozessualen Modifikationen (u.a. Einstufigkeit des Widerspruchsverfahrens, Wegfall bzw. Verlagerung von Genehmigungs- und Anzeigeverfahren, veränderte Fach- und Kommunalaufsicht; vgl. Bogumil/Kottmann 2006).

Bereits vor der Abschaffung der staatlichen Mittelinstanzen warnten zahlreiche Verwaltungspraktiker und Wissenschaftler vor diesem Schritt. Auch wies der Niedersächsische Landesrechnungshof auf die fehlende Grundlage einer solchen Entscheidung, eine Aufgabenkritik, hin (Landesrechnungshof Niedersachsen 2004, S. 1). Sieben Jahre nach Inkrafttreten liegen einige Informationen zu den Reformeffekten vor. Erklärtes Ziel der Reform war der Abbau von „Doppelstrukturen". Ist mit Doppelstrukturen lediglich die Verfahrensbeteiligung mehrerer Behörden gemeint, so änderte sich daran durch die Auflösung der Bezirksregierungen kaum etwas: Reffken zeigt am Beispiel der Gewässerverwaltung, dass heute eine fast identische Zahl an Behörden und Verwaltungseinheiten mit den Verfahren befasst sind und faktisch die Dreistufigkeit weiterhin besteht (Reffken 2006). Allerdings ist die Transparenz gesunken. Mit der Auflösung der Mittelinstanzen sind Verantwortlichkeiten bei einem bunten Strauß von Institutionen (Sonderbehörden, Landesbetriebe, Kommunen bzw. kommunale Spitzenverbände, eine Bank, Kammern, Private) „abgeladen“ und neue Behörden geschaffen worden.

Zudem war man in Niedersachsen der Meinung, dass sich die Bedeutung der Bündelungs- und Koordinationsfunktion reduziert habe, was die Existenzberechtigung der Bezirksregierungen grundsätzlich in Frage stelle. Das Fehlen einer allgemeinen Mittelbehörde bringt für die Ministerien sicherlich mehr Freiräume: Eine institutionalisierte Koordinierung von unterschiedlichen Interessen (Bündelung) ist nun nicht mehr vorhanden, so dass die Ressorts direkt über ihre Sonderverwaltungen („Fachschiene“) agieren können. Statt einer eher regionalen Perspektive, sind die Fachbehörden fach- oder klientelorientiert. Hauptverwaltungsbeamte aus den Kommunen berichten, dass die „Gesamtschau“ über alle Ressorts hinweg und damit die Kompromissfähigkeit verloren ging. Auch aus der neuen rot-grünen Landesregierung hört man, dass regionales und bündelndes Denken in der Landesverwaltung mittlerweile unterentwickelt ist.

So verschlechterte sich auch die Koordination zwischen den in einem Verfahren beteiligten Akteuren nach Abschaffung der Bezirksregierungen. Kommunale Entscheider klagen insbesondere bei Planungs- und Genehmigungsverfahren über unkoordiniertes Handeln der nun zahlreicheren unmittelbar mit den Kommunen in Kontakt stehenden Landesbehörden. Die ressortübergreifende Verfahrenskompetenz der Mittelinstanz ist kaum zu ersetzen. In diesem Zusammenhang ist die Rolle der 2005 geschaffenen Regierungsvertretungen interessant.

Ein weiteres zentrales Argument für die Auflösung der Bezirksregierungen waren prognostizierte Einspareffekte. Das Einsparziel von 6.700 Stellen klang beeindruckend, stellte sich allerdings eher als „Milchmädchenrechnung“ heraus. Zum ersten wurde hier weiterhin notwendiges Landespersonal und der Kostenersatz der bei Kommunalisierung, Verlagerung auf Dritte und Privatisierung fällig wurde, nicht belastbar gegengerechnet. Zum zweiten führte das Konzept „Personal folgt *nicht* der Aufgabe“ dazu, dass aufgrund geringer Personalfluktuation die Liste der Landesbediensteten nur schleppend kürzer wurde. Der Niedersächsische Landesrechnungshof warnte in seinem Jahresbericht 2008 vor dem Risiko, dass man „mehr als 1.000 Stellen nicht wie geplant bis zum Ende des Jahres 2010 wird abbauen können (2008, S. 14ff.).

Die neue Landesregierung hat die Bezirksregierungen nicht wieder eingeführt, aber dennoch Veränderungen eingeleitet. So wurden die Regierungsvertretungen ab dem Jahr 2014 in vier Ämter für regionale Landesentwicklung, die von vier der Staatskanzlei zugeordneten Landesbeauftragten geleitet werden, überführt und mit weiteren Aufgaben angereichert. Letztlich geht es ihr darum, die Handlungsfähigkeit der Landesregierung in der Fläche zu stärken. Zudem soll die Bündelung staatlicher Aufgaben mit regionalentwicklerischen Bezügen in den Ämtern für regionale Landesentwicklung dazu beitragen, die Kommunen bei der Aufgabenwahrnehmung gezielt zu unterstützen und die Ministerien zugunsten der Wahrnehmung ihrer strategischen Aufgaben zu entlasten.

Vor diesem Hintergrund verwundert es nicht, dass die anderen großen Bundesländer sich bisher nicht vom niedersächsischen Weg in die Zweistufigkeit haben inspirieren lassen. Zwar hatte die neue grün-rote Regierung in Baden-Württemberg ursprünglich vor, die Regierungspräsidien abzuschaffen, ist davon aber mittlerweile abgerückt. Auch in NRW sind die Diskussionen um die Reform der Bezirksregierungen zum Erliegen gekommen.

Kommunalisierungen als zentrales Merkmal von Funktionalreformen

Ein wesentliches Merkmal der jüngsten Funktionalreformen ist die Übertragung von staatlichen Aufgaben auf die Kommunen, die sogenannte *Kommunalisierung*. Aufgabenübertragungen auf die kommunalen Gebietskörperschaften können rechtlich unterschiedlich ausgestaltet werden: als pflichtige Selbstverwaltungsaufgaben, als Pflichtaufgabe zur Erfüllung nach Weisung, als Auftragsangelegenheit oder als Staatliche Aufgabe in Form der Organleihe.[12]

Die Kommunalisierung von Zuständigkeiten wird aufgrund des Subsidiaritätsgrundsatzes grundsätzlich positiv bewertet. Allerdings ist immer die Leistungsfähigkeit der Kommunen, die Wirtschaftlichkeit der Aufgabenerledigung und das auf der kommunalen Ebene besonders ausgeprägte Spannungsverhältnis zwischen fachlichen und politischen Zielsetzungen zu beachten (vgl. Bauer et al. 2007; Ebinger/Bogumil 2008). Die Uneinheitlichkeit sowohl der Territorial- als auch der Funktionalreformen hat insgesamt zu einer starken Varianz hinsichtlich der Strukturen, der Einwohnerzahlen und auch den Aufgabenportfolien in den Kommunen ge-

---

12 Aus juristischer Sicht werden die ersten beiden Formen als *echte* und die letzten beiden Formen als *unechte* Kommunalisierung bezeichnet (Burgi 2010). Bei der *echten* Kommunalisierung sollen die übertragenen Aufgaben den Charakter von Selbstverwaltungsaufgaben annehmen. Aus politikwissenschaftlicher Sicht wird dagegen nur die Übertragung in Form pflichtige Selbstverwaltungsaufgaben als echte Kommunalisierung angesehen, da nur hier die Kommunalvertretungen ein Mitentscheidungsrecht haben.

führt. Vor diesem Hintergrund sind einheitliche Aussagen zu den Problemlagen und Chancen von Kommunalisierungen nicht einfach.

Empirische Untersuchungen zeigen, dass die Auswirkungen der Kommunalisierungen stark sowohl zwischen einzelnen Kommunen als auch zwischen Aufgabenfeldern variieren.[13] So scheint der Erfolg einer kommunalen Aufgabenübernahme maßgeblich vom Geschick der Akteure vor Ort abzuhängen. Ein gelungenes Integrationsmanagement und eine klare *fachliche* Vision der Entscheider in der aufnehmenden Gebietskörperschaft sind hier wesentlich. Darüber hinaus scheinen regulative und technische Aufgaben wie der gesamte Umweltbereich eher schlecht für eine Kommunalisierung geeignet, während distributive und stark auf lokale Vernetzungen angewiesene Aufgaben, insbesondere im sozialen Bereich, unter den richtigen Rahmenbedingungen von der höheren Ortsnähe profitieren *können* (Kuhlmann et al. 2011). Als Ursache für diese sehr heterogene Entwicklung kann die unterschiedliche Verbreitung von drei Problemlagen identifiziert werden: ungelöste *Schnittstellenproblematiken*, die größen- und ressourcenabhängige *Leistungsfähigkeit* der kommunalen Ebene und eine unterschiedlich stark praktizierte *Politisierung* von Verwaltungshandeln durch die fachfremde Einflussnahme von politischen Entscheidern.

Die *Schnittstellenproblematik* entsteht dadurch, dass durch die Verlagerung von Aufgaben auf die kommunale Ebene zwar durchaus Verfahrensabläufe durch eine Zusammenfassung ähnlicher Aufgaben optimiert werden können, gleichzeitig jedoch wiederum neue Schnittstellen und Koordinierungsbedarfe entstehen. Da aufgrund des Fehlens einer echten Aufgabenkritik die weiterhin oder verstärkt notwendigen vertikalen und horizontalen Koordinierungsnotwendigkeiten beim Design der Reformen ebenso wenig berücksichtigt wurden wie die Erträge der bisherigen Aufgabenbündelung, kann entgegen der Erwartungen der Politik ein administrativer Mehraufwand anfallen.

---

13 In einer international vergleichenden Studie konnte gezeigt werden, dass mit Kommunalisierungen über Ländergrenzen hinweg die Einheitlichkeit des Verwaltungsvollzugs und die „Homogenität" der Verwaltungsqualität abnehmen (Kuhlmann et al. 2011). Beispielhaft für den Bereich der Sozialverwaltung zeigte Richter (2012, S. 188f.), dass nach der Kommunalisierung der Schwerbehindertenfeststellung in Nordrhein-Westfalen im Jahr 2008 eine Verdoppelung der Spannweite zwischen den hierfür zuständigen Ämtern bezüglich des prozentualen Anteils positiver Bescheide zu beobachten war. Baden-Württemberg wiederum kämpfte nach der Kommunalisierung mit einer zunehmenden Zahl von erfolgreichen bzw. teilerfolgreichen Widerspruchsverfahren im SGB IX, was das Landesversorgungsamt darauf zurückführte, dass die Beweiserhebung durch die Landkreise auf ein Mindestmaß reduziert worden war (Richter/Kuhlmann 2010, S. 406).

Die Problematik der *Leistungsfähigkeit* der kommunalen Ebene – insbesondere der Kreisebene, welche den stärksten Aufgabenzuwachs durch den derzeitigen Kommunalisierungstrend erlebt – ist offensichtlich: Für eine effiziente und effektive Aufgabenwahrnehmung ist eine möglichst optimale Ausschöpfung von Skalen- und Verbunderträgen notwendig. Dies geschieht durch die Senkung der „Stückkosten" eines Verwaltungsvorgangs durch Routinen, Spezialisierung der Mitarbeiter und die kontinuierliche Nutzung der Sachmittelausstattung sowie durch die Möglichkeit zur mehrfachen Nutzung der vorhandenen Ressourcen für verschiedene Aufgaben. Das für viele der neuen Aufgaben notwendige Expertenwissen wie auch die notwendigen teuren Arbeitsmittel (beispielsweise Software, Datenbanken und Messinstrumente) können nur bei einer entsprechend großen Fallzahl wirtschaftlich vorgehalten werden. Diese Voraussetzung ist bei vielen, gerade kleineren kommunalen Gebietskörperschaften nicht gegeben, sie erfüllen die Voraussetzungen für einen effizienten Vollzug nicht (vgl. Tab. 2). Die wenigen Mitarbeiter stoßen bei einem zu breit gefächerten Aufgabenspektrum und zu geringer Ausstattung an die Grenzen ihrer Leistungsfähigkeit, die Qualität der Verwaltungsleistung droht zu sinken. Die notwendige Konzentration der Mitarbeiter auf die – zumindest für die politische Führung ihrer Behörde – drängendsten Probleme kann den empirischen Erkenntnissen zufolge leicht zu einem sogenannten „kalten Aufgabenabbau" führen. Wenig sichtbare und konfliktbehaftete Aufgaben werden nicht mehr fachlich zufriedenstellend erledigt (Ebinger/Bogumil 2008).

Die Problematisierung der Politisierung von Verwaltungsentscheidungen zielt nicht darauf ab, die grundsätzliche Entscheidungskompetenz von gewählten Volksvertretern in Frage zu stellen. Vielmehr geht es darum, politische Eingriffe in solche Verwaltungsentscheidungen zu thematisieren, die auf fachlicher Rechtsanwendung basieren sollten. Am Beispiel der Umweltverwaltung lässt sich diese Problematik besonders gut darstellen. Hier stellen sich Maßnahmen der Kommunalisierung aus der Sicht des Umweltschutzes vielfach als problematisch dar. Die Konzentration der Kompetenzen für übergreifende Umweltbelange einerseits und lokale Wirtschaftsförderung andererseits beinhalteten zwangsläufig Konfliktpotenzial. So können sich die Kommunalverwaltungen einem starken Druck von Seiten der lokalen Wirtschaft und Öffentlichkeit bei Genehmigungen und der Überwachung im Rahmen der Gewerbeaufsicht sowie bei der Ausweisung von Überschwemmungs- oder Naturschutzgebieten ausgesetzt sehen. Die „Politisierung" von Fachentscheidungen auf der Ebene der Kreise ist daher ein zentraler Aspekt bei der Debatte um die Neuorganisation der Umweltverwaltung und wird nicht nur von Umweltorganisationen, sondern auch von Wirtschaftsverbänden und der Arbeitsebene der Kommunalverwaltung selbst sehr kritisch gesehen (vgl. Bauer et al. 2007).

Neue Gebietsreformen

In den 1970er-Jahren gab es in Westdeutschland die letzten großen Gebietsreformen auf der kommunalen Ebene. Sie wurden in sehr unterschiedlichem Ausmaß durchgeführt. Ähnliches gilt für Ostdeutschland nach der Wende (vgl. Tab. 5).

≡ Tab. 5: Gebietsreformen in Ostdeutschland

	Anzahl der Gemeinden 1990	Anzahl der Gemeinden 2001/2003	Anzahl der Gemeinden 2012
Mecklenburg-Vorpommern	1.117	994	783
Sachsen-Anhalt	1.349	1.289	220
Thüringen	1.699	1.017	907
Brandenburg	1.775	422	419
Sachsen	1.623	540	458

In den letzten Jahren haben sich nun die gesellschaftlichen Rahmenbedingungen verändert. Die schwierige Lage öffentlicher Haushalte vor dem Hintergrund der kommenden Schuldenbremse, der demografische Wandel und die anhaltende Strukturschwäche mancher Regionen haben in einigen Bundesländern (bisher vor allem Ostdeutschland, hier Sachsen, Sachsen-Anhalt, nur auf Kreisebene Mecklenburg-Vorpommern, in der Diskussion Brandenburg) zu einer neuen Welle von Gebietsreformen (Kreis- und Gemeindefusionen) geführt. Ziel war es, kommunalpolitisches Handeln in großräumigeren Strukturen zu verankern, um dadurch Synergieeffekte zu erzeugen und Effektivitätspotenziale zu aktivieren. Auch in westdeutschen Bundesländern verstärken sich die Überlegungen zu Gebietsreformen (Rheinland-Pfalz, Schleswig-Holstein). Notwendig wäre eine Gebietsreform auch in Niedersachsen, einem Bundesland, welches ähnlich kleinteilig organisiert ist wie Bayern und Baden-Württemberg. Es gibt allerdings den zentralen Unterschied, dass in diesen beiden süddeutschen Bundesländern der Handlungsdruck aufgrund der wirtschaftlichen Situation, der Finanzlage der öffentlichen Haushalte und der prognostizierten demografischen Entwicklung deutlich geringer ist.

In der verwaltungswissenschaftlichen Literatur ist man sich weitgehend einig, dass Kommunen den genannten Herausforderungen desto besser begegnen können, je finanzkräftiger und verwaltungsstärker sie sind.

Zumindest die Verwaltungsstärke lässt sich beeinflussen. Zwar ist eine „optimale Größe" nicht ohne Berücksichtigung der lokalen Gegebenheiten zu benennen und Größe allein garantiert weder Finanzkraft noch Verwaltungseffizienz, allerdings ist sie eine gute Voraussetzung dafür.[14] Aus vorliegenden Untersuchungen lässt sich ableiten, dass aus diesen Gründen für Kreise eine Mindestgröße von 150.000 Einwohnern und eine Zielgröße von 200.000 Einwohnern und für Einheits- bzw. Samtgemeinden Mindestgrößen von 10.000 bis 13.000 Einwohner anzustreben sind (Junkernheinrich et al. 2010; Kuhlmann 2013; Westphal et al. 2013). Dass großflächige kommunale Strukturen sowohl technisch als auch hinsichtlich ihrer demokratischen Legitimität grundsätzlich möglich sind, zeigen nicht nur Studien aus Deutschland (vgl. Seitz 2007; Ewer 2007; Gayl 2010), sondern auch ein Blick in europäische Nachbarländer, beispielsweise Schweden und Dänemark – beide Länder mit ausgesprochen stark ausgeprägter kommunaler Selbstverwaltung.[15]

Gebietsreformen werden von der Landespolitik in der Regel mit wenig Begeisterung vorangetrieben, da es oftmals vielfältige Widerstände (Bürger, Kommunen, Bürgermeister, Landräte, kommunale Spitzenverbände) sowie verfassungsrechtliche Hürden (vgl. Bogumil/Ebinger 2008; Mehde 2007) gibt. Dies erfordert eine sorgfältige Vorbereitung und vor allem parteiübergreifendes Handeln. Am Beispiel von Brandenburg kann man erkennen, wie es im Rahmen einer Enquete-Kommission auf der Grundlage einer Bestandsaufnahme zur demografischen, finanziellen und wirtschaftlichen Entwicklung gelingen kann, eine aufgabenorientierte Debatte über zukünftige Verwaltungsstrukturen anhand verschiedener Gebietsszenarien zu inszenieren. Die jüngsten Erfahrungen der Enquete-Kommission 5/2 in Brandenburg sind ein Mut machendes Beispiel (vgl. Enquete-Kommission 2013; Bogumil/Ebinger 2012, 2013).

14 Die „optimale Betriebsgröße" einer bestimmten Art von Kommune (Landkreis, Gemeinde, Samtgemeinde) lässt sich nur schwer bestimmen. Sie hängt nicht nur von der Wirtschaftlichkeit der Aufgabenerledigung ab, sondern auch vom Aufgabenbestand und dem Ausmaß von Bürgerbeteiligung und Bürgerbezug. Allerdings sinken in der Regel mit zunehmender Einwohnerzahl bis zu einer „optimalen Größe" trotz gleichbleibender Leistungsqualität die notwendigen Ausgaben für die Aufgabenerfüllung pro Kopf. Dies zeigt sich in der Regel schon an einfachen Personalstellenvergleichen (Junkernheinrich et al. 2010; Westphal et al. 2013).

15 Im benachbarten Dänemark wurde 2007 die Zahl der Kreise von 13 auf fünf Regionen reduziert, von denen die beiden größten nun gut 12.000 und 13.000 qkm umfassen (vgl. auch Seitz 2007, S. 142ff.).

■ 4. Bessere und schlechtere Verwaltungslösungen

Nachdem deutlich geworden ist, dass sich die institutionellen Formen, in denen die deutschen Bundesländer und Kommunen öffentliche Aufgaben erbringen und Recht vollziehen weiter ausdifferenzieren, wird sich der Frage zugewendet, welche Auswirkungen unterschiedliche institutionelle Lösungen auf die Art und Qualität der Aufgabenwahrnehmung haben.

Prinzipiell kann davon ausgegangen werden, dass Strukturveränderungen öffentlicher Verwaltung im Zusammenspiel mit weiteren Kontextfaktoren Verschiebungen in der Leistungsfähigkeit und Vollzugsqualität mit sich bringen (vgl. Bogumil 2010; Bogumil/Kuhlmann 2010). Den Grundformen der Verwaltungsorganisation (obere/untere staatliche Sonderbehörden, Bündelungsbehörden der allgemeinen Verwaltung, Kommunalverwaltung) werden schon seit langem spezifische Leistungsprofile zugewiesen (vgl. statt vieler: Wagener 1981; Mayntz 1997). So wird beispielsweise angenommen, dass sich kleinere und von einem Wahlbeamten geführte Gebietskörperschaften durch eine hohe Legitimität und überlegene Ortskenntnis auszeichnen und eine effiziente Ressourcenallokation ermöglichen (Dahl/Tufte 1974; Newton 1982; Swianiewicz 2010). Sonderbehörden wird eine ausgeprägte Fähigkeit zur funktionalen Spezialisierung zugesprochen, während von der allgemeinen Verwaltung durch die territoriale Bündelung umfangreicher Zuständigkeiten Verbunderträge in der Ressourcennutzung und eine hohe Koordinationsfähigkeit erwartet wird (Wahl 1987; Becker 1989; Hill 1993). Schließlich soll die Organisation in größeren Verwaltungseinheiten Skalenerträge durch effiziente Ressourcennutzung und eine routiniertere Aufgabenerledigung erbringen.

Allerdings macht Ebinger zu Recht darauf aufmerksam, dass bislang weitgehend darauf verzichtet wurde, diese theoretisch postulierten Wirkungszusammenhänge empirisch systematisch zu überprüfen und somit evidenzbasierte Aussagen über das konfigurative Zusammenspiel der verschiedenen Strukturmerkmale in einer Vollzugslösung, die dahinterstehenden Mechanismen auf der Akteursebene sowie den Einfluss weiterer Bedingungsfaktoren abzuleiten (Ebinger 2013, S. 29f.). So beschränkt sich die vorliegende Forschung häufig darauf, Reformen in einem Bundesland und nachfolgende Leistungsveränderungen ex-post im Längsschnitt zu dokumentieren oder isolierte Variablenzusammenhänge auf der Strukturebene zu untersuchen (vgl. z.B. Rüschenschmidt 1975; Wrage 1975; Köhler 1981; Brockmann/Rosenfeld 1984; Engelhardt et al. 1986; Bogumil/Ebinger 2005). Ein Grund für diesen unbefriedigenden Forschungsstand liegt darin, dass meist eine Konzentration auf ein Bundesland oder bestenfalls eine Gegenüberstellung von Bundesländerstudien stattfindet. Insgesamt fehlt es an einem *übergreifenden Kausalmodell* und an empirischen Untersuchungen, die die Wirkung von Verwaltungsstrukturen systematisch und vergleichend über die Bundesländer hinweg analysieren. Im Folgenden soll kurz auf beide Punkte eingegangen werden.

Zur Frage der systematischen Untersuchung der *Auswirkungen unterschiedlicher Verwaltungsorganisationsmodelle auf die Performanz der Aufgabenerledigung* liegen zwei neuere Dissertationen vor (Ebinger 2013; Richter 2014). Hier zeigt sich, dass Vollzugsprobleme nicht allein auf strukturelle Faktoren zurückzuführen sind, sondern erst im Zusammenspiel mit weiteren Kontextfaktoren wie Politikfeld, Steuerungsmodus und Ressourcenausstattung zu systematischen Mustern führen.

Bei Richter (2014) zeigt sich, wie das Aufgabenprofil einer Verwaltungsaufgabe die Wirkungsweise der verschiedenen Verwaltungsorganisationsmodelle prägt. So divergiert die institutionelle Organisation der Durchführung der Schwerbehindertenfeststellung und des Sozialen Entschädigungsrechts (*Versorgungsverwaltung*) zwar mittlerweile deutlich zwischen den Bundesländern (Details siehe Richter 2013). Jedoch beeinflussen vor allem die daraus resultierenden unterschiedlichen territorialen Zuständigkeitsräume der Behörden den Aufgabenvollzug, weniger die Frage, ob die Aufgabe in der allgemeinen Verwaltung oder in einer Sonderverwaltung untergebracht ist. Auch kam zum Vorschein, dass eine Politisierung des Verwaltungshandelns bei der Aufgabenwahrnehmung durch kommunale Träger in diesem Politikfeld nicht einsetzt. Ursächlich hierfür ist sowohl der geringe Interdependenzgrad als auch die geringe politische Salienz des Aufgabenbereiches, der den Einfluss verschiedener verwaltungsorganisatorischer Lösungen auf Unterschiede in der territorialen Konfigurationen beschränkt, dort dann aber Performanzunterschiede bei der Aufgabenerledigung generiert (Richter 2014, S. 252ff.).

Ebinger (2013) diagnostiziert auf Basis eines quantitativen Vergleichs vollziehender *Immissions- und Arbeitsschutzbehörden*, dass die Praxis der Aufgabenwahrnehmung und die Leistungsbewertung systematisch vom gewählten Organisationsmodell abhängen. Obwohl diese Aufgabenblöcke bundesgesetzlich reguliert sind, unterscheidet sich der Vollzug in den vier eingesetzten „realtypischen" Behördentypen (Obere Landesbehörden, Mittelinstanzen, Untere Landesbehörden und beauftragte Stadt- und Kreisverwaltungen) nicht nur hinsichtlich seiner Wirtschaftlichkeit, sondern auch weiteren Performanzdimensionen wie der Rechtsstaatlichkeit, Leistungsqualität und Mitarbeiterzufriedenheit. So weisen beispielsweise von Bürgermeistern oder Landräten geführte Einheiten ein positiveres Kundenbild auf als staatliche Einheiten, allerdings werden sie auch als deutlich ineffizienter bewertet (Ebinger 2013, S. 200f.). Folglich besteht eine teils drastische Divergenz der Leistungsfähigkeit zwischen den deutschen Bundesländern.

Zusammenfassend bestätigt sich durch Kausalanalysen die überkommene Vermutung, dass es keine „omnipotente Schlüsselvariable“ und damit kein „ideales“ Organisationsmodell gibt, welches auf allen Performanzdimensionen eine bessere Leistung aufweist (vgl. Bogumil/Jann 2009, S. 55f.). Vielmehr sind je nach der Priorisierung der Legalität, Effizienz, Legitimität und Effektivität des Vollzugs andere Modelle zu bevorzugen. Verwaltungsorganisation bleibt also trotz allem eine politische Entscheidung.

■ 5. Fazit und Ausblick: Systematisierung der Forschung zur Verwaltungsperformanz

Es ist deutlich geworden, dass es im Zuge einer neuen Welle von Verwaltungsstrukturreformen (trotz weitgehend identischer Reformziele) zu einer *Heterogenisierung der Verwaltungsstrukturen in den Bundesländern* gekommen ist. Der Grund dafür, dass Bundesländer mit ähnlichen Problemlagen ihre Landesverwaltungen inhaltlich gegenläufig modernisieren, liegt vor allem in der Wiederaneignung der Verwaltungspolitik durch die Politik. Durch die Strategie der „unechten Aufgabenkritik“ eignet sich die Politik die Entscheidung über die Grobkonzeption der Reformen wieder an und überlässt diese nicht mehr der Ministerialbürokratie selbst. Man hat gelernt, dass durchgreifende Reformen *mit* der Verwaltung kaum zu machen sind, dass diese aber unter bestimmten Bedingungen *gegen Teile* der Verwaltung möglich sind. Die inhaltliche Ausrichtung der Reformen orientiert sich indes nicht an bestimmten funktionalen Lösungen, sondern an landesspezifischen Eigenheiten wie der politischen Positionierung der jeweils amtierenden Regierungen der Reputation einzelner Verwaltungsebenen, Akteurskonstellationen und Pfadabhängigkeiten in der Verwaltungsorganisation.

Die Heterogenisierung funktionaler, territorialer und politischer Verwaltungslösungen, die sich am besten durch das Konzept der Verwaltungskonfiguration beschreiben lässt, hat Auswirkungen auf die Art und Qualität der Aufgabenwahrnehmung, so dass es, wie gezeigt, zu Veränderungen in der Leistungsfähigkeit und Vollzugsqualität kommt. *Es gibt, abhängig vom Aufgabenbereich, bessere und schlechtere Verwaltungskon-*

figurationen. Allerdings erklären Verwaltungskonfigurationen nicht alleine die Verwaltungsperformanz.[16]

Das von Ebinger (2013, S. 104ff.) vorgeschlagene Kausalmodell zur Erklärung administrativer Performanz verknüpft nun erstmals Umweltfaktoren, äußere Strukturen und das Verhalten der Führungskräfte mit der Performanz einer Verwaltungseinheit. Das Verhalten der Führungskräfte scheint einerseits zu einem gewissen Grad von den strukturellen Rahmenbedingungen beeinflusst zu sein, weist aber dennoch eine hohe Varianz auf. Führungskräfte sind somit sowohl eigenständiger Erklärungsfaktor als auch Mediator zwischen äußerer Struktur und administrativer Performanz.[17]

Basierend auf diesem Grundmodell kann man das oben skizzierte Konzept der Verwaltungskonfiguration aufnehmen und das Modell durch Kontextfaktoren erweitern. Das Gesamtmodell unterstellt eine Kausalbeziehung zwischen der Verwaltungskonfiguration, der inneren Führung als Mechanismus, den Kontextfaktoren und der Verwaltungsleistung (vgl. Abb. 1).
Es wird davon ausgegangen, dass Verwaltungskonfigurationen die wesentliche unabhängige Untersuchungsvariable sind, deren Wirkungen unter Einbeziehung von (policy- und ressourcenspezifischen) Kontextfaktoren auf die Leistung der Verwaltung ermittelt werden können. Die Wir-

16 Die Forschung zur Performanz öffentlicher Verwaltungen ist ausbaufähig. Es existiert weder ein universell anerkanntes Konzept der Performanz noch ihrer Erklärungsfaktoren in der Literatur, dafür sich widersprechende Hypothesen über die Wirkung struktureller und prozessualer Charakteristiken der Verwaltungsorganisation. Ausgehend vom angelsächsischen und skandinavischen Raum haben sich verschiedene, weitgehend voneinander isolierte Forschungsstränge zu unterschiedlichsten Einflussflussfaktoren wie beispielsweise den Effekten der Verselbständigung von Behörden (Agencification), Performance Measurement und Performance Management, dem Einfluss von Führungsstil (Leadership), dem Vorliegen von klaren Zielen (Goal Ambiguity) und der Arbeitszufriedenheit und emotionalen Bindung der Mitarbeiter (Job satisfaction, Organizational Commitment) entwickelt und verschiedenste Ansätze zur Definition und Messung von Verwaltungsleistung herausgebildet (vgl. Ebinger 2013).

17 Mittels eines Mediatorenmodells kann Ebinger zeigen, dass Strukturvariablen und Führungskultur in ihrem Einfluss nicht unabhängig voneinander wirken. Im Gegenteil, die strukturbezogenen Faktoren beeinflussen die Mehrzahl der Aspekte der Führungskultur (beispielsweise Unterstützung durch Vorgesetzte, Klarheit der gesetzten Ziele und Dezentralisierung von Entscheidungskompetenzen) und wirken durch diese auch auf die Performanz. Dies bedeutet, dass sich die Führungskräfte einer Behörde dem Einfluss der äußeren Strukturen nicht gänzlich entziehen können, sondern ein spezifisches Führungsverhalten an den Tag legen (Ebinger 2013, S. 248f.).

≡ Abb. 1: Kausalmodell zur Erklärung von Verwaltungsperformanz

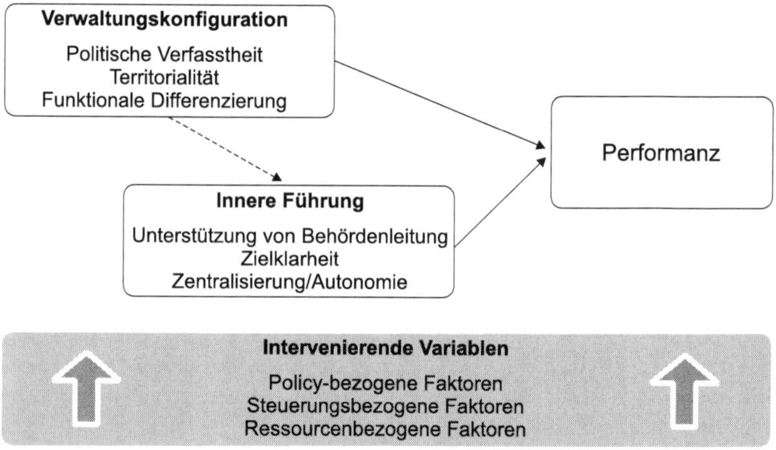

Quelle: Bogumil et al. 2013 in Anlehnung an Ebinger 2013

kung der Verwaltungskonfiguration wird dabei, so die Annahme, über das Akteurshandeln, insbesondere die innerbehördliche Führung, vermittelt, die als wesentlicher Transmissionsriemen zwischen formaler Institution und Verwaltungsleistung verstanden wird. Da eine abstrakte Ermittlung von Verwaltungsleistung ohne Berücksichtigung der Aufgaben- und Policy-Spezifik nicht möglich ist, muss immer eine aufgabenbezogen Betrachtung erfolgen.

Auf der Basis dieses Erklärungsmodells wird es möglich – so die Hoffnung – typische Verwaltungskonfigurationen in ausgewählten bundesrechtlich normierten Aufgabenbereichen der Länder und Kommunen zu identifizieren und die Wirkungswege und Auswirkungen dieser Konfigurationen auf die Verwaltungsleistung zu analysieren.

Literatur

Bauer, Michael/Bogumil, Jörg/Knill, Christoph/Ebinger, Falk/Krapf, Sandra/Reißig, Kristin (2007): Modernisierung der Umweltverwaltung. Reformstrategien und Effekte in den Bundesländern. Berlin

Benz, Arthur (2002): Die territoriale Dimension von Verwaltung. In: König, Klaus (Hg.): Deutsche Verwaltung an der Wende zum 21. Jahrhundert. Baden-Baden, S. 207–228

Benz, Arthur/Suck, André (2007): Auswirkungen der Verwaltungsmodernisierung auf den Naturschutz. In: Natur und Landschaft, Heft 8, S. 353–357

Bogumil, Jörg (2007): Verwaltungsstrukturreformen in den Bundesländern. Abschaffung oder Reorganisation der Bezirksregierungen? In: Zeitschrift für Gesetzgebung, Heft 3, S. 246–257

Bogumil, Jörg (2010): Die Ebenen der Verwaltung, die Verteilung der Aufgaben und die Realität der Verwaltungspolitik. In: Schimanke, Dieter (Hg.): Verwaltung und Raum. Zur Diskussion um Leistungsfähigkeit und Integrationsfunktion von Verwaltungseinheiten. Baden-Baden, S. 77–88

Bogumil, Jörg/Ebinger, Falk (2005): Die Große Verwaltungsstrukturreform in Baden-Württemberg Erste Umsetzungsanalyse und Überlegungen zur Übertragbarkeit der Ergebnisse auf NRW (Schriftenreihe der Stiftung Westfalen-Initiative, Bd. 9). Ibbenbüren

Bogumil, Jörg/Ebinger, Falk (2008a): Machtgewinn der Kommunen? Zum Urteil des Landesverfassungsgerichts Mecklenburg-Vorpommern über die Kreisstrukturreform. In: Büchner, C./Franzke, J./Nierhaus, M. (Hg.): Verfassungsrechtliche Anforderungen an Kreisgebietsreformen. Zum Urteil das Landesverfassungsgerichtes Mecklenburg-Vorpommern. Gutachten des KWI, S. 13–23

Bogumil, Jörg/Ebinger, Falk (2008b): Verwaltungspolitik in den Bundesländern – Vom Stiefkind zum Darling der Politik. In: Hildebrandt/Wolf (Hg.): Die Politik der Bundesländer. Politikfelder und Institutionenpolitik. Wiesbaden: VS: S. 275–288

Bogumil, Jörg/Ebinger, Falk (2011): Verwaltungsstrukturreformen in den Bundesländern. In: Blanke, Bernhard/Nullmeier, Frank/Reichard, Christoph/Wewer, Göttrik (Hg.): Handbuch zur Verwaltungsreform (4. aktualisierte und ergänzte Aufl.). Wiesbaden, S. 45–52

Bogumil, Jörg/Ebinger, Falk (2012): Gutachten zur möglichen Kommunalisierung von Landesaufgaben in Brandenburg. Stellungnahme im Auftrag der Enquetekommission „Kommunal- und Landesverwaltung – bürgernah, effektiv und zukunftsfest – Brandenburg 2020“ des brandenburgischen Landtages. Potsdam

Bogumil, Jörg/Ebinger, Falk (2013): Die Zukunft der Straßenbauverwaltung in Brandenburg. Möglichkeiten einer effizienten und effektiven Aufgabenwahrnehmung im Straßenwesen. Gutachten im Auftrag des Ministeriums für Infrastruktur und Landwirtschaft. Potsdam

Bogumil, J./Ebinger, F./Kuhlmann, S./Richter, Philipp (2013b): Leistungsfähigkeit von Verwaltungskonfigurationen im deutschen Bundesstaat (Antrag an die DFG; Manuskript)

Bogumil, J./Jann, W. (2009): Einführung in die Verwaltungswissenschaft. Verwaltung und Verwaltungswissenschaft in Deutschland (2. überarbeitete Aufl.). Wiesbaden

Bogumil, Jörg/Kottmann, Steffen (2006): Verwaltungsstrukturreform – die Abschaffung der Bezirksregierungen in Niedersachsen (Schriftenreihe der Stiftung Westfalen-Initiative, Bd. 11). Ibbenbüren

Bogumil, Jörg/Kuhlmann, Sabine (Hg.) (2010): Kommunale Aufgabenwahrnehmung im Wandel: Kommunalisierung, Regionalisierung und Territorialreform in Deutschland und Europa. Wiesbaden

Bogumil, Jörg/Reichard, Ch./Siebart, Patricia (2004): Gutachten zur Verwaltungsstrukturreform in NRW (Schriftenreihe der Stiftung Westfalen-Initiative, Bd. 8). Ibbenbüren

Bull, Hans Peter (2008): Kommunale Gebiets- und Funktionalreform – aktuelle Entwicklung und grundsätzliche Bedeutung. In: der moderne staat – dms, Jg. 1/Heft 2, S. 285–302

Burgi, Martin (2010): Kommunalisierung staatlicher Aufgaben – Möglichkeiten, Grenzen und Folgefragen aus rechtlicher Sicht. In: Bogumil/Kuhlmann 2010, S. 23–47

Ebinger, Falk (2009): Vollzug trotz Reform? Die Umweltverwaltung der Länder im Wandel. In: Verwaltungsarchiv, Heft 1, S. 55–70

Ebinger, Falk (2013): Wege zur guten Bürokratie. Erklärungsansätze und Evidenz zur Leistungsfähigkeit öffentlicher Verwaltungen. Baden-Baden

Ebinger, Falk/Bogumil, Jörg (2008): Grenzen der Subsidiarität. Verwaltungsreform und Kommunalisierung in den Ländern. In: Heinelt, H./Vetter, A. (Hg.): Lokale Politikforschung heute. Wiesbaden, S. 165–195

Ellwein, Thomas (1993): Neuordnung der staatlichen und kommunalen Arbeitsebene zwischen der Landesregierung und den Städten und Kreisen des Landes NRW. Ein Gutachten (o.O.)

Ellwein, Thomas (1994): Das Dilemma der Verwaltung: Verwaltungsstruktur und Verwaltungsreform in Deutschland. Mannheim

Enquetekommission (2013): Kommunal- und Landesverwaltung – bürgernah, effektiv und zukunftsfest – Brandenburg 2020. Potsdam

Ewer, Wolfgang (2007): Gutachten zu den verfassungsrechtlichen Rahmenbedingungen einer Verwaltungsstruktur-, Funktional- und Kreisgebietsreform (Internet: http://192.124.238.252/widut/PDFVZ/1226.pdf)

Friedrich-Ebert-Stiftung (2010): Künftige Verwaltungsstrukturen in Niedersachsen. Defizite und Handlungsbedarfe – Kriterien und Szenarien. Hannover

Gayl, Johannes Freiherr von (2010): Kreisgebietsreform in Mecklenburg-Vorpommern. In: Bogumil, Jörg/Kuhlmann, Sabine (Hg.): Kommunale Aufgabenwahrnehmung im Wandel. Wiesbaden: VS, S. 125–142

Hesse, Joachim Jens (2012): Kommunalstrukturen in Niedersachsen. Zweite Fortschreibung des im Juli 2010 vorgelegten „Grundgutachtens", zugleich: Abschlussbericht. Berlin

Hesse, Joachim Jens/Götz, Alexander (2003): Staatsreform in Deutschland – das Beispiel der Länder (I). In: ZSE, 4, S. 579–612

Hesse, Joachim Jens/Götz, Alexander (2004): Staatsreform in Deutschland – das Beispiel der Länder (II). In: ZSE, 1, S. 106–143

Jann, Werner (2001a): Verwaltungsreform als Verwaltungspolitik: Verwaltungsmodernisierung und Policy-Forschung. In: Schröter, Eckhard (Hg.): Empirische Policy und Verwaltungsforschung. Opladen, S. 321–344

Jann, Werner (2001b): Leistungsfähigkeit der Landesverwaltung. In: Derlien, H.-U. (Hg.): Zehn Jahre Verwaltungsaufbau Ost – eine Evaluation (Schriftenreihe der Deutschen Sektion des Internationalen Instituts für Verwaltungswissenschaften, Bd. 27). Baden-Baden

Jann, Werner/Wegrich, Kai (2008): Wie bürokratisch ist Deutschland? Und Warum? Generalisten und Spezialisten im Entbürokratisierungsspiel. In: der moderne staat – dms, Heft 1, S. 49–72

Janssen, Albert (2010): Die Auflösung der staatlichen Organisationsstruktur durch die politischen Parteien. In: Die Verwaltung Jg. 43/Heft 1, S. 1–33

Junkernheinrich, Martin/Boettcher, Florian/Brand, Stephan/Holler, Benjamin (2010): Ausgabenintensität und Gemeindegröße. Kaiserlautern

Konzendorf, Götz (Hg.) (2000): Neuorganisation der Mittelinstanzen – Konzeptionen und Umsetzung (Speyerer Forschungsberichte, 210). Speyer

König, Klaus (Hg.) (2002): Deutsche Verwaltung an der Wende zum 21. Jahrhundert. Baden-Baden

Kuhlmann, S./Bogumil, J./Ebinger, F./Grohs, S./Reiter, R./Kuhlmann, S. (2011): Dezentralisierung des Staates in Europa. Auswirkungen auf die kommunale Aufgabenerfüllung in Deutschland, Frankreich und Großbritannien. Wiesbaden

Kuhlmann, Sabine/Richter, Philipp/Schwab, Christian/Zeitz, Dirk (2012): Gutachten zur Reform der Kommunal- und Landesverwaltung Brandenburg, erstellt im Auftrag der Fraktion Bündnis90/Die Grünen im Brandenburger Landtag. Speyer

Landesrechnungshof Niedersachsen (2004): Stellungnahme zur Verwaltungsmodernisierung, 18.03.2004

Landesbetrieb für Statistik und Kommunikationstechnologie Niedersachsen (2013): Statistische Monatshefte 6/2013. Hannover

Mehde, Veith (2007): Das Ende der Regionalkreise? – zur Entscheidung des Landesverfassungsgerichts Mecklenburg-Vorpommern. In: NordÖR – Zeitschrift für öffentliches Recht in Norddeutschland, Heft 9, S. 331–337

Niedersächsischer Landesrechnungshof (2008): 53. Jahresbericht 2008 (LT-Drs. 16/190)

Niedersächsischer Landesrechnungshof (2012): Kommunalbericht (LT-Drs. 16/4801)

Palmen, Manfred/Schönenbroicher, Klaus (2009): Die Verwaltungsstrukturreform in Nordrhein-Westfalen. In: Burgi, Martin/Palmen, Manfred (Hg.): Symposium. Die Verwaltungsstrukturreform des Landes Nordrhein-Westfalen. Düsseldorf, S. 7–35

Proeller, Isabella/Siegel, John (2010): Gutachterliche Stellungnahme zur Einschätzung des Personalbedarfs der brandenburgischen Landesverwaltung 2014 und 2019 im Auftrag des Ministeriums der Finanzen des Landes Brandenburg. Potsdam

Priebs, Axel (2012): Die Zukunft der Verwaltungsstrukturen in Niedersachsen. In: Venzke, Jörg Friedhelm (Hg.): Nordwestdeutschland 2037 – Niedersachsen und Bremen in 25 Jahren. Berlin, S. 57–65

Reffken, Hermann (2006): Die „Zweistufigkeit der Verwaltung in Niedersachsen“ – Eine kritische Bestandsaufnahme am Beispiel der Wasserwirtschaftsverwaltung. In: Niedersächsische Verwaltungsblätter, 7, S. 177–185

Reiners, Markus (2008): Verwaltungsstrukturreformen in den deutschen Bundesländern Radikale Reformen auf der Ebene der staatlichen Mittelinstanz. Wiesbaden

Richter, Philipp (2010): Kommunalisierung der Schulaufsicht – Erfahrungen aus der baden-württembergischen Verwaltungsstrukturreform. In: Kuhlmann, Sabine/Bogumil, Jörg (Hg.): Kommunale Aufgabenwahrnehmung im Wandel: Kommunali sierung, Regionalisierung und Territorialreform in Deutschland und Europa (Reihe „Stadtforschung aktuell"). Wiesbaden, S. 67–86

Richter, Philipp (2013): Pluralisierung im unitarischen Bundesstaat: Der zurückgehende Einfluss auf die Landesverwaltung am Beispiel der Versorgungsverwaltung. In: Europäisches Zentrum für Föderalismus-Forschung (Hg.): Jahrbuch des Föderalismus 2013. Föderalismus, Subsidarität und Regionen in Europa. Baden-Baden, S. 127–141

Richter, Philipp (2014): Der äußere Aufbau der Landesverwaltung und sein Einfluss auf den Aufgabenvollzug. Territoriale, funktionale und politische Lösungen und Wirkungen in den deutschen Bundesländern am Beispiel der Versorgungsverwaltung. Speyer (Disseration)

Richter, Philipp/Kuhlmann, Sabine (2010): Bessere Leistung mit weniger Ressourcen? Auswirkungen der Dezentralisierung am Beispiel der Versorgungsverwaltung in Baden-Württemberg. In: der moderne staat – dms, 2, S. 393–412

Sachverständigenrat für Umweltfragen (SRU) (2007): Umweltverwaltungen unter Reformdruck. Herausforderungen, Strategien, Perspektiven. Sondergutachten. Berlin

Seitz, Helmut (2007): Fiskalische und ökonomische Aspekte der Verwaltungsreform in Schleswig-Holstein. In: Landesregierung Schleswig-Holstein (Hg.): Gutachten zur Verwaltungsstruktur- und Funktionalreform in Schleswig-Holstein (Schriften zur Modernisierung von Staat und Verwaltung, Bd. 2). Kiel: Lorenz-von-Stein-Institut, S. 585–764

Westphal, Volker-Gerd/Glapiak, Thomas/Schrandt, Felix (2013): Personalwirtschaftliche Anpassungspotenziale im Fall der Reduzierung der Anzahl der Landkreise in Brandenburg. In: Verwaltung und Management, Heft 5, S. 237–244

Wagener, F. (1969): Neubau der Verwaltung. Gliederung der öffentlichen Aufgaben und ihrer Träger nach Effektivität und Integrationswert. Berlin

Verwaltungsreformen: Theorie und Praxis

Der Versuch einer Annäherung an das Verhältnis von Theorie und Praxis mittels einer kurzen Selbstreflexion der Entwicklungen in der brandenburgischen Landesverwaltung seit dem Jahr 2000

Volker-Gerd Westphal

1. Einleitung

„Die Theorie ist richtig, aber ihr seid vielleicht nur nicht in der Lage, diese in euren Verwaltungen richtig umzusetzen", so formulierte es ein namhafter Professor der Verwaltungswissenschaften einmal, als es darum ging, Gründe zu identifizieren, warum bestimmte theoretische Konzepte so große Schwierigkeiten bei ihrer praktischen Umsetzung bereiten. Konkret ging es um die Einführung von Elementen des Neuen Steuerungsmodells auf der Ebene der Landesverwaltungen. Als „Fehlgeburten" hatten einige Praktiker zum Beispiel die Landesbetriebe bezeichnet, die in den letzten Jahrzehnten entstanden sind. Man solle und wolle sie wieder abschaffen, so die Praktiker, weil die mit ihrer Gründung intendierten Wirkungen nicht oder nur völlig unzureichend eingetreten seien, hingegen sei der Verwaltungsaufwand erheblich angestiegen und die Unzufriedenheit der Kunden nahezu unübersehbar geworden.

Es liegt einem natürlich auf der Zunge, den Hochschullehrer zu fragen, ob er denn wirklich seine These ernst meine, dass theoretische Konzepte richtig sein können, wenn viele Verwaltungen nicht in der Lage sind, sie in die Praxis umzusetzen. Umgekehrt ist wohl auch die Frage an die Praktiker gestattet, wie sie denn ihre Verwaltungen umgestalten wollen, wenn sie sich nicht zuvor theoretische Vorstellungen davon gemacht haben, was passieren wird, wenn sie ihre Organisation umgebaut haben.

Dass weder Schwarz noch Weiß richtig sind, liegt auf der Hand. Ohne Theorie geht es nicht. Aber theoretische Konzepte, die die Wirklichkeit idealisieren oder Faktoren aus der Praxis ignorieren, sind sicher nutzlos. Aber wo liegt die Grenze? Wie viel Theorie braucht die Praxis, und wie viel Improvisation ist unerlässlich? Wie wichtig ist es, die Praxis bei der Entwicklung von theoretischen Konzepten zu berücksichtigen? Und überhaupt: Was versteht die Praxis unter dem Begriff „Theorie" und was die Wissenschaft?

Hier ist nicht der Raum gegeben, eine umfassende Studie über das Verhältnis von Theorie und Praxis im Bereich des Themas „Verwaltungsreformen“ zu präsentieren. Eine hierfür notwendige empirische Bestandsaufnahme und Analyse wäre angesichts der Vielzahl von theoretischen Ansätzen und Konzepten zur Um- und Neugestaltung öffentlicher Verwaltung auch schwerlich realisierbar. Hier ist aber genug Raum gegeben, sich dem Verhältnis von Theorie und Praxis anhand einer kleinen Selbstreflexion der Entwicklungen in der brandenburgischen Landesverwaltung seit dem Jahr 2000 zu nähern. Eine solche Selbstreflexion mag nicht in jeder Hinsicht den wissenschaftlichen Güteanforderungen gerecht werden, aber sie kann zumindest Denkanstöße in beide Richtungen geben: einerseits in Richtung der Verwaltungswissenschaft, was die Verwaltungspraxis mit dem Begriff „Theorie“ verbindet und welche Erwartungen die Praxis an gute theoretische Handlungskonzepte hat. Umgekehrt kann sie dazu führen, dass die Praxis ihre Erwartungen an die Tauglichkeit theoretischer Lösungen herunterschraubt.

Um aber sogleich einem Missverständnis entgegen zu wirken: Die öffentlichen Verwaltungen in Deutschland haben sich in den letzten zwanzig Jahren grundlegend verändert. Dies hat viele Gründe. Die Nutzung von Informationstechnik spielt dabei ebenso eine Rolle, wie die Übernahme von Instrumenten und Vorstellungen aus der Wirtschaft. Der zunehmende Druck der Haushaltskonsolidierung und des Personalabbaus – insbesondere in den Neuen Bundesländern – ist ein weiterer Grund. Zudem haben sich auch die Erwartungen der Bürgerinnen und Bürger an öffentliche Leistungen stetig gewandelt. Quasi spiegelbildlich haben sich die Wünsche der Mitarbeiterinnen und Mitarbeiter in öffentlichen Verwaltungen an eine sinngebende Arbeit verändert. Vieles ist hierüber geschrieben worden, und vieles kann mit dem Begriff „Verwaltungsreform“ in Verbindung gebracht werden. Andere Veränderungen beruhen eher auf unsystematischen, evolutionären Prozessen. Die Einführung und die Nutzung von E-Mails war z.B. in Brandenburg niemals Gegenstand eines eigenständigen Reformprojekts. Zur Abgrenzung wird deshalb nachfolgend der Begriff „Verwaltungsreform“ im Sinne eines geplanten Prozesses verstanden, der auf eine gezielte Veränderung der Performanz öffentlicher Verwaltungen ausgerichtet ist.

2. Theorie und Praxis

Um sich der oben aufgeworfenen Fragestellung zu nähern, bedarf es zunächst einer Verständigung darüber, was unter Theorie und was unter Praxis verstanden werden soll.

Ohne in Untiefen der Wissenschaftstheorie zu geraten, kann der Begriff „Theorie“ so definiert werden, dass Theorien im Bereich der Sozialwissenschaften ein bestimmtes Abbild der Realität entwerfen. Sie beziehen sich dabei ganz überwiegend auf einen Teil der Wirklichkeit. Theorien umfassen in der Regel einen beschreibenden Teil, das heißt, es wird von bestimmten Umständen oder Zuständen ausgegangen, die auch als Variable bezeichnet werden. Neben diesem deskriptiven Teil enthält jede Theorie erklärende Aussagen, das heißt, es wird aufgezeigt, welche Kausalitäten zwischen den unabhängigen und abhängigen Variablen aus welchen Gründen bestehen. Wie es Esser (Esser 1999, S. 119) formulierte, bedeutet eine gelungene theoretische Erklärung zunächst die Einordnung eines bestehenden Rätsels in bekannte Zusammenhänge. Es geht anschließend darum, für oft sehr komplexe Vorgänge „mit möglichst sparsamen Mitteln ein Höchstmaß an Aufklärung“ zu schaffen. Theorien sollen dabei auf eine Reduzierung der Komplexität ausgerichtet sein. Schließlich werden auf der Basis dieser Erklärungen Vorhersagen versucht: wenn dieses oder jenes unter den genannten Bedingungen „praktiziert“ wird, dann sollte folgendes passieren.

Das Wort „Praxis“ hat griechische Wurzeln. Es meint „Tat“, „Verrichtung“ aber auch „Vollendung“ oder „Erfüllung“. Ein Praktiker ist folglich ein Mensch der Tat. Sein Fokus liegt vor allen auf den Ergebnissen seines Handelns. Aber natürlich neigen auch viele Praktiker – gerade im Falle von auftretenden Problemen – zu Spekulationen über die Gründe dieser Probleme. Es werden dann viele Erklärungen entwickelt und angeboten, warum zum Beispiel ein Reformansatz nicht zum gewünschten Erfolg geführt hat. Am häufigsten hört man vom Faktor „Unfähigkeit von X oder Y“, aber es werden auch andere Vermutungen angestellt. Eine systematische Analyse von Misserfolgen, aber auch von Erfolgen findet hingegen nur selten oder gar nicht statt, so zumindest die Erfahrungen aus Brandenburg.[1]

Interessant ist nun die Frage, wie die Praxis mit dem Begriff „Theorie“ umgeht. Zunächst ist festzustellen, dass der Begriff „Theorie“ in der Pra-

1 Als ein Beispiel hierfür kann die administrative Zusammenarbeit mit Berlin genannt werden. Es gibt keine anderen Bundesländer, die bereits so eng administrativ zusammenarbeiten, wie Brandenburg und Berlin. Die Zusammenarbeit erfolgt mittels gemeinsamer Behörden und Einrichtungen, Anstalten des Öffentlichen Rechts und wechselseitige Aufgabenerledigung. Gleichwohl gibt es immer wieder Probleme bei der Zusammenarbeit, so dass zuletzt die für die 5. Legislaturperiode eingerichtete Arbeitsgruppe für Verwaltungsmodernisierung auf Ministerebene im Jahr 2011 gefordert hat, eine Evaluierung der Zusammenarbeit vorzunehmen (vgl. Modernisierungsvorhaben des Landes Brandenburg in der 5. Legislaturperiode). Tatsächlich hat es aber keine Evaluierung bis zum Jahr 2014 gegeben (vgl. Abschlussbericht der Arbeitsgruppe Verwaltungsmodernisierung).

xis regelmäßig in Verbindung mit dem Begriff „Konzept“ verwandt wird: „Das ist das theoretische Konzept“. Gemeint ist damit dann keine wissenschaftlich fundierte Theorie, die die Wirklichkeit beschreibt und erklärt, sondern regelmäßig ein Handlungskonzept, das konkret aufzeigt, was wann, wie getan werden soll. Derartige Handlungskonzepte werden zwar auch begründet, aber eben nicht mit Argumenten, die zu einer echten sozialwissenschaftlichen Theorie passen. Fast immer wird angegeben, welches Problem besteht, wie dieses Problem gelöst werden könnte und welche konkreten Aktivitäten zu ergreifen sind.[2] Viele Verwaltungspraktiker meinen also gar nicht Theorien im sozialwissenschaftlichen Sinne, wenn sie über „theoretische“ Lösungen sprechen. Gemeint sind allenfalls die normativen Aussagen, die sich aus wissenschaftlichen Theorien ableiten. Es wird hier also gar nicht darum gehen, zu durchdenken, wie die Verwaltung mit Theorien aus der Verwaltungswissenschaft umgeht, sondern darum, wie das Verhältnis zwischen normativen Handlungskonzepten und der Praxis ist.

Daneben lässt sich feststellen, dass der Begriff „Theorie“ für viele Praktiker eher negativ besetzt ist. Für diese Konnotation lassen sich unzählige Beispiele aufzählen. Als „Theoretiker“ bezeichnet zu werden, ist noch keine Beleidigung, bringt aber zum „Ausdruck“, dass derjenige, der so bezeichnet wird, zur Lösung eines praktischen Problems wenig oder nichts beizutragen weiß. Manchmal wird auch unterstellt, dass Theoretiker gar nicht an einer echten Problemlösung interessiert sind, sondern für sie der Reiz einer Problemlage vor allem darin besteht, ihre Fähigkeiten und Fertigkeiten zu nutzen und zu präsentieren.[3] Viele Mitarbeiterinnen und Mitarbeiter in nachgeordneten Vollzugsbehörden des Landes Brandenburg kritisieren zudem ihre Kolleginnen und Kollegen in der Ministerialverwaltung „als Theoretiker“, weil sie das wirkliche Leben nur aus der Ferne kennen. Mit anderen Worten, die „Problemferne“ und die üblicherweise anzutreffende Abstraktheit von theoretischen Aussagen, d.h. ihre Übertragbarkeit auf andere Problemsituationen wird nicht positiv bewertet, sondern eher als Praxisschwäche angesehen.

Es gibt also in der Praxis und in der Verwaltungswissenschaft tendenziell ein unterschiedliches Begriffsverständnis. Nun könnte die Verwaltungswissenschaft selbstbewusst sagen: „Dies ist uns egal. Sollen doch die

2 So bereits das erste „Rahmenkonzept zur Verwaltungsmodernisierung im Land Brandenburg“ aus dem Jahr 2005; vgl. LT-Drucksache 3/2765 vom 9. Mai 2001.

3 Ein Abteilungsleiter in einer Ressortbesprechung über Verwaltungswissenschaftler: „Sie haben eben Spaß daran, sich zu präsentieren. Von der Wirklichkeit verstehen sie allerdings nichts.“

Verwaltungspraktiker endlich lernen, was eine echte Theorie ist und was demgegenüber nur ein theoretisches Handlungskonzept ist." Aber faktisch werden Verwaltungswissenschaftler mit dem für die Praxis beschriebenen Theorie-Begriffsverständnis identifiziert. Zudem ist es keine Seltenheit, dass Verwaltungswissenschaftler selbst an der Erstellung und Umsetzung von theoretischen Handlungskonzepten beteiligt sind, so dass auch insoweit ein Anlass besteht, zu überlegen, wie Theorie und Praxis besser wechselseitig von einander profitieren können. Letztlich geht es dann konkret darum, zu überlegen, wie theoretische Handlungskonzepte so verbessert werden können, dass der eher negativ besetze Ruf der „Theorie" in der Praxis besser wird, wovon wiederum auch die Verwaltungswissenschaft einen Nutzen hätte, weil ihre Erkenntnisse, die aus „echten" wissenschaftlichen Studien stammen, auf eine positivere Resonanz stoßen könnten.

In den folgenden Abschnitten werden nun einige Beispiele aus der brandenburgischen Landesverwaltung geschildert, wie theoretische Handlungskonzepte in der brandenburgischen Landesverwaltung implementiert wurden, an denen Verwaltungswissenschaftler beteiligt waren, und was sich daraufhin gezeigt hat. Anschließend wird ein Erklärungsversuch skizziert, warum die gewünschten Wirkungen nicht oder anders eingetreten sind, um daraus abzuleiten, was besser gemacht werden könnte.

Natürlich können dies nur einige ausgewählte Beispiele sein, weil es im Zeitraum seit dem Jahr 2000 eine solche Fülle von Reformprojekten in Brandenburg gab, dass letztlich niemand einen wirklichen Überblick über sie hat.[4] Um aber die gesamte Bandbreite der Reformaktivitäten abzudecken, sollen im folgenden Projekte aus den großen Themenkomplexen „Aufgabenkritik", „Neue Verwaltungssteuerung", „E-Government" jeweils kurz beschrieben und betrachtet werden. Damit dürfte dann auch die klassische Definition von Werner Jann und Jörg Bogumil (Bogumil/Jann 2008, S. 219) für den Begriff „Verwaltungsreform"[5] nahezu vollständig abgedeckt sein.

---

4 Vgl. hierzu allgemein der letzte Bericht der Landesregierung zu den Ergebnissen der Aufgabenkritik nach § 2 Abs. 6 des Gesetzes über Ziele und Vorgaben zur Modernisierung der Landesverwaltung aus dem Jahr 2010, LT-Drucksache 5/1892, S. 3.

5 Verwaltungsreformen = geplante Veränderung von organisatorischen, rechtlichen, personellen und fiskalischen Strukturen. Charme besitzt auch der Vorschlag, Verwaltungsmodernisierung als geplante Veränderung der Governanceformen „Hierarchie", „Netzwerke", „Verhandlungen" und „Wettbewerb" sowie ihrer Kombinationen zu beschreiben (Benz 2006). Allerdings erscheint eine solche Definition, die an die Interaktionsformen anknüpft, nicht so richtig praxistauglich.

■ 3. Aufgabenkritik

Das Thema „Aufgabenkritik“ war in Brandenburg seit dem Jahr 2000 immer zentrales Thema aller Aktivitäten zur Verwaltungsmodernisierung. Begründet werden kann dies mit dem Zwang zur Haushaltskonsolidierung und zum Personalabbau. Waren im Jahr 2000 noch im Landeshaushalt 66.252 Stellen[6] veranschlagt, sind es aktuell, d.h. im Jahr 2015 nur noch rund 46.900.[7] Um diesen Personalabbau realisieren zu können und insbesondere eine unzumutbare Arbeitsverdichtung zu vermeiden, sollten Aufgaben gestrichen (Zweckkritik) oder hinsichtlich der Art und Weise ihrer Erledigung verändert werden (Vollzugskritik).[8] Die Aufgabenkritik fand als zentraler Reformansatz auch Eingang in die Gesetze: zunächst im Gesetz über Ziele und Vorgaben zur Modernisierung der Landesverwaltung[9]; aktuell ist sie im Gesetz zur Organisation der Landesverwaltung (LOG) verankert.[10]

Um den Prozess konzeptionell zu untersetzen, entwarfen die damaligen wissenschaftlichen Mitarbeiter Marian Döhler und Kai Wegrich am Potsdamer Lehrstuhl von Werner Jann im Jahr 2001 einen Leitfaden zur Aufgabenkritik.[11] In diesem Leitfaden wurde beschrieben, wie die Mitarbeiterinnen und Mitarbeiter, aber auch die Führungskräfte bei der Aufgabenkritik vorgehen sollten. Aufgabenkritische Prozesse sollten dadurch angeregt werden, dass „Quoten gegen Denkhürden“ zur Anwendung kommen. So sollte zum Beispiel als gedankliche Zielstellung gesetzt werden,

---

6 Personalbedarfsplanung der Regierung des Landes Brandenburg bis zum 31. Dezember 2005, LT-Drucksache 3/2612.

7 Laut Personalbedarfsplanung 2018 sollen es ab dem 1.1.2019 nur noch 42.970 Planstellen und Stellen sein; vgl. LT-Drucksache 5/5774. Im Haushaltsplan 2012 waren noch 48.271 aus Landesmitteln finanzierte Stellen der unmittelbaren Landesverwaltung im Haushalt veranschlagt.

8 Die Reduzierung der Wahrnehmungsintensität wird in der Literatur und Praxis teilweise der Zweckkritik und teilweise der Vollzugskritik zugeordnet. In Brandenburg wurde sie nahezu durchgehend als Bestandteil der Vollzugskritik angesehen; vgl. Bericht der Landesregierung zu den Ergebnissen der Aufgabenkritik nach § 2 Abs. 6 des Gesetzes über Ziele und Vorgaben zur Modernisierung der Landesverwaltung aus dem Jahr 2010, LT-Drucksache 5/1892, S. 4.

9 Artikel 2 des Gesetzes zur Sicherung des Landeshaushalts und zur Modernisierung der Landesverwaltung vom 10. Juli 2003: Gesetz über Ziele und Vorgaben zur Modernisierung der Landesverwaltung (GVBl. I, 2003, S. 194).

10 Gesetz über die Organisation der Landesverwaltung vom 24. Mai 2014 (GVBl. I/04, S. 186: § 4 Aufgabenkritik).

11 Erarbeitet wurde das Konzept von Professor Dr. Marian Döhler und Professor Dr. Kai Wegrich; abgedruckt in Volker-Gerd Westphal 2003, S. 289.

dass für mindestens 50% der untersuchten Aufgabenbereiche Vorschläge für eine effizientere Aufgabenwahrnehmung oder zur Reduzierung der Aufgaben zu erarbeiten sind. Darüber hinaus wurde in dem Leitfaden ein Anreizsystem gefordert (Verwendung von eingesparten Mitteln für die Aufgabenbereiche, die erfolgreich aufgabenkritische Vorschläge unterbreiten würden; Prämien für Mitarbeiter), das aber niemals eingeführt wurde. Die brandenburgische Landesregierung hielt auch im Jahr 2010 dieses Konzept immer noch für inhaltlich aktuell.[12]

Viele Dienststellen des Landes führten seither aufgabenkritische Prozesse durch, auch wenn das Konzept von Döhler und Wegrich dabei nur am Rande eine Rolle spielte. Im Ergebnis erklärte die Landesregierung zuletzt 2010, dass es nur wenige tragfähige Vorschläge zur Reduzierung des Aufgabenbestandes oder zur Straffung der Aufgabenerledigung gegeben habe.[13]

Im Gegenteil: Vielfach wurden die in den Dienststellen eingeleiteten aufgabenkritischen Prozesse dazu genutzt, auf finanzielle oder personelle Engpässe bei der aktuellen Aufgabenerledigung hinzuweisen. Es war auch zu beobachten, dass einige Organisationseinheiten ihre bisher nicht gesetzlich verankerten Aufgaben endlich gesetzlich verankern wollten. Überhaupt wurden viele Aufgaben als „pflichtig" eingestuft. Freiwillige Aufgaben wurden und werden in Brandenburg aus Sicht vieler Verwaltungen praktisch nicht mehr erledigt, weil alle Tätigkeiten in einem engen Zusammenhang mit pflichtigen Aufgaben stehen und/oder einen pflichtigen Charakter aufgrund politischer Entscheidungen der Landesregierung oder des Landtages besitzen. Der Begriff „hoheitlich" wurde schließlich immer weiter ausgelegt, z.B. für die Durchführung von Laboruntersuchungen[14], die im Vorfeld von hoheitlichen Entscheidungen notwendig sind, selbst wenn man sie auch durch Dritte erledigen lassen könnte (Stichwort: Verwaltungshelfer).

---

12 Vgl. hierzu allgemein der letzte Bericht der Landesregierung zu den Ergebnissen der Aufgabenkritik nach § 2 Abs. 6 des Gesetzes über Ziele und Vorgaben zur Modernisierung der Landesverwaltung aus dem Jahr 2010, LT-Drucksache 5/1892, S. 6.

13 Vgl. hierzu explizit der letzte Bericht der Landesregierung zu den Ergebnissen der Aufgabenkritik nach § 2 Abs. 6 des Gesetzes über Ziele und Vorgaben zur Modernisierung der Landesverwaltung aus dem Jahr 2010, LT-Drucksache 5/1892, S. 6: „..alle theoretischen Ansätze, auch die der anderen Bundesländer, die sich zum Teil an dem brandenburgischen Konzept (von Döhler und Wegrich) orientiert haben, dürfen nicht darüber hinweg täuschen, dass die Aufgabenkritik als „Instrument zur Verwaltungsmodernisierung nur sehr eingeschränkt erfolgreich ist und war."

14 Jahresbericht 2006 des Landeslabors Brandenburg, S. 12; im letzten Jahresbericht des nunmehr gemeinsamen Landeslabors Berlin-Brandenburg A.ö.R. aus dem Jahr 2012 ist diese Aussage nicht mehr enthalten.

Die Landesregierung von Brandenburg verweist schließlich in ihrem Bericht zur Aufgabenkritik aus dem Jahr 2010 darauf, dass Aufgabenkritik auch ein politischer Prozess sei, bei dem der Landtag eine wichtige Rolle spiele. So sei zum Beispiel der Versuch, die Pflichtaufgabe der Brandenburgischen Forstverwaltung, Müll im Privatwald zu beseitigen, zu streichen, nicht an der Landesregierung gescheitert, sondern am Landtag.[15]

Wesentlich erfolgreicher als die inhaltliche Diskussion über die Aufgaben war der Umgang mit den bestehenden Verwaltungsstrukturen. Aufgabenbündelungen hatten eine gute Chance, umgesetzt zu werden. Organisatorische Verwaltungsstrukturmaßnahmen sind weniger komplex, weil es zum Beispiel nur darum geht, die Behörden X und Y zusammenzulegen. Sie besitzen zudem den Charme, dass sich die beteiligten Akteure innerhalb der Verwaltung und in der politischen Arena keine vertieften Gedanken über die politischen Folgen von Aufgabenstreichungen oder -straffungen machen müssen, weil die Aufgaben ja erhalten bleiben. Allenfalls Führungskräfte sind dagegen, es sei denn, man verknüpft organisatorische Aufgabenbündelungen sogleich mit Standortbündelungen. Dann sind auch viele Mitarbeiterinnen und Mitarbeiter von Anfang an dagegen.[16]

In Brandenburg ist es deshalb zu sehr vielen Zusammenlegungen von Behörden und Einrichtungen mit Aufgabenbündelungen gekommen. Heute gibt es nur noch die Finanzämter und das Polizeipräsidium als Untere Landesbehörden. Alle im Jahr 2000 vorhandenen übrigen Unteren Landesbehörden wurden zu Landesoberbehörden zusammengelegt oder in eine solche eingegliedert.[17] Die Zahl der Landesoberbehörden und Einrichtungen ist ebenfalls gesunken, allerdings nicht die Zahl der Standorte, denn

---

15 Bericht der Landesregierung zu den Ergebnissen der Aufgabenkritik nach § 2 Abs. 6 des Gesetzes über Ziele und Vorgaben zur Modernisierung der Landesverwaltung aus dem Jahr 2010, LT-Drucksache 5/1892, S. 8.

16 Dies zeigte sich in Brandenburg zuletzt anlässlich der Zusammenlegung der sechs Schulämter und des Landesinstituts für Lehrerbildung zu einem Landesschulamt.

17 Dies Schicksal teilten: sechs Ämter für Immissionsschutz (Integration); vier Ämter für Arbeitsschutz und das Landesinstitut für Arbeitsschutz und Arbeitsmedizin (Zusammenfassung); Labore (Aufgabenbündelung – A.ö.R. mit Berlin); drei Ämter für Soziales und Versorgung (Integration); Landesanstalt für Großschutzgebiet (Integration); Institut für Stadtentwicklung und Wohnen (Integration); fünf Ämter für Ländliche Entwicklung (Integration); 18 Ämter für Forstwirtschaft und die Landesforstanstalt (Landesbetrieb); Landesamt für Geowissenschaften und Rohstoffe und Landesbergamt (Fusion); Informationstechnik (Integration – Landesbetrieb); vier Finanzämter weniger; sechs Schulämter und Landesinstitut für Lehrerbildung (Zusammenfassung); sechs Polizeipräsidien (Zusammenfassung)... (Liste nicht vollständig).

dies hätte zu heftigen politischen Reaktionen – auch von lokalen politischen Akteuren – geführt.

Wie lässt sich nun erklären, dass das Konzept von Döhler und Wegrich eine derart geringe praktische Wirkung hatte, an anderer Stelle aber eine derart umfassende Strukturreform realisiert werden konnte.

- Zunächst ist festzustellen, dass die Einbettung des Konzeptes in die Aktivitäten zum Personalabbau von vornherein dazu führte, dass Aufgabenkritik als Instrument zum Personalabbau angesehen wurde. Wer trägt schon gerne dazu bei, dass seine oder die Stelle seiner Kollegen entbehrlich wird? Oft war es auch die hohe Identifikation der Mitarbeiterinnen und Mitarbeiter mit ihren Aufgaben und ihrem Beruf, die gegen die Formulierung von Vorschlägen zur Aufgabenstreichung oder -straffung sprach. Welcher Förster sagt schon leichten Herzens, welche Aufgaben im Rahmen der Hege und Pflege der Wälder in Brandenburg entfallen oder weniger intensiv wahrgenommen werden können? Allerdings ist es unmöglich die Grenze zwischen persönlichen und fachlichen Motiven zu ziehen, weil sie weder ausformuliert noch in anderer Form transparent gemacht wurden. Die aufgabenkritischen Prozesse in den Dienststellen hatten eher die beschriebene problematische Wirkung, weil sie die Gelegenheit boten, die eigene Position im Wettbewerb um die sinkenden personellen Ressourcen argumentativ zu untersetzen. Man besann sich darauf, warum man die Aufgaben erledigt und warum sie wichtig sind.
  Im theoretische Handlungskonzept zur Aufgabenkritik wurden also die Rahmenbedingungen, unter denen die Reformaktivitäten stattfinden würden, nicht ausreichend berücksichtigt. Den beiden Verfassern des theoretischen Konzepts kann jedoch insoweit schwerlich ein Vorwurf gemacht werden, denn es stellt sich grundsätzlich die Frage, ob „in Zeiten von Personalabbau" überhaupt aufgabenkritische Prozesse funktionieren können, wenn diese zu weiteren Stellenstreichungen führen können.
- Daneben wurde die Komplexität der Materie unterschätzt. Die Aufgabenvielfalt hat es praktisch unmöglich gemacht, mit einem einzigen theoretischen Konzept alle Fachbereiche einer Landesverwaltung abzudecken. Im theoretischen Handlungskonzept zur Aufgabenkritik wurde auf diese Komplexität und ihre Folgen nicht eingegangen.
- Eine Hauptfolge der Komplexität bestand und besteht darin, dass es für Außenstehende („Generalisten") praktisch nicht möglich ist, zu beurteilen, ob zum Beispiel tatsächlich für 50% der Aufgaben Vorschläge zur Aufgabenreduzierung und -straffung geprüft wurden. Gründe, die von den „Spezialisten" angeführt wurden, warum Aufgaben nicht ent-

fallen oder nicht anders erledigt werden dürfen, konnten von „Nicht-Fachleuten“ nur mit großem Aufwand widerlegt werden. Dies gilt selbst für Kolleginnen und Kollegen aus der eigenen Dienststelle. Auch mit dieser Problematik setzte sich das Konzept nicht auseinander.

- Es wurde schließlich unterstellt, dass Aufgabenkritik freiwillig und aus einer objektiven und ausschließlich sachbezogenen Perspektive betrieben werden würde. Dass die fachliche Rationalität aber gerade gegen Aufgabenstreichungen und -straffungen sprach, wurde im Konzept nicht weiter beachtet. Es wurde vielmehr „stillschweigend“ davon ausgegangen, dass die ökonomische Rationalität, die Stellenstreichungen erforderlich machte, gegenüber der fachlichen Rationalität dominieren würde. Es wurde insofern unterstellt, dass die Fachleute dies grundsätzlich akzeptieren würden.
  Eine Schwäche von theoretischen Handlungskonzepten – wie dem Konzept zur Aufgabenkritik – kann deshalb darin bestehen, dass sie die Komplexität einer Materie unterschätzen und das Spannungsfeld zwischen den in öffentlichen Verwaltungen vorhandenen unterschiedlichen Rationalitätsvorstellungen (rechtlich, ökonomisch, fachlich und politisch; vgl. hierzu Schedler 2012, S. 361ff.) vernachlässigen, wobei diese Spannungen häufig auch durch einen Wettbewerb zwischen dem Gesamtinteresse und den Einzelinteressen mit geprägt werden.
- Aufgabenkritik ist immer auch eine politische Aktivität. Dies gilt insbesondere dann, wenn Aufgaben betroffen sind, die nach außen wirken. Wer Aufgaben streicht, weniger intensiv oder anders wahrnimmt, verändert die aus der Aufgabenwahrnehmung resultierenden gesellschaftlichen Wirkungen. Dass – wie beschrieben – viele organisatorische Behörden- und Aufgabenbündelungen im Gegensatz zu Versuchen, den Aufgabenbestand zu reduzieren oder in anderer Weise zu straffen, gelangen, belegt diese These, denn politisch besonders brisante Standortbündelungen wurden trotz organisatorischer Bündelungen weitgehend vermieden. Kurz gesagt: Je stärker Verwaltungsreformen nach außen wirken, desto politischer werden sie.

Gute Konzepte zur Verwaltungsreform sollten also nicht nur die Rahmenbedingungen, unter denen eine Reform stattfindet, berücksichtigen. Die Komplexität der Aufgabenbestände sollte nicht unterschätzt werden und es sollte besonders berücksichtigt werden, dass öffentliche Verwaltungen Teil des politisch-administrativen Systems sind. Neben rechtlichen, ökonomischen und fachlichen Aspekten hängt die Praxistauglichkeit theoretischer Handlungskonzepte auch maßgeblich von ihrer politischen Durchsetzbarkeit ab.

Lässt sich schon am Beispiel des Themas „Aufgabenkritik“ zeigen, welche Probleme zwischen „Theorie und Praxis“ auftreten können, kann dieses Bild vielleicht noch weiter vervollständigt – und eventuell auch bestätigt werden – wenn man zu einem Beispiel aus dem Bereich der Neuen Verwaltungssteuerung übergeht.

4. Neue Verwaltungssteuerung

In den Jahren nach 2000 konnte sich wohl keine deutsche Verwaltung der Thematik „Neues Steuerungsmodell“ (NSM) oder „New Public Management“ (NPM) entziehen. Auch in Brandenburg wurde über die Einführung der Kosten-Leistungsrechnung, die Führung von nachgeordneten Dienststellen mittels Zielvereinbarungen, die Gründung von Landesbetrieben und anderen Instrumenten des NSM intensiv diskutiert.[18] Hier soll ein genauerer Blick auf die Gründung von Landesbetrieben im Land Brandenburg geworfen werden, und zwar auf die Gründung des Brandenburgischen Landesbetrieb für Liegenschaften und Bauen (BLB).[19]

Vorrangiges Ziel der Gründung von Landesbetrieben, oder man könnte auch von einer Umorganisation vorhandener Behörden und Einrichtungen in Betriebsform sprechen, war wiederum die Steigerung der Effizienz, d.h. die Aufgaben sollten wirtschaftlicher erledigt werden.[20] So wurde zum Beispiel die Liegenschafts- und Bauverwaltung, die ursprünglich aus fünf Landesbauämtern und vier Grundstücks- und Vermögensämtern und später aus vier Liegenschafts- und Bauämtern bestand, im Jahr 2006 in einen Landesbetrieb umgewandelt. Die theoretischen Überlegungen sahen vor, dass ein Vermieter-Mieter-Verhältnis eingeführt werden sollte: Künftig sollten die Dienststellen des Landes für die landeseigenen Gebäude und Liegenschaft Miete zahlen. Dies war mit der Vorstellung verbunden, dass sie im Eigeninteresse nur noch soviel Flächen anmieten würden, wie tat-

---

18 Die Einführung betriebswirtschaftlicher Steuerungsinstrumente wurde dementsprechend auch im Jahr 2003 in § 6 des Gesetz über Vorgaben und Ziele zur Modernisierung der Landesverwaltung verankert (GVBl. I, 2003, S. 194).

19 Auch die anderen Elemente des Neuen Steuerungsmodells, wie sie für die Kommunale Ebene entwickelt und in der Evaluation aus dem Jahr 2007 von Jörg Bogumil et al. sehr übersichtlich beschrieben wurden, spielten in Brandenburg eine Rolle.

20 Im Jahr 2000 gab es als Landesbetrieb nur das brandenburgische Materialprüfungsamt, dass später aufgelöst bzw. privatisiert wurden. Neben dem BLB wurden die Straßenbauämter und das Autobahnamt in einen Landesbetrieb umgewandelt. Auch die Landesforstverwaltung, die Landesvermessung und der IT-Dienstleister sind als Landesbetriebe organisiert.

sächlich benötigt werden. Kleine Standorte sollten entfallen, weil mit der Konzentration auf weniger Standorte wirtschaftliche Synergieeffekte erzielbar sein würden. Gleichzeitig sollte die Liegenschafts- und Bauverwaltung stärker serviceorientiert agieren. Darüber hinaus gab es die Vorstellung, dass die Liegenschafts- und Bauverwaltung wegen des gesteigerten Wirtschaftlichkeitsdrucks noch sorgfältiger die Errichtung neuer Gebäude und die Unterhaltung vorhandener Gebäude planen und organisieren würde.

Nachdem die politischen Grundsatzentscheidungen zur Umorganisation der Liegenschafts- und Bauverwaltung in einen Landesbetrieb getroffen waren und es um die praktische Umsetzung ging, wurden dann von Seiten des Finanzministeriums schnell Modifikationen ins Gespräch gebracht. Es wurde z.B. vorgegeben, dass der Landesbetrieb sämtliche Mietverträge mit Dritten von anderen Dienststellen des Landes übernehmen würde. Auch wurde ein Kontrahierungszwang eingeführt, d.h. Landesbehörden sollten neue Liegenschaften nur vom bzw. über den BLB anmieten können.[21] Letztlich sollte eine Monopolstellung bei der Vermietung von Gebäuden an die Dienststellen der Landesverwaltung und Justiz geschaffen werden. Begründet wurde dies damit, dass ein zentrales Mietmanagement wirtschaftlicher arbeiten und nur so Leerstand in Landesliegenschaften vermieden werden könne. Oder anders ausgedrückt: der Landesbetrieb sollte nicht im Wettbewerb mit anderen Vermietern stehen.

Die Mieter des neuen Landesbetriebes sollten auch kein Minderungsrecht bekommen, weil dies zu Defiziten im Landesbetrieb führen könnte. Hierüber wurde besonders heftig gestritten. Schließlich wurden die neuen Mieten in den Einzelplänen so bemessen, dass der Verdacht entstand, das Finanzministerium stelle auf diesem Weg sicher, dass der zum eigenen Geschäftsbereich gehörende Landesbetrieb auskömmlich finanziert ist. Ein Aspekt war hierbei u.a., dass dem Landesbetrieb selbst die Genehmigung von Raumbedarfsplänen übertragen wurde, nach denen die Haushaltsmittel für die Mieten berechnet wurden. Der Vermieter BLB sollte also selbst steuern und bestimmen können, wie viel Bedarf die Mieter haben.

Aber auch der Landesbetrieb bekam Probleme, weil im Zuge seiner Gründung die Liegenschaftsverwalter und das praktisch tätige Personal der Gebäudeunterhaltung (Hausmeister, Reinigungskräfte) aus allen anderen Dienststellen übernommen werden musste. Der Landesbetrieb hatte in der Folge einen erheblichen Personalüberhang und wurde so zu einem „verdeckten" Überhangpool der Landesverwaltung.

---

21 Vgl. hierzu ausführlich die Antworten auf die Kleine Anfrage Nr. 2189, LT-Drucksache 4/6142.

Aus dem logisch klingenden theoretischen Konzept war etwas ganz anderes geworden: ein Monopolbetrieb, der praktisch wie eine Behörde funktionierte und dessen wirtschaftliches Arbeiten durch den Personalüberhang von vornherein beeinträchtigt war. Eine im Jahr 2013 erstellte Evaluation kommt zwar zu einer durchaus positiven Einschätzung der gegenwärtigen Gesamtsituation, aber dies ändert nichts an der Grundfrage, ob dieselben Effekte nicht auch eingetreten wären, wenn aus den vier Bau- und Liegenschaftsämtern nicht ein Landesbetrieb geworden wäre, sondern eine Landesbehörde.

- Dies zeigt eine weitere Schwäche von vielen theoretischen Konzepten. Sie vernachlässigen häufig die Schnittstelle zwischen reform- und nicht reformierten Verwaltungsbereichen. Es ist ja bekannt, dass theoretische Reformkonzepte im Zuge ihrer Implementation abgeschliffen werden, bis sie passen. Aber dieses Abschleifen kann auch dazu führen, dass das Gegenteil eintritt. Dies gilt insbesondere dann, wenn es Schnittstellen zwischen klassischen und reformierten Bereichen gibt. Wenn zum Beispiel aus einem ursprünglich über den Input gesteuerten Aufgabenbereich ein Output gesteuerter Bereich wird („Landesbetrieb"), dann besteht die Gefahr, dass sich am Ende doch wieder die Input-Steuerung durchsetzt, wenn die politisch verantwortliche Aufsicht – z.B. das zuständige Ministerium – und die Kunden weiter Input gesteuert agieren müssen.
- Dies zeigt auch, dass theoretische Konzepte konsequent umgesetzt werden müssen, damit überhaupt die versprochenen Wirkungen eintreten können. Manche Führungskräfte im BLB haben sich zwischenzeitlich gewünscht, den Landesbetrieb in eine Anstalt öffentlichen Rechts umzuwandeln, damit „endlich richtig betriebswirtschaftlich gearbeitet" werden könne. Dies war aber wiederum politisch – siehe oben – nicht durchsetzbar. Theoretische Reformkonzepte sollten deshalb gelegentlich einen Warnhinweis tragen: „Lasst es besser sein, wenn ihr nicht konsequent vorgehen könnt!".
- Schließlich ist aber nicht nur die fehlende konsequente Umsetzung theoretischer Konzepte ein Problem, sondern auch der Kulturwandel, der mit ihrer Umsetzung verbunden sein kann. Es war für viele Dienststellen eine „frustrierende Erfahrung", dass die eigene unmittelbare Steuerung des Bau- und Liegenschaftsbereichs entfiel, andererseits aber ihre Mieterrechte stark beschränkt wurden und der bürokratische Aufwand erheblich größer wurde, wenn zum Beispiel eine defekte Glühbirne an einer Deckenleuchte auszuwechseln war.

Theoretische Konzepte sollten deshalb auch immer den Kulturwandel im Blick behalten. Dies gilt insbesondere für den Fall, dass die Interaktionsformen geändert werden, also beispielsweise aus einer einfachen bürokratisch-hierarchischen Steuerung mittels Weisungen eine Steuerung über Kontrakte zwischen gleichgeordneten Akteuren wird.

Schließlich soll noch ein drittes Beispiel „theoretischer Konzepte in der Praxis" betrachtet werden, und zwar aus dem Bereich des E-Governments.

■ 5. E-Government

Das E-Government ist inzwischen zu einem unverzichtbaren Bestandteil von Reformaktivitäten in öffentlichen Verwaltungen geworden. Eines der zentralen Themen der elektronischen Verwaltung ist bundesweit aktuell die Einführung der elektronischen Akte.

In Brandenburg heißt das entsprechende System EL.DOK. Unter Federführung des Innenministeriums wurde im Jahr 2008 ein Projekt aufgelegt, das darauf abzielte, in wenigen Jahren in allen Ministerien und in der Staatskanzlei die Papierakte abzuschaffen und alle Geschäftsprozesse elektronisch abzuwickeln.[22] Zu diesem theoretischen Konzept gehörte auch die Implementation eines Akzeptanzmanagements. Das Konzept war so gut ausgefeilt und durchdacht, dass das Innenministerium Qualitätswettbewerbe[23] gewann und bundesweit EL.DOK einen guten Ruf bekam.

Die Realität sah nun etwas anders aus. Die Mitarbeiterinnen und Mitarbeiter, die mit EL.DOK arbeiten sollten, merkten schnell, dass durch die neue Software neuer Verwaltungsaufwand entstand. Es mussten jeweils Metadaten für jedes Dokument erfasst werden. Darüber hinaus war die Speicherung und weitere Bearbeitung von E-Mails aufwendig geworden, weil die Schnittstelle zu den Emailprogrammen nicht optimal gelöst war. Auch dauerte es verhältnismäßig lange, bis sich Dokumente öffneten, was von Seiten der Projektverantwortlichen unterschiedlich begründet wurde: einerseits wurde auf die notwendigen Sicherheitsschlaufen verwiesen; andererseits wurde auf unzureichende Leitungskapazitäten verwiesen.

Trotz immer wieder auftretender technischer Probleme (u.a. Systemabstürze), wurde das Rollout zunächst unvermindert fortgesetzt, um den

---

22 Kabinettbeschluss vom 8. Mai 2008: Bis 2011 sollte die Aktenhaltung und die Vorgangsbearbeitung für die rund 2.500 Mitarbeiter elektronisch vorgenommen werden können.

23 Es handelte sich um zwei erste Plätze im bundesweiten E-Government-Wettbewerb 2007 und 2009.

ursprünglich gesetzten Zeitplan einzuhalten. Dies hatte auch finanzielle Gründe, denn die Projektmittel waren begrenzt und mehr Zeit hieß auch mehr Geld. Inzwischen (2014) wurde der Zeitplan modifiziert, um die noch bestehenden technischen Defizite und Schwächen zu beseitigen.

Das Projekt EL.DOK zeigt, dass theoretische Reformansätze folgenden Gefahren ausgesetzt sind:

- Theoretische Konzepte und Zeitpläne können ein Eigenleben entwickeln. Nicht mehr der Erfolg des Projekts steht im Mittelpunkt, sondern die Einhaltung von Projektplänen und Zeitabläufen. Diese Gefahr steigt „natürlich“ an, wenn das Einführungskonzept sogar prämiert wird. Dann kann es besonders schwer fallen, sich selbst einzugestehen, dass das theoretische Konzept nicht alle Unwägbarkeiten vorhersah, die bei der praktischen Umsetzung tatsächlich auftraten.
- Dass viele theoretische Konzepte zu „optimistisch“ an die Sache heran gehen, ist kein Phänomen, das erstmals anlässlich der berühmt gewordenen Bauverzögerungen beim Flughaben BER beobachtet wurde. Viele theoretische Konzepte für Reformen unterschätzen Widerstände, Vorbehalte oder finanzielle- und technische Probleme, die auftreten können.
- Dabei spielt schließlich auch der Faktor „Aufmerksamkeit“ eine große Rolle. Theoretische Konzepte – wie zum Beispiel für die elektronische Akte EL.DOK – unterstellen, dass die Mitarbeiterinnen und Mitarbeiter, aber auch die beteiligten Führungskräfte ihre ungeteilte Aufmerksamkeit dem Projekt widmen. Dass es eher lästig ist, die bisherige Praxis aufzugeben, weil „plötzlich“ zusätzliche Arbeitsschritte die Aufmerksamkeit in Anspruch nahmen, wird unterschätzt. Positiv ist allerdings hinsichtlich des EL.DOK-Projekts anzumerken, dass bei diesem Projekt von vornherein ein Akzeptanzmanagement eingeplant war.

6. Resümee

Abgeleitet aus den oben beschriebenen Beobachtungen lässt sich vielleicht folgendes Resümee ziehen:

- Wenn in der Praxis von der „Theorie“ gesprochen wird, dann geht es regelmäßig um theoretische Handlungskonzepte, nicht aber um wissenschaftliche Theorien, wie sie zum Beispiel von Verwaltungswissenschaftlern entwickelt werden.
- Derartige theoretische Handlungskonzepte sollten immer die Rahmenbedingungen, unter denen sie umgesetzt werden sollen, berücksichti-

gen. Dies bedeutet, dass insbesondere die aktuellen, tatsächlichen Interessenlagen der an einer Reform beteiligten Akteure ermittelt und einbezogen werden sollten.

- Praxistaugliche theoretische Handlungskonzepte müssen der Komplexität öffentlicher Verwaltungen gewachsen sein. Aufgrund der im öffentlichen Sektor existierenden Aufgabenvielfalt und der unterschiedlichen Leistungsanforderungen besteht die Gefahr, dass theoretische Handlungskonzepte, die „allgemein" für eine komplexe Verwaltung entwickelt werden, immer Gefahr laufen zu scheitern. Soll eine komplexe Verwaltung insgesamt reformiert werden, sind Rahmenkonzepte zu bevorzugen, die Raum für individuelle Anpassungen lassen.
- Allerdings besteht bei Anpassungen immer die Gefahr, dass die ursprüngliche Reformidee verloren geht. Dies kann insbesondere dann eintreten, wenn Reformen nicht konsequent realisiert werden können, weil Kompromisse wegen vorhandener Schnittstellen gemacht werden müssen, z.B. im Falle von Landesbetrieben, die wirtschaftlich arbeiten sollen, aber gleichzeitig aus übergeordneten haushaltswirtschaftlichen und politischen Gründen wie Behörden agieren müssen. Für manche theoretische Handlungskonzepte sollte deshalb gelten: „Ganz oder gar nicht!"
- Verwaltungsreformen sind politische Reformen. Bei der Entwicklung theoretischer Handlungskonzepte sollte deshalb immer der Umgang mit den politischen Rahmenbedingungen und Einflüssen berücksichtigt werden. Ob dies im Konzept selbst abgehandelt werden sollte, ist aber sorgfältig abzuwägen, weil es auch negativ wirken könnte.
- Zu viel Optimismus schadet. Bei der Ausgestaltung theoretischer Handlungskonzepte sollte immer mit Widerständen, Vorbehalten und Verzögerungen gerechnet werden. Aber auch hier gilt, dass mögliche Probleme nur beschrieben werden sollten, wenn dies nicht die Durchsetzbarkeit und Glaubwürdigkeit eines Konzeptes sogleich infrage stellt.
- Schließlich sollte bedacht werden: Verwaltungen sind nicht nur dafür da, reformiert zu werden. Aufmerksamkeit ist ein knappes Gut. Was „theoretisch" gut klingt, kann in der Praxis weniger gut sein, weil die Aufmerksamkeit und die „Geduld" fehlt, sich mit der Sache über einen längeren Zeitraum zu beschäftigen.

Diese Liste ist zweifellos nicht vollständig. So wurde ein Aspekt, der das Verhältnis von Theorie und Praxis im Zuge von Verwaltungsreformen entscheidend prägt, noch gar nicht angesprochen: „Ehrlichkeit". Eine Kollegin in der Landesverwaltung meinte hierzu: „Wenn eine Reform mit theoretischen Konzepten vorbereitet werde, dabei aber verschwiegen werde, dass es gar nicht um die Reform selbst gehe, sondern einzig darum, weitere Einsparungen zu erzielen oder nur um das politische Prestige, dann wird die Kluft zwischen Theorie und Praxis nur noch größer."

Literatur

Abschlussbericht der Arbeitsgruppe Verwaltungsmodernisierung, Modernisierungsvorhaben des Landes Brandenburg in der 5. Legislaturperiode, 12. Februar 2014

Benz, Arthur (2006): Eigendynamiken von Governance in der Verwaltung. In: Bogumil Jörg/Jann, Werner/Nullmeier, Frank (Hg.): Politik und Verwaltung. Wiesbaden, S. 29

Bericht der (brandenburgischen) Landesregierung (2010): Ergebnisse der Aufgabenkritik nach § 2 Abs. 6 des Gesetzes Ziele und Vorgaben zur Modernisierung der Landesverwaltung (VerwModG) (Landtags-Drs. 5/1892

Bogumil, Jörg/Grohs, Stephan/Kuhlmann, Sabine/Ohm, Anna K. (2007): Zehn Jahre Neues Steuerungsmodell: Eine Bilanz kommunaler Verwaltungsmodernisierung. Berlin

Bogumil, Jörg/Werner, Jann (2008): Verwaltung und Verwaltungswissenschaft in Deutschland (2. Aufl.). Wiesbaden

Döhler, Marian/Wegrich, Kai (2003): Konzept zur Aufgabenkritik in der Landesverwaltung. In: Westphal, Volker-Gerd (Hg.): Verwaltungsmodernisierung und Haushaltssicherung in Brandenburg, Teil 8. Potsdam

Esser, Hartmut (1999): Soziologie, Allgemeine Grundlagen (3. Aufl.). Frankfurt/M.

Modernisierungsvorhaben des Landes Brandenburg in der 5. Legislaturperiode vom 14. November 2011

Personalbedarfsplanung der Regierung des Landes Brandenburg bis zum 31. Dezember 2005 (Landtags-Drs. 3/2612)

Rahmenkonzept zur Verwaltungsmodernisierung im Land Brandenburg vom 9. Mai 2001 (Landtags-Drs. 3/2765)

Schedler, Kuno (2012): Multirationales Management: Ansätze eines relativistischen Umgangs mit Rationalitäten in Organisationen. In: der moderne staat – dms, Jg. 5/Heft 2, S. 361–376

Parteipolitische Unterschiede bei der Selektion von Spitzenbeamten

Sylvia Veit

Einleitung

Spitzenbeamte[1] in Ministerien und nachgeordneten Behörden, deren Karrieren und Rollenverständnis, haben Werner Jann im Laufe seines Berufswegs immer wieder beschäftigt. Viele leitende Beamte kennt er persönlich – durch seine wissenschaftliche Tätigkeit an der Hochschule für öffentliche Verwaltung in Speyer in den 1980er-Jahren, aus seiner Zeit in der Kieler Staatskanzlei Anfang der 1990er-Jahre, durch sein Engagement für die SPD und durch seine vielfältigen Beratungsprojekte zur Verwaltungsreformpolitik auf Bundes- und Landesebene in Deutschland. Selbstverständlich gab auch seine wissenschaftliche Tätigkeit in vielfältiger Form Anlass, um mit leitenden Beamten ins Gespräch zu kommen. Werner Janns wissenschaftliches Interesse an Spitzenbeamten ist vor diesem Hintergrund am besten zu verstehen. Er gehört nicht zu denjenigen Forschern, die im Laufe der Zeit immer mehr Distanz zu ihrem Untersuchungsgegenstand entwickeln (also „unpolitischer" werden), sondern das Gegenteil ist der Fall: Werner Jann war und ist ein politisch denkender Wissenschaftler.

Anlass für seine Forschungsarbeiten sind häufig empirische Entwicklungen und realpolitische Herausforderungen. Sein wissenschaftliches Interesse an Spitzenbeamten ist im Kern durch zwei empirische Beobachtungen begründet: Dies ist erstens der Mythos des unpolitischen Beamtentums. Werner Jann wird nicht müde darauf hinzuweisen, dass in der Bundesrepublik Deutschland traditionell ein hohes Maß an Parteipolitisierung der Beamten toleriert wird: Beamte dürfen für den Bundestag und Landesparlamente kandidieren, sie sind oft Parteimitglieder und nehmen sogar leitende Parteiämter wahr. Gern weist Werner Jann in diesem Zusammenhang augenzwinkernd auf die „Betriebskampfgruppen" in den Ministerien hin. Die ausgeprägte Parteipolitisierung insbesondere der Ministerialbürokratie – und zwar nicht in Form einer Dominanz einer bestimmten Partei, sondern als Parteienkonkurrenz, die Mitgliedern aller koalitionsfähigen Parteien Raum bietet – besitzt nach Werner Jann in Deutschland historische Wurzeln und ist als direkte Lehre aus der NS-Diktatur zu verstehen,

1 Wenn im Folgenden aus Gründen der besseren Lesbarkeit die männliche Form verwendet wird, sind ausdrücklich Frauen und Männer gemeint.

die die negativen Konsequenzen einer unpolitischen, instrumentellen Bürokratie vor Augen geführt hat (Jann/Veit 2015).

Die zweite empirische Beobachtung, die ursächlich für seine Forschungstätigkeit zu Verwaltungseliten ist, bezieht sich auf die Karriereverläufe von Spitzenbeamten und Regierungspolitikern. Spätestens mit dem Regierungswechsel 1998 gelangten auf Bundesebene immer wieder Personen in Regierungsämter, die ursprünglich Ministerialbeamte waren: Frank-Walter Steinmeier war beamteter Staatssekretär, bevor er 1999 Chef des Kanzleramtes und später Außenminister wurde. Brigitte Zypries, Justizministerin von 2002 bis 2009, war vorher Ministerialbeamtin in Niedersachsen und später Staatssekretärin im Bundesministerium des Innern. Auch Peer Steinbrück hat fast zwanzig Jahre Berufserfahrung im Ministerialdienst, ebenso wie der frühere Bundespräsident Horst Köhler „von Haus aus" Beamter ist. Matthias Machnig (SPD) ist seit 2009 Wirtschaftsminister in Thüringen und war zuvor Staatssekretär im Bundesverkehrs- und später im Bundesumweltministerium. Auf Landesebene lassen sich noch viel mehr Beispiele für derartige Mischkarrieren finden. Die Vermutung, dass hybride Karrieren heute bei einem nicht unerheblichen Anteil der Spitzenbeamten und Regierungsmitglieder zu finden sind, bestätigte sich empirisch im Rahmen einer von Werner Jann und mir gemeinsam durchgeführten Studie zu den Karriereverläufen aller Staatssekretäre und Regierungsmitglieder, die im Juni 2009 auf Bundes- oder Landesebene im Amt waren (Jann/Veit 2010). Insbesondere für die Landesebene sprechen die Zahlen eine deutliche Sprache: Landesminister haben nicht selten einen Hintergrund als beamtete Staatssekretäre. Im Laufe ihrer Karriere waren beachtliche 22,9% aller Landesregierungspolitiker (inklusive politische Staatssekretäre) irgendwann einmal als beamtete Staatssekretäre tätig (Veit 2011) und noch mehr haben Berufserfahrung in der öffentlichen Verwaltung, jedoch nicht das Spitzenamt als Staatssekretär erreicht. Umgekehrt waren knapp ein Drittel der Spitzenbeamten auf Landesebene irgendwann einmal gewählte Politiker auf kommunaler Ebene oder im Landtag, seltener im Bundestag (ebd.).[2]

Der vorliegende Beitrag thematisiert auf Basis einer eigenen Erhebung zur Verwaltungselite auf Bundesebene der Jahre 2002 bis 2013 eine bisher kaum erforschte Frage, nämlich inwiefern sich parteipolitische Unterschiede bei der Auswahl von Spitzenbeamten feststellen lassen. Unterscheiden sich die Karriereverläufe von Staatssekretären und Abteilungsleitern in SPD-

2 Es ist anzunehmen, dass diese Zahlen real höher liegen, weil Kommunalmandate mit der von uns verwendeten Datenerhebungsmethodik – der Analyse offizieller Kurzbiografien – nicht vollständig erfasst werden.

geführten Ministerien von denjenigen, deren politischer Leiter der CDU, CSU, FDP oder den Grünen angehört? Lassen sich parteispezifische Unterschiede in Bezug auf sozialstrukturelle Merkmale der Spitzenbeamten feststellen? Rekrutiert beispielsweise die CDU aufgrund der langen Regierungszeit unter Helmut Kohl ihre politischen Beamten wegen des großen vorhandenen Personalpools eher intern (aus der Ministerialbürokratie), und rekrutieren z.B. die Grünen eher Personen von außen? Zur Bearbeitung der Forschungsfrage findet eine weit akzeptierte und international häufig verwendete Methode der Elitensoziologie Anwendung: die Analyse von Karrierepfaden zu verschiedenen beruflichen Stationen und sozialstrukturellen Merkmalen. Grundlage der Datenerhebung sind die Kurzbiografien[3] aller beamteten Staatssekretäre (StS) und Abteilungsleiter (AL) in Bundesministerien, im Presse- und Informationsamt der Bundesregierung und in Bundesministerien, die zwischen September 2002 und Dezember 2013 im Amt waren. Es werden mithin drei Regierungsperioden mit jeweils unterschiedlichen Koalitionsregierungen in die Untersuchung einbezogen, um die Rekrutierungspraktiken von Spitzenbeamten aller fünf Parteien zu erfassen, die in der BRD bisher auf Bundesebene an der Regierung beteiligt waren (CDU, CSU, FDP, Grüne, SPD). Eine Ausweitung des Untersuchungszeitraumes in zukünftigen Forschungsarbeiten ist vorgesehen, um genauere Aussagen über parteienübergreifende und divergierende Entwicklungen bei der Auswahl von Spitzenbeamten treffen zu können.

Anlass für die vorliegende Untersuchung sind Lücken in der existierenden Forschung zur Parteipolitisierung in der deutschen Ministerialbürokratie, die im zweiten Teil dieses Beitrags genauer erörtert werden, aber auch verschiedene mediale Debatten der jüngeren Zeit. So wurden die Rekrutierungspraktiken von politischen Beamten und des Personals im Leitungsbereich für das von 2009 bis 2013 von Dirk Niebel (FDP) geführte Bundesministerium für wirtschaftliche Zusammenarbeit und Entwicklung (BMZ) sehr kritisch diskutiert. Die Wochenzeitung *Die Zeit* berichtete im Mai 2013 unter Berufung auf ein internes Strategiepapier der FDP kurz nach der Bundestagswahl 2009, dass dort „verbittert festgestellt wurde, dass es seinerzeit „lediglich zwei Liberale in dem BMZ“ gab“ (*Die Zeit* vom 24. Mai 2013) und dass deshalb die Parole ausgegeben wurde, „jede dritte Stelle durch die FDP zu besetzen“ (ebd.). Tatsächlich – so *Die Zeit* weiter – seien unter Niebel zahlreiche Parteimitglieder im BMZ und nachgeordneten Organisationen eingestellt worden, zum Teil ohne oder

3 Handbuch der Bundesregierung und Kurzbiografien auf den Webseiten der Bundesministerien, teilweise ergänzt durch Recherchen in Organigrammen, im Munzinger-Archiv und in Printmedien.

mit sehr wenig entwicklungspolitischer Expertise. Erhebliches Medienecho erhielten auch die Neueinstellungen von 23 Referent/inn/en im Bundesministerium des Innern unter der christlich-liberalen Bundesregierung (2009 bis 2013). Das Ministerium war hier bei der Auswahl der zum Vorstellungsgespräch einzuladenden Bewerber deutlich von der nach formalen, leistungsbezogenen Kriterien erstellten Rangliste des Bundesverwaltungsamtes abgewichen, wobei Bewerber/innen mit „betont christlichem, in erster Linie katholischen Hintergrund" (*Die Zeit* vom 1. Juni 2013) sowie mit CDU/CSU-Nähe bevorzugt wurden. Kritisiert wird in beiden Fällen vor allem, dass statt Eignung, Befähigung und fachlicher Leistung (Art. 33 Abs. 2 GG) parteipolitische Erwägungen in den Vordergrund von Personalentscheidungen rückten und dies zu Einschränkungen in der Funktionsfähigkeit der Behörden führen könne, da diese Personalentscheidungen „dem Haus über Jahrzehnte erhalten bleiben" (*Die Zeit* vom 24. Mai 2013).

Während die Parteipolitisierung auf Ebene der politischen Beamten in der deutschen Ministerialverwaltung weithin akzeptiert ist, gibt sie in hierarchisch niedrigeren Positionen also durchaus Anlass zur (öffentlichen) Kritik. Umgekehrt überrascht es, wenn Leitungspositionen mit Beamten besetzt werden, die einer anderen Partei als der Minister angehören: Großes Medienecho zog es Ende 2009 auf sich, als der neue Finanzminister Wolfgang Schäuble (CDU) verkündete, die beiden Staatssekretäre seines SPD-Vorgängers Peer Steinbrück (SPD) Jörg Asmussen und Werner Gatzer – beide SPD-Mitglieder – zu übernehmen. Gatzer blieb auch nach der Bundestagswahl 2013 Staatssekretär unter CDU-Minister Schäuble. Asmussen hingegen wurde, nachdem er zwei Jahre lang Direktoriumsmitglied bei der Europäischen Zentralbank (EZB) in Frankfurt war, Anfang 2014 von Andrea Nahles (SPD) wieder als Staatssekretär (diesmal im Bundesministerium für Arbeit und Soziales) ernannt. Ob derartige Personalentscheidungen tatsächlich eher die Ausnahme als die Regel sind, und was diejenigen politischen Beamten, die unter Ministern verschiedener Parteien arbeiten, von ihren „parteigebundenen" Kollegen unterscheidet, wird in der hier vorgestellten Studie ebenfalls untersucht.

Der Beitrag ist wie folgt strukturiert: Im nachfolgenden zweiten Teil wird ein kursorischer Überblick über die verwaltungswissenschaftliche Forschung zu Fragen der Politisierung der Ministerialbürokratie, mit besonderem Fokus auf Parteipolitisierung, gegeben. Anschließend wird im dritten Teil die diesem Beitrag zugrunde liegende empirische Studie zu parteipolitischen Unterschieden in der Auswahl von politischen Beamten auf Bundesebene 2002 bis 2013 vorgestellt. Die Ergebnisse dieser Studie und deren Implikationen für Forschung und Praxis werden im abschließenden Fazit nochmals zusammenfassend dargestellt.

Parteipolitisierung der Ministerialbürokratie: Theoretischer Hintergrund und Stand der empirischen Forschung

Die politische Neutralität des Personals im öffentlichen Dienst ist ein Kernelement der Weberianischen Bürokratie und findet sich als Verhaltensideal in allen demokratischen Staaten (Hojnacki 1996, S. 142). Dahinter steht die Vorstellung, dass sich Funktionen und Kompetenzen administrativer und politischer Akteure klar voneinander abgrenzen lassen (Wilson 1887; Weber 1919, 1921) und dass bürokratisches Handeln und Entscheiden einer Ermächtigung durch die demokratisch legitimierten politischen Institutionen bedarf (Grauhan 1969, S. 269ff.). Eigenständiges politisches Gestaltungshandeln durch Bürokraten ist in dieser Idealvorstellung – die sich in der ursprünglichen Gewaltenteilungslehre prinzipiell genauso widerspiegelt wie im Verwaltungsreformkonzept des New Public Management (Bogumil 2003, S. 11) – nicht vorgesehen.

Die empirische politik- und verwaltungswissenschaftliche Forschung seit den 1970er-Jahren hat jedoch gezeigt, dass die Idee einer strikten Trennung bürokratischer und politischer Funktionen für die Ministerialverwaltung nicht haltbar ist (Peters/Helms 2012; Svara 2006; für Deutschland z.B. Mayntz/Scharpf 1973; Schmidt/Treiber 1975; Döhler 2007). Ministerialbeamte erfüllen zahlreiche Aufgaben, die mit der politischen Sphäre sehr eng verbunden sind: Sie arbeiten Gesetzesvorschläge und andere Policy-Maßnahmen aus, koordinieren die Abstimmung mit Interessengruppen, verhandeln regierungsinterne Konflikte und vertreten die Regierung in Gremien der horizontalen und vertikalen Koordination, beispielsweise in Arbeitsgruppen der Europäischen Kommission oder in Bund-Länder-Gremien. In Deutschland stammen die meisten erfolgreichen Gesetzesinitiativen auf Bundesebene aus der Feder von Ministerialbeamten (Ismayr 2009, S. 532; Veit 2010, S. 43), weshalb in der Literatur teils sogar von einem „Vorentscheidungsrecht“ der Ministerialbürokratie gesprochen wird (Smeddinck/Tils 2002, S. 301). Als Ministerialbeamter ist es also nahezu unmöglich, sich „unpolitisch“ zu verhalten. Weder können alle Detailentscheidungen mit der politischen Leitung abgesprochen werden, noch gibt es in umfassendem Maße formale Entscheidungsvorgaben, wie dies für viele Bereiche der Vollzugsverwaltung der Fall ist.

Diese in der Ministerialverwaltung besonders stark ausgeprägte Diskrepanz zwischen den Modellannahmen und der Realität politisch-administrativer Beziehungen – oder anders formuliert: die nur lose Kopplung zwischen dem formal vorgesehenen Trennmodell und der tatsächlichen Arbeitsteilung zwischen Politik und Verwaltung in der Ministerialbürokratie – kann aus Sicht der neo-institutionalistischen Organisationstheorie als eine Folge konfligierender Erwartungen interpretiert werden, die aus verschiedenen institutionellen Umwelten an die Ministerialverwaltung gerichtet werden. Ministerien müssen einerseits die verfassungsmäßig verankerten Anforderungen nach Neutralität, Regelorientierung und Fachkompetenz reflektieren und andererseits politisch responsiv sein.

In Deutschland spiegeln sich diese unterschiedlichen Anforderungen traditionell im Prinzip der leistungsbasierten Beförderung und Rekrutierung von Ministerialbeamten, in der Ein-Linien-Organisation der Ministerien, in einem streng durchgehaltenen Hierarchieprinzip, in der formalen Abgrenzung von Zuständigkeiten, in einem ausdifferenzierten System von Arbeitsteilung und Spezialisierung sowie in einem in Form des Laufbahnprinzips und des Systems der Laufbahngruppen formalisierten System der Kompetenzsicherung wider. Die Karrieren von Spitzenbeamten und Exekutivpolitikern sind auf Bundesebene klar voneinander abgrenzbar (Derlien 2008), wobei das Verwaltungssystem ein sehr geschlossenes ist (wenige Seiteneinsteiger auf Spitzenpositionen, geringe Personalfluktuation in andere Sektoren, Dominanz von Laufbahnbeamten in Leitungspositionen). Auf der anderen Seite sind Ministerialbeamte in Deutschland in hohem Maße funktional politisiert (Derlien/Mayntz 1989; Schwanke/Ebinger 2006; Ebinger/Jochheim 2009). Politische Responsivität wird darüber hinaus über die Institution der politischen Beamten sichergestellt. Politische Beamte können jederzeit ohne Angabe von Gründen in den einstweiligen Ruhestand versetzt werden. Parteipolitische und personenbezogene Loyalitätsüberlegungen sind also bei der Besetzung dieser Positionen ebenso wie für Versetzungsentscheidungen legitim. Schließlich wird in der deutschen Ministerialverwaltung – anders als beispielsweise in Großbritannien – das private parteipolitische Engagement von Beamten toleriert.

Empirische Studien zeigen, dass Beamte in Bundesministerien in Deutschland überdurchschnittlich häufig Parteimitglieder sind und dass der Anteil der Parteimitglieder unter den leitenden Ministerialbeamten – ähnlich wie auch in einigen anderen europäischen Staaten wie z.B. in Schweden (Pierre/Ehn 1999) – seit der ersten empirischen Studie zu diesem Thema im Jahr 1970 von damals 28% auf knapp 60% im Jahr 1995 angestiegen ist (Derlien 2003). Jüngere Survey-Studien aus den Jahren 2005 und 2009 (Schwanke/Ebinger 2006; Ebinger/Jochheim 2009) weisen hingegen auf einen sinkenden Anteil an Parteimitgliedern unter das Niveau von 1970 hin. Da ein Einfluss der Befragungszeitpunkte (kurz vor der Bundestagswahl) und anderer externer Faktoren auf das Antwortverhalten nicht ausgeschlossen werden, sind weitere Forschungsarbeiten nötig, um hierzu sichere Aussagen treffen zu können.

Staatssekretäre sind häufiger Parteimitglieder als Abteilungsleiter und die Parteisympathien korrelieren positiv mit einer Regierungsbeteiligung der Parteien (vgl. Ebinger/Jochheim 2009, S. 334, 337; Bogumil et al. 2011, S. 161). Parteipolitische Loyalität spielt neben leistungsbezogenen Kriterien nicht nur für die Besetzung der administrativen Spitzenpositionen in der Linienorganisation eine Rolle, sondern ist auch bei der Besetzung von anderen Positionen in den seit den 1980er-Jahren kontinuierlich ausgebauten Leitungsbereichen (Stäbe) ein wesentliches Rekrutierungsmerkmal, insbesondere für die Büroleiterpositionen und die Kabinetts- und Parlamentsreferate (KabParl) (Hustedt 2013). Persönliche Loyalität und Vertrauen sind für diese Positionen jedoch noch wichtiger als dasselbe Parteibuch (ebd.).

Die Praxis des Austauschs politischer Beamter nach Regierungswechseln hat sich in den vergangenen Jahrzehnten immer weiter verbreitet. So wurden nach dem ersten vollständigen Regierungswechsel in der Geschichte der BRD 1969 ca. ein Drittel der Staatssekretäre und Abteilungsleiter ausgetauscht, während nach dem Regierungswechsel 1998 – wenngleich nicht sofort, sondern erst im Laufe der Legislaturperiode – fast alle Spitzenbeamten ausgewechselt wurden (Schwanke/Ebinger 2006, S. 241). Für die Landesebene zeigt eine Untersuchung der Besetzung von leitenden Beamtenpositionen (beamtete Staatssekretäre und Ministerialdirektoren) nach Regierungswechseln, die im Zeitraum 1998 bis 2011 in Baden-Württemberg, Niedersachsen, Hessen, Schleswig-Holstein, Sachsen-Anhalt und Mecklenburg-Vorpommern stattfanden, eine vergleichbare Praxis (Bußler 2012). Allerdings findet ein Personalaustausch auch nach Wahlen, die zu keiner Veränderung der Regierungspartei(en) führen, in nennenswertem Umfang statt (ebd.). Es liegt deshalb nahe, dass neben der parteipolitischen Loyalität persönliches Vertrauen ein wichtiges Selektionskriterium für diese Positionen ist.

Manow und Wettengel (2006) fanden in einer Studie zur Patronagepraxis in den Ministerialbürokratien der Länder 1957 bis 2004 Belege für die Existenz von Versorgungs- und Herrschaftspatronage vor Wahlen und nach Regierungswechseln, und zwar vor allem in den späteren Jahrzehnten, in denen das Stellenwachstum insgesamt eher gering war. Die Autoren betonen, dass der Umfang der Parteipatronage jedoch weitaus geringer zu sein scheint, „als in der oft von alarmistischen Tönen beherrschten Diskussion weithin behauptet" (ebd., S. 570). Aufschlussreich ist zudem eine Studie von Hövel (2003) zur Hamburger Landesverwaltung.[4] Er wies nach,

4 Hövel führte 1998 eine Fragebogenerhebung bei 564 Beamten des gehobenen und höheren Dienstes in Hamburger Senatsämtern, Behörden und Bezirksämtern durch.

dass Parteibindungen (im Hamburger Fall betraf dies die zum Untersuchungszeitpunkt seit über 40 Jahren regierende SPD) neben der Arbeitsmoral, dem Fachwissen und der Leistung von Beamten ein Selektionskriterium bei Beförderungsentscheidungen waren, wobei sich allerdings zeigte, dass ein (opportunistischer) Parteibeitritt *nach* Eintritt in den öffentlichen Dienst keinen Karriereeffekt hatte. SPD-Mitglieder, die bereits vor ihrer Tätigkeit in der Landesverwaltung in die Partei eingetreten waren, wurden jedoch signifikant schneller befördert als parteilose Beamte (ebd., S. 17).

Unzweifelhaft spielen parteipolitische Überlegungen bei der Besetzung von Leitungspositionen in der deutschen Ministerialbürokratie eine Rolle. Unklar ist jedoch die genaue Bedeutung parteipolitischer Kriterien im Vergleich zu leistungsbezogenen Faktoren bei Rekrutierungs- und Beförderungsentscheidungen, ebenso wie über mögliche parteispezifische Muster bei der Selektion von Spitzenbeamten bisher keine Daten vorliegen. Der vorliegende Aufsatz möchte einen ersten Beitrag zur Schließung dieser Forschungslücken leisten.

■ Parteipolitische Unterschiede bei der Auswahl politischer Beamter

Für den hier verwendeten Datensatz[5] wurden die Karriereverläufe aller Personen, die zwischen September 2002 und Dezember 2013 Staatssekretär oder Abteilungsleiter in der Bundesministerialverwaltung waren, anhand einer Systematik aus Vor-, Elite- und Nachpositionen codiert, wobei nicht nur die Positionen an sich, sondern auch die Verweildauer in diesen Positionen sowie Dienstherr und Ressortzugehörigkeit erfasst wurden. Darüber hinaus wurden auch zwei Behördenleiter, die politische Beamte sind, aber nie Staatssekretär oder Abteilungsleiter waren, in den Datensatz aufgenommen. Erhoben wurden einige typische sozialstrukturelle Merkmale (Geschlecht, regionale Herkunft, Bildungsabschluss, Studienfach) und Merkmale der Politisierung (z.B. Mandatsübernahmen, Parteimitgliedschaft). Die im Mittelpunkt dieses Beitrags stehenden parteipolitischen Unterschiede bei der Auswahl von Spitzenbeamten wurden wie folgt operationalisiert: Für jede Eliteposition der insgesamt 341 Personen der Untersuchungsgesamtheit wurde zunächst erfasst, welcher Partei der zugehörige

---

5 Der Datensatz wurde zusammen mit *Simon Scholz* erstellt, dem ich an dieser Stelle meinen Dank für aufwändige Codierarbeiten aussprechen möchte. Simon Scholz und ich haben die Systematik der Datenerhebung gemeinsam entwickelt und erste Datenauswertungen ebenfalls gemeinsam durchgeführt (Veit/Scholz i. V.).

politische Behördenchef (Minister oder Bundeskanzler/in) im betreffenden Zeitraum angehörte. CDU und CSU wurden dabei nicht differenziert, sondern gemeinsam erfasst. Anschließend wurde aus diesen Daten eine neue Variable generiert, die Auskunft darüber gibt, ob die betreffende Person in Abteilungsleiter- und Staatssekretärspositionen ausschließlich Mitgliedern einer bestimmten Partei gedient hat oder ob die entsprechenden politischen Beamten unter Ministern unterschiedlicher Parteien tätig waren. Das Ergebnis hierzu ist eindeutig: Die meisten der insgesamt 341 politischen Beamten waren nur unter Ministern einer Partei tätig (96,2%). Nur 13 Beamte – überwiegend Abteilungsleiter – dienten somit Regierungsmitgliedern unterschiedlicher Parteien. Dies bestätigt die eingangs geäußerte Vermutung, dass Wolfgang Schäubles Entscheidung, nach dem Regierungswechsel 2009 mit zwei SPD-Staatssekretären zusammenzuarbeiten, eine Ausnahme darstellt.

Nachdem diese eindeutige Tendenz festgestellt wurde, wurden die Spitzenbeamten im Datensatz in fünf Gruppen eingeteilt, und zwar in Beamte, die ausschließlich unter (1) CDU/CSU-, (2) SPD-, (3) FDP- bzw. (4) Grünen-Ministern oder unter (5) Ministern verschiedener Parteien tätig waren (siehe Tab. 1). Anschließend wurden verschiedene Kreuztabellen erstellt, die Aufschluss über die Zusammensetzung und besondere Merkmale der Gruppen geben.

Ein erster überraschender Befund ist, dass Frauen – die in der gesamten Stichprobe 12,6% der politischen Beamten ausmachen[6] – nicht von Ministern der eher linken Parteien überdurchschnittlich häufig in administrative Leitungspositionen berufen werden, sondern von FDP-Ministern und anteilig sogar noch häufiger von CDU/CSU-Ministern (Tab. 1). SPD-Politiker berufen Frauen etwas seltener als der Durchschnitt. Das auffälligste Ergebnis ist jedoch, dass Regierungspolitiker, die den Grünen angehören, nur sehr selten Frauen als politische Beamte berufen (Tab. 1). Keine einzige Frau befindet sich unter den 13 Spitzenbeamten, die unter Ministern verschiedener Parteien tätig waren. Über die Ursachen kann hier nur spekuliert werden. Ein plausibler Erklärungsansatz für die beiden Extreme wäre, dass Frauen bei den Grünen in der Vergangenheit bessere Karriere- und Entwicklungschancen hatten als bei CDU/CSU und parteipolitisch engagierte und ambitionierte Frauen deshalb seltener auf eine Ministerialkarriere „ausweichen" mussten. Umgekehrt könnten sich die fehlenden Alter-

6 Der Frauenanteil liegt damit deutlich höher, als in einer vergleichbaren Untersuchung für den Zeitraum 1949 bis 1999, wo nur 1,7% der beamteten Staatssekretäre und 2,2% der Abteilungsleiter in Bundesministerien Frauen waren (Derlien 2008, S. 297).

nativen innerhalb der Partei und im Bereich der Legislative für Frauen bei CDU/CSU darin widerspiegeln, dass eine Ministerialkarriere eingeschlagen wurde.

Bezüglich des Alters bei erstmaliger Ernennung als politischer Beamter bestätigt sich das Ergebnis früherer Studien, dass Spitzenbeamte meist älter als 50 Jahre sind. Die parteipolitischen Unterschiede sind relativ gering. Bemerkenswert ist lediglich, dass FDP-Beamte im Mittel etwas älter sind als ihre Kollegen, die von Ministern der anderen Parteien ernannt wurden: Das Durchschnittsalter in der CDU/CSU-Gruppe bei erstmaligem Erreichen einer Eliteposition (StS oder AL) beträgt 52,5 Jahre, in der SPD-Gruppe 51,2 Jahre, in der FDP-Gruppe 54,9 Jahre und in der Grünen-Gruppe 51,6 Jahre. Bei erstmaliger Ernennung als Abteilungsleiter waren die politischen Beamten bei allen Parteien im Schnitt älter als bei erstmaliger Ernennung als Staatssekretär (durchschnittlich 52,8 Jahre bei CDU/CSU, 51,4 Jahre bei der SPD, 55,2 bei der FDP bzw. 52,1 bei den Grünen), was durch den höheren Anteil an externen Rekrutierungen unter den Staatssekretären (im Vergleich zu den Abteilungsleitern) zu erklären ist (Veit/Scholz i. V.). Bei erstmaliger Ernennung als beamteter Staatssekretär betrug das Durchschnittsalter bei der CDU/CSU 50,9 Jahre, bei der SPD 49,9 Jahre, bei der FDP 53,6 Jahre und bei den Grünen 45,3 Jahre.

≡ Tab. 1: Beamtengruppen nach Parteimitgliedschaft des Ministers[a]

	CDU/CSU		SPD		FDP		Grüne		Versch. Part.		*Gesamt*	
	abs.	%	abs.	%	abs.	%	abs.	%	abs.	%	*abs.*	*%*
Jurist	74	53,6	53	49,5	18	42,9	21	51,2	8	61,5	*174*	*51,0*
Frauen	23	16,7	12	11,2	6	14,3	2	4,9	0	0	*43*	*12,6*
Promotion	59	42,8	33	30,8	15	35,7	19	46,3	4	30,8	*130*	*38,1*
Laufbahnbeamte[b]	86	62,3	63	58,9	30	71,4	31	75,6	11	84,6	*221*	*64,8*
Karriere außerhalb der Verwaltung[c]	17	12,3	15	14,0	7	16,7	3	7,3	0	0	*42*	*12,3*
Mischkarrieren Verwaltung + X[d]	35	25,4	29	27,1	5	11,9	7	17,1	2	15,4	*78*	*22,9*
Politik und Verwaltung	15	10,9	12	11,2	3	7,1	2	4,9	0	0	*32*	*9,4*
Gesamt	*138*	*100,0*	*107*	*100,0*	*42*	*100,0*	*41*	*100,0*	*13*	*100,0*	*341*	*100,0*

a – Prozentangaben beziehen sich auf die einzelnen Parteigruppen (n siehe Zeile „Gesamt"); b – Reine und verzögerte Laufbahnbeamte; c – Reine Seiteneinsteiger oder Personen mit weniger als vier Jahren Verwaltungserfahrung; d – Mind. vier Jahre in Verwaltung und mind. vier Jahre in anderem Sektor.

Während die parteispezifischen Unterschiede bei den Abteilungsleitern – mit Ausnahme der FDP – gering sind, variiert das Durchschnittsalter bei den Staatssekretären zwischen den Parteigruppen erheblich. Besonders auffällig ist, dass die Staatssekretäre der Grünen durchschnittlich ca. fünf bzw. acht Jahre jünger sind als diejenigen von SPD und CDU/CSU bzw. FDP. Das relativ hohe Eintrittsalter in der FDP-Gruppe ist vermutlich dadurch zu erklären, dass die FDP zwischen 1998 und 2009 nicht an der Regierung beteiligt war und sich somit viele der FDP nahestehende Beamte in Warteposition für ein Spitzenamt befanden. Umgekehrt ist anzunehmen, dass die Grünen – die 1998 bis 2005 erstmals auf Bundesebene an der Regierung beteiligt waren – keinen vergleichbaren Personalpool zur Verfügung hatten und deshalb vor allem bei den Staatssekretären verstärkt extern rekrutierten.

In Bezug auf das Studienfach zeigen die Daten, dass Juristen – die bekanntlich die größte Fachgruppe innerhalb der Ministerialbeamtenschaft in Deutschland bilden[7] – bei den für Minister verschiedener Parteien arbeitenden politischen Beamten deutlich überrepräsentiert, bei ausschließlich unter CDU/CSU-Ministern arbeitenden politischen Beamten leicht überrepräsentiert und bei den nur für SPD-Minister arbeitenden Beamten leicht unterrepräsentiert sind. Bei den FDP-Beamten sind die Juristen sogar deutlich unterdurchschnittlich vertreten, während der Juristenanteil in der Gruppe der den Grünen nahestehenden Beamten genau dem Durchschnitt entspricht (siehe Tab. 1). Hier wäre in zukünftigen Analysen zu prüfen, ob tatsächlich die Parteizugehörigkeit der politischen Leitung der entscheidende Faktor ist oder ob diese Zahlen nicht durch Präferenzen der Parteien bei der Ressortverteilung innerhalb der Koalitionsregierungen verzerrt werden und somit vielmehr ressortspezifische Unterschiede in der Rekrutierung von Ministerialbeamten reflektieren.

7 Der Juristenanteil unter den beamteten Staatssekretären und Abteilungsleitern lag im Zeitraum 1949 bis 1999 bei durchschnittlich 55% (Derlien 2008, S. 302). Dabei wird in der Literatur von einem abnehmenden Trend bis Ende der 1990er-Jahre ausgegangen: 1954 waren 77% der Bonner Spitzenbeamten Juristen, 1983 64% (Derlien 1990) und zu Beginn der Kanzlerschaft Gerhard Schröders 1999 betrug der Juristenanteil 37% (Derlien 2008, S. 302). Bezieht man die Unterabteilungsleiter mit in die Untersuchung ein, liegt der Juristenanteil heute bei knapp 53% (Ebinger/Jochheim 2009, S. 331), wobei deutliche ressortspezifische Unterschiede zu beobachten sind (Derlien 1990; Veit 2010). Mit durchschnittlich 51% Juristen in der Stichprobe dieser Studie (2002–2013) sind die Zahlen sehr ähnlich, wobei der Juristenanteil unter Abteilungsleitern höher ist als unter Staatssekretären (Veit/Scholz i. V.).

Der Anteil der Promovierten unter den politischen Beamten ist deutlich höher als im Bevölkerungsdurchschnitt. Er beträgt in der vorliegenden Stichprobe 38,1%. Die parteispezifischen Unterschiede sind deutlich: So besitzen „nur" 30,8% der von SPD-Ministern ernannten politischen Beamten einen Doktortitel, aber 35,7% der von FDP-Ministern und 42,8% der von CDU/CSU-Ministern ernannten Spitzenbeamten. In der Gruppe der Grünen wird mit 46,3% der Spitzenwert in Bezug auf den Anteil Promovierter erreicht (Tab. 1). Diese Ergebnisse decken sich für die beiden Extremfälle SPD und Grüne mit der Bindung dieser Parteien an soziale Milieus.

Aufgrund des hohen Juristenanteils, der Tradition der Rekrutierung von Juristen als Generalisten für den höheren Verwaltungsdienst in Deutschland sowie der 16-jährigen Regierungszeit von Helmut Kohl 1982 bis 1998 wäre zu vermuten, dass sich in der CDU/CSU-Gruppe und in der Gruppe der Beamten, die für Minister verschiedener Parteien gearbeitet haben, besonders viele Laufbahnbeamte[8] finden. Ein Blick auf die Zahlen bestätigt dies jedoch nur teilweise: Zwar sind Laufbahnbeamte in der Gruppe derjenigen Beamten, die unter Ministern verschiedener Parteien tätig waren, deutlich überrepräsentiert (84,6%). In der CDU/CSU-Gruppe jedoch sind die Laufbahnbeamten leicht unterdurchschnittlich vertreten (62,3%). Besonders auffällig ist der hohe Anteil von Laufbahnbeamten bei den beiden kleineren Parteien (FDP: 71,4%; Grüne: 75,6%). Am geringsten ist der Anteil der Laufbahnbeamten in der SPD-Gruppe mit 58,9% (Tab. 1). Insgesamt hat sich der Anteil der Laufbahnbeamten im Vergleich zur Derlien-Studie 1949 bis 1999 (Derlien 2008, S. 309) nur wenig verändert. Heute wie damals sind unter den Abteilungsleitern mehr Laufbahnbeamte zu finden als unter den Staatssekretären (2002 bis 2013: 68,0% Laufbahnbeamte unter den Abteilungsleitern und 55,4% unter den Staatssekretären).

Kaum parteispezifische Unterschiede werden erkennbar, wenn man analysiert, ob die Laufbahnbeamten in den verschiedenen Parteigruppen ausschließlich in der Bundesverwaltung gearbeitet haben oder auch in Landesbehörden tätig waren: Wenn SPD-Minister Laufbahnbeamte als Staatssekretär oder Abteilungsleiter auf Bundesebene ernannt haben, dann hatten diese zu 28,6% Erfahrung in der Landesverwaltung. In der CDU/CSU-Gruppe trifft dies auf 29,1% zu, während in der FDP-Gruppe nur 10% der Laufbahnbeamten auch auf Landesebene tätig waren. Bei den

8 Laufbahnbeamten umfassen hier sowohl „reine Laufbahnbeamte" (Einstieg in die öffentliche Verwaltung direkt im Anschluss an Ausbildung/Studium und danach durchgängige Verwaltungstätigkeit) als auch „verzögerte Laufbahnbeamte" (Einstieg in die öffentliche Verwaltung nicht direkt im Anschluss an Ausbildung/Studium, aber maximal vier Jahre nach Studienabschluss und danach durchgängige Verwaltungstätigkeit).

Grünen besitzen 29% der Laufbahnbeamten Arbeitserfahrung in einer Landesverwaltung. Erfahrung in der Landesverwaltung ist also durchaus üblich, außer bei den FDP-Spitzenbeamten.

Mehr als jeder zehnte politische Beamte auf Bundesebene blickt auf eine Karriere außerhalb der Verwaltung[9] zurück. Hier ist eine deutliche Varianz zwischen den Parteigruppen feststellbar: Während FDP-Minister zu 16,7% Externe mit keiner oder sehr wenig Verwaltungserfahrung rekrutieren – im Übrigen ausschließlich Personen mit einer Politik-[10] und/oder Verbandskarriere, beträgt der Anteil der von Grünen-Ministern ernannten Externen nur 7,3%. Die SPD rekrutiert etwas mehr Externe als die CDU/CSU (Tab. 1). Die Externen in der SPD-Gruppe haben sehr unterschiedliche Karrierehintergründe, hier lassen sich keine expliziten Muster erkennen: Wir finden sowohl Personen mit einer reinen Politik-, Wirtschafts- oder Verbandskarriere als auch externe Mischkarrieren, etwa in den Sektoren Politik und Wissenschaft. In der CDU/CSU-Gruppe finden sich unter den Externen keine reinen Verbandskarrieren, dafür jedoch jeweils mehrfach reine Politik-, Wissenschafts-, Medien- und Wirtschaftskarrieren sowie Mischkarrieren in den Sektoren Politik und Bildung bzw. in den Sektoren Kirche und Bildung. Für die wenigen Externen bei den Grünen ergibt sich ebenfalls ein heterogenes Bild. Die Daten zeigen, dass sich die Verbindungen bestimmter Parteien zu gesellschaftlichen Interessengruppen – etwa der SPD mit den Gewerkschaften – nicht darin widerspiegeln, dass politische Beamte mit einem Verbandshintergrund ernannt werden. Rekrutierungen aus der Privatwirtschaft sind – auf niedrigem Niveau – heute für die beiden großen Parteien relevanter als Verbandsrekrutierungen, während es bei der FDP umgekehrt ist.

Politische Beamte mit einer Mischkarriere in Verwaltung und mindestens einem anderen Sektor[11] sind in der SPD-Gruppe besonders häufig zu finden und in der FDP-Gruppe besonders selten. Viele dieser Mischkarrieren bei den beiden großen Parteien sind dem Mischtyp Politik – Verwaltung zuzuordnen (Tab. 1). Darüber hinaus sind die Mischtypen Verwaltung – Wissenschaft und Verwaltung – Justiz bei den beiden großen Parteien häu-

9 Karrieren außerhalb der Verwaltung werden hier definiert als Karrieren, die vor der Ernennung als politischer Beamter in einem oder mehreren Sektoren (jeweils mind. 48 Monate), aber weniger als 48 Monate im Sektor Verwaltung stattfanden.

10 Sektor Politik = Politik mit Mandat (Bundestags- oder Landtagsmitglied) und Politik ohne Mandat (hauptberufliche Parteiangestellte, Mitarbeiter der Fraktionen, Mitarbeiter von Abgeordneten).

11 Mischkarrieren werden hier definiert als Karrieren, die vor der Ernennung als politischer Beamter mindestens 48 Monate im Sektor Verwaltung und mindestens 48 Monate in einem oder mehreren anderen Sektoren stattfanden.

fig vertreten. In der SPD-Gruppe finden sich zudem mehrere Fälle, die dem Mischtyp Verwaltung – Privatwirtschaft zuzuordnen sind, während in der CDU/CSU-Gruppe die Mischtypen Verwaltung – Kultur und Verwaltung – Medien mehrfach vertreten sind. Bei den beiden kleineren Parteien sind neben dem Mischtyp Politik – Verwaltung die Mischtypen Verwaltung – Wissenschaft und Verwaltung – Justiz sowie Mehrsektorenkarrieren[12] zu finden.

Um näher zu bestimmen, ob es parteispezifische Unterschiede bei der Auswahl von Spitzenbeamten gibt, ist es sinnvoll, die Karriereschritte der Spitzenbeamten vor Erreichen ihrer Eliteposition zu analysieren. Dabei interessiert nicht nur der relativ grobe Indikator der Karrieretypen, etwa wie groß der Anteil der Mischkarrieren oder der Seiteneinsteiger ist, sondern auch, welche Positionen innerhalb der Ministerialverwaltung und in der Legislative diese Personen in früheren Karrierephasen innehatten. Dies wurde in der vorliegenden Studie einerseits für typische Generalisten-Positionen in der Verwaltung (Stabsmitarbeiter[13], Z-Abteilung) sowie Abordnungen in die Regierungszentrale und andererseits für Positionen, die sehr politiknah sind und eine bestimmte parteipolitische Loyalität signalisieren, geprüft. Letzteres betrifft neben der Abordnung an den Bundestag/Landtag als Fraktionsmitarbeiter oder persönlicher Mitarbeiter eines Parlamentariers und einer Tätigkeit als Pressesprecher oder Leiter des Pressereferates auch die besonders politiknahen Tätigkeiten im Leitungsbereich (Leiter Ministerbüro, persönlicher Referent eines Ministers oder parlamentarischen Staatssekretärs, Tätigkeit im Referat für Kabinetts- und Parlamentsangelegenheiten) (siehe hierzu auch Goetz 1997; Schröter 2004).[14] Die Ergebnisse dieser Untersuchung sind in Tabelle 2 in absoluten und relativen Zahlen aufgeführt.

In allen Parteigruppen – mit Ausnahme der Grünen – sind Beamte, die früher persönliche Referenten, Leiter des Ministerbüros oder des Referates für Kabinetts- und Parlamentsangelegenheiten waren, anteilig[15] am stärksten vertreten: Mehr als jeder vierte der von CDU/CSU-, SPD- oder FDP-Ministern rekrutierten politischen Beamte hat einen solchen Erfahrungshintergrund. Bei den Grünen trifft dies immerhin noch auf jeden fünften Spitzenbeamten zu. Am zweithäufigsten ist in der CDU/CSU-

---

12 Karrieren in drei oder mehr Sektoren.

13 Alle Stabstätigkeiten außer Leiter Ministerbüro, persönlicher Referent eines Ministers oder parlamentarischen Staatssekretärs, Leitung des Referates für Kabinetts- und Parlamentsangelegenheiten.

14 Positionen beziehen sich jeweils auf Bundes- und Landesebene.

15 Bezogen auf die sechs Positionskategorien in Tabelle 2.

Tab. 2: Beamtengruppen nach Parteimitgliedschaft des Ministers und Häufigkeit bestimmter Vorpositionen[a]

	CDU/CSU		SPD		FDP		Grüne		Versch. Part.		*Gesamt*	
Vorposition	abs.	%	abs.	%	abs.	%	abs.	%	abs.	%	*abs.*	*%*
(1) Stabsmitarbeiter[b]	20	14,5	12	11,2	11	26,2	8	19,5	5	38,5	*56*	*16,4*
(2) Z-Abteilung	28	20,3	26	24,3	9	21,4	12	29,3	6	46,2	*81*	*23,8*
(3) Kanzleramt	34	24,6	22	20,6	5	11,9	5	12,2	3	23,1	*69*	*20,2*
(4) Leiter MinB/ pers. Referent/ KabParl	36	26,1	28	26,2	11	26,2	8	19,5	4	30,8	*87*	*25,5*
(5) Pressereferat	16	11,6	4	3,7	4	9,5	3	7,3	1	7,7	*28*	*8,2*
(6) Abordnung in Bundestag	29	21,0	24	22,4	9	21,4	4	9,8	1	7,7	*67*	*19,6*
Gesamt	*138*	*100,0*	*107*	*100,0*	*42*	*100,0*	*41*	*100,0*	*13*	*100,0*	*341*	*100,0*

a – Prozentangaben beziehen sich auf die einzelnen Beamtengruppen (n siehe Zeile „Gesamt"); b – Alle Stabstätigkeiten außer Leiter Ministerbüro, persönlicher Referent eines Ministers oder parlamentarischen Staatssekretärs, Leiter des KabParl-Referates.

Gruppe die Abordnung ans Kanzleramt oder eine Staatskanzlei (knapp jeder Vierte), gefolgt von Abordnungen an den Bundestag/Landtag (21,0%). Unter den SPD-Beamten bildeten diejenigen mit einem Hintergrund in der Z-Abteilung die zweitgrößte Gruppe (knapp jeder Vierte), ebenfalls gefolgt von Abordnungen in die Legislative (22,4%). SPD und CDU/CSU unterscheiden sich in allen Kategorien nur um wenige Prozentpunkte, mit Ausnahme der Kategorie Pressereferat: Ehemalige Pressesprecher und Referatsleiter Presse finden sich in der CDU/CSU-Gruppe mit 11,6% deutlich häufiger als in der SPD-Gruppe (3,7%). Stabsmitarbeit und Abordnung in die Regierungszentrale ist in der CDU/CSU-Gruppe etwas häufiger als in der SPD-Gruppe. Dies ist wahrscheinlich durch die 16-jährige Regierungszeit der CDU/CSU unter Helmut Kohl zu erklären, die Beamten mit CDU- oder CSU-Parteibuch mehr Möglichkeiten bot, sich über Stabstätigkeit oder Abordnungen in die Regierungszentrale zu profilieren.

Die kleineren Parteien unterscheiden sich in zwei Punkten deutlich von den beiden großen Parteien: Sowohl bei der FDP als auch bei den Grünen werden deutlich mehr Spitzenbeamte mit Erfahrung als Stabsmitarbeiter (ohne Leitung Ministerbüro, persönliche Referententätigkeit und Leitung des Referates für Kabinetts- und Parlamentsangelegenheiten) ernannt, während eine Abordnung an das Kanzleramt deutlich seltener ist als bei CDU/CSU und SPD. Für alle anderen früheren Karrierepositionen ähneln die

FDP-Werte denen der großen Parteien. Bei den Grünen hingegen werden seltener politische Beamte rekrutiert, die früher persönliche Referenten, Leiter des Ministerbüros oder des Referates für Kabinetts- und Parlamentsangelegenheiten waren. In der Gruppe der den Grünen nahestehenden Beamten finden wir zudem vergleichsweise wenige politische Beamte, die in einem früheren Karrierestadium an den Bundestag abgeordnet waren, sowie verhältnismäßig viele Personen, die ehemals in der Z-Abteilung eines Ministeriums tätig waren.

Politische Beamte, die für Minister unterschiedlicher Parteien gearbeitet haben, besitzen besonders oft einen Hintergrund in der Z-Abteilung (46,2%), als Stabsmitarbeiter (38,5%) oder als persönliche Referenten, Leiter des Ministerbüros (MinB) oder des Referates für Kabinetts- und Parlamentsangelegenheiten (KabParl) (30,8%), waren aber nur selten an den Bundestag abgeordnet (7,7%). Hier wird nochmals deutlich, dass in dieser Gruppe besonders viele Ministerialverwaltungs-Generalisten zu finden sind und weniger Personen, deren Karriere in Parteinähe verlief.

Um die kumulierten Effekte dieser früheren Karrierepositionen in den einzelnen Parteigruppen besser zu verstehen, wurde ein Modell gebildet, welches die Positionen (1) bis (3) (siehe Tab. 2) als typische Generalistenpositionen in der Ministerialverwaltung, die Kompetenz für eine Leitungsposition in der Ministerialverwaltung signalisieren, zusammenfasst. Die Analyse für Laufbahnbeamte (n = 219) zeigt, dass die Effekte dieser Generalistenpositionen auf die Wahrscheinlichkeit, von Ministern einer bestimmten Partei als politischer Beamter ernannt zu werden, gering sind. Der vergleichsweise stärkste (negative) Effekt ist hier für SPD-Minister feststellbar: Die Wahrscheinlichkeit für Verwaltungs-Generalisten, von einem SPD-Minister ernannt zu werden, ist geringer als bei den anderen Parteien. In abgeschwächter Form trifft dies auch auf CDU/CSU-Minister zu. Ein deutlicherer Effekt zeigt sich jedoch für die Gruppe derjenigen Beamten, die für Minister unterschiedlicher Parteien gearbeitet haben: Hier haben Generalistenkompetenzen einen positiven Einfluss. Bei den beiden kleineren Parteien FDP und den Grünen ist ein schwach positiver Zusammenhang feststellbar (siehe Tab. 3).

Ein zweites Modell fasst all jene Positionen zusammen, die parteipolitische Loyalität signalisieren (Positionen (4) bis (6), siehe Tab. 2). Hier zeigen sich erneut nur schwache Parteieneffekte: So erhöht eine Tätigkeit in parteinahen Positionen insbesondere die Wahrscheinlichkeit von einem FDP-Minister berufen zu werden. Ein leicht positiver Effekt dieser parteinahen Positionen ist ebenfalls für CDU/CSU-Minister feststellbar. Die Wahrscheinlichkeit für Personen, die in parteinahen Positionen tätig waren, von einem SPD-Minister oder einem Minister der Grünen in eine administrative Spitzenposition berufen zu werden, ist hingegen deutlich geringer (Tab. 3). Die Unterschiede zwischen den beiden langjährigen Oppositions- bzw. Regierungsparteien sind bemerkenswert: So ist für die FDP parteipolitische Loyalität ein wichtigeres Rekrutierungskriterium als für CDU/CSU, während für die Grünen als ehemalige Oppositionspartei offensichtliche parteipolitische Loyalität zugunsten der administrativen Kompetenz weniger wichtig ist als für die SPD. Insgesamt spielten parteipolitische Kriterien bei der Auswahl des administrativen Spitzenpersonals unter der rot-grünen Bundesregierung eine weniger wichtige Rolle als zur Regierungszeit der christlich-liberalen Koalition.

Tab. 3: Zusammenhang (Spearman's Rho) zwischen Generalistenkompetenz und parteipolitischer Loyalität und Partei des Ministers bei Laufbahnbeamten[a]

	Parteigruppen				
	CDU/CSU	SPD	FDP	Grüne	Versch. Part.
Generalistenkompetenz	–0,043	–0,090	0,030	0,017	0,209
Parteipolitische Loyalität	0,021	–0,031	0,050	–0,075	0,057

a – n = 219

Fazit

Was lässt sich abschließend in Bezug auf die Ausgangsfrage nach parteispezifischen Unterschieden in der Auswahl von politischen Beamten in Bundesministerien und im Kanzleramt festhalten? Es sind – das ist für Verwaltungskenner nicht weiter überraschend – keine radikal unterschiedlichen Selektionsmuster der Parteien erkennbar. Minister aller Parteien ernennen häufig männliche Laufbahnbeamte, die Jura studiert haben und Anfang 50 sind, als politische Beamte.

Jenseits dieser Gemeinsamkeiten existieren jedoch eine Reihe parteispezifischer Unterschiede, wobei sich die Grünen in verschiedener Hinsicht besonders abheben und in ihrer Rekrutierungspraxis des administrativen Spitzenpersonals nicht den gängigen Erwartungen entsprechen: Minister der Grünen haben anteilig die jüngsten Beamten, die wenigsten Frauen und die wenigsten Externen in administrative Spitzenpositionen geholt, weisen aber den höchsten Anteil an Laufbahnbeamten – häufig mit einem Hintergrund in der Z-Abteilung – und Promovierten auf. Die für die anderen drei Parteien typischen Schlüsselpositionen als persönlicher Referent, Leiter eines Ministerbüros oder eines Referates für Kabinetts- und

Parlamentsangelegenheiten sowie als Mitarbeiter von Parlamentsfraktionen oder Abgeordneten haben Spitzenbeamte, die von Grünen-Ministern ernannt wurden, deutlich seltener durchlaufen. Verwaltungserfahrung und typische Generalistenkompetenzen spielten also für die Grünen eine besonders wichtige Rolle, was als Ausgleich für ihre fehlende Regierungserfahrung auf Bundesebene interpretiert werden kann.

Wenngleich sich die von SPD-, CDU/CSU- und FDP-Ministern ernannten politischen Beamten in vielen Merkmalen recht ähnlich sind, gibt es doch einige graduelle Unterschiede. SPD-Minister haben im Untersuchungszeitraum anteilig die wenigsten Promovierten und die wenigsten Laufbahnbeamten sowie die meisten Personen mit einer Mischkarriere in Verwaltung und einem anderen Sektor ernannt. Abordnungen ans Parlament sind etwas häufiger als bei CDU/CSU und FDP. Dies spiegelt wider, dass der SPD nahestehende Beamte während der Kohl-Regierung vielfach an den Bundestag abgeordnet wurden und dass nach der Regierungsübernahme durch die SPD 1998 auch Personal von außen rekrutiert wurde.

Für die von CDU/CSU-Ministern ernannten Beamten ist besonders hervorzuheben, dass diese anteilig die meisten Frauen und die meisten Juristen ernannt haben. Ersteres widerspricht dem gängigen Klischee der Konservativen. Eine naheliegende Erklärung ist jedoch, dass parteipolitisch engagierte und ambitionierte CDU/CSU-Frauen aufgrund größerer Hürden in Bezug auf die parteiinternen Karrierechancen häufiger als ihre Kolleginnen anderer Parteien auf eine Ministerialkarriere „ausgewichen“ sind und dort während der Kohl-Regierung auch attraktive Aufstiegsmöglichkeiten sahen. Bezüglich der Karriereverläufe stechen im Parteienvergleich für die von CDU/CSU-Ministern ernannten Spitzenbeamten zwei Merkmale hervor: der hohe Anteil an Abordnungen ans Kanzleramt und an Personen, die Pressesprecher waren oder das Pressereferat geleitet haben. Beides ist über die langjährige Regierungsbeteiligung von CDU/CSU in den 1980er- und 1990er-Jahren zu erklären.

FDP-Minister hingegen weisen neben einem hohen Anteil an Laufbahnbeamten den höchsten Anteil externer Rekrutierungen (und dementsprechend vergleichsweise wenig Mischkarrieren in Verwaltung und einem anderen Sektor) auf. Von den politischen Beamten mit Verwaltungshintergrund haben in der FDP-Gruppe – neben der bereits erwähnten politiknahen Positionen im Leitungsbereich und beim Parlament – besonders viele Personen in ministeriellen Stabsstellen gearbeitet, während Abordnungen ans Kanzleramt hier vergleichsweise selten zu beobachten sind. Ersteres ist durch die langjährige Regierungszeit der christlich-liberalen Koalition 1982 bis 1998 zu erklären, während Letzteres wahrscheinlich durch die CDU-Mitgliedschaft des Bundeskanzlers Helmut Kohl begründet ist. FDP-

Beamte haben nur sehr selten in Landesverwaltungen gearbeitet. Die einleitend erwähnten Rekrutierungspraktiken von Dirk Niebel, die medial kritisiert wurden, sind somit ein Stück weit FDP-typisch. Tatsächlich finden sich hier besonders viele Externe und sind Stabstätigkeiten ein typischer Karriereschritt für parteipolitisch loyale Beamte. Allerdings relativiert sich dies mit Blick auf den hohen Anteil an Laufbahnbeamten, die unter FDP-Ministern ins Amt kamen.

Neben einigen parteipolitischen Unterschieden in der Rekrutierung von Spitzenbeamten zeigt die in diesem Beitrag vorgestellte Untersuchung, dass politische Beamte auf Bundesebene nur selten für Minister unterschiedlicher Parteien arbeiten. Die wenigen Beamten, auf die dies zutrifft, sind fast alle – von Schäubles Staatssekretären abgesehen – Abteilungsleiter und zeichnen sich durch ihre langjährige Verwaltungserfahrung und -expertise aus.

Die beschriebenen parteispezifischen Unterschiede begründen sich teilweise – so ist zu vermuten – über Regierungszeiten der Parteien und die damit verbundene Möglichkeit, einen internen Pool an geeignetem Personal aufzubauen und weniger über bestimmte Rekrutierungsmuster der Parteien. Allerdings treten einige deutliche Unterschiede zwischen den großen und den kleinen Parteien zutage: So rekrutieren Minister der kleinen Parteien besonders häufig Laufbahnbeamte, während insbesondere Mischkarrieren in Politik und Verwaltung bei den kleinen Parteien seltener sind. Dies lässt vermuten, dass – unabhängig von der Regierungsbeteiligung – die strategischen Möglichkeiten der kleinen Parteien, das „Personalkarussell" zwischen Verwaltung, Fraktion und Partei sowie weiteren Institutionen zu „drehen", geringer sind als bei den großen Parteien. Gleichzeitig deuten die Daten darauf hin, dass fehlende Regierungserfahrung – wie das Beispiel der Grünen belegt – dazu zu führt, dass kompetente Verwaltungs-Generalisten gegenüber loyalen Parteigenossen bevorzugt werden, um den fehlenden Unterbau in der Ministerialverwaltung auszugleichen. „Political Craft", also die Fähigkeit die politischen Implikationen und Rahmenbedingungen von Politikentwürfen zu bewerten, die Reaktionen anderer Akteure im Policy-Prozess zu antizipieren und den Politikentwicklungsprozess im Sinne der politischen Ziele des Ministers aktiv mitzugestalten (Goetz 1997, S. 754), spielt parteiunabhängig eine wichtige Rolle und kann in politiknahen Positionen der Verwaltung als persönlicher Referent oder Leiter des Ministerbüros sowie in der Arbeit für Fraktionen und Abgeordnete besonders gut erworben werden. Tatsächlich haben viele, aber keineswegs alle späteren Spitzenbeamte in früheren Karrierephasen eine oder mehrere solcher Positionen durchlaufen. Generell gilt, dass Verwaltungserfahrung in Deutschland immer noch eine wesentliche Voraussetzung ist, um als politischer Beamter ernannt zu werden: Parteiübergreifend sind die Mehrzahl der politischen Beamten Laufbahnbeamte. Wenngleich die Karrieren von Spitzenbeamten heute heterogener sind als in der Vergangenheit, reflektiert die Praxis der Rekrutierung von politischen Beamten weiterhin die Notwendigkeit, Fach- und Dienstwissen, parteipolitische Kompatibilität und persönliche Loyalität zu vereinen.

Literatur

Bogumil, J. (2003): Die politische Führung öffentlicher Dienste – Möglichkeiten und Grenzen der Reorganisation. In: Koch, R./ Conrad, P. (Hg.): New Public Service. Öffentlicher Dienst als Motor der Staats- und Verwaltungsmodernisierung. Wiesbaden, S. 61–78

Bogumil, J./Ebinger, F./Jochheim, L. (2011): Spitzenbeamte und ihre Entscheidungen bei politisch relevanten Entscheidungen. In: Schimanke, D./Veit, S./Bull, H.-D. (Hg.): Bürokratie im Irrgarten der Politik. Beiträge anlässlich des Gedächtnissymposiums für Hans-Ulrich Derlien (Schriften der Deutschen Sektion des Internationalen Instituts für Verwaltungswissenschaften, Bd. 36). Baden-Baden, S. 151–174

Bußler, M. (2012): Personalaustausch von Spitzenbeamten nach Regierungswechseln am Beispiel der deutschen Bundesländer. Politisierungstendenzen der Ministerialverwaltung. Bamberg: Universität Bamberg (Bachelorarbeit)

Derlien, H.-U. (2003): Mandarins or Managers? The Bureaucratic Elite in Bonn, 1970 to 1987 and Beyond. In: Governance, 16 (3), S. 401–428

Derlien, H.-U. (2008): Die politische und die administrative Elite der Bundesrepublik. In: Jann, W./König, K. (Hg.): Regieren zu Beginn des 21. Jahrhunderts. Tübingen, S. 291–328

Derlien, H.-U./Mayntz, R. (1989): Party Patronage and Politicization of the West German Administrative Elite 1970–1987 – Towards Hybridization? In: Governance, 2 (4), S. 384–404

Döhler, M. (2007): Die politische Steuerung der Verwaltung. Baden-Baden

Ebinger, F./Jochheim, L. (2009): Wessen loyale Diener? Wie die große Koalition die deutsche Ministerialbürokratie veränderte. In: der moderne staat – dms, Jg. 2/Heft 2, S. 335–353

Goetz, K. H. (1997): Acquiring Political Craft: Training Grounds for Top Officials in the German Core Executive. In: Public Administration, 75 (4), S. 753–775

Grauhan, R.-R. (1969): Modelle politischer Verwaltungsführung. In: Politische Vierteljahresschrift, Jg. 9/Heft 2–3, S. 269–284

Hövel, J. a. d. (2003): Politisierung und Parteipolitisierung der öffentlichen Verwaltung der Freien und Hansestadt Hamburg. Eckpunkte einer empirischen Erhebung. Wiesbaden

Hojnacki, W. P. (1996): Politicization as a Civil Service Dilemma. In: Bekke, H. A./ Toonen, T. A./Perry, J. L. (eds.): Civil Service Systems in Comparative Perspective. Bloomington, S. 137–164

Hustedt, T. (2013): Ministerialverwaltung im Wandel. Struktur und Rolle der Leitungsbereiche im deutsch-dänischen Vergleich. Baden-Baden

Ismayr, W. (2009): Die politischen Systeme Westeuropas (4. Aufl.). Wiesbaden

Jann, W./Veit, S. (2010): Politicisation of administration or bureaucratisation of politics? The case of Germany. Potsdam: Potsdamer Diskussionspapiere zur Verwaltungswissenschaft, 6; URL: http://opus.kobv.de/ubp/volltexte/2010/4516/)

Jann, W./Veit, S. (2015): Germany. In: Hondeghem, A./Wart, M. v./Schwella, E. (eds.): Leadership and Culture. Comparative Models of Top Civil Servant Training (IIAS series Governance and Public Management). Basingstoke, S. 183–198

Manow, P./Wettengel, P. (2006): Ämterpatronage in der leitenden Ministerialbürokratie der Länder. In: Die Verwaltung, 39 (4), S. 553–570

Mayntz, R./Scharpf, F. W. (1973): Planungsorganisation. München

Peters, G. B./Helms, L. (2012): Executive Leadership in Comparative Perspective. Politicians, Bureaucrats and Public Governance. In: Helms, L. (ed.): Comparative Political Leadership. Houndmills, S. 25–55

Pierre, J./Ehn, P. (1999): Senior Civil Servants in Sweden. In: Page, E. C./Wright, V. (eds.): Bureaucratic Elites in Western European Countries: A Comparative Analysis of Top Officials. Oxford, S. 249–265.

Schmidt, G./Treiber, H. (1975): Bürokratie und Politik. Zur Struktur und Funktion der Ministerialbürokratie in der Bundesrepublik Deutschland. München

Schröter, E. (2004): The Politicisation of the German Civil Service: A Three-Dimensional Portrait of the Federal Ministerial Bureaucracy. In: Peters, G. B./Pierre, J. (eds.): Politicisation of the Civil Service in Comparative Perspective: The quest for control. London, New York, S. 55–80

Schwanke, K./Ebinger, F. (2006): Politisierung und Rollenverständnis der deutschen Administrativen Elite 1970–2005 – Wandel trotz Kontinuität. In: Bogumil, J./ Jann, W./Nullmeier, F. (Hg.): Politik und Verwaltung. Wiesbaden, S. 228–249

Smeddinck, U./Tils, R. (2002): Normgenese und Handlungslogiken in der Ministerialverwaltung. Die Entstehung des Bundes-Bodenschutzgesetzes: eine politik- und rechtswissenschaftliche Analyse. Baden-Baden

Svara, J. H. (2006): Politicians and administrators in the political process: A review of themes and issues in the literature. In: International Journal of Public Administration, 29 (12), S. 953–976

Veit, S. (2010): Bessere Gesetze durch Folgenabschätzung? Deutschland und Schweden im Vergleich. Wiesbaden

Veit, S. (2011): Zwei getrennte Eliten? Karrieremuster von Exekutivpolitikern und Spitzenbeamten in den deutschen Bundesländern. In: Schimanke, D./Veit, S./ Bull, H.-D. (Hg.): Bürokratie im Irrgarten der Politik. Beiträge anlässlich des Gedächtnissymposiums für Hans-Ulrich Derlien (Schriften der Deutschen Sektion des Internationalen Instituts für Verwaltungswissenschaften, Bd. 36). Baden-Baden, S. 175–192

Veit, S./Scholz, S. (i. V.): Linking Administrative Career Patterns and Politicisation: Signalling Effects in the Careers of Top Civil Servants in Germany. In: International Review of Administrative Sciences

Verhoest, K./Thiel, S. v./Bouckaert, G./Lægreid, P. (eds.) (2012): Government Agencies: Practices and Lessons from 30 Countries. Houndmills

Weber, M. (1919): Politik als Beruf. München

Weber, M. (1922): Wirtschaft und Gesellschaft. Tübingen

Wilson, W. (1887): The Study of Administration. In: Political Science Quarterly, 2 (2), S. 197–222

Presseberichte

Dausend, Peter (2013): Glauben Sie? Das Bundesinnenministerium bevorzugt christliche Bewerber. Dahinter steckt der Versuch eines Kulturwandels. In: *Die Zeit*, 1. Juni 2013

Rose, Matthew D./Pollmeier, Achim (2013): Ministerium für Selbsthilfe? In: *Die Zeit*, 24. Mai 2013

Reform der Verwaltungsausbildung – ein Dauerbrenner?

Christoph Reichard

1. Einführung

Angemessene Qualifizierung des Personals ist eine wichtige Voraussetzung für eine funktionierende Verwaltung. Deutschlands Verwaltung hat einen relativ guten Ruf, zumindest hinsichtlich ihrer Verlässlichkeit und routinemäßigen Funktionsfähigkeit. Inwieweit ist dieser gute Ruf auf die Qualität des in ihr tätigen Personals zurückzuführen? Hierzu lässt sich verständlicherweise kein Pauschalurteil fällen. Angesichts der Vielfalt an Berufen und Fachrichtungen, die im öffentlichen Dienst tätig sind und die jeweils sehr unterschiedliche Qualifikationsprozesse durchlaufen haben, kann man keine allgemeine Qualitätsaussage zur Ausbildungsqualität treffen. Leistungsfähiges Personal wird zudem durch vielfältige Faktoren bestimmt; die Ausbildung ist hierbei nur ein Faktor neben anderen. In diesem Beitrag soll ein Blick auf einen Ausschnitt des Verwaltungspersonals und dessen berufsspezifische Ausbildung geworfen werden: auf die Beschäftigten im allgemeinen Verwaltungsdienst, die für vielfältige Querschnittsaufgaben im öffentlichen Dienst wie Haushalt, Personal sowie zahlreiche weitere administrative Prozesse zuständig sind. Damit werden zahlreiche Professionen im öffentlichen Dienst, wie z.B. Lehrer, Ärzte, Sozialarbeiter, Planer, Ingenieure, Polizisten usw. ausgegrenzt, deren spezifische Qualifikationen sehr unterschiedlich sind. Das Personal im allgemeinen Verwaltungsdienst ist von Interesse, weil es zum einen ein vergleichsweise großer Personalkörper ist und weil dieses Personal zumindest teilweise von der Verwaltung selbst resp. von verwaltungsnahen Einrichtungen ausgebildet wird.

Im Folgenden soll der etwas polemisch gestellten Frage nachgegangen werden, weshalb eine grundsätzliche Reform der Ausbildung zum allgemeinen Verwaltungsdienst, die von vielen als notwendig und seit langem überfällig erachtet wird, nur so schwer vorankommt. Wesentliche Strukturmuster der berufsvorbereitenden Qualifikation auf den verschiedenen Laufbahnstufen werden daraufhin untersucht, inwieweit sie den sich wandelnden Anforderungen und Kontextbedingungen der öffentlichen Verwaltung noch entsprechen. Es wird nach Erklärungsansätzen gesucht, die zum Verständnis der Persistenz tradierter Qualifikationsmuster im deutschen öffentlichen Dienst beitragen können. Auch anhand eines Fallbeispiels wird abschließend versucht, sich andeutende Trends künftigen Wandels darzustellen und zu interpretieren.

Der Beitrag beschränkt sich auf die Phase der Ausbildung, in der es um die Vermittlung grundlegender Kenntnisse und Fähigkeiten zur Berufsbefähigung geht (*training into the job*; vgl. Reichard/Röber 2011, S. 302). Phasen der berufsbegleitenden Qualifizierung (Fort- bzw. Weiterbildung), die entweder im direkten Arbeitszusammenhang (*on-the-job*) oder auch tätigkeitsunabhängig (*off-the-job*) erfolgen kann, werden hingegen nicht thematisiert. Hierbei muss allerdings bedacht werden, dass sich beide Qualifikationsvarianten gelegentlich überlappen, beispielsweise wenn sich Beschäftigte in umfassenderen Lehr- und Studiengängen (seit einiger Zeit auch im Rahmen von postgradualen Hochschulprogrammen) für ihren weiteren beruflichen Aufstieg oder für neue, anspruchsvollere Aufgabenbereiche qualifizieren. In Zeiten zunehmender Wissensalterung und daraus resultierendem „lebenslangen Lernen“ verwischen sich insoweit die Grenzen zwischen vorberuflicher *Aus*- und berufsbegleitender *Fort*bildung.

Des Weiteren beschränkt sich dieser Beitrag auf die Qualifikation von Fach- und Führungskräften, während die Ausbildung von operativem Personal und solchem für einfache administrative Tätigkeiten (einfacher und mittlerer Dienst) ausgeblendet bleibt.

Will man Aspekte der Qualifizierung für den öffentlichen Dienst analysieren und gestalten, muss man sich darüber klar werden, dass es eine Reihe von „Stellschrauben“ gibt:

1. Zeitpunkt der Qualifizierung im Hinblick auf das Tätigwerden im öffentlichen Dienst: berufsvorbereitende (*pre-service*) versus berufsbegleitende (*in-service*) Qualifizierung;
2. Dauer und Umfang der Qualifizierung: von kurzzeitigen Einführungslehrgängen bis zum umfassenden akademischen Studium;
3. Inhalte der Qualifizierung: Betonung bestimmter disziplinärer Fachgebiete (z.B. Recht, Wirtschaft oder Politik) oder interdisziplinärer Mix von Lehrgebieten;
4. Spezialisierungsgrad: von der Vermittlung breiter und genereller (Schlüssel-)Kompetenzen, die für verschiedene Tätigkeitsbereiche qualifizieren (z.B. für öffentlichen und privaten Sektor) bis zur spezifischen Qualifizierung für eng abgegrenzte Tätigkeiten in speziellen Verwaltungsbereichen (z.B. kommunale Ordnungsaufgaben in einem Bundesland);
5. Intensität des Praxisbezuges: von kurzem Kennenlernen des Berufsfeldes (z.B. durch „Schnupperpraktikum“) bis zu intensivem Einüben berufsrelevanter Praxistätigkeiten in ein- bis anderthalbjährigen Praktika oder im dualen Ausbildungsmodell;

6. Methoden und Didaktik der Qualifizierungsprozesse: Ausrichtung auf detailreiches Faktenwissen versus Förderung von selbständigem kritisch-analytischen Denken;
7. Relevanz sozialer und ethischer Werte im Qualifizierungsprozess: z.B. Bindung an den Dienstherren, „Einpassung" und Sozialisation für spätere Berufstätigkeit, Internalisierung ethischer Normen (z.B. Treue, Unbestechlichkeit, politische Neutralität);
8. Status und Rolle der Lernenden: z.B. unabhängiger Studierender mit breitem zukünftigen Verwendungsprofil versus Auszubildender mit Qualifizierungsvertrag und entsprechender Bezahlung durch späteren Arbeitgeber;
9. Qualifikation, Funktion und Selbstverständnis des Lehrpersonals im Qualifizierungsprozess: auf Vermittlung von Berufsfertigkeiten abstellende Lehrkräfte, die sich selbst primär als „Ausbilder" begreifen, versus in der *scientific community* verankerte Hochschullehrer mit ausgeprägtem Forschungsinteresse;
10. Art und Anbindung der Bildungseinrichtung: eng an das Verwaltungssystem gebundene, nur für Verwaltungspersonal zugängliche Institutionen versus allgemeine Hochschulen mit unterschiedlichen Studienrichtungen, die für alle Lernenden zugänglich sind, die die allgemeinen Zugangsvoraussetzungen (wie Hochschulreife) erfüllen und die weitgehende Hochschulautonomie genießen.

2. Entwicklung und Lage der Verwaltungsausbildung

2.1 Ein kurzer internationaler Rundblick

Generell werden die Muster der Verwaltungsausbildung in hohem Maße durch die zugrunde liegenden Personal- und Civil Service Systeme der verschiedenen Staaten bestimmt (Demmke 2011). Während die Personalsysteme angelsächsischer und nordeuropäischer Verwaltungen weitgehend mit dem allgemeinen Arbeitsmarkt und den generellen Personalmanagement-Praktiken verbunden sind, ist dies in Mittel- und Südeuropa (und zum Teil auch in den postsozialistischen Verwaltungen) nicht der Fall. Demzufolge gibt es hier einen deutlich höheren Grad an Spezifität, der sich auch in den Qualifizierungsmustern spiegelt. Generell lassen sich verschiedenartige Muster erkennen (vgl. z.B. Kickert 2008; Reichard 1997):

- Im nordeuropäischen und angelsächsischen Raum ist der Spezialisierungsgrad der berufsvorbereitenden Qualifizierung deutlich geringer als etwa in Südeuropa oder in Deutschland; dementsprechend erfolgt die Ausbildung vorwiegend an allgemeinen Hoch- oder Fachschulen. In etlichen südeuropäischen Ländern führt der Weg in den öffentlichen Dienst meist über spezifische inneradministrative „Kaderschmieden“ wie die Grandes Écoles in Frankreich oder analoge Institutionen in Spanien oder Italien.

- Auf eine umfassende vorberufliche Qualifizierung, wie sie das duale Berufsbildungssystem Deutschlands generell kennzeichnet, legt man beispielsweise im angelsächsischen Raum weniger Wert. Dementsprechend werden Nachwuchskräfte im öffentlichen Dienst nach oft nur kurzer Einführung praktisch tätig und unterziehen sich erst später angemessenen (Fort-)Bildungsmaßnahmen.

Auch hinsichtlich der dominanten Ausbildungsinhalte lassen sich im europäischen Vergleich deutliche Unterschiede erkennen. Eine Analyse von Hajnal (2003) ergab drei inhaltliche Cluster im Studium der Verwaltungswissenschaften in Europa[1] (vgl. auch Proeller/Reichard 2014, S. 13):

- ein *legal cluster* in Ländern wie Italien oder Polen,
- ein *public cluster* z.B. in Spanien, Frankreich oder Schweden,
- ein *corporate cluster* z.B. in Dänemark oder den Niederlanden.

In einer aktualisierenden Kurzstudie hat Hajnal 2013 einige neuere Trends in Richtung Public Policy und Management wahrgenommen, jedoch das Grundmuster der drei nebeneinander stehenden Cluster bestätigt. Eine Untersuchung von Cepiku/Meneguzzo (2007) zeigt ebenfalls gewisse Verschiebungen innerhalb von Europa, etwa in Richtung Management in einigen nord- und osteuropäischen Ländern sowie in Richtung Policy in Spanien und Italien.

2.2 Entwicklungslinien in Deutschland

Ein wesentliches Merkmal der deutschen öffentlichen Verwaltung, das sich auch deutlich in den vorherrschenden Qualifizierungsmustern spiegelt, ist ihr legalistischer Charakter (vgl. Jann 1983; König 2008, S. 847, 506ff.; Reichard 2014, S. 47f.). Staatliche Programme und Maßnahmen stützen sich stets auf kodifizierte Regelungen (Gesetzesvorbehalt); Legalität hat im Vergleich zu anderen allgemeinen Handlungsprinzipien wie Effektivität oder Legitimität Vorrang. Die Personalstrukturen entsprechen diesem Grundmuster, wie man beispielsweise den tradierten „hergebrachten Grundsätzen

---

1 Die Hajnal-Studie erfasste 2003 nur einige europäische Länder; wichtige Staaten wie UK oder Deutschland waren seinerzeit nicht dabei.

des Berufsbeamtentums“ sowie zahlreichen Detailregelungen im deutschen Verwaltungs- und Dienstrecht entnehmen kann. Und dies ist nicht zuletzt eben auch in der legalistischen Verwaltungsausbildung in Deutschland erkennbar: Auf allen Laufbahnebenen und auf allen staatlichen Ebenen bilden rechtliche Inhalte den absoluten Ausbildungsschwerpunkt (vgl. im Detail Reichard/Röber 2012). Bereits beim mittleren Dienst sowie der analogen Ausbildung zum Verwaltungsfachangestellten sind Rechtsinhalte zu zwei Drittel vertreten. Bei der Qualifizierung zum gehobenen Dienst werden sodann mindestens 50% Rechtsinhalte gefordert (Näheres siehe unten). Für den höheren (allgemeinen) Verwaltungsdienst werden vorwiegend Juristen rekrutiert – und auch beim berufsspezifischen Vorbereitungsdienst (z.B. Verwaltungsreferendariat) stehen Rechtsthemen im Zentrum. Das Leitbild einer legalistischen Verwaltung prägt das Rekrutierungsverhalten der meisten öffentlichen Personalbehörden und über die daraus resultierende Nachfrage nach Nachwuchskräften auch bis heute weitgehend die Inhalte der Verwaltungsausbildung. Interessanterweise nehmen solche Prägungen in der Peripherie des öffentlichen Sektors – etwa in öffentlichen Unternehmen – deutlich ab: Dort hat ein Kulturwandel bei den Beschäftigten stattgefunden, der zu abweichenden Rekrutierungsmustern – in Richtung von Wirtschaft und Management – geführt hat (Edeling et al. 2004).

Die Dominanz legalistischer Prägungen des deutschen Verwaltungspersonals äußert sich im Befund eines *Juristenmonopols* im öffentlichen Dienst. Zwar handelt es sich nicht um ein „Monopol“ im strikten Sinne, aber immerhin ist davon auszugehen, dass die Mehrzahl der Fach- und Führungskräfte schwerpunktmäßig rechtswissenschaftlich qualifiziert ist. Nachdem diese Quote bei oberen Führungskräften des Bundes lange Zeit bei etwa 60% lag (Derlien 2008; Schwanke/Ebinger 2006), scheint sie in jüngerer Zeit mit 52% ein wenig abgenommen zu haben (Ebinger/Jochheim 2009). Auch auf Länderebene finden sich ähnliche Werte (48% bei Jann/Veit 2010; vgl. auch die Studie von Hammerschmid et al. 2010, die für obere Führungskräfte von Bund und Ländern 44% diagnostiziert). Für das engere Segment des allgemeinen Verwaltungsdienstes dürfte die Juristenquote deutlich höher liegen, weil hier andere Fachprofessionen weniger vertreten sind. Erweitert man den Blick auf den gehobenen Dienst, dann wird die juristische Dominanz noch deutlicher, da diese Personalgruppe in starkem Maße juristisch qualifiziert ist (siehe unten). Insgesamt hat sich damit in Deutschland eine juristisch geprägte Verwaltungselite herausgebildet, die kultur- und stilbildend wirkt und die die Entwicklung (resp. die Stabilität des Personalsystems) deutlich bestimmt (Derlien 2008, S. 294ff.; Reichard 2014).

Entwicklung der Verwaltungsausbildung am Beispiel des gehobenen allgemeinen Verwaltungsdienstes[2]: Diese Laufbahngruppe bildet seit vielen Jahrzehnten das „Rückgrat der Verwaltung“, indem die betreffenden Beschäftigten Supportfunktionen – etwa im Personal- und Finanzbereich – sowie vielfältige Verwaltungsfunktionen wahrnehmen. Bis zur Reform des deutschen Hochschulwesens zu Beginn der 1970er-Jahre erfolgte die Ausbildung dieser Personalgruppe im dualen System an Fach- und Verwaltungsschulen. Ab 1972 wurde die Ausbildung auf die neu gegründeten Fachhochschulen verlagert, wobei sich Bund und Länder dazu entschlossen, sogenannte interne Verwaltungs-FHs einzurichten, an denen ausschließlich künftige Verwaltungsbeamte im Anwärterstatus ausgebildet werden. Dazu einigten sich Bund und Länder 1976 auf gemeinsame Mindeststandards, wie sie sich noch heute in der IMK-Richtlinie niederschlagen (IMK 2005). Das entsprechende bezahlte Studium zum Diplom-Verwaltungswirt war auf drei Jahre mit ein bis anderthalb Jahren Praxisphase angelegt, erforderte 2.200 Kontaktstunden und sah einen Mindestanteil von 50% an rechtswissenschaftlichen Inhalten vor (vgl. im Detail Reichard/Röber 2012, S. 27ff.). Im Laufe der Zeit gab es einige Anpassungen; auch entschlossen sich einige Bundesländer, diese Ausbildung zu „externalisieren“, d.h. auf allgemein zugängliche FHs zu übertragen.

Im Rahmen der allgemeinen „Bologna-Reformen“ wurden auch die Verwaltungsstudiengänge teilweise zumindest formal angepasst, z.B. indem nun ein Bachelor of Arts (vielfach aber auch ein „LL.B.“) als Abschluss verliehen wird, die Inhalte modularisiert werden und die Studienbelastung mithilfe des Europäischen Kreditpunktesystems ECTS bemessen wird. Ferner wurde in einigen Bundesländern zusätzlich zum juristisch dominierten Studiengang eine *Public Management*-Variante mit stärkeren Management-Akzenten eingeführt, die sich allerdings nur einer begrenzten Nachfrage seitens der Abnehmerbehörden erfreut. Und schließlich haben eine Reihe von allgemeinen FHs verwaltungsbezogene Studiengänge eingerichtet, die ebenfalls zur Laufbahnbefähigung im gehobenen Dienst führen (z.B. die [Fach-]Hochschulen Bremen, Frankfurt, Osnabrück oder Nordhausen). Insofern hat im Zeitablauf sicherlich eine gewisse Diversifizierung und Aufweichung der ursprünglichen Strukturen stattgefunden. Aber das Grundmuster einer stark verschulten und einseitig rechtswissenschaft-

2 Seit der Föderalismusreform sind in einigen Bundesländern – vor allem in den sogenannten Nordstaaten – die bisherigen vier Laufbahngruppen aufgehoben worden; stattdessen gibt es z.B. nur noch zwei Laufbahngruppen oder eine „Qualifikationsebene 3“ resp. 4; faktisch hat sich aber an den Qualifikationsvoraussetzungen nicht allzu viel geändert.

lich ausgerichteten Ausbildung an überwiegend verwaltungsinternen Bildungseinrichtungen hat die Zeiten überdauert und ist bis heute dominant (siehe hierzu Tab. 1; vgl. im einzelnen Reichard/Röber 2012, S. 67ff.).

Tab. 1: Typische Merkmale der Verwaltungsausbildung zum gehobenen Dienst an verwaltungsinternen Bildungseinrichtungen

Kriterium	Ausprägung
Zeitpunkt der Qualifizierung	pre-service
Dauer und Umfang der Qualifizierung	Drei Jahre
Inhalte der Qualifizierung	primär rechtswissenschaftlich, daneben politik- und wirtschaftswissenschaftlich
Spezialisierungsgrad	sehr hoch
Intensität des Praxisbezuges	sehr hoch
Lernziele, Methoden und Didaktik	Faktenwissen-Vermittlung, hoher Grad an Kontaktstunden, wenig eigenständiges Lernen
Relevanz sozialer und ethischer Werte	traditionelles Beamtenethos, Zuverlässigkeit, Neutralität u.ä. im Zentrum
Status und Rolle der Lernenden	Doppelstatus als Beamtenanwärter und Studierender
Qualifikation, Funktion und Selbstverständnis des Lehrpersonals	stark praxisorientiert, auf Vermittlung traditioneller Inhalte ausgerichtet; geringe Forschungsintensität
Art und Anbindung der Bildungseinrichtung	überwiegend verwaltungsinterne Anstalten ohne eigene Rechtspersönlichkeit unter direkter und intensiver Fachaufsicht der Landesverwaltung

Ausbildung für den höheren allgemeinen Verwaltungsdienst: Im Gegensatz zum gehobenen Dienst wird für den allgemeinen höheren Dienst nicht unmittelbar berufsspezifisch ausgebildet. Man verlässt sich hier weitgehend auf die im Rahmen allgemeiner Studiengänge vermittelten Fähigkeiten und Kenntnisse. Wie mehrfach erwähnt, werden für diese Laufbahngruppe vorwiegend Absolventen eines Jurastudiums rekrutiert. Eine eigene Erhebung zeigt hierzu, dass etwa zwei Drittel der Nachwuchskräfte in dieser Gruppe ein juristisches Profil aufweisen (vgl. Reichard/Röber 2012, S. 59f.). Absolventen anderer Studienrichtungen finden nach wie vor nur sehr begrenzt Zugang zum höheren Dienst, wenn überhaupt, dann eher als Angestellte.

Jurastudenten kommen mit öffentlicher Verwaltung in ihrem Studium – abgesehen von der Auseinandersetzung mit diversen Fragen des Staats- und Verwaltungsrechts – kaum in Berührung. Das Wahlfach „Verwaltungslehre" findet sich nur an einem Teil der juristischen Fakultäten und wird eher selten gewählt. Auch während der zweiten Stufe der Juristenausbildung, dem Rechtsreferendariat, kommt die Nachwuchskraft nur begrenzt mit Verwaltung in Kontakt, primär in der „Verwaltungsstation“ (wo aber auch wieder vornehmlich Rechtsthemen behandelt werden).

Seit den „Bologna-Reformen“ wird als Zugangsvoraussetzung zum höheren Dienst ein geeigneter Masterabschluss gefordert, der an einer Universität wie auch an einer (akkreditierten) FH erworben worden sein kann. Inzwischen gibt es eine ganze Reihe von Master-Studiengängen an FHs wie an Universitäten, die für Fach- und Führungsaufgaben in der öffentlichen Verwaltung einschlägig qualifizieren. Dabei handelt es sich einerseits um Studiengänge mit einem verwaltungs- bzw. sozialwissenschaftlichen Schwerpunkt, zum anderen um solche mit einem betriebswirtschaftlichen bzw. Public-Management-Akzent. In vielen Fällen handelt es sich allerdings um Programme, die auf einer etablierten akademischen Disziplin basieren und bei denen öffentliche Verwaltung nur einen gewissen Schwerpunkt bildet. In breiterem Umfang interdisziplinär ausgerichtete verwaltungswissenschaftliche Studienprogramme gibt es in Deutschland weiterhin in nur begrenzter Zahl. Der Master-Studiengang „Verwaltungswissenschaften (Public Policy&Management)“ an der Universität Potsdam, den Werner Jann wesentlich mitgestaltet hat, ist eine der Ausnahmen in diesem immer noch raren Feld.[3]

Abgesehen von derartigen grundständigen bzw. konsekutiven Programmen im Sinne der „Bologna-Stufe 2“ bieten etliche Hochschulen inzwischen Weiterbildungs-Studiengänge für berufserfahrene Verwaltungsbeschäftigte an, die einen weiteren akademischen Abschluss nach bereits vorhandenem (Erst-)Abschluss vermitteln (Midcareer- bzw. Executive-Programme[4]; vgl. den Überblick bei Reichard/Röber 2012, S. 45f.). Diese Programme, die vor allem in angelsächsischen Ländern seit langem weit verbreitet sind, nehmen langsam auch in Deutschland zu, tun sich allerdings weiterhin schwer gegenüber den gut etablierten verwaltungsinternen Aufstiegslehrgängen, wie sie von Verwaltungsakademien und Studieninstituten angeboten werden. Im Vergleich zu den konsekutiven Masterprogrammen, die in Deutschland mit zwei Jahren Vollzeitstudium und 120 ECTS veranschlagt werden, sind Weiterbildungsmaster in der Regel auf ein Jahr Vollzeitstudium (oder entsprechend längere Teilzeit-Phasen) und

---

3 Vgl. z.B.http://www.uni-potsdam.de/en/studium/what-to-study/masterstudium/master-a-z/verwaltungswissenschaft-master.html

4 Auch hier bietet das PCPM der Universität Potsdam verschiedene Programme an, so den postgradualen englischsprachigen Master in Public Management sowie das deutsch- und französischsprachige Programm „Master of European Governance and Administration“ (MEGA). An beiden Programmen war und ist Werner Jann prägend beteiligt.

60 ECTS begrenzt. Daher decken die letztgenannten Programme meist ein inhaltlich begrenztes, of spezifisches Themenfeld in der Lehre ab.

Da der Staat auf eine unmittelbare Erstqualifizierung seiner Nachwuchskräfte für den höheren Dienst verzichtet und sie stattdessen – wie geschildert – von allgemeinen Hochschulen bezieht, führt er – zumindest für die Statusgruppe der Beamten – berufseinführende Qualifizierungen im Rahmen von zweijährigen Vorbereitungsdiensten bzw. Referendariaten durch. Das *Rechtsreferendariat* müssen alle Jurastudierenden durchlaufen, wenn sie ein „Volljurist" werden und das zweite Staatsexamen erwerben möchten, wobei sie – wie erwähnt – mit der Verwaltung nur sehr begrenzt in einer Station in Berührung kommen. Insofern kann das Rechtsreferendariat nicht als berufsspezifische Einführung in eine administrative Tätigkeit angesehen werden. Absolventen nichtjuristischer Studiengänge, die als Beamte im höheren Dienst beschäftigt werden wollen, wird in einigen wenigen Bundesländern eine sehr begrenzte Zahl an Plätzen in einem *Wirtschafts-* bzw. *Verwaltungsreferendariat*[5] angeboten. Hier lernen Teilnehmer per Rotation einige Verwaltungsbereiche näher kennen und setzen sich in einigen Einführungsseminaren primär mit rechtlichen Fragen auseinander.

Angebot und Nachfrage bei der Verwaltungsausbildung: Das Angebot an verwaltungsbezogenen Qualifizierungsprogrammen hat sich vor allem auf Hochschulebene in den letzten Jahren massiv erweitert. Eine Reihe von FHs und Universitäten bieten mittlerweile grundständige Studiengänge auf BA- und MA-Stufe mit einem mehr oder weniger deutlichen *Public-Sector-Bezug* an; wobei sich die FHs stärker auf die BA-Stufe und die Universitäten eher auf die MA-Stufe konzentrieren. Hinzu kommt ein inzwischen vielfältiges Angebot an weiterbildenden verwaltungsbezogenen Studiengängen für berufserfahrene Fach- und Führungskräfte.[6]

Die Nachfrage nach verwaltungswissenschaftlich qualifizierten Nachwuchskräften seitens der rekrutierenden öffentlichen Verwaltungen ist allerdings weiterhin sehr begrenzt. Nachwuchskräfte mit juristischem Profil dominieren. Hinzu kommt – vor allem auf Kommunalebene – ein erheblicher Anteil an *Aufsteigern* in die je nächsthöhere Laufbahngruppe, die in

5 Aktuell bieten ein Wirtschafts- bzw. Verwaltungsreferendariat nur die Länder Berlin, Hamburg und NRW an.

6 Inwieweit Personalbehörden bei der Besetzung von Stellen im höheren Dienst zwischen konsekutiven und weiterbildenden MA-Programmen unterscheiden, scheint bislang wenig transparent zu sein. Offenbar werden Weiterbildungsabschlüsse auf MA-Stufe, die bei verwaltungsexternen Bildungsträgern erworben worden sind, von den Personalstellen eher selten akzeptiert (vgl. hierzu eine bundesweite Umfrage von Junghans 2013).

der Regel ebenfalls ein juristisch ausgerichtetes Qualifikationsprogramm durchlaufen haben.[7] Aufgrund der klaren und stabilen Präferenz der Rekrutierungsbehörden findet nur ein begrenzter Anteil der Absolventen nichtjuristischer Qualifikationsprogramme Zugang zum unmittelbaren öffentlichen Dienst (vgl. die schon länger zurückliegende Verbleibsstudie der Universität Konstanz, wonach nur 30% der Absolventen im öffentlichen Sektor gelandet seien; Kreuter 2000).

3. Diskussion und Analyse

3.1 Ist das Leitbild des legalistisch geprägten Verwaltungsmitarbeiters noch zeitgemäß?

Das Leitbild der legalistischen Verwaltung, dem der vorwiegend legalistisch geprägte Mitarbeitertypus entspricht, war zu Zeiten einer primär auf Ordnungsaufgaben und rechtsstaatliche Sicherung abgestellten Verwaltung adäquat. Es fragt sich allerdings, inwieweit der frühere Kontext heutzutage noch zutrifft und inwieweit dieses Leitbild heute noch tragfähig ist (vgl. hierzu Reichard 2013, S. 287ff.; 2014, S. 60ff.). Zunächst muss man darauf hinweisen, dass sich der Umfang der von der öffentlichen Verwaltung zu erbringenden Leistungs- und Planungsaufgaben in den vergangenen Jahrzehnten erheblich ausgeweitet hat. Auch die mit komplexeren Policies verbundenen Koordinations- und Steuerungsaufgaben haben deutlich an Gewicht gewonnen. Dies wirkt sich auf die Aufgabenanforderungen an Beschäftigte aus: es geht nicht mehr allein um rechtlich korrekte Verwaltungsentscheidungen, sondern verstärkt auch um die Effektivität und Effizienz der erbrachten Leistungen. Die Bürgerschaft erwartet heute zudem ein bürgernahes und „kundenfreundliches" Verhalten der Beschäftigten. Weil teilweise kaum noch handhabbar, ist überdies der Detaillierungsgrad an zu beachtenden Regelungen in vielen Verwaltungsbereichen zurückgedreht worden und man mutet dem Verwaltungspersonal mehr Ermessen bei der Entscheidungsfindung zu. Verschiedene Managementreformen sowie Hierarchieabbau haben dazu geführt, dass Selbständigkeit und Eigenverantwortlichkeit der Beschäftigten gestärkt wurden. Ferner sind immer mehr Aufgaben des Staates auf verselbständigte öffentliche sowie auf private Organisationen verlagert worden, woraus sich wiederum zusätzliche

7 Neuerdings deutet sich zumindest hier ein gewisser Wandel an: der Bund wie die Länder Hamburg und Hessen bieten hochschulbasierte interdisziplinäre „Aufstiegs-Master" im Stile eines MPA für den Aufstieg vom gehobenen in den höheren Verwaltungsdienst an.

Steuerungs- und Kontrollfunktionen für das verbleibende Verwaltungspersonal ergeben (Röber 2006, S. 240).Und generell haben schließlich vielfältige Akteursverflechtungen und Kooperationsmuster zu neuartigen Formen der Politikbearbeitung geführt, die unter dem Schlagwort „Governance“ zusammengefasst sind und die ebenfalls neuartige Anforderungen an das Verwaltungspersonal stellen (Jann 2008).

Die aus den heutigen Verwaltungsaufgaben sowie weiteren Kontextfaktoren resultierenden Anforderungen an Beschäftigte im öffentlichen Dienst lassen sich in *Kompetenzen* beschreiben, die für die Qualifikation dieser Personalgruppe als relevant angesehen werden. Folgende Kompetenzkategorien werden heute bei der Qualifikation von Verwaltungspersonal für maßgeblich gehalten (AK DQR 2011; Reichard 2014, S. 59f.):

(1) Verschiedene generische Kompetenzen wie Lern-, Kommunikations-, Kooperations- und Führungsfähigkeiten, die durch Persönlichkeitsmerkmale wie Eigeninitiative, Loyalität, Toleranz usw. ergänzt werden.
(2) Verwaltungsspezifische Kompetenzen, deren Fokus sehr grob durch Schlagworte wie Management/Governance, Policy-Prozess, öffentliches Interesse, Problemanalyse und -lösung beschrieben werden kann (vgl. hierzu eine europaweite Bestandsaufnahme zu verwaltungsrelevanten Kompetenzen von Reichard/Krogt 2014).

Der vorwiegend juristisch qualifizierte Verwaltungsgeneralist, der bislang die Qualifikationsprofile in der öffentlichen Verwaltung prägt, erfüllt nicht die gegenwärtigen und künftigen Anforderungen. Dieser Typus ist einseitig qualifiziert: Zwar erfüllt er das Handlungskriterium der Rechtmäßigkeit, aber der vorherrschende „Blick durch die rechtliche Brille“ führt zur Vernachlässigung anderer relevanter Handlungskriterien (wie vor allem Effektivität und Effizienz). Vor allem Angehörige des höheren Dienstes haben vielfach kaum direkt mit Rechtsanwendung zu tun, Rechtmäßigkeit ist eher eine Nebenbedingung ihres administrativen Handelns. Der juristische Verwaltungsgeneralist ist durch anerzogene Denkstile und Problemlösungsroutinen geprägt, die zu einer einseitigen und verengten Sicht auf viele administrative Probleme führen (vgl. zu verschiedenen Stärken und Schwächen dieses Generalistentyps z.B. König 2008, S. 560ff.).

Aus dem erfolgten Aufgaben- und Kontextwandel und den daraus resultierenden veränderten Anforderungen ergibt sich die Notwendigkeit eines deutlich breiter und interdisziplinärer angelegten Verwaltungsgeneralisten für anspruchsvollere Fach- und Führungsfunktionen im öffentlichen Dienst. Ein derart mit den beschriebenen generischen und spezifischen Kompetenzen ausgestatteter Mitarbeitertyp erscheint für die Zukunft als Qualifikationsleitbild erstrebenswert. Verwaltungswissenschaftliche Studiengänge, wie sie in zahlreichen anderen Staaten gang und gäbe sind und in Deutschland vereinzelt ebenfalls anzutreffen sind, leisten hierzu den entscheidenden Qualifikationsbeitrag.

3.2 Weshalb fällt der Wandel der Qualifikationsinhalte und -strukturen so schwer?

Während sich in zahlreichen anderen europäischen Staaten – wie etwa in Skandinavien oder in den Niederlanden – in der öffentlichen Verwaltung schon vor Jahren ein grundlegender Wandel in der Nachfrage nach Fach- und Führungskräften abgespielt hat, indem von der Präferenz für Juristen zu einer stärkeren Rekrutierung von Wirtschafts- und Sozialwissenschaftlern übergegangen wurde, ist dieser Wandel in Deutschland bislang ausgeblieben. Wie kann eine derartige Hyperstabilität der Ausbildungs- und Rekrutierungsmuster erklärt werden?

Zunächst ist diese Stabilität sicherlich auf die im deutschen öffentlichen Dienst besonders ausgeprägte legalistische Verwaltungskultur zurückzuführen (vgl. einige Beiträge in König et al. 2014; ferner bereits Jann 1983). Zwar gibt es ähnliche kulturelle Prägungen auch in manchen anderen (vor allem südeuropäischen) Staaten, aber in Deutschland haben sich legalistische Muster seit 200 Jahren tiefgreifend in Organisation, Verfahren und Mentalitäten des Verwaltungssystems einbrennen können. Dementsprechend prägen solche Muster weitgehend unhinterfragt das Handeln der maßgeblichen politisch-administrativen Akteure. Vor allem im Personalwesen hat sich auf diese Weise ein „Teufelskreis“ etablieren können, in dem Personaldienststellen immer wieder neu den „bewährten“ Mitarbeitertypus rekrutieren (vgl. i.e. Reichard 2012, S. 247ff.). Über die Jahrzehnte hat sich dadurch – zumal im gehobenen Verwaltungsdienst – eine einheitlich qualifizierte und von Werten und Einstellungen her homogene Mitarbeitergruppe etablieren können, die bei der Personalauswahl häufig die Entscheidungen trifft. Neben solchen Mechanismen der Fremdselektion spielt traditionell auch die Selbstselektion eine Rolle: Für den öffentlichen Dienst interessieren sich in Deutschland vor allem Bewerber, die an beruflicher Sicherheit und stressarmen Tätigkeiten interessiert sind (Mayntz 1997, S. 161). „Beamtenkinder“ bewerben sich dementsprechend gerne selbst wieder im öffentlichen Dienst und werden auch bevorzugt ausgewählt. Die Homogenisierung des Personalkörpers wird zudem durch ausgeprägte Sozialisationsprozesse verstärkt, die bereits während der Ausbildung in den umfassenden Berufspraktika einsetzen und später im Büroalltag durch Vorgesetzte und Kollegen intensiviert werden. Hier findet eine weitgehende „Einpassung“ ins Beamtensystem statt und es wird der erforderliche

„Stallgeruch" vermittelt. Nachwuchskräfte mit abweichenden Einstellungen und Motiven werden demgegenüber tendenziell ausgegrenzt. Im Ergebnis bildet sich ein relativ homogener und passfähiger Mitarbeitertyp heraus, der als berechenbar, verlässlich und wertekonform eingeschätzt wird und der sich dauerhaft in den verschiedensten Verwaltungsbereichen „eingenistet" hat.

Ein weiterer Grund für die Stabilität der Qualifikationsmuster dürfte die Fragmentierung des Personalsystems in der deutschen Verwaltung sein. Der deutsche öffentliche Dienst wird zwar durch ein in den Grundzügen weitgehend einheitliches Personalrecht zusammen gehalten. Es gibt aber – anders als in verschiedenen anderen Staaten – keine zentrale Einrichtung, die für Personalstrategien – und eben auch Strategiewechsel – richtungsweisende Impulse setzt. Es gibt beispielsweise keine *Civil Service Commission*, die einheitliche Rekrutierungsmaßstäbe setzt oder bestimmte Innovationen initiiert und koordiniert. Personalentscheidungen – z.B. zur Rekrutierung – werden vielmehr ausgesprochen dezentral getroffen, oft nicht einmal durch ministerielle Richtlinien gesteuert (vgl. z.B. Bach 2014, S. 271ff.). Da bei diesen zahlreichen dezentralen Entscheidern wiederum die diagnostizierten legalistischen Prägungen vorhanden sind (die im Personalwesen besonders ausgeprägt sind), werden immer wieder neu die „bewährten Kräfte" mit ihrer dominanten bürokratischen Prägung rekrutiert.

Aus einer institutionalistischen Sicht kann man die Persistenz der legalistischen Qualifikationsmuster in der deutschen Verwaltung vor allem mit den dominanten Traditionen und Pfadabhängigkeiten des deutschen Beamtensystems erklären. Über viele Jahrzehnte haben sich klare Präferenzen verfestigen können, die sich in gut vernetzten Meinungsführerschaften in den Personalreferaten, den Ausbildungseinrichtungen sowie z.B. den deutschen Kommunalverbänden artikulieren. Diese Präferenzen äußern sich dann immer wieder neu in Rekrutierungsentscheidungen und in Sozialisationsprozessen.

Man muss indes einräumen, dass es auch auf der Angebotsseite der deutschen Verwaltungsausbildung Defizite gibt. Den beschriebenen konservativen Präferenzstrukturen auf der Seite der Personalbehörden stehen in Deutschland ausgesprochen schwach entwickelte und fragmentierte Verwaltungswissenschaften gegenüber. Sowohl als *scientific community* wie als Profession sind die deutschen Verwaltungswissenschaften wenig sichtbar und entsprechend begrenzt artikulationsfähig. Sie können nur in begrenztem Umfang – z.B. über entsprechend einflussreiche Berufsvertreter in politischen Gremien, in den Medien, Gewerkschaften, Verwaltungsverbänden auf öffentliche Verwaltungen einwirken, um für eine stärkere

Verankerung ihrer Disziplin im Qualifikationssystem zu werben. Im Vergleich zur Position von *Public Administration* als akademischem Fach und als Profession in zahlreichen – vor allem angelsächsischen – Ländern sind die deutschen Verwaltungswissenschaften unzureichend institutionalisiert (vgl. im einzelnen Reichard 2008). Sie sind zunächst fachlich stark zersplittert, weil sie aus mindestens drei Disziplinen bestehen (Rechts-, Politik- und Wirtschaftswissenschaften), die nur eine geringe Kooperationsneigung zeigen (vgl. zur Interdisziplinarität der Verwaltungswissenschaften Jann et al. 2011).[8] Dies schlägt sich in einer stark zersplitterten Institutionenlandschaft nieder, in der es so gut wie keine größeren wissenschaftlichen Zentren gibt.[9] Dementsprechend ist auch die Zahl der Hochschulen sehr begrenzt, die verwaltungswissenschaftliche Programme anbieten. Nicht viel anders ist die Lage in der Forschung. Der geringe Institutionalisierungsgrad drückt sich hier nicht zuletzt auch in der geringen Anzahl an anerkannten Fachzeitschriften aus, die einem Reviewverfahren unterliegen. Auch ein einflussnehmender akademischer Berufsverband fehlt. Diskussionsbedürftig erscheint schließlich auch, ob sich die deutschen Verwaltungswissenschaften hinreichend den wirklich drängenden Fragestellungen der öffentlichen Verwaltung widmen oder ob sie wichtige Aspekte ausblenden (vgl. kritisch: Lenk 2014). Die Verwaltungswissenschaften sitzen in Deutschland „zwischen den Stühlen" der etablierten Mutterdisziplinen, vor allem den Rechts-, Politik- und Wirtschaftswissenschaften. Es liegt nahe, dass ein schwach entwickeltes, strukturell wenig verfestigtes Fach auch kaum sichtbar ist und gegenüber öffentlichen Einrichtungen, Medien usw. auch nur eine sehr bescheidene Durchsetzungskraft besitzt.

3.3 Perspektiven

Es ist ja nicht so, dass es in der deutschen Verwaltung in den letzten Jahren keine Reformen gegeben hat. Immerhin haben eine Reihe struktureller und managerieller Veränderungen stattgefunden, die sich in Form von Lockerungen und Deregulierungsansätzen auch im deutschen öffentlichen Dienst niedergeschlagen haben (z.B. im Rahmen der Föderalismusreformen). Auch lassen sich Anzeichen einer Aufweichung strikt legalistischer Kulturmuster

8 Werner Jann ist in der fachlich fragmentierten Landschaft der deutschen Verwaltungswissenschaften als eine absolute Ausnahmeerscheinung einzustufen, von der im Laufe der Jahre wertvolle und richtungsweisende Integrationsimpulse für unsere Disziplin ausgegangen sind.

9 Neben der DUV in Speyer und den beiden Privathochschulen Hertie School of Governance sowie Zeppelin University ist die Universität Potsdam das einzige auch international stärker wahrgenommene verwaltungswissenschaftliche Zentrum im Lande.

erkennen (siehe dazu die Vision vom *Neo-Weberianischen-Staat* bei Pollitt/ Bouckaert 2011). Zukünftig können weiter zunehmende Europäisierungstendenzen, wie sie sich auch in den „Bologna-Reformen" äußern, zu einem Wandel in den Qualifizierungsmustern beitragen. Denkbar ist überdies, dass veränderte Qualifikationsmuster künftig verstärkt über die „Hintertür" von Weiterbildungsstudien in der deutschen Verwaltung Einzug halten. Wenn der in anderen Ländern seit längerem bestehende Trend auch in Deutschland zunimmt, dass Verwaltungsmitarbeiter nach einer Erstqualifikation und etlichen Berufsjahren (gegebenenfalls beim Wechsel in eine höhere Laufbahngruppe) ein Weiterbildungsstudium mit einem anderen bzw. zusätzlichen akademischen Abschluss absolvieren, dann können Qualifikationsprofile zumindest mittelfristig erweitert und angepasst werden.

Um Nachwuchskräften zukunftsfähige Qualifikationen zu vermitteln, wird man an etlichen der oben benannten „Stellschrauben" drehen müssen (siehe Tab. 1). Neben den in diesem Beitrag stark thematisierten Inhalten wird man dabei vor allem den Spezialisierungsgrad (Motto: Entspezifizieren!), den Praxisbezug, die Didaktik, den Studierendenstatus, das Lehrpersonal sowie schließlich die Art der Bildungseinrichtung anpacken müssen. Das folgende *Fallbeispiel* illustriert die Optionen, die sich in der Praxis für eine Ausbildungsreform bieten, zeigt aber auch bestehende Problempunkte und Herausforderungen auf.

4. Fallbeispiel Verwaltungsausbildung in Brandenburg

2013 tat sich im Land Brandenburg ein „window of opportunity" auf, die Ausbildung zum gehobenen Verwaltungsdienst (gD) neu zu gestalten. Auslöser war die Entscheidung der Landesregierung, den bestehenden BA-Studiengang „Verwaltung und Recht" an der TH Wildau aufgrund einer Neustrukturierung der TH auslaufen zu lassen und ein neues Konzept für die Qualifizierung des Verwaltungsnachwuchses im gD für Land und Kommunen zu entwickeln. Hinzu kommt, dass aufgrund demografischer Entwicklungen der Bedarf an Nachwuchskräften zukünftig kräftig ansteigen wird und man daher zusätzliche Kapazitäten benötigen wird. Das Innenministerium von Brandenburg initiierte daraufhin einen Dialogprozess zwischen Vertretern der Landes- und Kommunalverwaltung, in welchem verschiedene Gestaltungsvarianten für ein neues Ausbildungskonzept erörtert wurden.[10]

10 Der Autor schildert als Teilnehmer an diesem Prozess im Folgenden einige Aspekte dieses Dialoges, wobei die persönlichen Erfahrungen und Einschätzungen des Autors im Vordergrund stehen.

Als wichtige Koordinaten einer neu gestalteten Ausbildung werden seitens des Ministeriums das Leitbild des vielseitig einsetzbaren Verwaltungsgeneralisten mit Laufbahnbefähigung zum gehobenen Verwaltungsdienst und mit adäquater Berufsbefähigung und Eignung für Landes- und Kommunalverwaltung betont. Man strebt eine deutliche Identifikation der Studierenden mit dem Land Brandenburg an und will sie über eine angemessene Vergütung an den künftigen Dienstherren binden. Mit dem neuen Konzept soll ein breites Bündel von fach-, methoden-, sozial- und personenbasierten Kompetenzen vermittelt werden, wobei die Interdisziplinarität der Ausbildung betont wird.

Neben weiteren institutionellen Lösungen, die auch eine Kooperation mit anderen Bundesländern einschließen, wird eine Zuordnung an die Universität Potsdam ins Auge gefasst, was im bundesrepublikanischen Verwaltungsausbildungssystem eine ausgesprochene Innovation wäre, weil alle bisher existierenden BA-Ausbildungsgänge an Fachhochschulen angesiedelt sind. Eine solche Konzeptvariante lässt sich durch folgende Kernelemente kennzeichnen[11]:

- Das Gerippe bildet ein universitärer Bachelor-Studiengang, der in das bestehende verwaltungswissenschaftliche Studienprogramm eingebunden ist.
- Die Studieninhalte bestehen aus Kursen in den vorhandenen Bachelorprogrammen der beteiligten Fakultäten und werden durch verwaltungsspezifische Kursangebote in Wirtschafts- und Rechtswissenschaften ergänzt.
- Die Inhalte gliedern sich in drei gleich große Blöcke (Verwaltungs-/Sozialwissenschaften, Wirtschaftswissenschaften, Rechtswissenschaft).
- Die erforderliche Berufspraxis wird durch vergleichsweise umfangreiche Praktika (zum Teil auch in den Semesterferien) und durch ausgegliederte spezifische Rechtsanwendungskurse vermittelt.
- Das Lehr- und Lernkonzept folgt universitären Standards, d.h. die Zahl an Kontaktstunden ist vergleichsweise geringer und es wird statt Faktenlernen stärker auf Analyse, selbständiges Lernen und Teamarbeit abgestellt.

Ob es zur Realisierung des skizzierten Konzepts kommen wird, ist derzeit ungewiss.[12] Insgesamt sind mit der Verwirklichung einer universitären

11 Die genannten Punkte basieren auf internen Überlegungen im Bereich Verwaltungswissenschaften der Universität Potsdam, an denen der Jubilar ebenso wie der Autor beteiligt waren.

12 Das Konzept findet bislang nicht einmal innerhalb der Universität Konsens, weil sich offenbar Vertreter der Rechtswissenschaft nicht mit einem interdisziplinären

Ausbildung zum gehobenen Verwaltungsdienst eine Reihe offener Fragen verbunden, die teilweise sehr kontrovers diskutiert werden:

(1) Für eine Tätigkeit im gehobenen Dienst ist ein einschlägiger Bachelorabschluss (plus Laufbahnbefähigung) erforderlich, der an einer FH wie auch an einer Universität erworben werden kann. Formal sind beide Hochschultypen also gleichgestellt. Traditionell hat sich bei der gD-Ausbildung in Deutschland eine absolute Dominanz der FHs – und hier insbesondere der verwaltungsinternen FHs – herausgebildet. Dies hat viel mit den überkommenen Qualifikationserwartungen gegenüber den Nachwuchskräften zu tun, weil man rasch einsetzbare und „passfähige" Mitarbeiter erhalten möchte, die – in den meisten Ländern – überdies durch Beamtenverhältnis resp. Ausbildungsvergütung an den künftigen Arbeitgeber gebunden werden. Fraglich ist zum einen, inwieweit ein derartiger Nachwuchstyp (falls weiterhin erwünscht) auch im Universitätsstudium herangezogen werden kann, zum anderen, wie das Nachfrageverhalten der Abnehmerbehörden gegebenenfalls verändert werden kann.

(2) Kann das bisher übliche Konzept eines stark verschulten „Paukstudiums" mit einem hohen Anteil an Kontaktstunden (2.200 Stunden in zwei Studienjahren) und entsprechend geringem Anteil an eigenständigem Lernen und an kritischer Reflektion in den an Universitäten verbreiteten Lernstil überführt werden, der weniger Fächer und Kontaktstunden bei einem deutlich höheren Maß an Selbststudium und pluralistischen Prüfungsformen vorsieht? Und wenn ja: wird der daraus vermutlich resultierende Absolvententypus von der Praxis akzeptiert werden?

(3) In diesem Zusammenhang fragt sich auch, ob die – oft sehr routinehaften und wenig Handlungsspielräume bietenden – Aufgaben und Tätigkeiten, mit denen Mitarbeiter im gD zumindest in ihren ersten Dienstjahren (als Verwaltungsinspektor oder in entsprechenden Angestelltenpositionen) betraut werden, für Universitätsabsolventen (auch wenn sie nur den BA-Abschluss besitzen) hinreichend attraktiv sind, oder ob diese Absolventen dann eher andere Tätigkeitsfelder bevorzugen.[13]

Studiengang anfreunden können, der in bestehende Ausbildungskonzepte der Hochschule eingebunden wird.

13 Selbst wenn Studierende per Anwärterbezüge bzw. Ausbildungszuwendungen mit anschließender Mindestverpflichtung zum öffentlichen Dienst „geködert" worden sind, ist nicht auszuschließen, dass einige lieber ihre Bezüge zurückzahlen, um sich für andere Tätigkeiten „freizukaufen".

(4) Wie wird das Nebeneinander von Studierenden mit Ziel der Tätigkeit im gD und von „Normal-Studierenden“, die nach ihrem Erstabschluss (gegebenenfalls in ergänzenden oder zusätzlichen Bereichen) in Richtung Master weiter studieren, funktionieren? Führen die spezifischen Selektions- und Prägungsmechanismen eines unvermeidlicherweise stärker strukturierten Studiums mit hohem Praxisanteil nicht gegebenenfalls zu studentischen Verhaltensweisen, die diesen Studierendentyp vom „Normaltyp“ abgrenzen und ihn gegebenenfalls isolieren?

(5) Sind die bei der universitären Studienvariante zu erwartenden höheren Personalkosten der Studiengangsdurchführung infolge des geringeren Lehrdeputats von Universitätsprofessoren im Vergleich zu FH-Professoren finanzierbar?

(6) Sind die Lehrkräfte vorhanden resp. auf dem akademischen Arbeitsmarkt zu rekrutieren, die zumindest für einige eher praxisbezogene Fächer eines gD-Studienganges benötigt werden? Im Prinzip besteht ein Gegensatz zwischen den an FH-Dozenten gestellten Anforderungen (einschließlich der Bedingung einer fünfjährigen Berufspraxis) und den typischen Anforderungen an Universitätsprofessoren. Und selbst wenn der Spagat zwischen Forschungsexzellenz und Praxisbezug bewältigt werden kann: Werden Dozenten, die über einen ausgeprägten Praxisbezug verfügen, von der Mehrzahl ihrer universitären Kollegen akzeptiert? Konflikte dürften auch hier nicht auszuschließen sein.

Vorläufiges Fazit: Die Ansiedlung der gD-Ausbildung an einer Universität und ihre Ausgestaltung zu einem weitgehend normalen Universitätsstudiengang ist eine Innovation, die – wenn sie gelingt und auch auf andere Bundesländer auszustrahlen vermag – zu einem tiefgreifenden Wandel der Qualifikationsstrukturen für die öffentliche Verwaltung beitragen kann. Ob es gelingt, die Beharrungskräfte sowohl in der Verwaltungspraxis wie im Hochschulsystem selbst zu überwinden, ist bislang ungeklärt.

■ 5. Schlussbemerkung

Ausbildung und Rekrutierung von Personal für den allgemeinen Verwaltungsdienst folgen seit Jahrzehnten tradierten Strukturen, der Wandel hielt sich bislang in sehr engen Grenzen. Die Anpassung der Inhalte und Lernformen, aber auch des institutionellen Rahmens an gewandelte Anforderungen ist seit langem überfällig. Hierzu können die von Werner Jann wesentlich mitgeprägten Potsdamer Verwaltungswissenschaften einen Beitrag leisten. Werner Jann hat hierzu wichtige Vorleistungen erbracht. Als Wissenschaftler hat er in der Forschung national wie international weiterführende Inputs geleistet. Als Hochschullehrer hat er zudem richtungsweisende Impulse zur Verbesserung der Verwaltungsausbildung gesetzt. Er hat die Lehre mit verständlichen und zur Reflektion anregenden Lehrbüchern, aber auch mit der Anwendung stimulierender Lernmethoden verbessert. Und nicht zuletzt hat er die Disziplin und Profession Verwaltungswissenschaften international wie national gestärkt und gefestigt. Dafür gebührt ihm Dank und Anerkennung.

Literatur

AK DQR (2011): Deutscher Qualifikationsrahmen für lebenslanges Lernen. Verabschiedet vom Arbeitskreis Deutscher Qualifikationsrahmen (AK DQR) am 22. März 2011 (Internet: http://www.deutscherqualifikationsrahmen.de/)

Bach, T. (2014): Autonomie und Steuerung verselbständigter Behörden. Eine empirische Analyse am Beispiel Deutschlands und Norwegens. Wiesbaden: Springer VS

Cepiku, D./Meneguzzo, M. (2007): Public Administration Education in Italy: A Statistical Analysis. DSI Essay Series. Rome: Mc-Graw-Hill

Demmke, C. (2011): Die Reform der öffentlichen Dienste im internationalen Vergleich. In: Koch, R./Conrad, P./Lorig, W. (Hg.): New Public Service (2. Aufl.). Wiesbaden: Gabler, S. 55–83

Derlien, H.-U. (2008): Die politische und administrative Elite der Bundesrepublik. In: Jann, W./König, K. (Hg.): Regieren zu Beginn des 21. Jahrhunderts, Tübingen: Mohr Siebeck, S. 291–328

Ebinger, F./Jochheim, L. (2009): Wessen loyale Diener? Wie die große Koalition die deutsche Ministerialbürokratie veränderte. In: der moderne staat – dms, Jg. 2, S. 327–345

Edeling, Th./Stölting, E./Wagner, D. (2004): Öffentliche Unternehmen zwischen Privatwirtschaft und öffentlicher Verwaltung. Eine empirische Studie im Feld kommunaler Versorgungsunternehmen. Wiesbaden: VS

Hajnal, G. (2003): Diversity and Convergence: Quantitative Analysis of European PA Education Programs. In: Journal of Public Affairs Education, Vol. 9/No. 3, S. 245–258

Hajnal, G. (2013): Revisiting national distinctiveness: A survey of PA education in Europe. Presentation at TED 6, Potsdam, 7th February 2013

Hammerschmid, G./Proeller, I./Reichard, Ch./Röber, M./Geißler, R. (2010): Verwaltungsführung heute. Ergebnisse einer Führungskräftebefragung in der deutschen Ministerialverwaltung. Berlin: Institut für den öffentlichen Sektor

IMK (2005): Anforderungen für Studiengänge an internen Fachhochschulen sowie Fachhochschulen, deren Abschlüsse einer Ausbildung für den gehobenen allgemeinen (nichttechnischen) Dienst gleichgestellt werden können. Anl. 26 der IMK-Beschlüsse 2005

Jann, W. (1983): Staatliche Programme und „Verwaltungskultur“. Opladen: Westdeutscher Verlag

Jann, W. (2008): Regieren als Governance-Problem. In: Jann, W./König, K. (Hg.): Regieren zu Beginn des 21. Jahrhunderts. Tübingen: Mohr, S. 1–28

Jann, W./Jantz, B./Gebhardt, T. (2011): Interdisziplinäre Ausbildung und Forschung für den öffentlichen Sektor.In: ZPB – Zeitschrift für Politikberatung, Jg. 4/Heft 2, S. 78 – 81

Jann, W./Veit, S. (2010): Politicisation of Administration or Bureaucratisation of Politics? The case of Germany. Potsdam: Potsdamer Diskussionspapiere zur Verwaltungswissenschaft, 6

Junghans, H. (2013): Veränderungsprozesse in der Hochschullandschaft. Freie Verwaltungs-Masterstudiengänge im Spannungsfeld zu behördeninternen Verwaltungs-Masterstudienkonzepten. MA-Thesis an der Hochschule für Ökonomie & Management

Kickert, W. (ed.) (2008): The Study of Public Management in Europe and the US. A comparative analysis of national distinctiveness. London u.a.O.: Routledge

König, K. (2008): Moderne öffentliche Verwaltung. Studium der Verwaltungswissenschaft. Berlin: Duncker & Humblot

König, K./Kropp, S./Kuhlmann, S./Reichard, Ch./Sommermann, K.-P./Ziekow, J. (Hg.) (2014): Grundmuster der Verwaltungskultur. Interdisziplinäre Diskurse über kulturelle Grundformen der öffentlichen Verwaltung. Baden-Baden: Nomos

Kreuter, F. (2000): Abschlussbericht des Forschungsprojekts Absolventenbefragung des FB Politik- und Verwaltungswissenschaft der Universität Konstanz. Konstanz: Universität Konstanz

Lenk, K. (2014): Welche Verwaltungswissenschaft braucht das Verwaltungsstudium? In: Lück-Schneider, D./Kraatz, E. (Hg.): Kompetenzen für zeitgemäßes Public Management. Berlin: edition sigma

Mayntz, R. (1997): Soziologie der öffentlichen Verwaltung (4. Aufl.). Heidelberg: UTB

Pollitt, C./Bouckaert, G. (2011): Public Management Reform (3. Aufl.). Oxford: OUP

Proeller, I./Reichard, Ch. (2014): Does Public Administration education meet the future requirements and challenges of the public sector in Europe? Some observations from TED 6. In: The NISPAcee Journal of Public Administration and Policy. Special Issue on Education and Training: Preparing for the future of the public sector in Europe (Guest Editors: Isabella Proeller and Christoph Reichard). Vol. VI/No 2 (Winter 2013/2014), S. 11–17

Reichard, Ch. (1997): Educating and Training For New Public Management. In: Schedler, K./Jones, L. R./Wade, S. W. (eds.): International Perspectives on the New Public Management. Advances in International Comparative Management, Supplement 3 (1997). Greenwich/CT, S. 329–348

Reichard, Ch. (2008): The study of public management in Germany. Poorly institutionalized and fragmented. In: Kickert, W. (ed.): The Study of Public Management in Europe and the US. A comparative analysis of national distinctiveness. London: Routledge, S. 42–69

Reichard, Ch. (2012): Individualisierung und bürokratische Sozialisation in der Verwaltungsausbildung. In: Armutat, S./Seisreiner, A. (Hg.): Differentielles Management. Individualisierung und Organisation in systemischer Kongruenz. Wiesbaden: Springer-Gabler, S. 241–252

Reichard, Ch. (2013): Qualifikation der Ressource Personal. In: Reichard, Ch./Schröter, E. (Hg.): Zur Organisation öffentlicher Aufgaben. Effizienz, Effektivität und Legitimität. Opladen: Barbara Budrich, S. 286–302

Reichard, Ch. (2014): Das Personal der legalistischen Verwaltung. In: König, K./Kropp, S./Kuhlmann, S./Reichard, Ch./Sommermann, K.-P./Ziekow, J. (Hg): Grundmuster der Verwaltungskultur. Interdisziplinäre Diskurse über kulturelle Grundformen der öffentlichen Verwaltung. Nomos: Baden-Baden, S. 47–66

Reichard, Ch./Röber, M. (2009): Verwaltungsentwicklung und Ausbildungsreformen – aktuelle Tendenzen in einer unendlichen Geschichte. In: der moderne staat – dms, Jg. 2/Heft 1, S. 109–131

Reichard, Ch./Röber, M. (2011): Ausbildung und Fortbildung. In: Blanke, B./Nullmeier, F./Reichard, Ch./Wewer, G. (Hg.): Handbuch zur Verwaltungsreform (4. Aufl.). Wiesbaden: VS, S. 302–310

Reichard, Ch./Röber, M. (2012): Ausbildung der Staatsdiener von morgen. Bestandsaufnahme – Reformtendenzen – Perspektiven. Berlin: edition sigma

Reichard, Ch./Krogt, T. v. d. (2014): Towards a set of specific competences for academic degree programmes in public administration in Europe. NISPAcee Conference Paper, Budapest 2014

Röber, M. (2006): Verwaltungsausbildung und Dienstrechtsreform im Kontext einer sich wandelnden Verwaltung. In: Jann, W./Röber, M./Wollmann, H. (Hg.): Public Management. Grundlagen, Wirkung und Kritik. Berlin: edition sigma, S. 235–249

Schwanke, K./Ebinger, F. (2006): Politisierung und Rollenverständnis der deutschen Administrativen Elite 1970 bis 2005 – Wandel trotz Kontinuität. In: Bogumil, J./Jann, W./Nullmeyer, F. (Hg): Politik und Verwaltung (Politische Vierteljahresschrift, Sonderheft 37). Wiesbaden, S. 228–249

Kommunale Institutionenentwicklung in Ostdeutschland

Eine (Zwischen-)Bilanz nach 25 Jahren

Jochen Franzke

Statt einer Einleitung

In diesem Beitrag soll der Prozess kommunaler Institutionenbildung in Ostdeutschland ein Vierteljahrhundert nach dessen Beginn reflektiert und analysiert werden. Dabei werden die Charakteristika einzelner Transformationsetappen sowie aktuelle kommunalpolitische Rahmenbedingungen in Ostdeutschland im Vergleich zum Westen Deutschlands analysiert – so der Grad der Dezentralisierung, die kommunale Finanz-, Territorial- und Personalstruktur sowie die Rolle der Demografie.

Insbesondere seit seiner Berufung auf den Lehrstuhl „Politikwissenschaft, Verwaltung und Organisation" an der Universität Potsdam im Jahr 1993 hat sich Werner Jann im Rahmen seiner verwaltungswissenschaftlichen Forschungen auch mit der Transformation der ostdeutschen Kommunen befasst. Seit diesem Zeitpunkt wirkt er als Mitglied des Vorstands des Kommunalwissenschaftlichen Instituts (KWI). In den Jahren 2001 bis 2002 gehörte Werner Jann der Enquete-Kommission „Zukunftsfähige Gemeinden und Gemeindestrukturen" des Landtages Mecklenburg-Vorpommern an; um nur einige seiner kommunalwissenschaftlichen Aktivitäten zu nennen.

Gemeinsam mit anderen Wissenschaftlern erkannte Werner Jann früh die – später leider nicht genutzte – Chance, die eine Fusion der Länder Berlin und Brandenburg für die Erneuerung beider Landesverwaltungen bieten könnte. Fragen der Leistungsfähigkeit der Landesverwaltungen und der Umsetzung von Managementreformen waren – speziell in Bezug auf das Land Brandenburg – immer in seinem wissenschaftlichen Fokus. Verwaltungsreformen betrachtete er dabei stets auch als Verwaltungspolitik; der Zusammenhang zwischen Verwaltungsmodernisierung und Policy-Forschung war ihm immer wichtig (vgl. Jann 1997, 2001; Jann/Reichard 1997; Jann et al. 1995, 1997).

Diese Festschrift bietet mir die willkommene Gelegenheit, mich für die Unterstützung durch Werner Jann in all den seit 1993 vergangenen Jahren zu bedanken. In besonderer Erinnerung bleibt mir unsere gemeinsame Arbeit an der Studie zur Brandenburgischen Agrarverwaltung Mitte der 1990er-Jahre (siehe Jann/Franzke 1996) sowie am DFG-Projekt zur zentralstaatlichen Verwaltung in Mittel- und Osteuropa in den Jahren 2001 bis 2007.

■ Kommunale Institutionenbildung in Ostdeutschland

Die Wiederherstellung der kommunalen Selbstverwaltung in den ostdeutschen Ländern im Zuge der Transformation der öffentlichen Verwaltung nach 1989 gehört zu den spannenden verwaltungswissenschaftlichen Themen der Institutionenbildung. In ihrem Kern ging es dabei um die Überführung einer real-sozialistischen Verwaltung in der DDR in eine klassische europäische Verwaltung bundesdeutscher Prägung (siehe König 1991, 1992; Wegrich et al. 1997; Wollmann et al. 1997; Wollmann 1991, 1996, 2010).

Bei der Transformation der öffentlichen Verwaltung im Osten Deutschlands handelt es sich um einen sehr speziellen, um nicht zu sagen einmaligen Fall, der sich vor allem aus der Verknüpfung mit dem zeitgleich verlaufenden Vereinigungsprozess beider deutscher Staaten ergab. Die zentralstaatliche Ebene der DDR erlosch am 3.10.1990, deren Bezirke wandelten sich in die ostdeutschen Länder. Unter diesen Umständen waren die ostdeutschen Kommunen (Gemeinden und Landkreise) die einzige politisch-administrative Ebene, die den Untergang der DDR institutionell überdauerte.

Der Beitritt der DDR zur Bundesrepublik am 3.10.1990 war verbunden mit einer weitgehenden Übernahme von deren institutionellen politisch-administrativen Strukturen und Arrangements. Dieser Prozess beinhaltet eine historisch einmalige Triade von Institutionen-, Eliten- und Finanztransfer (siehe u.a. Lehmbruch 1995; Wollmann 1996).

Auf den ersten Blick folgte die Transformation der öffentlichen Verwaltung – darunter auch der kommunalen Gebietskörperschaften – im Osten Deutschlands damit einem klaren Muster: der kompletten Übernahme eines *ready-made state* in Gestalt der bundesdeutschen Verfassungsordnung. Dieser auch *blue print approach* genannte Ansatz war Anfang der 1990er-Jahre durchaus beiderseitig gewollt. Im Westen betrachtete sich die politische Elite, flankiert vom *mainstream* der Politikwissenschaft, als Sieger der Geschichte. Sie ging wie selbstverständlich davon aus, dass alle bestehenden bundesdeutschen Institutionen, auch die kommunalen, Erfolgsmodelle seien, die es „nur" zu exportieren galt.[1] Kritische institutio-

1 Der Autor dieses Beitrages konnte sich bei der letzten DDR-Forschertagung 1990 in Bonn-Röttgen sowie auf einigen DVPW-Kongressen Anfang der 1990er-Jahre von dieser grundsätzlichen Analyse selbst überzeugen. Eine Minderheit der teilnehmenden Wissenschaftler rechnete aber bereits zu diesem Zeitpunkt mit ernsten Problemen bei einem simplen Institutionentransfer.

nenreformatorische Diskurse der 1980er-Jahre wurden in dieser Zeit weitgehend verdrängt. Im Osten herrschte angesichts der grundlegenden De-Legitimierung der bisherigen staatssozialistischen Institutionen auch auf kommunaler Ebene anfangs eine weit verbreitete Imitations- und Anpassungsbereitschaft, die ebenfalls auf der Annahme basierte, Erfolgsmodelle zu importieren. Dennoch waren sich die meisten Akteure schon bewusst, an einem Experiment mit hohem Unsicherheitsfaktor teilzunehmen.

Im Osten Deutschlands konnte man bei der Wiederherstellung der kommunalen Selbstverwaltung darauf aufbauen, dass diese dort zwischen 1808 und 1933 in verschiedenen Formen bereits bestanden hatte. Da die ostdeutschen Länder mit der Wiedervereinigung neu zu errichten waren, mussten deren Verwaltungen von Grund auf neu aufgebaut und mit dem politisch-administrativen System der Bundesrepublik sowie dessen Rechtsgrundlagen in Einklang gebracht werden. Nach dem Einigungsvertrag konnten allerdings einzelne DDR-Institutionen in die neuen Landesverwaltungen übernommen werden. Ein wichtiges Instrument bei deren Aufbau bildeten die „Länderprogramme zum Verwaltungsaufbau in den neuen Ländern“, in deren Rahmen die ostdeutschen Länder 1990 bzw. 1991 sogenannte „Verwaltungshilfeverträge“ mit ihren westlichen Partnerländern abschlossen.[2] Diese sollten sie beim Aufbau der Verwaltung unterstützen, insbesondere bei der Aus- und Weiterbildung des Personals. Insgesamt waren zwischen 1990 und 1995 ca. 35.000 westdeutsche Beamte und Angestellte in den ostdeutschen Ländern eingesetzt (vgl. Grunow 1996).

Bald zeigte sich jedoch, dass ein simpler Institutionentransfer in der Praxis auf verschiedene Probleme stößt. Drei sollen hier thematisiert werden:

Erstens zeigte sich rasch, dass die bundesdeutsche Politik auf die spezifischen Transformationsprobleme der öffentlichen Verwaltung kaum vorbereitet war. Dies führte in vielen Bereichen zu „Improvisation“ und in der Konsequenz zu verpassten Reformchancen. Ein aussagekräftiges Beispiel dafür ist die Zuordnung des Finanz- und Verwaltungsvermögens zu den Gebietskörperschaften, darunter die Kommunen, welches später in diesem Beitrag ausführlicher behandelt wird. Anfang der 1990er-Jahre bestand hier ein *window of opportunity* für eine Neudefinition öffentlicher Aufgaben und einen darauf basierenden neuen Aufgabenzuschnitt des gesamten

2 Dabei ergaben sich die folgenden Verwaltungshilfe-Paarungen: Brandenburg mit Nordrhein-Westfalen, Mecklenburg-Vorpommern mit Bremen, Hamburg und Schleswig-Holstein, Sachsen mit Baden-Württemberg und Bayern, Sachsen-Anhalt mit Niedersachsen sowie Thüringen mit Bayern, Hessen und Rheinland-Pfalz. Auf kommunaler Ebene wurden mit vergleichbaren Zielsetzungen viele Städtepartnerschaften abgeschlossen.

öffentlichen Sektors. Diese Gelegenheit zu einer grundsätzlichen Verwaltungsreform wurde leider nicht genutzt; die Vermögensübertragung folgte der in Westdeutschland entwickelten üblichen Praxis (vgl. König/Heimann 1996, S. 92f.). Ähnliches lässt sich z.B. zur Verteilung der öffentlichen Aufgaben (Funktionalreformen) oder zur Reform des öffentlichen Dienstes (Beamtenstatus) sagen.

Die Transformation der ostdeutschen Kommunalverwaltungen war *zweitens* durch die schwierige Kombination eines „hohe(n) Reformbedarf(s) unter erheblichen Zeitdruck" (Bogumil/Holtkamp 2006, S. 40) gekennzeichnet. Dies führte dazu, dass sich die ostdeutschen Kommunen

> „hinsichtlich der Organisation der inneren Gemeindeverwaltung anfangs weitgehend an ihren westdeutschen Partnergemeinden und an überkommenen Organisationsmodellen der Kommunalen Gemeinschaftsstelle orientierten." (Kleinfeld 1996, S. 279)

Diese Kritik bezog sich z.B. auf die klassischen hierarchischen KGSt-Modellgliederungspläne. Die Übernahme des westdeutschen Kommunalrechts als neuem Rahmen für das Handeln der Kommunen tat ihr Übriges. Die ausgebliebenen Innovationen zu Beginn der Transformation führten später zu einer Reform-Kaskade in den ostdeutschen Kommunalverwaltungen, in der sich für viele Jahre eine Reform an die andere reihte (z.B. Gebietsreformen, Einführung NSM, Umstellung auf die Doppik, E-Government).

Drittens zeigte sich im späteren Verlauf der Transformation ein Problem der gesellschaftlichen Verankerung der übernommenen institutionellen Arrangements auf kommunaler Ebene. Lorenz et al. beschrieben dieses Phänomen folgendermaßen:

> „Die Menschen (in Ostdeutschland) hatten zwar die schnelle Einheit über den Beitritt gewünscht, wobei ihre politischen und institutionellen Präferenzen jedoch trotz klarer Befürwortung von Demokratie und Marktwirtschaft von der im Grundgesetz verankerten Institutionenarchitektur abwichen." (Lorenz et al. 2012, S. 12)

Generell hatte die Bevölkerung in Ostdeutschland „deutlich höhere Erwartungen an die staatliche Aufgabenerledigung (...) als in Westdeutschland" (Holst 1991, S. 38). Dies bezog sich auf alle Bereiche, von den Kinder- und Jugendeinrichtungen bis zur Denkmalpflege.

Somit kann der Institutionenwandel auf der lokalen Ebene der ostdeutschen Länder zwischen Anfang und Mitte der 1990er-Jahre als eigenartige, politisch nicht intendierte Mischung zwischen Anpassung und Eigendynamik oder „Fremdsteuerung und Eigenentwicklung" (vgl. Martens et al. 2012) interpretiert werden. Zwar wurden auch hier – wie auf allen anderen politisch-administrativen Ebenen – institutionelle Arrangements westdeutscher Länder übernommen. Da es aber kein einheitliches „westdeutsches Kommunal-Modell“ gab, eröffneten sich für die neuen ostdeutschen Länder und deren Kommunen durchaus Wahlmöglichkeiten und Handlungsspielräume. Sie orientierten sich daher zwar zumeist an den Verwaltungsstrukturen ihrer westdeutschen Partner-Länder, nahmen aber durchaus auch Modelle aus anderen Ländern auf (vgl. Seibel 1996; Benzler et al. 1995; Bertram et al. 1998; Bertram/Kollmorgen 2001). Zugleich sind auch einige ostdeutsche Ausprägungen der Wendezeit in die regionale und lokale politische Kultur eingegangen (z.B. die Sachplebiszite, die Direktwahl und Abwahlmöglichkeit der Bürgermeister, die Runder-Tisch-Mentalität) (siehe Wollmann 2001; Holtmann 1996).

Entwicklungsetappen der Transformation kommunaler Selbstverwaltung in Ostdeutschland

Die Transformation der kommunalen Selbstverwaltung in Ostdeutschland nach 1989 verlief – wie schon gesagt – in einem äußerst hohen Tempo. Dennoch lässt sich diese in relativ abgrenzbare Etappen untergliedern:

Die *erste Etappe* der Wiederbelebung der kommunalen Selbstverwaltung vollzog sind noch in der Endphase der DDR. Dieses Ziel hatte unter den Trägern der friedlichen Revolution einen hohen Stellenwert. Sie begannen, noch ehe die ostdeutschen Länder neu begründet worden waren, mit dem politischen, sozialen und ökonomischen Umbruch vor Ort. Anfangs geschah dies von unten vor allem in Form „Runder Tische“, die es ab Dezember 1989 nicht nur in Berlin (Zentraler Runder Tisch), sondern – teilweise bereits seit Mitte Oktober 1989 – auch in vielen Städten und Gemeinden gab. Diese Institutionen übernahmen angesichts weitgehender Lähmung des lokalen Staatsapparats tagesaktuelle lokale Aufgaben (z.B. die Lösung akuter Versorgungsprobleme). Zugleich begannen sie, politische Reformen vor Ort anzustoßen. Diese Runden Tische setzten sich aus Vertretern der Kirchen, der neu gegründeten oder „gewendeten“ Parteien inklusive der SED/PDS, Künstlern, Intellektuellen und sonstigen mehr oder minder populären Personen des öffentlichen Lebens zusammen.

Nach den ersten demokratischen Kommunalwahlen am 6. Mai 1990 übernahmen die nunmehr demokratisch gewählten Gemeinderäte wieder die Rolle der kommunalpolitischen Entscheider. Die Transformation auf lokaler Ebene beschleunigte sich. Neue Rahmenbedingungen wurden dafür durch das von der Volkskammer am 17. Mai 1990 verabschiedete „Gesetz über die Selbstverwaltung der Gemeinden und Landkreise der DDR“, die DDR-Kommunalverfassung, geschaffen. Diese war in ihren Grundzügen durchaus von den Kommunalmodellen der Flächenländer der alten Bundesrepublik geprägt, griff aber auch verschüttete Traditionen der ostdeutschen Länder wieder auf. Als Folge der friedlichen Revolution des Herbstes 1989 war diese Kommunalverfassung wesentlich stärker als die meisten zu diesem Zeitpunkt gültigen Kommunalverfassungen in den westdeutschen Ländern von direktdemokratischen und partizipativen Elementen geprägt (z.B. Bürgerantrag, Bürgerentscheid, Bürgerbegehren). Ansonsten ähnelte dieses „in Abstimmung mit bundesdeutschen Experten erarbeitet(e)“ Gesetz den entsprechenden Kommunalverfassungen der westdeutschen Flächenländer (Künzel 2010, S. 83).

Die neuen politischen und rechtlichen Möglichkeiten, kommunale Selbstverwaltung zu leben, lösten noch während der letzten Monate der DDR einen starken Impuls zu selbstbestimmtem bürgerschaftlichem Engagement auf lokaler Ebene aus. Dessen Spielräume wurden noch durch die Tatsache verstärkt, dass es bis in das Jahr 1991 hinein praktisch keine „staatliche Aufsicht und Anleitung“ gab (Hoensch zitiert nach Wollmann 1996). Die zerfallende DDR war kaum noch in der Lage, kommunalpolitische Prozesse zu beeinflussen. Diese Zeit mit ihren außergewöhnlich großen Spielräumen prägte viele Kommunalpolitiker der ersten Stunde in Ostdeutschland (siehe den Beitrag von *Christian Maaß* in diesem Band).

Die *zweite Etappe* der Transformation begann am 3. Oktober 1990, als sich mit dem Beitritt der DDR zur Bundesrepublik beinahe alle Rahmenbedingungen der kommunalen Selbstverwaltung veränderten. Außerdem wurden an diesem Tag die ostdeutschen Länder neu begründet, denen die Kommunen politisch zugeordnet sind.

Die ostdeutschen Landesverwaltungen befanden sich in dieser Zeit im Aufbaumodus. Unter diesen Umständen hatte der Einigungsvertrag bis zum 30. Juni 1991 die Möglichkeit geschaffen, dass westdeutsche Länder und der Bund Aufgaben der neuen ostdeutschen Länder erledigen konnten, solange sie selbst dazu noch nicht in der Lage waren.

Auf kommunaler Ebene hat es im Osten Deutschlands aber keinen „institutionellen Bruch und ein ähnliches Machtvakuum wie auf der staatlichen Ebene (gegeben)“ (Bogumil/Jann 2009, S. 264). Die lokale Autonomie konnte anfangs im Osten Deutschlands stärker ausgelegt werden, da die „weitgehende Freiheit von jeder staatlichen Aufsicht“ (Bogumil/Holtkamp 2006, S. 40) noch bis ins Jahr 1991 andauerte, weil sich die Aufsichtsbehörden der ostdeutschen Länder erst selbst konstituieren und stabilisieren mussten. Die Erinnerung an diese Zeit ist zwiespältig. Einerseits wird diese heute vielfach als Hochzeit kommunaler Selbstverwaltung gepriesen, andererseits war dies auch eine Zeit teilweise dramatischer kommunaler Fehlentscheidungen (z.B. im Investitionsbereich, wo „beleuchtete

Schafswiesen“, aber auch überdimensionierte Abwasseranlagen geschaffen wurden).

Zugleich änderte sich in dieser Zeit die kommunale Aufgabenstruktur dramatisch. Einige Aufgaben fielen bald weg (z.B. Preiskontrolle und Wohnraumverteilung), andere kamen dazu (z.B. Wirtschaftsförderung). Eine Reihe öffentlicher lokaler Institutionen (wie z.B. Kindergärten, Bibliotheken), die bislang vor allem von den DDR-Wirtschaftsunternehmen betrieben worden waren, mussten von den Kommunen übernommen werden, um sie vor der Schließung zu bewahren. Dabei zeigte sich, dass „die unzureichende (...) kommunale Finanzkraft einher(ging) mit spürbaren Defiziten in der Verwaltungskraft“. Im Vergleich zu westdeutschen Gemeinden waren die ostdeutschen „personell zugleich quantitativ überbesetzt und qualitativ unterbesetzt, insofern fehlten Experten für wichtige neue kommunale Aufgabenfelder“ (Andersen/Woidke 2013, S. 249).

In dieser Zeit fiel bereits eine wichtige institutionelle Weichenstellung: die Entscheidung über einen zwei- oder dreistufigen Verwaltungsaufbau der Landesverwaltungen. Die relativ bevölkerungsarmen ostdeutschen Länder Mecklenburg-Vorpommern und Brandenburg entschieden sich noch 1990 für einen zweistufigen Verwaltungsaufbau. Thüringen optierte, obwohl bevölkerungsärmer als Brandenburg, für eine dreistufige Verwaltung mit einer allgemeinen Mittelbehörde, dem 1990 gegründeten Landesverwaltungsamt. Auch das bevölkerungsreichste ostdeutsche Land Sachsen entschied sich für einen dreistufigen Verwaltungsaufbau mit drei Regierungspräsidien, die am 1.1.1991 ihre Arbeit aufnahmen. In dem territorial sehr heterogenen Sachsen-Anhalt entstanden schon mit dem 3.10. 1990 drei Regierungsbezirke (siehe Reiners 2008).

Eine *dritte Etappe* der Transformation der ostdeutschen Kommunalverwaltungen ist vor allem verbunden mit der Verabschiedung eigenständiger Kommunalverfassungen der ostdeutschen Länder, die zwischen Juli 1992 und Februar 1994 in Kraft traten. Damit nahm die Varianz kommunalrechtlicher Regelungen und kommunalpolitischer Praxis zwischen diesen deutlich zu. Die ostdeutschen Länder hatten sich organisatorisch stabilisiert und begannen ihre eigene kommunalpolitische Agenda zu entwickeln bzw. umzusetzen (vgl. Eisen/Wollmann 1996).

Einen Schwerpunkt bildete dabei das Bestreben, die vorgefundenen Kommunalstrukturen effizienter zu gestalten, denn die DDR war seit 1952 durch eine kleinräumige territoriale Verwaltungsstruktur geprägt. Früh entwickelte sich ein fachlicher und politischer Konsens (vgl. Seibel 1996, S. 32), dass diese Strukturen effizientes Verwaltungshandeln blockieren und auf die Dauer nicht finanzierbar sein würden. Dennoch war der Umgang der ostdeutschen Länder mit diesem frühzeitig erkannten Problem in der hier besprochenen Etappe lange Zeit durchaus unterschiedlich. Dies betraf vor allem die Reform der Gemeindestruktur. Mecklenburg-Vorpommern, Brandenburg und Sachsen-Anhalt verzichteten in dieser Phase auf eine Gemeindegebietsreform per Gesetz und versuchten die Effizienzprobleme auf lokaler Ebene vor allem durch die Bildung von Ämter- bzw. Verwaltungsgemeinschaften zu lösen. Dabei sollten die kleinen Kommunen mit ihren in der Transformation bewährten spezifischen Möglichkeiten lokaler Demokratie auf der einen Seite erhalten bleiben, andererseits die Effizienz ihres Verwaltungshandelns durch interkommunale Kooperation verbessert werden. Thüringen (1993 bis 1997) und Sachsen (1994 bis 1996) hingegen beschritten frühzeitig den Weg der Schaffung größerer Einheitsgemeinden, der neben freiwilligen Zusammenschlüssen auch gesetzliche Regelungen umfasste (vgl. Seibel 1996; Wollmann 2010).

Auf der Kreisebene gab es hingegen ein einheitliches Vorgehen. Die territoriale Struktur der Kreisebene wurden in allen ostdeutschen Ländern in dieser Zeit neu geordnet, so in Brandenburg 1993, in Sachsen 1994/1996, in Sachsen-Anhalt 1994, in Mecklenburg-Vorpommern und Thüringen 1994 (siehe Büchner/Franzke 2001; Seibel 1996, S. 32ff.).

Die nötigen Funktionalreformen zur Neuverteilung der Aufgaben zwischen den verschiedenen Verwaltungsebenen wurden in dieser Zeit ebenfalls begonnen, aber vielfach nur halbherzig vorangetrieben. Die bei der Länderbildung über das Maß der westlichen Länder gestärkten Ministerien gaben ihre einmal erworbenen Kompetenzen – vor allem in den ostdeutschen Ländern mit zweistufigen Verwaltungsaufbau – nur sehr zögerlich an die kommunale Ebene ab. Als erfolgreich können „die Funktionalreformen in Sachsen und teilweise in Sachsen-Anhalt bezeichnet werden“ (Meyer 2013, S. 291).

In dieser Zeit erreichte auch die konfliktreiche Debatte um die Zuordnung und Restitution von Vermögen an öffentliche Gebietskörperschaften ihren Höhepunkt. Zunächst ging man davon aus, dass der Rückgabeanspruch früherer Eigentümer Vorrang hat. Dadurch kam es aber zu erheblichen sachlichen Problemen und sozialen Konflikten, die die kommunale Transformation teilweise erschwerten. Die Hoffnung, erlittenes Unrecht könne durch die Befolgung des Grundsatzes „Rückgabe vor Entschädigung“ behoben werden, erfüllte sich nicht. Im Gegenteil, es wurde teilweise neues Unrecht verursacht. Insgesamt wurden über 2,7 Mio. Anträge auf Rückübertragung gestellt. Ende 1991 regelte das Vermögenszuordnungsgesetz, dass die Rückgabe jedoch dann ausgeschlossen ist, wenn Vermögensgegenstände für eine öffentliche Aufgabe entsprechend den Regelungen des Einigungsvertrages genutzt werden (siehe König et al. 1994; König/Heimann 1996).

Die härtesten Auseinandersetzungen bei der Vermögenszuordnung an ostdeutsche Kommunen gab es beim sogenannten „Stromstreit" (siehe Richter 1998). Aufgrund des Kommunalvermögensgesetzes der DDR-Volkskammer vom Juli 1990 sollten ostdeutsche Gemeinden mit Stadtwerken ausgestattet werden und ihre Kraftwerke bzw. Verteilernetze, die sie vor 1945 besessen hatten, zurückerhalten. Die DDR-Regierung unter Ministerpräsident de Maizière hatte jedoch die ostdeutsche Stromwirtschaft[3] an die westdeutschen Stromkonzerne RWE, PreussenElektra und Bayernwerk verkauft.[4] Damit entstand ein doppelter politisch-administrativer, aber auch wirtschaftspolitischer Großkonflikt: Das Organisationsmodell einer privaten Großenergiewirtschaft mit stark monopolistische Zügen kollidierte mit dem Leitbild einer dezentralen Energieversorgung als kommunale öffentliche Dienstleistung.[5] Der „Stromstreit" endete schließlich nach einer Verfassungsbeschwerde von 164 ostdeutschen Kommunen im Dezember 1992 mit einem vom Bundesverfassungsgericht angeregten außergewöhnlichen Vergleich. Die ostdeutschen Kommunen durften nunmehr begrenzt Energie in eigenen Anlagen herstellen und verloren dafür Kapitalanteile an regionalen Energieversorgungsunternehmen, die ihnen der Einigungsvertrag eigentlich zugesprochen hatte. Auf dieser Grundlage entstanden schließlich – nach schwierigen Auseinandersetzungen – weit über 100 Stadtwerke in ostdeutschen Städten und Gemeinden (siehe Seibel 2005).

In der folgenden *vierten Phase* wird ab 1995 die Konsolidierung der ostdeutschen Kommunen immer sichtbarer. Daher ging es bei dieser Etappe nicht mehr im engeren Sinne um Transformationsphänomene. Die ostdeutschen Kommunen waren in historisch kurzer Zeit in das Rechtssystem der Bundesrepublik integriert worden. Sie konnten nunmehr kommunalpolitische Entscheidungen adäquat umzusetzen und standardisierte öffentliche

---

3 Dazu gehörten des Weiteren die Braunkohlekraftwerke, das Höchstspannungsnetz und die 15 Regionalversorgungsunternehmen, in die die ehemaligen Stadtwerke integriert worden waren.

4 Unter dem Druck des Bundeskartellamts wurde dieser Verkauf auf alle acht westdeutschen Stromkonzernen ausgeweitet (EVS, Badenwerk, VEW, Hamburger und Berliner Stadtwerke, HEW sowie Bewag).

5 Die Stromverträge hätten den Zentralismus der DDR-Stromwirtschaft durch die großräumige Zusammenfassung von Elektrizitätsproduktion und -verteilung noch übertroffen. In der DDR waren Produktion und Verteilung von Strom organisatorisch getrennt, letztere zudem dezentral in der Hand bezirksgeleiteter Kombinate. Die zwischen Treuhandanstalt, DDR-Ministerrat, Bundeswirtschaftsministerium und westdeutscher Elektrizitätswirtschaft ausgehandelten Stromverträge sollten die gesamte DDR-Stromwirtschaft „von der Turbine bis zur Steckdose" unter die westdeutschen Marktführer aufteilen (siehe Czada 1998, S. 11, aber auch Seibel 2005).

Dienstleistungen in vergleichbarer Qualität anzubieten. Auch bezüglich der Verwaltungsreformen waren sie sozusagen „im kommunalen Mainstream“ angekommen. Sie befassten sich – wenn auch zurückhaltender als im Westen Deutschlands – mit dem Neuen Steuerungsmodell, mit der Einführung des E-Government und der Privatisierung kommunalen Eigentums (vgl. Derlien 2001; Wegrich et al. 1997).

Typisch für diese Periode, insbesondere nach dem Jahr 2000, war die „Reform der Reform“ der kommunalen Territorialstrukturen und der Kommunalverfassungen. Die immer stärker sichtbaren Mängel der in der Gründungsphase der ostdeutschen Länder geschaffenen Kommunalstrukturen, der zunehmende Druck der Finanzkrise und des demografischen Wandels führen zu einer weiteren Welle von Gebietsreformen auf Gemeinde- und Kreisebene. Zweite Territorialreformen auf Kreisebene wurden in Sachsen (2008), Sachsen-Anhalt (2007) und Mecklenburg-Vorpommern (2011) umgesetzt. Ein Versuch Mecklenburg-Vorpommerns, erstmalig in Deutschland Regionalkreise zu etablieren, scheiterte jedoch im Jahr 2009. Nur Brandenburg und Thüringen halten bislang an ihren Kreisstrukturen fest. In beiden Ländern werden neue Kreisgebietsreformen diskutiert und sind für die nächste Legislaturperiode nach den Landtagswahlen 2014 wahrscheinlich.

Auch auf der Ebene der Kommunalverfassungen wurde eine „Reform der Reform“ nötig. Alle ostdeutschen Länder novellierten, teilweise umfassend, in dieser Zeit ihre Kommunalverfassungen: Thüringen und Sachsen im Jahr 2003, Brandenburg 2007 (z.B. mit der Einführung der Direktwahl der Landräte), Sachsen-Anhalt 2009 und Mecklenburg-Vorpommern 2011 (vgl. Franzke 2013a).

■ Spezifische kommunalpolitische Rahmenbedingungen in Ostdeutschland heute

Anhand von fünf Dimensionen sollen nunmehr einige aktuelle Gemeinsamkeiten und Unterschiede zwischen den ost- und westdeutschen Kommunen dargestellt werden.

Grad der Dezentralisierung und lokale Autonomie

Der Dezentralisierungsgrad der deutschen Länder zeigt den realen Umfang kommunaler Autonomie an. Dieser kann an formellen Kompetenzen lokaler Gebietskörperschaften, deren finanziellen Ressourcen, den lokalen Einnahmen, insbesondere den allgemeinen Zuweisungen, ihrer territorialen Größe, der Zahl ihrer Beschäftigten usw. gemessen werden (Franzke 2013b).

Der Grad der Dezentralisierung war in den westdeutschen Ländern nach 1949 schon immer unterschiedlich. Nach der Vereinigung 1990 nahm dessen Varianz nochmals deutlich zu.

Dabei hat sich in den ostdeutschen Ländern ein viel geringerer Grad der Dezentralisierung entwickelt und verfestigt. Dies bezieht sich nicht nur auf die vorhandenen Ressourcen, sondern vor allem auf die Ratio der Machtbeziehungen zwischen den Ländern und ihren kommunalen Gebietskörperschaften. Für Westdeutschland fanden Freitag und Vatter eine „deutliche Machtteilung zwischen Staat und lokaler Ebene“, während es in Ostdeutschland ihrer Meinung nach Anzeichen für eine „Machtkonzentration auf der Länderebene (gibt)“ (Freitag/Vatter 2008, S. 214ff.). Obgleich auch für die westdeutschen Kommunen eine Re-Zentralisierung beobachtet wird, spielen diese immer noch eine recht einflussreiche Rolle in der Landespolitik (jedenfalls solange sie über gesunde Finanzen verfügen). Im Gegensatz dazu besteht im Osten Deutschlands eine klare *Prinzipal-Agent*-Beziehungen mit geringerer lokaler Autonomie und einer begrenzten Rolle lokaler Gebietskörperschaften in der Landespolitik (vgl. auch Vetter 2010).

Der statistische Nachweis dieser These – zumindest was die Ressourcenfrage betrifft – ist allerdings kompliziert. Er ist ohnehin nur dann sinnvoll, wenn die teilweise erheblich unterschiedliche Aufgabenverteilung zwischen Land und Kommunen in den betreffenden Ländern sowie deren differenzierte Finanzkraft beachtet wird. Einfache Indikatoren (wie z.B. Finanzzuweisungen pro Kopf) können dies nicht leisten.

Mit einem „Index der kommunalen Finanzausstattung“ hat das Statistische Landesamt Rheinland Pfalz 2007 versucht, einen entsprechenden Indikator zu entwickeln, der die unterschiedliche Aufgabenverteilung in den Ländern vor dem Hintergrund der Finanzkraft der Kommunen und der Länder berücksichtigt (Statistisches Landesamt Rheinland-Pfalz 2007). Es geht dabei in drei Schritten vor. Zuerst wird der Kommunalisierungsgrad als prozentualer Anteil der bereinigten unmittelbaren Gesamtausgaben eines Landes, der auf die Gemeinden, Gemeindeverbände und Zweckverbände entfällt, berechnet. Dieser ist im untersuchten Zeitraum 2000 bis 2004 für die ostdeutschen Länder mit durchschnittlich 40,8% deutlich geringer als für die westdeutschen Flächenländer (45,4%), (ebd.: S. 15). Danach werden die „bereinigten standardisierten“ Nettotransferleistungen der Länder an ihre Kommunen quantifiziert. Im Durchschnitt lagen diese dort bei 1.009 Euro, also mehr als doppelt so hoch wie in den westdeutschen Bundesländern. (ebd. S. 21) In einem dritten Schritt wird schließlich ein „Index der Kommunalen Finanzausstattung“ ermittelt, der für die ostdeutschen Flächenländer im Mittel mit 28,0% ebenfalls deutlich höher als in den westdeutschen Ländern (21,4%) liegt.

Der von der Bertelsmann-Stiftung für 2009 ermittelte Kommunalisierungsgrad als Anteil der von den Kommunen getätigten Ausgaben an der Summe der Ausgaben von Land und Kommunen bestätigt diese Einschätzung weitgehend. Dieser lag 2009 im Durchschnitt der deutschen Flächenländer bei 49,2%. Allerdings übertrifft Sachsen diesen mittlerweile mit 50,4%. Damit gibt es Anzeichen, dass die oben getroffenen Aussagen zur lokalen Autonomie „für Ostdeutschland" zu differenzieren sind. Für Brandenburg mit 48,5%, Mecklenburg-Vorpommern mit 46,5%, Thüringen mit 45,3% und vor allem Sachsen-Anhalt mit 41,4% bestätigt der schwache Kommunalisierungsgrad die oben vertretene These eher (Bertelsmann-Stiftung 2013, S. 50ff.).

Zumindest was die kommunale Finanzausstattung und den Kommunalisierungsgrad öffentlicher Aufgaben betrifft, lässt sich die These der geringeren lokalen Autonomie im Osten Deutschlands offenbar bestätigen. Aber es wird zugleich eine deutliche Varianz zwischen den ostdeutschen Ländern sichtbar.

Kommunale Personalstruktur

Der kommunale Elitenwandel im Zuge der Verwaltungstransformation war vor allem in der Anfangsphase in stärkerem Maße als auf Länderebene von einer Mischung verschiedener Personalgruppen geprägt. Dazu gehörte das bereits zu DDR-Zeiten im Staatsapparat tätige Personal, das aus dem öffentlichen Dienst der Bundesrepublik stammende Personal und das nach 1989 in die kommunale Verwaltung gelangte ostdeutsche Neupersonal (siehe Lorenz 1999).

Beim kommunalen Personal zeigte sich anfangs naturgemäß eine höhere Kontinuität als auf Länder- oder Zentralebene. Die bisherigen lokalen DDR-Verwaltungsspitzen wurden allerdings bereits weitgehend nach der DDR-Kommunalwahl im Mai 1990 sowie im Zuge von Stasi-Überprüfungen entlassen. Beim restlichen Personal hielten sich die Entlassungen aber in Grenzen, da die DDR-Kommunen ohnehin verhältnismäßig wenig Personal hatten, denn der größte Teil der sozio-kulturellen Einrichtungen war anderen staatlichen Organisationen oder volkseigenen Betrieben angegliedert. Anfangs kam es durch die Wiedereingliederung vieler dieser Einrichtungen in die Kommunen sogar zu einem starken Personalzuwachs. Rasch setzte dann aber ein drastischer Personalabbau ein. Die Zahl der Kommunalbediensteten sank in Ostdeutschland von 661.000 (1991) auf 407.000 (1996) um durchschnittlich 38%. Der Personalschlüssel lag jedoch mit 26 (Thüringen) bis 32 (Sachsen-Anhalt) Mitarbeitern pro 1.000 Einwohner weiterhin deutlich über dem der westdeutschen Flächenländer[6] (Derlien et al. 1998, S. 24).

Mittlerweile ist die Angleichung des Personalbesatzes ostdeutscher Kommunen an den Durchschnitt der deutschen Flächenländer weitgehend vollzogen. Die Kommunen in allen deutschen Flächenländern beschäftigten im Jahr 2011 durchschnittlich 15,1 Mitarbeiter pro 1.000 Einwohner. Mecklenburg-Vorpommern mit 13,8 und Thüringen mit 14,9 liegen bereits unter dieser Schwelle; Sachsen mit 15,6, Brandenburg mit 16,0 und Sachsen-Anhalt mit 16,9 noch deutlich darüber (Bertelsmann-Stiftung 2013, S. 94; siehe auch Robert Bosch Stiftung 2009).

Umfangreiche Weiterbildungen und Qualifizierungen haben die professionelle Qualität der Kommunalverwaltungen auf das durchschnittliche Niveau der westlichen Länder angehoben. Systematische Unterschiede sind nicht mehr erkennbar (Fischer et al. 1999/2000).

Kommunalfinanzen

Seit 1990 haben bei den Kommunalfinanzen positive Angleichungsprozesse der ostdeutschen Kommunen an den Status der westdeutschen Kommunen stattgefunden. Allerdings zeigt sich dabei „eine deutliche Abweichung zwischen einer Konvergenz bei den Ausgaben und Verharrungstendenzen auf der Einnahmenseite“ (Rosenfeld 2010, S. 4).

Auf der Ausgabenseite ist vor allem bei den kommunalen Personalausgaben der Angleichungsprozess deutlich fortgeschritten. Durch einen drastischen Stellenabbau haben die ostdeutschen Kommunen haben ihre Ausgaben von anfangs etwa 150% der westdeutschen Personalausgaben auf knapp unter 100% (2007) zurückgeführt. (vgl. Wollmann 2008, S. 222ff.; Kuhlmann 2009, S. 139ff.).

Eine Anpassung in umgekehrter Richtung vollzog sich hingegen bei den kommunalen Sozialausgaben. Diese waren in den Kommunen im Osten zunächst – trotz der deutlich höheren Arbeitslosigkeit – deutlich niedriger als im Westen. Wichtigste Ursache dafür war, dass der Bund in den 1990er-Jahren viele arbeitsmarktpolitische Maßnahmen finanzierte. Der anschließende Rückbau der Arbeitsmarktpolitik des Bundes führte danach zu einer deutlichen Annäherung der kommunalen Sozialausgaben im Osten an das westdeutsche Niveau.

---

6 Diese lagen 1996 bei 16 (in Rheinland-Pfalz) bis 28 (in Niedersachsen und Hessen) Mitarbeiter pro 1.000 Einwohnern (Derlien et al. 1998, S. 24).

Im Investitionsbereich ist trotz erheblicher Verbesserungen der „wahrgenommene Investitionsrückstand", insbesondere bei Straßen und Verkehrsinfrastruktur, bei Schulen (inklusive Erwachsenenbildung) und Kinderbetreuung sowie im Bereich Wohnungswirtschaft in Ostdeutschland „häufiger gravierend oder zumindest nennenswert" als in den westdeutschen Ländern (KfW-Research 2014, S. 17). Ob der Investitionsbedarf im Osten daher insgesamt höher ist als im Westen der Republik, ist allerdings umstritten.

Die finanziellen Grundprobleme der ostdeutschen Kommunen liegen weiterhin vor allem bei der Einnahmenseite, die – laut Schätzung im Gemeindefinanzbericht 2013 – im Jahr 2013 bei 2.434 € pro Einwohner in den ostdeutschen und bei 2.692 € in den westdeutschen Kommunen liegen (Deutscher Städtetag 2013). Ursachen dafür sind die deutlich geringeren Steuereinnahmen, denen deutlich höhere laufenden Zuweisungen und Investitionszuweisungen gegenüberstehen.

Positiv ist zu vermerken, dass es in vier der fünf ostdeutschen Länder gelungen ist, die Kommunalverschuldung unter dem Durchschnitt der deutschen Flächenländer zu halten (Bertelsmann-Stiftung 2013, S. 141). Bei den Kassenkrediten (Durchschnitt der Flächenländer 20 Euro je Einwohner) sind die Werte der ostdeutschen Kommunen (bis auf Sachsen-Anhalt) zu vernachlässigen. Bei der Geldverschuldung liegt der Durchschnitt der Flächenländer bei 94 Euro pro Kopf, vier ostdeutsche Länder liegen deutlich darunter, in Mecklenburg-Vorpommern findet sich allerdings mit 333 Euro pro Kopf die höchste Kommunalverschuldung aller Flächenländer.

Während positiv zu vermerken ist, dass die ostdeutschen Kommunalhaushalte überraschend „krisenresistent" sind (vgl. Bertelsmann-Stiftung 2013, S. 53), hat dies aber vor allem mit dem hohen Anteil von konjunkturunabhängigen Finanzzuweisungen zu tun – ist also in paradoxer Weise Ausdruck einer geringen finanziellen Autonomie der ostdeutschen Kommu nen. Diese Situation trägt strukturell zu einer ungünstigen wirtschaftlichen Entwicklung bei und führt zu einer problematischen erhöhten Abhängigkeit der ostdeutschen Kommunen von ihren Ländern. Zugleich verstärkt sich die Differenzierung zwischen finanzstarken und finanzschwachen Kommunen weiter. Mittlerweile haben 39% der ostdeutschen Gemeinden keinen ausgeglichenen Haushalt (5% mehr als im Westen der Republik).

Demografie

Für alle ostdeutschen Länder ergaben sich von Anfang an aus dem demografischen Wandel große Herausforderungen. Allerdings dauerte es eine Weile, bis diese Tatsache im Bewusstsein der politischen Eliten angekommen war. Allzu gern wollte man an den Aufbauvisionen der frühen 1990er-Jahre festhalten.

Im Zeitraum von 1990 bis 2012 wuchs die Bevölkerungszahl Deutschlands um 2,8%, wovon allein das frühere Bundesgebiet (ohne Berlin + 6,7%) profitierte. In Ostdeutschland sank hingegen in diesem Zeitraum die Einwohnerzahl um 13,5 Prozent (BMI 2013, S. 97). Die niedrigen Geburtenraten in den Nachwendejahren, der Alterungsprozess und die Abwanderung nach der Wende haben seither in den ostdeutschen Kommunen tiefe Spuren hinterlassen.

Positiv ist zu vermerken, dass die deutlich verbesserte Lage auf dem ostdeutschen Arbeitsmarkt und die insgesamt gute wirtschaftliche Situation dazu beigetragen haben, die Abwanderung aus Ostdeutschland weitgehend zu stoppen – der Wanderungssaldo zwischen Ost und West ist seit 2012 nahezu ausgeglichen (BMI 2013, S. 94).

Der Bevölkerungsrückgang wird sich allerdings offenbar fortsetzen und sogar weiter verschärfen. Bis 2030 soll der Osten Deutschlands voraussichtlich weitere 14% seiner Bevölkerung verlieren. In Westdeutschland sollen es „nur" ca. 4% sein. Damit soll die Einwohnerzahl in den ostdeutschen Bundesländern in den Jahren bis 2020 „noch etwas stärker sinken" als in den Jahren seit 1990 (BMI 2013, S. 97).

Zusätzlich schreitet der Alterungsprozess der Bevölkerung im Osten Deutschland besonders rasch fort. Noch 1990 wiesen die östlichen Bundesländer das niedrigste Durchschnittsalter in Deutschland auf. Heute beträgt das Durchschnittsalter 45 und mehr Jahre. Die Ursachen für diese Entwicklung sind die Abwanderung junger Frauen und Männer – die gleichzeitig in den Zielregionen die Bevölkerung verjüngt – sowie der historisch starke Geburteneinbruch nach der Wiedervereinigung. Auch langfristig werden sich sowohl der Alters- als auch der Jugendquotient im Osten und Westen Deutschlands deutlich unterscheiden. Für 2030 ist für den Osten ein Altersquotient von 68% prognostiziert, für den Westen nur einer in Höhe von 51%. Der Jugendquotient wird im Osten Deutschlands in diesem Zeitraum wieder auf 29% ansteigen, im Westen wird er voraussichtlich bei 31% liegen (BMI 2013, S. 97).[7] Dies hat bereits und wird auch in Zukunft vielfältige Herausforderungen und Konsequenzen für die ostdeutschen Gemeinden haben, die in Ausmaß und Intensität so in den westdeutschen Kommunen (noch) nicht anzutreffen sind.

7 Diese Durchschnittswerte werden noch dramatischer, wenn man berücksichtigt, dass die Bevölkerungszahl in den wenigen urbanen Zentren in Ostdeutschland seit Mitte der 2000er-Jahre stabil bleibt und sich somit der Abbau auf ländliche Regionen konzentriert.

Die Finanzlage und die demografische Entwicklung in den ostdeutschen Kommunen führte dazu, dass die eingangs schon thematisierten „nachholenden" Territorialreformen im Osten Deutschlands seit den 1990er-Jahren leider weniger nachhaltig waren und die Leistungsfähigkeit der Landes- bzw. Kommunalverwaltungen zumeist nur kurzzeitig stabilisiert haben (vgl. Wollmann 2010). Unter diesen Umständen ist der Druck in der Landespolitik, neue Anläufe zu kommunalen Gebietsreformen (und natürlich den damit verbundenen Funktionalreformen) zu unternehmen, in den ostdeutschen Ländern weiterhin deutlich größer als im Westen der Republik (Franzke 2013a, S. 13).

Die Anfang der 1990er-Jahre definierten Grundmodelle des Verwaltungsaufbaus in den ostdeutschen Ländern sind bislang trotz der beschriebenen vielfältigen gesellschaftlichen Wandlungsprozesse relativ stabil geblieben. Sachsen, Sachsen-Anhalt und Thüringen organisierten ihre Verwaltung dreistufig mit verschiedenen Formen staatlicher Mittelinstanzen. Brandenburg und Mecklenburg-Vorpommern als weniger dicht besiedelte Flächenländer entschlossen sich zu einem zweistufigen System ohne allgemeine staatliche Mittelinstanz.

In Sachsen, Sachsen-Anhalt und Brandenburg findet sich heute ein gemischtes Gemeindesystem von Einheitsgemeinden in urbanen Räumen und Verwaltungsgemeinschaften[8] in ländlichen Gebieten. Geht man – wie die ostdeutschen Landesregierungen – davon aus, dass sich leistungsstarke Gemeinden heute am besten in der Form der Einheitsgemeinde organisieren lassen, so kommt Sachsen, gefolgt von Thüringen und Brandenburg, diesem Idealmodell am nächsten. Durch teilweise mehrfache Reformen mit gesetzlichen Zusammenschlüssen von Gemeinden konnte in diesen Ländern die Gemeindestruktur optimiert werden. In Sachsen sind heute 55% der Gemeinden (236 von 432) als Einheitsgemeinden organisiert. In Sachsen-Anhalt bestehen gegenwärtig 218 Gemeinden, davon sind 104 verbandsfrei (48%). Die verbleibenden 114 Gemeinden sind in 18 Verbandsgemeinden organisiert. Von den 418 brandenburgischen Gemeinden sind 148 verbandsfreie Einheitsgemeinden (35%); die anderen 270 Gemeinden sind in 52 Ämtern zusammengeschlossen, denen durchschnittlich fünf Gemeinden angehören (Stand 1.1.2014).[9]

---

8 An dieser Stelle als Synonym für alle Formen von Ämtern und Verwaltungsgemeinschaften verwendet.

9 Siehe auch Angaben des Statistischen Bundesamtes http://de.wikipedia.org/wiki/Gemeinde_%28Deutschland%29.

Die Gemeindestruktur von Thüringen und Mecklenburg-Vorpommern ist bislang eher vom Festhalten an bisherigen Strukturen gekennzeichnet. Es dominieren Verwaltungsgemeinschaften; Einheitsgemeinden bilden eine kleine Minderheit. Freiwillige Gemeindezusammenschlüsse werden gefördert, dieses Instrument wird aber bislang wenig genutzt. Von den 849 Thüringer Gemeinden sind 150 als Einheitsgemeinden organisiert (18%). 601 Gemeinden haben sich zur Erledigung ihrer Verwaltungsgeschäfte in 69 Verwaltungsgemeinschaften zusammengeschlossen. Somit gehören durchschnittlich elf Gemeinden einer Verwaltungsgemeinschaft an.[10] In Mecklenburg-Vorpommern bestehen aktuell 757 Gemeinden, von denen 40 verbandsfrei sind (5%).

Die Konsequenzen der bisherigen kommunalen Gebietsreformen für die Gemeindestrukturen sind allerdings ambivalent. Die Gemeinden sind – trotz der Bevölkerungsverluste seit 1990 – größer, aber nicht homogener geworden. Die Standardabweichung von Radius und Einwohnerzahl hat überwiegend zugenommen (BBSR 2010, S. 8f.). Unter diesen Umständen bleiben Funktionalreformen und kommunale Gebietsreformen auf der Tagesordnung der Verwaltungsoptimierung in den ostdeutschen Ländern.

Fazit

In diesem Beitrag konnte gezeigt werden, dass der Transformationsprozess zur Wiederherstellung der kommunalen Selbstverwaltung im Osten Deutschlands bereits Mitte der 1990er-Jahre im Wesentlichen abgeschlossen war. In dieser kurzen Zeit gelang es auch auf kommunaler Ebene, die real-sozialistische Verwaltung in der DDR in eine „klassische europäische Verwaltung bundesdeutscher Prägung“ zu verwandeln. Dies vollzog sich in einer Mischung zwischen Anpassung und Eigendynamik. Werner Jann und Jörg Bogumil haben diesen Prozess auch für die Verwaltungspolitik folgendermaßen charakterisiert: Es handelt sich um

> „eine Anpassungskrise der ‚importierten Institutionen' in den neuen Bundesländern mit einer verschleppten Modernisierungskrise der politischen Institutionen der alten Bundesrepublik (kumuliert).“ (Bogumil/Jann 2009, S. 275)

Auf der Ebene der Verwaltung hat die Transformation in Ostdeutschland – wie in diesem Beitrag gezeigt werden konnte – kaum Innovationen mit

10 Eine Besonderheit in Thüringen sind die „erfüllende Gemeinden“. 39 Gemeinden, die keiner Verwaltungsgemeinschaft angehören, sind erfüllende Gemeinden für 98 weitere Gemeinden.

sich gebracht. Anders sieht es bei den Rahmenbedingungen der Kommunalpolitik aus. Ausgehend von Ostdeutschland entwickelte sich seit 1991

> „ein durchgehender Trend zur Reform der Kommunalverfassungen in Richtung süddeutscher Rat-Bürgermeisterverfassung (baden-württembergischer Prägung) mit einem direkt gewählten Bürgermeister und der Einführung von Bürgerbegehren und Bürgerentscheiden." (Bogumil/Holtkamp 2006, S. 44f.)

Hinzu kommen Elemente kooperativer Demokratie, wie z.B. die Runden Tische. Dies führte zu einer grundlegenden Ergänzung der die alte Bundesrepublik auch auf kommunaler Ebene prägenden repräsentativ-demokratischen Entscheidungsformen durch direktdemokratische Formen der Entscheidung.

Die Varianz kommunalrechtlicher Regelungen und kommunalpolitischer Praxis im Rahmen des bundesdeutschen Föderalismus ist mit den ostdeutschen Ländern größer geworden. Charakteristisch ist ein höherer Grad an Zentralisierung in diesen Ländern, was sich auch in einem geringeren Kommunalisierungsgrad öffentlicher Aufgaben niederschlägt. Die Rolle der Kommunen in der Landespolitik ist in diesen Ländern stark von einem *Prinzipal-Agent*-Verhältnis geprägt, welches die geringere lokale Autonomie und begrenzte Rolle lokaler Gebietskörperschaften in der Landespolitik zum Ausdruck bringt.

Dem Ziel einer – mit den westdeutschen Kommunen vergleichbaren – effizienten Aufgabenerledigung sind die ostdeutschen Kommunen in den letzten Jahren deutlich näher gekommen. Beim Personalbestand haben diese die Anpassung an den Durchschnitt der westdeutschen Flächenländer mittlerweile weitgehend vollzogen. Bei den Kommunalfinanzen hingegen leiden diese weiterhin strukturell unter deutlich geringeren Steuererträgen und einer flächendeckenden Zuweisungsabhängigkeit. Unter diesen Umständen wächst in Ostdeutschland seit Jahren die Kluft zwischen „armen" und „reichen" Kommunen.

Sowohl die Sicherung der Wettbewerbsfähigkeit als auch der Umgang mit den Schrumpfungs- und Alterungsprozessen der Bevölkerung bleiben die grundlegendem Herausforderungen im Osten Deutschlands, die in Ausmaß und Intensität so in den westlichen Ländern (noch) nicht flächendeckend anzutreffen sind.

Weitet man den naturgemäß eingeschränkten ostdeutschen Blickwinkel dieses Beitrages jedoch auf die gesamte Bundesrepublik, so kann man nicht umhin, der Einschätzung von Werner Jann (gemeinsam mit Jörg Bogumil) zu folgen, dass – auch und gerade in der öffentlichen Verwaltung – eine Transformation,

„verstanden als Prozess der Modernisierung überkommener Institutionen (...) im Osten wie im Westen auf der Tagesordnung (steht). Es spricht vieles dafür, dass das Zusammentreffen beider Transformationsprozesse sich auf Dauer eher als Chance denn als Belastung erweisen wird." (Bogumil/ Jann 2009, S. 275)

Literatur

Andersen, U./Woyke, W. (2013): Handwörterbuch des politischen Systems der Bundesrepublik Deutschland. Heidelberg

Benzler, S./Bullmann, U./Eißel, D. (Hg.) (1995): Deutschland-Ost vor Ort. Anfänge der lokalen Politik in den neuen Bundesländern. Opladen

Bertelsmann-Stiftung (Hg.) (2013): Kommunaler Finanzreport 2013 (Internet: http://www.kommunaler-finanzreport.de/kommunaler-finanzreport-2013.pdf)

Bertram, H./Kreher, W./Müller-Hartung, I. (Hg.) (1998): Systemwechsel zwischen Projekt und Prozeß. Analysen zu den Umbrüchen in Ostdeutschland. Opladen

Bertram, H./Kollmorgen, R. (Hg.) (2001): Die Transformation Ostdeutschlands. Berichte zum sozialen und politischen Wandel in den neuen Bundesländern, Opladen

Bogumil, J./Jann, W. (2009): Verwaltung und Verwaltungswissenschaft in Deutschland: Einführung in die Verwaltungswissenschaft. Wiesbaden

Bogumil, J./Holtkamp, L. (2006): Kommunalpolitik und Kommunalverwaltung. Eine policy-orientierte Einführung. Wiesbaden

Büchner, Ch./Franzke, J. (2001): Kreisgebietsreform in Brandenburg: Leitbild, Implementation und eine Zwischenbilanz nach sechs Jahren. – In: Edeling, Th./Jann, W./Wagner D.: Reorganisationsstrategien in Wirtschaft und Verwaltung (Schriftenreihe „Interdisziplinäre Organisations- und Verwaltungsforschung"; Bd. 5). Berlin, S. 229–244

BBSR (2010): Gebietsreformen – politische Entscheidungen und Folgen für die Statistik (BBSR-Berichte KOMPAKT, 6/2010, hier S. 8f.). Bonn

BMI (2013): Jahresbericht der Bundesregierung. Berlin

Czada, R. (1998): Das Prinzip „Rückgabe". Die Tragweite des Eigentums. Tübingen

Derlin, H.-U. (1998): Elitenzirkulation in Ostdeutschland 1989–1995 In: Aus Politik und Zeitgeschichte, B 5, S. 3–17

Derlien, H.-U. (Hg.) (2001): Zehn Jahre Verwaltungsaufbau Ost – eine Evaluation. Baden-Baden

Deutscher Städtetag (2013): Gemeindefinanzbericht 2013

Eisen, A./Wollmann, H. (Hg.) (1996): Institutionenbildung in Ostdeutschland. Zwischen externer Steuerung und Eigendynamik. Opladen

Franzke, J. (2013a): Funktional- bzw. Gebietsreformen und kommunale Leistungsfähigkeit. Einführende Problemskizze. In: Bauer, H./Büchner, C./Franzke, J. (Hg.):

Starke Kommunen in leistungsfähigen Ländern. Der Beitrag von Funktional- und Territorialreformen (KWI Schriften, Bd. 7). Potsdam, S. 11–26

Franzke, J. (2013b): Changes and Challenges of Local Government Autonomy in Germany (Paper presented at EGPA Annual Conference 2013 in Edinburgh; not published)

Grunow, D. (1996): Verwaltungstransformation zwischen politischer Opportunität und administrativer Rationalität: eine empirische Untersuchung der Verwaltungshilfe für Brandenburg. Bielefeld

Fischer, L./Blumberg, W./Froese, W./Riesenkönig, M. (1999/2000): Die professionelle Orientierung von Alt- und Neupersonal in den Kommunalverwaltungen Brandenburgs und Sachsens. In: Verwaltung und Management, 5/1999, S. 260–265; 6/1999, S. 368–374; 1/2000, S. 48–56

Freitag, M./Vatter, A. (2008): Die Demokratien der deutschen Bundesländer: Politische Institutionen im Vergleich. Opladen/Famington Hills

Holst, C. (1991): Ein Jahr Umfragen in den Neuen Bundesländern – Themen und Tendenzen. Berlin: Wissenschaftszentrum Berlin für Sozialforschung (WZB), discussion paper p 91-102

Jann, W. (2001): Leistungsfähigkeit der Landesverwaltung. In: Derlien, H.-U. (Hg.): Zehn Jahre Verwaltungsaufbau Ost – eine Evaluation (Schriftenreihe der Deutschen Sektion des Internationalen Instituts für Verwaltungswissenschaften, Bd. 27). Baden-Baden

Jann, W./Franzke, J. (1996): Zukünftige Organisation und Aufgabenverteilung im Bereich der Agrarverwaltung. Gutachten im Auftrag des MELF. Potsdam: Universität Potsdam, S. 160 (unveröffentlichtes Manuskript)

Jann, W./Reichard Ch./Wollmann, H. (1995): Thesen zu den künftigen Verwaltungsstrukturen eines gemeinsamen Bundeslandes Berlin-Brandenburg sowie der Metropole Berlin. In: Verwaltungsorganisation, Heft 12, S. 6–9

Jann, W. (Hg.) (1997): Berlin-Brandenburg Chancen der Erneuerung von Landesverwaltungen. Berlin (Schriftenreihe des Kommunalwissenschaftlichen Instituts der Universität Potsdam, Bd. 2)

Jann, W./Reichard, Ch. (1997): Managementreformen kommen voran. Erste Zwischenbilanz der wissenschaftlichen Begleitforschung in den Modellkommunen. In: Brandenburg Kommunal, Nr. 20, S. 7–10

Jann, W./Reichard, Ch./Maaß, C./Wollmann, H. (1997): Kriterien einer modernen Kommunalverfassung. Erfordernisse einer Novellierung der brandenburgischen Rechtsvorschriften. In: VOP, Heft 5, S. 9–13

KfW-Research (2014): KfW-Kommunalpanel, Mai 2014

Kleinfeld, R. (1996): Kommunalpolitik in Ostdeutschland im Übergang. In: Kleinfeld, R.: Kommunalpolitik. Eine problemorientierte Einführung, Opladen, S. 250–263

König, K./Heimann, J. (1998): Sieg des Üblichkeitsprinzips. In: Czada, R./Lehmbruch, G. (Hg): Transformationspfade in Ostdeutschland. Beiträge zur sektoralen Vereinigungspolitik (Schriften aus dem MPI für Gesellschaftsforschung, 32). Frankfurt/M., New York, S. 87–112

König, K. (Hg.) (1991): Verwaltungsstrukturen der DDR. Baden-Baden

König, K. (1992): Zur Transformation einer real-sozialistischen Verwaltung in eine klassisch-europäische Verwaltung (Speyerer Forschungsberichte, Nr. 99). Speyer

König, K./Heimann, J. (1996): Aufgaben- und Vermögenstransformation in den neuen Bundesländern. Baden-Baden

König, K./Schuppert, F. G./Heimann, J. (Hg.) (1994): Vermögenszuordnung. Aufgabenkonzentration in den neuen Bundesländern (Verwaltungsorganisation, Staatsaufgaben und Öffentlicher Dienst, Bd. 29). Baden-Baden

Künzel, W. (2010): Kommunalpolitik in Brandenburg. In: Kost, A./Wehling, H.-G. (Hg.): Kommunalpolitik in den deutschen Ländern. Eine Einführung. Wiesbaden, S. 79–119

Kuhlmann, S. (2009): Politik- und Verwaltungsreform in Kontinentaleuropa. Subnationaler Institutionenwandel im deutsch-französischen Vergleich. Baden-Baden

Lehmbruch, G. (Hg.) (1995): Einigung und Zerfall. Deutschland nach dem Ende des Ost-West-Konflikts. Opladen

Lorenz, A./Anter, A./Reuter, W. (2012): Schlüsselentscheidungen und Entwicklungspfade der politischen Transformation und Entwicklung in Brandenburg im Vergleich zu den anderen neuen Ländern. Politikwissenschaftliches Gutachten für die Enquetekommission 5/1 „Aufarbeitung der Geschichte und Bewältigung der Folgen der SED-Diktatur und des Übergangs in einen demokratischen Rechtsstaat im Land Brandenburg“ des Landtages Brandenburg. Potsdam

Lorenz, S. (1999): Kommunaler Elitenwandel: Rekrutierung, Zusammensetzung und Qualifikationsprofil des lokalen administrativen Führungspersonals in Ostdeutschland. In: Hornbostel, S. (Hg.): Sozialistische Eliten: Horizontale und vertikale Differenzierungsmuster in der DDR. Opladen, S. 85–105

Martens, B./Vogel, L./Gerstenhauer, D. (2012): Eliten in Politik und Wirtschaft im wiedervereinigten Deutschland (SFB 580-Mitteilung, Heft 39). Jena

Meyer, H. (2013): Gebiets- und Funktionalreformen des letzten Jahrzehnts. In: Zeitschrift für Gesetzgebung, S. 264–291

Reiners, M. (2008): Verwaltungsstrukturreformen in den deutschen Bundesländern. Wiesbaden

Richter, M. (1998): Zwischen Konzernen und Kommunen: Die Strom- und Gaswirtschaft. In: Czada, R./Lehmbruch, G. (Hg.): Transformationspfade in Ostdeutschland. Beiträge zur sektoralen Vereinigungspolitik (Schriften aus dem MPI für Gesellschaftsforschung, 32). Frankfurt/M., New York, S. 113–144

Robert Bosch Stiftung (Hg.) (2009): Demografieorientierte Personalpolitik in der öffentlichen Verwaltung (Studie der Prognos AG im Auftrag der Robert Bosch Stiftung)

Rosenfeld, M. T. W. (2010): Kommunalfinanzen in Ostdeutschland – Entwicklung, strukturelle Probleme und mögliche Lösungsansätze. IWH Halle

Seibel, W. (1996): Verwaltungsaufbau in den neuen Bundesländern. Zur kommunikativen Logik staatlicher Institutionenbildung. Berlin

Seibel, W. (2005): Verwaltete Illusionen: die Privatisierung der DDR-Wirtschaft durch die Treuhandanstalt und ihre Nachfolger 1990–2000. Frankfurt/M. u.a.O.

Statistisches Landesamt Rheinland-Pfalz (Hg.) (2007): Index der kommunalen Finanzausstattung. Ein länderübergreifender Vergleich der Finanzausstattung der Kommunen (Statistische Analysen, 5). Bad Ems

Vetter, A. (2010): Germany. In: Goldsmith, Michael J./Page, Edward C. (eds.): Changing Government Relations in Europe. From Localism to Intergovernmentalism. Oxford, New York, S. 88–107

Wegrich, K./Jaedicke, W./Lorenz, S./Wollmann, H. (1997): Kommunale Verwaltungspolitik in Ostdeutschland. Basel u.a.O.

Wollmann, H. (1991): Kommunalpolitik und -verwaltung in Ostdeutschland: Institutionen und Handlungsmuster im „paradigmatischen" Umbruch. Eine empirische Skizze. In: Blanke, B.: Lokale Politik und lokale Politikforschung. (Politische Vierteljahresschrift, Sonderband 22). Opladen, S. 237ff.

Wollmann, H. (1996): Institutionenbildung in Ostdeutschland: Neubau, Umbau und „schöpferische Zerstörung". In: Kaase, M./Eisen, A./Gabriel, O. W./Niedermayer, O./Wollmann, H. (Hg.): Politisches System. Opladen, S. 47–153

Wollmann, H./Derlien, H.-U./König, K./Renzsch, W./Seibel, W. (Hg.) (1997): Transformation der politisch-administrativen Strukturen in Ostdeutschland. Opladen

Wollmann, H. (2010): Territorial local level reforms in East German Regional States (Länder). In: Local Government Studies, Vol. 36/No. 2, S. 249–268.

Märkische Kommunen im stetigen Wandel

Christian Maaß

Hinführung

Von den drei Trends, die die Entwicklung der Brandenburgischen Kommunen in den letzten 25 Jahren bestimmten, begründen vor allem die (Aufbau-)Leistungen der Bereiche technische Infrastruktur, Umweltschutz und Stadtentwicklung den neuen Stolz der märkischen Städte, Gemeinden und Landkreise. Im Rückblick auf den schlechten Zustand der Kommunen und ihrer Infrastruktur zum Ende der DDR kann das Erreichte nicht hoch genug eingeschätzt werden. Nicht weniger bedeutend waren die politisch-administrativen Veränderungen im Zuge der friedlichen Revolution und Wiedervereinigung. Die Stichworte sind freie Wahlen, Wiederbegründung der kommunalen Selbstverwaltung und der Länder, die Übernahme und partielle Anpassung des bundesdeutschen Rechtssystems sowie zahlreiche Reform- und Modernisierungsprozesse, wie die Ämterbildung und die Kreisgebietsreform (vgl. Jann 1997, S. 53ff; siehe auch den Beitrag von *Jochen Franzke* in diesem Band).[1] Wobei diese Veränderungen in der öffentlichen Wahrnehmung nicht im gleichen Umfang gewürdigt werden wie die in Stein gemeißelten Ergebnisse der Deutschen Einheit. Hinzu kam ein intensiver und mit hohem Tempo ablaufender Transformationsprozess der wirtschaftlichen, sozialen und demografischen Verhältnisse. Im Zuge dieser Entwicklung wurden ganze Industriestandorte über Nacht stillgelegt bzw. die Zahl der Arbeitsplätze drastisch reduziert. Es verschwand nicht nur der größte Teil der in der DDR errichteten Betriebe, sondern es wurden seit der zweiten Hälfte des 19. Jahrhunderts gewachsene Standorte geschlossen.

Wer indessen davon ausgeht, die Phase der Veränderungen sei nach nunmehr 25 Jahren abgeschlossen, der irrt. Brandenburg erlebt auch zukünftig einen demografischen Wandel – mit anhaltenden Bevölkerungsverlusten

1 Die Bedeutung und Intensität der Veränderungen wurde auch dadurch nicht geschmälert, dass die von den meisten Akteuren aus Politik und Verwaltung angestrebte „Krönung" des Transformationsprozesses – die Fusion der Länder Berlin und Brandenburg – aufgrund der Ablehnung der Mehrheit der Brandenburger im Volksentscheid am 5. Mai 1996 scheiterte. Viele Verwaltungswissenschaftler hatten sich für diese Länderfusion stark gemacht. (Siehe http://www.berliner-zeitung.de/archiv/wissenschaftler-machen-sich-fuer-laenderfusion-stark,10810590,8914454.html, zu den administrativen Anforderungen an das neue Bundesland vgl. Jann et al. 1995, S. 6ff.).

in der Peripherie und gleichzeitig Wachstum des Berliner Umlands. Darüber hinaus wird die Bevölkerung altern und in der Folge die Zahl der Beschäftigten stark zurückgehen. In einigen Teilen des Landes „reduziert sich die Anzahl der Erwerbstätigen sogar auf die Hälfte!“ (Landtag Brandenburg 2013, S. 1)

> „In den nächsten Jahren wird sich zudem die finanzielle Ausstattung des Landes und der Kommunen dauerhaft verschlechtern. Ein Rückgang auf der Einnahmeseite (Auslaufen des Solidarpaktes II Ende 2019, Rückgang der EU-Strukturfondsmittel, Abschmelzung des Länderfinanzausgleichs und die in der Verfassung verankerte Schuldenbremse) geht mit demografiebedingten Anpassungsaufwendungen (Rückbau von Infrastruktur, steigende Pensionen) einher.“ (Landtag Brandenburg 2011, S. 3)

Beide Prozesse erzeugen einen erneuten Reformdruck auf kommunaler Ebene. Darüber bestand 2011 im Landtag Brandenburg eine seltene fraktionsübergreifende Einigkeit. Diese mündete im Einsetzungsbeschluss der Enquete-Kommission „Kommunal- und Landesverwaltung – bürgernah, effektiv und zukunftsfest – Brandenburg 2020“[2] (vgl. Landtag Brandenburg 2013).

Insofern bilden sowohl der zeitliche Ablauf von mehr als einem Vierteljahrhundert seit der friedlichen Revolution als auch der vom Landtag manifestierte Reformbedarf den Rahmen für die folgenden Ausführungen. Die bisherigen und aktuellen Entwicklungen der kreisangehörigen Städte und Gemeinden Brandenburgs werden beschrieben und analysiert. Die kreisfreien Städte und Landkreise[3] werden nur insoweit thematisiert, wie dies Schlüsse auf den kreisangehörigen Raum zulässt.

---

2 Dies war bereits die zweite Enquete-Kommission des Landtages in diesem Politikfeld. Kurz vor Ende der 2. Wahlperiode hatte im April 1999 die Enquetekommission 2/1 „Gemeindegebietsreform im Land Brandenburg“ (Landtag Brandenburg 1999) ihren Abschlussbericht vorgelegt.

3 Zu diesem Thema hat sich die Kommission eindeutiger positioniert als zu den kreisangehörigen Städten und Gemeinden: „Die Enquete-Kommission sieht gerade mit Blick auf die Entwicklungen der Bevölkerungszusammensetzung die Notwendigkeit einer erneuten landesweiten Kreisgebietsreform. Ohne eine Veränderung der Kreisgebiete wird es künftig nicht möglich sein, die Verwaltungsaufgaben effizient und effektiv wahrzunehmen. Sie empfiehlt die Reduzierung der bestehenden 14 Landkreise auf sieben bis zehn Landkreise. Sie empfiehlt zugleich die Prüfung der Effekte für die Städte Brandenburg an der Havel, Cottbus und Frankfurt (Oder), wenn sie Landkreisen angehören.“ (Landtag Brandenburg 2013, S. 2) In ihrem von der Sozialdemokratischen Gemeinschaft für Kommunalpolitik im Land Brandenburg (SGK) e.V. veröffentlichten „Szenario für die Anpassung der Strukturen der Landkreise und amtsfreien Gemeinden sowie Ämter des Landes Brandenburg“ plädieren Maaß, Sempf und Siegel für ein Modell mit

Da der Landtag und die Landesregierung die für die Kommunen zentralen Entscheidungen treffen, dienen in diesem Beitrag die jeweiligen Landtagswahlperioden und Koalitionen auf der Landesebene als zeitliches Raster der Darstellung. Dabei soll zugleich auf die Frage eingegangen werden, wie politische Akteure in den Kommunen und auf der Landesebene mit diesem andauernden Reformdruck umgehen und welche Strategien sie dabei entwickeln.

Der demografische Wandel wurde als ein wichtiger Reformtreiber benannt. Wenn zukunftsfeste Modelle für die Kommunen in Brandenburg zu entwickeln sind, ist eine vorbehaltlose Berücksichtigung der Bevölkerungsentwicklung unerlässlich. In diesem Sinne werden in diesem Text wesentliche Trends exemplarisch aufgegriffen. Den Text beschließt ein Ausblick auf die kommenden Jahre.

An dieser Stelle bietet sich mir die Gelegenheit, mich bei Werner Jann für die erfahrene Unterstützung zu bedanken. Dabei soll hier vor allem die von ihm gelebte Interdisziplinarität hervorgehoben werden, die viele Projekte erst ermöglicht sowie Studierenden und Mitarbeitern wichtige Impulse gegeben hat. Sie ist zugleich eine der tragenden Säulen des Verwaltungswissenschaftsstandortes Potsdam. Darüber hinaus möchte ich darauf hinweisen, dass Werner Jann mehr als zwanzig Jahre in und für das Land Brandenburg gewirkt hat.

Brandenburg zwischen Wandel und Stabilität

Aufbruch im Zeichen der Ampel (1990 bis 1994)

Trotz oder vielleicht gerade aufgrund der besonderen Bedingungen der ersten Wahlperiode von 1990 bis 1994 sind wesentliche verwaltungspolitische Entscheidungen des ersten Landtages und der ersten Landesregierung immer noch prägend für Brandenburg. Bis zum Frühjahr 1994 wurde die Landesregierung von einer Ampel-Koalition gebildet (SPD, Bündnis 90, FDP).[4]

Folgende strukturelle Entscheidungen besitzen noch immer Gültigkeit:

---

elf Landkreisen. Für Brandenburg an der Havel, Cottbus und Frankfurt (Oder) wird die Einkreisung vorgeschlagen (http://www.bundes-sgk.de/spd-webapp/servlet/elementblob/12108212/content).

4 Im Zuge der Diskussion über eine unterstellte Mitarbeit bei der Staatssicherheit der DDR des Ministerpräsidenten Dr. Manfred Stolpe verließen Teile von „Bündnis 90“ die Landeregierung.

- Bereits der Koalitionsvertrag aus dem Herbst 1990 sah die Zweistufigkeit der Verwaltung vor (Ziel 1995, S. 1).
- Für die Städte und Gemeinden im kreisangehhörigen Raum bietet das Kommunalrecht Brandenburgs mit dem *Amt* und der *amtsfreien Gemeinde* (Einheitsgemeinde) zwei Modelle. Die 1990 vorhandene kleinteilige Struktur verlangte tiefgreifende Veränderungen zur Schaffung leistungsfähiger kommunaler Verwaltungen. Brandenburg bestand zu diesem Zeitpunkt aus 1.793 Städten und Gemeinden, von denen 1.169 weniger als 500 Einwohner hatten. In diesen Kleingemeinden bildeten der hauptamtliche Bürgermeister und eine Sekretärin „die Verwaltung". Den Anforderungen einer modernen und leistungsfähigen kommunalen Selbstverwaltung konnten sie nicht gerecht werden (Ziel, 1995 S. 1ff.; 2014).[5] Aus diesem Grund wurden im Land Brandenburg die Ämter nach dem Vorbild Schleswig-Holsteins eingeführt, die mehrere Gemeinden zusammenfassten und für diese die Aufgaben der hauptamtlichen Verwaltung übernahmen. Zudem wurden ihnen die Pflichtaufgaben zur Erfüllung nach Weisung übertragen. Die amtsangehörigen Gemeinden behielten ihre kommunalrechtliche Selbständigkeit, verfügten weiterhin über eine Gemeindevertretung und einen ehrenamtlichen Bürgermeister. Die Ämter sollten die Selbstverwaltungsorgane der amtsangehörigen Gemeinden unterstützen und in deren Auftrag tätig werden (Landtag Brandenburg 1997, S. 7).

  Zum Zeitpunkt der Kommunalwahl 1993 bestanden in Brandenburg 158 Ämter sowie 56 amtsfreie Städte und Gemeinden. Hinzu kamen vier kreisfreie Städte. Das waren insgesamt 218 hauptamtliche Kommunalverwaltungen für 2,53 Millionen Einwohner. Im Vergleich mit Nordrhein-Westfalen, welches mit mehr als 17,6 Millionen Einwohnern „nur" 396 Gemeindeverwaltungen hatte, war diese Ausstattung üppig. Die 2003 abgeschlossene Gemeindegebietsreform hat diese Zahl kaum reduziert, noch immer gibt es 196 hauptamtliche Kommunalverwaltungen. Hinzu kommen die vier kreisfreien Städte.

  Die kreisliche Ebene wird seit der Reform 1993 von 14 Landkreisen gebildet. Vorher bestand Brandenburg aus 38 Landkreisen und sechs kreisfreien Städten. Von den Landkreisen sind acht als Sektoralkreise auf Berlin ausgerichtet. Diese weisen im Gegensatz zu den sechs Krei-

5 Der aufgrund der großen Zahl der Städte und Gemeinden bestehende und mit ganz praktischen Herausforderungen verbundene Abstimmungsbedarf zwischen den Landkreisen und ihren kreisangehörigen Kommunen – trotz der geringen Größe der Landkreise gab es teilweise bis zu 50 kreisangehörige Kommunen – illustriert die bis zur Ämterbildung für Brandenburg typische Situation (Richter 2014).

sen, die ausschließlich im Berlin fernen Raum liegen, eine weitgehend stabile Entwicklung auf.

- Auf der Kommunalverfassung des Jahres 1993 beruhend werden die hauptamtlichen Bürgermeister direkt gewählt und die Amtsdirektoren indirekt bestimmt. Anders als im süddeutschen Raum sind die hautamtlichen Bürgermeister jedoch nicht Vorsitzende der Vertretung (Stadtverordnetenversammlung und Gemeindevertretung)[6] und ihrer Fachausschüsse. Wenn der hauptamtliche Bürgermeister auch in den folgenden Jahren in seiner Stellung gestärkt wurde[7], verbleibt doch ein großer Gestaltungsspielraum bei den Gemeindevertretungen und Stadtverordnetenversammlungen. Zudem können hauptamtliche Bürgermeister von den Bürgern während ihrer Amtsperiode abgewählt werden. Wurde die Abwahl auch durch die Erhöhung der notwendigen Quoren erschwert, ist sie weiterhin möglich und findet statt. Die Kommunalverfassung Brandenburgs bietet zudem traditionell einen umfangreichen Katalog an Beteiligungsmöglichkeiten für die Bürger. Die hauptamtlichen Bürgermeister und Amtsdirektoren sind nicht für die Kreistage wählbar.
- Mit dem Funktionalreformgrundsätzegesetz (FRGGBbg) vom 30. Juni 1994 schuf Brandenburg die Basis für eine weitreichende Übertragung öffentlicher Aufgaben auf die Kommunen des Landes.

Die Zeit der absoluten Mehrheit der SPD (1994 bis 1999)

Das Reformtempo der ersten Jahre konnte nicht gehalten werden, das Reformklima kühlte sich in dieser Zeit deutlich ab. Es waren Jahre der Stabilisierung, Normalisierung und Verfestigung parteipolitischer Gegensätze. Dafür gab es ein Bündel von Ursachen. Zum einen kam der engere Transformationsprozess in Ostdeutschland insgesamt zum Abschluss (siehe dazu den Beitrag von *Jochen Franzke* in diesem Band). Zum anderen gab es in Brandenburg spezifische Trends und Entwicklungen, die sich zum Teil noch gegenseitig verstärkten.

Für die Landesregierung und die sie tragende Partei war dabei der 5. Mai 1996 ein zentrales Datum: Bei einer Wahlbeteiligung von 66,38% stimmten 62,7% der Brandenburger gegen die Fusion mit Berlin. Die Ablehnung wog umso schwerer, da für die Zustimmung mit einer aufwendi-

6 Dies gilt analog für die Landräte in den Kreistagen.

7 Die Kommunalverfassung des Jahres 2007 eröffnet beispielsweise die Möglichkeit, den hauptamtlichen Bürgermeister zum Vorsitzenden des Hauptausschusses per Beschluss in der ersten Sitzung der Gemeindevertretung oder durch Wahl aus der Mitte des Hauptausschusses zu bestimmen.

gen Kampagne geworben wurde, in die sich insbesondere Ministerpräsident Dr. Manfred Stolpe eingebracht hatte. Spätestens nach dieser deutlichen Abstimmungsniederlage fehlte der Mut zu tiefgreifenden Reformen.

Weniger öffentlichkeitswirksam, im Ergebnis jedoch von großer verwaltungspolitischer Bedeutung, war der sich in den Ministerien zunehmend formierende Widerstand gegen die Fortführung der Funktionalreform.

Wurden im ersten Landtag zahlreiche Gesetze mit Stimmen aus der Opposition verabschiedet, dominierten nun Voten streng entlang der Grenzen der Fraktionsdisziplin. Dazu trug auch bei, dass es nach dem Ausscheiden von Bündnis 90 und der FDP im neuen Drei-Fraktionen-Landtag weniger taktische Optionen für eine temporäre Zusammenarbeit in Sachfragen gab. Darüber hinaus steuerte die CDU spätestens mit der Übernahme des Landesvorsitzes durch Jörg Schönbohm einen harten Oppositionskurs, der Kompromisse in Strukturfragen ausschloss. Gemäß „klassischen" Verhaltensmustern wurden Vorschläge der Mehrheitsfraktion und der Regierung in wichtigen Fragen grundsätzlich abgelehnt.

Gleichzeitig wehrten sich Teile der kommunalpolitischen Akteure gegen eine Nachsteuerung bei kleinen Gemeinden und Ämtern. Dass es einen erneuten Veränderungsbedarf im kreisangehörigen Raum gab, wurde vom Innenminister bereits wenige Jahre nach der Ämterbildung artikuliert. Doch trotz einer von der Landesregierung festgestellten „objektive[n] Notwendigkeit des Zusammenschlusses kleinerer Gemeinden" (Landtag Brandenburg 1997, S. 7) konnte sich die SPD nicht zu einer erneuten Reform im kreisangehörigen Raum entschließen. Als Kompromiss wurde – wie schon erwähnt – auf gemeinsamen Antrag der Fraktionen SPD und PDS im Mai 1997 die Enquete-Kommission „Gemeindegebietsreform im Land Brandenburg" eingesetzt, die ihre Ergebnisse im April 1999 kurz vor Ende der Legislaturperiode 1999 vorlegte. Die CDU hat sowohl die Einsetzung der Kommission als auch ihre Beschlussempfehlungen abgelehnt. Dabei waren diese – im Rückblick – sehr moderat. Sie bezogen sich ausschließlich auf den kreisangehörigen Raum. Aussagen zur Einkreisung von kreisfreien Städten gab es nicht. Für die Landkreise wurde die explizite Empfehlung ausgesprochen, ihre Zuschnitte nicht zu verändern (Landtag Brandenburg 1999, S. 10).

Die Enquete-Kommission griff in ihrem Abschlussbericht die noch heute aktuelle Frage auf, wie die lokale Demokratie und bürgerschaftliches Engagement sowie eine möglichst große kommunale Autonomie bewahrt und gefördert werden können. Zugleich sollte eine unter Beachtung der konkreten brandenburgischen Rahmenbedingungen (große Flächen, eine außerhalb des Umlandes von Berlin geringe Bevölkerungsdichte und eine angespannte kommunale Finanzlage) effektive und effiziente Kommunalverwaltung organisiert werden. Dabei stand und steht die Einheitsgemeinde für die stärkste Form der Zentralisierung bei gleichzeitig hoher Effizienz. Verbandliche Modelle hingegen sind dezentralisierter. Sie weisen aber Effizienznachteile auf (siehe Reichard et al. 1999). Vor der Herausforderung, dieses Spannungsfeld aufzulösen, stand und steht nicht nur das Land Brandenburg.

Im Ergebnis schloss die Enquete-Kommission eine flächendeckende gesetzliche Gemeindegebietsreform aus und erarbeitete mit der Brandenburgischen Amtsgemeinde ein Modell, das das Amt weiterentwickelte. Dabei wurde auf die Samt- (Niedersachsen) und vor allem die Verbandsgemeinde (Rheinland-Pfalz) zurückgegriffen.

Letztendlich wurden die Empfehlungen der Kommission nicht umgesetzt. Sie fielen der politischen Auseinandersetzung vor und nach den Wahlen des Jahres 1999 „zum Opfer" (vgl. Maaß 2006, S. 17ff.).

Zentrale verwaltungspolitische Vorhaben – zumal, wenn sie mit strukturellen Veränderungen im kommunalen Bereich einhergehen – müssen in der ersten Hälfte der jeweiligen Legislaturperioden beschlossen werden. Sonst werden sie zum Spielball der Parteien in den Landtagswahlkämpfen. Die Erkenntnis scheint trivial. Sie wurde aber in Brandenburg in zwei wichtigen Fällen bestätigt.

Weder eine „objektiv" vorhandene Reformnotwendigkeit noch vom Parlament erarbeitete Lösungsvorschläge können diese Logik außer Kraft setzen. In beiden Fällen leistete die oppositionelle CDU Widerstand gegen konkrete Veränderungen der kommunalen Strukturen. Die PDS (später in *Die Linke* umbenannt) beteiligte sich an der Modellentwicklung im Rahmen der Enquete-Kommission, setzte in der politischen Auseinandersetzung vor allem aber auf freiwillige Zusammenschlüsse. In der SPD gab es jeweils Impulse für intensivere Reformen, die sich jedoch nicht gegen die Mehrheit in der Partei durchsetzen konnten. Der Opposition soll(t)en bei dem ungeliebten Thema „kommunale Gebietsreform" keine Angriffspunkte im Wahlkampf geliefert werden.

Eine fachliche Rehabilitation erfuhren wesentliche Überlegungen und Vorschläge der ersten Kommission allerdings doch. Der Abschlussbericht der zweiten Enquete-Kommission sprach sich ebenfalls für die Weiterentwicklung des Amts zur „Brandenburgischen Amtsgemeinde" aus.

Die Jahre von 1994 bis 1999 können auch als Hochphase der Debatte um die Binnenmodernisierung der Kommunen bezeichnet werden. Die Modernisierungsanstrengungen wurden weitgehend vom Neuen Steuerungsmodell (NSM) der Kommunalen Gemeinschaftsstelle (KGSt) geprägt. Das Buschfeuer des NSM (Reichard 1994, S. 7) richtete – trotz der oft trockenen Kiefernwälder – in den Kommunen Brandenburgs wenig „Schäden" an. Es wurde kaum implementiert.

Dies gilt trotz einer anfangs ambitionierten und aus der Verwaltungswissenschaft unterstützten Initiative des Innenministeriums (Jann 1997, S. 61ff.), die jedoch letztendlich ins Leere lief.[8] Acht Modellkommunen wurden bei ihren Reformen finanziell unterstützt. Zusätzlich wurde eine wissenschaftliche Begleitforschung unter der Leitung der Professoren Jann, Reichard und Wagner installiert (vgl. Jann/Reichard 1997, S. 7ff.), die die Ergebnissicherung und den Wissenstransfer für die Kommunen des Landes übernahm (vgl. Maaß/Reichard 1998, S. 267ff.; Maaß 1998). Von wenigen Ausnahmen abgesehen, gab es keine weiteren NSM-Kommunen im Land und selbst bei den Modellkommunen wurden die Reformprojekte nur teilweise umgesetzt.

Die Große Koalition (1999 bis 2009)

Einen neuen verwaltungspolitischen Anlauf unternahm das Land Brandenburg in der Zeit der Großen Koalition (3. und 4. Wahlperiode 1999 bis 2004 bzw. 2004 bis 2009). Den stärksten Eingriff in die kommunalen Strukturen bildete dabei die 2003 abgeschlossene flächendeckende gesetzliche Gemeindegebietsreform: Ungeachtet intensiver Auseinandersetzungen und einem erheblichen Widerstand in allen Landesteilen wurden die 1.479 Gemeinden des Jahres 1999 zu 421 (im Jahr 2004) zusammengelegt. Wesentliche Empfehlungen der Enquete-Kommission wurden dabei bewusst verworfen (beispielsweise wurde das Amt nicht weiterentwickelt).[9]

Zur Reduzierung der Zahl der selbständigen kommunalen Körperschaften wurden verschiedene Wege gewählt. Amtsfreie Gemeinden wurden zulasten des Amtes bevorzugt. So wurden nicht nur die Ämter im Umland von Berlin[10], sondern in der Fläche des Landes auch die Ämter mit weniger als 5.000 Einwohnern in amtsfreie Gemeinden umgewandelt. Darüber hinaus wurden die bisherigen Ämter der Typen 2 und 3 sowie die Kragenämter aufgelöst.[11] In all diesen Fällen wurden die bisher amtsange-

8 Auch auf Seiten des Innenministeriums fehlte nach dem Wechsel in der zuständigen Abteilungsleitung bei weiter aktiver Unterstützung der Fachebene der notwendige Reformwille.

9 Nach der harten Ablehnung der Enquete-Kommission und ihrer Ergebnisse durch die CDU konnte – ihr Vorsitzender und nach der Koalitionsbildung Innenminister und stellvertretender Ministerpräsident – Jörg Schönbohm wohl schon aus Gründen der Gesichtswahrung keinen anderen Reformpfad einschlagen.

10 Dieses Prinzip wurde bis auf eine Ausnahme (Amt Spreenhagen im Landkreis Oder-Spree) konsequent angewendet. Zur Begründung der „atypischen Konstellation“ vgl. VerfGBbg 255/03, Beschluss vom 09.02.2006.

11 Die Mehrzahl der Ämter wurde nach § 2 Abs. 1 der Amtsordnung vom 15. Oktober 1993 gegründet: „Das Amt richtet zur Durchführung seiner Aufgaben in der

hörigen Gemeinden zu neuen amtsfreien Gemeinden zusammengeschlossen oder einer amtsfreien Gemeinde angegliedert. Vereinzelt wurden amtsangehörige Gemeinden in kreisfreie Städte eingegliedert. Das Verhältnis von Ämtern zu amtsfreien Gemeinden kehrte sich so um: Die Zahl der Ämter sank von 158 auf 52, die Zahl der amtsfreien Gemeinden stieg von 56 auf 144.

Blieben die Ämter bestehen, so wurde die Zahl der Gemeinden durch ihre Zusammenlegungen innerhalb der Ämter reduziert. Die ursprünglich entstandenen Ämter waren kleinteilig und wiesen durchschnittlich elf Mitgliedsgemeinden auf. Bei einer Mindestzahl von drei lag der Spitzenwert bei 22 amtsangehörigen Gemeinden (vgl. Landtag Brandenburg 1999, S. 12). Während die Untergrenze von drei beibehalten wurde, wurde die Obergrenze auf sechs Mitgliedgemeinden reduziert. Dies führte zu zahlreichen weiteren Gemeindefusionen.

Für die Akteure vor Ort bedeutete dies, dass aus ehrenamtlichen Bürgermeistern bestenfalls Ortsvorsteher und aus Stadtverordneten oder Gemeindevertretern Ortsbeiratsmitglieder wurden. Ein spürbarer Status- und Einflussverlust war die Folge.

Eine nüchterne Betrachtung zeigt, dass die Eingriffe notwendig und bezogen auf die administrativen Strukturen sogar zu kurz gegriffen waren.[12] Die Einwohnerzahlen verdeutlichen, dass Brandenburg nach wie vor eine große Anzahl kleiner Städte und Gemeinden aufweist. Von den aktuell 419 kreisangehörigen Kommunen gehören 294 zur Größenklasse unter 5.000 Einwohnern. Davon haben 151 weniger als 1.000 Einwohner. Lediglich 20 Städte haben mehr als 20.000 Einwohner. Davon wiederum überschreiten nur die zwei größten knapp die Grenze von 40.000 Einwohnern.

Darüber hinaus bestehen deutliche Zweifel, ob die hauptamtlichen Kommunalverwaltungen, die Ämter und Einheitsgemeinden, zukunftsfest sind. Die Defizite im administrativen Bereich blieben bestehen, da – überspitzt formuliert – zumeist strukturschwache Ämter in strukturschwache amtsfreien Gemeinden umgewandelt wurden. Von den gegenwärtig exis-

---

Regel eine eigene Verwaltung ein.“ Eine deutlich geringere Rolle spielte mit 20 Fällen (Landtag Brandenburg 1997, S. 13) die Ämterbildung nach § 2 Abs. 2: „Es kann sich aber auch einer über fünftausend Einwohner großen, dem Amt angehörenden oder einer amtsfreien Gemeinde bedienen, sofern deren Vertretung zustimmt.“

12 Das Verfassungsgericht musste letztendlich über 255 Kommunalverfassungsbeschwerden entscheiden. In lediglich zwei Fällen obsiegten die Gemeinden (wegen materieller Fehler der Abwägung). Sie wurden im Ergebnis anders als vom Gesetzgeber vorgesehen zugeordnet (vgl. http://www.verfassungsgericht.brandenburg.de/cms/detail.php/bb1.c.176969.de).

tierenden 196 hauptamtlichen Kommunalverwaltungen im kreisangehörigen Raum liegen deshalb 39 unter 5.000 Einwohnern. Tendenz steigend. Die Prognose für das Jahr 2030 sieht ihre Zahl bei 62. Daher ist zu fragen, wie Verwaltungen dieser Größenordnungen im substanziellen Umfang eigene Leistungen anbieten können. Insgesamt stehen sie vor der Herausforderung, sich intern gemäß aktueller und zukünftiger Herausforderungen erfolgreich aufzustellen.

Zur Verdeutlichung kann auf die Personalausstattung der Kommunalverwaltungen verwiesen werden. Wenn auch in der verwaltungspolitischen Debatte umstritten, steht noch immer die Vorgabe von drei Mitarbeitern pro tausend Einwohnern bei einem üblichen gemeindlichen Aufgabenbestand im Raum. Daraus ergeben sich sehr kleine Personalkörper. Derartig kleine Verwaltungen engen zudem die Spielräume für eine Übertragung bisher kreislicher Aufgaben auf die kreisangehörigen Gemeinden deutlich ein.

Nach Abschluss der Gemeindegebietsreform unter der ersten Großen Koalition nahm das Land in den Jahren zwischen 2004 und 2009 weitere wichtige Weichenstellungen für die Kommunen vor. So wurde das bisherige Leitbild der „dezentralen Konzentration“ im Jahr 2007 durch den neuen Ansatz des „Stärken stärken“ abgelöst. Neben Neuorientierung der Wirtschaftsförderung (hin zu Förderung von Wachstumskernen und Clustern, vgl. Fischer 2014, S. 85ff.) wurde die Zahl zentraler Orte deutlich reduziert. Auf die bisher unterste Ebene der zentralörtlichen Gliederung – die Grundzentren – wurde verzichtet und deren finanzielle Förderung eingestellt.

Weitere verwaltungspolitische Entscheidungen dieser Jahre waren der Beschluss über die flächendeckende Einführung der Doppik in den Kommunen des Landes und grundlegende Überarbeitung der Kommunalverfassung.[13]

Im Rahmen dieser Novelle wurden die bisher eigenständigen Regelungen der Gemeinde-, Landkreis- und Amtsordnung zu einer einheitlichen Kommunalverfassung zusammengefasst. Aus verwaltungspolitischer Sicht sind dabei die weitere Stärkung des Hauptverwaltungsbeamten und die Einführung der Direktwahlen der Landräte von Interesse. Die politisch stark umstrittene Direktwahl der Landräte[14] ist als brandenburgische Be-

---

13 Von verwaltungswissenschaftlicher Seite wurden bereits im Jahr 1997 „Kriterien einer modernen Kommunalverfassung“ formuliert (vgl. Jann et al. 1997, S. 9ff.).

14 Stellvertretend für die kritische Bewertung, Sozialdemokratische Gemeinschaft für Kommunalpolitik im Land Brandenburg 2009: Demokratie statt Grundgesetz? – Zur Direktwahl der Landräte in Brandenburg (http://www.bundes-sgk.de/spd-web app/servlet/elementblob/10000803/content).

sonderheit an die Erreichung eines zusätzlichen Quorums (analog zum Quorum bei der Direktwahl der Bürgermeister) geknüpft.

Die Einführung der Doppik erscheint demgegenüber eher als interne Herausforderung für die Kommunalverwaltungen. Aufgrund der mit ihr verbundenen organisatorischen und finanziellen Anstrengungen ist sie jedoch von großer kommunalpolitischer Bedeutung. Dies betraf neben der Erfassung und der Bewertung des kommunalen Vermögens vor allem die Umstellung der Software. Die Doppik-Einführung war zudem mit einem großen Schulungsaufwand für die Mitarbeiter verbunden. Die Erfassung von Abschreibungen und Pflicht zur Bildung von Pensionsrückstellungen erweist sich zudem als Belastung für den Haushaltsausgleich der Kommunen.

Gemäß § 141 Abs. 16 der Kommunalverfassung sollte der Umstieg auf das neue Haushalts- und Rechnungswesen spätestens zum Haushaltjahr 2011 erfolgen. Noch im Jahr 2013 verfügte die große Mehrheit der Kommunen über keine genehmigte Eröffnungsbilanz. Aus Sicht der politischen Steuerung liegen die größten Defizite bei der Umsetzung der Doppik in der Produktbeschreibung, der Vorgabe von zu erreichenden Produktzielen und der Angabe von Kennzahlen zur Messung der Zielerreichung. Die entsprechende verbindliche Vorgabe der Kommunalen Haushalts- und Kassenverordnung läuft in einer großen Zahl der Kommunen praktisch ins Leere. Somit ist offen, in welchem Umfang die Doppik zu verbesserten Finanzsteuerung führt.

Die rot-rote Regierung und die zweite Enquete-Kommission (2009 bis 2014)

Der nach der Landtagswahl des Jahres 2009 erfolgte Koalitionswechsel von Rot-Schwarz zu Rot-Rot war mit zahlreichen politischen Auseinandersetzungen und Friktionen verbunden.[15] Im Bereich der Verwaltungspolitik verlief die Wahlperiode weniger spektakulär. „Die Koalition hält eine flächendeckende Kreisgebietsreform nicht für notwendig“, dieser Satz aus dem Koalitionsvertrag stand exemplarisch am Beginn einer Zeit ohne Eingriffe in die kommunalen Strukturen. Dass die Debatte um das Thema dennoch deutlich an Fahrt gewann, lag u.a. auch an den öffentlich vorgetragenen Überlegungen aus dem Umfeld der kommunalpolitischen Vereinigungen der Parteien.[16] Diese Diskussion mündete in der Einsetzung der

15 Dabei war die Auseinandersetzung um die Aufarbeitung der DDR-Geschichte das in der Öffentlichkeit am intensivsten diskutierte Thema.

16 Die SGK Brandenburg sprach sich seit dem Herbst des Jahres 2010 nicht nur für die Einkreisung eines Teils der kreisfreien Städte Brandenburgs aus. Auch für den kreis-

bereits angesprochenen Enquete-Kommission „Kommunal- und Landesverwaltung – bürgernah, effektiv und zukunftsfest – Brandenburg 2020".

Die Arbeit der zweiten Enquete-Kommission ist von vielen Gemeinsamkeiten mit der ersten Enquete-Kommission gekennzeichnet. Inhaltlich gab es in beiden Fällen eine Verständigung darüber, in Brandenburg mit dem weiterentwickelten Amt (brandenburgische Amtsgemeinde) ein zweites Modell neben der Einheitsgemeinde (amtsfreie Gemeinde) bestehen zu lassen. Darüber hinaus wurden Empfehlungen zur Funktionalreform I (Übertragung von Aufgaben des Landes auf die Landkreise) und Funktionalreform II (interkommunale Funktionalreform) ausgesprochen.

Auf der politischen Ebene wurden beide Kommissionen hauptsächlich von der SPD und der PDS/Die Linke getragen. Dabei war die SPD jeweils der treibende Partner. Um die Kommission mit einem mehrheitlichen Beschluss beenden zu können, wurde entsprechend Rücksicht auf den Partner genommen. Die CDU hingegen stimmte sowohl 1999 als auch 2013 gegen den Abschlussbericht. Per Sondervotum wurden abweichende Vorschläge unterbreitet, wobei die Argumentation 2013 differenzierter ausfällt.

Die zwei wesentlichen Unterschiede zwischen den Kommissionen betreffen die politische und die inhaltliche Ebene. Zwischen 2009 und 2014 wurde der Landtag von fünf Fraktionen gebildet. Durch die Mitwirkung von Bündnis 90/Die Grünen und der FDP bot sich ein wieder deutlich größeres Spektrum an Kooperationsmöglichkeiten, als dies in der ersten Kommission der Fall war. Insofern gab es entsprechende Abstimmungen auch mit den kleinen Oppositionsfraktionen. Auf der Oppositionsseite konkurrierten die drei Fraktionen um eine inhaltliche Dominanz.

Der entscheidende Unterschied auf der inhaltlichen Seite betrifft die zukünftige Zielgröße der hauptamtlichen Kommunalverwaltungen in Brandenburg. Wurden dafür von der Enquete-Kommission 2/1 5.000 Einwohner benannt (Landtag Brandenburg 1999, S. 10), geht die Kommission 5/2 hier deutlich weiter und fordert eine Mindesteinwohnerzahl von 10.000. Wobei diese Vorgabe noch einmal dadurch verschärft wird, dass dabei die Prognose für das Jahr 2030 zugrunde gelegt wird. Eingeschränkt wird diese ambitionierte Vorgabe durch die Berücksichtigung eines Flächenfaktors. Das Ziel bleibt aber eindeutig: Die Zahl der hauptamtlichen Kommunalverwaltungen im kreisangehörigen Raum soll deutlich reduziert werden (vgl. Landtag Brandenburg 2013, S. 8ff.). Genau an diesem Punkt setzt die Kritik der CDU an.

---

angehörigen Raum wurden Änderungen angemahnt (vgl. Eingekreist, http://www.berliner-zeitung.de/archiv/die-spd-will-arme-staedte-mit-benachbarten-und-ebenfalls-mittellosen-landkreisen-fusionieren-eingekreist,10810590,10763004.html).

> „Wir wollen für die gemeindlichen Hauptverwaltungen die Mindesteinwohnerzahl von 5.000 Einwohnern als Sollgröße in Bezug auf das Jahr 2030 festlegen.“ (Landtag Brandenburg 2013, S. 151)

Wie bereits 1999 sprach sich die CDU somit vor den Landtagswahlen gegen konsequente Schritte zur Anpassung der kommunalen Strukturen aus.

Sollten die von der Mehrheit der Kommission übereinstimmend beschriebenen Szenarien für die Entwicklung Brandenburgs eintreffen, scheint eine Reform im Sinne des Beschlusses jedoch notwendig und unter Berücksichtigung des Flächenfaktors angemessen.

Dies gilt um so mehr, als auch die Entwicklung der brandenburgischen Wirtschafts- und kommunalen Finanzkraft trotz eines Aufholprozesses in den letzten Jahren noch immer deutlich vom westdeutschen Niveau entfernt ist. Welche Herausforderungen für die Kommunen und die Landespolitik und welche Ansprüche an das gesamtstaatliche Finanzsystem erwachsen, verdeutlichte der Brandenburgische Landkreistag im Vorfeld der Landtagswahlen 2014:

> „Die Finanzkraft der brandenburgischen Kommunen bleibt im bundesweiten Vergleich weiterhin unterproportional; die kommunale Steuerkraft erreicht hierzulande unverändert nur rund 60% des Länderdurchschnitts. Gleichzeitig wird von den Kommunen auch nach Auslaufen des Solidarpaktes erwartet, dass sie die ihnen obliegenden Aufgaben weiterhin zu 100% erfüllen. Daher ist auch aus kommunaler Sicht darauf zu drängen, dass diesem Befund bei der Neuregelung des Länderfinanzausgleichs Rechnung getragen wird.“ (Landkreistag Brandenburg 2014)[17]

Trotz der Dominanz dieses Themenkreises soll auf zwei Vorhaben verwiesen werden, die von der rot-roten Landesregierung umgesetzt wurden. So gab es eine Stärkung des Rechts zur wirtschaftlichen Betätigung der Kommunen. Damit wurden zum einen Einschränkungen der Großen Koalition wieder zurückgenommen. Zum anderen wurde der allgemeinen Entwicklung Rechnung getragen, die eine Stärkung der Kommunen in diesem Bereich anstrebt. Die Zeit des unreflektierten Vorrangs der Privatisierung scheint aktuell nicht nur in Brandenburg vorüber zu sein. Darüber hinaus wurden die Spielräume für interkommunale Zusammenarbeit erweitert.

---

17 Eine ähnliche Aussage trifft der Städte- und Gemeindebund Brandenburg: „Die Lücke zur Wertschöpfung und Wirtschaftskraft der süd- und westdeutschen Bundesländer bleibt auf absehbare Zeit beträchtlich. Insgesamt werden dem Land Brandenburg weniger finanzielle Mittel zur Verfügung stehen. Demgegenüber bleiben die Aufgaben der Kommunen, die Daseinsvorsorge für ihre Bürgerinnen und Bürger unter schwierigeren Bedingungen zu gewährleisten.“ (Städte- und Gemeindebund Brandenburg 2014)

Demografie als zentrale Herausforderung

Im Laufe der Zeit mussten viele Gemeinden im Land Brandenburg erkennen, dass eine moderne und funktionierende Infrastruktur eine notwendige, bei Weitem aber nicht hinreichende Voraussetzung für eine erfolgreiche Entwicklung darstellt. Viele dieser alten Städte glänzen wieder und halten eine Infrastruktur wie nie in ihrer Geschichte vor. Sie verzeichnen zugleich massive Bevölkerungsverluste. So hat Angermünde heute mit 13.687 deutlich weniger Einwohner als im Jahr 1875. Damals waren es 16.460. Rheinsberg liegt aktuell mit 8.179 Einwohnern nur knapp über den 7.461 des Jahres 1875. Die Prognose für 2030 lautet 6.439 Einwohner. In der DDR lag die Bevölkerungszahl bei etwa 10.000 (Landesbetrieb 2006; LBV 2012). – Schön, aber leer: So präsentieren sich heute viele Städte in der Mark.

Aktuelle Trends

Abbildung 1 verdeutlicht die Einwohnerentwicklung alter[18] – Forst, Wittenberge und Rathenow – und neuer Industriestädte – Schwedt und Eisenhüttenstadt[19] – sowie des direkt an Berlin grenzenden Falkensee (vgl. Abb. 1). Die Industriestädte verlieren seit 1990 kontinuierlich an Einwohnern. Ihnen wird ein weiterer Einwohnerverlust vorausgesagt. Im Falle von Forst ist die Bevölkerungszahl – bei einem Minus von etwa 8.000 Einwohnern seit 1990 – bereits auf das Niveau von 1875 abgesunken. Erfüllt sich die Prognose für 2030, wird sich die Einwohnerzahl – mit unter 15.000 im Vergleich zum Jahr 1990 fast halbiert haben. Forst hatte in einer Blütephase vor 1914 als „deutsches Manchester in der Lausitz" über 31.000 Einwohner (vgl. Kaiser et al. 2002). Wittenberge verlor seit 1990 bereits mehr als 10.000 Einwohner (vgl. Bude et al. 2012). Für das Jahr 2030 werden weniger als 14.000 Einwohner und damit eine Halbierung gegenüber 1990 und das Absinken auf das Niveau von 1890 prognostiziert. Das 20. Jahrhundert mit seinen Einwohnerzuwächsen und seiner industriellen Blüte existiert nur noch in der Erinnerung.

Noch viel stärker sind die Ausschläge bei den sozialistischen Industriestädten Eisenhüttenstadt und Schwedt. Hier schnellten die Einwohner-

18 Industriestandorte mit einer bis in das 19. Jahrhundert zurückreichenden industriellen Geschichte: Forst mit einer starken Textilindustrie, Rathenow mit optischer Industrie und Wittenberge mit Singer-Nähmaschinen, der Ölmühle und einem großen Reichsbahnausbesserungswerk.

19 Die beiden Städte stehen als reine DDR-Gründungen auf der „grünen" Wiese exemplarisch für diesen Typus.

zahlen nach 1950 extrem in die Höhe: in Eisenhüttenstadt von 10.579 (1950) auf das Maximum von 51.151 (1990) und in Schwedt von 12.418 (1950) auf 54.142 (1985). Eisenhüttenstadt hat seit der Wende über 23.700 Einwohner verloren, Schwedt mehr als 22.500. Für Brandenburger Größenordnungen entspricht dies jeweils der Einwohnerzahl einer mittleren Stadt.

Wie unterschiedlich die Entwicklung im Land verläuft, zeigt die Einwohnerkurve von Falkensee, einer Gartenstadtgründung vor den Toren

Abb.1 Entwicklung der Einwohnerzahlen ausgewählter Städte Brandenburgs

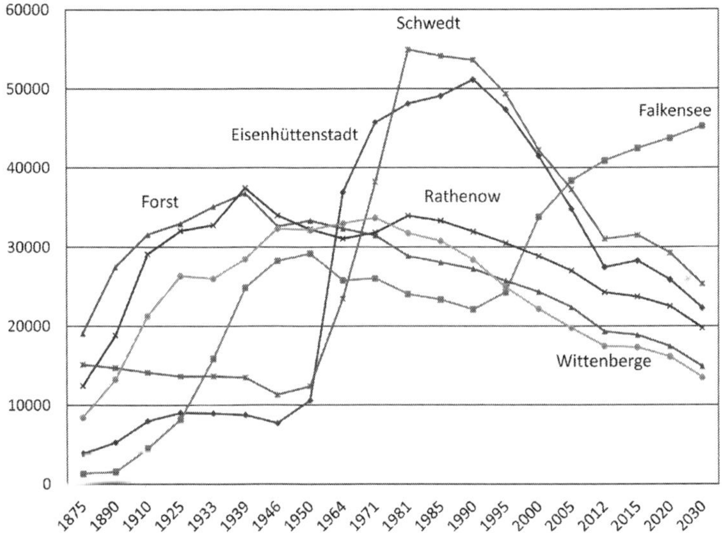

Quelle: Landesbetrieb für Datenverarbeitung und Statistik Brandenburg 2006, LBV 2012; eigene Darstellung

Berlins. Während der DDR stellte ihre Grenzlage ein unüberwindliches Entwicklungshindernis dar. Nach 1990 hat die Stadt dann einen starken Aufschwung genommen. Bis 2012 verdoppelte sich die Einwohnerzahl nahezu. Sie stieg von 22.087 auf 40.905. Trotz eines im Vergleich zu den ersten Jahren nach der Wende reduzierten Tempos hält das Wachstum von Falkensee an.

Die disparate Entwicklung in den zwei Teilräumen des Landes illustriert auch die Abbildung 2, die die Entwicklung der Einwohnerzahlen im Landkreis Havelland nachzeichnet. Während die Gründungen im Berliner Umland (wie Falkensee) bis 1925 fast keine Rolle spielten und während der DDR deutlich weniger Einwohner hatten, verzeichneten sie im Jahr 2012 erstmals mehr Einwohner als die Kommunen im äußeren Raum. Dieser Trend setzt sich fort. Sie weisen eine weiterhin positive Entwicklung auf, der äußere Raum verliert weiter. Der Abstand vergrößert sich. Dabei nehmen die fünf Kommunen des Berliner Umlandes nicht einmal 18% der Fläche des Landkreises ein. Auf mehr als 82% der Kreisfläche verteilen sich weitere fünf amtsfreie Städte und Gemeinden sowie drei Ämter (mit 16 amtsangehörigen Kommunen). Gemäß der Prognose für 2030 werden

≡ Abb.2: Entwicklung der Einwohnerzahlen im Landkreis Havelland sowie in seinen Teilräumen

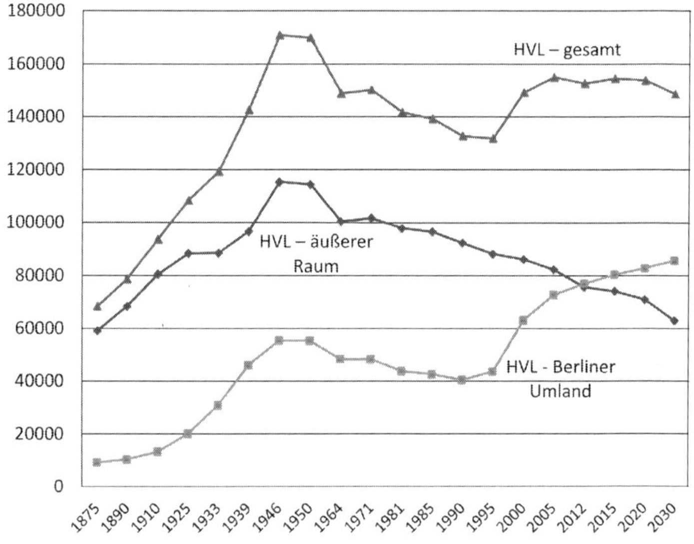

Quelle: Landesbetrieb für Datenverarbeitung und Statistik Brandenburg 2006, LBV 2012; eigene Darstellung

auf dieser Fläche künftig nur noch gut 42% der Bevölkerung des Landkreises leben. Gut 57% der Einwohner konzentrieren sich dann auf nicht einmal einem Fünftel des Landkreises. Die Zahlen verdeutlichen, wie unterschiedlich die Entwicklungen sind, die sich in einem Landkreis vollziehen.

Abbildung 3 zeigt, dass das Havelland nicht ein Einzelfall, sondern für Brandenburg typisch ist: Das Umland von Berlin wächst deutlich. So wird in den Sektoralkreisen die negative Entwicklung in deren Berlin fernen Gebieten aufgewogen. Potsdam-Mittelmark und Oberhavel verzeichnen nach

1990 insgesamt starke Einwohnerzuwächse, Dahme-Spreewald wächst immer noch moderat.

Wenn diese Kreise auch aufgrund zukünftig geringer Einwohnerrückgänge ihre Nachwendegewinne nicht komplett bis zum Jahr 2030 halten, erweisen sie sich aber insgesamt als stabilisiert und liegen deutlich über der Mindesteinwohnervorgabe von 120.000 der Kreisgebietsreform des Jahres 1993 (vgl. Köstering 1992, S. 721ff.). Die Landkreise in der Peripherie verzeichnen dagegen andauernde und starke Verluste. Dies gilt für

Abb.3. Entwicklung der Einwohnerzahlen in ausgewählten Landkreisen[a]

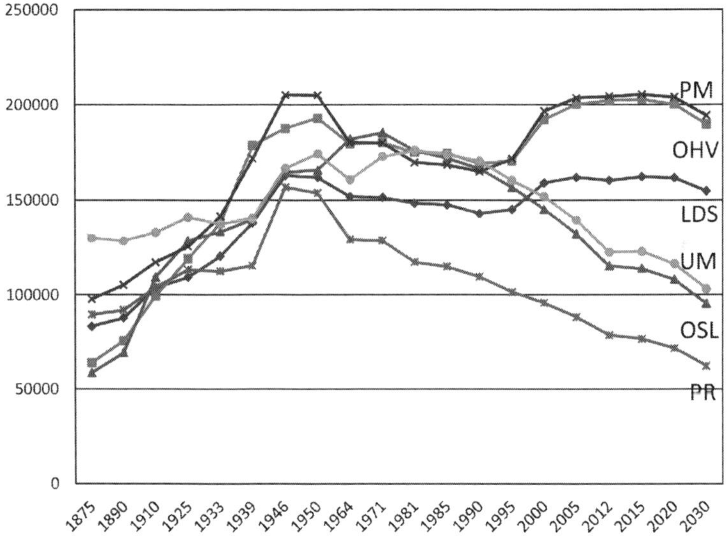

a – Landkreise: PM: Potsdam-Mittelmark, OHV: Oberhavel, LDS: Dahme-Spreewald, UM: Uckermark, OSL: Oberspreewald-Lausitz, PR: Prignitz

Quelle: Landesbetrieb für Datenverarbeitung und Statistik Brandenburg 2006, LBV 2012; eigene Darstellung

die agrarischen Kreise Prignitz (mit einigen industriellen Kernen wie Wittenberge) und Uckermark (mit dem Sonderfall Schwedt) genauso wie für den durch die Braunkohle und Energiewirtschaft geprägten Landkreis Oberspreewald-Lausitz (OSL). Bezogen auf 1993[20] hat der Landkreis OSL bis zum Ende des Jahres 2012 fast 53.000 seiner ehemals 168.076 Ein-

20 Quelle für die Zahlen für 1993 Köstering 1994, S. 239.

wohner verloren. Mit aktuell 115.212 Einwohnern wird die Zielzahl von 120.000 bereits jetzt unterschritten. Mit nicht einmal mehr 96.000 Einwohnern rückt sie bis 2030 in noch größere Ferne. Lag der Landkreis Prignitz schon bei seiner Gründung mit 110.547 Einwohnern unter der angestrebten Einwohnergröße, so stellt diese bei aktuell 78.799 Einwohnern für diesen Landkreis keinen realistischen Bezug dar. Für 2030 werden nur noch 62.250 Einwohner prognostiziert. Das ist eine Dimension, die die Vorgaben des Jahres 1993 für einen Landkreis hinfällig werden lässt.

Wie Abbildung 4 verdeutlicht, entspricht die demografische Entwicklung der kreisfreien Städte der der Berlin fernen Landkreise. Bis auf die

≡ Abb. 4: Entwicklung der Einwohnerzahlen in den kreisfreien Städten Brandenburgs

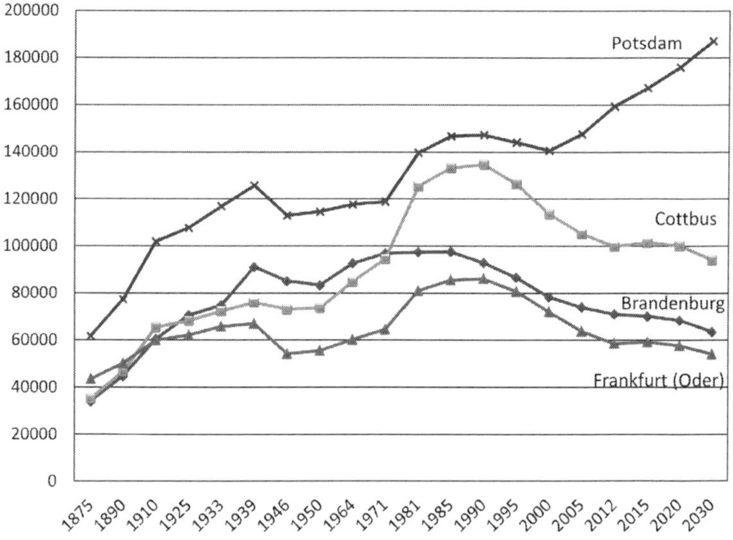

Quelle: Landesbetrieb für Datenverarbeitung und Statistik Brandenburg 2006, LBV 2012; eigene Darstellung

Landeshauptstadt Potsdam haben alle kreisfreien Städte nach 1990 kontinuierlich an Einwohnern verloren und werden auch weiterhin zurückgehende Einwohnerzahlen aufweisen. Die Landeshauptstadt Potsdam hingegen verzeichnet nach einem kurzen Einwohnerrückgang direkt nach 1990 inzwischen stark steigende Einwohnerzahlen und eine weiterhin sehr positive Prognose. Die kleinste der kreisfreien Städte – Frankfurt (Oder) – wird 2030 nicht einmal mehr 55.000 Einwohner haben. Für Brandenburg an der

Havel liegt die Zahl bei unter 64.000 Einwohnern. Dies gilt in ähnlicher Form für die Stadt Cottbus im Süden Brandenburgs. Insofern stellt sich allein aufgrund dieser Daten und der schwachen Wirtschaftskraft der Kommunen die Frage, wie sie aus eigener Kraft die Funktionen einer kreisfreien Stadt erfüllen wollen. In einer Debatte um eine zukünftige Verwaltungsstruktur kann eine solche Entwicklung nicht unberücksichtigt bleiben.

Ausblick

Die mit der demografischen Entwicklung verbundenen Herausforderungen lassen sich nicht länger von der Hand weisen. Im Zusammenspiel mit den weiteren Aufgaben der kommenden Jahre, zuallererst der Sicherung der finanziellen Grundlagen des Landes und seiner Kommunen, erfordern sie ein entschlossenes Handeln zur dauerhaften Sicherung der kommunalen Selbstverwaltung zwischen Elbe und Oder. Im Anschluss an die Landtagswahlen am 14. September 2014 sollten dafür bessere Voraussetzungen bestehen als im Wahlkampf, in dessen Strudel die Ergebnisse der Enquete-Kommission 5/2 gerieten. Allerdings engen bestimmte Aussagen aus dem Wahlkampf die notwendigen Reformspielräume ein. Dies gilt beispielsweise für die Vorgabe von Mindesteinwohnerzahlen der hauptamtlichen Kommunalverwaltungen im kreisangehörigen Raum. Konkrete Zahlen für die Größen der neuen Kommunalverwaltungen bilden den Stoff für harte, zumeist von Reformgegnern befeuerte, Debatten. Wie anhand der aktuellen Zahlen gezeigt, wird die sehr niedrige Latte von 5.000 Einwohnern im kreisangehörigen Raum bereits in mehr als 30 Fällen gerissen. Die Zahl der Kommunen in dieser Größenklasse wird sich verdoppeln. Angesichts der geringen Einwohnerdichte in der Fläche des Landes wird es demnach zahlreicher Veränderungen bedürfen, um allein das Minimum von 5.000 Einwohnern wieder herzustellen. Der nächste Schritt zu 10.000 Einwohnern würde dann bereits zu weitreichenden Veränderungen führen.

Ein noch weitergehendes Szenario für eine mögliche Struktur der amtsfreien Gemeinden, Ämter und Landkreise wurde bereits vorgelegt (Maaß et al. 2012; vgl. Fußnote 3). Aktuell ist nicht davon auszugehen, dass ihm bezogen auf die Strukturvorschläge für den kreisangehörigen Raum gefolgt wird. Es zeigt jedoch auf, welche tiefgreifenden Veränderungen notwendig wären, um eine möglichst große Reformrendite zu generieren.

Eine erfolgreiche Reform braucht indessen intelligente verwaltungspolitische Konzepte und ein konstruktives sowie lösungsorientiertes Verhalten der Akteure im Land. Aufgrund der bisher im Land Brandenburg gesammelten Reformerfahrungen und am Verwaltungswissenschaftsstandort Potsdam vorhandener Kenntnisse sollte das Projekt nicht an fehlenden Konzepten scheitern. Dabei sind – auch um die Akteure in der Fläche des Landes besser einzubinden – wenn immer möglich, endogene Entwicklungspfade zu beschreiten. Dies spricht für die Weiterentwicklung des Amtes und gegen eine bloße Übertragung des Modells der Verbandsgemeinde aus Rheinland-Pfalz. Die dortige Reformdebatte zeigt zum einen die Grenzen des Modells auf. Zum anderen ist das Amt nach mehr als 20 Jahren ein fester Bestandteil brandenburgischer Kommunalpolitik geworden. Insofern wäre es auch aus Gründen der Akzeptanzsicherung angezeigt, nah am eingeführten Modell zu bleiben. Das Amt/die brandenburgische Amtsgemeinde wird die zweite Form neben der amtsfreien Gemeinde bilden.

Eine zentrale Herausforderung liegt dabei in der Sicherung einer leistungsfähigen, sprich effizienten und effektiven, hauptamtlichen Struktur in der Fläche des Landes. Welche Spielräume in der konkreten Ausgestaltung der hauptamtlichen Kommunalverwaltungen existieren, zeigen Überlegungen zu Mitverwaltungsmodellen, wie sie im Rahmen von Landtagswahlprogrammen diskutiert wurden.

Die kommunale Verwaltung zukünftig erleb- und erreichbar zu organisieren wird ohne neue Modelle (mobile Angebote, Zweigstellen usw.) nicht möglich sein. Zugleich bietet es sich an, im dichter besiedelten Umland von Berlin größeren amtsfreien Gemeinden (Einheitsgemeinde) den Vorrang zu geben und in den Berlin fernen Landesteilen stärker auf das weiterentwickelte Amt zu setzen. Dabei gilt es insgesamt, die ehrenamtlichen Selbstverwaltungspotenziale der örtlichen Ebene zumindest zu bewahren. Es braucht vor Ort – unabhängig von der hauptamtlichen Verwaltung – Ansprechpartner, „Kümmerer".

Eine praktische Herausforderung wird darin liegen, eine Konstruktion für das Zusammengehen bisher amtsfreier Städte und Gemeinden (die oft erst im Zuge der Reform bis 2003 gebildet worden sind) mit bestehenden Ämtern zu finden. Diese Aufgabe wird durch die Notwendigkeit, die aktuell 1.763 gemäß § 45 der Kommunalverfassung bestehenden Ortsteile im neuen Modell zu integrieren, nicht leichter.

Bei der Diskussion über die kleineren Landkreise und kreisfreien Städte Brandenburgs wird häufig auf andere Bundesländer und die dortigen Kommunen mit weniger als 100.000 Einwohnern verwiesen. In diesem Zusammenhang ist jedoch immer wieder auf die in Brandenburg geringere wirtschaftliche und finanzielle Leistungsfähigkeit als beispielsweise in Baden-Württemberg oder Bayern abzustellen. Je deutlicher die Grenze von 100.000 Einwohnern unterschritten wird, umso schwieriger wird es zukünftig, die Selbständigkeit von Landkreisen und kreisfreien Städten in Brandenburg aufrechtzuerhalten. Dabei sind die bisherigen kreisfreien Städte in ihrer Funktion als Oberzentren zu stärken. Die Verfechter der Kreisfreiheit nehmen dies aktuell (bewusst) nicht in den Blick. Warum sollten sich jedoch aus einer funktionierenden Einbindung in und konkreten Zusammenarbeit mit den bisher „nur“ umgebenen Landkreise keine neuen Potenziale für die Oberzentren erschließen lassen?

Nicht jede einzelne Kommune wird Bestand haben, es gilt aber, die lokale Demokratie und Selbstverwaltung insgesamt zu stärken. Es bedarf eines Paktes der vier wichtigen Gruppen verwaltungspolitischer Akteure. Eine ausreichende Zahl von Bürgern, Vertretern des kommunalen Haupt- und Ehrenamts, der politischen Parteien und ihrer Landtagsfraktionen sowie relevanter Entscheider in den Potsdamer Ministerien müssen, wenn nicht zu einem Pakt, doch zu einem Kompromiss über die neue Gestalt der kommunalen Selbstverwaltung und des Umfangs und der Zuweisung öffentlicher Aufgaben auf die verschiedenen Träger finden.

Genau darin liegt jedoch die wahrscheinlich viel größere Herausforderung als in der Erarbeitung der notwendigen Konzepte. Dies kann unter den gegebenen Bedingungen nicht bedeuteten, alle hauptamtlichen Kommunalverwaltungen zu erhalten, aber: Jeder Ort in der Mark verdient den Einsatz für seine Zukunft.

Literatur

Amt für Statistik Berlin-Brandenburg: Bevölkerung im Land Brandenburg am 31. Dezember 2012 nach amtsfreien Gemeinden, Ämtern und Gemeinden Gebietsstand 31.12.2012, Bevölkerungsfortschreibung auf Basis des Zensus vom 9. Mai 2011, Bevölkerungsstand Brandenburg, OT_A1.12 – Dezember 2012

Bude, H./Medicus, T./Willisch, A. (Hg.) (2012): ÜberLeben im Umbruch. Am Beispiel Wittenberge: Ansichten einer fragmentierten Gesellschaft (Sonderausgabe für die Bundeszentrale für politische Bildung). Bonn

Fischer, H. (2014): Gestärkte Stärken. In: Perspektive 21, Heft 60 (Juli), S. 85–93

Jann, W. (1997): Kommunal- und Funktionalreform in Brandenburg: Lehren für das neue Bundesland Berlin-Brandenburg? In: Jann, W. (Hg.): Berlin-Brandenburg Chancen der Erneuerung von Landesverwaltungen (Schriftenreihe des Kommunalwissenschaftlichen Instituts der Universität Potsdam, Bd. 2). Berlin, S. 53–78

Jann, W. (2006): Wandlungen von Verwaltungsmanagement und Verwaltungspolitik in Deutschland. In: Jann, W./Röber, M./Wollmann, H. (Hg.): Public Management – Grundlagen, Wirkungen, Kritik. Berlin, S. 35–48

Jann, W./Reichard, Ch. (1997): Managementreformen kommen voran. Erste Zwischenbilanz der wissenschaftlichen Begleitforschung in den Modellkommunen. In: Brandenburg Kommunal, Nr. 20, S. 7–10

Jann, W./Reichard, Ch./Maaß, C./Wollmann, H. (1997): Kriterien einer modernen Kommunalverfassung. Erfordernisse einer Novellierung der brandenburgischen Rechtsvorschriften. In: Verwaltung, Organisation, Personal (VOP), Heft 5, S. 9–13

Jann, W./Reichard Ch./Wollmann, H. (1995): Thesen zu den künftigen Verwaltungsstrukturen eines gemeinsamen Bundeslandes Berlin-Brandenburg sowie der Metropole Berlin. In: Verwaltungsorganisation, Heft 12, S. 6–9

Köstering, H. (1992): Kreisgebietsreform im Land Brandenburg – Ein Beitrag zum Aufbau der Verwaltungen in den neuen Bundesländern. In: Die öffentliche Verwaltung (DÖV), Heft 17, S. 721–728

Köstering, H. (1994): Grundlagen und Probleme einer Funktionalreform im Land Brandenburg – Ein Beitrag zum Aufbau der Verwaltungen in den neuen Bundesländern. In: Die öffentliche Verwaltung (DÖV), Heft 6, S. 238–249

Landesamt für Bauen und Verkehr (LBV) (2012): Berichte der Raumbeobachtung, Bevölkerungsvorausschätzung 2011 bis 2030 Ämter und amtsfreie Gemeinden des Landes Brandenburg. Hoppegarten

Landesbetrieb für Datenverarbeitung und Statistik (2006): Historisches Gemeindeverzeichnis des Landes Brandenburg 1875 bis 2005. Potsdam

Landtag Brandenburg (1997): Antwort der Landesregierung auf die Große Anfrage Nr. 29 der Fraktion der CDU, Drucksache 2/3402 Situation der brandenburgischen Kommunen (Drs. 2/3864). Potsdam

Landtag Brandenburg (1999): Abschlußbericht der Enquetekommission 2/1 ‚Gemeindegebietsreform im Land Brandenburg' (Drs. 2/6260, 2. Wahlperiode). Potsdam

Landtag Brandenburg (2011): Antrag der SPD-Fraktion der Fraktion DIE LINKE der CDU-Fraktion der FDP-Fraktion der Fraktion BÜNDNIS 90/DIE GRÜNEN. Einsetzung einer Enquete-Kommission ‚Kommunal- und Landesverwaltung – bürgernah, effektiv und zukunftsfest – Brandenburg 2020' (Drs. 5/2952). Potsdam

Landtag Brandenburg (2013): Bericht der Enquete-Kommission 5/2 Abschlussbericht der Enquete-Kommission 5/2 ‚Kommunal- und Landesverwaltung – bürgernah, effektiv und zukunftsfest – Brandenburg 2020' (Drs. 5/8000). Potsdam

Maaß, C. (1998): Brandenburger Kommunen auf dem Weg. Berichte zum Stand der Verwaltungsmodernisierung in den Modellkommunen und Handbuch zur Arbeit mit den neuen Steuerungsinstrumenten (Ministerium des Innern des Landes Brandenburg [Hg.]). Potsdam

Maaß, C. (2006): Public Management zwischen Stellenbosch und Quappendorf: ein Beitrag zum Werk und Wirken von Christoph Reichard. In: Birkholz, K./Maaß, C./Maravic, P. v./Siebart, P. (Hg.): Public Management – Eine neue Generation in Wissenschaft und Praxis. Festschrift für Christoph Reichard. Potsdam, S. 5–25

Maaß, C./Reichard, Ch. (1998): Von Konzepten zu wirklichen Veränderungen? Erfahrungen mit der Einführung des Neuen Steuerungsmodells in Brandenburgs Modellkommunen. In: Grunow, D./Wollmann, H. (Hg.): Lokale Verwaltungsreformen in Aktion: Fortschritte und Fallstricke. Basel u.a.O., S. 267–285

Reichard, Ch. (1994): Umdenken im Rathaus. Neue Steuerungsmodelle in der deutschen Kommunalverwaltung. Berlin

Reichard, Ch./Berg, F./Maaß, C. (1999): Gutachten über die Effekte verschiedener Gestaltung der Organisation von amtsangehörigen Gemeinden im Land Brandenburg. Potsdam (Anlage zum Abschlußbericht der Enquetekommission 2/1 ‚Gemeindegebietsreform im Land Brandenburg'. Landtag Brandenburg, Drs. 2/6260, 2. Wahlperiode)

Ziel, A. (1995): Der Weg des Landes Brandenburg in eine rechtsstaatliche öffentliche Verwaltung. In: Landes und Kommunalverwaltung – LKV, Jg. 5./Heft 1, S. 1–5

Sonstige Quellen

Landkreistag Brandenburg (2014): Erwartungen der brandenburgischen Landkreise an den Landtag und an die Landesregierung in der Legislaturperiode 2014 bis 2019. Potsdam im August 2015

Städte- und Gemeindebund Brandenburg (2014): Positionspapier des Städte- und Gemeindebundes Brandenburg, Zukunft des Landes Brandenburg – Chancen und Risiken – Erwartungen der Städte, Gemeinden und Ämter an den 6. Landtag Brandenburg. In: Mitteilungen, Städte- und Gemeindebund Brandenburg, Jg. 25/ Nr. 6, S. 228–230

Internet

Anzahl der Landkreise, kreisfreien Städte, Gemeinden und Ämter in Brandenburg (http://service.brandenburg.de/de/Anzahl-der-Landkreise-kreisfreien-Staedte-Gemeinden-und-Aemter-in-Brandenburg/20108; zuletzt aufgesucht am 16. Juni 2014)

Berlin-Brandenburg: Chancen eines neuen Bundeslandes, Presse – Information Nr. 24/ 96 der Universität Potsdam (https://www.uni-potsdam.de/pressmitt/1996/pm 024_ 96.htm; zuletzt aufgesucht am 29. August 2014)

Demokratie statt Grundgesetz? – Zur Direktwahl der Landräte in Brandenburg (http://www.bundes-sgk.de/spd-webapp/servlet/elementblob/10000803/content; zuletzt aufgesucht am 29. August 2014)

Maaß, C./Sempf, H./Siegel, J. (2012): Erläuterungen zu einem Szenario für die Anpassung der Strukturen der Landkreise und amtsfreien Gemeinden sowie Ämter des Landes Brandenburg. In: Wandlungen der Mark. Die Debatte über Brandenburgs Zukunft. Ein Szenario für die Anpassung der Strukturen der Landkreise und amtsfreien Gemeinden sowie Ämter des Landes Brandenburg, SGK Info-Dienst, EXTRA Nr. 3/2012 (http://www.bundes-sgk.de/spd-webapp/servlet/elementblob/12108212/content; zuletzt aufgesucht am 29. August 2014)

Eingekreist (http://www.berliner-zeitung.de/archiv/die-spd-will-arme-staedte-mit-benachbarten-und-ebenfalls-mittellosen-landkreisen-fusionieren-eingekreist,10810590,10763004.html; zuletzt aufgesucht am 29. August 2014)

Kaiser, A./Nareike, I./Ploschenz, P./Voss, K. (2002): Forst – ein ‚deutsches Manchester' in der Lausitz. In: kunsttexte.de, Nr. 2, (12 S.) (www.kunsttexte.de, http://

edoc.hu-berlin.de/kunsttexte/download/denk/knpv.PDF; zuletzt aufgesucht am 16. Juni 2014)

Struktur der Kommunen (http://www.mik.nrw.de/themen-aufgaben/kommunales/erfolgs modell-kommunale-selbstverwaltung/strukturen.html; zuletzt aufgesucht am 16. Juni 2014)

Verfassungsgericht des Landes Brandenburg, Presseerklärung vom 20. Juni 2006, Gemeindegebietsreform: Alle Verfahren abgeschlossen (zuletzt aufgesucht am 29. August 2014) (http://www.verfassungsgericht.brandenburg.de/cms/detail.php/bb1.c.176969.de; zuletzt aufgesucht am 29. August 2014)

Wissenschaftler machen sich für Länderfusion stark. In: Berliner Zeitung, (http://www.berliner-zeitung.de/archiv/wissenschaftler-machen-sich-fuer-laenderfusion-stark,10810590,8914454.html; zuletzt aufgesucht am 16. Juni 2014)

Telefonische Interviews

Mit Manfred Richter MdL, Amtsdirektor des Amtes Rheinsberg und Bürgermeister der Stadt Rheinsberg a.D., 12. Juni 2014

Mit Alwin Ziel MdL, Minister des Innern des Landes Brandenburg a.D., 23. Mai 2014

Die Potsdamer Postgraduiertenprogramme oder: Wie ich lernte, mich jünger zu fühlen

Thomas Gebhardt

„We had a dream!"

„We had a dream!"[1] So sehr dieser Satz an eine bedeutende Rede erinnert, so bedeutet er auch viel für die rund 20 Personen, die sich im April 1999 in der Zentralstelle für Öffentliche Verwaltung (ZÖV) der Deutschen Stiftung für Internationale Entwicklung (DSE) in Berlin versammeln. Der vom Traum spricht, ist Professor Franz Thedieck, der Leiter der ZÖV. Seine Zuhörer sind 14 Fach- und Führungskräfte aus acht Ländern, die in diesen Tagen etwas Neues wagen: ein Studium im Master of Public Management (MPM) an der Universität Potsdam, dem deutschlandweit ersten postgradualen Studiengang dieses Namens und Inhalts.

Mittlerweile hat sich das MPM-Programm international etabliert – trotz der inzwischen ausgelaufenen Förderung durch die DSE[2], später InWEnt. Es zählt mehr als 300 Absolventen und Absolventinnen aus 67 Ländern, ist durch die „European Association of Public Administration Accreditation" (EAPAA) akkreditiert und hat sein Curriculum in die drei Spezialisierungsrichtungen „Public Policy and Administration", „Global Public Policy" und „GeoGovernance" ausdifferenziert. Mit dem MPM-Programm wurde auch die Entwicklung eines zweiten postgradualen Master-Studiengangs, des deutsch-französischen „Master of Governance and Administration" (MEGA) sowie die Beteiligung am European Joint Degree „Executive Master of Public Management" (EMPM) mit der privaten Hertie School of Governance (2008 bis 2013) ermöglicht. In engem Bezug zu diesen Master-Angeboten entstand am Potsdamer Standort in den letzten zehn Jahren ferner eine Vielzahl kürzerer Programme und maßgeschneiderter Trainings für nationale und internationale Partner und Kunden aus Ländern wie Kasachstan, Thailand und Vietnam. Nicht zuletzt trugen MPM, MEGA und Kurzzeitprogramme auch zum Entstehen des „Potsdam Centrum für Politik und Management (PCPM)" bei, einem Netzwerk von

---

1 Ich danke *Jenna Büchy* und *Christoph Reichard* für Ihre Kommentare und Hinweise zu diesem Text.

2 Aus der DSE wurde 2002 die Internationale Weiterbildung und Entwicklung (InWEnt), die 2011 in der Gesellschaft für Internationale Entwicklung (GIZ) aufging.

Professor/inn/en und Expert/inn/en, die an der Universität Potsdam forschen, lehren und beraten.

All diese „Potsdamer Postgraduiertenprogramme“ haben eins gemeinsam: Werner Jann hat sie mitbegründet, geleitet und bis heute geprägt. Aus gegebenem Anlass will ich aus der Perspektive des „teilnehmenden Beobachters“ über diese Programme berichten. Ein Anspruch auf Vollständigkeit bei deren Darstellung – ich werde mich auf die Programme MPM und MEGA konzentrieren – wird dabei ebenso wenig erhoben wie der auf eine wissenschaftliche Evaluierung der Programmeffekte. Ein Praxisbericht darf sich auf einige Aspekte beschränken – hier wird es um die Unausweichlichkeit von Zielkonflikten, um Freud und Leid von Theorie und Praxis und um das unmögliche Gefühl gehen, sich nach einem Jahr in Potsdam jünger zu fühlen.

■ „The state in a changing world“

Rund ein Jahr vor der Einrichtung des MPM-Programms 1999 hatte Franz Thedieck als Leiter der ZÖV beim Bundesministerium für wirtschaftliche Zusammenarbeit und Entwicklung (BMZ) für die Einrichtung eines solchen Studiengangs geworben. Nicht ein weiteres Fortbildungsbildungsprogramm mit Zertifikat sollte aufgelegt werden, sondern ein „richtiger“ Studiengang mit international vergleichbarem Abschluss in berufsfeldrelevanter, also englischer Sprache.

Die Gelegenheit für ein solches Projekt schien günstig: Public Management und Governance gewannen Ende der neunziger Jahre als Gegenstand und Disziplin zunehmend an Kontur, nicht zuletzt aufgrund des weltweiten Trends zum Regieren in Netzwerken und Mehr-Ebenen-Systemen sowie Management-orientierten Verwaltungsreformen. Auch in der internationalen Entwicklungszusammenarbeit war, nach Jahren harter Strukturanpassungsmaßnahmen, der Glaube an die Gestaltungskraft des Staates zurückgekehrt – freilich mit Anleihen bei der privatwirtschaftlichen Managementlehre. Diese Entwicklung spiegelte sich im Titel des Jahresberichts der Weltbank von 1997: „The State in a Changing World“ (Worldbank 1997). Dass einer der Hauptautoren des Berichtes wenig später an den Lehrstuhl für Internationale Politik der Universität Potsdam berufen wurde, beeinflusste das MPM-Programm in entscheidendem Maße.

Vier Professoren brachten als „Founding Fathers“ den postgradualen MPM auf den Weg. Einschlägig waren die vier nicht nur in ihrer jeweiligen akademischen Disziplin, sondern auch außerhalb der Universität als erfahrene „Pracademics“ (Bushouse 2011, S. i101). Der Verwaltungswissenschaftler Werner Jann war als Leiter der „Denkfabrik Schleswig-Holstein“ Ministerialbeamter in der Landesregierung gewesen, der Public-Management-Forscher Christoph Reichard beriet nationale und internationale Organisationen, der HR-Professor Dieter Wagner war Personalchef eines großen Unternehmens gewesen und der Politikwissenschaftler Harald Fuhr, Senior Public Sector Specialist bei der Weltbank in Washington und in dieser Funktion Hauptautor des bereits erwähnten Berichtes. Zusammen erarbeiteten sie ein theoretisch fundiertes, aber stark auf die berufliche Praxis ausgerichtetes Curriculum, dessen Schwerpunkt auf der Modernisierung der öffentlichen Verwaltung lag. Damit wurde von Beginn an versucht, akademische und entwicklungspolitische Zielsetzungen miteinander zu verbinden.

Ein europäisches Netzwerk

Nachdem im Jahr 2003 bereits die zweite MPM-Vertiefungsrichtung „Global Public Policy“ eingerichtet werden konnte, ging 2005 ein weiterer Executive Master mit Potsdamer Beteiligung an den Start: Der „Master of European Governance and Administration“ (MEGA), französisch „Master Européen de Gouvernance et d’Administration“. Anlässlich des 40. Jahrestages des Elysée-Vertrages am 22. Januar 2003 hatten der deutsche Bundeskanzler und der Präsident der Französischen Republik ein gemeinsames deutsch-französisches Qualifizierungsprogramm beschlossen, das sich an Angehörige des höheren Dienstes beider Staaten wenden sollte. Die zentrale Einsicht dafür war, dass die Wahrnehmung staatlicher Aufgaben in nunmehr fast allen Bereichen in einem internationalen Kontext steht und die erfolgreiche administrative Gestaltung eine grenzübergreifende, europäische Orientierung erfordert. Eine vierköpfige Expert/inn/enkommission wurde gebildet, in der Werner Jann die deutsche Verwaltungswissenschaft vertrat und die Universität Potsdam als zentrale Partnerin des Projekts etablierte. Die Kommission erarbeitete ein interdisziplinäres Curriculum, verabschiedete eine Studienordnung für einen dualen Master-Abschluss (Uni Potsdam/Sorbonne) und schuf mit dem Potsdamer Konsortialbüro[3] eine schlagkräftige deutsch-französische Managementstruktur.

Weitere ständige Partnerinnen des MEGA waren auf deutscher Seite neben der Universität Potsdam und der Bundesakademie für öffentliche

3 Ermöglicht wird die Durchführung des MEGA-Programms auf deutscher Seite durch eine Zuwendung des deutschen Bundesministeriums des Innern (BMI) an die UP Transfer Gesellschaft für Wissens- und Technologietransfer mbH an der Universität Potsdam.

Verwaltung im Bundesministerium des Innern (BMI), die Humboldt-Universität zu Berlin und auf französischer Seite die École Nationale d'Administration (ENA) und die Université Paris 1 – Panthéon-Sorbonne. Seit 2013 ist auch die Deutsche Universität für Verwaltungswissenschaften Speyer mit an Bord. Aus dem einjährigen Vollzeit-Master entwickelte sich nach einer Programmreform ein berufsbegleitender zweijähriger Master und ein Joint Degree der vier beteiligten Universitäten.

„Betrachte Paradoxien und Ambivalenzen als normal und erwartbar!"[4]

In beiden Master-Programmen ging es also von Anfang an nicht darum, lediglich Studierende an einer deutschen Universität auszubilden. Vielmehr sollen (angehende) Entscheidungsträger der öffentlichen Verwaltung in Deutschland, Frankreich und Europa (MEGA) bzw. in Partnerländern der deutschen Entwicklungszusammenarbeit (MPM) eine fundierte wissenschaftliche Zusatzqualifikation erhalten, die es ihnen ermöglicht, komplexe Führungsaufgaben in einem sich rasch wandelnden globalisierten Umfeld optimal wahrzunehmen. Beide Programme müssen somit normative Ziele und ein spezifisches Absolvent/inn/enprofil mit dem universitären Auftrag von Lehre, Bildung und Forschung in Einklang bringen. Zielkonflikte sind damit in der Struktur angelegt.

Da ist zum einen der Konflikt zwischen universitärem Selbstverständnis und dem Wesen postgradualer Programme. Staatliche deutsche Universitäten sind nach wie vor der akademischen Erstqualifikation von Schulabgängern verpflichtet. Universitätsprofessor/inn/en sehen sich in der Tradition der Freiheit von Lehre und Forschung, wobei ihre Reputation vor allem von Letzterem abhängt. Grundständige Masterstudiengänge sind daher häufig forschungsorientiert. Bei „Executive Education" hingegen geht es stärker darum, statusbewussten Fach- und Führungskräften entscheidungsrelevantes Anwendungswissen zu vermitteln. Diese Studierenden erwarten zudem eine besonders individuelle und serviceorientierte Betreuung sowie viel persönliches Feedback. Es sind bekanntermaßen vor allem Universitäten im angelsächsischen Raum, die ihr Selbstverständnis dahingehend erweitert haben, dass sie für Executive Education eigene „Schools" (meist: Business Schools) gegründet haben. An traditionell ausgerichteten Fakultäten hingegen werden Executive-Programme von vielen Professoren als externe Projekte von Einzelkämpfern gesehen und als Fremdkörper wahrgenommen.

4 10. Gebot des systemischen Denkens (Simon 2011, S. 116).

Zum anderen haben Universitäten und „beauftragte" Executive Education Programme verschiedene Zielstrukturen: Die „Auftragnehmerin" Universität orientiert sich an der Profilierung im akademischen Bereich und für ihre Programme gelten hohe internationale Qualitätsstandards. Bei einer Akkreditierung beispielsweise steht die akademische Exzellenz eines Studiengangs im Vordergrund; ein externes Mandat, so sinnvoll und legitim dies auch sein mag, spielt dafür zunächst keine Rolle.

„Beauftragte" Programme wie die Studiengänge MPM und MEGA aber haben eigene, davon abweichende Zielebenen: Die Qualifikation der Teilnehmer/innen (auf persönlicher Ebene), die durch Entsende- oder Abnehmerorganisationen erwartete Effektivitätssteigerung (auf der Ebene der Organisation), strategische Interessen der Auftraggeber (politische Ebene) und die Verbesserung des bürgerorientierten Verwaltungshandelns in den Entsendeländern (Systemebene). Die Programme sehen sich damit einer Vielzahl von Anliegen verpflichtet. Sollte sich ein solches Programm primär auf (a) die Entwicklungsziele des Mittelgebers ausrichten? Oder doch auf (b) die einzelne Selbstzahlerin, die im Programm studiert? Auf (c) die entsendenden Institutionen und Arbeitgeber als mittelbare Nutznießer? Oder gar (d) auf die Bürgerinnen und Bürger, die von einer effektiveren Verwaltung profitieren, also die Gesellschaft als „ultimative (...) Klient[in]" (Schein 2010, S. 91)? Und wie das Ganze mit dem Gebot akademischer Exzellenz (e) vereinbaren?

Abb. 1: Zielgeber für Postgraduiertenprogramme ≡

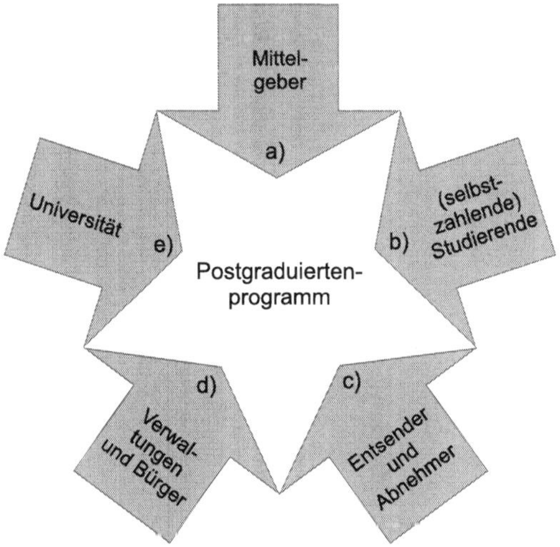

Postgraduale Programme müssen mit diesen Herausforderungen kontinuierlich umgehen. So sind beispielsweise die Auswahlkriterien für die Executive Studiengänge MPM und MEGA nicht nur akademischer Natur (e). Sie sind beim MPM-Programm direkt verbunden mit entwicklungspolitischen Überlegungen des Mittelgebers (a). Vor allem die Frage nach den Möglichkeiten nachhaltiger Verbesserungen in der Qualität ausgewählter öffentlicher Partnerinstitutionen (c) und der öffentlichen Verwaltung in Partnerländern des BMZ im Allgemeinen (d) stehen im Vordergrund.

Beim MEGA-Programm liegt der Fokus auf der Stärkung der deutsch-französischen Zusammenarbeit auf staatlicher Ebene (c) und auf dem Aufbau eines europäischen Netzwerks leistungsfähiger Führungskräfte in den Verwaltungen beider Länder (d). Gleichzeitig aber sind auch die Interessen der einzelnen Bewerber/innen (b) zu berücksichtigen, insbesondere wenn diese ihre Weiterbildung aus eigenen Mitteln finanzieren und nicht auf eine Förderung durch Mittelgeber zurückgreifen können. Schauen wir uns diese latenten Zielkonflikte etwas genauer an.

■ Theoretisch ist die Praxis ohne Theorie besser zu bewältigen als in der Praxis mit Theorie

Befragt man die Studierenden am Anfang ihres Studiums nach ihren Erwartungen, erhält man meist ein klares Bild: Für die Meisten von ihnen, die ja gerade noch im Beruf standen – oder wie beim berufsbegleitenden MEGA parallel im Job arbeiten –, soll das zu erwerbende neue Wissen vor allem der Praxisbewältigung dienen. Mit dem Master-Abschluss verbinden die meisten Studierenden außerdem verbesserte Aussichten auf eine Funktion als Führungskraft. Bei der Erwartungsabfrage von rund 57 Fach- und Führungskräften aus 37 verschiedenen Ländern der drei MPM-Jahrgänge 2008 bis 2010 bezogen sich knapp die Hälfte aller Aussagen auf die Erwartung, im MPM-Studium eigene Führungskompetenzen auf- und auszubauen sowie sogenannte „soft skills" zu verbessern, vor allem in den Bereichen Konflikt- und Personalmanagement, Kommunikation, Motivation und Präsentation („to improve and develop skills in..."). Ein Viertel der Aussagen bezog sich explizit auf den Erwerb von Wissen („gaining knowledge in..."), also auf eine kognitive Lernebene, die immer mit einem Anwendungsbezug („how to") gekoppelt ist. Bei einigen Studierenden schwingt in den Eröffnungsworkshops des MPM-Studiengangs aber auch eine gewisse „rezeptologische Erwartungshaltung" (Arnold 2009, S. 147) mit, als ob das Studium den einen „richtigen Weg" würde enthüllen können, der zum Sehnsuchtsziel einer erfolgreichen Verwaltungsreform führt.

Derlei Lernerwartungen auf der individuellen Ebene (b) unterscheiden sich hingegen stark vom Selbstverständnis universitär Lehrender (e). Hinzu kommen auf der Prozessebene unterschiedliche Verlaufserwartungen: So sind für alle Lehrende Regeln guten akademischen Arbeitens Grundlage für den Lernerfolg in einem Universitätsstudium und somit nicht verhandelbar. Viele postgradual Studierende aber sind mit diesen Regeln nicht (mehr) ausreichend vertraut, oder diese Regeln sind in ihren akademischen Erstausbildungen nicht verankert worden.[5]

Eine wichtige Rolle für diese Erwartungen spielen sicherlich die vorangegangenen Lern-Lehr-Sozialisationen oder auch eingeschliffene Wahrnehmungsmuster zur Problemlösung. Viele Studierende sind ein „geführtes Lernen" gewohnt, bei dem der oder die Lernende von einem Stand des Nicht-(Genug-)Wissens zu einem hinreichend durch Wissen(schaft) gestützten informierten Handeln gelangt. Viele Studierende im MPM-Programm kommen aus Verwaltungen, in denen das Bild einer dominanten Führungsperson vorherrscht, die aufgrund hierarchisch ausgeübter Autorität Prozesse steuert und Veränderungen umsetzt. Und auch wenn man dieses Führungsverhalten kritisch betrachtet, so attestieren ihm doch Viele eine positive Wirkung, die sich entfaltet, wenn nur die „richtigen Konzepte" umgesetzt werden.

Auch die für mandatierte Programme typische Wirksamkeitsfokussierung findet in diesen Erwartungen ihre Resonanz. So hat etwa die Mittelgeberin InWEnt (a) im Jahr 2006 vorgeschlagen, dass InWEnt-Bewerber/innen für das MPM-Programm ihren Bewerbungen bereits Exposés ihrer geplanten Master-Arbeiten beilegen, damit diese als messbare „Transferprojekte" für Mittelgeber (a) und Abnehmerorganisation (c) gesichert sind. In Programmgesprächen mit InWEnt-Kolleg/inn/en hat Werner Jann bei diesem Thema immer für einen offenen Lernansatz plädiert: „Wer vorher schon weiß, was er lernen will, lernt am Ende vielleicht nichts wirklich Neues."

Wo die Studierenden (b), wie wohl auch die meisten Arbeitgeber (c), einen Lernnutzen erwarten, der sich an der Wirksamkeit in beruflichen Anwendungssituationen bemisst, wird die negative Konnotation des Begriffs akademischer „Theorie" (e) erst mal nicht überraschen. Manchmal erscheint es, als sei „Theorie" nicht nur nicht wichtig, sondern gar hinder-

5 Ein großer Teil des Konfliktmanagements im MPM- wie im MEGA-Programm gilt der Einhaltung der Standards wissenschaftlichen Arbeitens bzw. entsprechender Bewertungen. Wenn man bedenkt, dass beispielsweise im MPM-Programm jedes Jahr durchschnittlich 20 Studierende aus 15 verschiedenen Ländern und Lernkulturen zusammenkommen, die nun nach „dem deutschen System funktionieren" sollen, dann werden häufige Anfragen an den Prüfungsausschuss des Studiengangs nicht überraschen.

lich im Umgang mit den Herausforderungen der Praxis – als sei die Praxis nur durch aus der Praxis gewonnene Erkenntnisse zu bewältigen. Werner Jann hat eine solche Vorstellung gern zu dem Modell des „Praktiker erklären Praktikern die Praxis" zugespitzt. Ein akademisches (e) Executive Programm, so Jann, sollte sich gerade nicht in der Vermittlung (vermeintlich erfolgreicher) methodischer Maßnahmen und Anweisungen zur Realisierung der besten aller Verwaltungsreformen erschöpfen.

Aus den Rückmeldungen der einzelnen Studierenden haben wir unsererseits aber auch gelernt, dass der Anwendungsbezug von theoretischen Modulen klarer herausgestellt werden sollte und eine ergebnisoffene, „forschende" Herangehensweise mit den Bedarfen der Praxis beständig rückzukoppeln ist. So haben wir zum Beispiel im Zuge der letzten MEGA-Studiengangsreform die Vorgesetzten der Teilnehmer/innen nach thematischen Empfehlungen für die Weiterentwicklung des Curriculums befragt, haben die Funktion der Master-Arbeit als ein mögliches „Beratungsprodukt" für die Entsendeeinrichtung gestärkt und ein „Projektmodul" neu aufgenommen, das von einem Wissenschaftler wie lehrerfahrenen Experten aus der Verwaltungspraxis begleitet wird.

In den Potsdamer Postgraduiertenprogrammen versuchen wir also Theorie- und Praxisorientierung nicht als Gegensätze zu vermitteln, sondern als einen komplementären Dualismus: keine gute Praxis ohne gute Theorie; keine wirksame Anwendung ohne professionelle Begründungen; keine Zielerreichung auf den Ebenen (a), (b) und (c) ohne Bemühen auf Ebene (e). Die Diskussion von analytischen und theoretischen Modellen verstehen wir als Dienst an der Praxis – als Einladung an Studierende, die eigenen praktischen Erfahrungen vor dem Hintergrund theoretischer Perspektiven neu zu interpretieren und zu deuten. Dabei darf man diesen theoretischen Modellen durchaus „misstrauen", sich aber gleichzeitig den Gedanken erlauben, dass sie vielleicht doch „irgendwie hilfreich" sein könnten. Skeptikern erzählt Werner Jann zur Illustration dieses Ansatzes gern folgende Anekdote: Albert Einstein soll bei einem Besuch im Sommerhaus seines Kollegen Niels Bohr über der Eingangstür ein Hufeisen bemerkt haben. Er fragt Bohr, angesehener Wissenschaftler und Nobelpreisträger, ob er denn wirklich „an so was" glaube. Daraufhin soll Bohr geantwortet haben: „Nein, aber es hilft trotzdem."

■ Vom „Entweder-oder" zum „Sowohl-als-auch"

Das voranstehend beschriebene Theorie-Praxis-Problem zeigt, dass postgraduale Programme um ein Erwartungsmanagement und das Agieren auf verschiedenen Zielebenen nicht herumkommen. Probleme treten meist dann auf, wenn das eine nur ohne das andere oder „alles gleichermaßen sofort" erreicht werden soll. So gab es im MPM-Programm durch die Auftraggeberin InWEnt (a) implizit die Erwartung, dass der Auftragnehmer bereits kurz nach der Einführung des Programms ein Produkt entwickelt, das unabhängig von den Zuwendungen des Auftraggebers marktfähig ist, während gleichzeitig recht hochgesteckte programmatische Ziele verfolgt wurden. Somit war das MPM-Programm sehr schnell darauf angewiesen, Einzelinteressent/inn/en und Selbstzahler/innen (b) einzuwerben und sich damit auf einem schwierigen Markt zu positionieren.

Eine Minimierung des externen Mitteleinsatzes (a) kann jedoch kaum mit einer Maximierung der Erwartungen aller Anspruchsgruppen (a, b, c) gekoppelt werden. Zwar verspricht sich auch der/die einzelne Selbstzahler/in (b) von einem postgradualen PA-Studiengang die Verbesserung der eigenen individuellen Karrierechancen, aber im Vergleich zum MBA-Studierenden dürfte die Investitionsrendite bescheidener aussehen. Die Vergütungsstrukturen im öffentlichen Sektor sind im Vergleich mit dem Privatsektor geringer, die Kosten von Executive Programmen aber nicht notwendigerweise. Dies dürfte ein Grund für die Schwierigkeit sein, universitäre Ausbildungsprogramme für PA-Führungskräfte vollständig und ausschließlich über die Gebühren zahlender Teilnehmer/innen (b), also ohne nachhaltige externe Förderung (a), zu etablieren (Frank et al. 2010, S. 32, 48ff.). Die jüngst gemeldete finanzielle Pleite der durch Teilnehmer/innengebühren finanzierten Humboldt-Viadrina School of Governance[6] mag das ebenso belegen wie die erfolgreiche Entwicklung der von der gleichnamigen Stiftung langfristig geförderten Hertie School of Governance (HSoG) in Berlin (Hurrelmann 2014).

Aber auch dort, wo wie beim MEGA-Programm, Auftraggeber/in (a) und Abnehmer/in (c) staatliche Institutionen sind, ist der persönliche Mehrwert (b) einer Weiterbildung nicht garantiert. Hier besteht für viele Ministerialverwaltungen (und sicher nicht nur für diese) ein Dilemma: Die Investition in Weiterbildung lohnt sich vor allem bei besonders vielversprechenden Mitarbeiter/inne/n, diese gelten aber auf ihrer aktuellen Position meist als unentbehrlich. Die Frage, ob man einen Leistungsträger für längere Zeit freistellen kann, ist somit ein zweischneidiges Schwert für Personalverantwortliche. Mit anderen Worten: Der institutionell deklarierte

6 „Gescheiterte Politik-Hochschule: Humboldt-Viadrina School of Governance ist insolvent" (http://www.spiegel.de/unispiegel/studium/humboldt-viadrina-school-of-governance-insolvenz-beantragt-a-961383.html; zuletzt aufgerufen am 29.07. 2014).

Bedarf an lebenslanger Weiterbildung, der zur Einrichtung von Programmen wie MEGA und MPM führt, sichert nicht in gleichem Maße die Nachfrage nach diesen Programmen. Um diese Anreize bei Entsende-/Abnehmerorganisationen (c) zu stärken und damit auch Beschäftigten (b) eine Teilnahme am Programm zu ermöglichen, für die ein Vollzeitstudium nicht in Frage kommt, hat beispielsweise das MEGA-Programm seit 2013 auf eine zweijährige, berufsbegleitende Struktur umgestellt. Letztlich werden sich die Postgraduiertenprogramme wie MEGA auf Dauer nur durchsetzen, wenn ihr Mehrwert von den Abnehmer/inne/n anerkannt wird.

Ein Weg, mit diesen oben skizzierten und in sozialen Systemen unvermeidbaren Zielkonflikten, Ambivalenzen und paradoxen Handlungsaufforderungen umzugehen, führt über die Managementstruktur der Programme. Die PCPM-Weiterbildungsprogramme sind als eigener Bereich „Executive Education/Public Policy and Management" bei der universitätseigenen und gemeinnützigen UP Transfer GmbH angesiedelt. In beiden Programmen übernehmen das MPM-Koordinationsbüro und das MEGA-Konsortialbüro als „Entwicklungs- und Kundenzentren" die wichtige Schnittstellenfunktion. Während die Professoren der Fakultät für die inhaltliche Gestaltung der Programme verantwortlich sind, die Universität Räumlichkeiten zur Verfügung stellt und den akademischen Titel verleiht, nimmt der Bereich „Executive Education" bei der GmbH alle Managementaufgaben wahr. Dies betrifft die Organisation, Vermarktung und Weiterentwicklung der Programme sowie die Akquisition und Betreuung von Studierenden. Die GmbH organisiert den Studienablauf, erhebt die Studiengebühren (MPM) und schließt Verträge mit den Dozent/inn/en und Mittelgeber/inne/n. Als privatwirtschaftliche Firma kann die UP Transfer GmbH auf der Basis von Mittelzuschüssen (wie beim MPM-Programm), öffentlichen Zuwendungen (wie im MEGA-Programm und bei einigen Beratungsprojekten) und Teilnehmer/innengebühren (MPM, Kurzzeitprogramme) Programme flexibel steuern.

Diese Kooperationsform ermöglicht, dass das eine getan werden kann (z.B. ein spezifisches Programm einzurichten), ohne das andere zu lassen (z.B. den akademischen Anspruch abzusenken). Das Programmmanagement überbrückt unterschiedliche Interessen und verknüpft die verschiedenen Zielebenen von Förderern und Auftraggebern (a), einzelnen Studierenden (b), Abnehmerinstitutionen (c), „ultimativen Klienten" (d) und universitärem System (e).

Gleichzeitig muss die GmbH sicherstellen, dass sich die Projekte ohne finanzielle Hilfen der Universität vollständig refinanzieren, d.h. kontinuierlich Mittel akquirieren und Projekte entwickeln. Die Vielzahl von Projekten ermöglicht schließlich auch die Querfinanzierung von Aktivitäten und eröffnet einen über die üblichen Projektbefristungen hinausgehenden Planungshorizont. Mit dieser Struktur kann der Willensbildungs- und Entscheidungsprozess der beteiligten Akteure so unterstützt und organisiert werden, dass aus einem „Entweder-oder“ bestimmter Interessen und Ziele ein „Sowohl-als-auch“ wird.

Karrieren entwickeln, sich Chancen erschließen

Schauen wir zum Abschluss noch einmal auf die Auswirkungen der Potsdamer Postgraduiertenprogramme. Wirkungen im Sinne kausaler Zuordnungen für Veränderungen auf der Ebene von Abnehmerinstitutionen (c) oder gar auf gesellschaftlicher Ebene (d) sind praktisch – unmittelbare Rückmeldungen von diesen Ebenen sind kaum zu erhalten – wie methodisch nur sehr schwer zu erfassen. Programmwirkungen auf der individuellen Ebene (b) lassen sich als persönlich wahrgenommene Veränderungen bei den Absolventinnen und Absolventen hingegen sehr gut beobachten.

Dabei gilt den Lernergebnissen von Studiengängen, dem „Outcome“, momentan ohnehin sehr viel Aufmerksamkeit. Im Zuge des sogenannten Bologna-Prozesses findet an den meisten Universitäten ein Paradigmenwechsel statt – weg von „allem Möglichen“ was die Fakultät zu bieten hat und hin zu „möglichst allem“ was der/die Absolvent/in in der Praxis können muss. Diesem Trend von einer angebotsorientierten zu einer ergebnisorientierten Lehre folgen auch die Qualitätssicherer der Branche wie das „Network of Schools of Public Policy, Affairs, and Administration“ (NASPAA) in Nordamerika (vgl. hierzu Danning 2014) und die bereits oben erwähnte „EAPAA“. Im Rahmen neuer „Tuning Standards“[7] geht es darum, Aus- und Weiterbildungsprogramme danach vergleichen und überprüfen zu können, inwiefern deren Absolvent/inn/en bestimmte generische und spezifische Lernergebnisse erzielen, also das avisierte Outcome erreicht wird: die Kompetenz und Fähigkeit, dies und jenes untersuchen, denken, erörtern, initiieren, kritisieren, denken, problematisieren, kommunizieren, tun usw. zu können. Doch bei aller Outcome-Fokussierung bleibt oft noch die Frage offen, welche Kenntnisse und Kompetenzen Absolventinnen und Absolventen am Ende „wirklich“ anwenden können. Denn nach dem Studienabschluss reißt der Kontakt zu den Absolvent/inn/en in den meisten Fällen ab.

7 Vgl. hier das „Tuning Project“ der EAPAA (http://www.eapaa.org/index.php/tuning-pa-project; zuletzt aufgerufen am 28.07.2014). Zum modernen Kompetenzprofil von Führungskräften in der öffentlichen Verwaltung vgl. auch die Beiträge in Bouckaert/Donk 2010, S. 95–118.

In Potsdam versuchen wir, diese Kontakte zu halten.[8] Zwar müssen das MPM- und MEGA-Programm auf den ersten Ministerpräsidenten noch warten – einen Potsdamer Absolventen als Vizeminister für Umwelt in Indonesien gibt es immerhin schon –, aber über veränderte Karriereperspektiven berichten alle befragten Absolvent/inn/en. Ein Absolvent, heute Generaldirektor des Staatlichen Instituts für Verwaltungswissenschaften in Vietnam, drückt das so aus:

> „(...) [D]ie Kenntnisse, die ich durch das MPM-Programm erworben habe, helfen mir sehr, die mir zugedachten Aufgaben zu erfüllen (...) Mein gutes Abschneiden war für meinen Vorgesetzten mit ausschlaggebend dafür, überhaupt in Betracht zu ziehen, mich für meine heutige Position vorzuschlagen." (Kirf 2009, S. 31)

Viele MEGA-Absolventen berichten, dass ihnen das Programm einen Karriereschritt auf derselben Ebene ermöglicht habe, d.h. einen horizontalen Wechsel zu einer Tätigkeit im Gegenstandsbereich der neuen Qualifikation. Andere, so ein ungarischer Absolvent, berichten, dass sie in eine Führungsposition (hier: Referatsleiter) mit „Schlüsselfunktion" für die Verwaltungsmodernisierung aufgestiegen seien (Gebhardt/Augère, S. 22). Einen Zugang zu höheren Positionen mit Bezug zu Reformprozessen in der öffentlichen Verwaltung finden offensichtlich auch viele MPM-Absolventen (Ganier-Raymond 2011, S. 36f.). Der Abschluss an sich also verschafft keine Karriere, aber er schafft eine Grundlage, auf der sich Absolvent/inn/en neue Aufgabenfelder und Chancen erschließen. Die oben erwähnte individuelle Investition kommt hier in Form eines neuen Aufgabenprofils als „Rendite" zur Auszahlung.

■ Radikale Änderungen

Über diese allgemeinen Veränderungen hinaus konstatieren die Absolventinnen und Absolventen auch weitere, konkrete Lerneffekte. Da ist zum einen der Zuwachs an „Wissen über die Dinge", die kognitive Fähigkeit,

8 Die nachfolgenden Einschätzungen basieren auf Ergebnissen von drei regionalen MPM-Nachkontaktseminaren, die ich im Auftrag der InWEnt mit 29 MPM-Alumni aus Asien, 16 Alumni aus Afrika und zwölf Alumni aus Südamerika jeweils in Vietnam, Südafrika und Peru durchgeführt habe (Gebhardt 2003, 2004, 2007). Weitere unveröffentlichte Quellen sind die von der GIZ beauftragte Abschlussevaluierung des von der InWEnt 1999–2012 geförderten Teils des MPM-Programms (Garnier-Raymond 2011) und die vom MEGA-Konsortialbüro durchgeführte schriftliche Befragung von 41 (der insgesamt 62) MEGA-Absolvent/inn/en der Jahrgänge 2006, 2007 und 2008 (Gebhardt/Augère 2009).

Neues aufzunehmen und daraus andere, neue Bewertungen ableiten zu können. Dies sind Effekte, die man dem klassischen adaptiven Lernen zuordnen kann.

Befragt nach dem, was sie nach dem Studium anders machen, was sie anders sehen würden, erwähnten viele Absolvent/inn/en „eine gänzlich neue Perspektive“, die sie durch die wissenschaftliche Unterlegung vorhandener Kenntnisse erhalten haben. Anhand des erworbenen Wissens lassen sich komplexe Ursache-Wirkungs-Prozesse in Politik und Verwaltung besser verstehen, beschreiben und erklären. Interessanterweise konstatieren einige Absolvent/inn/en, dass ihnen gerade die Kenntnis von theoretischen Modellen mehr Selbstbewusstsein in der beruflichen Praxis gebe, etwa bei Initiativen, Planung und strategischen Steuerungsprozessen (Gebhardt 2007, S. 6ff.).

Ein MEGA-Absolvent antwortete auf die Frage, wie und in welchem Umfang er das neue Wissen in seine derzeitige Arbeit einfließen lassen könne, dass „sowohl der europäische und internationale Ansatz, aber auch die Themenblöcke zu Verwaltung, Governance, etc. im ministeriellen Alltag – gleich in welcher Position – von großer Bedeutung“ seien. Ein MPM-Absolvent aus Moldau meinte zum Vorher-Nachher-Vergleich, er habe „vor MPM nur einen Baum gesehen, jetzt sehe ich den ganzen Wald“ (Raymond 2011, S. 102). Ein MPM-Alumnus aus Nepal, der vor seinem Studium für eine kleine NGO und nach dem Abschluss für das Entwicklungsprogramm der Vereinten Nationen arbeitete, meinte, er habe sich vor seiner Potsdamer Zeit immer als „politischer Radikaler“[9] gesehen, der eine selektive Wahrnehmung kultiviert habe (Gebhardt 2003, S. 4). Sein Urteilsvermögen sei durch das Studium und die Begegnung mit Kolleg/innen aus sehr unterschiedlichen Ländern und Verwaltungskulturen enorm gewachsen. Man könnte es auch so sagen: Angesichts der direkten und dauerhaften Konfrontation mit Neuem und Unterschiedlichem ist ein ritualisiertes „Herunterladen“ (Scharmer 2009, S. 33ff., S. 255f.) von bestehenden (Vor-)Urteilen nur noch schwer möglich. Werner Jann hat Studierende im MPM- und MEGA-Programm immer wieder eingeladen, diese Unterschiede als Lernchance zu sehen. Bei den Eröffnungen zum MEGA-Studiengang wies er die neuen Studierenden etwa immer darauf hin, dass die Unterschiede bei der didaktischen und inhaltlichen Ausgestaltung der Module in Deutschland und Frankreich zwar traditionell bedingt, jedoch auch gewollt sind.

---

9 Diese wie alle weiteren Zitate von MPM-Absolvent/inn/en sind eigene Übersetzungen von Gebhardt (2003, 2004, 2007) und Garnier-Raymond (2011) aus dem Englischen.

Somit verbessern auch die Studierenden im MEGA-Programm ihr Verständnis über das jeweils „andere System“ – und lernen, das eigene zu hinterfragen: Während des zweimonatigen Praktikums im jeweils anderen Land erleben die MEGA-Teilnehmer/innen die Funktionsweise und Entscheidungsstrukturen der jeweils anderen Verwaltung in Europa durch eigene Mitarbeit ganz konkret. Die Fähigkeit, das Verhalten von Kolleg/inn/en im jeweils anderen Land souverän einschätzen zu können, sehen viele MEGA-Absolvent/inn/en als eine Bereicherung, die sie von anderen, lediglich „national geschulten“ und denkenden Kolleg/inn/en abhebe. Insofern entsprechen die MEGA-Absolvent/inn/en dem Profil, das Bundeskanzleramtsminister Peter Altmaier ihnen zuschreibt:

> „Dass jemand die jeweils andere Sprache beherrscht, würde mich noch nicht beindrucken. Beeindrucken würde mich, wenn er erklären kann, warum die Franzosen so sind und warum sie so denken. Wenn er als Deutscher so denken kann wie ein Franzose und als Franzose wie ein Deutscher.“[10]

■ Zehn Master-Arbeiten am Tag

Das in beiden Postgraduiertenprogrammen gegebene Input erweitert also den Horizont des vorhandenen „expliziten“ Wissens. Ob und in welchem Maße diese Kenntnisse auch genutzt werden können, hängt aber weniger von den Bedingungen des Ausbildungsprogramms als von denen „vor Ort“ ab, also in den Organisationen, in die die Absolvent/inn/en zurückkehren. Hier gelangt also eine zweite Gruppe von Lerneffekten in den Blick: Fähigkeiten und Fertigkeiten kognitiver (Problemlösefähigkeit, analytisches Denken) wie praktischer Art (wie z.B. Umgang mit bestimmten Managementinstrumenten) und verbesserte „Soft Skills“ wie Rhetorik, selbständiges analytisches Arbeiten, Teamfähigkeit, Flexibilität, Argumentations-, Anpassungs- und Durchsetzungsvermögen. Man könnte diese Fähigkeiten in Unterscheidung von der Gruppe der adaptiven, wissensbezogenen Lerneffekte „Fähigkeiten des Tuns“ nennen. Die Rückmeldungen der Absolventen zeigen, dass auch diese Fähigkeiten den Anforderungen ihrer beruflichen Praxis entsprechen, wenn sie diese Kompetenzen auch in unterschiedlicher Weise wirksam anwenden.[11]

---

10 In einer Diskussion mit MEGA-Studierenden am 27. März 2014 auf die Frage, woran er gern erkennen würde, dass jemand den MEGA-Abschluss habe.

11 So wurden etwa die Skills-bezogenen Kurse wie z.B. „Management Skills and Behavior“, „Project Management“ und „Communication Skills“ des MPM-Curriculums von der Mehrheit aller befragten Absolventen als besonders hilfreich („most beneficial courses“) genannt (vgl. Gebhardt 2003, 2004, 2007).

Eine MPM-Absolventin, die nach ihrem Abschluss u.a. als Stabschefin des Interims-Präsidenten Kolumbiens arbeitete, gab der Master-Arbeit rückblickend diese Bedeutung:

> „Neben den vielen Problemen, die wir hatten, mussten wir innerhalb von nur sieben Monaten Neuwahlen organisieren. Ich musste also zehn Master-Arbeiten pro Tag schreiben!" (Gebhardt 2007, S. 5)

Die Potsdamer Master-Arbeit – im Rückblick eine Kleinigkeit. Ein Training also – allemal!

Eine MPM-Alumna, die für den stellvertretenden Bildungsminister in Peru arbeitete, berichtete, sie hätte in Potsdam ihre kommunikativen und interkulturellen Fähigkeiten ausbauen können, die ihr beim Management eines komplexen UNESCO-Programms mit verschiedenen Konfliktpartnern zu Gute kamen. Ein MPM-Absolvent, der nach der Rückkehr Direktor für Organisationsentwicklung des Internationalen Roten Kreuzes in Tansania wurde, meinte, er habe nach dem Abschluss „komplexe Projekte mit großen Budgets und komplizierter Teilhaberstruktur" mit mehr Selbstbewusstsein managen können (Gebhardt 2004, S. 7). Ein kolumbianischer MPM-Absolvent brachte es mit einer externen Kompetenzuschreibung folgendermaßen auf den Punkt: „Die Leute haben mich seitdem nach mehr Leistung gefragt, für die ich besser bezahlt werde." (Gebhardt 2007, S. 6).

Sich jünger fühlen – nach einem Jahr in Potsdam

Aber noch in einer dritten Hinsicht lassen sich Potsdamer Nachwirkungen beobachten. Eine MPM-Absolventin aus Bolivien, nach ihrem Abschluss als Beraterin in einem Weltbankprojekt tätig, meinte in einer Gruppendiskussion, dass niemand als dieselbe Person aus Potsdam zurückkam, als die er oder sie dorthin gegangen sei (Gebhardt 2007, S. 6). Während eines Studiums und einer längeren Lernphase – noch dazu in einem anderen Land – erwirbt man also neues Wissen (kognitive Ebene) und erweitert die eigenen Fähigkeiten und Fertigkeiten („skills"). Häufig aber ändert sich auch das Verhalten und die eigene Wahrnehmung (emotionale Ebene) – man ist „nicht mehr derselbe".

Diese Veränderungen lassen sich wohl nicht mehr allein als Effekte kognitiver Argumentation und Ergebnisse von Appellen an den Verstand erklären (Arnold 2009, S. 55). Das bewusste „kortikale Ich" des Lernenden wird, so sagt etwa die neuere Hirnforschung, durch die unbewussten Einspurungen und Prägungen des „limbischen Selbst" begrenzt und wir können die Welt nur so sehen, wie wir sie auszuhalten vermögen (vgl. Roth

2009). Ein „Sich-anders-fühlen“ bedeutet mithin mehr als nur „mehr zu wissen“ oder etwas „besser tun zu können“. Emotionale Veränderungen lassen anders erleben und auf dieser Basis wird ein Anders-denken und Sich-neu-ausdrücken möglich. Der Ermöglichungsdidaktiker Rolf Arnold nennt dies „transformatives Erwachsenenlernen“ (Arnold 2009, S. 157), bei dem der „Lernprozess weniger von der Struktur oder den Anforderungen eines äußeren Gegenstands her“ konzipiert wird, sondern die innere Seite von Aneignung zum Gegenstand hat (ebd., S. 160).

Dieselbe bolivianische MPM-Absolventin drückte das so aus:

> „Ich habe in Potsdam so eine Menge gelernt: Ich kenne jetzt Menschen aus anderen Kulturen, ich kann gut Englisch sprechen, ich weiß viele Arbeitspapiere zu schreiben, ich bin in der Lage vor großen Gruppen zu reden, ich ziehe mich anders an – ich fühle mich viel jünger!“ (Gebhardt 2007, S. 6)

Die Aussage der bolivianischen Kollegin lässt, auch wenn sie ein Stück weit ironisch gemeint war, auf die „innere Verfassung“ einer selbstreflektierten Führungskraft blicken, die sich von verinnerlichten Zuschreibungen und ritualisierten Mustern gleichsam befreien und ihre innere Autonomie stärken kann. Neuere Managementtheorien rechnen diesem „selbsttranszendenten Wissen“ einer Führungskraft eine genauso große Bedeutung zu wie dem expliziten Sachwissen auf der kognitiven Ebene und individuellen Fähigkeiten und Fertigkeiten auf der Skills-Ebene (Scharmer 2009, S. 256).

Die Geschichte über das „Sich-jünger-fühlen“ ist ein Stück Folklore der Potsdamer Postgraduiertenprogramme geworden. Im Kern aber spiegelt sie durchaus die Anstrengungen wie die Freude wider, die wohl die meisten Beteiligten – ob Absolvent/inn/en, Studierende, Lehrende, Programmmanager oder Unterstützende – mit ihnen verbinden. Darüber hinaus geben uns Erzählungen wie diese wohl auch Zuversicht, dass in Potsdam weiterhin ungeahnt Neues gelernt werden kann, Träume wahr werden und individuelle Wunder geschehen.

Literatur

Arnold, R. (2009): Seit wann haben Sie das? Grundlinien eines Emotionalen Konstruktivismus. Heidelberg: Carl-Auer-Verlag

Bouckaert, G./Van de Donk, W. (2010): The European Group for Public Administration (1975–2010). Perspectives for the Future. Brussels: Bruylant

Bushouse, B. K./Jacobsen, W. S./Lambright, K. T./Llorens, J. J./Morse, R. S./Poocharoen, O. (2011): Crossing the Divide: Building Bridges between Public Administration Practitioners and Scholars. In: Journal of Public Administration Research and Theory, Vol. 21/suppl. 1, S. i99–i112

Dunning, P. T. (2014): Developing a Competency-based Assessment Approach for Student Learning. In: Teaching Public Administration, Vol. 32/No. 1, S. 55–67

Frank, A./Hieronimus, S./Meyer-Guckel, V. (2010): Rolle und Zukunft privater Hochschulen in Deutschland. Eine Studie in Kooperation mit McKinsey & Company. Essen: Edition Stifterverband

Ganier-Raymond, M. (2011): Abschlussevaluierung. Verwaltungswissenschaftliche Fortbildungsprogramme in der BRD 2007–2011 (unveröffentliches Gutachten, S. 117)

Gebhardt, T. (2003): Report of the First Regional Follow-Up MPM Alumni Seminar in Hanoi, Vietnam (unveröffentlichter Bericht mit Anlagen)

Gebhardt, T. (2004): Report of the Second Regional Follow-Up MPM Alumni Seminar in Pretoria, South Africa (unveröffentlichter Bericht mit Anlagen, S. 108)

Gebhardt, T. (2007): Report of the Third Regional Follow-Up MPM Alumni Seminar in Lima, Peru (unveröffentlichter Bericht, S. 42)

Gebhardt, T./Augère M. (2009): Auswertung der Follow-Up Befragung: MEGA-Abschlussjahrgänge 2006, 2007 und 2008 (unveröffentlichtes Memo, S. 32)

Hurrelmann, K. (2014): ‚Top oder Flop'. In: Die Zeit, Nr. 30, 17. Juli, S. 61

Kirf, M. (2009): Mehr als nur Weiterqualifizierung. Mit dem Abschluss ‚Master of Public Management' öffneten sich für Tran Van Ngoi Türen. In: Portal. Das Potsdamer Universitätsmagazin, Jg. 9/Heft 6–9, S. 30–31

Rivenbark, W. C./Jacobson, W. S. (2014): Three Principles of Competency-Based Learning: Mission, Mission, Mission. In: Journal of Public Affairs Education, Vol. 20/No. 2, S. 181–192

Scharmer, O. (2009): Theory U: Learning from the Futures as It Emerges. San Fransisco: Berrett-Koehler Publishers

Schein, E. H. (2010): Prozessberatung für die Zukunft. Der Aufbau einer helfenden Beziehung. Bergisch Gladbach: EHP

Simon, F. (2011): Einführung in Systemtheorie und Konstruktivismus. Heidelberg: Carl-Auer-Verlag

World Bank (1997): World Development Report 1997: The State in a Changing World. New York: Oxford University Press

Teil 4

Policy-Forschung

Unintendierte Folgen performanzorientierter Steuerung

Das Beispiel Spitzensport

Henk Erik Meier, Marcel Reinold

Einleitung

Werner Jann gilt zu Recht als einer der wichtigsten Wegbereiter folgenreicher Reformen im politisch-administrativen System der Bundesrepublik Deutschland. So hat er für die Einführung des neuen Steuerungsmodells als deutscher Variante des New Public Managements geworben, eine leistungsorientierte Betrachtung des öffentlich-rechtlichen Rundfunks vorangetrieben, korporatistische Muster in der deutschen Arbeitsmarktpolitik aufgebrochen und sich für die Implementation der Bürokratiefolgekostenabschätzung eingesetzt.

Dieses Engagement für eine Modernisierung politisch-administrativer Strukturen und Prozesse speist sich einerseits aus einer Opposition gegen die traditionelle Dominanz einer juristischen Perspektive auf die Formulierung und Umsetzung öffentlicher Politik, die vorrangig nach der formalen Rechtmäßigkeit politischer Vorhaben, aber nicht nach Effizienz und Wirksamkeit der umgesetzten Maßnahmen fragt. Während sich die deutsche Verwaltungswissenschaft – auch unter tätiger Mitwirkung Werner Janns – zunehmend von ihrer traditionell vorwiegend verwaltungsrechtlichen Ausrichtung gelöst hat, hat sich Werner Jann noch mit der naiven, aber nichtsdestotrotz selbstbewusst vorgetragenen staatsrechtlichen Perspektive auseinandersetzen müssen, dass Politik im Wesentlichen den Vollzug verfassungs- und verwaltungsrechtlich formulierter Vorgaben darstelle.

Andererseits geht Werner Janns Engagement für die Implementation stärker performanzorientierter Steuerungs- oder „Governance"-Mechanismen im politisch-administrativen System institutionentheoretischer und genuin demokratietheoretischer Überlegungen zurück. Bekanntlich liegen die theoretischen Wurzeln dieser performanzorientierten Steuerungsbemühungen in den Principal-Agent-Ansätzen (Grossman/Hart 1983), deren Konjunktur in den Organisationswissenschaften das Bewusstsein für die Probleme von Delegationsbeziehungen und die Inkongruenz der Ziele von Auftraggeber (Principal) und Auftragnehmer (Agent) geschärft hat. Das

Aufkommen von PA-Ansätzen im öffentlichen Sektor und die Forderung nach Leistungsdokumentation signalisiert aber auch ein zunehmendes Misstrauen in öffentliche Institutionen (Levi-Faur 2005). Im Ergebnis erschienen klar operationalisierbare Zielvorgaben zunehmend als geeignetes Steuerungsinstrumentarium zur Verhinderung von „agency drift".

Darüber hinaus lautet das grundlegende und weiterhin einleuchtende demokratietheoretische Argument für klare Ziel- und Leistungsvorgaben, dass politische Entscheidungsprozesse informierter und transparenter werden, wenn einerseits die angestrebten politischen Ziele klar definiert werden und andererseits der für die Zielerreichung erforderliche Ressourcenbedarf transparent gemacht wird. Eine performanzorientierte Betrachtung dient daher unmittelbar der größeren Rationalität demokratischer Prozesse, indem sie thematisiert, was politische Ziele kosten sollen und welche Abwägungen zwischen einzelnen politischen Zielen getroffen werden müssen (Jann 2005). Derartige Überlegungen basieren freilich auf einem wesentlich rationalistischen Demokratieverständnis, d.h. auf der Prämisse, dass die demokratische Öffentlichkeit tatsächlich an Transparenz über konkurrierende Zielvorstellungen interessiert ist und die entsprechenden Informationen auch würdigt und verarbeitet. Eine solch rationalistische Perspektive muss deshalb ein wenig verwundern, weil Werner Jann stets betont hat, dass Organisationen häufig nicht zweckrational handeln, sondern organisatorischen Mythen folgen (vgl. Jann 2009). So hat Werner Jann in Reaktion auf naive rationalistische Vorstellungen von Organisationen immer auf die grundlegenden Arbeiten der Carnegie-Schule zur begrenzten Rationalität organisatorischer Entscheidungsprozesse (Simon 1976), zur Rolle binnenorganisatorischer Entscheidungsprozesse (Cyert/March 1963) und zur mehr oder weniger willkürlichen Kombination von Problemen, Lösungen und Entscheidungsgelegenheiten verwiesen (Cohen et al. 1972). Darüber hinaus hat Werner Jann häufig unter Bezug auf Aaron Wildavsky (1979) darauf hingewiesen, dass die Implementation von Evaluationsmaßnahmen in Organisationen den Effekt haben kann, geringe Zielerreichungsgrade, latent gehaltene Zielkonflikte oder unintendierte Folgen organisatorischen Handelns transparent zu machen und somit die Legitimität von Organisationen nicht zu erhöhen, sondern zu beschädigen.

In diesem Beitrag soll jedoch ein unintendierter Effekt performanzorientierter Steuerung im Vordergrund stehen, auf den bereits in den frühen Debatten um die Implementation stärker effizienz- und performanzorientierter Steuerungsinstrumente im politisch-administrativen System der Bundesrepublik hingewiesen wurde. Danach können performanzorientierte Steuerungsmechanismen dazu führen, dass komplexere Ziele von *leichter* operationalisierbaren Zielen verdrängt werden. Die Steuerung des Spitzensports in der Bundesrepublik Deutschland bietet ein hervorragendes Beispiel für diese Effekte sowie deren äußerst schwierige Korrigierbarkeit.

1. Neo-Korporatismus im deutschen Spitzensport

Der bundesdeutsche Spitzensport ist insoweit typisch für Governance-Arrangements in der alten Bundesrepublik, als er die klassischen Merkmale sogenannter „mesokorporatistischer" bzw. neo-korporatistischer Arrangements aufweist, in denen „der" Staat mit Interessenverbänden kooperiert, um sektorale soziale Probleme zu bearbeiten (Winkler/Karhausen 1985; Meier 1988; Heinemann 1996; Lösche 2002; Meier/Fuchs 2013).

Paradoxerweise entstanden diese neo-korporatistischen Muster, weil nach dem zweiten Weltkrieg sowohl die Alliierten als auch führende Funktionäre im deutschen Sport auf einer politisch unabhängigen „Sportbewegung"[1] insistierten, nachdem sich der deutsche Sport durch seine bereitwillige Kollaboration mit den Nazis kompromittiert hatte. Trotz personeller Kontinuität zentraler Führungsfiguren in der westdeutschen Sportbewegung machte sich diese auf den Weg eines politischen Neubeginns und entwarf sich als zweckfreier und unpolitischer Sport (Krüger 2005). Die sogenannte „Autonomie des Sports" erlangte darüber hinaus den Status einer quasi-verfassungsrechtlichen Doktrin, da die konstitutionellen Vorgaben zur Vereinigungsfreiheit als Garantie eines staatsfreien Sports interpretiert wurden (Vieweg 1990).[2]

---

1 Die Schaffung des überparteilichen und weltanschaulich neutralen DSB in der Bundesrepublik hat inzwischen vergessen lassen, dass der deutsche Sport vor der Machtergreifung der Nationalsozialisten durch vielfältige politische und konfessionelle Spaltungen geprägt war, so dass in der Nachkriegsphase noch nicht vom „organisierten Sport" gesprochen werden konnte.

2 Nationale und internationale Sportverbände haben traditionell die These der Vorstaatlichkeit oder Originalität ihres Sportsverbandsrechts verfochten, was implizierte, dass den Sportverbänden auch eine Freiheit von der staatlichen Gesamtrechtsordnung zukam (Malatos 1988). Die meisten internationalen Sportverbände interpretierten ihre Satzungen und Rechtsordnungen als eigenständiges supranationales Recht, das ihnen u.a. eine Immunität vor den nationalstaatlichen Gerichten garantieren sollte (Vieweg 1990). Bemerkenswerterweise teilt die deutsche Sportpolitik diese weite Interpretation der Sportautonomie und schreibt ihr den Status eines Verfassungsgutes zu, obwohl Sport kein Verfassungsbegriff des Grundgesetzes ist (Steiner 1991). Diese Interpretation stützt sich auf die verfassungsrechtliche Garantie der Vereinigungsfreiheit (Art. 9 Abs. 1 GG), die nach herrschender Rechtslehre nicht nur ein individuelles, sondern auch ein sogenanntes „Gruppengrundrecht" darstellt, nach dem dem gebildeten Kollektiv eine eigen-

Wechselseitige Ressourcenabhängigkeiten führten jedoch zur Institutionalisierung neo-korporatistischer Beziehungen auf jeder politisch-administrativen Ebene der föderalen Staatsarchitektur. Diese Ressourcenabhängigkeiten resultieren aus der Tatsache, dass Sportverbände und -vereine in erheblichem Maße von staatlichen Subventionen für die Sportinfrastruktur und den Leistungssport abhängig sind. Die staatliche Seite sieht dagegen den Sport als geeignetes Vehikel für eine ganze Reihe von Politikzielen an, u.a. nationaler Repräsentation, Bildung, soziale Integration, Gesundheitsförderung, Entwicklungspolitik usw. Dabei verfügt die staatliche Seite zum einen nicht über die notwendige sektorale Expertise und ist zum anderen nicht in der Lage, im selben Umfang wie der organisierte Sport Freiwilligenarbeit zu aktivieren (Heinemann 1996). Die enorme Abhängigkeit von Freiwilligenarbeit erklärt auch, warum die staatliche Subventionierung nicht zur Relativierung der Doktrin von der Autonomie des Sports geführt hat. Die Bereitstellung öffentlicher Mittel wird weiterhin als subsidiäre Förderung verstanden.

Auf der Bundesebene, auf der die Kompetenz für den Spitzensport angesiedelt ist, entwickelten sich neo-korporatistische Beziehungen zwischen den Sportverbänden und der Bundespolitik vor allem im Zuge der Vergabe der Olympischen Spiele von 1972 an München als Austragungsort. Die Befürchtung, auf eigenem Boden von einer nun erstmals eigenständig auftretenden DDR-Mannschaft sportlich blamiert zu werden, inspirierte Sportfunktionäre und Sportpolitiker zu Bemühungen, die westdeutschen Sportstrukturen zu modernisieren (Winkler/Karhausen 1985; Meier 1988; Balbier 2007).

Das staatliche Interesse an einer besseren internationalen Performanz des westdeutschen Sports und das Interesse der Sportfunktionäre an öffent-

---

ständige Grundrechtssubjektivität zukommt, weil ein effektiver Grundrechtsschutz den Schutz des Vereinsbestandes und der Vereinsbetätigung erfordert. Damit umfasst das Grundrecht die Selbstbestimmung über die interne Organisation der Vereinigung, das Verfahren ihrer Willensbildung und die Führung ihrer Geschäfte sowie die autonome Gestaltung des Vereinslebens (Zinger 2003). In ihrer Ausprägung als Sportautonomie wird die Vereinigungsfreiheit auch als Bestandsschutz für die funktionsgerechte Betätigung der Vereinigung selbst und eines staatsfreien Sportwesens gedeutet (Steiner 1983). Eine einfachgesetzliche Konkretisierung der Verbandsautonomie liegt jedoch nicht vor (Vieweg 1990). In der Judikatur wird inzwischen davon ausgegangen, dass die Verbandsautonomie der Sportverbände unter dem Vorbehalt staatlicher Kontrolle steht (Malatos 1988; Vieweg 1990; Hannawald/Vieweg 1998). Ungeachtet aller juristischen Qualifizierungen bildet die Autonomie des Sports das leitende Policy-Paradigma der staatlichen Sportpolitik.

lichen Subventionen hatten dabei nachhaltige Strukturveränderungen zur Folge:

Innerhalb des politisch-administrativen Systems führten diese Modernisierungsbemühungen zur Schaffung des Bundesinstituts für Sportwissenschaft (BISp) als einer Bundesoberbehörde, die die sportwissenschaftliche Forschung koordinieren sollte, und zur Etablierung eines Bundestagssonderausschusses für die Vorbereitung der Olympischen Spiele, der von 1972 an als permanenter Sportausschuss institutionalisiert wurde.

Innerhalb der Sportverbände hatten diese Modernisierungsbemühungen den Effekt, dass der Spitzensport professionalisiert, zentralisiert, bürokratisiert und in hohem Maße von Staatssubventionen abhängig wurde. Die zunehmende Kooperation zwischen Staat und Sport traf zwar innerhalb der Mitgliedsverbände des Deutschen Sportbundes (DSB) nicht auf allgemeine Zustimmung, wurde jedoch auf Grund des besseren Zugangs zu staatlichen Subventionen akzeptiert. So war der DSB nicht erfreut über das Maß an staatlicher Kontrolle, das mit der Akzeptanz einer institutionellen Förderung, d.h. staatlichen Subventionen für die Verwaltung des DSB, einherging (vgl. Winkler/Karhausen 1985; Balbier 2007). Ironischerweise war der DSB aber nur in der Lage, auf diese institutionelle Förderung zu verzichten, nachdem die Bundesregierung alternative Möglichkeiten einer staatlichen Subventionierung durch Umverteilung von Lotterieeinnahmen gefunden hatte (Meier 1988).

Im Zuge dieser Veränderungen nahm der DSB immer mehr die Rolle einer neo-korporatistischen Spitzenorganisation an, die über einen institutionalisierten Zugang zum politischen Prozess, ein Repräsentationsmonopol und substanzielle organisatorische Autonomie verfügte (Winkler/Karhausen 1985; Heinemann 1996). Der DSB partizipierte nicht nur an der Politikformulierung auf Bundesebene, sondern übernahm auch die Verantwortung für die Implementation staatlicher Politikvorhaben, in dem er die Verteilung von Bundessubventionen an seine Mitgliederverbände vornahm und die Einhaltung der Förderungsbedingungen überwachte (Meier 1988). Allerdings ist in Rechnung zu stellen, dass der DSB – wie auch seine Nachfolgerorganisationen der Deutsche Olympische Sportbund (DOSB) – nur einen Dachverband darstellt(e), dem die Mitgliederverbände und -organisationen nicht in einer klaren hierarchischen Struktur untergeordnet sind. Daher konnte der DSB – im Unterschied zu stärker zentralisierten und hierarchisch organisierten neo-korporatistischen Spitzenverbänden – vorrangig dann bundespolitische Vorgaben erfolgreich implementieren, wenn Staatssubventionen zu verteilen war. Anderenfalls blieb der Einfluss des DSB begrenzt (Winkler/Karhausen 1985).

Das Fehlen klarer hierarchischer Strukturen im westdeutschen Sport und die daraus resultierende Konkurrenz verschiedener Sportverbände hatten auch weitreichende Folgen für die institutionelle Ausgestaltung eines stärker zentralisierten Spitzensports. Auf Druck des Bundes einigten sich die Sportverbände auf die Gründung des Bundesschusses für Leistungssport (BA-L) als Koordinationsinstanz. Während alle wesentliche Sportverbände formal in die Kontrolle des BA-L eingebunden waren, entwickelte sich dieser dank seines exklusiven Zugangs zum Bundesinnenministerium (BMI) – und damit zum Bundeshaushalt – bald zu einem semi-autonomen Akteur, der in ein wenig transparentes leistungssportliches Netzwerk eingebunden war (genauer Meier/Reinold 2013).

Für das hier vorgebrachte Argument ist allerdings relevant, dass der deutsche Spitzensport insoweit untypisch für den bundesdeutschen Neokorporatismus war, als die Ressourcenbereitstellung seitens des Staats für den Spitzensport schon immer leistungsbezogen erfolgte. Mit anderen Worten: Im bundesdeutschen Spitzensport wurde bereits das praktiziert, was Werner Jann und andere Verwaltungsreformer seit den 1990er-Jahren durchzusetzen versuchten, nämlich eine zielorientierte bzw. performanzorientierte Steuerung, bei der sich der Staat vorrangig auf eine finanzielle Gewährleistungsrolle (bzw. das „Steuern“) zurückzog und die Realisierung der politisch vorgegebenen Ziele (bzw. das „Rudern“) der sektoralen Selbststeuerung überließ. Eine derartige performanzorientierte Steuerung fiel im Politikfeld Sport auf Grund der relativ einfachen Operationalisierbarkeit sportlichen Erfolges über Wettkampfplatzierungen und Medaillen naturgemäß leichter als in anderen Sektoren.

Bereits 1969 gab das Bundesinnenministerium sein bis dahin praktiziertes Gießkannenprinzip bei der Subventionierung des Spitzensports auf. Für die Spiele von München wurden die Staatssubventionen für den DSB an Leistungsvorgaben gebunden. 1974 verabschiedete die Bundesregierung ihr Spitzensportprogramm, das vom DSB 1975 umgesetzt wurde. Dieses Programm teilte die bundesdeutschen Sportverbände in drei unterschiedlichen Kategorien ein. In der untersten Stufe befanden sich die sportlich weniger erfolgreichen Verbände, die lediglich eine „Leistungsförderung zur Wahrnehmung internationaler Aufgaben“ erhielten. Die Verbände der mittleren Stufe erhielten eine „Aufbauförderung zur Steigerung auf Weltniveau“ und die erfolgreichsten Verbände der obersten Stufe eine „Optimalförderung zur Stabilisierung der Erfolge“ (Bundesregierung 1978, S. 13f., 135ff.). Damit wurde die Bereitstellung staatlicher Subventionen endgültig von klaren sportlichen Leistungserwartungen abhängig gemacht. Der DSB implementierte diese Vorgaben bereitwillig und entwickelte intern ein noch ausgefeilteres System für die leistungsorientierte Klassifikation von

Sportarten und Athleten (DSB 1979, S. 248). Bereits zuvor hatte der DSB ein hochgradig erfolgsorientiertes System für die Nominierung von Athleten eingeführt. Danach war das entscheidende Kriterium für die Nominierung die sogenannte „Endkampfchance“, welches besagt, dass nur Athleten mit einer berechtigten Chance auf eine Endkampfplatzierung zu internationalen Wettbewerben nominiert werden. Obwohl dieses Kriterium erhebliche ethische Fragen angesichts der epidemischen Verbreitung von Steroiden in den 1970er-Jahren aufwarf, waren die Funktionäre nicht bereit, darauf zu verzichten, selbst wenn damit Leistungsziele definiert wurden, die ein „sauberer“ Athlet nicht erfüllen konnte.

Als Ergebnis der performanzorientierten Steuerungsbemühungen der bundesdeutschen Sportpolitik seit Ende der 1960er-Jahre erlangte die die Bundespolitik mit der Ausweitung der staatlichen Subventionierung des Spitzensports die Bundespolitik zwar – über den berühmt-berüchtigten „goldenen Zügel“ – einen substanziellen Einfluss auf die Politik der Sportverbände, da die Subventionierung des Spitzensports von der Erreichung sportlicher Leistungsziele abhängig gemacht wurde. Die politische Kontrolle des Sports blieb nichtsdestotrotz begrenzt, weil gleichzeitig die verfassungsrechtlichen Doktrin von der Autonomie des Sports und der Subsidiarität des staatlichen Engagements weiter galten. Die performanzorientierte Steuerung führte jedoch zu einer Herauslösung des Spitzensports aus dem engen und stark ideologisierten sportpädagogischen Korsett, das sich der bundesdeutsche Sport im Zuge seines sportpolitischen Neuanfangs nach dem Krieg auferlegt hatte, um sich als olympischer Musterschüler zu präsentieren. Im Ergebnis wurde der Spitzensport politisch allein auf die Maximierung sportlichen Erfolgs festgelegt und ethische Erwägungen weitgehend suspendiert (Meier/Reinold 2013). Diese institutionellen Effekte waren deswegen hochproblematisch, weil sich der moderne Sport bekanntermaßen nicht nur durch die Erzielung von Spitzenleistungen im sportlichen Wettbewerb definiert. Vielmehr sollen diese Leistungen auch „fair“ erbracht werden. Zur Fairness gehört im modernen Sportverständnis auch der Verzicht auf die Erlangung illegitimer Vorteile, der u.a. das Verbot des Einsatzes bestimmter leistungssteigernder Substanzen, die als Doping klassifiziert werden, einschließt. Angesichts der erheblichen Informationsasymmetrien bei der Beobachtung abweichenden Verhaltens in Form von Doping (Haugen 2004), war die vorwiegend performanzorientierte Steuerung des Spitzensports geeignet, unintendierte Folgen in Form des Gebrauchs fragwürdiger Methoden der Leistungssteigerung hervorbringen. Die Tatsache, dass die „Anabolika-Epidemie“ im Spitzensport der 1970er und 1980er-Jahre auch das Ergebnis unzureichender Kontrollen war, widerspricht dieser zentralen These nicht, da die unzureichende Kontrollpraxis eben auch Ergebnis eines Steuerungsarrangements war, das den Sportverbänden nahelegte, ihre Bemühungen auf Leistungssteigerung und nicht auf eine Intensivierung der Kontrollpraxis zu konzentrieren. Zwei bekannte sportpolitische Episoden sollen diese unintendierten Effekte einer exklusiven Fokussierung auf ein begrenztes Spektrum von Leistungszielen illustrieren.

2. Moralische Indifferenz durch Performanzorientierung: Das Lufklistier von Montreal

Bei dem Luftklistier von Montreal handelt es sich um eine der peinlichsten Episoden der bundesdeutschen Sportgeschichte, die allerdings für Vorgänge innerhalb des bundesdeutschen Spitzensports der 1970er-Jahre durchaus typisch war. Der Vorgang ist an anderer Stelle bereits ausführlich dargestellt worden und soll daher nur kursorisch aufbereitet werden (vgl. Meier/Reinold 2013). Im Wesentlichen handelte es sich beim Luftklistier von Montreal um den Versuch, die Hydrodynamik von Schwimmern durch das Aufpumpen der Därme mit Luft zu verbessern. Die Episode ist relativ gut durch Akten des DSB und des Deutschen Schwimmverbandes (DSV) dokumentiert, weil eine der zentralen Figuren des Skandals, der geschäftsführende Direktor des BA-L, Helmut Meyer, der DSB-Führung einen Bericht über die Affäre unterbreiten musste (Meyer 1977).

Bereits 1975 war der BA-L darüber informiert worden, dass ein unbekanntes Mittel zur Verbesserung der Leistung von Schwimmern existierte. Im April 1976 bot ein früherer Handballtorwart im Auftrag einer unbekannten Interessengruppe dem BA-L die Innovation für den Preis einer Million DM an, wobei er androhte, diese bei Nichtinteresse an eine andere Nation zu verkaufen. Der DSV befand sich in einer recht verzweifelten Situation, da die parallel stattfinden nationalen Schwimmmeisterschaften in der DDR und der BRD die Überlegenheit der ostdeutschen Schwimmer eindrucksvoll illustriert hatte. Dank eines geheimen flächendeckenden Dopingprogrammes war es der DDR gelungen, innerhalb weniger Jahre zu einer der führenden Sportnationen aufzusteigen. Bei den DDR-Meisterschaften von 1976 – wenige Wochen vor den Olympischen Spielen – waren siebzehn Weltrekorde zu verzeichnen gewesen, die BRD-Meisterschaften waren dagegen von sportlicher Stagnation gekennzeichnet. In dieser aussichtslosen Lage unterzeichnete der BA-L zwei Wochen nach den Schwimmmeisterschaften einen Vertrag zum Erwerb der Geheiminnovation. Wie DSV Vizepräsident Ortwin Kaiser später ausführte, fühlte sich der DSB angesichts der umfangreichen Subventionierung des Spitzensports verpflichtet, jede Möglichkeit zur Leistungssteigerung, die medizinisch harmlos war, auszunutzen (Heydn 1977).

Meyer hatte im Zuge der Verhandlungen jedoch eine substanzielle Reduktion der finanziellen Forderungen durchgesetzt und darauf bestanden, dass die Innovation weder gegen Wettbewerbsregeln noch Dopingverbote verstieß. Der nach schwierigen Preisverhandlungen zustande gekommene Vertrag sah vor, dass der DSV dem Anbieter 150.000 DM bei einer Leistungssteigerung von einem Prozent und 250.000 DM für eine anderthalbprozentige Steigerung zahlen sollte. Der Vertrag enthielt eine Geheimhaltungsklausel, deren Verletzung eine Vertragsstrafe von 100.000 DM nach sich ziehen sollte (DSV 1976). Da der DSV die Mittel für den Erwerb der Innovation nicht selbst aufbringen konnte, bemühte sich Meyer auch um die Gewährung zusätzlicher Subventionen durch das Bundesinnenministerium. Tatsächlich sandte das BMI im Juni 1976 einen Bewilligungsbescheid, der vorsah, dass der DSV 250.000 DM für die Innovation ausgeben durfte, wenn durch zugezogene Experten bestätigt werden würde, dass die Innovation nicht gesundheitsgefährdend sei, nicht gegen Dopingverbote verstoße und das Nationale Olympische Komitee ihrer Anwendung zustimmen würde (Schreiben BMI an DSV, 21. Juni 1976). Diese Praxis war im hohen Maße außergewöhnlich, da keinem der Beteiligten der Charakter der Innovation klar war. Erst am 25. Juni, wenige Stunden vor dem Abflug nach Kanada, wurden Meyer und die DSV-Funktionäre darüber informiert, dass sie nicht ein pharmazeutisches, sondern ein mechanisches Mittel erworben hatten (Meyer 1977).

Obwohl es den Funktionären schwer fiel, die Innovation ernst zu nehmen, wurde beschlossen, sie im Trainingscamp in Calgary zu testen. Nach Meyer partizipierten Mediziner, Trainer und Athleten an diesen Tests mit großer Bereitwilligkeit. Während der Tests wurde den Athleten eine Maximaldosis von 1,8 Litern Luft verabreicht. Die Effektivität der Maßnahme blieb aber bis heute umstritten. Nach Meyer (1977) machten es die eindrucksvollen Testergebnisse undenkbar, auf die Innovation in Montreal zu verzichten. Die DSV-Funktionäre leugneten später allerdings positive Effekte der Innovation (Heydn 1977), was der Anbieter jedoch auf das Bestreben zurückführte, die vereinbarte Vertragssumme nicht zahlen zu müssen (Frankfurter Allgemeine Zeitung, 7. März 1977). Auf jeden Fall verständigte sich die Führungsriege des DSV und der Olympiamannschaft darauf, die Luftpumpe auch in Montreal einzusetzen. Der Einsatz der Luftpumpe musste jedoch abgebrochen werden, da nach Meyer die technischen Voraussetzungen für ihren Einsatz in Montreal nicht gegeben waren (Meyer 1977). Spätere Berichte von Athleten legen die Vermutung nahe, dass die

Athleten die Luft bis zu den Wettkämpfen nicht halten konnten (Frankfurter Allgemeine Zeitung, 20. August 2004).

Hier soll jedoch nur interessieren, dass die performanzorientierte Steuerung des deutschen Spitzensports zur Folge hatte, dass sich Sportfunktionäre und Bundesbeamte darüber einig waren, eine geheime Innovation zur Leistungssteigerung zu erwerben, um einen Wettbewerbsvorteil gegenüber der sportlichen Konkurrenz zu erlangen. Im Hinblick auf schwerer zu operationalisierende sportethische Fragen wurde eine indifferente, legalistische Perspektive eingenommen, die letztlich auf das Bestreben hinauslief, bestehende Dopingverbote kreativ zu umgehen. Die Affäre illustriert auch, wie schwer sich eine politische Korrektur solcher unintendierter Steuerungseffekte gestaltet, selbst nachdem sportpolitische Fragen relativ intensiv öffentlich diskutiert wurden.

Nachdem zwei Mitglieder der Schwimmolympiamannschaft Details der Affäre an die Bild-Zeitung weitergegeben hatten, sorgte die Bild-Veröffentlichung vom 2. Februar 1977 für einen öffentlichen Skandal. Die Bild-Zeitung gab nicht nur die zentralen Fakten der Affäre wieder, sondern reicherte sie durch farbenfrohe Details wie Klagen über Magenprobleme und Durchfall an (Stubbe 1977). Die Geschichte wurde bald von anderen überregionalen Zeitungen aufgegriffen, wobei die Kommentatoren die Affäre einhellig als peinlich und die Methode als unästhetisch oder abstoßend charakterisierten:

> „Aktion Luftpumpe für den After – die neue Art, oben zu schwimmen. Eine widerliche Parodie auf Ästhetik und guten Geschmack. Unglaublich, dass es jungen Menschen zugemutet wird, dieses Gebläse mitzumachen. Und befremdend zugleich, dass es von denen akzeptiert wurde.“ (Justen 1977)

Obwohl die Luftpumpe von Montreal keineswegs eine isolierte Verfehlung innerhalb des bundesdeutschen Spitzensports der 1970er-Jahre darstellte und im Zusammenhang mit Enthüllungen über Anabolikagebrauch und die problematische Ausweitung sportmedizinischer Praktiken diskutiert wurde, hielt diese Empörung nicht lange an. Bereits die Berichterstattung über die Europäischen Schwimmmeisterschaften 1977 in Jönköping war wieder geprägt vom sportlichen Nationalismus. Als das westdeutsche Team überraschend gut abschnitt, wurde die Leistung enthusiastisch kommentiert und als westdeutsches Schwimmwunder resultierend aus perfekter Technik und harter Arbeit gepriesen (Heggen 1977). Diese – durchaus nicht untypische – wenig nachhaltige Empörung über fragwürdige Praktiken legt den Schluss nahe, dass die vorrangig performanzorientierte Steuerung des Spitzensports in der Bundesrepublik den Erwartungen der Öffentlichkeit, die sich mit etwaigen perversen Effekte nicht eingehend auseinandersetzen wollte, durchaus entsprach (Meier et al. 2012).

Die politische Aufarbeitung der Affäre verlief ebenfalls bald im Sande. Die komplexe Konstellation involvierter Organisationen erlaubte die erfolgreiche Diffusion von Verantwortlichkeiten. Im Ergebnis wurde keiner der Beteiligten zur Rechenschaft gezogen – allerdings verweigerte der Bund die Zahlung des Honorars an den Anbieter der Luftpumpe.

Was ebenfalls ausblieb, waren institutionenpolitische Versuche zur Reform der sektoralen Steuerungsarrangements, selbst wenn der Sportausschuss des Bundestages 1977 eine öffentliche Anhörung veranstaltete, auf der der Vorsitzende des Ausschusses eine ambitionierte Agenda entwarf:

> „Das Parlament muss Antwort auf die Frage bekommen, was wir eigentlich mit den Sportförderungsmitteln der öffentlichen Haushalte fördern. Deckt sich das, was wir fördern, mit den sportpolitischen Zielvorstellungen, die von den Fraktionen und von den Parteien entwickelt worden sind? Das ist der Kernsatz und das Kernanliegen, das der Sport mit dem heutigen Anhörungsverfahren verfolgt." (Sportausschuss des Deutschen Bundestages 1977, S. 9)

Während auf der Anhörung durchaus auf die weite Verbreitung von Doping und anderen Praktiken im bundesdeutschen Sport hingewiesen wurde, reagierte die Bundesregierung auf die Debatte am 17. März 1977 nur mit einer Ergänzung der Besonderen Bewirtschaftungsgrundsätze. Die Bereitstellung von Sportförderungsmitteln wurde nun davon abhängig gemacht, dass der Zuwendungsempfänger die von den zuständigen internationalen und nationalen Sportorganisationen erlassenen Bestimmungen gegen Doping beachtete. Des Weiteren sollte die Vergütungsordnung für Bundestrainer im Einvernehmen zwischen BMI und DSB mit einer Dopingklausel versehen werden, nach der Dopingvergehen zur Kündigung des Arbeitsverhältnisses berechtigten (vgl. BTDrs. 8/2850, 9). Diese Ergänzungen des performanzorientierten Steuerungsarrangements erwiesen sich jedoch als zahnlos. Aufgrund dieser Klauseln wurden in den folgenden Jahren niemals staatliche Zuwendungen gestrichen oder Trainer entlassen (vgl. Krüger et al. 2014, S. 112ff.). Allerdings war die Aufdeckung von Dopingverstößen angesichts des unterentwickelten Kontrollsystems auch wenig wahrscheinlich.

Der Logik der neo-korporatistischen Partnerschaft von Staat und Sport folgend, blieb die Auseinandersetzung mit dem Problem der unerlaubten Leistungssteigerung den Sportverbänden überlassen. Diese beschritten den Weg der Einsetzung der sogenannten Dreier-Kommission, die eine Grundlage für die weitere Behandlung des Problems der medizinischen Leistungsbeeinflussung im Sport erarbeiten und dabei auch ethische, pädagogisch-psychologische, soziale und sportpolitische Gesichtspunkte einbeziehen sollte. Obwohl Fragen individueller Schuld und Verantwortung gestellt wurden, sollte die Kommission keine Vergangenheitsbewältigung betreiben (Grupe 1977, S. 5). Dementsprechend führte die Kommissionsarbeit auch nicht zu nennenswerten Sanktionen. Ebenso wenig stellte die von der Kommission erarbeitete Grundsatzerklärung das etablierte Steuerungsarrangement grundsätzlich in Frage.

Die Grundsatzerklärung sprach sich zwar für ein grundsätzliches Verbot medikamentöser Leistungsbeeinflussung aus, bekannte sich aber klar zum Leistungssport. Darüber hinaus wurde Doping als strukturelles Problem des gesamten Sportsystems thematisiert. Überraschenderweise wurde diese Einsicht in eine Rechtfertigung für die Forderung nach weiteren finanziellen Mitteln für den Leistungssport umgemünzt, weil Doping auf fehlende Betreuung und auf fehlende soziale Absicherung der Spitzenathleten zurückgeführt wurde. Für diese Argumentation war zentral, dass die Dreier-Kommission davon ausging, dass es keinen überzeugenden Grund für die Annahme gab, dass der „weitere Fortschritt im Spitzensport nur medikamentös erreicht werden könne“ (Grupe 1977, S. 8)

So standen neben sportethischen Aspekten zwei konkrete Forderungen im Mittelpunkt der Grundsatzerklärung: Erstens sollte eine verbesserte trainingsspezifische, medizinische und pädagogisch-psychologische Betreuung die erfolgreiche Teilnahme am internationalen Wettkampfgeschehen zukünftig auch ohne Doping sicherstellen. Zweitens wurde die soziale Fürsorge für den Athleten in den Mittelpunkt zukünftigen Handelns gerückt (vgl. DSB 1977). Die bundesdeutschen Athleten erschienen benachteiligt „gegenüber allen Sportlern aus den sozialistischen Ländern, die als Repräsentanten ihres Systems jede nur erdenkliche soziale Hilfe erhalten“ (Gieseler 1978, S. 144). Doping wurde daher als Kompensationsstrategie charakterisiert. Folgerichtig wurde behauptet, dass geeignete Förderungs- und soziale Hilfsmaßnahmen die erfolgreiche Teilnahme am internationalen Wettkampfgeschehen zukünftig sichern können und dadurch Anreize zum Doping abgemildert würden.

Damit hatte der DSB das Kunststück vollbracht, die öffentliche Empörung über die Verbreitung fragwürdiger Praktiken im Spitzensport in die sportpolitische Forderung nach mehr Subventionen zu wenden. Eine grundsätzliche Revision des Steuerungsarrangements wurde dagegen weder angestrebt noch implementiert, denn trotz der Einsicht in den internationalen Einsatz von Dopingmitteln und der kritischen Thematisierung seiner Nominierungskriterien hielt das NOK aber weiterhin an dem Kriterium „Endkampfchance“ fest, obwohl es sich dabei an Leistungsmaßstäben orientierte, die unter Einsatz von Dopingmitteln erbracht worden waren. Obwohl die unabhängige Dopingkommission im Juni 1991 die Kritik an den Nominierungskriterien erneuerte, blieb die Prognose der Endkampfchance bis heute ein entscheidendes Kriterium der Nominierungsrichtlinien (z.B. Nominierungsrichtlinien des DLV 2011).

3. Die Notwendigkeit komplementärer Kontrollmechanismen: Der Fall Dressel

Die zweite hier kurz gestreifte Episode der bundesdeutschen Sportgeschichte, der Tod Birgit Dressels, soll einerseits illustrieren, dass diese ohnehin nur schwach ausgeprägten Reformüberlegungen keinen Effekt auf die Praktiken des ausschließlich am sportlichen Erfolg orientierten bundesdeutschen Spitzensports hatten. Andererseits verdeutlicht der Fall Dressel die starke Persistenz problematischer Steuerungsarrangements sowie die in den späten 1980er-Jahren einsetzende und eskalierende Dynamik einer Ergänzung der performanzorientierten Steuerung durch den Ausbau immer aufwändigerer komplementärer Kontrollmechanismen.

Der Fall Dressel gilt gemeinhin als eine Zäsur in der öffentlichen Wahrnehmung des Dopings (Singler/Treutlein 2000, S. 55). Dies ist freilich insoweit falsch, als die Bereitschaft zur Hinterfragung des bestehenden Governance-Arrangements im Spitzensport selbst nach dieser Episode zunächst gering blieb. Die tragische Protagonistin des Skandals, die Siebenkämpferin Birgit Dressel, hatte vermutlich durch Anabolikaeinsatz einen erheblichen Karrieresprung auf Platz 6 der Weltrangliste erfahren und war bei den Leichtathletik-Europameisterschaften in Stuttgart 1986 im Siebenkampf Vierte geworden. Nachdem Dressel auf Grund erheblicher Schmerzen ins Krankenhaus eingewiesen wurde und ein dreitägiges Martyrium erlitten hatte, starb sie am 10. April 1987 im Uniklinikum Mainz. Während des Todeskampfes hatten sich 24 Ärzte vergeblich bemüht, ihren Tod zu verhindern, indem sie u.a. verschiedenste Schmerzmittel verabreichten. Dieser Tod eröffnete der Öffentlichkeit einen Blick in die Realität des vollmedikalisierten Hochleistungssports, da sich zum

> „erstenmal (...) minutiös belegen [ließ], wie Hochleistungsathleten medizinisch betreut werden, welche Unmengen von Medikamenten sie spritzen, schlucken, trinken – bis zum bitteren Ende.“ (Spiegel, 7. September 1987)

Das rechtsmedizinische Gutachten vom 23. Juli 1987, das im Auftrag der Staatsanwaltschaft Mainz erstellt worden war, stellte fest, dass Dressel an einem durch Medikamente ausgelösten toxisch allergischen Schock gestorben war. In Dressels Körper wurde eine Vielzahl verschiedener Medikamente festgestellt. Darunter befanden sich unter anderem zwei anabole Substanzen (Berendonk 1992). Der Fall war für den deutschen Sport einerseits brisant, weil der charismatische Sportmediziner Armin Klümpers involviert war, der von bundesdeutschen Spitzenathleten als „Guru“ verehrt wurde.

Andererseits fiel der Skandal in eine Episode in der innerhalb der internationalen und nationalen Sportverbände über die Einführung von Trainingskontrollen diskutiert wurde, nachdem bereits Ende der 1970er-Jahre klar war, dass der Anabolika-Epidemie allenfalls auf diesem Wege beizukommen war. Insbesondere die deutschen Sportmediziner befürchteten einen Verteilungskonflikt zwischen einer verbesserten Dopingbekämpfung und einer verbesserten sportmedizinischen Betreuung. Das Präsidium des Nationalen Olympischen Komitees (NOK) verweigerte sich der Forderung nach Trainingskontrollen, obwohl das BMI zunehmend beunruhigt auf Empfehlungen der Dopinganalytiker reagierte und den DSB zur Stellungnahme aufforderte (Schreiben BMI an DSB, 19. März 1987).

Es sollte nicht verwundern, dass die Brisanz des Falls einen öffentlichen Interpretationskampf um die Todesursache auslöste, in dessen Verlauf Vertreter der Sportmedizin die Deutungsstrategie verfolgten, dass Dressels Tod ein Unglücks- genauer ein Allergiefall gewesen sei, der nichts mit Doping zu tun hatte (Frankfurter Allgemeine Zeitung, 19. März 1987). Diese Strategie erwies sich anfangs als erfolgreich, und die daraus abgeleitete Forderung nach einer professionelleren sportmedizinischen Betreuung traf auf öffentliche Resonanz:

> „Die Athleten wünschen sich ein gewisses Maß an Sicherheit. Aber wo immer sie sich hinwenden, entdecken sie zuerst die Unzulänglichkeiten. Die Selbstverständlichkeit eines sportmedizinischen Zentrums ist in der Bundesrepublik noch nicht vorhanden. Anderswo ja, etwa in Holland oder in Italien, vom Ostblock ganz zu schweigen.“ (Süddeutsche Zeitung, 25. April 1987)

Mit der Thematisierung der Fülle an Medikamenten in der Titelgeschichte des Spiegel zur „Rutschbahn in den legalen Drogensumpf“ vom 7. September 1987 wendete sich jedoch der Tenor der öffentlichen Debatte. Der Spiegel zitierte aus dem bis dahin unter Verschluss gehaltenem rechtsmedizinischen Gutachten und zeichnete ein erschreckendes Bild des Spitzensports:

> „Die ‚im höchsten Maße gesunde’ Birgit Dressel (Klümper zur Kripo) war in Wahrheit eine chronisch kranke, mit Hunderten von Arzneimitteln vollgepumpte junge Frau. Der Sport hatte sie längst zum Krüppel gemacht, ihre Gelenke zerstört, die inneren Organe vor der Zeit zerschlissen.“ (Spiegel, 7. September 1987)

Die erhebliche Menge an Medikamenten – „zum Frühstück täglich neun Tabletten“, „mindestens 400 Spritzen“ –, die Klümper appliziert hatte, führte zu einer zunehmend kritischen Betrachtung des Spitzensport und veranlasste den Sportausschuss des Bundestages zu einer weiteren Anhörung, diesmal mit dem ambitionierten Titel „Humanität im Spitzensport“. Freilich erklärten einige Sportmediziner hier recht unverblümt, dass Doping bei vielen Athleten zum Trainingsprogramm gehöre und bezeichneten auf der Anhörung die Forderung nach der Erweiterung von Dopingkontrollen als einen „Irrweg“. Die Sportmediziner nahmen den Fall Dressel in erstaunlich offensiver Weise zum Anlass, um zusätzliche finanzielle Mittel und Infrastruktur für den Spitzensport akquirieren zu wollen. So antwortete auch der BA-L auf die Anfrage des BMI rund einen Monat nach dem Tod Dressels:

> „Eine gesundheitliche Gefährdung durch die Einnahme irgendeines den Dopingmitteln zuzuordnenden Medikamentes konnte bisher nicht festgestellt werden. Es muß jedoch mit großer Besorgnis zur Kenntnis genommen werden, daß die Zahl der sportbedingten Verletzungen und Erkrankungen sich auf einem hohen Niveau eingependelt hat, ohne daß es bis heute möglich gewesen ist, eine Finanzierung von Ärzten für den Hochleistungssport zu erlangen. Eine Ausweitung der Doping-Analytik und der Zahl der Doping-Bestimmungen scheint somit nicht geboten, wohl eine weitere Verbesserung der ärztlichen Fürsorge (...) Die Durchführung von Doping-Kontrollen im Training läßt einen unverhältnismäßig hohen personellen und finanziellen Aufwand erwarten, der nicht im Verhältnis zu möglichen Auswirkungen steht, zudem gesundheitliche Störungen durch irgendwelche medikamentösen Maßnahmen im Training bis heute nicht belegt werden können.“ (Schreiben BA-L an BMI, 15. Mai 1987)

Getreu der Doktrin von der Autonomie des Sports übernahm die Bundesregierung zunächst die Position der Sportverbände und erklärte, dass die Verbesserung der sportmedizinischen und physiotherapeutischen Betreuung, Laufbahnberatung und sozialen Betreuung in den Olympiastützpunkten ein adäquates Mittel darstelle, um Versuche der medizinisch-pharmakologischen Leistungssteigerung zu verhindern. Zudem behauptete die Bundesregierung, dass leistungssteigernde Effekte durch pharmakologische Behandlung nicht gesichert seien. Hinsichtlich der Forderung nach Trainingskontrollen erklärte sich die Bundesregierung für nicht zuständig:

> „Aufgrund der ihm zukommenden Autonomie muß der Sport zu diesen Kontrollen (...) Stellung beziehen. Die Bundesregierung beabsichtigt nicht, in diesen Entscheidungsprozess einzugreifen.“ (BTDrs. 11/506)

Diese Reaktion auf den Dressel-Skandal verdeutlicht, dass selbst einseitig performanzorientierte Governance-Arrangements eine erhebliche Persistenz aufweisen können. Aus institutionentheoretischer Perspektive ist dies freilich kaum überraschend. Selbst wenn nicht angenommen wird, dass Institutionen Präferenzen ausschließlich determinieren, haben Institutionen den Effekt, dass interessierte Akteure ihre Strategien auf diese Institutionen ausrichten und ein substanzielles Interesse an der Aufrechterhaltung institutioneller Strukturen entwickeln (Thelen/Steinmo 1992; Fioretos 2011).

Ein begrenzter Kurswechsel in der bundesdeutschen Sportpolitik wurde daher vor allem durch internationale Entwicklungen ausgelöst. Das Internationale Olympische Komitee (IOC) und der Internationale Leichtathletikverband (IAAF) hatten bereits Beschlüsse und Empfehlungen zur Einführung von Trainingskontrollen verabschiedet, die von einigen Sportorganisationen und Staaten bereits partiell umgesetzt worden waren. Für das BMI wurde die zögernde Haltung des deutschen Sports damit zunehmend untragbar. Nachdem im Europarat über einen Empfehlungsentwurf zur Verankerung von Kontrollen außerhalb von Wettkämpfen abgestimmt wurde (CoE 1988), erklärte der Bundesinnenminister in einem Rundschreiben an den DSB, das Nationale Olympische Komitee und einige Sportverbände,

> „dass bei dieser Sachlage eine Ablehnung der Empfehlung einen falschen Eindruck hinsichtlich der deutschen Haltung zum Dopingproblem erwecken würde. Im Hinblick auf den Empfehlungscharakter halte ich eine Zustimmung trotz der in der Bundesrepublik Deutschland teilweise ungeklärten Fragen für vertretbar.“ (Schreiben BMI an DSB u.a., 15. März 1988)

Im Juni 1988 verstärkte sich der internationale Anpassungsdruck als die europäische Sportministerkonferenz, der Europarat und die Ständige Weltkonferenz gegen Doping in Ottawa Empfehlungen zur Verankerung von Trainingskontrollen verabschiedeten. Nachdem das NOK in einem Grundsatzbeschluss vom 30. August 1988 seine Mitgliedsverbände aufgefordert hatte, gemäß den Empfehlungen vor allem des Europarates Kontrollen außerhalb von Wettkämpfen einzuführen, beschloss man am 19. November 1988 schließlich unangemeldete Dopingkontrollen außerhalb von Wettkämpfen mit einer Pilotphase in den Jahren 1989 und 1990. Darin enthalten waren auch entsprechende Ergänzungen der Nominierungs- und Förderungsrichtlinien. Innerhalb des DSB stellte das Präsidium kurze Zeit später einen entsprechenden Antrag im Hauptausschuss. Das Pilotprojekt für die Jahre 1989 bis 1990 wurde schließlich am 10. Februar 1989 auch vom DSB-Präsidium beschlossen (Protokoll der Präsidiumssitzung des DSB am 10. Februar 1989). Ungeachtet der Tatsache, dass die in der Pilotphase realisierten ersten Trainingskontrollen wenig geeignet waren, Dopingpraktiken aufzudecken, markiert diese institutionelle Innovation einen weiteren Schritt in den Ausbau von zunehmend aufwändigen Kontrollmechanismen im Spitzensport, die eine allein performanzorientierte Steuerung des Sektors komplementieren sollen.

4. Fazit

In diesem Beitrag ist argumentiert worden, dass die Governance des bundesdeutschen Spitzensports ein Paradebeispiel für die unintendierten Effekte einer rein performanzorientierten Steuerung gesellschaftlicher Sektoren, die sich auf leicht messbare Erfolgsgrößen konzentriert, liefert. Dabei ist zwar zu berücksichtigen, dass der moderne Sport durchaus eine inhärente Tendenz zur Überbietung und zur Entfesselung einer reinen Leistungsorientierung aufweist, diese Logik bzw. der „Sieg-Niederlage-Code" dem Sport also keineswegs fremd sind oder von außen „oktroyiert" werden (Bette/Schimank 2006). Ebenso ist der Gebrauch leistungssteigernder Substanzen dem modernen Sport inhärent (Dimeo 2007). Für eine steuerungstheoretische Reflexion ist freilich relevant, dass das sportpolitische Interesse an sportlichen Spitzenleistungen innerhalb des Sports nachhaltige Strukturveränderungen induziert hat, die zur ungehemmten Freisetzung dieser einseitigen Leistungsorientierung beigetragen haben. Die leistungsorientierte Gewährung öffentlicher Subventionen kreierte für die Akteure im Spitzensport eindeutige Anreizsysteme, katalysierte Strukturveränderungen innerhalb des Sports und wurde dort konsequent – etwa in Form leistungsorientierter Nominierungskriterien und Beschäftigungsverhältnisse – umgesetzt.

Die exemplarische Betrachtung hat auch verdeutlicht, dass die performanzorientierten Steuerungsarrangements in der bundesdeutschen Sportpolitik eine erhebliche Persistenz aufweisen. Diese Beharrungstendenzen sind insoweit nicht verwunderlich, als die in den 1960er- und 1970er-Jahren vorangetriebenen Modernisierungen des bundesdeutschen Spitzensports zur Folge hatten, dass sich hier ein semi-autonomer Teilbereich des deutschen Sports entwickelte, dessen Zugang zu erheblichen Mitteln aus dem Bundeshaushalt sich allein mit der Erbringung sportlicher Spitzenleistungen legitimierte. Die von diesem Arrangement profitierenden Akteure, d.h. ein ausgewählter Kreis von Spitzenfunktionären und -verbänden, Trainern, Sportmedizinern und Athleten hatte kein Interesse daran, diese institutionelle raison d'être zur Erlangung von Subventionen zu hinterfragen. Richtigerweise assoziierten die von der performanzorientierten Steuerung profitierenden Akteure auch jegliche Veränderung in den Steuerungsmechanismen mit einer Umverteilung von Ressourcen. Mit anderen Worten: Sie gingen von dem realistischen Szenario aus, dass Mittel für die Dopingbekämpfung von der Spitzensportförderung abgezogen werden würden.

Darüber hinaus lässt sich die institutionelle Persistenz der deutschen Sportpolitik damit erklären, dass eine „Partnerschaft" zwischen Staat und Sport auf Grund der verfassungsrechtlichen Rahmenbedingungen und der begrenzten staatlichen Eigenkapazitäten in diesem Bereich tatsächlich „alternativlos" ist, zumal der DSB bzw. der DOSB im Unterschied zu anderen neo-korporatistischen Verbänden keine Erosion seiner Mitgliederbasis zu verzeichnen hat (DOSB 2012). Das neo-korporatistische Arrangement stellt auch weiterhin den bevorzugten Governance-Konfiguration der bundesdeutschen Sportpolitik dar; zumindest hat die Bundesregierung regelmäßig ihr Bekenntnis zu einer Partnerschaft zwischen Staat und Sport erneuert (Bundesregierung 2007, 2009). Interventionistische Reaktionen auf unintendierte Steuerungseffekte widersprachen aber dieser neo-korporatistischen Partnerschaft.

Die institutionelle Persistenz mag auch darauf zurückgehen, dass sich die sportpolitischen Erwartungen der Sportpolitiker wie auch der Öffentlichkeit tatsächlich vorrangig am sportlichen Erfolg orientiert haben (Meier et al. 2012). Insoweit wäre die einseitige Ausrichtung des Steuerungsarrangements vielleicht ethisch bedenklich, aber vollkommen kongruent mit den Präferenzen der öffentlichen Prinzipale. Der These einer vollständigen Interessenkongruenz widerspricht freilich, dass sich die Sensibilität der deutschen Öffentlichkeit für Dopingpraktiken nach den Enthüllungen über das DDR-Dopingsystem in den 1990er-Jahren und die Enttäuschungen über den Fall einstiger Radsportidole deutlich erhöht hat. Angesichts der Tatsache, dass „Doping" keine objektive transhistorische Entität darstellt, sondern als hochgradig sozial konstruierter Tatbestand, der auf schwierigen und durchaus auch willkürlichen Abgrenzungsentscheidungen beruht, begriffen werden muss (Reinold/Meier 2012), weist die öffentliche Dopingdiskussion inzwischen sogar Züge einer moralischen Panik auf, was eine realistische Debatte über Devianz im Sport unmöglich macht (Goode 2011).

Wie bereits am Fall Dressel deutlich geworden, wird die Lösung für das Dilemma einer performanzorientierten Steuerung des Sportsektors und der potenziell einhergehenden unintendierten Effekte in der Entwicklung komplementärer Kontrollmechanismen erblickt. Auf den Ausbau einer Laborinfrastruktur und die Einführung von Trainingskontrollen folgte als nächste institutionelle Innovation die Schaffung unabhängiger Anti-Doping-Agenturen, die nicht mehr in der exklusiven Verantwortung der Sportverbände liegen, sondern Public-Private-Partnerships darstellen. Ursächlich für diese „Entprivatisierung" der Anti-Dopingpolitik ist, dass die staatlichen Prinzipale der Dopingbekämpfung durch die Sportverbände zunehmend misstraut haben. Dieser durchaus einschneidende Eingriff in die Autonomie des Sports ebnete den Weg für die Einführung komplexer Melde- und Überwachungssysteme („whereabouts systems"), deren Unterhaltung erhebliche Kosten beansprucht und die selbst in ethisch bedenklichem Maße in die Privatsphäre der Athleten eingreifen.

Diese eskalierende Entwicklung immer kostspieligerer komplementärer Überwachungsmechanismen im Spitzensport scheint somit jene Skeptiker zu bestätigen, die vor der Einführung einer rein performanzorientierten Steuerung in Konstellationen gewarnt haben, wo nur Teilmengen eines komplexen politischen Zielbündels eindeutig operationalisierbar sind. Diese Kritik bedeutet nun freilich nicht, dass die von Werner Jann und anderen Verwaltungsreformern vorangetriebene performanzorientierte Steuerung prinzipiell verfehlt gewesen sei. Die demokratischen Vorteile dieses Steuerungsmodus lassen sich selbst am Beispiel des Spitzensports illustrieren.

Das performanzorientierte Steuerungsarrangement zwischen Staat und Sport hat zumindest eine explizite Antwort auf die zentrale Frage gegeben, warum sich die deutsche Sportpolitik überhaupt ein teures Spitzensportsystem leistet. Bei aller Kritik an den unintendierten Effekten einer leistungsabhängigen Sportförderung fällt es nach wie vor schwer, sich vorzustellen, wie die erheblichen Subventionen des Bundeshaushaltes für den Spitzensport angesichts knapper Kassenlagen auch anders gerechtfertigt werden sollte als durch die Erbringung sportlicher Spitzenleistungen. Bislang ist jedenfalls kein tragfähiges Alternativparadigma für die Rechtfertigung der Spitzensportförderung erkennbar.

Angesichts der geringen Leistungsfähigkeit der zersplitterten Strukturen des bundesdeutschen Spitzensports Ende der 1960er-Jahre erscheint auch im Nachhinein die Forderung nach der Modernisierung dieser Strukturen und ihrer verbesserten Effizienz als Gegenleistung für Gewährung staatlicher Zuschüsse gerechtfertigt. Die öffentliche Empörung über sportliches Fehlverhalten macht allerdings deutlich, dass die Öffentlichkeit zwar an sportlichem Erfolg interessiert ist, aber gleichzeitig möchte, dass dieser Erfolg „fair" oder „sauber" errungen wird. Eine Lösung für dieses grundlegende Policy-Dilemma kann eine performanzorientierte Steuerung, die sich allein auf ein Steuerungsziel kapriziert, nicht bieten. Da sich Fairness oder der Nicht-Gebrauch leistungssteigernder Substanzen weniger leicht operationalisieren lässt, erscheint der komplementäre Ausbau immer aufwändigerer Überwachungsmechanismen als einzig rationale Antwort auf das grundlegende Politikproblem. Diese Lösung wird aber langfristig angesichts eskalierender Kosten die Frage aufwerfen, ob sich die Gesellschaft Spitzensport noch leisten will.

Insoweit besteht der Verdienst der performanzorientierten Steuerung des Spitzensports darin, durch die effizientere Verfolgung einer Teilmenge eines komplexen politischen Zielbündels den Sportpolitikern und der Öffentlichkeit ein grundlegendes Policy-Dilemma schmerzhaft bewusst zu machen. Falls überhaupt eine effektive Problemlösung möglich sein sollte, erfordert diese komplexere Governance-Arrangements.

Literatur

Balbier, U. A. (2007): Kalter Krieg auf der Aschenbahn. Der deutsch-deutsche Sport 1950–1972. Eine politische Geschichte. Paderborn

Beamish, R./Ritchie, I. (2006): Fastest, highest, strongest: A critique of high-performance sport. New York

Berendonk, B. (1992): Doping: Von der Forschung zum Betrug. Reinbek

Bette, K.-H./Schimank, U. (2006): Die Dopingfalle: Soziologische Betrachtungen. Bielefeld

Bundesregierung (1978): Vierter Sportbericht der Bundesregierung. Bundestags-Drs. 8/ 2033

Bundesregierung (2007): 11. Sportbericht der Bundesregierung. Bundestags-Drs. 16/ 3750

Bundesregierung (2009): 12. Sportbericht der Bundesregierung. Bundestags-Drs. 17/ 2880

Cohen, M. D./March, J. G./Olsen, J. P. (1972): A garbage can model of organizational choice. In: Administrative Science Quarterly, Vol. 17/No. 1, S. 1–25

Council of Europe (1988): Committee for the Development of Sport. Preliminary Draft Recommendation of the Committee of the Ministers of Member States of the Institution of Doping Controls without Warning 'Outside Competitions', 2. März 1988

Cyert, R. M./March, J. G. (1983): A behavioral theory of the firm. Englewood Cliffs/NJ

Dimeo, P.A. (2007): History of drug use in sport 1876–1976. London

DSB (1979): Deutscher Sportbund 1974–1978. Berichte des Präsidiums (2. Aufl.). Frankfurt/M.

DSV (1976): Vertrag. München, 16. Juni 1976

Fioretos, O. (2011): Historical institutionalism in international relations. In: International Organization, Vol. 65/No. 2, S. 367–399

Gieseler, K. (1978): Soziale Hilfen für den Spitzensport. Aide-mémoire von Karlheinz Gieseler zu einem Gespräch des Deutschen Sportbundes mit der Bundesvereinigung der Arbeitgeberverbände am 7. Juli 1977 in Köln. In: DSB (Hg.): Deutscher Sportbund 1974–1978. Berichte des Präsidiums (2. Aufl.). Frankfurt/M., S. 143–145

Goode, E. (2011): Sports doping as deviance, anti-doping as moral panic. Copenhagen

Grossman, S. J./Hart, O. D. (1983): An analysis of the principal-agent problem. In: Econometrica, Vol. 51/No. 1, S. 7–45

Grupe, O. (1977): Der Athlet im Mittelpunkt. In: DSB (Hg.): Grundsatzerklärung für den Spitzensport. Frankfurt/M.

Hannamann, I./Vieweg, K. (1998): Soziale und wirtschaftliche Machtpositionen im Sport – Rechtstatsächliche Situation und (kartell)rechtliche Grenzen. In: Württembergischer Fußballverband e.V. (Hg.): Sport, Kommerz und Wettbewerb. Gerlingen, S. 49–83

Haugen, K. M. (2004): The performance-enhancing drug game. In: Journal of Sport Economics, Vol. 5/No. 1, S. 67–86

Heggen, R. (1977): Perfekte Technik, harte Arbeit. In: Frankfurter Allgemeine Zeitung vom 19. August, S. 24

Heinemann, K. (1996): Sports policy in Germany. In: Chalip, L./Johnson, A./Stachura, L. (eds.): National sports policy: an international handbook. Westport, S. 161–187

Heydn, G. (1977): ‚Luftduschen' nutzten nichts. In: Schwimmsport, Jg. 6, S. 140

Jann, W. (2005): Neues Steuerungsmodell. In: Blanke, B./Bandemer, S./Nullmeier, F./ Wewer, G. (Hg.): Handbuch zur Verwaltungsreform. Opladen, S. 82–92

Jann, W. (2009): Praktische Fragen und theoretische Antworten: 50 Jahre Policy-Analyse und Verwaltungsforschung. In: Politische Vierteljahresschrift, Jg. 50/Heft 3, S. 476–505

Justen, H.-J. (1977): ‚Schuss in den Ofen'. In: Westdeutsche Allgemeine Zeitung vom 4. Februar, S. 50

Krüger, M. (2005): Einführung in die Geschichte der Leibeserziehung und des Sports: Leibesübungen im 20. Jahrhundert. Sport für alle. Schorndorf

Krüger, M./Becker, C./Nielsen, S./Reinold, M. (2014): Doping und Anti-Doping in der Bundesrepublik Deutschland 1950 bis 2007. Genese – Strukturen – Politik. Hildesheim

Levi-Faur, D. (2005): The Global Diffusion of Regulatory Capitalism. In: Annals of the American Academy of Political and Social Science, Vol. 598/No. 1, S. 12–32

Lösche, P. (2002): Sport und Politik(Wissenschaft): Das dreidimensionale Verhältnis von Sport und politischem System in der Bundesrepublik Deutschland. In: Lösche, P./Ruge, U./Stolz, K. (Hg.): Fußballwelten: Zum Verhältnis von Sport, Politik, Ökonomie und Gesellschaft. Opladen, S. 45–63

Malatos, A. (1988): Berufsfußball im europäischen Rechtsvergleich. Kehl u.a.O.

Meier, H. E./Fuchs, A. (2013): From corporatism to open networks? Structural changes in German sport policy-making. In: International Journal of Sport Policy and Politics, doi: 10.1080/19406940.2013.812573

Meier, H. E./Reinold, M. (2013): Performance enhancement and politicisation of high performance sport: the West German 'air clyster' affair of 1976. In: International Journal for the History of Sport, doi:10.1080/09523367.2013.784273

Meier, H. E./Reinold, M./Rose, A. (2012): Dopingskandale in der alten Bundesrepublik: Öffentlicher Diskurs und sportpolitische Reaktionen. In: Deutschland Archiv, Jg. 45/Heft 1, S. 209–239

Meier, R. (1988): Neo-corporatist structures in the relationship between sport and government: The case of the Federal Republic of Germany. In: International Review for the Sociology of Sport, Jg. 23/Heft 1, S. 15–29

Meyer, H. (1977): Betr. Luftdusche Montreal – Deutscher Schwimm-Verband: Dienstliche Erklärung. 7/me/hdt/-, Hagen, 30. März 1977

Reinold, M./Meier, H. E. (2012): Difficult adaptations to innovations in performance enhancement: 'Dr. Brustmann's power pills' and anti-doping in German post-war sport. In: Sport in History, Vol. 32/No. 1, S. 74–104

Simon, H. A. (1976): Administrative behavior: A study of decision-making processes in administrative organization. New York

Singler, A./Treutlein, G. (2000): Doping im Spitzensport. Sportwissenschaftliche Analysen zur nationalen und internationalen Leistungsentwicklung. Aachen

Steiner, U. (1983): Staat, Sport und Verfassung. In: Die Öffentliche Verwaltung, Jg. 36/ Heft 3, S. 173–180

Steiner, U. (1990): Sport und Medien aus verfassungsrechtlicher Sicht. In: Steiner, U. (Hg.): Sport und Medien. Heidelberg, S. 39–56

Steiner, U. (1991): Verfassungsfragen des Sports. In: Neue Juristische Wochenschrift, Jg. 42/Heft 43, S. 2729–2736

Stubbe, O. (1977): Unglaublich: Unsere Olympia-Schwimmer aufgepumpt. In: Bild vom 2. Februar, S. 20

Thelen, K./Steinmo, S. (1992): Historical institutionalism in comparative politics. In: Steinmo, S./Thelen, K./Longstreth, F. (eds.): Structuring politics: Historical institutionalism in comparative analysis. Cambridge, S. 1–32

Vieweg, K. (1990): Normsetzung und -anwendung deutscher und internationaler Verbände: Eine rechtstatsächliche und rechtliche Untersuchung unter besonderer Berücksichtigung der Sportverbände. Berlin

Waddington, I./Smith, A. (2009): Introduction to Drugs in Sport: Addicted to winning? London

Wildavsky, A. (1979): Speaking truth to power. The art and craft of policy analysis. Boston

Winkler, J./Karhausen, R. R. (1985): Verbände im Sport: Eine empirische Analyse des Deutschen Sportbundes und ausgewählter Mitgliedsorganisationen. Schorndorf

Zinger, S. (2003): Diskriminierungsverbote und Sportautonomie: Eine rechtsvergleichende Untersuchung im deutschen, europäischen und US-amerikanischen Recht. Berlin

Konfliktlösung und Normsetzung durch (Schieds-) Gerichte

Zum veränderten Verhältnis von Politik, Verwaltung und Recht in der Arbeitsmarkt- und Gesundheitspolitik

Bastian Jantz, Tanja Klenk

„Die Deutschen versuchen die allgegenwärtige Unsicherheit der Welt durch viele detaillierte Regeln, möglichst klare Anweisungen und durch direkte und strikte Kontrollen einzufangen. Damit zusammen hängt unsere Besessenheit mit Einzelfallgerechtigkeit. Wir müssen uns klarmachen, daß absolute Einzelfallgerechtigkeit und rechtsstaatliche Korrektheit sich nicht gut vertragen mit Forderungen nach Flexibilität, Schnelligkeit und unbürokratischem Verhalten von Behörden."

(Werner Jann, 2006)

Sowohl in der Arbeitsmarkt- wie auch in der Gesundheitspolitik gab es in den vergangenen zwei Dekaden zahlreiche Leistungs-, Organisations- und Governance-Reformen, deren übergeordnetes Ziel es ist, die Effizienz der Leistungserbringung zu erhöhen, Kostendämpfungsstrategien zu realisieren und Eigenverantwortung einzufordern. Eine Folge der Leistungs-, Organisations- und Governance-Reformen ist – dies ist die zentrale These des Beitrags –, dass die Konfliktintensität sowohl in der Arbeitsmarkt- als auch in der Gesundheitspolitik steigt. Sie steigt nicht nur aufgrund schrumpfender Ressourcen und sich verschärfenden Verteilungskämpfe, sondern auch, weil der Gesetzgeber es zunehmend unterlässt, kritische Verteilungsfragen im Detail zu entscheiden und die Klärung den betroffenen Akteuren anheim gibt. Damit steigt die Politisierung und Justizialisierung im an sich politikfernen Bereich der Implementation und das Sozialrecht entwickelt sich zu einem der großen „Konfliktfelder der Gegenwart" (Höland et al. 2008, S. 689), nicht nur auf der politischen und gesellschaftlichen Ebene, sondern auch durch das Einfordern von individuellen sozialen Rechten. Die Konkretisierung der Rechtssetzung und Normgestaltung wird in einem immer stärkeren Maße von Akteuren jenseits der Legislative vorgenommen.

In beiden Politikfeldern ist im Zuge der jüngsten Reformprozesse das tradierte Verhältnis von Politik, Verwaltung und Recht ins Wanken gekommen und es lässt sich beobachten, was Kaufmann (1988) mit dem Begriff der Verrechtlichung beschreibt. Der folgende Beitrag interessiert sich dabei vor allem für die Verrechtlichung durch Justizialisierung, d.h. für die Lösung von sozialen Konflikten durch richterliche Entscheidung oder alternative Konfliktregelungsformen wie Schiedsgerichtsbarkeit oder Schlichtung.

Der Beitrag ist wie folgt aufgebaut: Zunächst werden in Abschnitt 1 der Begriff der Verrechtlichung konkretisiert und drei Typen von Normen unterschieden, die das Verhältnis zwischen dem Gesetzgeber und alternativen Akteuren der Rechtssetzung in je unterschiedlicher Weise bestimmen. Es werden Konflikte untersucht, die an unterschiedlichen Stellen im institutionellen Gefüge des Sozialversicherungssystems eskalieren und durch (quasi-) gerichtliche Akteure geklärt werden. Im Fall der Arbeitsmarktpolitik werden Konflikte zwischen Leistungsberechtigten und Leistungserbringern diskutiert. Abschnitt 2 fragt nach den Ursachen der Welle von Hartz-IV-Klagen vor den Sozialgerichten und zeigt, wie die Nutzung von Gerichten zum funktionalen Äquivalent der korporatistischen Interessenvermittlung wird. Im Fall der Gesundheitspolitik (Abschnitt 3) geht es hingegen um Konflikte zwischen Leistungserbringern und Leistungsfinanzierern, bei denen die Nutzung von Schlichtungsverfahren die letzte Konflikteskalationsstufe ist. Die Gegenüberstellung von verschiedenen Fällen erlaubt Reflexionen darüber, ob neue, verallgemeinerbare Muster der Nutzung von Recht als Steuerungsressource der sozialstaatlichen Leistungserbringung über verschiedene Akteurskonstellationen hinweg zu beobachten sind. Die empirische Analyse basiert auf einer systematischen Auswertung der Klagetätigkeit im Bereich des SGB II bzw. der Tätigkeit und Entwicklung der Zwangsschlichtung im Bereich der Gesundheitspolitik. Darüber hinaus wurden Gesetzestexte, Expertengutachten sowie die relevante rechts- und sozialwissenschaftliche Literatur herangezogen. Der abschließende Abschnitt 4 fasst das veränderte Verhältnis von Politik, Verwaltung und Recht in der Arbeitsmarkt- und Gesundheitspolitik, zusammen und benennt vier Trends, die das Verhältnis von Politik, Verwaltung und Recht gegenwärtig bestimmen.

■ 1. Wohlfahrtsstaatliche Steuerung und Recht

Die Vermeidung rechtsfreier Räume sowie die zunehmende rechtliche Absicherung aller Lebensrisiken sind zum alle Differenzen überschreitenden Ideal geworden (Meyer 2008). Das Gemeinwesen wurde zunehmend verrechtlicht, so dass der rechtsfreie Raum zunehmend als Relikt aufgefasst werden kann. Kaufmann (1988, S. 73f.) unterscheidet zwischen fünf Dimensionen der Steuerung durch Recht, um den unpräzisen Begriff der Verrechtlichung analytisch zu schärfen. ‚Verrechtlichung' kann demnach meinen:

1. Verstaatlichung, d.h. der wachsende Einfluss des Staates auf die Gestaltung und Systematisierung des Rechts,
2. Vergesetzlichung, d.h. die Standardisierung, Generalisierung, Systematisierung und Differenzierung des Rechts,
3. die Verrechtlichung von sozialen Beziehungen, d.h. Akteure orientieren sich in ihren sozialen Interaktionen an rechtlichen Normen,
4. Bürokratisierung, die zu einer Einschränkung individueller und/oder organisationaler Handlungsfreiheit führen kann,
5. Justizialisierung, d.h. die Tendenz, soziale Konflikte nicht nur zu verrechtlichen, sondern sie richterlicher Entscheidung oder alternativen Konfliktregelungsformen wie der Schiedsgerichtsbarkeit oder Schlichtung zu unterwerfen.

Die gegenwärtig zu beobachtenden Verrechtlichungsprozesse im Bereich der Arbeitsmarkt- und Gesundheitspolitik sind vor allem auf den Ebenen zwei, drei und fünf zu verorten. Insbesondere für den Bereich der Arbeitsmarktpolitik ist eine Vergesetzlichung wie auch eine neue Qualität der Verrechtlichung von sozialen Beziehungen zu konstatieren. Mit dem SGB II wurde ein gänzlich neues Gesetzbuch eingeführt und das Arbeitsmarktrecht weiter ausdifferenziert. Das Instrument der Eingliederungsvereinbarung wiederum steht beispielhaft für den Versuch, die Beziehungen zwischen Staat und Leistungsempfänger in der Arbeitsmarktpolitik vertragsförmig zu gestalten. Zwar kann der Vertrag im Sozialrecht als Standardmaßnahme öffentlich-rechtlichen Handelns gelten (Kingreen/Rixen 2008). Dieses Instrument wurde bislang aber vor allem zur Gestaltung der Beziehungen zwischen den Verbänden des Gesundheitswesens genutzt und nicht zur Steuerung der Interaktion zwischen Case-Managern und Arbeitslosen.

Der Regelungsbedarf moderner Industriegesellschaften übersteigt allerdings bei weitem die Entscheidungskompetenzen des Parlaments (Axer 2000). In einer Welt des Wandels verändern sich die Aufgaben, die dem Gesetzgeber gestellt sind in sozialer, technischer, naturwissenschaftlicher und ökonomischer Sicht rasant. Der Gesetzgeber kann nicht immer sofort nachziehen – und in bestimmten Fällen soll er es auch gar nicht. Das Parlamentsgesetz ist daher zwar in der Idee des demokratischen Verfassungsstaats das zentrale Instrument der gesellschaftlichen Steuerung – nicht jedoch in der Praxis. Der ‚Normenhunger' moderner Gemeinwesen wird vielmehr durch Rechtskonkretisierung an zwei weiteren Stellen – abseits vom Parlament – gestillt. Einerseits erlässt die Exekutive sowohl quantitativ wie qualitativ in relevantem Ausmaß Normen (Axer 2000; Hänlein/Schroeder 2010), andererseits wird eine fortschreitende Machtverschiebung in der Rechtsetzung von der Legislative auf die Justiz konstatiert (Rüthers 2008).

Dabei ist insbesondere das Sozialrecht im Vergleich zu anderen Rechtsgebieten wie beispielsweise dem Arbeitsrecht durch eine hohe Regelungsdichte gekennzeichnet. Die Existenz von Regelungslücken scheint somit nicht das Problem zu sein. Eher besteht die Gefahr, dass grundlegende Wertentscheidungen der Gesetzgebung angesichts einer Vielzahl von differenzierten Einzelregelungen nicht mehr zu erkennen sind (Blüggel 2010). Zudem wird ein Missverhältnis zwischen Überregulierung und fehlender Regulierung konstatiert (Axer 2000, S. 2). Die Entscheidungs- und Interpretationsmacht von Akteuren jenseits der Legislative hängt also von der „Partitur" ab, die der Komponist – ergo der Gesetzgeber – bereitstellt, wie Hirsch (2012) argumentiert. Die Akteure der Implementation und die Richter spielen auf (oder mit) dieser Partitur mehr oder weniger virtuos und mehr oder weniger falsch. Je genauer die Partitur, umso geringer sind die Interpretationsspielräume für alternative Gesetzgeber. In Anlehnung an Spellbrink (2009) sollen im Folgenden drei Fälle von Normen unterschieden werden, die unterschiedliche Entscheidungs- und Interpretationsmacht für Akteure jenseits der Legislative eröffnen.

1. Normen, die klar und deutlich ausdrücken, was der Gesetzgeber will: Ist dies der Fall, wie beispielsweise bei der – zumindest bis zum Urteil des Bundesverfassungsgerichtes – klar definierten Regelleistung der Grundsicherung, ist kein eigenmächtiger gerichtlicher Auslegungsspielraum gegeben. Es besteht somit allein die Möglichkeit, im Wege der konkreten Normenkontrolle die Verfassungskonformität durch das BVerfG zu prüfen. Nur das BVerfG hat das Recht, Gesetze im formellen Sinne für verfassungswidrig zu erklären. Zur Rolle des Bundesverfassungsgerichts bei der Politikgestaltung gibt es sehr unterschiedliche Positionen. So vertritt insbesondere Rüthers (2005) die Auffassung, dass

> „die geltende Rechtsordnung (...) in nahezu allen Lebensbereichen und Rechtsdisziplinen nicht mehr aus Gesetzen, sondern aus den Leitsätzen der Entscheidungen letzter Instanzen [besteht]."

Diese Meinung ist jedoch umstritten. Hirsch (2012) hat auf die Widersprüchlichkeit der öffentlichen Meinung hingewiesen. So werde einerseits der Vorwurf erhoben, Gerichte würden eigene Gerechtigkeitsvorstellungen durch zu extensive Auslegung der Gesetze an die Stelle dessen setzen, was der Gesetzgeber bestimmen wollte. Andererseits würden jedoch die Schutzbedürfnisse der Menschen nicht mehr ernst genug genommen, es würde zu legalistisch und ohne Verständnis für soziale und gesellschaftliche Entwicklungen geurteilt. Grundsätzlich sind Gerichte und Richter an Recht und Gesetz gebunden; die Gesetzesbindung der Rechtsprechung bedeutet, dass Richter grundsätzlich keine eigenen Wertentscheidungen treffen, sondern an die Wertentscheidungen der Gesetzgebung gebunden sind. Allerdings bedeutet dies nicht, dass Gerichte als bloße Rechtsanwender fungieren und über keinerlei Entscheidungsspielraum mehr verfügen.

2. Normen, die die Verantwortung von vornherein der Rechtsprechung übertragen: Entscheidungsspielräume für Gerichte ergeben sich vor allem durch die Flucht des Gesetzgebers in Generalklauseln. Der Gesetzgeber überlässt dabei die Detailarbeit der Justiz. Insbesondere Rechtsbegriffe wie Anspruch auf „angemessene" und „ausreichende" Leistungen, „Zweckmäßigkeit und Wirtschaftlichkeit der Leistungserbringung" oder „besondere Härte" eröffnen der Verwaltung einen großen Entscheidungsspielraum, der in der Folge durch gerichtliche Kontrolle überprüft und gegebenenfalls konkretisiert werden muss. Kriele (2008) führt dies darauf zurück, dass den Abgeordneten für die gründliche Beratung von rechtspolitischen Grundsatzentscheidungen Zeit und Ruhe fehlt und diese den Gerichten überlassen und die Flucht in die Generalklausel angetreten wird. Link (2010) hingegen erklärt die Tendenz der häufigen Verwendung von Generalklauseln oder unbestimmten Rechtsbegriffen mit dem Ziel der Einzelfallgerechtigkeit, kritisiert aber auch, dass Gesetze eher dem Gericht unterworfen werden können, je offener und ungenauer sie sind. Recht ist damit letztlich als eine interpretative Praxis zu verstehen. Der Charakter und Inhalt einer Rechtsnorm ergibt sich nicht automatisch bei der Lektüre des Gesetzestextes, sondern bedarf immer eines Interpretationsprozesses, an dessen Ende erst die spezifische Bedeutung einer Norm offenbar wird (Brühl/Neyer 2008).

3. Normen, die die Verantwortung auf einen Ersatzgesetzgeber übertragen: Die Konkretisierung von unbestimmten Rechtsbegriffen und Generalklauseln kann darüber hinaus auch durch die Exekutive erfolgen. Eine solche untergesetzliche Normsetzung ist insbesondere für das Sozialrecht typisch. Zwar ist auch im Sozialgesetzbuch explizit der Parlamentsvorbehalt verankert (§ 31 SGB I). Oftmals werden allerdings bei der Beschreibung von Ansprüchen der Versicherten gegenüber den Trägern des sozialen Sicherungssystems oder von Rechten der Leistungserbringer sehr weite, ausfüllungs- und konkretisierungsbedürftige Begriffe verwendet, die erst bei der Implementation konkretisiert werden (Schlegel 2008). Die traditionellen untergesetzlichen Rechtsquellen sind dabei die Rechtsverordnung, Satzung und Verwaltungsvorschrift, die durch neuere Instrumente wie Richtlinien, Mantelverträge oder Bewertungsmaßstäbe ergänzt werden (Hänlein 2001; Axer 2000, S. 6).

Das Sozialrecht kennt darüber hinaus noch eine weitere Besonderheit: Die untergesetzliche Normsetzung wird sehr häufig nicht von der Verwaltung des Bundes oder der Länder im engeren Sinne vorgenommen, sondern von rechtsfähigen Körperschaften des öffentlichen Rechts, die über Autonomiespielräume verfügen und in deren Steuerung in aller Regel gesellschaftliche Akteure eingebunden sind. In hohem Umfang sind (verbandsmäßig organisierte) gesellschaftliche Akteure oder unter staatlichem Einfluss gegründete, jedoch formal unabhängige Organisationen öffentlich- oder privatrechtlichen Charakters an der Steuerung beteiligt. Das Bundesverfassungsgericht hat eine solche Verfahrensbeteiligung im Grundsatz für legitim erklärt, verringert sie doch den Abstand zwischen Normgeber und Normadressat, erlaubt die ‚Aktivierung' gesellschaftlicher Kräfte und die Nutzung von externem Sachverstand. Aus einer politik- und verwaltungswissenschaftlichen Perspektive stellt sich aber gleichwohl die Frage, wie viel Entscheidungsmacht gesellschaftlichen Akteuren übertragen wird und aus welchen Motiven dies geschieht.

2. Das SGB II zwischen Politik, Verwaltung und Gerichten

Das SGB II ist ein wesentlicher Teil der unter dem Namen „Hartz-Reformen" bekannt gewordenen Arbeitsmarktreformen der Jahre 2002 bis 2005. Entscheidende Bestandteile dieser Reformen waren die Zusammenlegung von Arbeitslosenhilfe und Sozialhilfe in einem System, dem SGB II, und die Einführung einer neuen, bedarfsorientierten Hilfeleistung, der Grundsicherung für Arbeitssuchende. Galt die deutsche Sozialpolitik bis zum Inkrafttreten der Reformen aufgrund institutioneller Rahmenbedingungen und vielfältiger Veto-Akteure als weitestgehend reformresistent (Kitschelt/Streeck 2003), wurde die Einführung des SGB II wahlweise als „substantial change" (Kemmerling/Bruttel 2006, S. 109) oder gar als „eine neue Epoche des deutschen Sozialstaates" (Trampusch 2005, S. 78) bezeichnet. Zumindest in der öffentlichen Meinung ist die Auffassung einer radikalen Reform weitestgehend unstrittig (Ruddat 2011).

Vorausgegangen ist den Reformen eine Veränderung des arbeitsmarktpolitischen Akteursnetzwerkes. So argumentiert Trampusch (2005), dass eine Autonomisierung des Parteiensystems gegenüber dem Verbändesystem in der Arbeitsmarktpolitik und somit eine Repolitisierung in einem Politikbereich stattgefunden hat, der bislang weitgehend den Sozialpartnern und den mit diesen verbundenen Sozialpolitikern überlassenen war.

In der Folge hat sich jedoch auch das Konfliktniveau innerhalb der Parteien deutlich erhöht (Modernisierer versus Arbeitnehmerflügel, Finanzversus Fachpolitiker, Ost- versus Westdeutschland) wobei SPD und CDU/CSU auf diese vielfältigen Konfliktkonstellationen mit einer informellen Großen Koalition antworten, welche die Funktion hat, innerparteilichen Widerstand gegen die Reformmaßnahmen zu überwinden. Dies führte jedoch zu unterschiedlichen Kompromissen zwischen den Parteien über den Vermittlungsausschuss, insbesondere in der Frage der Leistungsträgerschaft, der Finanzierung und in der Bedeutung von „workfare"-Ansätzen. Der Vermittlungsausschuss wurde zum institutionellen Kern der Kompromissfindung (Schulze-Fielitz 1988), der auf drei Ebenen zwischen Bundes- und Länderinteressen, zwischen Länderinteressen untereinander und zwischen den Interessen der Parteien vermitteln muss. Im Ergebnis finden sich im SGB II eine Reihe von „unklaren" Entscheidungen, die von Justiz und Verwaltung konkretisiert werden müssen. Bei den vorhandenen „Formelkompromissen" bzw. Delegationsnormen, die die Auflösung von Konflikten den jeweiligen Rechtskonkretisierungsinstanzen überlassen, fällt hier insbesondere das Wort „angemessen" auf (Spellbrink 2009). Bezieher von Grundsicherung erhalten angemessene Kosten der Unterkunft erstattet (§ 22 Abs. 1 SGB II), dürfen ein Hausgrundstück von angemessener Größe zum Vermögen haben (§ 12 Abs. 3 SGB II), einen angemessenen PKW besitzen (§ 12 Abs. 3), oder erhalten eine angemessene Mehraufwandsentschädigung (§ 16 Abs. 3 SGB II) für Ein-Euro-Jobs. Diese unbestimmten Rechtsbegriffe erhöhen einerseits den Entscheidungs- und Handlungsspielraum der Verwaltung, andererseits verlangen sie geradezu nach gerichtlicher Konkretisierung.

Unbestimmte Rechtsbegriffe erlauben wiederum verbandliche Einflussnahme. Insbesondere für gesellschaftliche Gruppen, die nur über wenig Einfluss im politischen Entscheidungsprozess verfügen, eröffnet die Implementationsphase die Möglichkeit der Nachregulierung und der Durchsetzung von Interessen auf gerichtlichem Wege. Die Beschreitung des Rechtswegs wird zu einem funktionalen Äquivalent der korporatistischen Interessenvermittlung (Rehder 2009, S. 270f.). So haben Gewerkschaften und sozialpolitische Verbände „im Gefolge der arbeitsmarktpolitischen Hartz IV-Gesetzgebung eine Klagewelle erzeugt (...), die das Bundessozialgericht sogar dazu zwang, einen neuen und ausschließlich den Hartz IV-Fällen gewidmeten Senat einzurichten" (Rehder 2009, S. 271). Gewerkschaften, Sozialverbände und Arbeitsloseninitiativen bieten Beratung an und unterstützen die Klagebereitschaft der Betroffenen.[1] So setzt ein wech-

1 Vgl. z.B. für den Berliner Raum die Aktion „Irren ist amtlich – Beratung kann helfen!" (http://www.beratung-kann-helfen.de/) auf Initiative des Berliner Arbeitslosenzentrums (BALZ), die durch die Liga der Wohlfahrtsverbände und den Deutschen Gewerkschaftsbund Berlin-Brandenburg unterstützt wird. Die Aktion soll nach eigenen Angaben „Druck auf Politik und Verwaltung ausüben, um die

selseitiger Prozess ein, der einerseits die Strategien der Interessengruppen verändert, deren Aktivitäten sich von der politischen in die judikative Arena verlagern. Andererseits werden durch zunehmende Klagen zusätzliche Entscheidungsspielräume für Gerichte erst geschaffen.

Auch die vom Deutschen Landkreistage (DLT) – als Interessenvertretung der Landkreise – unterstützte Klage gegen das Organisationsmodell der Arbeitsgemeinschaften ist ein Beispiel für die Entscheidung politischer Konflikt durch Gerichte. Unter der Federführung des DLT reichten Ende 2004 elf Landkreise vor dem Bundesverfassungsgericht Klage gegen die Aufgabenzuweisung an die Kommunen, die Finanzierungsregeln und gegen die verpflichtende Einrichtung von Arbeitsgemeinschaften ein. Während der Klage in den ersten beiden Punkten im Urteil vom Dezember 2007 nicht stattgegeben wurde, hat das BVerfG die Arbeitsgemeinschaften „für unvereinbar mit dem Grundgesetz" erklärt (BVerfG 2007, siehe auch Kaps 2008). Somit wurde ein Konflikt, der politisch durch einen Kompromiss zwischen SPD und CDU/CSU bereits gegen die Linie des DLT entschieden war, erneut gerichtlich behandelt. Dies führte in der Folge jedoch nicht zu einer Veränderung der organisatorischen Lösung, vielmehr wurde das bestehende Konstrukt der Arbeitsgemeinschaften durch eine Verfassungsänderung „gerichtsfest" gemacht. Trotz des im Endeffekt gescheiterten Versuchs, die Organisationsform der JobCenter gerichtlich zu revidieren, zeigt das Beispiel, wie die Anrufung von Gerichten es Interessengruppen ermöglicht, bereits getroffene politische Entscheidungen zumindest in Frage zu stellen (Thatcher/Stone Sweet 2002, S. 17).

Schließlich hat die „Hartz-Gesetzgebung" eine anhaltende Debatte über Grundfragen des deutschen Sozialrechts ausgelöst, die in vielen Fällen vor den Gerichten ausgetragen wurde. Die nachstehende Abbildung 1 gibt einen Überblick über die erledigten Verfahren vor den Sozialgerichten nach Rechtsarten im Jahre 2012 (vgl. Abb. 1).

Dabei zeigt sich, dass Sozialgerichtsbarkeit heutzutage in einem hohen Maße SGB II-Gerichtsbarkeit bedeutet. Dieser Anteil hat sich konstant bei um die 40% eingependelt, wie auch Tabelle 1 zeigt (vgl. Tab. 1).

Die Tabelle belegt dabei einerseits den rapiden Anstieg von Klagen im Bereich des SGB II, vor allem aber die außergewöhnlich hohe Erfolgsquote der Klagen von über 40%, die weit höher ist als in jedem anderen Bereich der öffentlichen Verwaltung und auch höher als in anderen Bereichen der Sozialgerichtsbarkeit liegt (Udsching 2011).

Jobcenter bürgerfreundlicher zu machen und die Rechtsposition einkommensarmer Menschen gegenüber den Behörden zu stärken", ganz im Sinne einer „monitory democracy" (Keane 2010),

Abb. 1: Erledigte Verfahren vor den Sozialgerichten 2012

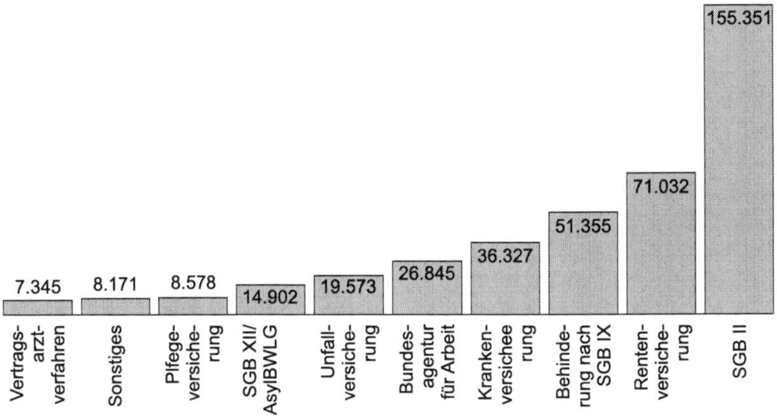

Quelle: Eigene Darstellung – Zahlen nach Destatis (https://www.destatis.de/DE/Publikationen/Thematisch/Rechtspflege/GerichtePersonal/Sozialgerichte2100270127004.pdf?__blob=publicationFile)

Tab. 1: Eingereichte Klagen beim Sozialgericht im Zeitverlauf

	2005	2009	2010
beim Sozialgericht eingegangene Klagen insgesamt	308.160	387.791	422.214
darunter Klagen in Angelegenheiten des SGB II	38.960	151.674	177.343
in %	12,6	39,1	42,0
erledigte Klagen in Angelegenheiten des SGB II	10.834	12.002	153.703
darunter erledigt durch:			
Entscheidungen	1.550	14.118	15.790
gerichtlichen Vergleich	485	18.645	20.653
übereinstimmende Erledigungserklärung	688	11.109	13.570
angenommene Anerkenntnis	1.400	22.430	28.048
Zurücknahme	5.771	49.685	61.235
sonstige Erledigungsart	940	12.015	14.407
mit vollem oder teilweisen Erfolg für die Kläger erledigte Klagen in Angelegenheiten des SGB II	3.554	56.723	67.121
in %	32,8	44,3	43,7

Quelle: Destatis (https://www.destatis.de/DE/ZahlenFakten/GesellschaftStaat/Rechtspflege/Gerichtsverfahren/Tabellen/Sozialgerichte.html)

Der Anstieg von Klagen bei Einführung eines neuen Rechtsgebietes ist jedoch grundsätzlich nicht ungewöhnlich, da neue Gesetze oftmals Auslegungsfragen und damit einen erhöhten gerichtlichen Klärungsbedarf nach sich ziehen. So verweist Tabbara (2008) darauf, dass dies auch nach der Einführung der Pflegeversicherung der Fall gewesen sei, was sich jedoch nach höchstrichterlicher Klärung der wesentlichen Rechtsfragen wieder normalisiert habe. Eine ähnliche Entwicklung ist jedoch im Bereich der Grundsicherung für Arbeitsuchende nicht zu erwarten, wie die oben genannten Zahlen zeigen. Ebenso wenig haben sich bislang, ungeachtet unterschiedlicher höchstrichterlicher Rechtsprechung, die Klagegründe entscheidend verändert. Vielmehr sind nach wie vor die Kosten für Unterkunft und Heizung der häufigste Klagegrund. Im Zeitverlauf sehr stark zugenommen haben die Klagen aufgrund von Sanktionen durch die Träger der Grundsicherung ebenso wie Klagen zu Leistungen zur Eingliederung in Arbeit.

≡ Abb. 2: Klagen im SGB II nach Klagegrund

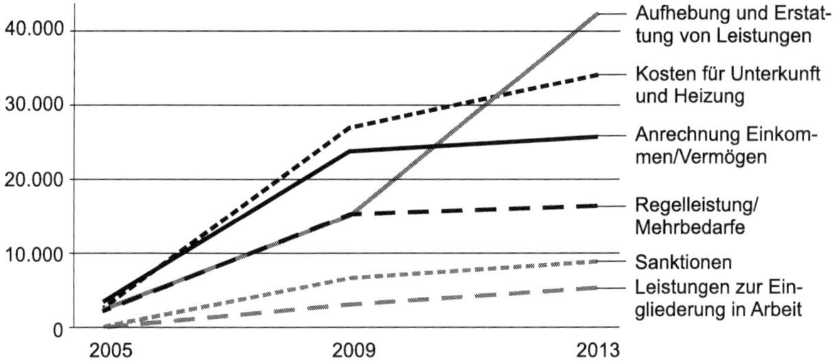

Quelle: Eigene Darstellung, Zahlen nach Bundesagentur für Arbeit

Die Problematik der Konkretisierung „unbestimmter" Rechtsbegriffe lässt sich exemplarisch am Beispiel der Kosten für Unterkunft und Heizung (KdU) deutlich machen. Zwar hat das Bundessozialgericht (BSG) in seiner Rechtsprechung ein sogenanntes „schlüssiges Konzept" festgelegt, nach dem die Angemessenheitsgrenzen der Kosten für Unterkunft von einem Grundsicherungsträger (hier die Kommunen) in folgenden Arbeitsschritten ermittelt werden müssen:

1. Bestimmung einer angemessenen Wohnungsgröße,
2. Abgrenzung des relevanten örtlichen Wohnungsmarktes,
3. Ableitung einer abstrakten Referenzmiete und
4. Prüfung der konkreten Verfügbarkeit (Malottki 2012).

In der Praxis scheitern zahlreiche Grundsicherungsträger mit ihren Konzepten jedoch vor Gericht, so dass die Erfolgsquote bei Klagen gegen KdU-Leistungen mit 51,3% (2009) noch einmal erheblich höher ist als im restlichen SGB II. Die Grundsätze und Standards der Rechtsprechung werden in der Praxis somit nicht flächendeckend berücksichtigt. Vielmehr hat sich ein breites Spektrum unterschiedlicher kommunaler Strategien zur Deckung des Unterkunftsbedarfs etabliert. Berlit (2011) führt dafür insbesondere fiskalische, aber auch verwaltungspraktische Gründe an. Der Gesetzgeber hat darauf jedoch nicht mit einer Vereinheitlichung reagiert, sondern den kommunalen Spielraum weiter erhöht. Seit 2011 können die Länder die Kommunen per Gesetz ermächtigen oder verpflichten, durch Satzung zu bestimmen, in welcher Höhe Aufwendungen für Unterkunft und Heizung in ihrem Gebiet angemessen sind. Die Länder können darüber hinaus die Kommunen ermächtigen, die Bedarfe für Unterkunft und Heizung durch eine monatliche Pauschale zu berücksichtigen. Somit gibt es aufgrund der Änderung vier unterschiedliche Möglichkeiten der Ermittlung der KdU (Klerks 2011).

Durch diese neuen Möglichkeiten die KdU zu ermitteln wurde die Einheit der rechtlichen Vorgaben abgeschafft und ein Flickenteppich geschaffen. Die Materie ist erneut komplizierter und damit streitanfälliger geworden. Die Konsequenzen könnten fatal sein: So ist es theoretisch möglich, dass für jeden kommunalen Träger die Angemessenheit der Unterkunftskosten nach je eigenen Maßstäben gerichtlich kontrolliert werden muss – im schlimmsten Fall bis zum Bundessozialgericht. Einschränkend muss jedoch darauf hingewiesen werden, dass auch die bisherige Masse an Verfahren, die die KdU betreffen, gezeigt haben, dass die hierzu entwickelten Maßstäbe des Bundessozialgerichtshofs weder den Leistungsberechtigten, noch den SGB II-Trägern und auch den Gerichten Kriterien an die Hand gegeben haben, um rechtssicheres und auch transparentes Handeln zu ermöglichen.

Die enorme Menge gerichtlicher Auseinandersetzungen ist zu einem erheblichen Teil der Unbestimmtheit der Gesetzgebung und insbesondere einer fehlenden Kontinuität der gesetzlichen Regelungen geschuldet. So enthält das SGB II zahlreiche unbestimmte Rechtsbegriffe und kaum Regelungen für die Rechtsanwendung. Je vager das Gesetz ist, umso interpretationsbedürftiger ist es, wobei je nach Gericht die Regelungen unterschiedlich ausgelegt wird. Oft klärt erstmals das Bundessozialgericht, wie eine bestimmte Regelung auszulegen ist – sofern nicht zwischenzeitlich Änderungen erfolgt sind (Senatsverwaltung für Justiz 2009). So wurde das SGB II seit seinem Inkrafttreten unzählige Male geändert und zum Teil generalüberholt. In zwei zentralen Fragen (Organisation und Leistungen) war es verfassungswidrig und musste revidiert werden. Eine wirksame gerichtliche Konkretisierung ist somit nicht möglich, was zur Überforderung der Leistungsträger führt und Mängel beim Verwaltungsvollzug wahrscheinlicher macht. Dies und die hohe Bedeutung der Leistungsgewährung für die Betroffenen – es geht um existentielle Leistungen – führen wiederum dazu, dass die Klagebereitschaft zunimmt (Senatsverwaltung für Justiz 2009). Udsching (2011, S. 3) konstatiert, dass mit einer Entlastung der Sozialgerichte erst gerechnet werden könne, „wenn in der einschlägigen Gesetzgebung ein wenig Ruhe und Kontinuität und in der Arbeit der Verwaltung ein Qualitätssprung eingetreten ist." Empirische Befragungen von BA-Mitarbeitern in JobCentern und der Richterinnen und Richter an (Landes-) Sozialgerichten stützen diese Einschätzung: Eine allgemein fehlende Akzeptanz der Hartz-Reformen, das generelle Misstrauen gegenüber den Job Centern, die geltenden Verfahrens- und Kostenregelungen sowie die Komplexität des Leistungsrechts gelten als Ursache für die hohe Anzahl der Klagen (Bundesrechnungshof 2013; Welti et al. 2008; Höland et al. 2008).

Vor allem die Sozialrichter heben die Rolle von unklaren Gesetzen, unbestimmte Rechtsbegriffen sowie Mängeln im Verwaltungs- und Widerspruchsverfahren hervor. Auch der Anteil von Untätigkeitsklagen ist in diesem Rechtsgebiet besonders hoch (Welti et al. 2008). Insbesondere im Bereich des Widerspruchsverfahrens zeigen sich Mängel, da diese bewusst schlank gehalten werden. Aufklärungskosten werden faktisch in das gerichtliche Verfahren verschoben, wodurch es zu einer Funktionsverschiebung im Verhältnis zwischen der Verwaltungs- und Widerspruchspraxis der Sozialleistungsträger und den Sozialgerichten zu Lasten der Gerichte kommt. Für eine unzureichende Widerspruchsbearbeitung spricht auch die nach wie vor hohe Erfolgsaussicht der Klagen. Spindler (2010, S. 169) geht in diesem Zusammenhang noch einen Schritt weiter und bezeichnet die Bundesagentur als „eine gegenüber dem Rechtsstaat „immunisierte" Behörde", die selbst durch verlorene Prozesse nicht mehr zu beeindrucken sei.

Zusammenfassend ist festzuhalten, dass gesellschaftliche Konflikte von den Konfliktparteien (in diesem Fall die öffentliche Verwaltung und die Leistungsbezieher) immer seltener dyadisch, d.h. innerhalb der Zweierbeziehung, sondern triadisch unter Einschaltung eines Dritten, gelöst werden. Die Gerichte entwickeln sich somit zum Medium für die Austragung gesellschaftlicher Konflikte. Ihre Rolle entspricht immer weniger der eines „Hüters" von Recht und Gesetz, der abstrakten Normen zur Durchsetzung verhilft, als vielmehr der eines akuten Konfliktlösers. Die Akteure mobilisieren das Recht mit dem Interesse, Konflikte in ihrem Sinne zu entscheiden – ein Prozess, dem sich die Gerichte nicht entziehen können (Boulanger 2013) und der selbstverstärkende Effekte hat (Stone Sweet 1999): Je eher die Durchsetzung der eigenen Interessen unter Einschaltung der Gerichte als angemessen betrachtet wird und somit eine normative Struktur, also verfestigte Verhaltensmuster, entsteht, erodiert das Vertrauen in die Möglichkeit der dyadischen Konfliktlösung. In der Folge verbleibt die Anzahl der Gerichtverfahren auf dem entsprechenden hohen Niveau.

3. Gesundheitspolitische Konfliktlösung durch Schiedsstellen: Vom Ausnahme- zum Regelfall?

Ein prominentes Beispiel für Normsetzung zwischen Staat und Zivilgesellschaft ist das „verhandelte Recht" (Becker 2005) der gemeinsamen Selbstverwaltung im Gesundheitswesen. Es gibt kein anderes Rechtsgebiet, in dem die Exekutive in so starkem Maße in die Normsetzung eingebunden ist wie in das Sozialversicherungsrecht (Hänlein 2001). Die Steuerung der Leistungserbringung im Gesundheitswesen verläuft ganz wesentlich unter Beteiligung (der Verbände) der Leistungserbringer und der Leistungsfinanzierer. Die dominanten Steuerungsformen sind dabei Verhandlung und Vertrag. Indem der Staat die Konkretisierung von Detailfragen der Gesundheitspolitik an die Verbände delegiert, gibt er ihnen die Befugnis, verbindliches Recht zu setzen (Axer 2000, S. 95). Die Verbände der Sozialversicherungsträger und der Leistungserbringer werden so von Objekten zu Subjekten der Gesetzgebung (Schwartz et al. 2012).

Da die Interessen der Leistungserbringer und Leistungsfinanzierer antagonistisch und daher im Grundsatz konfliktanfällig sind, wurden in den zentralen Bereichen, in welchen Krankenkassen in Verhandlung mit Leistungsanbietern stehen, zugleich auch Konfliktlösungsverfahren institutionalisiert. Dies trifft z.B. auf den Krankenhaussektor, den vertrags(zahn)-ärztlichen Bereich, die Pflegeversicherung, zum Teil auch auf das Rettungswesen und den Krankentransport sowie die Arzneimittelversorgung zu. Das typische Konfliktbewältigungsinstrument im Gesundheitssektor ist dabei die außergerichtliche Vermittlung im Rahmen von Schiedsverfahren.

Der Ansatz, Streitigkeiten durch Schlichtung zu klären, ohne dabei gleich den Rechtsweg einzuschlagen, entspricht modernen Konfliktlösungsinstrumenten (Mediation), hat aber im Gesundheitswesen bereits eine lange Tradition, die bis auf das „Berliner Abkommen" zwischen niedergelassenen Ärzten und Krankenkassen von 1913 zurückgeht (Schnapp 2004). Waren Schiedsverfahren lange Zeit das typische Konfliktlösungsinstrument für Vertragsstreitigkeiten im ambulanten Sektor, so ist spätestens seit Beginn der 1990er-Jahre die verstärkte Nutzung außergerichtlicher Schlichtung auch im stationären Sektor und den zur Krankenpflege angrenzenden Sektoren (Pharmazie, Pflege, Hebammen etc.) zu beobachten.

Schiedsstellen und -ämter sind ehrenamtlich besetzt. Neben einer gleichen Anzahl von Repräsentanten der Vertragspartner sind dort ein unparteiischer Vorsitzender sowie weitere unparteiische Mitglieder vertreten. Insgesamt muss die Zahl der neutralen Mitglieder ungerade sein (Nothnagel 2006, S. 70). Das Schiedsverfahren kann nur in Gang gesetzt werden, wenn zuvor der Versuch unternommen wurde, im Rahmen von freiwilligen Verhandlungen über Mengen, Qualitätsmerkmale oder Vergütungsfragen zum Vertragsabschluss zu kommen. Die Verhandlungen gelten als gescheitert, wenn eine oder beide Seiten die Schiedsstelle anrufen, oder aber, wenn innerhalb der gesetzlich vorgesehenen Frist kein neuer Vertrag zustande kommt. In diesem Fall kann die Schiedsstelle von sich aus aktiv werden.

Die Entscheidungen der Schiedsstellen können gerichtlich überprüft werden. Aus der Rechtsprechung wird aber ersichtlich, dass die Sozialgerichte den Schiedsstellen sehr weitreichende Ermessensspielräume zubilligen. So vertritt das Bundessozialgericht die Position, dass das Schiedswesen im Gesundheitssektor nur in eingeschränktem Maße der gerichtlichen Kontrolle unterliegt (Nothnagel 2006, S. 176f.; Ziermann 2014, S. 702). Auch im Schiedswesen kommt also der Autonomiegedanke der Selbstverwaltung zum Tragen.

Die Schiedsverfahren im Gesundheitswesen weisen gegenüber anderen Schiedsverfahren (beispielsweise bei den Kammern) eine Besonderheit auf: Es geht hier nicht um die Klärung von Konflikten, die aus bestehenden Verträgen resultieren. Ziel des Schiedsverfahrens ist vielmehr der Abschluss eines neuen Vertrags. Die Entscheidungen der Schiedsstelle sind also in die Zukunft gerichtet und wirken daher normgestaltend. Die Schiedsverfahren im Gesundheitswesen entsprechen einem Vermittlungsprozess zwischen zwei konfliktären Parteien, die eine gemeinsame Basis für die zukünftige Zusammenarbeit finden sollen und kommen so Tarifverhandlungen noch am nächsten. Allerdings gibt es einen entscheidenden Unterschied: Während in Tarifverhandlungen beide Seiten über Druckmittel verfügen – Streik bzw. Ausschluss –, um den Verhandlungsprozess zu beschleunigen, fehlen ähnliche Möglichkeiten im Gesundheitswesen. Das Sozialgesetzbuch lässt keine vertragslosen Zustände zu. Im Fall des Konflikts gelten die bestehenden Verträge weiter, bis sie durch einen Schiedsspruch abgelöst werden (Nothnagel 2006, S. 36; Ziermann 2014, S. 685).

Die Steuerung im Gesundheitswesen hat in den vergangenen zwei Dekaden einen grundlegenden Wandel hin zu hoch regulierten Wohlfahrtsmärkten durchlaufen. Die Krankenkassen wurden 1996 durch die Einführung von Kassenwahlfreiheit für die Versicherten in Wettbewerb zueinander gestellt. Auf Seiten der Krankenhäuser wurde der Wettbewerb vor allem durch den Wandel der Finanzierung der Krankenhausleistungen in Gang gesetzt. Das Vollkostenerstattungsprinzip wurde sukzessive durch ein Fallpauschalensystem auf der Basis von DRGs (Diagnosis Related Groups) ersetzt, was bei den Krankenhäusern Konkurrenz um knappe Ressourcen erzeugt.

Die Bedeutung von Verhandlung, Vertrag und Vermittlung bei Schiedsverfahren im institutionellen Gefüge wurde aber durch die Einführung von Wettbewerb nicht in Frage gestellt. Im Gegenteil: Auch im wettbewerblich gesteuerten Gesundheitssystem sind verhandelte Verträge und Schlichtungsverfahren ubiquitär. Was zunächst paradox klingen mag, wird verständlich, wenn man berücksichtigt, dass die Reformgesetzgebung die Verbände der Sozialversicherungsträger und der Leistungserbringer als Regulierer des Wohlfahrtsmarkts installiert. Die Strategie der 1980er-Jahre zur Bewältigung von Kostenproblemen im Gesundheitswesen – die Korporatisierung (Döhler/Manow-Borgwardt 1992) – wurde fortgesetzt, wenngleich in einem gänzlich veränderten Kontext. Folgerichtig wurden parallel zur schrittweisen Intensivierung des Wettbewerbs im Gesundheitswesen neue Schiedsstellen geschaffen bzw. bestehende gestärkt. Besonders auffällig ist dies bei den Reformen des Krankenhaussektors, dessen Steuerung im Vergleich zum ambulanten Sektor lange Zeit deutlich weniger korporatistische Züge aufwies und der sich nun, sowohl was die Zahl der korporativen Verhandlungsgremien als auch die von Schiedsstellen betrifft, dem ambulanten Sektor langsam angleicht. So wurde mit dem zweiten Gesetz zur Neuordnung der Krankenversicherung (2. NOG) von 1997 zusätzlich zu den seit 1986 bestehenden Landesschlichtungsstellen eine Bundesschlichtungsstelle für das Krankenhauswesen eingeführt (§ 18a, 6 KHG). Die zentrale Neuerung des 2. NOG war die Anbindung der Ausgaben im Krankenhaussektor an die Grundlohnsummenentwicklung, d.h. an die Gesamtsumme des beitragspflichtigen Arbeitsentgelts, aus dem die Beiträge zur Krankenversicherung errechnet werden. Im Sinne einer einnahmenorientierten Ausgabenpolitik können Leistungserbringer nur noch Kostensteigerungen in Höhe der Veränderungsrate der Grundlohnsumme geltend machen. Von der Entwicklung der Grundlohnsumme hängen die zentralen Stellgrößen der Krankenhausfinanzierung ab, etwa die sogenannten Landesbasisfallwerte oder die Bewertungsrelationen, die mit dem DRG-System während der Gesundheitsreform 2000 (GR 2000) eingeführt wurden und mit deren Definition die Verhandlungsgremien (bzw. im Konfliktfall die Schiedsstellen) auf der Landes- bzw. Bundesebene beauftragt sind.

Die Reformstrategie, den Gesundheitssektor mittels Verhandlung, Vertrag und Vermittlung zu steuern, wurde auch in der letzten Legislaturperiode unter der schwarz-gelben Regierung fortgesetzt. So wurden mit dem Beitragsschuldengesetz von 2013 im Krankenhaussektor neue Konflikte schiedsstellenfähig gemacht. Bei Abrechnungskonflikten zwischen Krankenhäusern und Krankenkassen muss nun bis zu einem Streitwert von 2.000 Euro zwingend ein Schlichtungsausschuss angerufen werden (§ 17 c Abs. 4 KH); bei höheren Streitwerten ist die Konfliktklärung durch Schlichtung optional. Die Maßnahme dient vor allem dazu, die Sozialgerichte zu entlasten. Eine direkte Klage vor dem Sozialgericht, wie dies bislang sehr verbreitet war, ist nun nicht mehr zulässig und kann erst durchgeführt werden, wenn der Konflikt durch das Schlichtungsverfahren nicht geklärt werden konnte. Auch in den angrenzenden Sektoren „Arzneimittel“ und „Pflege“ war in der vergangenen Legislaturperiode die Einführung neuer Schiedsstellen zu beobachten. 2011 wurde beispielsweise mit Inkrafttreten des Arzneimittelmarktneuordnungsgesetzes (AMNOG) eine Schiedsstelle zur Lösung von Konflikten, die bei den Verhandlungen über Rabattverträge (§ 130b SGB V) zwischen dem GKV-Spitzenverband und den Arzneimittelherstellern auftreten, eingerichtet. Ein weiteres Beispiel ist die neue Bundesschiedsstelle für die Transparenzvereinbarung zur Bewertung von Pflegeheimen (‚Pflege-TÜV’), die ebenfalls im Jahr 2011 eingeführt wurde.[2]

Die Reformstrategie, die Regulierung des Gesundheitsmarktes korporatistischen Verhandlungsgremien zu übertragen, ist ambivalent. Einerseits kann die Delegation der Gesetzeskonkretisierung an die Selbstverwaltungsakteure – nimmt man die Kriterien von Schulze-Fielitz (1988) als Bewertungsmaßstab – als sachgerecht bewertet werden: Der Gesundheitssektor ist ein Sektor mit sehr starken Interessengegensätzen, wo komplexe und vergleichsweise schnell veränderliche Regelungstatbestände ausgehandelt werden, für die ein hohes Maß an Sachverstand erforderlich ist. Auch die organisatorischen und verfahrenstechnischen Voraussetzungen sind vorhanden bzw. wurden durch die Reformen der vergangenen Jahre geschaffen. Die ehrenamtlich besetzten Schiedsstellen können zudem als selbstverwaltungsadäquater Mechanismus der Konfliktlösung interpretiert werden (Axer 2000).

Andererseits sind die Rahmenbedingungen für Verhandlungen und Schiedsverfahren so gesetzt, dass diese Steuerungsmechanismen zunehmend überlastet und überfordert werden. Mit dem Übergang vom Wohl-

---

2 Eine vollständige Darstellung der Entwicklung von Schiedsverfahren im Gesundheitssektor ist an dieser Stelle nicht möglich; instruktiv und mit vielen Detailinformationen sind aber Schnapp (2004) und Ziermann (2014).

fahrtskorporatismus zum regulierten Wohlfahrtsmarkt mit gedeckeltem Budget ist das Konfliktniveau zwischen den Akteuren im Gesundheitssektor nachhaltig gestiegen. Einerseits werden mehr und mehr Regelungstatbestände in die Verantwortung der Selbstverwaltung übergeben, gleichzeitig sind die Spielräume zur Verhandlung kleiner denn je. In der Folge hat die Fähigkeit der korporativen Organisationen, über Vereinbarungen im Rahmen der Gemeinsamen Selbstverwaltung tragfähige Kompromisse zu erzielen, spürbar abgenommen (SVR – Sachverständigenrat zur Begutachtung der Entwicklung im Gesundheitswesen 2005). Mehr und mehr werden allokationsrelevante Entscheidungen nicht mehr im Rahmen von Verhandlungen zwischen den Leistungserbringern und den Leistungsfinanzierern geklärt, sondern im Rahmen von Zwangsschlichtungen bei den jeweils zuständigen Schiedsstellen. Bei den Verhandlungen in der vertragsärztlichen Versorgung sind Schiedsverfahren fast zur Regel geworden (GKV Spitzenverband Bund der Krankenkassen 2013, S. 13). Öffentliche Aufmerksamkeit erfahren hier gegenwärtig vor allem die Schiedsverfahren zu den sogenannten Hausarztverträgen. Mit dem GKV-Modernisierungsgesetz von 2003 wurde die hausarztzentrierte Versorgung eingeführt (zunächst als Soll-Bestimmung, seit dem GKV-Wettbewerbsstärkungsgesetz 2007 als eine verpflichtende Vorschrift). Krankenkassen sind seitdem verpflichtet, Verträge zur hausarztzentrierten Versorgung abzuschließen (§ 73b SGB V), kommen dieser Verpflichtung allerdings allenfalls zögerlich nach. Da sich die Vertragsparteien zum Teil auch nicht auf die Eröffnung eines Schiedsverfahrens einigen konnten, wurde das Bundesversicherungsamt (BVA) als Aufsichtsbehörde über die bundesweit tätigen Krankenkassen aktiv und hat Schiedspersonen für die Verfahren zum Abschluss von Verträgen zur hausarztzentrierten Versorgung benannt (Korzilius 2009).

Neben der zahlenmäßigen Überforderung ist vor allem auch eine inhaltliche Überforderung des Schiedswesens zu konstatieren. Ein wesentlicher Grund für diese Überforderung des Schiedswesens sind unklare und stets auslegungsbedürftige Vorschriften von Seiten des Gesetzgebers. Schiedsstellen haben ihre Entscheidung so zu treffen, dass der Vertragsinhalt den Anforderungen an eine „ausreichende, zweckmäßige, wirtschaftliche und in der Qualität gesicherte ärztliche Versorgung (...) entspricht" und dabei die wirtschaftlichen Interessen der Leistungserbringer „sowie die finanziellen Auswirkungen der Vergütungsregelungen auf die Entwicklung der Prämien für die Tarife der Versicherten angemessen berücksichtigt (...)" (vgl. z.B. § 75 SGB V für die vertragsärztliche Versorgung). Diese Vorgaben eröffnen erheblichen Interpretationsspielraum.

Auch in den Krankenhausentgeltverhandlungen hat der Gesetzgeber eine offene Verhandlungslösung vorgegeben, bei der die Parameter für die

Entgeltbestimmung, beispielsweise der sogenannte Landesbasisfallwert, u.a. auf Schätzungen der zukünftigen Leistungsmengen, der allgemeinen Kostenentwicklung und potenziellen Wirtschaftlichkeitsreserven beruhen, wobei die Verhandlungspartner zugleich auch noch Vereinbarungen zu Fehlschätzungskorrekturen treffen sollen (§ 10 KHEntG). Beobachtet man die Ergebnisse der Verhandlungen zu Landesbasisfallwerten über die Zeit, so zeigt sich, dass die Selbstverwaltung durchaus lernfähig und zur Konkretisierung der interpretationsoffenen Vorgaben in der Lage ist. Während im Jahr 2005, als zum ersten Mal die Definition eines Landesbasisfallwerts gesetzlich erforderlich war, der Basisfallwert noch in sieben Ländern von der Schiedsstelle festgesetzt wurde, war dies 2013 nur noch in einem Fall (Rheinland-Pfalz) erforderlich. Die Entwicklung über die Zeit zeigt aber auch, dass die Konfliktintensität und damit die Inanspruchnahme des Schiedswesens immer dann steigen, wenn der Gesetzgeber die Rahmenbedingungen neu definiert. Im Bereich der Krankenhausentgeltverhandlungen war dies u.a. 2009 der Fall, als mit dem Krankenhausfinanzierungsreformgesetz (KHRG 2009) gesetzlich vorgegeben wurde, dass die Krankenkassen ‚Tarifhilfe' leisten und sich an der Finanzierung der Lohn- und Gehaltserhöhungen 2008 und 2009 beteiligen müssen (Deutscher Bundestag 2008).

Ganz unabhängig von der Fähigkeit der Selbstverwaltung, interpretationsoffene gesetzliche Vorgaben im Rahmen von Verhandlung oder Vermittlung zu konkretisieren, stellen sich aber weitere Probleme. In der Praxis zeigt sich, dass es in ähnlichen Sachverhalten zum Teil zu sehr unterschiedlichen Schiedsstellenentscheidungen kommt. Die Vertragsparteien wenden die geltenden Bestimmungen gemäß ihren individuell vertretenen Rechtsauffassungen an (Quaas 1995), so dass Entscheidungen aus Sicht der Betroffenen teilweise einen willkürlichen Charakter haben. Gleichzeitig dehnt sich der Einflussbereich des Schiedswesens immer weiter aus. Schiedsverfahren im Gesundheitswesen sind längst nicht mehr nur darauf beschränkt, finanzielle Konflikte zu klären, sondern wirken über die qualitative Überprüfung von Behandlungsmethoden auch bei der Definition von Qualität im Gesundheitswesen mit (Clemens 2012). Zusammengefasst lässt sich daher konstatieren, dass sich die Schiedsstelle zu einem Rechtsbeihilfeorgan entwickelt hat, das nicht so sehr vertrags-, sondern rechtsgestaltend in die Beziehungen der Leistungserbringer und -empfänger eingreift (Quaas 1995).

4. Fazit

Der Beitrag hat Prozesse der Verrechtlichung in der Arbeitsmarkt- und Gesundheitspolitik diskutiert. Die beiden Fallstudien zeigen, dass es in den vergangenen zwei Dekaden zu einer zunehmenden Konfliktlösung und damit Normsetzung durch (Schieds-)Gerichte gekommen ist. Im Vergleich der Reformhistorie und der Reformfolgen der beiden Fallstudien werden vier Trends erkennbar, die das Verhältnis von Politik, Verwaltung und Recht in der sozialstaatlichen Leistungserbringung bestimmen:

1. Die Rechtssetzung und -konkretisierung durch Akteure jenseits der Legislative ist ein übergeordnetes Muster der jüngeren sozialpolitischen Reformpraxis

Sowohl die Reformpraxis in der Arbeitsmarkt- wie auch in der Gesundheitspolitik ist durch die Delegation von Entscheidungsmacht bzw. den Abschluss von Formelkompromissen gekennzeichnet: Normen werden von vornherein der Verantwortung der Rechtsprechung bzw. auf Ersatzgesetzgeber übertragen. Die beiden Fallstudien haben gezeigt, dass sich in Folge dieser Reformpraxis die Orte für die Austragung politischer Konflikte verlagern, weg von der Regierung und dem Parlament hinein in die Gerichte bzw. zu den korporativen Verhandlungsgremien und ihren Schiedsverfahren als autonomen, außergerichtlichen Modus der Konfliktlösung. In beiden Politikfeldern wird Recht mehr und mehr von Akteuren jenseits der Legislative definiert bzw. konkretisiert. Die Unklarheit und Mehrdeutigkeit von Rechtsnormen und Gesetzen ist dabei die Voraussetzung dafür, dass Entscheidungsspielräume für Verwaltung, Schiedsgerichte und Gerichte entstehen. Gerichtliche und quasi-gerichtliche Akteure tragen in der Folge maßgeblich zur Deutung und Regelauslegung bei und werden somit zum Bindeglied zwischen einem abstrakten und vagen Gesetz, dem Verwaltungsvollzug und der aktuellen Situationsdeutung. Politik, Verwaltung und Recht durchdringen sich somit wechselseitig.

2. Die Verrechtlichung der Sozialpolitik ist mittelbare Folge des Wandels von Staatlichkeit

Das Phänomen der Verrechtlichung von Sozialpolitik ist kein neuer Topos in der kritischen Sozialpolitikforschung. Bereits in den 1970er- und 1980er-Jahren wurde in der Literatur eine zunehmende Steuerung der Sozialpolitik durch Recht beklagt (Habermas 1981; Tennstedt 1976; Zacher 1984). Doch während die frühen Prozesse der Verrechtlichung Folge des Ausbaus des Wohlfahrtsstaates waren, findet Verrechtlichung heute im Kontext des Um- und Rückbaus des Wohlfahrtsstaates statt.

In beiden Feldern lässt sich beobachten, dass die neue Rolle von (Schieds-)Gerichten eng mit der Einführung von neuen Governance-Formen verknüpft ist. Beide Politikfelder sind durch einen Übergang von einer korporatistischen Steuerung zu einer hybriden Steuerungslogik gekennzeichnet, in der betriebswirtschaftliche und marktliche oder marktähnliche Steuerungsformen – Wettbewerb der Leistungserbringer, Zielsteuerung, Aktivierung der Leistungsempfänger – neben oder an die Stelle tradierter Steuerungsformen treten. Auch wenn die konkreten Governance-Reformen in den beiden Feldern unterschiedlich sind, so ist ihnen doch gemeinsam, dass sie – im Sinne der Idee von autonomen Marktakteuren und dezentralen Entscheidungsspielräumen – mit einem vergrößerten Autonomiegrad der Implementationsakteure einhergehen.

Das Implementationsumfeld ist wesentlich durch Ermessensnormen anstelle von Anspruchsnormen sowie durch unbestimmte Rechtsbegriffe geprägt. Die ausufernde Verwendung unbestimmter Rechtsbegriffe „verleiht der gesetzesanwendenden Sozialadministration eine Steuerungsmacht, die ihresgleichen sucht“ (Rixen 2009, S. 335). Die Kehrseite zeigt sich jedoch insbesondere dann, wenn neue Steuerungsformen und Entscheidungsspielräume mit individuellen Ansprüchen sowie Sicherungsbedürfnissen und subjektivem Rechtsempfinden kollidieren und in der Folge in entsprechenden Rechtsstreitigkeiten münden.

Die Stärkung der Rolle von (Schieds-)Gerichten bei der sozialstaatlichen Rechtskonkretisierung ist weniger das Ziel, sondern vielmehr die mittelbare Folge der Sozialstaatsreformen: Rechtskonkretisierung und Konfliktklärung durch (Schieds-)Gerichte ist bedingt durch hybride Governance-Konstellationen, in deren Rahmen unterschiedliche Steuerungsmechanismen in Konflikt geraten.

3. Neue Formen der Rechtssetzung und -konkretisierung hängen von politikfeldspezifischen Logiken und Akteurskonstellationen ab

Welche Akteure jenseits der Legislative gestärkt werden, ist eine machtpolitische Frage, die von politikfeldspezifischen Logiken und Akteurskonstellationen abhängt. In der Gesundheitspolitik geht die Nutzung von unbestimmten Rechtsbegriffen und Generalklauseln mit einer Stärkung der korporatistischen Interessenvermittlung einher, insbesondere was den Ausbau ihrer eigenständigen ‚Judikative' betrifft. In der Arbeitsmarktpolitik wurde hingegen bewusst eine Schwächung der korporatistischen Interessenvermittlung angestrebt. Aber die verbandlichen Akteure reagieren darauf mit der Suche nach alternativen Einflussmöglichkeiten und der Schaffung eines funktionalen Äquivalents, der Interessenpolitik durch Unterstützung von Klagen vor den Sozialgerichten.

4. Neue Formen der Rechtssetzung und -konkretisierung führen zu einer Politisierung der Implementation

Recht wird durch Politik geschaffen; umgekehrt gilt aber auch, dass Recht wiederum Politik schafft. Gesetze, Verordnungen und Verträge sind nie eindeutig und es verbleibt ein großer Ermessensspielraum, z.B. für richterliche Entscheidungen und für Veränderungen im Rahmen der Umsetzung und Anwendung. Viele Regeln sind aufgrund ihres Kompromisscharakters inhaltlich offen (Rehder 2006). Kompromisshaftigkeit und die Dominanz inkrementeller Problemlösungen aufgrund unterschiedlicher Interessenlagen sowie eine austarierte Machtbalance zwischen unterschiedlichen Veto-Spielern sind oftmals geradezu ein Wesensmerkmal demokratischer Politikformulierung und -durchsetzung.

Allerdings hat auch die Rationalität des Gesetzeskompromisses Grenzen (Schulze-Fielitz 1988). So kann die Reformfähigkeit der Politik dadurch gefährdet werden, dass neue Blockadesituationen im Verlauf der Implementation entstehen oder die Implementationspraxis so heterogen und konfliktanfällig ist, dass unmittelbar neuer Handlungsbedarf für die Politik entsteht. Genau dies trifft aber für die beiden untersuchten Fallbeispiele zu. In beiden Fällen führen die neuen Governance-Formen zu systematischen Spannungen und Konflikten mit bestehenden Steuerungsformen und Rechtsnormen, die auch durch (quasi-)gerichtliche Konfliktklärung nicht beseitigt werden können.

Abschließend ist festzuhalten, dass eine Delegation der Normkonkretisierung an Akteure jenseits der Legislative demokratiebedenklich sein kann, aber nicht zwingend sein muss. Die Antwort muss in konkreten empirischen Fallstudien gesucht werden. Generalklauseln bzw. unbestimmte Rechtsbegriffe sind oftmals aus einem politischen Kompromiss heraus entstanden, bei dem die Offenheit für außerparlamentarische Konkretisierung durchaus gewünscht ist. Der Anspruch an eine umfassende und ‚perfekte' Gesetzgebung verkennt die Bedingungen der politischen Entscheidungsfindung und Politikimplementation gerade in Politikfeldern mit komplexen Akteurskonstellationen, starken Interessengegensätzen und umkämpften Policies. Allerdings ist auch darauf hingewiesen worden, dass gerade die Gesetzgebung in Politikfeldern, die existenzielle Leistungen für die Bürger bereitstellen – dies ist in der Gesundheits- und Arbeitsmarktpolitik zweifelsohne der Fall – in hohem Maße praxistauglich und präzise sein müssen (Senatsverwaltung für Justiz 2009). Der Grat zwischen gewollter gesetzgeberischer Zurückhaltung und Flucht aus der Verantwortung ist hier besonders schmal.

Ungeachtet dessen wird durch den zunehmenden Bedeutungsgewinn von (quasi-)gerichtlichen Institutionen die Legitimitätsgrundlage von Politik verändert. Nicht-majoritäre Institutionen wie Gerichte und Schiedsgerichte legitimieren sich eben nicht durch demokratische Prozesse, sondern durch Expertise bzw. durch den Schutz der Individualrechte. Sie stärken somit die liberalen Elemente der Demokratie und schwächen die republikanischen Elemente, mit entsprechenden Folgen für die Politikdurchsetzung. Die zentrale Rolle von Gerichten macht es für die Politik schwieriger, Politiken durchzusetzen, wenn sie mit individualrechtlichen Ansprüchen kollidieren (Zürn 2011).

Gerichte werden zunehmend als eine eigenständige Appellationsinstanz zur Sicherung von Rechten oder Eigeninteressen in Anspruch genommen und gewinnen dadurch eine Eigendynamik (Nolte 2014). Die justizielle Legitimation von Entscheidungen ist eine eigenständige Ebene der Demokratie geworden, klassische demokratische Legitimation allein genügt nicht mehr.

Literatur

Axer, Peter (2000): Normsetzung der Exekutive in der Sozialversicherung: ein Beitrag zu den Voraussetzungen und Grenzen untergesetzlicher Normsetzung im Staat des Grundgesetzes. Tübingen: Mohr Siebeck

Becker, Florian (2005): Kooperative und konsensuale Strukturen in der Normsetzung. Tübingen: Mohr Siebeck

Berlit, Uwe (2011): Änderungen im SGB II zum 1. April 2011 mit Bezug auf die Bedarfe für Unterkunft und Heizung. In: info also 4, S. 165–170

Blüggel, Jens (2010): Der Richter als Ersatzgesetzgeber? In: Baus, Ralf Thomas/ Krings, Günter/Schlegel, Rainer (Hg.): Aktuelle Fragen des Sozialrechts. St. Augustin, Berlin: Konrad-Adenauer-Stiftung, S. 33–42

Boulanger, Christian (2013): Hüten, richten, gründen: Rollen der Verfassungsgerichte in der Demokratisierung Deutschlands und Ungarns. Berlin: epubli

Brühl, Tanja/Neyer, Jürgen (2008): Recht der Macht oder Macht des Rechts? Globales Regieren im Ozon-Regime und der WTO. In: Schuppert, Gunnar Folke/Zürn, Michael (Hg.): Governance in einer sich wandelnden Welt. Wiesbaden: VS, S. 190–212

Bundesagentur für Arbeit (2013): Widersprüche und Klagen im SGB II. Nürnberg

Bundesrechnungshof (2013): Mitteilung an das Bundesministerium für Arbeit und Soziales über die Prüfung der Umsetzung des Beratungsauftrags der Jobcenter nach

§ 14 SGB I, insbesondere zur Vermeidung und einvernehmlichen Erledigung von Rechtsbehelfen. Bonn

Bundesverfassungsgericht (2007): 2 BvR 2433/04 vom 20.12.2007, Absatz-Nr. (1–228) (Internet: http://www.bverfg.de/entscheidungen/rs20071220_2bvr243304.html)

Clemens, Thomas (2012): Grundlegende Fragen des Schiedsverfahrens nach dem KHG: Amtsermittlung/Beibringungsgrundsatz/NUB-Entgelte/Qualitätsprüfung durch Schiedsstelle/behördliche Genehmigung der Schiedssprüche. In: Medizinrecht, 30, S. 769–777

Destatis (o.J.): Klageverfahren bei den Sozialgerichten (Internet: https://www.destatis.de/DE/ZahlenFakten/GesellschaftStaat/Rechtspflege/Gerichtsverfahren/Tabellen/Sozialgerichte.html)

Deutscher Bundestag (2008): Entwurf eines Gesetzes zum ordnungspolitischen Rahmen der Krankenhausfinanzierung ab dem Jahr 2009 (Krankenhausfinanzierungsreformgesetz – KHRG); Drs. 16/10807 vom 07.11.2008

Döhler, Marian/Manow-Borgwardt, Philip (1992): Korporatisierung als gesundheitspolitische Strategie. In: Staatswissenschaften und Staatspraxis, 3, S. 64–106

GKV Spitzenverband Bund der Krankenkassen (2013): Sicherstellung und Verbesserung der ambulanten Versorgung – Verteilungsgerechtigkeit in der Vergütung. Reformoptionen des GKV-Spitzenverbandes. Positionspapier beschlossen vom Verwaltungsrat am 27. November 2013

Habermas, Jürgen (1981): Theorie des kommunikativen Handelns, Bd. 2. Frankfurt/M.: Suhrkamp

Hänlein, Andreas (2001): Rechtsquellen im Sozialversicherungsrecht: System und Legitimation untergesetzlicher Rechtsquellen des deutschen Sozialversicherungsrechts. Berlin, New York: Springer

Hänlein, Andreas/Schroeder, Wolfgang (2010): Patienteninteressen im deutschen Gesundheitswesen. In: Clement, Ute/Nowak, Jörg/Scherer, Christoph/Ruß, Sabine (Hg.): Public Governance und schwache Interessen. Wiesbaden: VS, S. 47–61

Höland, Armin/Welti, Felix/Schmidt, Sabine (2008): Fortlaufend anwachsende Klageflut in der Sozialgerichtsbarkeit? – Befunde, Erklärungen, Handlungsmöglichkeiten. In: Die Sozialgerichtsbarkeit, 12, S. 689–697

Hirsch, Günter (2012): Im Namen des Volkes: Gesetz – Recht – Gerechtigkeit. In: Zeitschrift für Rechtspolitik,7, S. 205–212

Kaps, Petra (2008): Die Grundsicherung in der Politikverflechtungsfalle? Von den Schwierigkeiten sozialstaatlicher Institutionenreform zwischen Föderalismus und Zentralisierung. In: der moderne staat – dms, 1 (2), S. 399–422

Kaufmann, Franz-Xaver (1988): Steuerung wohlfahrtsstaatlicher Abläufe durch Recht. In: Grimm, Dieter/Maihofer, Werner (Hg.): Gesetzgebungstheorie und Rechtspolitik. Opladen: Westdeutscher Verlag, S. 65–108

Keane, John (2010): The Life and Death of Democracy. London: Simon & Schuster

Kemmerling, Achim/Bruttel, Oliver (2006): 'New politics' in German labour market policy? The implications of the recent Hartz reforms for the German welfare state. In: West European Politics, 29, S. 90–112

Kingreen, Thorsten/Rixen, Stephan (2008): Sozialrecht: Ein verwaltungsrechtliches Utopia? In: Die Öffentliche Verwaltung, 61, S. 741–750

Kitschelt, Herbert/Streeck, Wolfgang (2003): From stability of stagnation: Germany at the beginning of the twenty-first century. In: West European Politics, 26, S. 1–34

Klerks, Uwe 2011: Die neuen Regelungen zur Bestimmung der Angemessenheit von Unterkunftskosten – Stein der Weisen oder Stein des Anstoßes? In: info also, 5, S. 195–202

Korzilius, Heike (2009): Hausarztverträge: Schiedspersonen benannt. In: Deutsches Ärzteblatt, 106, S. 28–29

Kriele, Martin (2008): Richterrecht und Rechtspolitik. In: Zeitschrift für Rechtspolitik (ZRP), 41 (2), S. 51–52

Link, Christian (2010): Die Hypertrophie der richterlichen Unabhängigkeit: ein Plädoyer für einen starken Gesetzgeber. In: Baus, Ralf Thomas/Krings, Günter/Schlegel, Rainer (Hg.): Aktuelle Fragen des Sozialrechts. St. Augustin, Berlin: Konrad-Adenauer-Stiftung, S. 43–56

Malottki, Christian v. (2012): Empirische Aspekte bei der Bestimmung von Angemessenheitsgrenzen der Kosten der Unterkunft. In: info also, 3, S. 99–108

Meyer, Hans Joachim (2008): Vom Sinn gemeinsamer Freiheit. In: Patzelt, Werner J./ Sebaldt, Martin/Kranenpohl, Uwe (Hg.): Res publica semper reformanda. Wiesbaden: VS, S. 67–79

Nolte, Paul 2014: Weil Demokratie sich ändern muss: Im Gespräch mit Paul Nolte. In: Springer VS (Hg.): Weil Demokratie sich ändern muss. Wiesbaden: Springer, S. 13–53

Nothnagel, Jens (2006): Die Rolle von Schiedsverfahren im Verhandlungsprozess in der gemeinsamen Selbstverwaltung in der gesetzlichen Gesundheitsversorgung Deutschlands (Internet: http://ub.unibw-muenchen.de/dissertationen/ediss/nothnagel-jens/inhalt.pdf)

Quaas, Michael (1995): Die wichtigsten Schiedsstellenentscheidungen der Jahre 1994 und 1995. In: f&w führen und wirtschaften im Krankenhaus, 12, S. 521–529

Rehder, Britta (2006): Recht und Politik beim Wandel des deutschen Flächentarifs. Juristen als politische Akteure im System der Arbeitsbeziehungen. In: Politische Vierteljahresschrift, 47, S. 169–192

Rehder, Britta (2009): Interessenvermittlung in Politikfeldern – ein vergleichendes Fazit. In: Rehder, Britta/Winter, Thomas von/Willems, Ulrich (Hg.): Interessenvermittlung in Politikfeldern: vergleichende Befunde der Policy- und Verbändeforschung. Wiesbaden: VS, S. 267–273

Rixen, Stephan (2009): Taking Governance Seriously. Metamorphosen des Allgemeinen Verwaltungsrechts im Spiegel des Sozialrechts der Arbeitsmarktregulierung. In: Die Verwaltung, 42, S. 309–338

Ruddat, Claudia (2011): Eine überraschende Reform? Politikwissenschaftliche Interpretationen und Erklärungsansätze zu Hartz IV. In: Zeitschrift für Sozialreform, 57 (2), S. 221–236

Rüthers, Bernd (2005): Geleugneter Richterstaat und vernebelte Richtermacht. In: Neue juristische Wochenschrift, 58 (38), S. 2759–2761

Rüthers, Bernd (2008): Gesetzesbindung oder freie Methodenwahl? – Hypothesen zu einer Diskussion. In: Zeitschrift für Rechtspolitik, 41 (2), 48–51

Schlegel, Rainer (2008): Gerichtliche Kontrolle von Kriterien und Verfahren. In: Medizinrecht, 26, S. 30–34

Schnapp, Friedrich E. (Hg.) (2004): Handbuch des sozialrechtlichen Schiedsverfahrens: systematische Gesamtdarstellung der unterschiedlichen Rechtsbereiche mit Beispielen und Mustern. Berlin: Schmidt

Schulze-Fielitz, Helmuth (1988): Der politische Kompromiß als Chance und Gefahr für die Rationalität der Gesetzgebung. In: Grimm, Dieter/Maihofer, Werner (Hg.): Jahrbuch für Gesetzgebungstheorie und Rechtspolitik. Opladen, S. 290–326

Schwartz, Friedrich Wilhelm/Walter, Ulla/Siegrist, Johannes/Kolip, Petra/Leidl, Reiner/Dierks, Marie-Luise/Busse, Reinhard/Schneider, Nils (Hg.) (2012): Public health: Gesundheit und Gesundheitswesen (3., völlig neu bearbeitete und erweiterte Aufl.). München: Urban & Fischer

Senatsverwaltung für Justiz (2009): Länder-Arbeitsgruppe „Maßnahmen zur Verminderung der Belastung und zur Effizienzsteigerung der Sozialgerichte“ – Empfehlungen. Berlin

Spellbrink, Wolfgang (2009): Das Bundessozialgericht und die Sozialpolitik – oder Freiheit – und Bindung des Richters am Beispiel der Rechtsprechung – zum SGB II. In: Info also, 3, S. 99–104

Spindler, Helga (2010): Entrechtung auf verschiedenen Ebenen zum Zweck der Aktivierung durch die Hartz-Gesetzgebung. In: Kritische Justiz, 2, S. 163–170

Stone Sweet, Alec (1999): Judicialization and the Construction of Governance. In: Comparative Political Studies, 32, S. 147–184

SVR – Sachverständigenrat zur Begutachtung der Entwicklung im Gesundheitswesen (2005): Koordination und Qualität im Gesundheitswesen – Gutachten 2005. Stuttgart: Kohlhammer

Tabbara, Annette (2008): Die achte Novelle zum Sozialgerichtsgesetz – Entlastung für die Gerichte, beschleunigter Rechtsschutz für die Betroffenen. In: Neue Zeitschrift für Sozialrecht, 1, S. 8–17

Tennstedt, Florian (1976): Zur Ökonomisierung und Verrechtlichung in der Sozialpolitik. In: Murswieck, Axel (Hg.): Staatliche Politik im Sozialsektor. München: Piper, S. 139–165

Thatcher, Mark/Stone Sweet, Alec (2002): Theory and Practice of Delegation to Non-Majoritarian Institutions. In: West European Politics, 25, S. 1–22

Trampusch, Christine (2005): Sozialpolitik in Post-Hartz Germany. In: WeltTrends, 47, S. 77–90

Udsching, Peter (2011): Praktische Probleme mit Hartz IV. In: Dt. Sozialrechtsverband Mitteilungsblatt, 34 (11), S. 3

Welti, Felix/Höland, Armin/Braun, Bernhard/Buhr, Petra (2008): Folgen einer allgemeinen Verfahrensgebühr im sozialgerichtlichen Verfahren: Forschungserkenntnisse zu Klägerverhalten und Gerichtsentlastung. In: Soziale Sicherheit – Zeitschrift für Arbeit und Soziales, 57 (9), S. 308–316

Zacher, H. F. (1984): Verrechtlichung im Bereich des Sozialrechts. In: Kübler, Friedrich (Hg.): Verrechtlichung von Wirtschaft, Arbeit und sozialer Solidarität – Vergleichende Analysen. Baden Baden: Nomos, S. 73–165

Ziermann, Karin (2014): Schiedswesen. In: Sodan, Helge (Hg.): Handbuch des Krankenversicherungsrechts. München: Beck, S. 683–702

Zürn, Michael (2011): Perspektiven des demokratischen Regierens und die Rolle der Politikwissenschaft im 21. Jahrhundert. In: Politische Vierteljahresschrift, 52 (4), S. 603–635

(Absence of) Experts in Political Science

Erik Albæk

It is an ancient and still prevailing hope in Western thinking that truth and goodness can be joined.[1] That it is possible to design a form of government that ensures citizens a good life because those who possess true knowledge also administrate power. The most famous attempt in the history of philosophy at such a normative instruction for social and political design is probably the Socratic dialogue Plato called the State. It developed the ideal for governing society, which to Plato meant that those with insight into truth, namely the philosophers – in other words the experts of that time – should also have the power in a society. Since then, the role of expertise in the government of society has been a central theme in Western political philosophy.

It has also been a central theme in social science having manifested itself in different forms in the different social science disciplines. Sociology and economics are typically optimistic about the possibilities of combining knowledge and power, whereas the social science discipline that specifically studies power and political governance, namely political science, barely discusses it. Political science has constructed a conceptual universe, which perhaps allows a more sober assessment of the role of knowledge in governance than the other social sciences but which has also thrown the baby out with the bathwater: Its concepts exclude, almost a priori, that knowledge might influence politics on its own. However, as also recognized by the policy analytical perspective within the discipline, this is a problematic position.

This contribution to the Festschrift for Werner Jann, a political scientist and a key figure in bringing policy analysis to Germany as well as a very active expert advisor to government, will discuss the absence of a conception of expertise in traditional political science, which does not subordinate or reduce expertise to power and interest. This contribution

1 Parts of this article appeared in two Danish publications: Albæk, Erik (2004): Det iøjnefaldende fravær af ekspertise i statskundskab. In: Blom-Hansen, Jens/Nørgaard, Asbjørn Sonne/Pallesen, Thomas (eds.): Politisk ukorrekt. Århus: Aarhus Universitetsforlag, pp. 213–243. Albæk, Erik (2009): Policyanalyse. In: Kapsersen, Lars Bo/Loftager, Jørn (eds.): Klassisk og moderne politisk teori. København: Hans Reitzels Forlag, pp. 1035–1049.

concludes with some remarks concerning the implications of this discussion of expertise for the role of policy analysis from a political science perspective. A key argument of the chapter is that expertise not only is critical for policy and democracy, the role of political science in this context is – potentially – also very important, given the tendency towards renewed variations of technocracy that has proliferated in the absence of a strong political science contribution to issues of what and how to do it in public policy.

■ The normative schism: deliberation and compromise

The question of how we can join truth and goodness also appears in the branch of political philosophy that concerns itself with democracy and thus the contemporary political form of governance in the West. Modern democracy has solid roots in the Age of Enlightenment, when the overall idea was to strengthen human reason in order to set man free from the constraints of tradition and habit. In accordance with this idea, democracy has been interpreted as an effort to bring more knowledge and reason into the political decision-making process. The emergence of the public sphere created a social and political space that makes it possible, via public exchange of views, to reach agreement on which political arguments, in the proper sense, are the most reasonable (Habermas 1990). That is why differences of opinion and argumentation are institutionalized as an ideal in democracy, for example in the form of civil liberties and the rostrum in parliaments. Hence we have a *parliament* – from French: a place where you speak. Conversation and deliberation have therefore been emphasized as essential for democracy and have in recent years attracted considerable attention via the concept of the deliberative democracy (Koch 1945; Held 2006; Strömbäck 2005). In its ideal form deliberative democracy consists of 'decision-making by means of arguments offered *by* and *to* participants who are committed to the values of rationality and impartiality' (Elster 1998, p. 8).

At the same time, a quite different and at least as common interpretation sees democracy as an acknowledgement that a society's citizens normally do not want the same thing regardless of how much they engage in dialogue. Only if you have a 'charcoal burner's belief in the power of reason' (Ross 1946, p. 204), can you assume that citizens in a society are able to talk their way to agreement. There are deep-seated disagreements among citizens based on 'differences in interests, assessments, temperament and judgment – in other words divergences associated not with reason, but rather with will' (Ross 1946, p. 205). For those reasons, no single group in society – the king, nobility, civil servants, experts, etc. – can have a patent on deciding the validity of arguments and thus possess the right knowledge about what serves society's interests best. Instead, it is the purpose of public debate to let all citizens or the politicians they elect to represent their views speak their minds and negotiate their way to a solution to the tasks the public sector has assumed. The outcome of the democratic discussion and negotiation process is not necessarily agreement about the best argument. Rather, the 'compromise – a generic term for the different forms of settlement – is the nature of democracy' (ibid., p. 206). The conception of democracy therefore emphasizes the legal procedures in a democracy (Held 2006; Strömbäck 2005) that ensure opinions bend towards each other – for example in the form of syntheses, compromises or horse trades (Petersen 2002, p. 217).

The scientific schism: knowledge or power?

The schism between ensuring that reasoned decisions are made and the acknowledgement that opinions do not want the same thing is reflected in the formal rules of democratic procedures as defined in different countries' constitutions, parliamentary procedures, etc., and it is very present also in modern normative democracy theory. The schism is also present in the social sciences, between sociology and economics on one hand, which see increasing use of knowledge in public decisions as desirable and possible, and and on the other hand mainstream political science, where the question of expertise is completely absent because the discipline's basic concepts exclude that experts should be able to affect the outcome of political decisions.

Right from the birth of the social sciences in the mid-19th century, the role of expertise in the governance of society has been a central theme, especially in *sociology*. It was, for example, a vision of the father of modern sociology, Henri Saint-Simon and his student Auguste Comte. They claimed that earlier forms of social and political organization in time would be replaced by the "positive" or "scientific" stage in the social development. The most important elements were that politics would gradually disappear and be replaced by scientific insight. Saint-Simon said that "in the old system, society was largely governed by people; in the new system, it will only be governed by principles". Comte proclaimed those who would govern society according to "principles", i.e. scientists, the "positive priesthood" of the new society; a notion with clear parallels to Plato's philosopher kings. Saint-Simon and Comte thus advocated a rule of experts, and this was exactly the time, as the growing industrial society demanded specialization and qualifications, that the concept of experts appeared in English terminology (Williams 1988, p. 129).

Saint-Simon and Comte found themselves in the transition between a static feudal and a dynamic capitalistic social organization and examined how the new, "modern", society distinguished itself from the "old" (l'ancient regime). They shared this interest with the three leading protagonists of classic sociology: Karl Marx, Emile Durkheim and Max Weber, whose works they inspired. All three deeply engaged in how science, not least their own: the social sciences, contributed to the modernization of western societies. Their views on how to analyze this modernization process were very different, and their diverging approaches to the study of society are still visible in modern foundational discussions in the social sciences. However, it is not these differences that stand out when we consider the substantial social theory of the classics. Rather, it is the fundamental consensus that, first, western societies are in the process of being modernized and, second, that scientific and technological knowledge will play an increasingly fundamental role in the modernization process.

The idea that scientific and technological knowledge will play a key role in modern society's mode of functioning has remained surprisingly constant over time and is one of the most firmly-rooted and widespread ideas in the social sciences (Kumar 1978; Fischer 1990). It tends to disappear, only to reappear, usually in connection with fundamental, structural social change. The idea originated in Europe but took special hold in American social thinking. In the period after the Civil War (1861–1865) and up to 1920, American society underwent rapid industrialization, which brought new forms of organization with it, including the joint stock company. Businesses' ownership became separated from the administration of their wellbeing, which was handed over to professional "managers" (Burnham 1941; Chandler 1977). Likewise in the 1960s, it was a common notion that ideology and thus politics were dying (Bell 1960) and that public activities would be handled by professional administrators. Technocrats would rule in the private as well as the public sector (Lane 1966; Brzezinsky 1970). Basically there were no limits to the blessings of technocracy in the 1960s, but the Vietnam war, race riots and the youth/student rebellions did not indicate that the USA was on the verge of replacing political rule with a rule of reason and the excitement about technocracy died down. However, the idea has had a renaissance and has again become fashionable. Nowadays, we no longer talk about a technocracy, which has taken on negative connotations but rather about a knowledge society which, nonetheless, has precisely the same characteristics that the classic sociologists saw emerge in the new, modern society close to 200 years ago.

While sociology broadly describes the emergence of the knowledge society, *economics* has specified the demands to the rational decision-making procedure. The basic method in economics is to study the rational decision, i.e. choosing the most suitable means to reach an objective – regardless of whether the choice is made by individual consumers, private manufacturers or public decision makers. It is true for the ideal rational decision-making process as well as for the classic ideal of the scientific process that they both prescribe procedures – and nothing more. This means certain steps that must be followed regardless of content in order for something to be labeled "rational" or "scientific". Since there is a clear symmetry between the logical structures of the two processes (Camhis 1979, pp. 16ff.) it was easy to suggest science incorporated into rational political decision-making, namely as an invaluable help to demonstrate whether means are suitable for reaching specific objectives (Albæk 1995). A famous and much-used textbook on policy analysis thus introduces its topic as follows:

> "How choices should be made – the whole problem of allocating scarce resources among competing ends – is the stuff of economics and the subject of this book." (Stokey/Zeckhauser 1978, p. 22)

Some years ago that approach was forcefully advocated, in a Danish context and internationally, by Bjørn Lomborg, author of the bestselling *The Sceptical Environmentalist* (Lomborg 2001): The scientific analysis of how we get most environment for the money – without incorporating pesky political interests. If a group of Nobel Prize winners in economics can reach consensus about how we solve the world's pressing political problems, well, what do we need politicians for?

It is quite interesting, however, that the question about expertise is close to absent in a third classic social science discipline, *political science*. It is remarkable because political science precisely focuses on the political governance of society. But mainstream political scientists have not been especially interested in how knowledge and power are (or can be) combined. One reason is that political science in its traditional philosophy is almost prejudiced against expert knowledge having influence on its own in politics.

It has been assumed that interests and resources are the fundamental explanatory elements when we want to analyze who has power, i.e. who wields decisive influence in political decisions. Among the actors' most important resources are the financial, the political (e.g. the amount of electoral support), the organizational (e.g. size of membership and secretariat), and the cultural (e.g. accordance with major cultural values). Knowledge is also a potential resource if other actors are dependent on or demand the knowledge you possess. For example, ministers cannot do their job without drawing on their civil servants' knowledge, and state actors often work in close cooperation with special interest groups because they need their specific knowledge.

From such a resource perspective, experts have a weak position in policy formulation: They are institutionally placed at a considerable distance from the center of decisions, and they have no other major resources to rely on besides their professional knowledge:

> "Unlike legislators, experts make their way in the world primarily on the basis of good arguments rather than resources, risk taking, and association with visible, popular issues." (Brint 1994, p. 145)

Even though the experts' rational argument is morally superior to other forms of power in the sense that it cannot harm those who let themselves be convinced of the validity of the argument (Dahl 1991, p. 40ff.), expert knowledge will rarely be in demand in the formulation of a policy if it contradicts the interests of other, more resourceful actors.

The traditional concept of interests in political science has perhaps been an even greater obstacle than its resource concept to expert knowledge wielding influence in politics. The theoretical point of departure has been to assign predefined special interests to actors in negotiations, which regulate their behavior during negotiations, i.e. the self-interest maximizing, rational choice. But when actors' behavior is only guided by self-interest, it precludes all actors from promoting common interests. Not even experts can work "in the service of truth". When interests are given *a priori*, the public debate cannot function to bring reason into politics. Nobody lets themselves be persuaded by good arguments because they are good and convincing, but only because they have to yield for strategic reasons. The mere idea that there might be a deliberative element in existing democracies – i.e. "decision making by means of arguments offered *by* and *to* participants who are committed to the values of rationality and impartiality" (Elster 1998, p. 8) – is therefore foreign to the political science mindset.

■ Homo politicus – self-interest maximizing *and* reflective?

While normative political theory has covered the question of knowledge and power by – on the one hand – seeing democracy as argumentation, i.e. deliberative democracy, and – on the other hand – as interest mediation, i.e. procedural democracy, empirical political science has almost exclusively made room for the interest line of thinking.

Beyond all doubt special interests play quite a decisive role in politics. Countless political science studies have shown how special interests block knowledge and ideas from politics that could have benefited the population at large (cf. Lowi 1969; Chubb/Peterson 1989; Rauch 1994). However, recent decades have seen a growing awareness that special interests do not explain everything in politics – that political scientists should think in different concepts besides "power, influence, pressure, and strategy. If we try to understand public policy solely in terms of these concepts (...) we miss a great deal" (Kingdon 1984, p. 131). In addition to self-interest, politics is also influenced by ideas, ethics, norms, culture and deliberation.[2]

Especially ideas and their significance for political processes and their outcomes – sometimes called "politics of ideas" or "discursive power" (Marcussen 2003) – have been intensely studied in recent years:

> "Ideas are the very stuff of politics. People fight about ideas, fight for them, and fight against them. Political conflict is never simply over material conditions and choices, but over what is legitimate." (Stone 1997, p. 33f.)

In political science literature ideas have taken the form of, e.g., symbols (Beam et al. 1990a, p. 225; 1990b, p. 245), moral imperatives (Kelman 1990, p. 31) or more intellectually-developed policy proposals (Derthick/Quirk 1985, 245f.; Kingdon 1993, p. 45).

The latter understanding of the concept of ideas may comprise expert knowledge; several case studies have demonstrated how expert knowledge can have a decisive influence on the outcome of political decisions in transportation (Derthick/Quirk 1985; Quirk 1988; Zahariadis 1996), health (Kühler 2000) and economic policies (Marcussen 2002). These case studies show that it simply is not possible to understand the development policy content based on the interest perspective alone.

A concrete example is Danish smoking policy (see Albæk 2002; Albæk/Green-Pedersen 2007). If we stick to the traditional political science interest approach, it is difficult to explain why Danish smoking policy has become increasingly restrictive over the past ten to fifteen years because the composition of interests as far as smoking is concerned speaks against the introduction of anti-smoking legislation. Very few voices have sup-

2 Cf. Kingdon 1984; Heymann 1990; Majone 1990; Mansbridge 1990; Haas 1992b; Sabatier/Jenkins-Smith 1993; Stone 1997; Nørgaard 1998; Albæk 1998a; Marcussen 2003.

ported restrictions on smoking. Non-smokers have never been organized in Denmark; a few patient associations have spoken against smoking, especially the Danish Cancer Society, the Heart Association and the Lung Association. But on the standard scale of political science these are not resourceful interests. Danish smokers did not become organized until 1987 when Hen-ry (abbreviation of "*hen*synsfulde *ry*gere, the Danish term for considerate smokers) was founded. Hen-ry was the first organization in the world with the explicit aim of counterbalancing non-smoking policy proposals. Membership has been limited, however, and the organization was deeply compromised when it was made public that it was supported by the international tobacco giant Philip Morris. In comparison, the tobacco manufacturers have always been well-organized, as was originally the large workforce, which bred Denmark's first social democratic and longest ruling parliamentary prime minister. Today, the Danish tobacco industry is, so to speak, organized in one single company, Scandinavian Tobacco Industry, which in terms of turnover is one of Denmark's largest companies. The configuration of interests on smoking has not shifted notably since the beginning of the 20th century when parliament introduced the first tobacco legislation and it indicates that the political decision makers have had and still have a strong incentive to listen to the strongest interest in the field, namely the tobacco industry. Still, in the second half of the 20th century and especially over the past ten to fifteen years, the Danish parliament has passed a series of initiatives that clearly go against the interests of the tobacco industry.

If we cannot explain Danish smoking policy with the traditional political science mindset, in this case the fundamental pro-smoking interest configuration, we have to try something else. One explanation seems to be that expertise has wielded considerable influence on the decision makers' perception of smoking as a health policy issue. In the early 1960s, a commission was established to assess the international medical science literature, which, throughout the 1950s had pointed to a connection between cigarette smoking and cancer. In its report from 1961, the commission assessed that there was a clear and irrefutable causal relation between cigarette smoking and lung cancer. An expert committee was then formed to assess the possibilities of limiting the damaging effects of tobacco use in Denmark. The committee published its report in 1964 and recommended various political initiatives, e.g. a total ban on advertising, a ban on smoking in public transportation, a ban on distribution of tobacco at public meetings, and a radical price hike on tobacco.

For many years, nobody paid attention to the smoking experts. They were mainly seen as health freaks who did not realize that while the Danes

– including health professionals, incidentally notorious heavy smokers – were of course interested in good health, they also wanted to enjoy themselves in accordance with Danish culture and tradition. However, it became increasingly difficult to ignore that smoking is by far the biggest killer in Denmark and the major reason that the Danish mean life expectancy has been stagnating but rising in comparable countries. Gradually, political entrepreneurs, including MPs, became convinced that the experts were right about smoking being the biggest health problem in Denmark. They also became convinced that the problems could only be solved by introducing the political measures that the smoking experts had first proposed over four decades ago.

It is difficult to say precisely what convinced for example MPs about the urgency of introducing a more restrictive smoking policy. In some cases it appears to be the fact that the formulation of Danish health policy has the common good as its objective – that they actually do want to improve the Danes' health and therefore became convinced by the experts' arguments. This may have been the case every time parliament and ministries have introduced restrictive measures in recent years, even though opinion polls conducted when the measures were passed indicate that the Danish population generally did not support the measures. However, the electorate's support for a more restrictive smoking policy varies. Some of the parties that have traditionally advocated a more restrictive smoking policy, for example the center party the Social Liberals, may have seen an electoral advantage in supporting such a policy. But even in this case it is necessary to explain the voters' changed perception of where their self-interest lies. The most obvious guess here is that they have been persuaded by the smoking experts' arguments.

If political science wants to explain policy, it appears that it is forced to include more than "power, influence, pressure and strategy". It has to include for example knowledge, because *both* interest mediation *and* deliberation are active in politics – just as political theory has traditionally envisioned. Political science should not go to the opposite extreme and join the sociologists' and economists' optimistic belief that interests may disappear from the public governance of society. However, it should acknowledge that the interest perspective has been too harshly formulated in traditional political science conceptualization. The trick will be to unite explanations which in the current conceptualization appear contradictory. It is not about knowledge *or* power, but knowledge *and* power (Albæk 1995).

In that respect, political science should also be able to operate with the fact that interests and the good argument may occasionally hold hands.

In other words: that self-interest may be compatible with common interest. MPs from the Social Liberals may therefore be right that the state should do more to limit smoking among the Danes, while they also see an electoral advantage in promoting the view. Likewise, we cannot exclude a priori that the content of proposals from interest organizations cannot be sensible just because, at the same time, it is clear that it matches the organizations' self-interest. And, even though political science has mindlessly demonstrated how bureaucrats nurse their own institutional interests, civil servants can, among other things due to their professional ethics (Miller 2000) also contribute to ensuring that the political-administrative decision-making process is not only characterized by exercise of power ("powering") but also by collective reflection ("puzzling") (Heclo 1974).

■ Political science expertise?

Not only did mainstream political science stand in the way of expertise contributing to the public decision-making process– but as we have just shown: erroneously. So it also stood in the way of itself as an academic discipline contributing with expertise, namely by isolating policy from the academic study of politics.

This is odd, considering that the content side of politics, i.e. policy, has been a prominent concern among the great thinkers of Western civilization over the past 2,500 years, e.g. Aristotle, Machiavelli and Marx. They all had a vivid interest in what we might call "The Good Society". They were interested in the good society's governance, but equally interested in good policy, i.e. what it takes to justify the contents of a policy. Based on their political thinking they counceled contemporary political actors, whether it was the Macedonian king, the Florentine prince or the international working class.

Political science is undeniably rooted in this tradition of political thinking, but when the wish to *scientificize* political science arose in the 19th and 20th centuries, some of those roots were severed. One significant break with tradition was separating normative and empirical questions and making the latter the hallmark of political science. According to this view, only the consistency or prevalence in society of normative questions can be scientifically assessed. You cannot normatively assess the content side of policy, i.e. it cannot be scientifically ascertained whether political contents are good or bad. In reality this meant a reduction of normative political theory to a relatively inferior political science subdiscipline in terms of research as well as teaching.

As an academic discipline, political science instead emphasized the descriptive: the aim was to describe and explain what *is*, not what *should* be. For decades, focus was directed at the political regime's institutional – and to a large extent constitutional – structures and their philosophical and judicial justifications, for example parliamentarism, presidentialism, federalism and the division and balance of power between the political system's political, administrative and judicial bodies. After World War Two especially American political science began to emphasize political processes and political behavior (Farr/Seidelman 1993; Farr/Dryzek et al. 1995) and examine the sociological and psychological background for individuals' and groups' political behavior. Voter behavior as well as interest groups' and political parties' workings were studied and processes and behavior in legislative, executive and judging contexts were described and explained (Rasmussen 1971).

In simple terms, modern political science in its first, institutional phase focused on *polity*, and in the next, behavioralistic phase on *politics*. Characteristically, political science focused directly on the content of politics in neither phase. *Policy* had simply vanished as a research object for mainstream political science. One reason was that an analysis of a policy's content easily becomes a question of (normative) assessments of the good – or at least the better – policy; another reason is that the specific expertise of political science is somewhat unclear when it comes to assessing the substantive sense in a given tax, abortion, school, health or environmental policy: What tools do political scientists have to decide if, for instance, an environmental measure has actually reduced the number of fish dying due to stricter nitrogen regulation or whether new teaching methods do improve school childrens' math skills? (for a discussion see Lowi 1973).

Ironically, it became the tragedy of political science that the more scientific it strived to be, the less relevant the knowledge it produced appeared to be in terms of solving current, urgent social problems. The political science specialist literature became unreadable even for political scientists and its lack of vision forced political scientists to look elsewhere for information about urgent political issues and debates (Ricci 1984, p. 19).

A counter-reaction was inevitable and it first emerged in the USA. Demands were made that social science returns to its original objective of producing knowledge with relevance for the solution of specific social problems. The way forward was to focus on policy – the content of politics. In other words, policy analysis was seen as the answer to the tragedy of political science.

In standard presentations of the history of policy analysis the kickoff to this counter-reaction is defined in the 1951 anthology, *The Policy*

Sciences, edited by Daniel Lerner and Harold D. Lasswell. Lasswell's introductory chapter, "The Policy Orientation", has almost reached a mythical status in the policy literature. I have two comments to this: one retrospective and one prospective in relation to Lerner and Lasswell's book.

First, the demand to produce policy-relevant knowledge was not new in the social sciences. On the contrary, it was the fundamental hope when they were born in the 19th century. Many countries, including the USA, had a long tradition of producing policy-relevant research (Wittrock et al. 1991). However, in connection with especially the behaviouralistic revolution in American social research immediately after World War Two, the policy-oriented research lost ground and almost gained status of speculation without scientific foundation. Lerner and Lasswell's project was hence not only to criticize the existing social science disciplines for ignoring policy substance; their criticism was also directed at the existing policy research: specific demands would have to be made to ensure not only its social relevance, but also its scientific status. In other words, their project aimed to develop policy research as an independent scientific professional standard. Hence the title of their anthology: *The Policy Sciences*.

Second, although *The Policy Sciences* kicked off a new focus on policy substance it took more than ten years before the first steps toward a renewed policy orientation were taken. Whereas Lerner and Lasswell's contribution can be seen as an internal driving force in the social sciences, the actual starting point was the result of the interplay between the social sciences and other broader societal changes, primarily in the USA. The economic boom of the 1960s made it possible to transfer increasing resources from the private to the public sector and thus to build the modern welfare state. There was great optimism about the future and an almost euforic belief in the possibilities of running society technocratically without ideology. Political intentions to lift the poor out of their misery were sincere, but knowledge about which measures would be most effective was missing. This is where policy-relevant research came into demand (Albæk 1988, 1998b).

The optimism was fairly short-lived. First, it proved very difficult to solve the problems that were targeted with the strong expansion of the welfare state. This gave rise to demands for completely new forms of policy-relevant research, for example on the implementation of public policy, which had turned out to be more complicated than anticipated. Second, the Vietnam War and the civil rights movements questioned the whole foundation of American politics. The criticism was followed by the youth and student revolts throughout the Western World, which demanded discussions of the normative aspects of current policy, also in the academic world.

It is beyond doubt that policy content since the 1960s has taken a central position in political science. The number of journals, academic associations, conference workshops and university departments dedicated to policy has exploded. Nor is there any doubt that the renewed policy focus was not only a criticism of the neglect of policy content in traditional academic disciplines, but it also expressed a genuine wish to produce policy-relevant research. Finally, it was widely acknowledged that policy research should not only produce for, but also be used in a democratic context. In other words, the policy focus in the social sciences is indisputable. In contrast, there has been and continues to be disagreement about how to analyze policy, how to make the analysis relevant, and how to ensure the analysis' foundation, including its normative rooting in democracy.

It may still be unclear exactly what the specific expertise of political science consists of when it comes to assessing the substantive sense in a given tax, abortion, school, health or environmental policy, but one aspect of such policies has attracted special interest in political science and has given rise to special political science expertise: All policies have to be implemented and managed. The growth of modern welfare states is unprecedented, and institutional and administrative reforms have become a policy area in its own right – even though it is not especially sexy in election campaigns and therefore not high on the political agenda. This is precisely where political science can deliver a special contribution to the public decision-making process via the subdiscipline that concerns public administration and institutions. Partly in the form of graduates who as civil servants and consultants manage, reform and develop the public institutions, partly by delivering ideas and specific proposals to such reforms, for instance when academics are consulted or participate in policy committees and the like. Nothing stops self-interest and expertise from going hand in hand if a German public administration professor accepts a consulting assignment because it involves remuneration, but at the same time delivers recommendations with sensible contents to his principals.

References

Albæk, Erik (1988): Fra sandhed til information: Evalueringsforskning i USA – før og nu. København: Akademisk Forlag.

Albæk, Erik (1995): Between Knowledge and Power: Utilization of Social Science Knowledge in Public Policy Making. In: Policy Sciences, Vol. 28/No. 1, pp. 79–100

Albæk, Erik (1998a): Frisindets grænser: Homoseksuelle mellem moralske dilemmaer og politiske hensyn. In: Politica, Vol. 30/No. 4, pp. 405–422

Albæk, Erik (1998b): Knowledge Interests and the Many Meanings of Evaluation: A Developmental Perspective. In: Scandinavian Journal of Social Welfare, Vol. 7/ No. 2, pp. 94–98

Albæk, Erik (2004): Holy Smoke, no more? Tabacco Control in Denmark. In: Feldman, Eric/Bayer, Ronald (eds.): Unfiltered. Conflicts over Tobacco Policy and Public Health. Combridge/MA: Harvard University Press

Albæk, Erik (2004): Eksperter kan være gode nok..., men. Århus: Aarhus Universitetsforlag

Albæk, Erik/Green-Pedersen, Christoffer/Nielsen, Lars B. (2007): Making Tobacco Consumption a Political Issue in the United States and Denmark: The Dynamics of Issue Expansion in Comparative Perspective. In: Journal of Comparative Policy Analysis, Vol. 9/No. 1, pp. 1–20

Beam, David R./Conlan, Timothy J./Wrightson, Margaret T. (1990a): Solving the Riddle of Tax Reform: Party Competition and the Politics of Ideas. In: Political Science Quarterly, Vol. 105/No. 2, pp. 193–217

Beam, David R./Conlan, Timothy J./Wrightson, Margaret T. (1990b): Taxing Choices: The Politics of Tax Reform. Washington/D.C.: Congressional Quarterly Press

Bell, Daniel (1960): The End of Ideology: On the Exhaustion of Political Ideas in the Fifties. New York: The Free Press of Glencoe

Brint, Steven (1994): In an Age of Experts: The Changing Role of Professionals in Politics and Public Life. Princeton: Princeton University Press

Brzezinsky, Zbigniew K. (1970): Between Two Ages: America's Role in the Technotronic Era. New York: Viking Press

Burnham, James (1941): The Managerial Revolution. New York: Day

Camhis, Marios (1979): Planning Theory and Philosophy. London: Tavistock

Chandler, Jr., Alfred D. (1977): The Visible Hand: The Managerial Revolution in American Business. Cambridge/MA: Harvard University Press

Chubb, John E./Peterson, Paul E. (eds.) (1989): Can Governments Govern? Washington/D.C.: Brookings Institution

Dahl, Robert A. (1991): Modern Political Analysis. Englewood Cliffs/NJ: Prentice-Hall

Derthick, Martha/Quirk, Paul J. (1985): The Politics of Deregulation. Washington/D.C.: The Brookings Institution

Elster, Jon (1998): Introduction. In: Elster, Jon (ed.): Deliberative Democracy. Cambridge: Cambridge University Press, pp. 1–18

Farr, James/Seidelman, Raymond (eds.) (1993): Discipline and History: Political Science in the United States. Ann Arbor: The University of Michigan Press

Farr, James/Dryzek, John S./Leonard, Stephen T. (eds.) (1995): Political Science in History: Research Programs and Political Traditions. New York: Cambridge University Press

Fischer, Frank (1990): Technology and the Politics of Expertise. Newbury Park: Sage

Haas, Peter (1992a): Banning Chloroflourocarbons: Epistemic Community Efforts to Protect Stratospheric Ozone. In: International Organization, Vol. 46/No. 1, pp. 187–224

Haas, Peter (1992b): Introduction: Epistemic Communities and International Policy Coordination. In: International Organization, Vol. 46/No. 1, pp. 1–35

Habermas, Jürgen (1990/[1]1962): Strukturwandel der Öffentlichkeit. Frankfurt/M.: Suhrkamp

Heclo, Hugh (1974): Modern Social Politics in Britain and Sweden: From Poor Relief to Income Maintenance. New Haven: Yale University Press

Held, David (2006): Models of Democracry. Cambridge: Polity Press

Heymann, Philip B. (1990): How Government Expresses Public Ideas. In: Reich, Robert B. (ed.): The Power of Public Ideas. Cambridge/MA: Harvard University Press, pp. 85–107

Kelman, Steven (1990): Why Public Ideas Matter. In: Reich, Robert B. (ed.): The Power of Public Ideas. Cambridge/MA: Harvard University Press, pp. 31–53

Kingdon, John W. (1984): Agendas, Alternatives, and Public Policies. Boston: Little, Brown & Co.

Kingdon, John W. (1993): How Do Issues Get on Public Agendas? In: Wilson, William J. (ed.): Sociology and the Public Agenda. London: Sage Publications. pp. 40–50

Koch, Hal (1945): Hvad er demokrati? København: Gyldendal

Kübler, Daniel (2000): Politique de la drogue dans les villes suisses entre ordre et santé: Analyse des conflits de mis en oeuvre. Paris: L'Harmattan

Kumar, Krishan (1978): Prophecy and Progess. Harmondsworth: Penguin Books

Lane, Robert A. (1966): The Decline of Politics and Ideology in a Knowledgeable Society. In: American Sociological Review, Vol. 31/No. 5, pp. 649–662

Lasswell, Harold D. (1951): The Policy Orientation. In: Lerner, Daniel/Lasswell, Harold D. (eds.): The Policy Sciences. Stanford: Stanford University Press

Lerner, Daniel/Lasswell, Harold D. (eds.) (1951): The Policy Sciences. Stanford: Stanford University Press

Lomborg, Bjørn (2001): The Skeptical Environmentalist: Measuring the Real State of the World. Cambridge: Cambridge University Press

Lowi, Theodore J. (1969): The End of Liberalism. New York: Norton

Lowi, Theodore J. (1973): What Political Scientists Don't Need to Ask about Policy Analysis. In: Policy Studies Journal, Vol 2/No. 1, pp. 61–67

Majone, Giandojmenico (1990): Policy Analysis and Public Deliberation. In: Reich, Robert B. (ed.): The Power of Public Ideas. Cambridge/MA: Harvard University Press, pp. 157–178

Mansbridge, Jane J. (ed.) (1990): Beyond Self-Interest. Chicago: University of Chicago Press

Marcusssen, Martin (2002): OECD og idéspillet – Game Over? København: Hans Reitzels Forlag

Marcussen, Martin (2003): Ideer og magt. Munk Christiansen, Peter/Togeby, Lise (eds.): På sporet af magten. Århus: Aarhus Universitetsforlag, pp. 46–60

Miller, Gary (2000): Above Politics: Credible Commitment aend Efficiency in the Design of Public Agencies. In: Journal of Public Administration Research and Theory, Vol. 10, pp. 289–327

Nørgaard, Asbjørn S. (1998): Moral i Politik? In: Politica, Vol. 30/No. 4, pp. 388–404

Petersen, Mogens N. (2002): Man mødes og tales ved... – om deliberation, forhandling og andre samtaleformer i politik. In: Albæk, Erik/Munk Christiansen, Peter/Møller, Birgit (eds.): Demokratisk set. Århus: Aarhus Universitetsforlag, pp. 214–228

Quirk, Paul J. (1988): In Defense of the Politics of Ideas. In: Journal of Politics, Vol. 50/No. 1, pp. 31–41

Rasmussen, Erik (1971): Komparativ politik. København: Gyldendal

Rauch, Jonathan (1994): Demosclerosis: The Silent Killer of American Government. New York: Random House

Regan, Priscilla M. (1993): Ideas or Interests: Privacy in Electronic Communications. In: Policy Studies Journal, Vol. 21/No. 3, pp. 450–469

Ricci, David M. (1984): The Tragedy of Political Science: Politics, Scholarship, and Democracy. New Haven: Yale University Press

Ross, Alf (1946): Hvorfor demokrati? København: Munksgaard

Sabatier, Paul/Jenkins-Smith, Hank (1993): Policy Change and Learning: An Advocacy Coalition Approach. Boulder: Westview Press

Stokey, E./Zeckhauser, R. (1978): A Primer for Policy Analysis. New York: Norton

Stone, Deborah A. (1997): Policy Paradox: The Art of Political Decision Making. New York: Norton

Strömbäck, Jesper (2005): In Search of a Standard: Four models of democracy and their normative implications for journalism. In: Journalism Studies, Vol. 6/No. 3, pp. 331–345

Williams, Raymond (1988): Keywords: a vocabulary of culture and society. London: Fontana

Wittrock, Björn/Wagner, Peter/Wollmann, Hellmut (1991): Social science and the modern state: Policy knowledge and political institution in Western Europe and the United States. In: Wagner, Peter/Hirschon Weiss, Carol/Wittrock, Björn/Wollmann, Hellmut (eds.): Social Sciences and Modern States: National Experiences and Theoretical Crossroads. Cambridge: Cambridge University Press, pp. 28–85

Zahariadis, Nikolaos (1996): Selling British Rail: An Idea Whose Time Has Come? In: Comparative Studies, Vol. 29/No. 4, pp. 400–422

Inkrementalismus in Zeiten neuer Rationalitätsversprechungen

Eine notwendige Verteidigung

Kai Wegrich

Einleitung

Unter den verwaltungswissenschaftlichen Konzepten ist der Inkrementalismus eines, das nicht nur Werner Jann gern und häufig verwendet, sondern das auch eine erhebliche Verbreitung in politischen Alltagsdebatten gefunden hat, wenn auch nur in der despektierlichen Variante des „Sich-Durchwurstelns" (*muddling through*). Inkrementalismus ist eine Kennzeichnung für eine offenbar wenig ambitionierte Politikstrategie, die angesichts der Schwierigkeiten politischer Steuerung die Waffen streckt und sich mit höchstens kleinteiligen Änderungen des Status quo zufrieden gibt. Mit Blick auf die wachsenden Herausforderungen an politische Steuerung und den öffentlichen Sektor – weniger Ressourcen, komplexere Probleme, hoher Zeitdruck – erscheint ein solcher Inkrementalismus vielleicht realistisch, aber eben nicht problemangemessen. Und alternative Ansätze stehen ja bereit, weniger in Form einer umfassenden rationalen Planung – dem „alten" Gegenspieler des Inkrementalismus – sondern in Form der „neuen" Ansätze evidenz-basierter Politik: Kosten-Nutzen-Analysen und Folgenabschätzungen, *Randomized Controlled Trials* (RCT) und *Behavioural Change Policies* (Stichwort: *Nudge*) erheben den Anspruch, mit neuen Analysemethoden die Rationalität politischer Steuerung (endlich) zu erhöhen. Während Kosten-Nutzen-Analysen und Folgenabschätzungen nicht unbedingt als Innovationen des 21. Jahrhunderts gelten können, aber von der Welle der neuen Begeisterung für Instrumente ökonomischer Policy-Analyse mitgetragen werden, können *RCTs* und *Behavioural Change Policies* schon einen höheren Neuigkeitswert in Anspruch nehmen – zumindest was ihre Präsenz in den Diskursen der *Policy Wonks* angeht, denn die akademischen Wurzeln auch dieser beiden Ansätze lassen sich natürlich deutlich weiter zurückverfolgen.

Der vorliegende Beitrag versucht sich an einer – vermutlich aussichtslosen – Verteidigung einer Sichtweise auf den Policy-Making-Prozess, der dem inkrementalistischen „Sich-Durchwursteln" eine höhere Intelligenz unterstellt als den offensichtlich immer beliebter werdenden Instrumenten der ökonomischen Policy-Analyse. Dabei geht es nicht darum, diese neuen Instrumente als grundsätzlich sinnlos oder gefährlich darzustellen, und auch nicht darum, die Forschungsperspektiven der ökonomischen Analyse politischer Interventionen oder der Verhaltensökonomie zu kritisieren (zumal letztere Überschneidungen in Bezug auf das zugrunde liegende Rationalitätsverständnis zum Inkrementalismus aufweist). Es geht stattdessen darum, den bei der Anwendung dieser Instrumente in der Praxis des Policy-Making erhobenen Rationalitätsanspruch und -vorsprung zu hinterfragen und zu reflektieren, was mit Instrumenten rationaler Politiksteuerung passiert, wenn sie in einer Welt praktiziert werden, die durch „begrenzte Rationalität" geprägt ist. Dafür eignet sich die Sicht des Inkrementalismus auf den Policy-Prozess in hervorragender Weise.

Hiermit sind Fragen verbunden, die Werner Jann in Publikationen, aber auch in der Lehre oder in Diskussionen mit Praktikern immer wieder stellt: Wenn wir Individuen „begrenzte Rationalität" unterstellen und weiter davon ausgehen, dass Organisationseinheiten einer „selektiven Wahrnehmung" folgen, wie wirkt sich das auf Prozesse der Entscheidungsfindung, des Designs von Policies und deren Implementation aus? Womit müssen wir rechnen, wenn „rationale" Instrumente auf einen Organisationskontext der „begrenzten Rationalität" treffen? Und wie können Systeme intelligenter gemacht werden, wenn ihre Komponenten – Individuen und Organisationen (und Untereinheiten) – nur begrenzt rational sind?

Diese Fragen werden aufgegriffen, nachdem im folgenden Abschnitt kurz an die Grundzüge des Inkrementalismus erinnert wird und zentrale Kritikpunkte diskutiert werden. Diese Diskussion soll zeigen, wie sich die inkrementalistische Perspektive in die Policy- und Verwaltungsforschung einfügt. Deutlich wird, dass es bei dieser Perspektive weniger um die exakte Vorhersage eines bestimmten Verlaufsmusters von Policy-Making geht, und auch nicht darum, die inkrementalistische Strategie in ihrer Reinform zu verteidigen. Vielmehr verbindet Inkrementalismus eine politische Sicht (im Sinne von politics) auf den Policy-Prozess mit der Frage, wie unter den Bedingungen dieser Prozesslogik die Analyse von Policies möglich ist und welche Grenzen bestehen. Wie Wildavsky schon 1969 argumentiert hat, kann und sollte es nicht darum gehen, Politik durch (Policy-) Analyse zu ersetzen, sondern das Niveau der politischen Auseinandersetzung durch Policy-Analysen zu erhöhen (Wildavsky 1969, S. 190). Es ist diese *Politics*-Dimension, die in Diskussionen um rationale Steuerungsinstrumente fehlt, und dies obgleich gerade *„Nudge"* mit Inkrementalismus die Diagnose der begrenzten Rationalität menschlichen Handelns teilt. Dementsprechend konzentriert sich der dritte Abschnitt dieses Beitrags darauf zu zeigen, was passiert, wenn rationale Steuerungsinstrumente auf eine Realität treffen, in der nicht nur die Individuen begrenzt rational sind, sondern auch Organisationen, wie Regierung und Verwaltung. Abschließend wird versucht, Lehren aus dieser Diskussion für eine intelligente Institutionenpolitik zu ziehen, die Inkrementalismus als einen wichtigen Ausgangspunkt hat, aber auch darüber hinausgeht.

Inkrementalismus in der Policy- und Verwaltungsforschung – Grundzüge, Kritik und Gegenkritik

Um kurz die Grundzüge des Inkrementalismus, wie er von Charles Lindblom (1959, 1965, 1979, Lindblom/Cohen 1979; Braybrooke/Lindblom 1963) entwickelt wurde, zu skizzieren: Inkrementalismus baut auf dem entscheidungstheoretischen Modell der „begrenzten Rationalität" von Herbert Simon (1947) auf. Demnach verfügen Individuen und Organisationen über eine nur begrenzte Kapazität zur Informationsverarbeitung und „maximieren" in Entscheidungsprozessen nicht, d.h. nicht alle denkbaren Optionen werden umfassend auf Kosten und Nutzen geprüft. Stattdessen geben sie sich mit dem Ergebnis eines begrenzten Such- und Auswahlprozesses zufrieden (*„satisficing"*, eine Wortschöpfung aus *„satisfying"* und *„suffice"*). Lindblom hat dieses Modell auf Entscheidungsprozesse des Policy-Making übertragen und als Gegenpol zum Modell der rationalen Entscheidung, das in der Zeit der Planungseuphorie der 1960er- und frühen 1970er-Jahre Hochkonjunktur hatte, aufgebaut. Demnach wird über Ziele und Mittel nicht getrennt, sondern verbunden entschieden. Politisches Handeln erfolgt in kleinen Schritten (das berühmte „Durchwursteln"): Entscheidungen orientieren sich am Status quo und zielen nur auf inkrementelle Veränderungen des Ist-Zustandes. Problemlösung erfolgt schrittweise, *piecemeal*, und die Zwecke/Ziele werden eher an die verfügbaren Mittel angepasst als andersherum.

Inkrementalistische Entscheidungsprozesse sind zudem durch die unkoordinierte (*„disjointed"*) Beteiligung einer Vielzahl von Akteuren, die jeweils ihrer eigenen Problemsicht und Interessenlage folgen, gekennzeichnet. „Unkoordiniert" trifft aber nur insofern zu, wenn man Koordination mit zentraler Steuerung gleichsetzt. Im Modell des Inkrementalismus erfolgt Koordination durch wechselseitige Anpassung der Akteure (*partisan mutual adjustment*) und Verhandlungen. Die Rationalität dieser Art des Entscheidungsprozesses – eine limitierte Analyse durch eine Vielzahl von Akteuren aus unterschiedlicher Problemsicht – besteht darin, dass die Überforderung des Einzelnen durch eine „synoptische" Analyse aller möglichen Optionen vermieden und trotzdem eine Vielzahl von Dimensionen und Aspekten berücksichtigt wird (Lindblom 1965).

Aaron Wildavsky, die zweite Leitfigur des Inkrementalismus, hat die Aufstellung von Haushalten als genuin inkrementellen Prozess erkannt (Wildavsky 1964; Wildavsky/Caiden 2004), bei dem angesichts der Komplexität der Materie nur die Spitze des Eisbergs, die geringen jährlichen Veränderungen des Budgets, betrachtet werden. Der Budgetprozess beginnt mit dem Vorschlag der Ministerien, die den Haushalt des Vorjahres als Basis nehmen und Vorschläge für inkrementelle Erhöhungen an den Rändern formulieren, die die zu erwartende Einnahmesituation und die Inflation berücksichtigen. Finanzministerien und Haushaltsausschüsse verhandeln mit den Ministerien über diese *„margins"* und die Frage, was ein „fairer Anteil" des jeweiligen Ministeriums an dem Budgetwachstum wäre (Wachstum deshalb, weil das Modell in Zeiten wachsender Staatsausgaben konzipiert wurde). Die Basis (der Eisberg) wird dabei gar nicht erst betrachtet. Alles andere würde die Informationsverarbeitungskapazität der Akteure übersteigen und auch die Kompromissbildung erschweren.

Den alten Inkrementalismus auszugraben, um ihn gegen die neue Welle der Rationalitätsversprechungen ins Feld zu führen, erscheint vielleicht nicht nur für den ökonomisch gebildeten Policy-Analysten als Anachronismus. Auch in der institutionen- und policy-orientierten Politikwissenschaft ist ja Inkrementalismus als beschreibender oder erklärender Theorieansatz überholt. Während die Kritik an Wildavskys empirischer These des Inkrementalismus in der Haushaltspolitik schon seit längerem laut wurde, gilt mit Blick auf den institutionellen und substantiellen Wandel in einzelnen Politikfeldern spätestens seit der Veröffentlichung von Baumgartner und Jones *„Agendas and Instabilities in American Politics"* (1993) Inkrementalismus als falsifiziert. Die Theorie des „punktierten Gleichgewichts" hat gezeigt, dass lange Phasen relativer Stabilität von plötzlichen Veränderungsschüben abgelöst werden (können). Aber die theoretischen Bausteine des Inkrementalismus spielen auch in der Theorie des „punktierten Gleichgewichts" weiterhin eine wichtige Rolle. Vor allem das *„disproportional information processing"* ist ein auf „begrenzter Rationalität" beruhender Mechanismus der Filterung von Informationen, der erst zu Unter- und dann zu Überreaktionen führt und daher beide Muster, Inkrementalismus und plötzlichen umfassenden Wandel, erklären kann.

In normativer Hinsicht hat es lange eine Art Pattsituation gegeben. Zwar hat der alte Gegner – die rationalistische Entscheidungstheorie und die verschiedensten Varianten ihrer praktischen Umsetzung, von Konzepten politischer Planung, über Kosten-Nutzen-Analysen und Gesetzes- bzw. Regulierungsfolgenabschätzungen – auf konzeptioneller Ebene keine Chance gegen den bestechenden Realismus des Inkrementalismus, zu unrealistisch sind die Voraussetzungen rationaler Entscheidungstheorien, als dass dieses Ideal auch nur annährend erreicht werden könnte; aber eine dem rationalen Modell nahekommende Strahlkraft konnte der Inkrementalismus nie entwickeln, es blieb die Theorie der (vielleicht sogar schon zynischen) Hyperrealisten. Die Kritik richtet sich dabei sowohl gegen die Politik des sich schrittweise „Durchwurstelns" als auch gegen die unkoordinierte Interaktion der Vielzahl von Akteuren im Entscheidungsprozess. Wie kann auf diese Weise ein „schlüssiges Gesamtkonzept" entstehen? Leider ist die normative (Un-) Attraktivität solcher Entscheidungsprozesse des *disjointed problem solving* von der Politik- und Verwaltungsforschung zu selten zum Anlass genommen worden, durch empirische Untersuchung die Leistungsfähigkeit von nicht-hierarchischen Koordinationsformen zu untersuchen. Seit den klassischen Studien von Mayntz und Scharpf (1975) zur Koordination in der bundesdeutschen Ministerialverwaltung, die zu der Unterscheidung von „positiver" und „negativer" Koordination als zwei Varianten der horizontalen Selbstkoordination geführt hat, hielt sich das wissenschaftliche Interesse in Grenzen (vgl. Hustedt/Veit 2014).[1] Daran haben auch der Boom der Netzwerkperspektive und die daran anknüpfende Governance-Debatte wenig geändert, interessieren sich doch beide Perspektiven zwar für mehr oder weniger nicht-hierarchische Beziehungen zwischen staatlichen und nicht staatlichen Akteuren, aber immer weniger für die Art und Weise der Formulierung von Policies innerhalb der Regierungsorganisation.

Der zentrale Kritikpunkt an dem Modell der inkrementellen Politikstrategie setzt sich dabei aus zwei Elementen zusammen. Verbreiteter ist dabei der erste Punkt, interessanter der zweite. Der erste, verbreitete Kritikpunkt zielt auf das geringe Anspruchsniveau inkrementeller Politik. Wie sollen mit kleinen Schritten massive Probleme wie der Klimawandel (und aktuell die Energiewende), das Demografieproblem oder gar die Finanzkrise gelöst werden? Eine solche inkrementelle Politik ist dabei nicht nur strukturkonservativ, weil sie nur Tippelschritte wagt und damit pfadabhängige Prozesse stark begünstigt, sondern weil sie damit eben auch die gegebenen Macht- und Einflussstrukturen akzeptiert.[2] Wie gesagt, die zweite

---

1 Wichtige Ausnahmen sind natürlich die weiteren Arbeiten von Scharpf und auch von Benz (1993; Scharpf/Mohr 1994; Benz et al. 1992). In der deutschen Föderalismusforschung ist zudem in jüngerer Zeit wieder verstärktes Interesse für das Koordinationsthema zu registrieren (Behnke 2014). Für einen interessanten Ansatz zur Analyse nicht-hierarchischer Koordinationsformen aus organisationstheoretischer Perspektive, siehe Chisholm (1989).

2 Und hier hat die Politik- und Verwaltungsforschung tatsächlich erhebliche Fortschritte gemacht, indem sie die Abhängigkeit der regierungsinternen Stärke von

Kritik hört man weniger häufig, sie ist aber umso interessanter. Sie wurde aus meiner Sicht am schärfsten von dem politischen Philosophen Robert Goodin formuliert (1982), und auch Jon Elster (1987), eine weitere Lichtgestalt der politischen Philosophie, hat sich ähnlich geäußert. Im Kern zielt diese Kritik auf die Theorielosigkeit des Inkrementalismus bei der Evaluation der Tippelschritte in einem Reformprozess. Der Esprit des Inkrementalismus speist sich ja aus dem smarten Umgang mit begrenzter Rationalität und damit begrenztem Wissen darüber, was funktioniert und was nicht. Die schrittweise Einführung von Veränderungen, so die Grundidee, ermöglicht die Evaluation ihrer Wirkung, bevor über weitere Schritte entschieden wird. Anpassungen und Kurswechsel bleiben möglich. Die *„incremental analysis"* (Braybrooke/Lindblom 1963) ist die Lösung des unauflösbaren Wissensproblems.

Allerdings, so wenden Goodin und Elster ein, scheitert dieses Modell an seiner Theorielosigkeit. Wenn ich über keine kausale Theorie über die Wirkung eines komplexen Reformkonzeptes verfüge, dann kann ich auch nicht evaluieren, ob der mäßige Erfolg eines Schrittes auf dem längeren (inkrementellen) Weg Zeichen für eine Umsetzungsschwäche ist oder auf ein grundlegendes Problem in der Wirkungsweise der Policy hinweist. Eigentlich kann ich noch nicht einmal einschätzen, ob eine Veränderung auf der Outcome-Ebene Resultat der Intervention ist oder Effekt von sonstigen Einflüssen – dazu bräuchte es *„counterfactuals"* (was wäre ohne die Intervention passiert?) (Goodin 1982, S. 22). Insbesondere wenn es um die Effektivität von komplexen (institutionellen) Reformen geht, die von dem Zusammenwirken verschiedener Elemente abhängen, dann hilft die separate Evaluierung einzelner Elemente hinsichtlich ihrer Wirkung wenig weiter. Dieses Problem spiegelt sich immer wieder in Auseinandersetzungen zwischen Anhängern und Skeptikern bestimmter Reformkonzepte wie dem Neuen Steuerungsmodell in der Verwaltungsreform oder Marktinstrumenten zur Erstellung öffentlicher Dienstleistungen wider: Während die Kritiker sagen, es funktioniert nicht, können die Advokaten darauf verweisen, dass längst nicht alle Komponenten des Systems implementiert sind, es kann also gar nicht funktionieren.

Die Kritik der Theorielosigkeit trifft allerdings höchstens auf den Inkrementalismus in Reinform zu. Die politikwissenschaftliche Verwaltungs- und Organisationsforschung, zumal in ihrer international vergleichenden Variante, stellt ein analytisches Handwerkszeug zur Verfügung, das theoretisch begründete Erwartungen an die Funktionsweise von Policy-Instru-

Akteuren und Themen von ihrer Vernetzung mit externen Akteuren (Interessengruppen) verdeutlichte (vgl. z.B. Müller 1986 im Kontext der Umweltpolitik).

menten und administrativen Steuerungsinstrumenten ermöglicht. Nehmen wir das Beispiel der Durchsetzung von regulativen Programmen, also sanktionsbewehrte Normen und Standards etwa im Umwelt- oder Arbeitsschutz. Schon die Implementationsforschung der 1970er- und 1980er-Jahre hat gezeigt (Mayntz 1983), dass regulative Programme in ihrer Wirksamkeit von effektiver Kontrolle der Normbefolgung durch die Vollzugsbehörden abhängen und diese dabei häufig Widerstände und Ausweichstrategien („kreative Regelbefolgung“) der Zielgruppe auslösen. Vollzugsbehörden lassen sich dann „gern“ auf Verhandlungen ein, die im Effekt auf eine „weichere“ Regelanwendung hinauslaufen, wenn sie erkennen, dass die Normadressaten nicht über die Kapazitäten zur sofortigen und umfassenden Regelbefolgung verfügen (beispielsweise im Umweltrecht) und/oder der Normadressat ökonomisch bedeutsam ist oder politisches Widerstandspotenzial mobilisieren kann. Diese „Neigung“, so die Implementationsforschung, ist größer, wenn die Vollzugsbehörde hierarchisch in eine lokale Verwaltungs- und Politikstruktur eingebunden ist, die sich responsiv gegenüber ökonomisch und politisch relevanten „Spielern“ zeigen muss. Derartige Mechanismen bieten theoretische Ansatzpunkte für die vorsichtige Formulierung von Wirkungserwartungen für Policy-Interventionen, jenseits eines reinen Inkrementalismus.

Ein anderes Beispiel aus dem Bereich der Verwaltungspolitik: Programme und Projekte zur Förderung sektorübergreifender Kooperation von Ministerien und Behörden, beispielsweise im Bereich von Querschnittpolitikfeldern wie demografischer Wandel oder Gleichstellungspolitik, scheitern regelmäßig an den institutionellen Eigeninteressen der beteiligten Organisationen, für die Autonomie im Hinblick auf die eigenen Programme und das eigene Budget eine deutlich höhere Priorität hat als der (unsichere) Kooperationserfolg solcher Initiativen – Bürokratien verteidigen ihren *„turf“* (Wilson 1989). Für Bürokratien, und die mit ihnen verbundenen Karrieren, ist politische Unterstützung die zentrale Ressource, die längerfristig die Überlebensfähigkeit sichert. Verletzungen des *turf* durch Angriffe von außen, etwa durch konkurrierende Bürokratien, können dabei genauso gefährlich sein, wie die Übernahme von neuen Aufgaben, die Konflikte mit dem Klientel der Kernaufgabe erzeugen (wenn Agrarämter Naturschutzaufgaben übernehmen, zum Beispiel). Da Fehler von Öffentlichkeit und Politik viel stärker wahrgenommen werden als Erfolge, haben Bürokratien eine Tendenz zur Fehler- und damit Risikovermeidung (*blame avoidance*) – denn, wenn „etwas in die Hose geht“, so ein Ministerialbeamter des Bundes in unnachahmlicher Weise im Interview mit Hood und Lodge (2006, S. 102), dann ist das „eine Katastrophe“.

Diese Beispiele aus der Policy- und Verwaltungsforschung (und weitere könnten genannt werden) weisen auf *Mechanismen*, theoretische (verallgemeinerte) Erwartungen über kausale Wirkungsbeziehungen zwischen einzelnen Faktoren. Allerdings erlauben diese Mechanismen der Verwaltungs- und Organisationsforschung keine präzisen Vorhersagen über die Wirkung einer konkreten Intervention. Diese Wirkung hängt von den ganz spezifischen Kontextfaktoren des jeweiligen Falls, aber natürlich auch von genuin kontingenten Handlungen der Akteure ab. Und es sind genau diese Kontextfaktoren, die in der Kritik am Inkrementalismus von Goodin und auch Elster zu kurz kommen. Genauso wie die beispielhaft genannten Mechanismen der Policy- und Verwaltungsforschung sind auch die Beispiele für theoretische Ansätze von Goodin auf der Ebene genereller Mechanismen angesiedelt, die in ihrer Wirkung stark kontextabhängig sind (beispielsweise zur Überlegenheit von *„principles"* gegenüber *„rules"* bei der Steuerung über Normen und Standards). Allerdings bietet die politikwissenschaftliche Verwaltungs- und Organisationsforschung einige theoretische Ansätze mittlerer Reichweite, um unterschiedliche Kontexte nicht nur zu erfassen, sondern auch mit Hypothesen über ihre Wirkung im Policy-Prozess zu verbinden. Den größten Einfluss hatten und haben vermutlich Ansätze der vergleichenden Policy- und Verwaltungsforschung, die institutionelle und kulturelle Faktoren zu Typen und Familien von Ländern zusammenführen und diesen Typen jeweils spezifische Politik-, Verwaltung- und Reformstile „unterstellen" – siehe nur die Dissertation von Werner Jann (1983) über Verwaltungskultur und Politikstile. Allerdings ist auch hier einschränkend festzuhalten, dass diese Ansätze der vergleichenden Verwaltungs- und Policy-Forschung eher grobe Klassifikationen von Verwaltungskulturtypen und *policy styles* anbieten, aus denen man höchstens Erwartungen und Hypothesen für einen bestimmten Kontext formulieren kann.

Aber wozu eigentlich diese Auseinandersetzung mit einer vor 30 Jahren geäußerten Kritik am Inkrementalismus? Zunächst um zu zeigen, wie sich die inkrementalistische Perspektive mit anderen Ansätzen der policyorientierten Verwaltungsforschung verbinden lässt, eine Verbindung, für die gerade auch Werner Jann steht. Zudem soll auf die Anschlussfähigkeit der inkrementalistischen Sicht zu theoretischen Ansätzen hingewiesen werden, die die *politics*-Dimension von politischen und administrativen Prozessen in den Vordergrund rücken. Es ist diese politics-Dimension, die die Wirkung einer Policy oder einer Verwaltungsreform entscheidend prägt. Und neben den spezifischen Kontextfaktoren, die im Inkrementalismus von zentraler Bedeutung sind, ist es diese Dimension, die von Anhängern rationaler Steuerungsinstrumente vernachlässigt wird. Wir versuchen daher, diese beiden Dinge – die *politics*-Dimension des Policy-Making und rationale Steuerungsinstrumente – im folgenden Abschnitt zusammenzubringen.

Neue Rationalitätsversprechungen: inkrementalistische Bewältigungsstrategien und Rationalitätsfallen

Wie gesagt, wurde der Inkrementalismus als Gegenentwurf zu einem rationalen Politikmodell entwickelt, zu dessen Kern aus Lindbloms Sicht eine „synoptische" Analyse aller möglichen Optionen hinsichtlich ihrer Kosten und Nutzen gehört. Aaron Wildavsky hat in zahlreichen Beiträgen vor überzogenen Erwartungen an Instrumente rationaler Politiksteuerung gewarnt, vor allem im Zusammenhang mit dem Budgetprozess. So hat er die Versuche, in den USA ein umfassendes wirkungsorientiertes Planungs- und Budgetierungsverfahren einzuführen, das berühmt-berüchtigte PPBS (Planning Programming Budgeting System), als hoffnungsloses Überschätzen der Informationsverarbeitungskapazität von Verwaltung und ebenso grandioses Unterschätzen der Komplexität politischer Entscheidungen enttarnt (Wildavsky 1969). Ein wesentlicher Unterschied zwischen diesen „klassischen" Ansätzen rationaler Politik zu neueren Instrumenten, wie *Nudge*, ist, dass letztere nicht auf eine Rationalisierung des Policy-Making-Prozesses zielen, sondern darauf, durch Methoden der Verhaltensökonomie das Verhalten der – begrenzt rationalen – Zielgruppe zu steuern. Wie weiter unten diskutiert wird, ist dieser Ansatz allerdings mit erheblichen Anforderungen an die Rationalität politischer Steuerungs*prozesse* in Regierung und Verwaltung verbunden, die aus inkrementalistischer Sicht nur schwer in der Praxis einzulösen sind.

Zunächst soll aber auf das nach wie vor wichtigste Instrument rationaler Politikformulierung eingegangen werden, nämlich Gesetzes-, Rechts- oder Regierungsfolgenabschätzungen (vgl. auch *Böllhoff* in diesem Band). Bei allen Varianten von Folgenabschätzungen ist die Tradition der „synoptischen" Entscheidungstheorie deutlich zu erkennen, geht es doch um die Abschätzung von Kosten und Nutzen von Policies als integraler Teil des Prozesses der *policy formulation*. Mit anderen Worten: Es wird nach dem richtigen Instrument für bereits feststehende (politische Ziele) gesucht. Man könnte auch sagen: Die vom Inkrementalismus identifizierte und als unvermeidlich eingeschätzte Kopplung von Zielen und Mitteln sowie die nur sehr selektive Analyse dieser Mittel (Policies) soll mit Hilfe von Folgenabschätzungen durch eine rationale Auswahl der Option mit dem im Vergleich günstigsten Kosten-Nutzen-Verhältnis ersetzt werden. Während Vertreter dieses Ansatzes offenbar lange davon ausgegangen sind, dass sich die Logik der Folgenabschätzung allein durch ihre überlegene Rationalität durchsetzen wird, wurden in der Praxis Regelungen zur Durchführung von Folgenabschätzungen lange ignoriert. In Reaktion auf derartige Vollzugsdefizite haben einige Regierungen Verfahrensregeln verschärft und Kontrollinstanzen installiert, wie etwa das Impact Assessment Board in der EU Kommission oder auch der Normenkontrollrat in der Bundesregierung (wobei dessen Mandat sich auf die Abschätzung der Befolgungskosten von Regulierungen beschränkt, also nur auf einen spezifischen Aspekt der Regulierungsfolgen). Und offensichtlich haben diese Maßnahmen einen positiven Einfluss auf die Qualität der Folgenabschätzungen selbst (vgl. Wegrich 2011).

Ob damit aber ein erhöhter Einfluss dieser Analysen auf den Prozess der Auswahl von Policies und Instrumenten verbunden ist, muss aus inkrementalistischer Sicht stark angezweifelt werden. Als zu durchschlagskräftig erscheint die politische und administrative Logik der inkrementalistischen Politikformulierung, um durch Verfahrensvorschriften wie Folgenabschätzungen nachhaltig geändert zu werden. Zu erwarten sind stattdessen bürokratische und politische *Bewältigungsstrategien*, d.h. Handlungsmuster, die es ermöglichen, die Verfahrensregeln von Folgenabschätzungen zu befolgen, aber zugleich die Kopplung von Zielen und Mitteln ebenso aufrecht zu erhalten wie politische und administrative Kompromisse, die den auf der Tagesordnung stehenden Policy-Vorschlag erst ermöglicht haben. Und solche Bewältigungsstrategien sind in der empirischen Forschung ja auch vielfältig beschrieben worden, am häufigsten wohl das Muster der nur *„formalen Befolgung"* von Verfahrensvorschriften ohne wirkliche Analyse von Alternativen (der Klassiker: „Alternativen: keine") (vgl. Veit 2010). Im britischen Kontext wird in diesem Zusammenhang von *box ticking exercises* gesprochen.

Diese Bewältigungsstrategie ist schwieriger aufrecht zu erhalten, wenn die Qualitätskontrolle der Folgenabschätzungen schärfer wird. Eine andere Bewältigungsstrategie ist daher die Formulierung von alternativen Optionen in einer Form, die eine der drei oder vier zu prüfenden Varianten favorisiert. Schaut man sich die Optionen an, die in Regulierungsvorschlägen der EU Kommission in Konsultationsverfahren zur Debatte gestellt und in Folgenabschätzungen geprüft werden, dann kommt man nicht umhin zu vermuten, dass eine bestimmte Option als favorisierte Variante positioniert wird (bei drei Optionen häufig die zweitgenannte). Man könnte diese Bewältigungsstrategie als *„Pappkameraden-Strategie"* bezeichnen, da hier Alternativen aufgebaut werden, die entweder politisch nicht durchsetzbar sind oder der Durchleuchtung durch die Folgenabschätzung nicht standhalten.

Mit derartigen Bewältigungsstrategien haben auch Organisationseinheiten zu kämpfen, die Ansätze der Verhaltensökonomie dazu nutzen wollen, einem neuen Policy-Instrumententypus zu stärkerer Verbreitung innerhalb von Regierungsorganisationen zu verhelfen. *„Nudges"* (Thaler/Sunstein 2008) wollen durch die gezielte Veränderung (oder das Design) der „Architektur von Entscheidungen" das Verhalten der Zielgruppe beeinflussen. Zielgruppe ist dabei überwiegend die Masse der einzelnen Bürger in ihrer Rolle als Konsument (von Junkfood, Drogen) oder „Problemverursacher" (Energieverbrauch, Recycling). *Nudges* sollen dabei ohne teure finanzielle Anreize oder bürokratische Regulierungen auskommen und auch die Wahlmöglichkeiten für Bürger aufrechterhalten. Durch die intelligente Art und Weise, wie Wahlmöglichkeiten präsentiert werden, kann – so die Erwartung – gleichwohl Verhalten in die gewünschte Richtung gelenkt werden. Schon fast klassische Beispiele sind die Präsentation von Gerichten in Kantinen (im Vordergrund und deutlich sichtbar das gesunde Essen, im Hintergrund und weniger augenfällig die Pommes und Pizzen) und die „Default Option" bei Organspenden (opt-out statt opt-in). Diese und viele andere kleine Tricks helfen, unsere Tendenz zu falschen Entscheidungen, die wir im Modus des „automatischen Systems" (Kahneman 2011) treffen, zu überwinden, und dafür genügt ein freundlicher „Stupser" (*Nudge*) in die richtige Richtung. Es handelt sich also um ein Politikinstrument, das die individuellen Wahlhandlungen von uns Bürgern beeinflussen will und somit für all diejenigen Politikfelder oder Problemtypen relevant ist, bei denen die Wahlhandlungen vieler kollektiv zu einem Problem werden – etwa bei Problemen wie Übergewicht (zu viel Junkfood), Altersarmut (zu wenig eigene Vorsorge) oder Energieverbrauch (elektronische Geräte auf Stand-by) usw. usf.

Nudges haben dabei eine Gemeinsamkeit mit dem Inkrementalismus: Beide gehen von der begrenzten Rationalität des Individuums aus. Bei *Nudge* bzw. der zugrunde liegenden Verhaltensökonomie führt die begrenzte Rationalität zu allen möglichen Heuristiken, die wir jeden Tag verwenden, um automatisch Entscheidungen zu treffen (und die uns ganz entscheidend davon entlasten, ständig über jede noch so banale Entscheidung nachzudenken). Leider führt das aber auch dazu, dass wir zu oft und ohne nachzudenken, nicht den Salat oder das Gemüse, sondern die Currywurst mit Pommes wählen, wenn diese in der Kantine attraktiv auf Augenhöhe präsentiert wird.[3] Oder dazu, dass wir vergessen, uns für Vorsorgepläne anzumelden oder den Fernseher komplett auszuschalten. *Nudge* liegt

3 Glücklicherweise – oder leider – bietet die Kantine der Hertie School of Governance keine Currywurst oder Pommes an.

dabei die Annahme zugrunde, dass die *„choice architects"* – also die Policy-maker, die den Kontext unserer Wahlentscheidungen beeinflussen können – eine rationale Option identifizieren können. Hierin liegt das vieldiskutierte paternalistische Element von *Nudging*. An diesem Politikansatz hat sich einerseits ein Enthusiasmus entzündet, der inzwischen sogar die Bundesregierung, oder genauer das Bundeskanzleramt, in dem der Aufbau einer *„Nudge Unit"* nach den internationalen Vorbildern inzwischen (im Herbst 2014) konkrete Formen annimmt,[4] erreicht hat. Andererseits hat sich auch eine teilweise scharfe Kritik entzündet, die sich vor allem auf den möglicherweise manipulativen Charakter von *Nudges* bezieht, die ja unsere unreflektierten oder sogar unbewussten Entscheidungen beeinflussen wollen und daher im Charakter intransparent sein müssen, um zu funktionieren.[5]

Hier soll es um einen anderen Punkt gehen, den man als *Rationalitätsparadox* (Lodge/Wegrich 2014) bezeichnen könnte: *Nudge* will die begrenzte Rationalität der Policy-Zielgruppe (be-)nutzen, aber unterliegt ebenso den Mechanismen der begrenzten Rationalität. Andersherum formuliert: Während die *„Nudger"* der Zielgruppe von Policies begrenzte Rationalität unterstellen, schreiben sie sich die Möglichkeit zu, Policies rational zu formulieren und umzusetzen. Um Missverständnissen vorzubeugen: Natürlich würde kein *Nudge*-Anhänger behaupten, sie oder er sei frei von den Mechanismen der begrenzten Rationalität. Aber Regierungen, zumal wenn sie wissenschaftlich unterstützt werden, könnten trotzdem den

---

4 Die Einrichtung dieser „Nudge Unit" – offiziell „Projektgruppe wirksames Regieren"– geht auf die Koalitionsvereinbarung von CDU/CSU und SPD zurück. Sie wird im Stab Politische Planung des Bundeskanzleramtes angesiedelt sein. Die Aufgabenbeschreibung dieses Teams lautet, laut dem Ausschreibungstext für drei Referentenstellen, folgendermaßen: „In einem interdisziplinären Team werden in offenen, kreativen Prozessen neue politische Lösungsansätze erdacht und erprobt. Alternative Lösungsansätze werden auf Grundlage vertiefter Situationsanalysen, qualifizierter Interviews mit betroffenen Akteuren sowie verhaltenswissenschaftlicher Evidenz entwickelt und mit Hilfe wissenschaftlicher Methoden auf ihre Wirksamkeit hin getestet mit dem Ziel, den Nutzen für Bürgerinnen und Bürger zu erhöhen bzw. Kosten und Belastungen zu senken." Erstaunlich ist, dass diese Initiative es bis auf die Titelseite der Bild-Zeitung geschafft hat (am 25. August 2014).

5 Hier können nicht alle Pro- und Contra-Argumente diskutiert werden, aber gerade um den Punkt, ob Intransparenz eine Funktionsvoraussetzung von *Nudges* ist, gibt es eine kontroverse Debatte, und dabei gibt es überzeugende Argumente dafür, dass auch in ihrer Formulierung und Durchführung transparent gestaltete *Nudges* wirksam sein können.

Zielpunkt rationalen Handelns identifizieren und entsprechende Interventionen entwickeln und durchsetzen.

Nudges sind dabei aber mit höheren Rationalitätsanforderungen verbunden als „normale" Policy-Instrumente, da sie in ihrer Wirksamkeit von dem genauen Verständnis der Motivation und Kapazität der Zielgruppe abhängen. Wie sehr sind verspätete Steuererklärungen durch „procrastination" verursacht und können durch *„reminder"* und *„social nudges"* (X% deiner Nachbarn haben bereits die Steuererklärung durchgeführt) beeinflusst werden? Wie ich zusammen mit Martin Lodge (Lodge/Wegrich 2014) an anderer Stelle argumentiert habe, kann dieses Rationalitätsparadox – begrenzt rationale Akteure nutzen die begrenzte Rationalität der Zielgruppe für eine rationale Politik – zu allerlei Umsetzungsproblemen von *Nudges* führen, beispielsweise wenn Konsumenten sich überraschend konsequent der Default Option verweigern.[6] Die Verwendung von *Nudges* setzt voraus, dass die Policy-Maker eindeutige Informationen darüber haben, ob ein bestimmtes Verhalten durch *Nudging* beeinflusst werden kann oder nicht – beispielsweise welche Motivation und welche sozialen Normen das (pünktliche) Steuerzahlen oder das Recyclingverhalten beeinflussen.

Wie lösen die *„Nudger"* dieses Problem? Sie versuchen, eine möglichst evidenz-basierte Form des Policy-Making zu betreiben, also das Design von *Nudges* aus möglichst präzisen und aktuellen Forschungsergebnissen abzuleiten. Entsprechend dem sich immer mehr durchsetzenden Wissenschaftsideal wird als „Goldstandard" evidenz-basierter Politik die gezielte Durchführung von Experimenten (*randomized controlled trials*) nach dem Vorbild der Medizin propagiert und zunehmend praktiziert. In einer experimentellen Versuchsanordnung wird die Wirksamkeit von Interventionen getestet, und diese werden nur dann auf breiter Ebene eingeführt, wenn die Wirksamkeit bewiesen ist. Endlich, so mag man ausrufen, wird das Lasswellsche Ideal (nach dem Gründungsvater der Policy-Analyse) einer wissenschaftlich fundierten Politik ernst genommen. Wer sollte etwas gegen die Formulierung von Policies auf möglichst fundierter wissenschaftlicher Grundlage haben?

Nun, zumindest die Frage sollte erlaubt sein: Wie will sich diese Verwissenschaftlichung der Politik, oder des Policy-Makings, der nicht nur vom Inkrementalismus beschriebenen Politisierung der Wissenschaft oder

6 So haben laut Berichterstattung der BBC in Großbritannien nur vier bis acht Prozent der Nutzer von Internetprovidern das von der britischen Regierung durchgesetzte Default Setting mit einer „Elternkontrolle" gegen *„adult content"* beibehalten.

genauer der Politisierung der Verwendung wissenschaftlicher Methoden im Kontext des Policy-Makings entziehen? Einerseits ist zu fragen, wie neutral oder „objektiv" die Evidenz sein kann, wenn diese von einer Organisationseinheit generiert wird, die für die Verbreitung dieses spezifischen Instruments zuständig ist und die ihre eigene *core mission* unterliefe, wenn sie selbst zeigen würde, dass diese Instrumente in ihrer Wirksamkeit unsicher und von vielerlei Kontextfaktoren abhängig sind, die auch nicht so einfach in *RCTs* zu kontrollieren sind. Es ist ja unmittelbar einleuchtend, dass beispielsweise der Effekt eines *Nudge*, wie Erinnerungen *(reminder)* zum Recycling, von zahlreichen weiteren Faktoren abhängt – etwa der allgemeinen Akzeptanz von Recycling-Verfahren (in unterschiedlichen sozialen Schichten), der Verbreitung von Recycling-Tonnen oder -Säcken, etc. Diese Faktoren können in Experimenten höchstens konstant gesetzt, aber nicht in allen möglichen Kombinationen variiert werden.

Und damit kommen wir zu einer weiteren Paradoxie, wenn nicht Ironie von *Nudging:* Wenn diese durch evidenz-basierte Verfahren wie Experimente abgesichert sein wollen, dann können nur relativ einfache, kleine, um nicht zu sagen inkrementelle Veränderungen an der jeweils bestehenden Policy erprobt werden. Dieser Mechanismus wurde von Robert Baldwin (2010) schon für den Bereich der Folgeabschätzungen vermutet: Die Policy-Bürokraten werden Regulierungsvorschläge so entwickeln, dass sie den Verfahren der ökonomischen Policy-Analyse leicht zugänglich sind, d.h., dass beispielsweise Kosten-Nutzen-Analysen leicht durchführbar sind. Komplexe Kombinationen von Steuerungsinstrumenten (Regulierung, Selbstregulierung, Anreize, Information), wie es der Ansatz der Smarten Regulierung fordert, um komplexe Regulierungsprobleme auf eine intelligente Weise zu lösen, passen dann nicht mehr in das Policy-Making nach „Schema F" und es kommt am Ende zu einer vereinfachten, wenig kreativen und daher auch weniger problemangemessenen Policy-Entwicklung. Eine derartige Schematisierung des Policy-Makings könnte auch drohen, wenn die *„Nudge"* zur „Default Option" (!) des Policy-Makings werden sollte. Glücklicherweise stehen einer solchen Entwicklung die Mechanismen der begrenzten Rationalität, der selektiven Aufmerksamkeit und des Inkrementalismus in einer pluralistischen Regierungs- und Politikwelt entgegen. Wahrscheinlicher ist, dass die Interventionsversuche von *Nudge-Units* dieser Welt eher eine begrenzte Durchschlagskraft auf die Ebene der Fachpolitik und -ministerien haben werden.

Und nun? Reformpolitik jenseits des reinen Inkrementalismus ■

Vielleicht mag der eine oder andere so halbwegs davon überzeugt worden sein, dass der Anwendung von rationalen Steuerungsinstrumenten in Politik und Verwaltung erhebliche Hindernisse entgegen stehen, vielleicht auch davon, dass die Perspektive des Inkrementalismus einigermaßen hilfreich ist, um diese Schranken zu erkennen. Aber ich fürchte, dass damit das normative Ideal einer rationalen Politiksteuerung nicht wirklich an Attraktivität verlieren wird, dafür entsprechen die neuen Ansätze einfach zu sehr dem Zeitgeist einer Problemlösung durch eine dem naturwissenschaftlichen Ideal folgende Verwissenschaftlichung, und sie entsprechen auch einer gleichzeitigen Skepsis gegenüber rein politischen Entscheidungen oder der administrativen Rationalität. Allerdings hat der Inkrementalismus auch kein alternatives positives Leitbild im Sinne einer Idee von besserer politischer Steuerung und einem intelligenteren Regierungsapparat angeboten. Wie bei den Opas der Muppets Show reicht es für eine Kritik vom Balkon des Policy-Theaters, aber eben nicht für eine eigene Show.

Vielleicht liegt es am Etikett? Weder Inkrementalismus noch „Durchwursteln" sind besonders attraktive Titel für ein Leitbild. „Adaptives Lernen" klingt da schon besser, und obgleich die entsprechende Literatur eher auf anderen Traditionen beruht, findet sich hier aus meiner Sicht ein zentraler Aspekt des Inkrementalismus wieder, dass nämlich Lernen in Politik und Organisationen immer kontextgebunden in dem Sinne sein muss, dass ein präzises Verständnis vorhanden sein muss über das, was in einer Organisation funktioniert und was nicht. Lernen oder Reformen sind kontextgebundene Suchprozesse nach Verbesserungen, die hier und jetzt (vielleicht) funktionieren. Deshalb kann es so etwas wie *„best practices"* auch nicht geben.

Allerdings ist diese Sichtweise mit einem eigenen Problem verbunden, nämlich einem Monopolwissen der Fachspezialisten in einer Organisation – einem Ministerium, einer Vollzugsbehörde – über das, was gut und richtig ist. Von dort ist es dann nicht mehr weit zu den Klassikern im Abwehrkampf gegen Reformforderungen von außen – etwa: „Das kann man nicht vergleichen!" Mit anderen Worten: Adaptives Lernen könnte ein Euphemismus für Reform- und Veränderungsunwillen sein. Wie in der Einleitung zu dieser Festschrift bereits angemerkt, war Werner Jann nicht nur schon immer skeptisch gegenüber rationalen Entscheidungstheorien und daraus abgeleiteten Instrumenten, sondern auch gegenüber den Fachspezialisten, die ihren Informationsvorsprung gegenüber Generalisten dazu nutzen, um ihre Eigeninteressen durchzusetzen (Jann/Wegrich 2008).

Wie kann dann ein reformpolitisches Leitbild aussehen, das weder der Arroganz neuer Rationalitätsversprechungen aufsitzt, noch sich einem strukturkonservativen Drift ergibt? Mit dem Inkrementalismus ist ja eine pluralistische Vorstellung verbunden: Die wechselseitige Anpassung einer Vielzahl von Akteuren, die ein Problem jeweils aus ihrer begrenzten Perspektive bearbeiten, führt zu einer kollektiven Rationalität. Aber Werner Jann folgend, reicht das allein nicht aus. Die Generalisten in den *„core executives"*, Stabsstellen und Grundsatzabteilungen sind wichtig. Aber, das haben wir von Scharpf gelernt, deren Konfliktlösungsfähigkeit und Informationsverarbeitungskapazität ist sehr begrenzt. Und Politiker sind schlau genug, dies zu erkennen, sie werden es vermeiden, sich ständig Konflikte und Misserfolge in den eigenen Vorgarten zu holen. Bei intelligenter Institutionenpolitik, so hat Werner Jann immer wieder argumentiert, geht es auch nicht darum, auf den Input der Fachspezialisten zu verzichten, sondern nur diese immer wieder dazu zu bringen, sich mit den weiteren Folgen ihres Handelns auseinanderzusetzen – etwa indem übergreifende Kriterien (wie finanzielle Nachhaltigkeit, bürokratische Lasten, etc.) immer wieder als zusätzliches Kriterium definiert und gesetzt werden. Und hier kommt innovativen Instrumenten eine zentrale Rolle zu: Wenn sie es schaffen, die Generalisten gegenüber den Fachspezialisten argumentativ aufzurüsten und die letzteren dazu zu zwingen, sich mit diesem Rationalitätskriterium auseinanderzusetzen, dann kann man von intelligenter Reformpolitik sprechen, die zwar immer noch inkrementalistisch ist, aber gleichwohl den Apparat intelligenter macht. Richtig verstandener Inkrementalismus ist weder theorielos noch reformpolitisch uninspiriert, das hat Werner Jann immer wieder gezeigt. Durch Inkrementalismus informierte Reformpolitik versucht nicht den politischen Prozess durch rationale Steuerungsinstrumente zu ersetzen, sondern nach Instrumenten und Reformkonzepten zu suchen, die die politische Auseinandersetzung auf ein anderes Niveau heben. Und zugleich können Instrumente danach bewertet werden, wie gut sie der Logik des politischen Prozesses standhalten.

Literatur

Baldwin, R. (2010): Better Regulation: the Search and the Struggle. In: Baldwin, R./ Cave, M./Lodge, M. (eds.): The Oxford Handbook of Regulation. Oxford, S. 259–278

Baumgartner, F. R./Jones, B. D. (1993): Agendas and Instability in American Politics (2nd ed. 2009). Chicago

Behnke, N. (2014): Organized Consensus: How Prime Ministers‘ Conferences and Bundesrat Session Make Multilevel Governance Work. Konferenzpapier, ECPR General Conference, Glasgow, September 2014

Benz, A./Scharpf, F. W./Zintl, R. (1992): Horizontale Politikverflechtung. Zur Theorie der Verhandlungssysteme. New York

Braybrooke, D./Lindblom, C. E. (1963): A Strategy of Decision: Policy Evaluation as a Social Process. New York

Chisholm, D. (1989): Coordination without Hierarchy. Berkeley

Elster, J. (1987): The possibility of rational politics. In: European Journal of Sociology, 28 (1), S. 67–103

Goodin, R. E. (1982): Political Theory and Public Policy. Chicago

Hood, C./Lodge, M. (2006): The Politics of Public Service Bargains. Oxford

Hustedt, T./Veit, S. (2014): Forschungsperspektiven auf Regierungs- und Verwaltungskoordination: Koordinationsprobleme und Erklärungsfaktoren. In: der moderne staat – dms, 7 (1), S. 17–36

Jann, W. (1983): Staatliche Programme und Verwaltungskultur. Opladen

Jann, W./Wegrich, K. (2008): Wie bürokratisch ist Deutschland? Und Warum? Generalisten und Spezialisten im Entbürokratisierungsspiel. In: der moderne staat – dms, 1 (1), S. 49–72

Kahneman, D. (2011): Thinking, Fast and Slow. New York

Lindblom, C. E. (1959): The Science of „Muddling Through". In: Public Administration Review, 19 (2), S. 79–88

Lindblom, C. E. (1965): The Intelligence of Democracy. Decision Making through Mutual Adjustment. New York

Lindblom, C. E. (1979): Still Muddling, Not Yet Through. In: Public Administration Review, 39 (6), S. 517–526

Lindblom, C. E./Cohen, D. K. (1979): Usable knowledge: Social Science and Social Problem Solving. New Haven

Lodge, M./Wegrich, K. (2014): Rational Tools of Government in a World of Bounded Rationality (unveröffentlichtes Konferenzpapier). London, Berlin, Mai 2014

Mayntz, R. (1983): Implementation von regulativer Politik. In: Mayntz, R. (Hg.): Implementation politischer Programme II. Ansätze zur Theoriebildung. Opladen, S. 50–74

Mayntz, R./Scharpf, F. W. (1975): Policy-Making in the Federal Republic of Germany. Aldershot

Müller, E. (1986): Innenwelt der Umweltpolitik. Opladen

Scharpf, F. W. (1993): Positive und negative Koordination in Verhandlungsystemen. In: Politische Vierteljahresschrift, Sonderheft 24, S. 57–83

Scharpf, F. W./Mohr, M. (1994): Efficient self-coordination in policy networks: A simulation study (MPIFG Discussion Paper 94/1)

Simon, H. A. (1947): Administrative Behavior: A Study of Decision-Making Processes in Administrative Organization (4th edition 1997). New York

Thaler, R. H./Sunstein, C. R. (2008): Nudge. New Haven/CT

Veit, S. (2010): Bessere Gesetze durch Folgenabschätzung? Wiesbaden

Wegrich, K. (2011): „Better Regulation“: Ziele, Instrumente, Wirkungsweise. Berlin

Wildavsky, A. B. (1964): The Politics of the Budgetary Process. Boston

Wildavsky, A. B. (1969): Rescuing Policy Analysis from PPBS. In: Public Administration Review, 29 (2), S. 189–202

Wildavsky, A. B./Caiden, N. (2004): The New Politics of the Budgetary Process. New York

Wilson, J. Q. (1989): Bureaucracy. New York

Alles offen, oder was?

Anmerkungen zur Diskussion um Open Government

Göttrik Wewer

„Wer nach allen Seiten hin offen ist,
ist nicht ganz dicht."
Wolfgang Huber

Regierung und Verwaltung: Künftig offen wie ein Scheunentor?

Werner Jann gehört zu den (zu) wenigen Grenzgängern zwischen Verwaltungswissenschaft und Verwaltungspraxis in Deutschland (zu einigen „Urvätern" der Disziplin, die sich ebenfalls nicht nur im Elfenbeinturm bewegt haben, siehe Wewer 2000). Dass er beide Seiten kennt, merkt man seinen Vorlesungen, seinen Forschungen und seinen Veröffentlichungen an. Davon wiederum profitieren nicht nur die Studierenden, sondern auch die Wissenschaft und die Verwaltung.

Wir beide kennen uns, seit die Deutsche Vereinigung für Politische Wissenschaft (DVPW) eine Sektion „Regierungssystem und Regieren in der Bundesrepublik Deutschland" gründete und er, damals noch in Speyer, in den Vorstand gewählt wurde und ich die Geschäfte der Sektion führen, also ihre Arbeit organisieren durfte. Später haben wir in der „Denkfabrik" des schleswig-holsteinischen Ministerpräsidenten eng zusammengearbeitet – er als mein gestrenger Referatsleiter und ich als sein beigeordneter Referent – und uns auch nicht aus den Augen verloren, als er die Professur in Potsdam übernahm. Was ich damit sagen will: Werner Jann kennt nicht nur Verwaltungswissenschaft und Verwaltungspraxis, sondern auch Politik(nähe) und Politikwissenschaft. Von diesem Kaliber haben wir in Deutschland nur sehr wenige. Kein Wunder, dass er auch als Berater und Gutachter sehr gefragt ist.

Gunnar Folke Schuppert hat vor einigen Jahren (2011) eine Streitschrift „Alles Governance oder was?" vorgelegt, deren Leitfrage er sich aus einem Überblick über die Entwicklung der Policy- und Verwaltungsforschung in Deutschland seit Ende der fünfziger Jahre von Werner Jann (2009, S. 494ff.) ausgeborgt hatte. Dieser wiederum hat in der Festschrift für Schuppert die Frage erneut aufgegriffen, aber nicht mehr in der Intention, die Diskussion um *Governance* in die allgemeine Entwicklung der Disziplin einzuordnen, sondern umgekehrt, um den Beitrag des Faches zu der „sehr praktischen Frage“ auszuloten, „wie sich der moderne Staat entwickeln wird und soll“ (Jann 2013, S. 1).

Wenn man sich umhört und umblickt, dann ist die Antwort klar, dann soll der Staat nämlich in Zukunft vor allem „offen“ sein: *Open Government, Open Budget, Open Data, Open Innovation* etc. pp. (siehe zum Beispiel: Lucke 2012 oder Lathrop/Ruma 2010). Was damit genau gemeint sein soll, bleibt allerdings häufig nebulös. „Offenheit“ ist ein schillernder Begriff mit vielen Facetten. Was damit eigentlich erreicht werden soll, wird auch nicht immer deutlich: Geht es letztlich um *Good Governance* oder geht es um mehr Mitsprache des Bürgers? Geht es um die Förderung der Wirtschaft und die Wettbewerbsfähigkeit des Standortes Deutschland? Geht es um technologische Fortschritte und um Forschung, Entwicklung und Innovation? Oder geht es irgendwie um alles, Hauptsache, offen?

Die These dieses Beitrages lautet, dass „offenes“ Regieren und Verwalten weder der Regierung noch der Verwaltung noch den Bürgern großartig nützt, sondern in erster Linie denjenigen, die die großen Staubsauger und Serverfarmen im Internet betreiben, die immer mehr *Content* brauchen, um weiter zu wachsen, und die in der Lage sind, *Big Data* wirklich zu verarbeiten. Der Bürger an seinem Laptop ist das nämlich nicht und auch für die vielen kleinen *Start-Ups*, die hoffen, mit Applikationen aus öffentlichen Daten den großen Durchbruch zu schaffen, fallen letztlich nur Brosamen ab.

Verwaltungswissenschaft fragt danach, welche Wirkungen mehr „Offenheit“ auf das Regieren und Verwalten haben könnte, und – wenn diese Wirkungen positiv sein sollten – danach, wie mehr „Offenheit“ in die täglichen Abläufe implantiert werden könnte. Die (politische) Entscheidung, sich darauf einzulassen, ist dann schon gefallen. Politikwissenschaft setzt etwas früher, nämlich genau bei dieser Entscheidung, an: Sie geht der Frage nach, wem mehr „Offenheit“ von Regierung und Verwaltung tatsächlich nützt – die berühmte *Cui-bono*-Frage – und wie sich das womöglich auf gesellschaftliche Machtverhältnisse, auf Staat und auf Demokratie auswirkt. Bei manchen Beiträgen in der aktuellen Diskussion kann man den Eindruck bekommen, dass sie sich weder auf das eine noch auf das andere verstehen. Der vorliegende Beitrag will dazu anregen, auch in der virtuellen Welt die Grundfragen der beiden Disziplinen aus der analogen Welt nicht ganz zu vergessen.

Eines noch vorweg: Wer Offenheit einfordert, der suggeriert zugleich, Regierung und Verwaltung seien bisher geschlossen oder gar verschlossen gewesen, jedenfalls nicht offen genug. Dass beide im stillen Kämmerlein vor sich hin werkeln, ohne nach links und rechts zu gucken und ohne mit jemandem zu sprechen, gleichsam autistisch und abgekapselt, ist jedoch eine Schimäre. In der Praxis war das noch nie der Fall, auch wenn sich in der deutschen Geschichte und selbst in der Geschichte der Bundesrepublik sicherlich Phasen eines offeneren und eines weniger offenen Regierens und Verwaltens unterscheiden lassen. Generell ging der Trend über die Jahrzehnte zweifellos hin zu immer mehr Offenheit.

Auch im internationalen Rundblick lässt sich kaum ein Staat erkennen, wo Regierung und Verwaltung „offener" sind als bei uns. Für Nordkorea, China, Russland, den Iran oder auch die Türkei gilt das sicherlich nicht. Aber auch in Israel, Italien oder Frankreich, in Großbritannien (Chapmann/Hunt 1987) oder in den USA sind Regierung und Verwaltung, ohne dafür tiefer graben zu müssen, kaum „offener" als bei uns. Barack Obama hat zwar *Open Government* zur „neuen Staatsdoktrin" erhoben, wie manche spontan gejubelt haben (Lucke 2010, S. 402), aber schon vor PRISM konnte man wissen, dass es neben dieser Doktrin noch andere Doktrinen gab (und gibt) und auch ein paar ziemlich dunkle Ecken US-amerikanischer Politik. Geheimgesetze und Geheimgerichte, die in einem Rechtsstaat nichts zu suchen haben, wären jedenfalls hierzulande ebenso undenkbar wie die anlasslose Massenausspähung von Bürgern. Allenfalls in Skandinavien gibt es eine politische Kultur, in der vieles offen zugänglich ist, was bei uns eher diskret behandelt wird (Larsson 1998). Tero Erkkila hat jedoch (2010) gezeigt, dass die „nordische Offenheit" längst nicht mehr das ist, was sie traditionell darstellte, sondern inzwischen – wie nahezu überall – ökonomischen Imperativen unterworfen wurde. Bevor man dieses Modell auch für Deutschland empfiehlt, sollte man schon etwas genauer hinschauen. In Schweden ist nicht nur der Staat, sondern auch der Bürger ziemlich gläsern. Ob wir das wollen oder nicht, bedürfte einer offenen politischen Diskussion.

Regierung und Verwaltung in Deutschland *sind* also „offen" (vgl. auch Sztompka 2010), aber es gibt einige, die wollen, dass sie noch „offener" werden. Das ist der Ausgangspunkt für die folgenden Überlegungen, besser zu verstehen, was damit eigentlich gemeint sein könnte. Anschließend werfen wir einen Blick auf gängige Varianten von *Open Government* etc., um herauszufinden, inwieweit entsprechende Konzepte als Instrument politischer Steuerung geeignet sind. Abschließend komme ich auf meine Ausgangsthese zurück, dass all dies vor allem den dominanten Firmen des internationalen Internet-Business nützt.

Was heißt eigentlich Offenheit?

Was das Adjektiv „offen“ für das Regieren und Verwalten genau bedeuten soll, bleibt in den meisten Beiträgen, die man lesen oder hören kann, ziemlich verschwommen. Eine saubere Klärung des Begriffs, der die Analyse leiten soll, wie sie eigentlich am Beginn jeder Forschung stehen sollte, findet in der Regel nicht statt. Bisweilen scheint „offen“ auch beliebig austauschbar mit „vernetzt“, mit „innovativ“ oder mit „smart“ (hierzu jetzt Morozov 2013). Dass dann freilich auch für „vernetzt“ oder „smart“ nicht präzise gesagt wird, was das eigentlich bedeuten soll, macht den Wortnebel nur noch undurchsichtiger. Wenn dann auch noch die „Kultur“ der Verwaltung ins Spiel kommt, wird es richtig kompliziert.

Statt präzise zu definieren, was sie selbst unter „Offenheit“ verstehen wollen, verweisen manche einfach auf das Memorandum *„Transparency and Open Government“*, das der amerikanische Präsident *Barack Obama* am 21. Januar 2009 vorgelegt hat (hierzu Wewer 2013c). Darin nannte er drei Leitlinien für seine Regierung und Verwaltung: Transparenz, Partizipation und Kollaboration (hierzu Wewer 2013a, 2013d). Eine „offene“ Regierung wäre dann eine, die Transparenz, Partizipation und Kollaboration praktiziert und fördert. So einfach, so schlicht (Fromm et al. 2013; Janda 2012). *Open Government* biete, schreibt die Enquete-Kommission „Internet und digitale Gesellschaft“, „als ganzheitlicher Ansatz den Überbau für eine offenere, transparentere, partizipativere und kooperative Arbeit von Regierung und Verwaltung“ (Deutscher Bundestag 2013, S. 49).

Die begriffliche Unschärfe, die schon für „Offenheit“ zu beklagen ist, wird dadurch aber nicht aufgelöst, sondern im Gegenteil noch vervielfältigt. Denn es bleibt ebenso unklar, was eigentlich eine „transparente“, eine „partizipative“ und eine „kollaborative“ Verwaltung auszeichnet und wann man sagen kann, dass sie diese Kriterien in der Praxis wirklich erfüllt (vgl. nur Holtkamp 2006). Ein solcher Ansatz erschwert eher die Analyse, weil, wenn er Sinn machen soll, nicht nur zusätzlich die drei weiteren Begriffe klar definiert werden müssten, sondern auch eine Vorstellung davon vorhanden sein müsste, wie diese drei Elemente zusammenwirken, wie sie sich wechselseitig beeinflussen und wie sie von ihrer Umwelt beeinflusst werden. Man bräuchte also ein Modell für die innere Logik, für die Mechanik, für die Dynamik des Gesamtsystems. Alles andere wäre schlicht und einfach Dilettantismus.

Präzise zu definieren, was mit Transparenz, mit Partizipation und mit Kollaboration jeweils gemeint sein soll, ist durchaus anspruchsvoll (vgl. etwa Wewer 2013d, e). Für alle drei Begriffe gibt es eine Fülle von Definitionen, ohne dass sich jeweils eine herausgemendelt hätte, auf die sich alle hätten verständigen können. Begrifflich am dichtesten an „Offenheit" liegt, ohne dass beide Begriffe identisch wären, noch „Transparenz". Als transparent gilt nach unseren Wörterbüchern etwas, das durchsichtig ist, rein, klar und hell, sauber, gläsern, greifbar, unzweideutig, erwiesen, sicher, offensichtlich, unbestreitbar, gewiss; als offen gilt etwas, das unverschlossen ist, aufgeschlossen, (frei) zugänglich, freimütig, unmissverständlich, ungeschminkt, aufrichtig, betretbar, erreichbar, empfänglich, aufnahmebereit, interessiert, groß, nicht begrenzt, unentschieden, unerledigt, unbewältigt, unvollendet, ungewiss, ungeklärt, unsicher. Schon das macht deutlich, dass die Begriffe nicht ohne weiteres harmonieren: Sollen Regierung und Verwaltung denn nun sicher (transparent) sein oder unsicher (offen)? Sie sollen bestimmt erreichbar und aufnahmebereit sein, aber sicherlich nicht „offen" im Sinne von „unerledigt", „unbewältigt" oder „unentschieden".

David Heald macht nicht nur auf die engen Verbindungen zwischen Transparenz, Offenheit und Surveillance (Beobachtung, Überwachung, Kontrolle) – noch ein neuer Begriff – aufmerksam, sondern unterscheidet auch grundsätzlich zwischen vertikaler und horizontaler Transparenz. Erstere wiederum meint entweder, dass Vorgesetzte überschauen können, was ihre Untergebenen treiben (transparency upwards), oder aber, dass umgekehrt die Regierten die Regierenden beobachten können (transparency downwards), was sich auch unter Rechenschaftspflicht bzw. Verantwortlichkeit fassen lässt. Horizontale Transparenz kann entweder meinen, dass Mitarbeiter beobachten und verstehen können, was außerhalb der Organisation geschieht (transparency outwards), oder aber, dass Außenstehende beobachten und nachvollziehen können, was in einer Organisation vor sich geht (transparency inwards). Schon in dieser simplen Vier-Felder-Matrix gibt es nicht nur mannigfache Überschneidungen, sondern auch komplexe Abhängigkeiten. Symmetrische horizontale Transparenz gibt es beispielsweise nur, wenn in einer Organisation beides vorhanden ist: Transparenz von innen heraus als auch von außen hinein. In Saudi-Arabien dürfen Autos keine verspiegelten Scheiben haben, weil sonst die Polizei nicht sehen könnte, ob eine Frau am Steuer sitzt (Heald 2006, S. 27ff.).

Konzeptionelle Überlegungen dieser Art oder sogar überzeugende konzeptionelle Differenzierungen findet man in der Diskussion um *Open Government* kaum (vgl. nur Lathrop/Ruma 2010). „Offenes" Regieren und Verwalten wird, egal, was darunter zu verstehen ist, praktisch gleichgesetzt mit *Good Governance* und *Better Regulation* (Wegrich 2011). Dass zum Beispiel Transparenz positive wie negative Formen annehmen kann, wie die Forschung gezeigt hat (Fung et al. 2007; Lord 2006; Hood/Heald 2006a, b), müsste eigentlich zu der Frage führen, welche Art von Offenheit wir eigentlich wollen und welche womöglich nicht (Roberts 2006).

Diese Frage wird aber gar nicht gestellt. Wenn Transparenz auch Risiken birgt und unintendierte Nebenwirkungen haben kann, wie die Forschung ebenfalls gezeigt hat, dann läge es eigentlich nahe, auch dieser Frage nachzugehen, bevor überall von allen „Offenheit" eingefordert wird.

Dass man bei politischen Programmen zwischen *Input* und *Output, Outcome* und *Impact* unterscheiden muss, gehört seit langem zum Grundkanon von Verwaltungs- und Politikwissenschaft (Jann 1981). Abzuschätzen, was eine größere „Offenheit" beim Regieren und Verwalten – wenn denn klar wäre, was das sein und wie weit sie gehen soll – an *Output, Outcome* und *Impact* tatsächlich bewirken soll und wie wahrscheinlich das ist, das kann man auch schon *ex-ante* (Folgenabschätzung) und nicht nur *ex-post* (Evaluierung) machen. Für diejenigen, die Open Government so massiv propagieren, ist das eigentlich eine Bringschuld. Sie wird aber nicht ansatzweise eingelöst. Wenn klar(er) wäre, was das Ganze eigentlich bringen soll, ließe sich später auch viel einfacher empirisch überprüfen, welche Ziele erreicht und welche verfehlt worden sind.

■ Noch einmal: Was heißt eigentlich Offenheit? – Varianten von „Open Government"

Open Government ist derzeit nicht mehr als ein grobes Schlagwort für eine irgendwie geartete Öffnung von Regierung und Verwaltung gegenüber der Zivilgesellschaft und der Wirtschaft. Ein stringentes, überzeugendes Konzept, das dieses Schlagwort in den Alltag des Regierens und Verwaltens übersetzen würde, steht noch aus. Statt dessen wird man erschlagen von einem Sammelsurium ganz unterschiedlicher Ansätze, Strategieentwürfe und Visionen (Überblick bei Jantz 2013). Immerhin ist der Modebegriff positiv besetzt: Für alles offen zu sein, entspricht dem Zeitgeist.

Es fehlt schon an einer allgemein akzeptierten Definition. Nach Johann Herzberg, der kürzlich den Versuch unternommen hat, den Begriff endlich näher zu bestimmen, hat *Open Government* zwei Komponenten, nämlich einmal eine größere Transparenz staatlichen Handelns und zum anderen die Aufforderung an den Staat, nicht länger zu versuchen, anstehende Probleme allein zu lösen, sondern sie künftig gemeinsam mit der Zivilgesellschaft und mit der Wirtschaft anzupacken (Herzberg 2013, S. 40ff.). In dem einen Fall hätten die Bürger eine eher passive, beobachtende, kontrollierende Rolle, in dem anderen eine aktive, interagierende, problemlösende. Regierung und Verwaltung müssten also nicht nur offen dafür sein, sich stärker auf die Finger sehen zu lassen, sondern auch lernen, intensiver mit Laien zu kommunizieren und zusammenzuarbeiten. Manches von dem, was jetzt unter dem Modebegriff *Open Government* daher kommt, erinnert an frühere Konzepte einer „lernenden" bzw. „bürgerorientierten" bzw. „kundenorientierten" Verwaltung (Bogumil et al. 2003), ohne dass klar würde, was sie jeweils unterscheidet. Nicht beantwortet wird dabei die Frage, ob der Staat überhaupt jemals ganz allein, gleichsam autistisch, gearbeitet und gehandelt hat. Das Neue soll aber wohl sein, aktiv Laien zur Mitarbeit einzuladen und dafür über das Netz technische Kanäle anzubieten (Schliesky/ Schulz 2012; Schliesky et al. 2013).

„Offenheit" von Regierung und Verwaltung hat mindestens die folgenden Facetten: *Open Access, Open Budget, Open Culture, Open Data, Open Documents, Open Innovation*. Im Folgenden sollen, ohne Anspruch auf Vollständigkeit, einige Facetten von „Offenheit" kurz skizziert werden (in alphabetischer Reihenfolge, nicht als in sich stimmiges Modell). Sinn und Zweck des Ganzen ist es, auf einige Fragen hinzuweisen, die zu klären sind, *bevor* man sich auf den Weg macht. Alles andere wäre unseriös und unverantwortlich. Weitere Facetten, die in einem Gesamtkonzept ebenfalls eine Rolle spielen könnten (wie *Open Content, Open Decision, Open Education, Open Software, Open Source, Open Standards* u.ä.m.), bleiben hingegen ausgespart. *Open Initiatives* dient bisweilen als Sammelbegriff für alle Promotoren, Projekte und Programme, die sich für mehr Offenheit in Staat, Verwaltung und Wissenschaft einsetzen. Wirtschaft und Unternehmen werden dabei meist geschont (dazu unten mehr).

Open Access (offener Zugang) ist ein Konzept, das vor allem in der Wissenschaft diskutiert wird. Dabei geht es um die Frage, wie die Ergebnisse von Forschung, insbesondere von Forschung, die mit öffentlichen Mitteln gefördert worden ist, für möglichst viele bzw. für alle Interessierten zugänglich gemacht werden können. Zwar liegt es im Eigeninteresse von Wissenschaft, ihre Ergebnisse zu publizieren, aber bisweilen mögen Auftraggeber es bevorzugen, sie lieber in die Schublade zu stecken. Schwerer jedoch wiegt, dass sich nicht alle Länder, Universitäten und Wissenschaftler leisten können, alle Bücher zu kaufen, die benötigt werden, oder alle wichtigen *Journals* vorzuhalten, und diese von daher von der neuesten Forschung praktisch abgeschnitten sind. Die internationalen Wissenschaftsverlage diktieren die Preise, zahlen kaum noch Honorare, verlangen aber häufig von den Autoren, Ergebnisse ihrer Forschung, die in einer Zeitschrift gedruckt wurden, nicht noch anderswo zu publizieren. Der Streit geht also auch um das Recht, Erträge der Forschung an verschiedenen Stellen veröffentlichen zu dürfen (Zweit- oder Mehrfachverwertung). Für die, die sich die teuren *Journals* nicht leisten können, würde das die Chance erhöhen, doch von den Ergebnissen zu erfahren. *Open Access* bedeutet nach der „Budapester Erklärung", „dass diese Literatur kostenfrei und öffentlich im Internet zugänglich sein sollte (...) ohne finanzielle, gesetzliche oder technische Barrieren." Das liegt im Interesse von Firmen, die kostenlosen *Content* für ihre Suchmaschinen brauchen und *Traffic* im Netz, aber nicht im Interesse von Verlagen, die Zeitschriften und Bücher verkaufen wollen.

Bezogen auf Regierung und Verwaltung könnte „offener Zugang" bedeuten, dass alle Bürger ungehinderten Zugang zu allem bekommen, was diese produzieren. In diesem Sinne fordern die Piraten eine Abkehr vom „Prinzip der Geheimhaltung" und eine Hinwendung zu einem „Prinzip der Öffentlichkeit". Zur „Transparenz aller staatlichen Prozesse" gehöre unter anderem, dass ein jeder „effizient, komfortabel und mit niedrigen Kosten" Zugang zu staatlichen Informationen bekommen müsse und dass ein jeder unabhängig von persönlicher Betroffenheit und ohne irgendwelche Begründungen überall „Einsicht in die Aktenvorgänge" nehmen könne. Und da man sich nicht sicher ist, ob das reicht, sollen auch noch vorsorglich *Whistleblower* stärker geschützt werden. Im Ausplaudern von Interna, in Illoyalität und Geheimnisverrat, sehen die Piraten nämlich grundsätzlich einen Akt von Zivilcourage (vgl. Wewer 2012).

Die Einsicht in alle Akten geht weit über das hinaus, was unter diesem Stichwort in der Wissenschaft diskutiert wird. Dort geht es darum, die *Ergebnisse* der Forschung möglichst allgemein zugänglich zu machen, aber nicht darum, etwa die Abrechnung von Dienstreisen in den Akten des Instituts für jedermann zu öffnen. Dafür sind Innenrevision, Forschungsförderer, Rechnungshöfe und notfalls die Gerichte zuständig. Auch Regierungen und Verwaltungen machen die *Ergebnisse* ihrer Arbeit bekannt, soweit das zulässig, notwendig und sinnvoll ist. Aber auch sie machen nicht jeden Fetzen Papier in den Akten öffentlich und sind insofern – im Übrigen: aus guten Gründen – nicht offen wie ein Sieb. Um Forschung nachvollziehen zu können, mag es bisweilen notwendig sein, nicht nur die finalen Ergebnisse zu publizieren, sondern auch Rohdaten und das methodische Vorgehen zugänglich zu machen. Bezogen auf das Regieren und Verwalten wirft das die Frage auf, ob es genügt, wenn die *Entscheidungen* allgemein bekannt gemacht werden, oder ob *Open Government* bedeuten soll, dass der gesamte *Entscheidungsprozess* für jedermann nachvollziehbar und vor allem zugänglich sein soll. Denn das würde in letzter Konsequenz bedeuten, dass nicht nur alle jede Akte lesen können, sondern jeder, dem das beliebt, auch an internen Sitzungen und Besprechungen teilnehmen kann. Erst dann wären Regierung und Verwaltung wirklich „offen" – und „Tage der offenen Tür" würden endgültig überflüssig.

Für den Einzelnen wäre das faktisch zwar nicht möglich – Niklas Luhmann hat schon früh darauf hingewiesen, dass man Kontrolle aus zeitlichen, fachlichen und weiteren Gründen im Grunde nur im Hauptberuf ausüben kann –, aber wenn erst der Schwarm ausschwärmt (Sifrah 2011), dann ließen sich schon einige Besprechungen besuchen. In einer funktionierenden Demokratie soll ein Mindestmaß an Transparenz (nicht Offenheit!) nicht nur für das *Verfahren* gewährleistet sein, in dem Entscheidungen zustande kommen, sondern auch für die *Inhalte*, um die gestritten wird, für das *Ergebnis*, also für die getroffene Entscheidung, und darüber, wer die *Verantwortung* für dieses Ergebnis trägt (Bröhmer 2004, S. 19ff.). Von Akteneinsicht und Sitzungsteilnahme für jedermann war bisher nicht die Rede. Statt dessen soll ein System der *checks and balances* (Sztompka 2010) und von Vermittlern (Politiker, Journalisten, Wissenschaftler usw.) dafür sorgen, dass der Bürger über diese vier Aspekte Bescheid wissen kann, wenn er das will. Prinzipiell „offener Zugang" zu allen Akten, Besprechungen und Sitzungen würde bedeuten, dass er das künftig selbst in die Hand nimmt. Und das wiederum würde eine Vielzahl an rechtlichen, organisatorischen und finanziellen Fragen aufwerfen. Auch beim digitalen Veröffentlichen entstehen zum Beispiel Kosten, die die Verlage häufig auf die Autoren oder deren Institut abwälzen: Ein Honorar gibt es ohnehin nicht, sondern man muss jetzt dafür bezahlen, wenn etwas veröffentlicht werden soll.

Open Budget (offener Haushalt) kann mancherlei bedeuten: Den Haushaltsplan ins Netz zu stellen oder die Bürger schon bei der Aufstellung zu beteiligen. Bei „Bürgerhaushalten" können diese Ideen einbringen oder artikulieren, wo sie im Zweifel sparen würden (Franzke/Kleger 2010); entscheiden müssen letztlich die, die dafür gewählt worden sind. Als *Open Budget Data* (offene Haushaltsdaten) gelten frei zugängliche Daten aus den Haushaltsprozessen in Politik und Verwaltung, die ausgewertet und weiterverarbeitet werden können. Mit *Linked Open Budget Data* (vernetzte offene Haushaltsdaten) sind Datenbestände des Haushaltswesens gemeint, die über das Internet miteinander vernetzt sind und interaktive Visualisierungen und Vergleiche erlauben – wenn man über entsprechende Rechenleistung und die notwendigen Instrumente für die Auswertung verfügt.

Haushalte von Kommunen, den Ländern und im Bund umfassen leicht hunderte, wenn nicht tausende von Seiten mit unzähligen Einzelposten. Wer selbst schon dabei war, als Haushalte in Ministerien, innerhalb der Regierung und im Parlament aufgestellt, beraten und verabschiedet wurden – nächtliche „Bereinigungssitzungen" eingeschlossen –, der kann sich nur wundern, wenn diese komplizierten Prozesse – womöglich sogar in Echtzeit – so aufbereitet werden sollen, dass Laien das alles im Detail nachvollziehen können sollen. Das Ergebnis der Beratungen, der endgültige Haushaltsplan, war immer schon zugänglich – früher auf Papier, jetzt eben im Netz. Heißt *Open Government*, was diesen Aspekt angeht, also lediglich, Haushaltspläne im Internet zu veröffentlichen? Oder soll auch der Vollzug, womöglich in Echtzeit, für jedermann nachvollziehbar und kontrollierbar sein (Deutscher Bundestag 2013, S. 50)? Und was wäre dadurch gewonnen?

Open Culture (offene Kultur bzw. Kultur der Offenheit) ist das Schlagwort einer Bewegung, die nach alternativen Konzepten für Kunst, Kultur und Medien in der digitalen Gesellschaft sucht. Ihr Motto lautet: *open, free and common*. Offener Zugang, freie Inhalte und gemeinsames Erschaffen von Produkten und Werken, ohne Beschränkungen durch Interessen von Wirtschaft oder Politik.

Bezogen auf Regierung und Verwaltung könnte das auf die „Kultur" zielen, die innerhalb einer Organisation herrscht. Ein Klima der Offenheit ist sowohl das Ziel eines „offenen" Regierens und Verwaltens als auch eine notwendige, jedoch noch nicht hinreichende Bedingung dafür, dass man sich überhaupt gemeinsam auf diesen Weg macht. Wenn die politische Führung deutlich macht, dass sie nichts davon hält, oder erkennen lässt, dass sie nicht wirklich dahinter steht, dürfte *Open Government* ebenso wenig gelingen wie dann, wenn die Mehrzahl der Mitarbeiter das Ganze innerlich für einen Irrweg hält. Eine „offene" Verwaltungskultur schließt Freude am Wandel, das Teilen von Wissen und eine gewisse Fehlertoleranz mit ein – und zwar innerhalb wie außerhalb der Organisation. „If we want more transparency, we also have to allow our leaders to admit their mistakes", schreibt Micah L. Sifry (2011, S. 134). „Otherwise, the cycle of denial, and denial of truth, will not end."

Die Neigung, Fehler der Konkurrenz zu verzeihen, ist im politischen Geschäft nicht sonderlich ausgeprägt. Das gilt nicht nur für die Opposition, sondern auch für die Medien. Auch der Verwaltung würde kaum nachgesehen werden, wenn sie sagen würde, man habe sich eben geirrt oder einfach nur etwas ausprobiert. Von der öffentlichen Verwaltung erwarten die Bürger mit einem gewissen Recht, dass sie das, was sie macht, richtig macht. Auch wenn das manchmal ein bisschen dauert. Ein „Irrtum vom Amt" sollte möglichst ausgeschlossen sein. Und alles, was falsch oder schlecht läuft, wird von der Opposition, den Medien, Rechnungshöfen und Verwaltungsgerichten, Steuerzahlern und Gewerkschaften erbarmungslos angeprangert. Deshalb muss alles in den Akten fein säuberlich dokumentiert, nachvollziehbar und gerichtsfest sein; deshalb herrscht in der Verwaltung die Einstellung vor, Risiken tunlichst zu vermeiden und sich möglichst nach allen Seiten hin abzusichern. Das verbietet nicht nur, fröhlich vor sich hin zu *twittern* oder in den sogenannten Sozialen Medien munter aus den Amtsstuben zu plappern, sondern muss auch Konsequenzen für alles das haben, was Regierung und Verwaltung offen legen. Alles, was allgemein zugänglich werden soll, muss Hand und Fuß haben und stimmen. Je mehr offen gelegt wird, desto mehr müssen Regierung und Verwaltung dafür sorgen, dass das auch so ist. Interne Vermerke können Mängel haben, nicht aber „offizielle" Dokumente, die im Netz stehen. Mehr Transparenz und mehr Offenheit nach außen führt deshalb paradoxerweise zu mehr Kontrolle und weniger Offenheit nach innen (Wewer 2014 m.w. N.). Einem Klima der Offenheit ist das nicht unbedingt förderlich.

Open Data (offene Daten) meint die freie Verfügbarkeit und Nutzbarkeit von Daten im Netz. Dabei muss es sich theoretisch nicht zwingend um öffentliche Daten handeln, aber praktisch handelt es sich eigentlich immer darum und nur darum. Unternehmen stellen höchst selten ihre Daten frei ins Netz, so dass sich jeder daran bedienen kann. Weil es sich fast immer um Datenbestände des öffentlichen Sektors handelt, deren Offenlegung gefordert wird, ist auch von *Open Government Data* (offenen Verwaltungsdaten) die Rede. Und wenn diese Daten, die (angeblich) im Interesse der Allgemeinheit ohne jedwede Einschränkung zur freien Nutzung, zur weiteren Verbreitung und zur beliebigen Verwendung nicht nur für jedermann zugänglich, sondern auch über das *World Wide Web* miteinander verknüpfbar sind, spricht man von *Linked Open Data* (vernetzten offenen Daten bzw. Verwaltungsdaten). Während das *World Wide Web* ein Netz aus *Websites* ist, würde mit *Linked Open Data* ein Netz aus Daten entstehen, das auch als *Linked Open Data Cloud* oder als *Giant Global Graph* (Tim Berners Lee) bezeichnet wird. Daten sind dann offen und frei zugänglich, wenn sie keinem *Copyright*, keinem Patent oder sonstigen proprietären Rechten unterliegen und wenn dafür keine oder nur sehr geringe Nutzungsgebühren erhoben werden.

Regierung und Verwaltung müssen also überlegen, ob sie einen Beitrag zu dieser globalen Datenbank leisten möchten und wie dieser aussehen könnte. Das ist keineswegs trivial. Da private Unternehmen, die durchaus Macht haben, nicht daran denken, ähnlich offen zu agieren, und da nicht zu erwarten ist, dass autoritäre Regime ihre Datenbestände frei zugänglich machen, sind es eigentlich nur westliche Demokratien, die sich im Netz „nackig machen" (Constanze Kurz). Man kann hoffen, dass der offene Austausch von Daten den Fortschritt antreibt und dadurch die ökonomische Überlegenheit freier Gesellschaften erhalten bleibt; man kann aber auch eine politische und militärische Schwächung befürchten, wenn die einen nahezu durchsichtig sind und andere nicht. Wie weit man dabei gehen will, ist also eine politische Entscheidung und kein technisches Problem.

Adressat vernetzter offener Daten wäre gar nicht der eigene Bürger, sondern eine *Cloud* irgendwo im Internet. Selbst wenn er sich dafür interessieren sollte, könnte der einzelne Bürger derartige Datenmengen gar nicht verarbeiten. Profitieren von *Open Government* werden letztlich nur jene, die eine *Cloud* betreiben und mit *Big Data* umgehen können. Im Zweifel sind das weder deutsche noch europäische, sondern amerikanische und künftig vielleicht noch asiatische Unternehmen. Da man gar nicht verhindern kann, dass Daten, die offen, strukturiert und maschinenlesbar ins Internet gestellt werden, von anderen genutzt und mit anderen Beständen vernetzt werden, muss geklärt werden, was eigentlich das „Interesse der Allgemeinheit" ausmacht, auf das sich die Wortführer dieser Bewegung so gern berufen, und wo dieses Interesse endet. Auch das ist eine politische und keine technische Frage. Geklärt werden muss ferner, ob Datenbestände, die mit Steuergeldern aufgebaut wurden und die für eine offene Nutzung aufbereitet werden sollen, auch für kommerzielle Zwecke unentgeltlich abgegeben, also praktisch „privatisiert" werden sollen. Nicht alles, was technisch möglich ist, ist politisch wünschenswert. Offenkundig ist jedenfalls, dass der Verlust des Datenprivilegs zu neuen Machtstrukturen innerhalb der Gesellschaft führt. Ob wir diese wollen oder nicht, bedarf einer offenen Diskussion.

Open Document (offenes Dokument) meint eigentlich einen international genormten, quelloffenen Standard für bestimmte Dateiformate (wie Texte, Tabellen, Präsentationen, Zeichnungen, Bilder und Diagramme). Während es bei *Open Data* um staatliche Informationen geht, die keine Texte sind, geht es hier um Formate bzw. Metadaten, die einen Austausch von üblichen Büroanwendungen erlauben. Unter „offenen Dokumenten" kann man aber auch solche verstehen, die von Regierung und Verwaltung ins Internet gestellt werden. Das können Pressemitteilungen, Ministerreden, Gesetzentwürfe, Verträge, Zuwendungsbescheide, Zielvereinbarungen und vieles andere mehr sein. Viele Behörden stellen längst schon viele Dokumente auf ihre *Homepage.* Transparenzgesetze und Transparenzregister sollen dafür sorgen, dass dies nicht mehr freiwillig geschieht, sondern eine staatliche Pflicht darstellt. Welche Dokumente offengelegt werden, steht dann nicht mehr im Ermessen der Behörde, sondern im Gesetz. Ist *Open Government* ohne ein Transparenzgesetz denkbar oder gehört ein solches Gesetz zwingend dazu? Und wie wirkt sich das auf die Arbeitsweise von Regierung und Verwaltung aus, wenn alle wissen, dass bestimmte Dokumente am Ende am „Schwarzen Brett" im Internet landen? Hier entsteht nicht nur eine neue staatliche Daueraufgabe, die Zeit, Arbeit und Geld kostet, sondern auch ein neues Problem, weil amtliche Dokumente selten selbsterklärend sind. Um Missverständnissen vorzubeugen, müssen sie also mit einer „Lesehilfe“ versehen werden. Ob sich die amtliche Interpretation im Internet durchsetzt oder nicht, ist dabei eine offene Frage. Nachfragen kann man ignorieren oder man muss sie bearbeiten. Fristen, die nicht eingehalten werden können, wecken leicht den Verdacht, hier solle etwas vertuscht werden. Zusätzlich zu der inhaltlichen Diskussion muss künftig immer auch die Diskussion um den Zustand des Registers geführt werden. Wird das Regieren und Verwalten dadurch „offener“?

Open Innovation (offene Innovation) liegt dann vor, wenn in Verbesserungsprozesse und Neuerfindungen systematisch auch Wissen außerhalb der Organisation einbezogen wird (Herzberg 2012). Damit sind weniger Gutachter und Berater gemeint, die dafür bezahlt werden und an internen Projekten mitwirken, sondern eher der Schwarm, der sich über das Netz freiwillig und unentgeltlich daran beteiligt, Innovationen zu kreieren. Kundenbefragungen, Ideenwettbewerbe und *Crowdsourcing* können Instrumente dafür sein. Wenn andere ihr bei der Suche nach innovativen Lösungen helfen sollen, setzt das voraus, dass die Organisation öffentlich eingesteht, ein Problem zu haben, für das sie selbst keine Lösung oder keine überzeugende Lösung hat, und dass sie so viel von ihrem Wissen in dieser Sache preisgibt, dass andere über eine Lösung des Problems nachdenken können. Das ist etwas völlig anderes, als wenn Unternehmen ihre Kunden danach fragen, wie sie sich ein neues Produkt wünschen würden, und sie womöglich sogar in die Gestaltung einbeziehen.

Eine Regierung, die öffentlich erklärt, ratlos zu sein, wie ein Problem zu lösen sei, wollen wir nicht. Denn dafür haben wir sie nicht gewählt. Sie soll zumindest sagen, dass ein Anfang gemacht und alles auf gutem Wege ist. Was die Bürger wollen, wird regelmäßig in Umfragen ermittelt. Offene Innovationen sind in der Politik überraschende Wahlergebnisse und Umfragen, die zeigen, dass sich die Prioritäten der Bürger dramatisch verändert haben. Runde Tische zu bestimmten Themen, Ideenwettbewerbe oder „Apps für Deutschland“ reichen kaum aus, um zu sagen, die Regierung sei spürbar „offener“ geworden. Und wenn alle Innovationen – man nehme nur das Betreuungsgeld – nur gemeinsam mit anderen zustande kommen, würde das Fragen nach dem Profil und den Erfolgen der Regierung aufwerfen.

Auch die Verwaltung soll nicht sagen, sie wisse nicht, was zu tun sei. Sondern wir erwarten, dass sie weiß, was zu tun ist. Und das dann gefälligst auch macht. Sonst beschweren wir uns. Amtliche Bescheide und Dokumente entstehen nicht durch *Open Innovation*, sondern dadurch, dass Menschen gelernt haben, wie man sie korrekt ausstellt. Öffentliche Aufgaben werden nur dadurch erledigt, dass jemand dafür zuständig und verantwortlich ist. Das schließt nicht aus, in bestimmten Fällen auch den Schwarm zu fragen, setzt aber Grenzen für das Kerngeschäft des Regierens und

Verwaltens: *Open Innovation* im Rahmen von *Open Government* wird überschätzt (Herzberg 2012). Präzise(r) zu sagen, was geht und was nicht geht, würde aber auch in ein Gesamtkonzept gehören.

Diese wenigen Hinweise müssen genügen, um deutlich zu machen, dass „Offenheit" viele Facetten hat und es nicht genügt, nur ein paar Daten ins Netz zu stellen. Eine ganzheitliche Herangehensweise muss politische, ökonomische, soziale und kulturelle Aspekte beachten und nicht nur technische Probleme lösen. Und wenn dann geklärt ist, was „offenes" Regieren und Verwalten alles umfasst und wie weit das jeweils gehen soll, bleibt immer noch eine Fülle an rechtlichen, organisatorischen und finanziellen Fragen zu beantworten. Eine Gesamtschau der Probleme lässt nicht nur erkennen, wie die einzelnen Elemente sich wechselseitig beeinflussen, sondern erlaubt später auch zu erkennen, auf welchen Feldern man gut voran gekommen ist und wo man sich den Zielen noch nicht sehr angenähert hat. Ginge es doch darum, sich auf dem Kontinuum zwischen „geschlossen" und „offen" erkennbar und messbar in die richtige Richtung zu bewegen.

Ein Maximum ist selten ein Optimum. „If some transparency is good, more is not necessary better", fassen Christopher Hood und David Heald (2006, S. x) den Stand der Forschung zu diesem Thema zusammen. Die beiden erinnern nicht nur daran, dass alle Heilmittel – also auch Offenheit – Risiken und Nebenwirkungen haben, sondern weisen zugleich darauf hin, dass als Ziel grundsätzlich nur sinnvoll sein kann „an optimal level of transparency that is less than maximum transparency" (Heald 2006, S. 60). Das lässt sich auf Offenheit übertragen. Ziel kann nicht totale Offenheit sein, sondern nur die richtige Balance zwischen Offenheit und Geschlossenheit, Professionalität im Innern und Aufgeschlossenheit nach außen. Die richtige Balance – also gewissermaßen das Optimum an Offenheit – zu finden, ist ein durchaus anspruchsvolles Unterfangen. Die meisten Vorkämpfer von *Open Government* scheinen darüber aber gar nicht erst nachdenken zu wollen. „Offenheit" ist eine neue Ideologie, als Facette der kalifornischen Ideologie (Lobo 2011; ausführlich Morozov 2013, S. 115ff.).

Open Government ist kein Selbstzweck – oder sollte das zumindest nicht sein. Die Kernfrage, die beantwortet werden muss, bevor man sich auf den Marsch macht und Zeit, Arbeit und Geld investiert, ist folglich die nach dem Sinn und Zweck des Ganzen. Anders gesagt: Was soll mehr Offenheit von Regierung und Verwaltung eigentlich bewirken? Wenn die Ziele nicht klar sind, die damit erreicht werden sollen, kann man später auch nicht messen, ob sie wirklich erreicht oder eindeutig verfehlt wurden. Böse Zungen unterstellen der Verwaltung gerne, sie arbeite nach dem Motto: Als wir das Ziel aus den Augen verloren, verdoppelten wir unsere Anstrengungen. Das sollte beim „offenen" Regieren und Verwalten nicht der Fall sein. Wenn aber unklar ist, was man letztlich bewirken will, kann man auch nicht nach den richtigen Instrumenten suchen, um das tatsächlich zu schaffen. Dass man dabei nach *Output, Outcome* und *Impact* von mehr Offenheit unterscheiden muss, ist ebenso Standard in Verwaltungs- und Politikwissenschaft wie es der Beipackzettel von Medikamenten ist, wonach es immer Risiken und Nebenwirkungen gibt. Das gilt natürlich auch für mehr Offenheit, die manche als Allheilmittel gegen alle Gebrechen von Regierung und Verwaltung ansehen.

Politik hat etwas mit Einstellungen, Überzeugungen und Interessen zu tun. Selbst wenn alle Zahlen, Daten und Fakten auf dem Tisch liegen sollten, müssen diese interpretiert und bewertet werden, müssen Lösungen gesucht, Kompromisse ausgehandelt und Mehrheiten gefunden werden. Immer mehr Daten und Dokumente im Internet ändern daran nichts. Indem *Open Government* das Wesen von Politik ausblendet, bleibt es letztlich ein technokratisches Konzept. Auffällig ist, dass sich in dieser Debatte viele zu Wort melden, die weder etwas von der Theorie noch etwas von der Praxis des Regierens und Verwaltens verstehen. Das gilt auch für manches selbsternannte Kompetenzzentrum und mag die bisweilen naive Herangehensweise an die Themen erklären.

Cui bono? Open Government und Open Enterprise ■

„Wir arbeiten an Sachen, auf die wir sehr stolz sind", sagt *Apple*-Chef Tim Cook auf die Frage, welche neuen Produkte sein Konzern demnächst auf den Markt bringen will (zitiert nach Becker 2013). Ähnliche Antworten bekommt man, wenn man *Amazon, Ebay, Facebook, Google, Microsoft* und andere nach der Speicherung und Verarbeitung von Kundendaten, den verwendeten Algorithmen, Geschäftszahlen oder Steuerzahlungen fragt. Über Zahlen rede man generell nicht gern, heißt es dann. *Open Enterprise*? Fehlanzeige. Die kommerziellen Datensammler betrieben „Intransparenz als Geschäftsmodell", schrieb die frühere Verbraucherministerin Ilse Aigner (2012) in einem Beitrag für die FAZ. Die Ohnmacht der Kunden sei spürbar, aber auch kleinere und aufstrebende Firmen würden angesichts der Macht dieser Giganten einen unfairen Wettbewerb beklagen.

Wer die Technik hat, hat die Macht. Die Giganten des Internets sind praktisch die einzigen, deren Serverfarmen ausreichend groß und deren Algorithmen hinreichend mächtig sind, um *Open Data* und *Big Data* wirklich ausbeuten zu können. Die Hardware und Software, die deutschen Unternehmen, Forschungsstätten und auch Geheimdiensten zur Verfügung steht, und die Rechenzentren von Bund und Ländern sind gar nicht in der

Lage, mit den globalen Serverfarmen von *Amazon, Facebook, Google* & Co. zu konkurrieren. Nur diese Firmen (und einige wenige Geheimdienste) verfügen über die Megaserver, um in Echtzeit den *Traffic* im Internet zu verfolgen und zu analysieren, nur sie können aus den riesigen Datenströmen Entscheidungsmuster generieren, die für Profilbildung, gezielte Werbung und anderes genutzt werden können (Scharrer 2013, S. 31). Die *Amazon Web Services* (AWS) sind bereits fünfmal größer als die anderen vierzehn Cloud-Anbieter zusammen – darunter *Microsoft* und *Google* (Brauch et al. 2013, S. 65).

Wer die Daten hat, hat die Macht (Scharrer 2013, S. 31). Selbst wenn er technisch dazu in der Lage wäre: Der Staat, speziell der deutsche Staat, könnte nicht Daten ansaugen und verwerten, wie das die Giganten des Internets tun, und er dürfte das auch nicht. Aus Gründen des Datenschutzes stellt er sich ständig dümmer, als er es selbst von seinen begrenzten technischen Möglichkeiten her sein müsste. Statt Daten, die den Behörden vorliegen, untereinander auszutauschen und sie miteinander zu vergleichen, werden immer wieder neue Auskünfte eingeholt und nicht miteinander abgeglichen. Dass der Staat oder auch die deutsche Wirtschaft, was die Ausbeutung der Datenberge angeht, ernsthaft mit diesen Giganten mithalten kann, entbehrt jeder Realität. Der einzelne Bürger, die Netzgemeinde oder die Zivilgesellschaft schon gar nicht. *Open Data* und *Big Data* sind letztlich nichts anderes als weiteres kostenloses Futter, um die großen Maschinen am Laufen zu halten und weiter wachsen zu lassen. Dass *Google* über sein deutsches „Collaboratory" die „offene Staatskunst" propagiert, kann deshalb nicht verwundern.

Wer das Geld hat, hat die Macht. Von den über 3,5 Mrd. €, die Deutschlands Unternehmen im Jahr in die digitale Werbung investieren, landet schon heute über die Hälfte bei *Google*. Kaum ein Unternehmen, befürchten hiesige Agenturen, werde in der Lage sein – allenfalls noch *Facebook* –, den technologischen Vorsprung, den *Google* habe, noch aufzuholen – dafür sei allein schon dessen Kapitalkraft zu groß (Scharrer 2013, S. 31). *Microsoft* machte 2012 einen Umsatz von fast 74 Mrd. $ und einen Gewinn von knapp 17 Mrd. $; die Bilanzsumme lag bei rund 120 Mrd. $. *Amazon* machte zwar auch 2012 keinen Gewinn, aber einen Umsatz von rund 16 Mrd. $; der Börsenwert lag bei knapp 150 Mrd. $. Die Umsätze und Gewinne deutscher DAX-Konzerne wirken dagegen eher bescheiden. Obwohl die Firma nach wie vor keine Gewinne macht, bewerten Anleger *Amazon* an der Börse höher als den Weltkonzern *Volkswagen* (129 Mrd. € zu 86 Mrd. €).

Die kommerziellen „Datenfresser" (Kurz/Rieger 2011) im Netz sind Schmarotzer in mehrfacher Hinsicht: Sie wollen möglichst nichts bezahlen für die Infrastruktur, auf der sie ihre Geschäfte machen, also für Netzausbau, Breitband, Glasfaser, Funkstationen usw.; das sollen andere bezahlen. Sie wollen möglichst nichts bezahlen für die Inhalte, die sie mit ihren Diensten transportieren, priorisieren oder verlinken; dafür sollen andere sorgen. Bei Facebook sorgen Millionen Menschen, die ihre Daten eingeben, mit ihrer unentgeltlichen Arbeit dafür, dass einige wenige zu Millionären werden. Und sie wollen zwar alle Vorteile eines Landes nutzen, aber dort möglichst keine Steuern zahlen; das sollen andere machen (Wewer 2013f). Auch mit Arbeitsrecht, Betriebsräten und Mitbestimmung (Kißler et al. 2000) stehen die Netzgiganten auf Kriegsfuß.

Die Silicon-Valley-Ideologie propagiert ein Weltbild, das mit der Realität wenig zu tun hat, aber die Geschäftsmodelle von *Facebook, Google & Co.* unterstützt (Morozov 2013). Dazu gehört die Legende, der Bürger wolle sich ständig überall einmischen und gehört werden und ihn dürste es nach Transparenz und offenen Daten (Coleman/Blumler 2009; Hindman 2009). Die meisten Menschen haben mit Beruf, Familie und Hobby genug zu tun und weder Zeit noch Lust, in staatlichen Datenbanken oder öffentlichen Transparenzregistern nach etwas zu suchen, das sie vielleicht interessieren könnte. Wer das macht, hat entweder nichts Besseres zu tun oder ein eigenes Interesse daran: Weil er bestimmte Daten beruflich und/oder politisch nutzen will. Was fehlt, ist eine professionelle Abwägung der Möglichkeiten und Grenzen von „offenem" Regieren und Verwalten, das sich nicht auf das Bereitstellen von Datenbeständen beschränkt, von Chancen und Risiken, von Kosten und Nutzen, von Aufwand und Ertrag.

Ein Ausbalancieren von „Offenheit" und Transparenz mit anderen Prinzipien wie Effektivität, Effizienz oder Legitimität, die für das Regieren und Verwalten ebenso wichtig sind (Wewer 2013f), fehlt jedenfalls in der aktuellen Diskussion völlig.

Es wäre Aufgabe von Verwaltungs- und Politikwissenschaft, die kalifornische Ideologie, die von *Facebook, Google & Co.* und deren nützlichen Idioten verbreitet wird, kritisch zu hinterfragen und die Geschäftsinteressen offenzulegen, die hinter den Forderungen nach *Open Government* stehen. Profitieren werden davon, das ist die These dieses Beitrages, weder die Bürger noch die Politik in Deutschland, weder deutsche Unternehmen noch die deutsche Wirtschaft; jedenfalls nicht nennenswert. Die wahren Profiteure dieser Bewegung werden andere sein und dadurch werden sich auch die globalen Machtverhältnisse grundlegend verschieben: Wer die Daten hat, hat die Macht; wer die Daten abgibt, gibt Macht ab. Die Frage ist, an wen wir Macht abgeben, wenn wir alle Daten ins Netz stellen, und ob allen bewusst ist, was wir da tun. Wer nach Werkzeugen sucht, das alles besser zu durchdringen und zu verstehen, wird in den Arbeiten, die Werner Jann vorgelegt hat, zum Glück schnell fündig.

Literatur

Aigner, Ilse (2012): Intransparenz als Geschäftsmodell. In: Frankfurter Allgemeine Zeitung vom 13. November, S. 10 (Internet: www.bundesregierung.de/Content Archiv/DE/Archiv17/Namensbeitrag/2012/11/2012-11-12-aigner-faz-datenschutz.html)

Becker, Lisa, (2013): Apple tritt auf der Stelle. In: Frankfurter Allgemeine Zeitung vom 25. Juli, S. 16

Bogumil, Jörg/Holtkamp, Lars/Schwarz, Gudrun (2003): Das Reformmodell Bürgerkommune. Leistungen – Grenzen – Perspektiven. Berlin: edition sigma

Bogumil, Jörg/Jann, Werner/Nullmeier, Frank, 2006 (Hg.): Politik und Verwaltung (Politische Vierteljahresschrift, Sonderheft 37). Wiesbaden: VS

Brauch, Markus/Müller, Martin U./Schulz, Thomas (2013): Gnadenlos.com. In: Der Spiegel, Nr. 51 vom 14. Dezember, S. 58–64

Bröhmer, Josef (2004): Transparenz als Verfassungsprinzip. Tübingen: Mohr Siebeck

Chapman, Richard A./Hunt, Michael (eds.) (1987): Open Government: A Study of Open Government Within the Limitations of the British Political System. London: Croom Helm

Coleman, Stephen/Blumler, Jay G. (2009): The Internet and Democratic Citizenship. Theory, Practice and Policy. New York: Cambridge University Press (reprint 2010)

Deckmyn, Veerle (ed.) (2002): Increasing Transparency in the European Union? Maastricht: European Institute for Public Administration

Deckmyn, Veerle/Thomson, Ian (eds.) (1998): Openness and Transparency in the European Union. Maastricht: European Institute of Public Administration

Deutscher Bundestag (Hg.) (2013): Enquete-Kommission Internet und digitale Gesellschaft, Bd. 4: Demokratie und Staat usw. Berlin: Eigendruck

Erkkila, Tero (2010): Transparency and Nordic Openness: State Tradition and New Governance Ideas in Finland. In: Jansen et al. 2010, S. 348–372

Franzke, Jochen/Kleger, Heinz (2010): Bürgerhaushalte. Chancen und Grenzen. Berlin: edition sigma

Fromm, Jens/Hoepner, Petra/Weber, Mike/Welzel, Christian (2013): Öffentliche Informationstechnologie: Abgrenzung und Handlungsfelder. Berlin: Fraunhofer FOKUS

Fung, Archon/Graham, Mary/Weil, David (2007): Full Disclosure: The Perils and Promises of Transparency. Cambridge: University Press

Heald, David (2006): Varieties of Transparency. In: Hood, Christopher/Heald, David (eds.): Transparency: The Key to Better Governance? Oxford: University Press, S. 25–44

Herzberg, Johann (2012): Staatsmodernisierung durch Open Innovation. Problemlage, Theoriebildung, Handlungsempfehlungen. Berlin: epubli GmbH

Herzberg, Johann (2013): „Open Government“: Versuch einer Begriffsbestimmung. In: Verwaltung & Management, Jg. 19/Heft 1, S. 40–44

Hindman, Matthew (2009): The Myth of Digital Democracy. Princeton, Oxford: Princeton University Press

Holtkamp, Lars (2006): Partizipative Verwaltung – hohe Erwartungen, ernüchternde Ergebnisse. In: Bogumil et al. 2006, S. 185–207

Hood, Christopher/Heald, David (eds.) (2006a): Transparency: The Key to Better Governance? Oxford: University Press

Hood, Christopher/Heald, David (2006b): Preface. In: dies (eds.): Transparency, x–xiii

Janda, (2012): Open Government. In: Schliesky/Schulz 2012, S. 11–39

Jann, Werner (1981): Kategorien der Policy-Forschung (= Speyerer Arbeitshefte 37). Speyer: Hochschule für Verwaltungswissenschaften

Jann, Werner (2009): Praktische Fragen und theoretische Antworten: 50 Jahre Policy Analyse und Verwaltungsforschung. In: Politische Vierteljahresschrift, 50, S. 476–505

Jann, Werner (2013): Nunmehr alles Governance, oder was? Über die Bedeutung von Verwaltungen, Institutionen und Institutionentheorie. In: Bumke, Christian/Meinel, Florian/Voßkuhle, Andreas (Hg.): Verabschiedung und Wiederentdeckung des Staates im Spannungsfeld der Disziplinen (Beiheft 21 zu „Der Staat“). Berlin: Duncker & Humbolt, S. 93–109

Jansen, Stephan A./Schröter, Eckhard/Stehr, Nico (Hg.) (2010): Transparenz. Multidisziplinäre Durchsichten durch Phänomene und Theorien des Undurchsichtigen. Wiesbaden: VS

Jantz, Bastian (2013): Open Government in Deutschland – Chancen, Grenzen und Perspektiven eines magischen Konzepts. Potsdam (Manuskript)

Kißler, Leo/Graf, Melanie/Wiechmann, Elke (2000): Nachhaltige Partizipation. Beschäftigungsbeteiligung als Beitrag für mehr Chancengleichheit. Berlin: edition sigma

Kurz, Constanze/Rieger, Frank (2011): Die Datenfresser. Wie Internetfirmen und Staat sich unsere Daten einverleiben und wir die Kontrolle darüber zurückerlangen. Bonn: Bundeszentrale für politische Bildung

Larsson, Torbjörn (1998): How Open Can a Government be? The Swedish Experience. In: Deckmy/Thomson 1998, S. 39–51

Lathrop, Daniel/Ruma, Laurel (eds.) (2010): Open Government: Transparency, Participation, and Collaboration in Practice. Sebastopol: O’Reilly

Lobo, Sascha (2011): Die Ideologie des Internets (Internet: Spiegel online, www.spiegel.de)

Lord, Kristin M. (2006): The Perils and Promise of Global Transparency. Why the Information Revolution may not lead to Security, Democracy, or Peace. Albany: State University of New York Press

Lucke, Jörn v. (2010): Transparenz 2.0 – Transparenz durch E-Government. In: Jansen et al. 2010, S. 396–412

Lucke, Jörn v. (Hg.) (2012): Entdeckung, Erkundung und Entwicklung 2.0. Open Government, Open Government Data und Open Budget 2.0. Berlin: epuli GmbH

Lucke, Jörn v. (2013): Open Government in den Wahlprogrammen zur Bundestagswahl 2013: Wie steht es mit dem offenen Regierungs- und Verwaltungshandeln? (Gutachten). Friedrichshafen: Zeppelin Universität

Lucke, Jörn v./Geiger, Christian P./Kaiser, Siegfried/Schweighofer, Erich/Wimmer, Maria A. (Hg.) (2012): Auf dem Weg zu einer offenen, smarten und vernetzten Verwaltungskultur. Bonn: Gesellschaft für Informatik

Morozov, Evgeny (2013): Smarte neue Welt. Digitale Technik und die Freiheit des Menschen. München: Karl Blessing Verlag

Roberts, Alasdair (2006): Blacked Out: Government Secrecy in the Information Age. New York: Cambridge University Press

Scharrer, Jürgen (2013): Wer kann Google noch Paroli bieten? In: Frankfurter Allgemeine Zeitung vom 8. Oktober, S. 31

Schliesky, Utz/Schulz, Sönke (Hg.) (2012): Transparenz, Partizipation, Kollaboration – Web 2.0 für die öffentliche Verwaltung. Kiel: Lorenz-von-Stein-Institut

Schliesky, Utz/Schulz, Sönke E./Borchers, Kim Corinna/Brackmann, Franziska/Janda, Tim Christian/Tischer, Jakob (2013): Arbeitsteilung 2.0. Kollaboratives Arbeiten der deutschen Verwaltung, Kiel: Lorenz-von-Stein-Institut

Schuppert, Gunnar Folke (2011): Alles Governance oder was? Baden-Baden: Nomos

Sifry, Micah L. (2011): WikiLeaks and the Age of Transparency. New York: OR Books

Sztompka, Piotr (2010): Does Democracy Need Trust, or Distrust, or Both? In: Jansen et al. 2010, S. 284–291

Wegrich, Kai (2011): Das Leitbild „Better Regulation". Ziele, Instrumente, Wirkungsweise. Berlin: edition sigma

Wewer, Göttrik (2000): Stein, Tönnies, Radbruch – Klassiker der Verwaltungslehre aus Schleswig-Holstein. In: Wagner, Karl/Duggen, Hans/Hübbe, Hans-Gunther (Hg.): Lehren für das Gemeinwesen. Festschrift zum 25jährigen Bestehen der Verwaltungsfachhochschule Altenholz. Altenholz: Broschüre, S. 9–36

Wewer, Göttrik (2012): Privatheit und Geheimnis im digitalen Zeitalter. In: der moderne staat – dms, Jg. 6./2. Halbbd., S. 247–262

Wewer, Göttrik (2013a): Die Verschmelzung von privater und öffentlicher Sphäre im Internet. In: Ackermann, Ulrike (Hg.): Im Sog des Internets. Öffentlichkeit und Privatheit im digitalen Zeitalter. Frankfurt/M.: Humanitas online, S. 53–70

Wewer, Göttrik (2013b): Staatsaufgaben, Amtsgeheimnis, Führungskraft und Kollaboration. In: Verwaltung & Management, Jg. 19/Heft 2, S. 59–70

Wewer, Göttrik (2013c): Eine Blaupause für Deutschland? Barack Obama und die kollaborative Verwaltung. In: der moderne staat – dms, Jg. 7/2. Halbbd., S. 411–424

Wewer, Göttrik (2013d): Kollaborative Verwaltung: Zu Herkunft und Nutzen eines Modebegriffs. In: Hill, Hermann/Martini, Mario/Wagner, Edgar (Hg.): Transparenz, Partizipation, Kollaboration – die digitale Verwaltung neu denken. Baden-Baden: Nomos, S. 19–39

Wewer, Göttrik (2013e): Kollaborative Verwaltung: Forschungsstand und Perspektiven. In: Die Verwaltung, Heft 3, S. 563–572

Wewer, Göttrik (2013f): Form und Inhalt, oder: Transparenz und Politik. In: Politische Bildung, Jg. 46/Heft 3, S. 72–85
Wewer, Göttrik (2014): Allheilmittel Transparenz? Anmerkungen zur Diskussion. In: Verwaltung & Management, Jg. 20/Heft 1, S. 4–18
Zuboff, Shoshana (2013): Seid Sand im Getriebe!. In: Frankfurter Allgemeine Zeitung vom 24. Juni, S. 27

Die Erbringung öffentlicher und sozialer Dienstleistungen zwischen Kommunen, Staat, Privatem und Drittem Sektor im Wandel und Sog der Leitbilder und Reformschübe

Hellmut Wollmann

1. Einleitung ■

1.1 Fragestellung, konzeptioneller und definitorischer Rahmen

Dieser Beitrag handelt von den institutionellen Veränderungen, die die Erbringung öffentlicher und sozialer Dienstleistungen im zeitlichen Wandel der Organisation von Staat, Verwaltung und Wirtschaft und der auf diesen einwirkenden „Leitbilder" durchmessen hat. Unter Leitbildern werden (in Anlehnung an Jann 2002, S. 279ff.) die den staats- und institutionenpolitischen Diskurs jeweils bestimmenden Vorstellungen und „herrschenden Meinungen" zum Verhältnis von Politik, Verwaltung, Wirtschaft und Gesellschaft verstanden.

Indem der Aufsatz darauf zielt, die institutionellen Entwicklungslinien und deren Leitbilder im historischen Verlauf (*over time*) nachzuzeichnen, werden vier Phasen unterschieden (zur Konzipierung von Phasen vgl. auch Millward 2005; Clifton et al. 2011, S. 660; Seckelmann 2008, S. 270ff.; Röber 2009; Wollmann/Marcou 2010b; Wollmann 2013, 2014):

- Ausgangsphase im 19. Jahrhundert: Vorrang kommunaler Aktivitäten („Munizipalsozialismus")
- Phase (bis Mitte der 1970er-Jahre): Dominanz des Öffentlichen Sektors im (nationalen) Sozial- und Interventionsstaat
- Phase (ab 1980er-Jahre): („neo-liberale") Reduktion des Öffentlichen Sektors und Vordringen des Privaten (und Dritten) Sektors
- Phase (seit den 1990er-Jahren) mögliches („post-neo-liberales"?) Comeback des Öffentlichen (insbesondere kommunalen) Sektors.

Als Untersuchungsfelder werden im Folgenden zum einen die *öffentlichen* Dienstleistungen ausgewählt, die in Deutschland als Daseinsvorsorge, in Großbritannien als *public utilities* und in Frankreich als *services publics* und in der Terminologie der Europäischen Union (EU) als „Dienstleistungen von allgemeinem wirtschaftlichen Interesse" bezeichnet werden (vgl. Wollmann 2013, S. 242). Sie umfassen in Sonderheit die sogenannten *infra-*

strukturellen Dienstleistungen, also Wasserversorgung, Abwasserentsorgung, Abfallbeseitigung, Energieversorgung und öffentlichen Nahverkehr.

Zum andern sollen die *sozialen* Dienstleistungen im Fokus stehen, die in der Jugend-, Behinderten-, Alters- usw. -hilfe erbracht werden.

Aufgrund ihrer unterschiedlichen Aufgaben-, Organisations- und Akteursprofile, die diesen beiden Dienstleistungssektoren eigentümlich sind, lässt ihre Analyse aufschlussreiche vergleichende Aussagen über ihre relevanten institutionellen Veränderungen erwarten.

Im Folgenden sollen aus dem Bereich der *öffentlichen* (infrastrukturellen) Dienstleistungen die *Energie-, Wasserversorgung* sowie *Abfallbeseitigung* und aus dem der *sozialen* Dienstleistungen exemplarisch die *Altenhilfe/-pflege* ausgewählt und erörtert werden.

Die *Auswahl* der hier diskutierten Länder (Großbritannien/UK, Deutschland, Frankreich und Schweden) beruht auf der – auch andere vergleichende Abhandlungen leitenden (vgl. Hesse/Sharpe 1991; Heinelt/Hlepas 2006; Wollmann 2008, S. 19f.) – Überlegung, dass diese aufgrund ihrer historischen Entwicklung und Staatsformation unterschiedliche Typen von Ländern oder Länderfamilien (etwa *Anglo, Franco, Scandinavian/middle-European group*) repräsentieren und – als, methodisch gesprochen, ansatzweise „most dissimilar cases“ – die analytisch leistungsfähige Vergleiche versprechen (vgl. Wollmann 2008, S. 21).

1.2 Analyse- und Erklärungsrahmen

Um die Institutionenbildung und -veränderung (*institution building, institutional choice*) zu erklären (*What shapes institutions?*) wird ein Analyserahmen zugrunde gelegt, der vom sogenannten Neuen Institutionalismus (*new institutionalism*) angeregt ist (vgl. Peters 1999; Wollmann 2008, S. 17; Kuhlmann/Wollmann 2013 m.w.N.). In dieser Diskussion werden vielfach vier Varianten unterschieden.

- Der *akteurszentrierte Institutionalismus* (vgl. Scharpf 2000) (ähnlich *rational-choice*-Institutionalismus) stellt vorrangig auf die Akteure ab, deren Interessen, politische Handlungsabsichten, Machterhaltungskalküle und *will and skill* als maßgebliche Bestimmungsgründe für Institutionenbildung und -wandel (vgl. Kuhlmann/Wollmann 2013, S. 52ff.). Für die Bestimmungsmacht von Akteuren bietet die radikale neo-liberale Politikwende in Großbritannien nach 1979 ein eindrucksvolles Beispiel.
- Der *historische Institutionalismus* hebt auf die Bestimmungsstärke historisch gewachsener Strukturen und Traditionen (*legacies*) ab, die

als „Pfadabhängigkeit“ (*path-dependence*, vgl. etwa Pierson 2004) die Wegmarkierung und Richtung künftiger Institutionenentwicklung abstecken (vgl. Kuhlmann/Wollmann 2013, S. 54ff.).

- Der *soziologische Institutionalismus* begreift Institutionen in erster Linie als sozio-kulturell konstituierte und in Werte eingebettete Strukturen, kraft derer der institutionenpolitische Gestaltungsspielraum der Akteure durch die Vorgabe dessen begrenzt wird, was als kulturell-normativ akzeptabel und angemessen („*appropriate*“) gilt (zur *logic of appropriateness* vgl. March/Olsen 1989; vgl. auch Kuhlmann/Wollmann 2013, S. 56f.).
- Der *diskursive Institutionalismus* (vgl. Schmidt 2008, 2000) hebt den Einfluss hervor, den (Reform-)Konzepte und -ideen auf Institutionenbildung dadurch ausüben können, dass sie, von entsprechenden Diskurskoalitionen (vgl. Wittrock et al. 1991) getragen, in den relevanten (nationalen und internationalen) Diskursarenen die Meinungsführerschaft erringen und den konzeptionellen und mentalen Handlungsrahmen (*frame*, vgl. Rein/Schön 1993) der relevanten Akteure (und Entscheider) prägen (vgl. Kuhlmann/Wollmann 2013, S. 59). Der (unlängst national wie international dominierende) *New-Public-Management*-Diskurs gibt hierfür ein eindringliches Beispiel.

1.3 Leitfrage: Konvergenz oder Divergenz der institutionellen Entwicklung?

Die folgende Diskussion wird von der Frage angeleitet, ob (und warum) die institutionelle Entwicklung übereinstimmend (konvergent) oder abweichend (divergent) – sei es (*cross country*) zwischen den Ländern oder (innerhalb der einzelnen Länder – *cross policy*) zwischen den Dienstleistungssektoren und gegebenenfalls ihren Teilsektoren – verlaufen ist.

2. Historische Ausgangsphase: Vorrang kommunaler Aufgaben

2.1 Infrastrukturelle öffentliche Leistungen

In *Großbritannien*, wo die kapitalistische Entwicklung und die von ihr ausgelöste Industrialisierung und Verstädterung früher als in anderen europäischen Ländern einsetzte, sahen sich die rasch wachsenden Städte vor die Aufgabe gestellt, infrastrukturelle Voraussetzungen (Wasser, Abwasser, Abfall, Energie usw.) für die Versorgung der lokalen Bevölkerung und

Wirtschaft zu schaffen. Diese städtischen Aktivitäten, für die die Stadt Birmingham exemplarisch war, wurden von den sozialreformerischen Vorstellungen der *Fabians* unterstützt und zeitgenössisch (seitens der „Manchester-Liberalen“ kritisch-spöttisch) als *municipal socialism* bezeichnet (vgl. Kühl 2001).

Auch in *Deutschland*, wo sich die Industrialisierung und Verstädterung im letzten Drittel des 19. Jahrhunderts rasant entwickelten, übernahmen die rasch expandierenden Städte frühzeitig die Erbringung infrastruktureller Dienstleistungen (vgl. Saldern 1999, S. 30ff.). Schon frühzeitig spielten die (als *Stadtwerke* bezeichneten) kommunalen Unternehmen, die mehrere Dienstleistungen (multi-funktional) bündelten, eine Schlüsselrolle (vgl. Ambrosius 2012). Das kommunale Engagement wurde vom sozialreformerischen Diskurs der im *Verein für Socialpolitik* versammelten *Kathedersozialisten* begleitet. Auch in Deutschland wurde (teilweise ironisch-polemisch) von *Munizipal-Sozialismus* (vgl. Lindemann 1910; Seckelmann 2008, S. 275 FN 53 m.w.N.) gesprochen.

Desgleichen waren in *Schweden*, das bis in das frühe 20. Jahrhundert ein weitgehend bäuerlich-rurales Land war, die Kommunen für (elementare) infrastrukturellen Aufgaben zuständig.

Zwar waren auch in *Frankreich*, das ebenfalls erst im frühen 20. Jahrhundert von Industrialisierung und Verstädterung ergriffen wurde, die Kommunen grundsätzlich für (elementare) infrastrukturelle Dienste verantwortlich, gingen sie jedoch im 19. Jahrhundert frühzeitig dazu über, die Wasserversorgung im Wege von Konzessionen externen (privatwirtschaftlichen) Unternehmen zu übertragen (*gestion déléguée*). Diese „*funktionale* Privatisierung“ (oder, wie auch gesagt wurde, *„French style privatization“;* vgl. Finger/Allouche 2002; Citroni 2010, S. 208) hat sich als („pfadabhängig“) dauerhafte kommunale Verwaltungspraxis etabliert (vgl. Citroni 2010, S. 206ff.; Wollmann 2013, S. 252) und hat sich als Startrampe für den Aufstieg der drei großen privatwirtschaftlichen Unternehmensgruppen (*grands groupes*, Veolia, Suez, SAUR) erwiesen (vgl. Bordonneau et al. 2010, S. 134; Kuhlmann 2009, S. 155).

Soziale Dienste

An die Armenpflege der mittelalterlichen Städte anknüpfend, wurden in *England* 1834 gesetzlich die lokalen *Boards of the Guardians* eingeführt, die, aus lokalen Steuern finanziert, die Aufgabe hatten, für arme Alte, Behinderte, Waisen usw. zu sorgen, und die 1929 in die *local authorities* (*counties* bzw. *boroughs*) integriert wurden (vgl. Wollmann 2008, S. 122). Für soziale Dienstleistungen, insbesondere die Altenpflege, wurden neben den *local authorities* gemeinnützige Organisationen (*charitables*) tätig (vgl. Bönker et al. 2010, S. 99).

In *Frankreich* erklärte die *Assemblée Nationale* 1790 im Kontext der Französischen Revolution (in einem bemerkenswerten Vorgriff auf moderne Sozialstaatlichkeit) die öffentliche Unterstützung der bedürftigen Bürger zur „heiligen Pflicht der Gesellschaft". Indem (mit antiklerikaler Stoßrichtung) die katholische Kirche und (mit radikaldemokratischer Emphase) gesellschaftlich-bürgerliche Vereinigungen von sozialpolitischen Aktivitäten ausgeschlossen wurden (vgl. Archambault 1996, S. 16ff.; Wollmann 2008, S. 135 m.w.N.), wurde für die sozialen Dienste eine vorrangige Zuständigkeit der Kommunen fixiert, die bis in das 20. Jahrhundert („pfadabhängig") bestimmend blieb.

Auch in *Schweden* war die Erbringung sozialer Dienstleistungen seit Einführung der modernen kommunalen Selbstverwaltung im Jahr 1862 den Kommunen zugewiesen (vgl. Wollmann 2008, S. 129).

In *Deutschland*, wo die Altenpflege historisch ebenfalls in die Armenpflege der mittelalterlichen Städte zurückreicht, entwickelte sich auf der Basis der Preußischen Städteordnung von 1808 eine „duale" Aufgabenverteilung (das sogenannte Elberfelder System), wonach einerseits die (ehrenamtlichen) Armenpfleger der Kommunen und andererseits karitative kirchliche und bürgerliche Kräfte tätig wurden. Im weiteren Verlauf wurde der (in der katholischen Soziallehre verankerte und durch einen Kompromiss zwischen katholischer Kirche und preußischem Staat anerkannte) Grundsatz der Subsidiarität für den Vorrang der (gemeinnützigen) gesellschaftlichen, vor allem kirchlichen Organisationen in der Leistungserbringung („pfadabhängig") bestimmend (vgl. Wollmann 2008, S. 141; Bönker et al. 2010, S. 103; Bönker et al. 2014).

2.2 Phase des Sozial- und Interventionsstaats (Welfare State)

Die Entwicklung des modernen nationalen Wohlfahrtsstaats, der in den frühen 1970er-Jahren seine stärkste Ausprägung fand, war vom Leitbild und der politischen Grundidee geprägt, dass der Staat die vorrangige Aufgabe habe, zur Sicherung vom Wachstum der Wirtschaft und Wohlstand einer breiten Bevölkerung steuernd in die sozio-ökonomische Entwicklung einzugreifen (vgl. Jann 2002, S. 288ff.). Zugleich wurzelte dieses Leitbild in der Überzeugung, dass der Öffentliche (staatliche wie kommunale) Sektor und sein Personal am besten geeignet seien, die expandierten infrastrukturellen und sozialen Leistungen und deren wohlfahrtsstaatlichen Ziele zu verwirklichen.

Ein hervorragendes Beispiel für diesen wohlfahrtsstaatlichen Interventionismus gab in *Großbritannien* die Labour-Regierung, die nach 1945 (mit ihrer quasi-sozialistischen Handschrift) einen umfassenden Ausbau wohlfahrtsstaatlicher Institutionen, einschließlich der Verstaatlichung von Schlüsselindustrien, vorantrieb (vgl. Schröter 2001, S. 419) und damit mit der „staatsabstinenten" (*state-less*, Dyson 1980; vgl. Wollmann 2000, S. 14f.) Tradition des Landes brach. *Frankreich* verschrieb sich nach 1945 – unter einem politisch eher konservativem gaullistischen Banner und in Fortführung seiner etatistischen Staatstradition – einer von staatlichen *dirigisme* geleiteten Modernisierungspolitik. Ungeachtet dessen, dass sich in der Nachkriegs-*Bundesrepublik* die bürgerlich-konservative Bundesregierung jedweder Verstaatlichung enthielt (und im Gegenteil die Privatisierung von staatlichen Unternehmen, z.B. Volkswagen) (vgl. Kuhlmann/Wollmann 2013, 179ff.), wurde auch hier unter dem Leitbild einer „sozialen (sic!) Marktwirtschaft" der organisatorische und personelle Ausbau des Sozialstaats verfolgt, der Ende der 1960er-Jahre – mit dem (sozialdemokratisch inspirierten) Leitbild eines „aktiven Staates" (vgl. Jann 2002, S. 287f.) – einen Höhepunkt erlebte. In *Schweden* war die wohlfahrtsstaatliche Entwicklung von dem seit den mittleren 1930er-Jahren unter sozialdemokratischer Führerschaft konzipierten „Schwedischen Modell" gekennzeichnet.

Energiesektor

In *Großbritannien* schritt die Labour-Regierung 1946 dazu die Stromwirtschaft zu verstaatlichen, indem die bisherigen kommunalen Energiebetriebe in öffentliche, staatlich kontrollierte Unternehmen überführt wurden. Den Kommunen (*local authorities*) blieben lediglich marginale Zuständigkeiten in der Fernheizung (*district heating*).

Auch in *Frankreich* wurde der Energiemarkt in Verfolgung der staatlichem dirigisme verschriebenen Modernisierungspolitik dadurch verstaatlicht, dass die bestehenden privatwirtschaftlichen Energieunternehmen in zwei staatliche Gesellschaften (*Electricité de France*, EdF, und *Gaz de France*, GdF) überführt wurden. Nur eine geringe Zahl kommunaler Betriebe (insbesondere Wasserkraftwerke) wurden von der Verstaatlichung ausgenommen (vgl. Allemand 2007, S. 31).

Im Gegensatz zu Großbritannien und auch Frankreich enthielt sich in der *Bundesrepublik* – die nach 1949 regierende bürgerlich-konservative Bundesregierung jedwedes dirigistischen oder gar verstaatlichenden Eingriffs in den Energiesektor. So blieb der überkommene Unternehmensdualismus im Energiesektor erhalten, in dem einerseits die regional operierenden börsennotierte Energieunternehmen (mit einer überwiegend privatwirtschaftlichen Eigentümer- und Aktionärsstruktur) marktbeherrschend waren und sich andererseits die kommunalen Stadtwerke in lokalen Märkten durchaus behaupteten (vgl. Wollmann 2014a, S. 54 m.w.N.).

Auch in *Schweden* war der *Stromsektor* durch einen Unternehmensdualismus gekennzeichnet, in dem die Hälfte der Stromversorgung auf drei große Unternehmen entfiel – nämlich den 1909 gegründeten staatlichen Energieriesen *Vattenfall*, die zur Hälfte in finnischem Staatseigentum befindliche Energiegesellschaft *Fortum* sowie das deutsche Unternehmen *E.ON*. Die andere Hälfte des Strommarktes teilten sich 120 kommunale Betriebe (vgl. Montin 2014).

Wassersektor

In *Großbritannien* folgte 1973 – unter der Ägide der Labour-Regierung – die Verstaatlichung des Wassersektors, indem die Vielzahl kleiner kommunaler Wasserbetriebe in zehn (staatlich kontrollierte) *Regional Water Authorities* eingebracht („ent-kommunalisiert") wurden (vgl. Wollmann 2014a, S. 52 m.w.N.).

Die *französischen* Kommunen setzten im Wassersektor ihre im 19. Jahrhundert begonnene Praxis der *gestion déléguée* (French-style privatization, vgl. Finger/Allouche 2002) fort, die Wasserversorgung weitgehend den drei privatwirtschaftlichen Unternehmensgruppen (Veolia, Suez, SAUR) zu übertragen (vgl. Bordonneau et al. 2010; S. 134; Citroni 2010, S. 208).

In *Deutschland* blieb die Wasserversorgung praktisch vollständig in den Händen der Kommunen, sei es in eigener Regie (*in house*) oder (in der Regel) über ihre Stadtwerke.

Auch in *Schweden* wurde die *Wasserversorgung* durchweg von Kommunen und ihren Wasserwerken betrieben – in der Organisationsform eines auf Landesebene gebildeten kommunalen Zweckverbandes (*Svenskt Vatten*) (vgl. Montin 2014).

Abfallbeseitigung

Abfallbeseitigung wurde bis in die 1960er-Jahre in erster Linie als eine Aufgabe der Kommunen gesehen, die in der Regel sowohl für Müllabfuhr als auch für Entsorgung des Mülls in Deponien zuständig waren (vgl. Dreyfus et al. 2010, S. 146ff.), in Frankreich schon frühzeitig durch vertragliche Übertragung an private Unternehmen (vgl. Kuhlmann 2009, S. 155). Im Sog des seit den 1960er-Jahren gestiegenen Umweltbewusstseins und insbesondere angesichts der auf die von den Deponien ausgehenden Boden- und Grundwasserkontaminierung wurden im Laufe der 1970er-Jahre nationale Gesetze verabschiedet (etwa in Deutschland das

Abfallgesetz von 1972), in denen die Abfallbeseitigung als verbindliche Aufgabe der Kommunen und sonstige Rahmenbedingungen (etwa qualitative Anforderungen an die Deponien) fixiert wurden. Darüber hinaus wurde 1975 die Europäische Kommission durch Erlass der *Waste Directive* abfallpolitisch initiativ, in der sie als Ziele „the protection of human health and the environment“ und das in der Folgezeit bestimmende Konzept einer „Abfallhierarchie“ (waste hierarchy) (also jener abgestuften Prioritätenabfolge von „prevention, recycling and processing of waste, the extraction of raw materials and possibly of energy therefrom“) festlegte (vgl. Dreyfus et al. 2010, S. 146).

Soziale Dienstleistungen

Nachdem in *Großbritannien* an der Erbringung soziale Dienstleistungen, insbesondere der Altenpflege, traditionell neben den *local authorities* auch gemeinnützige Träger (*non-profit charitables*) beteiligt waren, gewannen nach 1945 – im Zuge des von der Labour Regierung forcierten Ausbaues des Welfare State – die kommunalen Personal- und Verwaltungsstrukturen den Vorrang, der nicht zuletzt von der Überzeugung und Maxime getragen war, dass wohlfahrtsstaatliche Leistungen am besten unmittelbar durch staatliches/kommunales Personal zu erfüllen seien (*self-sufficiency*, vgl. Stewart 2000, S. 51). „Social services for the elderly emerged as the largest of the activities of local authority social services departments“ (Bönker et al. 2010, S. 100). Die kommunalen Sozialverwaltungen expandierten zu *„municipal empires“* (Norton 1994, S. 378) mit einem öffentlich-munizipalen Aufgabenmonopol, das, in eklatanter Abkehr von der „staatsabstinenten“ (stateless) Tradition des Landes, in dieser Phase hier ausgeprägter war als irgendwo sonst in Europa (und wenig später von der neo-liberalen Kritik entsprechend attackiert wurde).

Auch in *Schweden* blieben die Kommunen im Zuge des seit den 1930er-Jahren unter sozialdemokratischer Führung verfolgten Auf- und Ausbaues des Schwedischen Sozialstaats für die sozialen Dienstleistungen, insbesondere die Altenpflege, operativ und finanziell zuständig. Aufgrund eines „versteckten Sozialvertrags“ (*hidden contract*) (Wijström 2000, S. 163), der Mitte der 1930er-Jahre zwischen den regierenden Sozialdemokraten und den kirchlichen und gesellschaftlichen Verbänden geschlossen worden war (Wollmann 2008, S. 129), übernahm der öffentliche, d.h. der kommunale Sektor praktisch ausschließlich die Aufgabe der sozialen Dienste, während die gesellschaftlichen Organisationen auf andere gesellschaftlich-politische Aufgaben verwiesen wurden. Dieser Primat des kommunalen Sektors blieb bis in die 1980er-Jahre bestimmend. Der Vorrang der Wahrnehmung durch die Kommunen wurde in den 1970er-Jahren weiter durch die Professionalisierung der Sozialarbeiter unterstrichen und verstärkt, die darin ihren Ausdruck fand, dass (einzigartig in Europa) deren Ausbildung den Universitäten zugewiesen wurde (vgl. Wollmann 2008, S. 121 m.w.N.).

Während in *Frankreich* die Erbringung sozialer Dienstleistungen, einschließlich der Altenpflege, traditionell bei den Kommunen lag, wurde diese Zuständigkeit im Zuge der Dezentralisierung von 1982 von den Kommunen auf die *départments* (als staatliche Verwaltungsstruktur) übertragen (vgl. Wollmann 2008, S. 136), mithin – in bemerkenswertem Widerspruch zur generellen Dezentralisierungslogik – ent-kommunalisiert, „verstaatlicht" und gewissermaßen re-zentralisiert. Gleichzeitig wurde der (weiter vorn erwähnte) auf die Französische Revolution zurückgehende Ausschluss kirchlicher und gesellschaftlicher Kräfte von der Erbringung sozialer Dienstleistungen dadurch aufgeweicht, dass die Mitwirkung der gemeinnützigen (*à but non lucratif*) Organisationen (*associations*) nunmehr zugelassen wurde (vgl. Archambault 1996, S. 203, Wollmann 2008; S. 139 m.w.N., Kuhlmann 2009, S. 156).

Im Gegensatz zu der kommunalen (in Großbritannien und Schweden) bzw. zunächst kommunalen dann staatlichen (in Frankreich) Zuständigkeit für soziale Dienste war in *Deutschland* das im 19. Jahrhundert begründete Prinzip der *Subsidiarität* („pfadabhängig") bestimmend, wonach die Erbringung sozialer Dienstleiste vorrangig Sache der gemeinnützigen sogenannten Freien Träger, insbesondere der vier großen Verbände und ihrer lokalen Organisationen (*Caritas, Diakonie, Rotes Kreuz* und *Paritätischer Verband*) sei. Allerdings blieben die Kommunen dadurch einbezogen, dass sie die Wohlfahrtsverbände – durch Sozialhilfemittel oder freiwillige Zuwendungen – finanziell unterstützten und sich („korporatistische") Kooperationsbeziehungen zwischen den kommunalen Sozialämtern und den Wohlfahrtsverbänden ausprägten (vgl. Heinze/Strünck 2000; Wollmann 2008, S. 143). Die sich hierbei ausformende Oligopolisierung und Bürokratisierung der Wohlfahrtsverbände wurde zunehmend kritisiert.

3. „Neo-liberaler" Rückbau des Öffentlichen Sektors und Expansion des privaten (und „dritten") Sektors

Seit den späten 1970er-Jahren ist die konzeptionelle, politische und institutionelle Dominanz des Öffentlichen (staatlichen wie kommunalen) Sektors in der Erbringung der öffentlichen und sozialen Dienstleistungen vor allem durch zwei Politikschübe und Diskursstränge und das sie tragende „neo-liberale" Leitbild erschüttert und verdrängt worden (vgl. Jann 2002, S. 289ff.).

Zum einen kam ein entscheidender Anstoß vom neo-liberalen Politikwechsel, der 1979 in Großbritannien von der Konservativen Regierung unter *Margaret Thatcher* eingeleitet wurde. Dieser radikale Strategiewechsel wurde im wissenschaftlichen Diskurs durch „ökonomistische Ansätze der *Public-Choice*-Theorie und, durchaus widersprüchlich, des betriebswirtschaftlichen Managerialismus (Kontraktmanagement, Out-Put-Steuerung, Dezentralisierung, Outsourcing, Privatisierung)" (Jann 2002, S. 290) gespeist. Von der OECD and anderen einflussreichen internationalen Organisationen aufgegriffen und unterstützt, gewann der neo-liberale und „manageriale" Modernisierungsdiskurs rasch die Meinungsführerschaft im nationalen und internationalen Kontext.

Zum andern wurde die Entwicklung von der Europäischen Union angetrieben, die darauf zielte, einen (EU-weiten) „gemeinsamen Markt" (*single market*) für Waren, Dienstleistungen, Kapital und Personal" europaweit herzustellen und zu diesem Zweck insbesondere im Dienstleistungssektor (der „Dienstleistungen von allgemeinem wirtschaftlichen Interesse") die bestehenden lokalen Märkte und Anbietermonopole durch Ausschreibungs- und Vergabevorschriften sowie sektorspezifische Marktliberalisierung und Deregulierung – insbesondere mit dem Instrument der (von den Mitgliedsstaaten in nationale Gesetzgebung und Politik umzusetzenden) Richtlinien (*directives*) – aufzubrechen (vgl. Bieling/Deckwirth 2008, S. 19ff.).

Energiesektor

In *Großbritannien* beschloss 1989 die Konservative Regierung unter *Margaret Thatcher*, den (1946 von der Labour-Regierung verstaatlichten) Energiesektor vollständig zu privatisieren. Aus den zunächst 14 regionalen privatwirtschaftlichen Unternehmen gingen durch Fusionen letztlich fünf Energieunternehmen hervor. Durch Erwerb von Aktienminderheitspositionen drangen auch ausländische Energieunternehmen, insbesondere die französische EdF, die spanische Iberdrola und die deutschen Unternehmen RWE und E.ON, in den britischen Markt ein (Drews 2008, S. 51). Die Kommunen blieben weiterhin auf eher marginale Aufgaben wie Fernwärme beschränkt (vgl. Wollmann et al. 2010, S. 175).

Im Kielwasser des neo-liberalen Vorbilds Großbritanniens ging die Europäische Union seit den späten 1990er-Jahren daran, ihre Marktliberalisierungspolitik im Energiesektor durch den Erlass von Richtlinien (1996 und 2003)[1] durchzusetzen.

In *Deutschland* hatte das Energiewirtschaftsgesetz von 1998, das in Reaktion auf die EU-Richtlinie von 1996 erlassen wurde, zunächst den Ef-

1 EU-Richtlinie 96/92 und Richtlinie 2003/54.

fekt, die Marktmacht der „Vier Großen“ (privatwirtschaftlichen) Energiegesellschaften (RWE, E.ON, EnBW und Vattenfall) auszudehnen, während der Marktanteil der Stadtwerke schrumpfte und von einem „Stadtwerkesterben“ die Rede war (vgl. Wollmann et al. 2010, S. 177).

In *Frankreich* wurde der staatliche Energieriese (und Monopolist) *Electricité de France* (EdF) zwar 2004 in eine börsennotierte Aktiengesellschaft umgewandelt („formal privatisiert“), jedoch befinden sich weiterhin 80% der Aktien in staatlicher Hand (vgl. Beckmann 2008, S. 140). In Verfolgung ihrer protektionistischen Industriepolitik legt es die französische Regierung offenkundig darauf an, die Stellung der EdF als *„national champion“* im nationalen und darüber hinaus internationalen Markt zu erhalten und zu festigen.

In *Schweden* blieb auf dem Strommarkt das bisherige Nebeneinander der drei großen Energiegesellschaften (*Vattenfall, Fortum* und *E.ON*) und der kommunalen Energiegesellschaften weitgehend unverändert bestehen.

Wassersektor

In England und Wales beschloss 1989 die konservative Regierung unter *Margaret Thatcher* 1989 auch im Wassersektor, der unter der Labour-Regierung 1973 verstaatlicht worden war, die vollständige Privatisierung an privatwirtschaftliche Investoren (für Details vgl. Drews 2008, S. 52ff.; Wollmann 2014a, S. 57 m.w.N.), während die Wasserwirtschaft in Schottland und Nordirland in öffentlicher Trägerschaft blieb.

In *Frankreich* setzten die Kommunen im Laufe der 1980er-Jahre ihre („pfadabhängige“) Praxis der (auch als *„French-style privatization“* bezeichneten) Vergabe (*gestion déléguée*) der örtlichen Wasserversorgung an die drei großen marktbeherrschenden privatwirtschaftlichen Unternehmen der *grands groupes* (*Veolia, Suez, SAUR*) verstärkt fort. So beschlossen in den Städten Grenoble und Paris, die ihre Wasserversorgung bislang noch selber (*en régie*) betrieben hatten, 1987 bzw. 1989 neu gewählte konservative Mehrheiten und Bürgermeister, die Wasserversorgung an Unternehmen der *grands groupes* zu übertragen (vgl. Hall/Lobina 2000; Wollmann 2014a, S. 56).

In *Deutschland* überwog zwar nach wie vor die lokale Wasserversorgung durch die Kommunen und ihre Stadtwerke selber. Jedoch drangen auch hier privatwirtschaftliche Wasserbetriebe, insbesondere Branchenriesen wie *Veolia, Suez, RWE* und *E.ON* vermehrt vor, indem sie (Minderheits-)Aktionäre in Stadtwerken wurden oder auch, wie 2002 im Falle von Stuttgart, die Wasserwerke vollständig übernahmen (vgl. Wollmann 2013, S. 254).

In *Schweden* gab es in der traditionell von den Kommunen betriebenen lokalen Wasserversorgung keine Veränderungen.

Abfallbeseitigung

In *Großbritannien* blieben die Kommunen für die Entsorgung des Siedlungsmülls verantwortlich, haben indessen sowohl für die Müllabfuhr (*waste collection*) als auch Abfallverwertung (*waste management*) weitgehend private Unternehmen vertraglich eingeschaltet. Kommunale Unternehmen sind kaum involviert (vgl. Dreyfus et al. 2010, S. 160f.).

Auch in *Frankreich* ist Müllentsorgung traditionell eine kommunale Aufgabe, jedoch wird diese weitgehend privaten Unternehmen vertraglich übertragen, insbesondere den großen Wasserkonzernen (*Veolia-Environnement* und *Suez*), die den Kommunen als *multi utility* – Unternehmen typischerweise zugleich Leistungen der Abfallentsorgung anbieten (vgl. Kuhlmann 2009, S. 155 m.w.N.). Nur rund 20% der Müllaufbereitungsbetriebe werden von den Kommunen selbst (*en régie*) betrieben (vgl. Dreyfus et al. 2010, S. 150f.).

In *Deutschland* ist der Tätigkeitsradius der Kommunen im Abfallsektor durch mehrere bundesgesetzliche Regelungen bestimmt worden. So sahen sich die Kommunen durch die *TA Siedlungsabfall* von 1993[2], die die Müllverbrennung zur Entsorgung von Siedlungsabfällen verbindlich vorschrieb, vor die Aufgabe gestellt, leistungsfähige Müllverbrennungsanlagen zu schaffen. Da dies in aller Regel ihre finanzielle und operative Leistungsfähigkeit überstieg, suchten sie vielfach eine enge Kooperation, auch in der Form von PPP's, mit privaten Abfallunternehmen. (vgl. Dreyfus et al. 2010, S. 153). Auf Grund der im (bundesgesetzlichen) Kreislaufwirtschafts- und Abfallgesetz von 1996 eingeführten Unterscheidung zwischen Siedlungs- und Industriemüll fällt die Entsorgung des ersteren in die Verantwortung der Kommunen, die zur Erfüllung ihrer Aufgabe (Müllabfuhr, Entsorgung) in starkem Maße (zu mehr als 60%) privatwirtschaftliche Unternehmen einschalten (vgl. Libbe 2013, S. 29). Hingegen bleibt die (wegen wertvoller Sekundärrohstoffe profitable) Verwertung des Industriemülls, für dessen Entsorgung nach dem gesetzlich statuierten Verursacherprinzip die „verursachenden" Unternehmen selbst zuständig sind, dem „freien Markt" und den diesen dominierenden privatwirtschaftlichen Unternehmen überlassen (vgl. Dreyfus 2013).

---

2 TA = „Technische Anleitung zur Verwertung, Behandlung und sonstigen Entsorgung von Siedlungsabfällen", eine am 14.5.1993 von der Bundesregierung erlassene „Allgemeine Verwaltungsvorschrift zum Abfallgesetz".

In *Schweden*, wo die Abfallentsorgung traditionell ebenfalls eine kommunale Aufgabe ist, wird die Müllabfuhr zum größten Teil von damit beauftragten privaten Unternehmen erledigt, während in der Entsorgung und Verwertung rund 220 Abfallgesellschaften tätig sind, deren zehn größte zur Hälfte kommunale und privatwirtschaftliche Unternehmen sind (vgl. Montin 2014).

Soziale Dienstleistungen

In Verfolgung ihrer neo-liberalen Politikwende zielte die Konservative Regierung in *Großbritannien* mit ihrer 1980 beschlossenen (und 1988 erweiterten) Gesetzgebung des *Compulsory Competitve Tendering* (CCT) darauf, die Kommunen zu verpflichten, einen breiten Fächer kommunaler Aufgaben (Errichtung und Unterhaltung öffentlicher Gebäude, Straßenbau, Abfallbeseitigung, Krankenhausverpflegung usw.) öffentlich auszuschreiben und auf der Basis von Verträgen zu vergeben (*oursourcing*) (vgl. Wollmann 2008, S. 127).

Zwar verzichtete die Regierung darauf, CCT auf die persönlichen Dienstleistungen, also insbesondere Altenpflege (*adult care*) unmittelbar zu erstrecken, jedoch sind die *local authorities* dazu übergangen, auch diese Dienstleistungen im Wettbewerb auszuschreiben (*tender*) und das Konzept des *purchaser-provider split* anzuwenden. Inzwischen wird (in eklatanter Ablösung des bisherigen Quasi-Monopols des kommunalen Personals) die Heimpflege (*residential care*) in wachsendem Umfang von *independent providers*, d.h. privatwirtschaftlich-kommerziellen oder gemeinnützigen Anbietern geleistet (für Einzelheiten vgl. Wollmann 2008, S. 128; vgl. auch Bönker et al. 2010, S. 106ff.).

In *Frankreich*, wo seit der Reform von 1982 die Zuständigkeit für die sozialen Dienste von den Kommunen auf die *départements* (als staatliche Handlungsebene) übertragen worden ist, sind diese vermehrt dazu übergangenen, gemeinnützige (*à but non lucratif*) Organisationen (*associations*) zu beauftragen, die einen regelrechten Boom erlebt haben (vgl. Archambault 1996, S. 203; Wollmann 2008; S. 139 m.w.N.; Kuhlmann 2009, S. 156). Insbesondere die in der Alten- und Behindertenhilfe tätigen gemeinnützigen Organisationen bilden inzwischen ein Gewebe von Einrichtungen (*tissu associatif*, vgl. Wollmann 2008, S. 139, mit Nachweisen).

In *Deutschland* wurde das „pfadabhängig" etablierte Privileg der Wohlfahrtsverbände durch das Pflegeversicherungsgesetz von 1994 beseitigt, indem dieses den Pflegemarkt für alle Anbieter, seien sie gemeinnützig oder privatwirtschaftlich-kommerziell, öffnete (vgl. Wollmann 2008, S. 145; Bönker et al. 2010, S. 100ff.). Dadurch, dass unter der Geltung des Pflegeversichungsgesetzes die aus den Versicherungsbeiträgen gespeisten

Pflegekassen Dreh- und Angelpunkt der Finanzierung der Pflegeleistungen bilden, sind die Kommunen operativ an den Rand der Alten- und Behindertenpflege gerückt und sind die Pflegeleistungen mithin sozusagen „ent-kommunalisiert“, „ent-örtlicht“ und ihrer traditionellen Einbettung in kommunale Entscheidung und Verantwortung entkleidet worden (vgl. Evers/Sachße 2003, S. 73; Bönker et al. 2014; für Einzelheiten vgl. Wollmann 2008, S. 145).

Auch in *Schweden* haben sich die Kommunen im Feld der sozialen Dienstleistungen der Marktliberalisierung verschrieben (vgl. Wollmann 2008, S. 133 m.w.N.) und die begriffliche, funktionale und institutionelle Unterscheidung zwischen der Nachfrage (*purchasing*, schwedisch: *beställar, uppdrag*) und der Erbringung (*providing*, schwedisch: *utförar*, produktion) übernommen (vgl. Montin 1993). In der (internen) Organisation der Kommunalverwaltung hat das Konzept des *purchaser provider split* darin seinen Niederschlag gefunden, dass (auch und gerade in der Altenhilfe) einerseits Bestellausschüsse und andererseits Ausführungsämter gebildet werden.

Überdies sind sie verwaltungsextern dazu übergegangen, für die Erbringung der sozialen Dienstleistungen, insbesondere der Altenpflege, auch private oder gemeinnützige Anbieter zu beauftragen. Auch wenn bislang der Löwenanteil der sozialen Dienste nach wie vor von kommunalem Personal, teilweise in der Form ausgelagerter (*outsourced*) Verwaltungseinheiten, erbracht wird, ist der Anteil gemeinnütziger und privatwirtschaftkommerzieller Anbieter ständig gewachsen. Unter den letzteren dominieren zunehmend vier (zum Teil auch international operierender) Dienstleistungsunternehmen (*Attendo Care, Carema Care, Aleris* und *United Care*) (vgl. Montin 2014, S. 14).

■ 4. Jüngste („post-neo-liberale“) Phase

In den letzten Jahren sind in den hier diskutierten Ländern und Sektoren unterschiedlich ausgeprägte Ansätze eines *Comeback* der Kommunen und ihrer Unternehmen in der Erbringung öffentlicher Dienstleistungen zu erkennen. Für eine solche „Re-kommunalisierung“ sprechen eine Reihe von Gründen (vgl. Wollmann 2013, S. 257ff.). Die dem neo-liberalen Leitbild und Postulat eines „schlanken“, „managerialen“ Staats und der Marktliberalisierung seiner Dienstleistungen zugrunde liegende Vorstellung und Annahme, der private Sektor sei dem öffentlichen in Effizienz und Wirtschaftlichkeit strukturell überlegen, wurde im Laufe der 2000er-Jahre auf mehreren Diskurs-, Politik- und Praxisebenen erschüttert.

Zum einen hat die globale Finanzkrise, die vom Zusammenbruch der US-amerikanischen Großbank Lehman Brothers im September 2008 ausgelöst wurde, fundamentale neo-liberale Glaubenssätze in Frage gestellt. Zum andern haben die Ergebnisse von „Privatisierungen“ in deren Anwendungspraxis vielfach ernüchtert und enttäuscht. Eine wachsende Zahl nationaler wie internationaler Untersuchungen legen nahe, dass der öffentliche/kommunale Sektor in der effizienten Erbringung öffentlicher Dienstleistungen dem privaten Sektor ebenbürtig, wenn nicht sogar überlegen ist (zum internationalen Forschungsstand vgl. Mühlenkamp 2012, 2013).

Hierbei haben insbesondere die Kommunen die Vorzüge einer „Eigenproduktion“ erkannt, die nicht zuletzt in der Möglichkeit liegen, in profitablen Handlungsfeldern (Energie, Wasser, Müllverwertung usw.) Gewinne zu erzielen, mit diesen defizitäre Bereiche (wie öffentlicher Nahverkehr) „querzusubventionieren“ (vgl. Lenk et al. 2011) und insgesamt (soziale, ökologische usw.) Ziele einzulösen, die dem „allgemeinen Interesse“ und den konkreten Bedürfnissen der „örtlichen Gemeinschaft“ dienen (vgl. Bauer 2012, S. 28). Allerdings setzt dies voraus, dass es den Kommunen und ihren Unternehmen gelingt, sich organisatorisch (auch durch interkommunale Zusammenarbeit) und personell hinreichend zu verstärken, um sich in der Konkurrenz mit privatwirtschaftlichen Unternehmen zu behaupten.

Überdies wurde die Wiederentdeckung der eigenen kommunalen Leistungsfähigkeit von einem politikkulturellen Wertewandel angestoßen und getragen, in dem, wie Umfragen zeigen (vgl. Müller 2009[3]), der öffentliche, zumal kommunale Sektor als Dienstleister dem privaten Sektor vorgezogen wird und der (zum Beispiel in Deutschland) in einer wachsenden Zahl von lokalen Referenden Ausdruck findet, in denen die Privatisierung von Stadtwerken mehrheitlich entweder abgelehnt oder rückgängig gemacht wird (vgl. Kuhlmann/Wollmann 2013, S. 194ff. m.w.N.).

Ferner ist die Verbindlichkeit der von der EU verfolgten Marktliberalisierung für die „Dienstleistungen von allgemeinem wirtschaftlichen Interesse“ auch und gerade für die Kommunen dadurch gelockert worden, dass im Zusammenhang mit dem Vertrag von Lissabon vom 13. Dezember 2009[4] ein „weiter Ermessensspielraum (sic! HW) der nationalen, regiona-

---

3 Auf der Basis einer repräsentativen Umfrage, die dimap 2008 (im Auftrag des Bundesverbandes Öffentliche Dienstleistungen) unter der deutschen Bevölkerung durchführte. Danach meinen 59% der Befragten, die Versorgung mit Strom, Gas, Wasser sowie die Abfallentsorgung sollte eher durch öffentliche Unternehmen erfolgen, 20% glauben, dass dies eher durch private Unternehmen geschehen solle. 16% ist das gleichgültig (vgl. Müller 2009, S. 5).

4 http://www.politische-union.de/euv/euv-p1f.htm

len und lokalen [sic! HW] Handlungsebenen" in der Entscheidung darüber eröffnet worden ist, „wie die Dienste von allgemeinem wirtschaftlichen Interesse auf eine den Bedürfnissen der Nutzer so gut wie möglich entsprechende Weise zur Verfügung zu stellen, in Auftrag zu geben und zu organisieren" seien (vgl. Wollmann 2013, S. 262; Ahbe 2009).

Allerdings stehen einem *Comeback* des munizipalen Sektors eine Reihe von Hürden im Wege.

Zum einen liegt ein ernsthaftes Hemmnis in dem Umstand begründet, dass die Kommunen in der Vergangenheit – als Folge der funktionalen Privatisierung (also der Übertragung, *outsourcing, délégation*) oder der materiellen Privatisierung (also des partiellen oder vollständigen Verkaufs des kommunalen Unternehmens) die für die Wahrnehmung der entsprechenden Funktionen erforderlichen organisatorischen und personellen Ressourcen aufgegeben haben und diese erst wieder schaffen müssten, um die Wiederaufnahme der Aufgabe zu meistern (hierzu am Beispiel von Frankreichs Wassersektor vgl. Bordonneau et al. 2010, S. 136)

Zum andern sehen sich die Kommunen in der Regel erheblichen finanziellen Forderungen der bisherigen privatwirtschaftlichen Gesellschaften – zur Abgeltung und Entschädigung der von diesen gemachten Investitionen usw. gegenüber.

Beim Versuch, nach Auslaufen des Konzessionsvertrags die Dienstleistung wieder in eigene Regie und Verantwortung zu nehmen, sehen sich die Kommunen überdies vielfach gezwungen, in konfliktreiche und langwierige Auseinandersetzungen mit dem bisherigen Betreibergesellschaften zu treten, die sich einer Nichtverlängerung des Konzessionsvertrags lebhaft widersetzen. In diesen Konflikten haben die Kommunen auch verhandlungstaktisch und -strategisch insofern schlechte Karten, als sie es oft mit international operierenden Großunternehmen und deren regionalen Tochterunternehmen zu tun haben, die vermöge ihrer finanziellen Ressourcen und international erfahrenen Spezialisten den Kommunen und deren Personal weit überlegen sind (vgl. Kuhlmann 2009, S. 154), zumal im Umgang mit einem vielfach „schwer durchschaubaren Vertragsgeflecht" (Bauer 2012, S. 14). Hierbei gelingt es den betreffenden Unternehmen nicht selten, ihre Beschäftigten gegen die Absicht der Kommunen, die Konzession nicht zu verlängern, zu mobilisieren (vgl. Hall et al. 2012).

Energiesektor

Im Energiesektor[5] liefert *Deutschland* unter den hier diskutierten Ländern das auffälligste Beispiel für Rekommunalisierung. Zeichnete sich im Lauf

---

5 Für weitere Details vgl. Wollmann 2013, S. 248ff.

der 1990er-Jahre – unter dem Wettbewerbsdruck der in die lokalen Märkte drängenden „großen Vier“ Energiegiganten – das Menetekel eines „Stadtwerkesterbens“ ab, so erlebten die Städte und ihre Stadtwerke inzwischen auch und gerade im Energiesektor ein bemerkenswertes *Comeback*. Haben die kommunalen Unternehmen doch inzwischen gelernt, sich im Wettbewerb am Energiemarkt vor allem dadurch erfolgreich zu behaupten, dass sie unternehmerische Fähigkeiten erworben und ihre operative und finanzielle Basis, nicht zuletzt durch interkommunale Kooperation, verstärkt haben. Zudem wurden die Erfahrungen, die die Kommunen und ihre Stadtwerke in der Anwendung energiesparender (Kraft-Wärme-Kopplung) Technologien und erneuerbarer Energiegewinnung traditionell besitzen, umso attraktiver, ein je stärkeres Gewicht alternativer Energiepolitik auf der Ebene von Bund und EU beigemessen wurde (vgl. Bolay 2009). Die steigende Tendenz und Fähigkeit der Kommunen, die lokale Energieversorgung zu kommunalisieren bzw. zu re-kommunalisieren, ist an der wachsenden Zahl von neugegründeten Stadtwerken abzulesen (bis 2010 rund 40 Neugründungen; vgl. Liste bei Libbe 2012, VKU 2010). Das jüngste Beispiel ist die Gründung eines (operativ freilich erheblich eingeschränkten)[6] Stadtwerks in Berlin.

In *Großbritannien* haben die Kommunen, die energiepolitisch bislang auf eher randständige Aufgaben wie Fernwärme (*district heating*) beschränkt waren (vgl. Wollmann et al. 2010, S. 175), in den letzten Jahren ihr energiepolitisches Engagement merklich verstärkt. Anstoß hierzu gab die im Mai 2010 gebildete konservativ-liberale Koalitionsregierung, die die Kommunen nunmehr ausdrücklich dazu aufforderte, eigene energiepolitische Aktivitäten zu entfalten. In einem offiziellen Rundschreiben, das der zuständige Minister im August 2008 an die Kommunen schickte, wurde unter anderem gesagt, dass

> „far too long, Whitehall's dogmatic reliance on 'big' energy has stood in the way of the vast potential role of local authorities in the UK's green energy revolution.“[7]

Inzwischen haben eine Reihe von *local authorities* einschlägige kommunale Projekte angestoßen, insbesondere in der Verbindung von Kraftwärme-Kopplung und Fernwärme (CHP and *district heating*).

---

6 Vgl. Der Tagesspiegel vom 2.6.2014, Berliner Stadtwerk darf keinen Strom verkaufen, http://www.tagesspiegel.de/berlin/energiepolitik-in-berlin-berliner-stadtwerk-darf-keinen-strom-verkaufen/9981862.html

7 http://www.decc.gov.uk/publications/basket.aspx?FilePath=News%2f376-unlocking-local-power-huhne-letter.pdf&filetype=4#basket).

Auch in *Frankreich* haben seit den 1990er-Jahren die (230) kommunalen Energieunternehmen, die 1946 von der Verstaatlichung ausgenommen worden waren und gegenüber der marktbeherrschenden EdF bislang eine eher marginale Rolle spielten, ihren energiepolitischen Handlungsradius durch verstärkte Nutzung von Wasserfällen, Windenergie und Kraft-Wärme-Kopplung zu erweitern begonnen (vgl. Wollmann et al. 2010; S. 181, vgl. Allemand 2007, S. 40).

In *Schweden* bleibt es bei dem bisherigen Nebeneinander der drei großen Stromkonzerne (von ihnen zwei staatlichen) und kommunalen Betriebe.

Wassersektor

In Frankreich ist in den späten 1990er-Jahren eine Remunizipalisierung der Wasserversorgung dadurch in Gang gekommen, dass in einigen Städten (insbesondere von neuen „linken" Mehrheiten in Kommunalvertretungen) beschlossen wurde, die von den vorhergehenden „rechten" Mehrheiten durchgesetzte *gestion déléguée* zu beenden.[8] Die in Grenoble und Paris (1989 bzw. 2000) getroffenen kommunalpolitischen Entscheidungen sind hierfür medial stark beachtete Beispiele.

Ähnlich ist in Deutschland im deutschen Wassersektor der Trend zu beobachten, die Tendenz geltend, dass Städte (teilweise unter dem Druck lokaler Referenden) ihre in der Vergangenheit an privatwirtschaftliche Investoren verkauften Anteile an den Wasserwerken zurückerwerben (für Beispiele vgl. Libbe 2013; Bauer 2012; Wollmann 2013, S. 254; 2014, S. 64ff.; Kuhlmann/Wollmann 2013, S. 198).

Abfallsektor

In *Deutschland* mehren sich die Beispiele, dass Kommunen ihre Abfallentsorgung wieder in die eigenen Hände nehmen (vgl. Verbücheln 2009; Libbe 2013, S. 29 m.w.N.). Neben dem Bestreben, die Tarife niedrig zu halten, spielt hierbei auch der Wunsch der Kommunen eine Rolle, an der wegen der Rohstoffpreise zunehmend lukrativen Verwertung von Sekundärrohstoffen teilzuhaben.

Auch in *Frankreich* ist das Bestreben von Kommunen zu beobachten, nach Auslaufen der entsprechenden Verträge die Abfallentsorgung wieder in eigene Regie zu übernehmen.

In *Schweden* schlug unlängst eine Regierungskommission vor, dass die Kommunen ihren Anteil am Recycling von Papier usw. vergrößern

8 Für weitere Details vgl. Wollmann 2013, S. 252ff.

sollten, stieß hierbei freilich auf den Widerstand der schwedischen Wettbewerbsbehörde (*konkurrensverket*), die eine Monopolbildung befürchtet (vgl. Montin 2014). Die Frage blieb bislang unentschieden.

Soziale Dienstleistungen

Ein völlig anderer empirischer Befund ist bei den sozialen Dienstleistungen festzustellen. Nachdem die in diesem Feld in den einzelnen Ländern historisch entstandenen je unterschiedlichen Organisationsmuster (weitgehender Ausschluss nicht-öffentlicher Anbieter in Frankreich, Schweden und Großbritannien. bzw. Vorrang nicht-öffentlicher gemeinnütziger Anbieter in Deutschland) bis in die 1970er-Jahre eine hohe („pfadabhängige“) Kontinuität und Persistenz zeigten, wurden sie seit den 1980er-Jahren in den hier diskutierten Ländern im Sog des auf Marktliberalisierung fokussierten (neo-liberalen) Modernisierungsdiskurses und aufgrund der hiervon inspirierten nationalen Gesetzgebungen (z.B. *Compulsory Competitive Tendering* in den 1980er-Jahren in Großbritannien, Pflegeversicherungsgesetz von 1995 in Deutschland) in bemerkenswerter Gleichläufigkeit (Konvergenz) von der Dynamik einer Vermarktwirtschaftlichung, Kontraktualisierung und Pluralisierung ergriffen, die gesellschaftlich-gemeinnützige ebenso wie privatwirtschaftlich-kommerzielle Anbieter umfasst. Die Kommunen scheinen nachhaltig bereit und interessiert, das *Outsourcing* der sozialen Dienstleistungen zu verstärken.

Zwar wird beispielsweise in Schweden angesichts der Kritik, die an einzelnen Missständen in von privaten Anbietern betriebenen Pflegeheimen aufgekommen ist, vereinzelt die Frage und Forderung diskutiert, solche Heime – nach Auslaufen der entsprechenden Verträge – wieder in kommunale Hände zu nehmen. Jedoch kann auch insoweit nicht nennenswert von Rekommunalierung gesprochen werden (vgl. Montin 2014). In Deutschland, wo kritisiert worden ist, dass als Folge der durch das Pflegeversicherungsgesetz von 1994 herbeigeführten Marktöffnung die Pflegeleistungen gewissermaßen „ent-kommunalisiert“ und „ent-örtlicht“ worden seien (vgl. Evers/Sachße 2003, S. 73; Wollmann 2008, S. 147), wird vorgeschlagen, den Einfluss der Kommunen und ihre Kontrolle („Monitoring“) über die Qualität der lokal erbrachten sozialen Dienstleistungen wieder zu stärken. Jedoch kann insoweit von einer „Re-kommunalisierung“ im engeren Sinne nicht gesprochen werden.

5. Resümee

5.1 Von „Government“ zu „Governance“?

Das „neo-liberale“ Leitbild von Funktion und Organisation des politisch-administrativen Systems zielte seit den 1980er-Jahren darauf, die dem bisherigen („sozialdemokratischen“) *Welfare State* eigentümliche Dominanz des Öffentlichen Sektors und seiner („Max Weberschen“) Verwaltung in der Erbringung der infrastrukturellen Leistungen abzulösen und dem Marktwettbewerb und managerialen Prinzipien zu öffnen.

Ungeachtet von Unterschieden (Divergenz) zwischen den Ländern und einzelnen Leistungsfeldern zeigt sich im Bereich der infrastrukturellen Dienstleistungen gemeinsame (konvergente) Entwicklungslinien darin, dass sich der privatwirtschaftliche Sektor, seine Akteure und Handlungsrationalitäten zunehmend geltend machen – sei es im Wege (*materieller*) Privatisierung (z.B. ausgeprägt in der vollständigen Privatisierung des Energie- und Wassersektors in Großbritannien/England), in der *funktionalen Privatisierung* (durch Beauftragung, *outsourcing, délégation* an private Unternehmen) oder in „gemischten“ kommunal/öffentlich-privaten Unternehmen und Organisationen (*Public Private Partnerships*). Hinzu kommt die wachsende Neigung der Kommunen, ihre bislang eher verwaltungsintern (*in house*) erbrachten Leistungen in organisatorisch und finanziell „ausgelagerten“ („inkorporatisierten“) Einheiten und Betrieben zu erledigen – in Formen von „organisatorischen Privatisierungen“, die den Einstieg und die Beteiligung von privaten Investoren und Unternehmen erleichtern. In dem Maße, wie infrastrukturelle Dienstleistungen zunehmend organisatorisch „ausgelagert“ oder „privatisiert“ werden und von einer wachsenden Zahl von privatwirtschaftlichen, gemischtwirtschaftlichen (*public/private*) und auch verselbständigten (inkorpatisierten) kommunalen Anbietern getragen werden, bilden sich Akteursnetzwerke aus, die jenseits und außerhalb des Einflusses und der Steuerung der demokratisch gewählten und kontrollierten Politik- und Verwaltungsstrukturen agieren. In der Konzeptbildung und Diktion der aktuellen politik- und verwaltungswissenschaftlichen Diskussion ausgedrückt, in der die ersteren traditionellen (eher hierarchischen) Politik- und Verwaltungsstrukturen als *„government“* und die letzteren von eher „gleichrangigen“ Akteuren gebildeten Netzwerke als *„governance“* bezeichnet werden (vgl. etwa Jann 2002, S. 291ff. m.w.N.), kann die hier beschriebene Entwicklung als eine Schwächung des (kommunalen) *government* und als wachsende Bestimmungsstärke der Akteursnetzwerke und der Handlungslogiken und -interessen ihrer einzelnen Akteure interpretiert werden. Wie in der *governance*-Debatte in ihrem präskriptiv-normativen Verständnis hervorgehoben wird, stellt sich damit die Frage nach der „Steuerung" der Akteursnetzwerke als strategisches Schlüsselproblem.

Auch den sozialen Dienstleistungen (Alten-, Jugend- usw. -hilfe), deren Erbringung in den hier diskutierten Ländern bis in die 1980er-Jahre von „pfadabhängig" unterschiedlichen (divergenten) Organisationsmustern geprägt waren (vorrangig kommunal bzw. staatlich in Großbritannien, Schweden und Frankreich, vorrangig gemeinnützig in Deutschland), ist seitdem übereinstimmend (konvergent), vom „neo-liberalen" Diskurs und Imperativ der Marktliberalisierung angestoßen, zunehmend der Vorrang von privatwirtschaftlichen und gemeinnützigen Anbietern eigentümlich. Auch dieses Handlungsfeld ist von einer Pluralisierung der relevanten privaten, gesellschaftlich-gemeinnütziger und kommunaler Akteure kennzeichnet, die ebenfalls als Ausbreitung von *governance*-Strukturen interpretiert werden kann.

5.2 Comeback der Kommunen und „post-neo-liberale" Revision des „neo-liberalen" Leitbilds?

Im Feld der infrastrukturellen Leistungen (Energie, Wasser, Abfall) hat die voranstehende Analyse empirisch solide Belege dafür geliefert, dass, wenn auch mit Unterschieden zwischen den Ländern und Handlungsfeldern, die Kommunen und ihre Unternehmen in den letzten Jahren dazu übergangen sind, infrastrukturelle Dienstleistungen zu rekommunalisieren, sei es, dass sie die bislang im Wege der Beauftragung (*outsourcing, délégation*) „funktional privatisierte" Dienstleistungen wieder in eigene Hände nehmen (*re-insourcing*) oder an private Unternehmen (ganz oder teilweise) veräußerte („materiell privatisierte") kommunale Betriebe wieder zurückerwerben. Hierbei verfolgen die Kommunen insbesondere das Ziel, als *local government* wieder stärkeren Einfluss auf die Erbringung der infrastrukturellen Dienste (Preis, Qualität, Beschäftigungsbedingungen usw.) auszuüben. Gleichzeitig haben die kommunalen Unternehmen im Marktwettbewerb mit den privatwirtschaftlichen Konkurrenten einerseits gelernt sich von einer *ökonomischem Rationalität* leiten zu lassen. Anderseits sind sie vermöge ihrer Einbindung in den kommunalpolitischen Kontext einer *politischen Rationalität* verpflichtet, die neben den Zielen ökonomischer Effizienz darüber hinausgehende soziale, ökologische usw. Ziele einzulösen (zu dieser „hybriden" Zielsetzung vgl. Montin 2014; Wollmann 2013, S. 260). In dem Maße, wie sich die Kommunalverwaltungen und kommunalen Unternehmen auf die Änderungen und Herausforderungen ihrer „marktliberalisierten" kommunalen Handlungsumwelt durch interne Reorganisation und

Requalifikation ihres Verwaltungs- und Unternehmenspersonals erfolgreich eingestellt haben, spricht vieles dafür, insoweit das „neo-liberale" Leitbild, das wesentlich von der Annahme eines strukturellen Verwaltungs- und Bürokratieversagens und eines entsprechenden operativen Unvermögens gespeist wurde, zu revidieren und der veränderten „post-neoliberalen" Wirklichkeit anzupassen.

Ähnliches gilt für den Sektor der sozialen Dienstleistungen. Unter der Wucht des neo-liberalen Modernisierungsdiskurses, der um Marktliberalisierung, *New Public Management* und dessen Konzept des *purchaser-provider-split* kreist, haben sich übereinstimmend (konvergent) Änderungen in zwei Dimensionen ergeben. Auf der einen Seite werden die sozialen Dienstleistungen von den Kommunen (als *purchaser*) von den Dienstleistern (seien sie privatwirtschaftlich-kommerzielle oder gemeinnützige Anbieter, aber auch kommunale Einheiten) als *provider* im Wege des Wettbewerbs „eingekauft". Auf der anderen Seite müssen sich die Kommunalverwaltungen personell und qualifikatorisch dafür wappnen, nunmehr als „Besteller" dieser Leistungen zu agieren und diese veränderten Leistungsbeziehungen (durch die Formulierung der Leistungen, ihre Kontrolle usw., „Vertragsmanagement".) zu handhaben. Infolge dieser Verbindung und „Amalgamierung" traditioneller und „managerialer" Strukturen und Verfahren gewinnt die Verwaltung sozusagen „neo-Max Webersche" Züge (vgl. Bouckaert 2006) und zeichnet sich die Neufassung und Anpassung eines „post-neo-liberalen" und „post-NPM"- Leitbilds der Verwaltungsmodernisierung ab.

5.3 Rekommunalisierung – Schwingt das Pendel zurück?

Die Antwort auf diese (auch anderwärts formulierte, vgl. etwa Röber 2009; Wollmann/Marcou 2010b; Wollmann 2013, 2014a) bildhafte Frage soll hier zumindest in drei Hinsichten qualifiziert werden. Zum einen ist daran zu erinnern, dass, wie oben gezeigt wurde, von einer „Rekommunalisisierung" nur für die infrastrukturellen, nicht aber der sozialen Dienstleistungen gesprochen werden kann. Zum andern ist darauf zu verweisen, dass zwar zur Durchführung und zum Abschluss von Maßnahmen der Rekommunalisierung durchaus „robuste" empirische Analysen und Beobachtungen, dass jedoch systematische Untersuchungen nach wie vor nicht verfügbar sind. Schließlich – last but not least – ist zu bedenken, dass die hier herangezogene Auswahl von Ländern und Sektoren begrenzt ist und umfassendere Aussagen (noch) nicht erlaubt.

Literatur

Ahbe, Martin (2009): Kommunen und kommunale Selbstverwaltung im Lichte des Reform-Vertrags von Lissabon. In: Bundesverband öffentlicher Dienstleistungen (Hg.): Renaissance der Kommunalwirtschaft? Berlin, S. 42–53

Allemand, Rosalyn (2007): Les distribiteurs non-nationalisés d'electricité face à l'ouverture de la concurrence. In: Annuaire 2007 des Collectivités Locales, CNRS. Paris, S. 31–42

Ambrosius, Gerold (2012): Die Geschichte der Stadtwerke. In: Bräunig, Dietmar/Gottschalk, Wolf (Hg.): Stadtwerke. Grundlagen, Rahmenbedingungen, Führung und Betrieb. Baden-Baden, S. 35–51

Archambaut, Edith (1996): Le secteur sans but lucratif. Associations et Fondations en France. Paris

Bauer, Hartmut (2012): Von der Privatisierung zur Rekommunalisierung. In: Bauer, Hartmut/Büchner, Christiane/Hajasch, Lydia (Hg.): Rekommunalisierung öffentlicher Daseinsvorsorge. Potsdam, S. 11–31

Beckmann, Jens (2008): Die Entkernung des Service Public in Frankreich. In: Bieling, Hans-Jürgen/Deckwirth, Christina/Schmalz, Stephan (Hg.): Liberalisierung und Privatisierung in Europa. Münster, S. 125–151

Bieling, Hans-Jürgen./Deckwirth, Christina (2008): Die Reorganisation der öffentlichen Infrastruktur in der Europäischen Union. In: Bieling, Hans-Jürgen/Deckwirth, Christina/Schmalz, Stephan (Hg.): Liberalisierung und Privatisierung in Europa. Münster, S. 125–151

Bolay, Sebastian. (2009): Einführung von Energiemanagement und erneuerbaren Energien. Untersuchung von Erfolgsfaktoren in deutschen Kommunen. Potsdam: Universität Potsdam (Dissertation)

Bönker, Frank/Hill, Michael/Marzanati, Anna (2010): Towards marketization and centralization? The changing role of local government in long-term care in England, France, Germany and Italy. In: Wollmann, Hellmut/Marcou, Gérard (eds.): The Provision of public services in Europe. Cheltenham, S. 97–118

Bönker, Frank/Libbe, Jens/Wollmann, Hellmut (2014): The provision of local public services in Germany. A long-term sectoral comparison (unveröffentlicht, COST Paper)

Bordonneau, Marie-Agnès/Canneva, Guillem./Orange, Gérard/Gambier, Dominique (2010): Le changement de mode de gestion des services d'eau. In: Droit et Gestion des Collectivités Territoriales, Annunaire 2010, Editions le Moniteur. Paris, S. 131–147

Bouckaert, Geert (2006): Auf dem Weg zu einer Neo-Weberiansischen Verwaltung, In: Bogumil, Jörg/Jann, Werner/Nullmeier, Frank (Hg.): Politik und Verwaltung. Wiesbaden, S. 354–372

Citroni, Giulio (2010): Neither state nor market: municipalities, corporations and municipal corporatization in water services: Germany, France and Italy compared. In: Wollmann, Hellmut/Marcou, Gérard (eds.): The Provision of Public Services in Europe. Between State, Local Government and Market. Cheltenham, S. 191–216

Clifton, Judith/Lanthier, Pierre./Schröter, Harm. 2011: Regulating and deregulating the public utilities 1830–2010. In: Business History, Vol. 53/No. 5, S. 659–672

Denkwirth, Christina (2008): Der Erfolg der Global Player: Liberalisierung und Privatisierung in der Bundesrepublik Deutschland. In: Bieling, Hans-Jürgen/Deckwirth, Christina/Schmalz, Stephan (Hg.): Liberalisierung und Privatisierung in Europa. Die Reorganisation der öffentlichen Infrastruktur in der Europäischen Union. Münster, S. 64–95

Drews, Kathrin (2008): Großbritannien: „TINA“ oder Paradigma einer gescheiterten Reorganisation? In: Bieling, Hans-Jürgen/Deckwirth, Christina/Schmalz, Stephan (Hg.): Liberalisierung und Privatisierung in Europa. Die Reorganisation der öffentlichen Infrastruktur in der Europäischen Union. Münster, S. 34–63

Dreyfus, Magali/Töller, Annette/Iannello, Carlo/McEldowney, John (2010): Comparative study of a local service: waste management in France, Germany, Italy and the UK. In: Wollmann, Hellmut/Marcou, Gérard (eds.): The Provision of Public Services in Europe. Between State, Local Government and Market. Cheltenham, S. 146–166

Dyson, Kenneth (1980): The State Tradition in Western Europe. Oxford

Evers, Adalbert/Sachße, Christoph (2003): Social care services for children and older people in Germany. In: Attonen, Annelli/Baldock, John/Rhodes, Martin (eds.): The Young, the Old and the State: Social Care Systems in Five Industrial Nations. Cheltenham, S. 55–79

Finger, Matthias/Allouche, Jeremy (2002): Water Privatisation. Trans-national corporations and the re-regulation of the water industry. London, New York

Grossi, Giuseppe/Marcou, Gérard/Reichard, Christoph (2010): Comparative aspects of institutional variants for local public service provision. In: Wollmann, Hellmut/Marcou, Gérard (eds.): The Provision of Public Services in Europe. Between State, Local Government and Market. Cheltenham, Northampton, S. 217–239

Grunow, Dieter (2000): Social Administration in Germany. In: Wollmann, Helmut/Schröter, Eckhard (eds.): Comparing Public Sector Reform in Britain and Germany. Aldershot, S. 244–264

Hall, David/Lobina, Emanuele (2001): Private to Public: International lessons of water remunicipalisation in Grenoble, France. Conference Paper AWRA Dundee, 2001. 16

Hall, David/Lobina, Emmanuele/Terhorst, P. (2012): Remunicipalization in Europe (unveröffentlichtest Manuskript)

Heinelt, H./Hlepas, N.-K. (2006): Typologies of Local Government Systems. In: Bäck, Henry/Heinelt, Hubert/Magnier, Annick (eds.): The European Mayor. Political Leaders in the Changing Context of Local Democracy. Wiesbaden, S. 21–42

Heinze, Rolf G./Strünck, Christoph (2000): Social Service Delivery by Private and Voluntary Organisations in Germany. In: Wollmann, Hellmut/Schröter, Eckhard (eds.): Comparing Public Sector Reform in Britain and Germany. Aldershot, S. 284–303

Hesse, Joachim Jens/Sharpe L. J. (1991): Local Government in International Perspective. Some Comparative Observations. In: Hesse, Joachim Jens (ed.): Local Government and Urban Affairs in International Perspective. Baden-Baden, S. 353–386

Jann, Werner (2002): Der Wandel verwaltungspolitischer Leitbilder: Vom Management zum Governance? In: König,Klaus (Hg.): Deutsche Verwaltung an der Wende zum 21. Jahrhundert. Baden-Baden, S. 279–299

Kühl, Uwe (Hg.) (2001): Munizipalsozialismus in Europa. Paris

Kuhlmann, Sabine (2014): Verwaltungspluralität in Europa: Konvergenz, Divergenz oder Peristenz? In: König, Klaus/Kropp, Sabine/Kuhlmann, Sabine/Reichard, Christoph/Sommermann, Karl-Peter/Ziekow (Hg.): Grundmuster der Verwaltungskultur. Interdisziplinäre Diskurse über kulturelle Grundformen der öffentlichen Verwaltung. Baden-Baden, S. 469–491

Kuhlmann, Sabine (2009): Politik- und Verwaltungsreform in Kontinentaleuropa. Baden-Baden

Kuhlmann, Sabine/Wollmann Hellmut (2014): Public Administration and Administrative Reforms in Europe. An Introduction in Comparative Public Administration. Cheltenham

Kuhlmann, Sabine/Wollmann, Hellmut (2013): Verwaltung und Verwaltungsreform in Europa. Einführung in vergleichende Verwaltungswissenschaft. Wiesbaden

Lenk, Thomas/Rottmann, Oliver/Albrecht, Romy (2011): Rekommunalisierung in der Energieversorgung. In: Public Governance, Jg. 7/Heft 1, S. 6–11

Libbe, Jens (2012): Rekommunalisierung – empirische Belege und Einordnung in den ökonomischen und rechtlichen Bezugsrahmen. In: Verwaltung und Management, Jg. 18/Heft 1, S. 21–33

Libbe, Jens (2013): Rekommunalisierung in Deutschland – eine empirische Bestandsaufnahme: In: Matecki, Claus/Schulten, Thorsten (Hg.): Zurück zur öffentlichen Hand? Chancen und Erfahrungen der Rekommunalisierung. Hamburg, S. 18–36

Libbe, Jens/Hanke, Stefanie/Verbücheln, Marc (2011): Rekommunalisierung. Eine Bestandsaufnahme (Difu Papers, August 2011)

Lindemann, Hugo (1910): Probleme des Munizipalsozialismus. In: Sozialistische Monatshefte, S. 508–513

March, James G./Olsen, Johan P. (1989): Rediscovering institutions: The organizational basic of politics. New York

Millward, Robert (2005): Public and private enterprise in Europe: Energy, telecommunication and transport 1830–1990. Cambdrige

Montin, Stig (1993): Swedish local government in transition. Örebro

Montin, Stig (2014): Between market and hierarchy. The case of public utility and elderly care in Sweden (unveröffentlicht, COST paper)

Mühlenkamp, Holger (2012): Zur relativen (In-)Effizienz öffentlicher (und privater) Unternehmen- Unternehmensziele, Effizienzmaßstäbe und empirische Befunde, Speyer: Deutsches Forschungsinstitut für Verwaltung Speyer (Internet: http://www.hfv-speyer.de/muehlenkamp/Publikationen/Zur%20relativen%20%28In-%29Effizienz%20%C3%B6ffentlicher%20%28und%20privater%29%20Unternehmen.pdf; zuletzt aufgesucht am 12.08.2014)

Mühlenkamp, Holger (2013): From State to Market Revisited. Empirical Evidence on the Efficiency of Public (and Privately-owned) Enterprises (Internet: http://mpra.ub.uni-muenchen.de/47570/; zuletzt aufgesucht am 12.08.2014)

Müller, Herbert (2009): Europa communal. Präsentation neuer Umfrageergebnisse zur Einstellung der Bevölkerung zur kommuanlen Wirtschaft. In: Bundesverband öffentlicher Dienstleistungen (Hg.): Renaissance der Kommunalwirtschaft? Berlin, S. 5–11

Norton, Alan (1994): International Handbook of Local and Regional Government. Aldershot

Peters, B. G. (1999): Institutional Theory in Political Science. The „New Institutionalism“. London, New York

Pierson, P. (2004): Politics in Time. History, Institutions, and Social Analysis, Princeton, Oxford

Rein, Martin/Schön, Donald A. (1993): Reframing Policy Discourse. In: Fischer, Frank/Forester, John (eds.): The Argumentative Turn in Policy Analysis and Planning. Durham, S. 145–166

Röber, Manfred (2009): Privatisierung ade? Rekommunalisierung öffentlicher Dienstleistungen im Lichte des Public Managements. In: Verwaltung und Management, Jg. 15/Heft 5, S. 227–240

Röber, Manfred (2012): Rekommunalisierung lokaler Ver- und Entsorgung. Bestandsaufnahme und Entwicklungsperspektiven. In: Bauer, Hartmut/Büchner, Christiane/Hajasch, Lydia (Hg.): Rekommunalisierung öffentlicher Daseinsvorsorge. Potsdam, S. 81–98

Saldern, Adelheid von (1999): Rückblicke. Zur Geschichte der kommunalen Selbstverwaltung in Deutschland. In: Wollmann, H./Roth R. (Hg.): Kommunalpolitik. Politisches Handeln in den Gemeinden. Wiesbaden, S. 23–36

Schäfer, Roland (2008(: Privat vor Staat hat ausgedient. Rekommunalisierung: Modetrend oder neues Politikphänomen? Öffentliche Finanzen, Sonderbeilage, 19.6. 2008, S. 3

Scharpf, Fritz W. (2000): Interaktionsformen. Akteurzentrierter Institutionalismus in der Politikforschung. Opladen

Schmidt, Vivien A. (2008): Discursive Institutionalism. The Explanatory Power of Ideas and Discourse. In: Annual Review of Political Science, Vol. 11/No. 1, S. 303–326

Schröter, Eckard (2001): Staats- und Verwaltungsreformen in Europa. Internationale Trends und nationale Profile. In: Schröter, Eckard (Hg.): Empirische Policy- und Verwaltungsforschung. Opladen, S. 415–446

Seckelmann, Margit (2008): Die historische Entwicklung kommunaler Aufgaben. In: der moderne staat – dms, Jg. 1, S. 267–284

Stewart, John (2000): The Nature of British Local Government. Houndmills

Verbücheln, Marc (2009): Rückübertragung operativer Dienstleistungen durch Kommunen am Beispiel der Abfallwirtschaft. Berlin (Difu-Paper)

VKU (2010): Kompakt 2010, Kommunale Versorgungs- und Entsorgungsunternehmen in Zahlen, 29.07.2013 (Internet: http://www.vku.de/presse/publikationen/kompakt-2010.html; zuletzt aufgesucht am 12.08.2014)

Wessel, Horst. A. (1995): Die Versorgung von Kommunen mit Wasser, Gas und elektrischer Energie von etwa 1850 bis 1914. In: Wysocki, Josef (Hg.): Kommunalisierung im Spannungsfeld von Regulierung und Deregulierung im 19. und 20. Jahrhundert. Berlin, S. 49–89

Wijksström, Filip (2000): Changing Focus or Changing Role? The Swedish Non-Profit Sector in the 1990s. In: German Policy Studies, Vol. 1/No. 2, S. 161–188

Wittrock, Björn/Wagner, Peter/Wollmann, Hellmut (1991): Social science and modern states. In: Wagner, Peter/Weiss, Carol/Wittrock, Björn/Wollmann, Hellmut (Hg.): Social Sciences and Modern States. Cambridge, S. 28–85

Wollmann, Hellmut (1996): Verwaltungsmodernisierung. Ausgangsbedingungen, Reformanläufe und aktuelle Modernisierungsdiskurse. In: Reichard, Christoph/Wollmann, Hellmut (Hg.): Kommunalverwaltung im Modernisierungsschub? Basel, S. 21–49

Wollmann, Hellmut (2000): Comparing institutional development in Britain and Germany: (Persistent) Divergence or (progressing) convergence? In: Wollmann, Hellmut/Schröter, Eckhard (eds.): Comparing Public Sector Reform in Britain and Germany. Aldershot, S. 1–26

Wollmann, Hellmut (2002): Die traditionelle deutsche kommunale Selbstverwaltung – ein Auslaufmodell? In: Deutsche Zeitschrift für Kommunalwissenschaften, Jg. 2/ Heft 1, S. 24–51

Wollmann, Hellmut (2008): Reformen in Kommunalpolitik und -verwaltung England, Schweden, Frankreich und Deutschland im Vergleich. Wiesbaden

Wollmann, Hellmut (2013): Öffentliche Dienstleistungen zwischen öffentlichem und privatem Sektor: „Comeback" der Kommunen? In: Kronauer, Martin/Siebel, Walter (Hg.): Polarisierte Städte. Frankfurt/M., S. 242–271

Wollmann, Hellmut (2014a): Public Services in European Countries. Between Public/ Municipal and Private Sector Provision – and Reverse? In: Silva, Carlos Nunes/ Bucek, Jan (eds.): Fiscal Austerity and Innovation in Local Governance in Europe. Farnham, S. 49–76

Wollmann, Hellmut (2014b): Schwedische Verwaltung im skandinavischen Kontext: Zwischen Beharrung und Wandel. In: König, Klaus/Kropp, Sabine/Kuhlmann, Sabine/Reichard, Christoph/Sommermann, Karl-Peter/Ziekow (Hg.): Grundmuster der Verwaltungskultur. Interdisziplinäre Diskurse über kulturelle Grundformen der öffentlichen Verwaltung. Baden-Baden, S. 537–558

Wollmann, Hellmut/Baldersheim, Harald/Citroni, Giulio/Marcou, Gérard/McEldowney, John (2010): From public service to commodity: the demunicipalization (or remunicipalization?) of energy provision in Germany, Italy, France, the UK and Norway. In: Wollmann, Hellmut/Marcou, Gérard (eds.): The Provision of Public Services in Europe. Between State, Local Government and Market. Cheltenham, S. 168–190

Wollmann, Hellmut/Marcou, Gérard (2010b): From public sector – based to privatized service provision. Is the pendulum swinging back again? Comparative summary. In: Wollmann, Hellmut/Marcou, Gérard (eds.): The Provision of Public Services in Europe. Between State, Local Government and Market. Cheltenham, S. 240–260

Wollmann, Hellmut/Balboni, Enzo (2010): The multi-level institutional setting in Germany, Italy, France and the UK in comparative overview. In: Wollmann, Hellmut/Marcou, Gérard (eds.): The Provision of public services in Europe. Cheltenham, S. 14–48

Wollmann, Hellmut/Marcou, Gérard (eds.) (2010a): The Provision of Public Services in Europe. Between State, Local Government and Market. Cheltenham

Zimmer, Annette (2014): Verwaltungen mit der Zivilgesellschaft. Tradition und Wandel. In: König, Klaus/Kropp, Sabine/Kuhlmann, Sabine/Reichard, Christoph/ Sommermann, Karl-Peter/Ziekow (Hg.): Grundmuster der Verwaltungskultur. Interdisziplinäre Diskurse über kulturelle Grundformen der öffentlichen Verwaltung. Baden-Baden, S. 333–358

Internationale Klimapolitik durch subnationale Verwaltungen?

Harald Fuhr

Spätestens im Dezember 2009, während der internationalen Verhandlungen (COP 15) zur Fortsetzung des 1997 in Kraft getretenen Kyoto-Protokolls zum Schutz des Weltklimas, setzte eine breite Frustration in internationale Klimapolitik ein.[1] Mehr als 40.000 Teilnehmer, darunter 115 Regierungschefs und Repräsentanten Internationaler Organisationen, NROs, privater Unternehmen, Medien und religiöser Gruppen – beendeten eine Vielzahl an Sonderveranstaltungen, Diskussionsforen und Entscheidungsgremien ohne signifikante Ergebnisse.

Es gibt zumindest drei Begründungen für die mangelhaften Erfolge dieser Verhandlungen und globalen Regierens insgesamt. Zum einen führten Beobachter die festgefahrenen internationalen Klimaverhandlungen auf Probleme im Management von UN Großveranstaltungen zurück und plädierten für eine Reduktion von Komplexität und vor allem der Anzahl der akkreditierten Nichtregierungsorganisationen. Zum zweiten zeigten sich bereits vom Beginn der Verhandlungen unüberbrückbare klimapolitische Orientierungen und zahlreiche Fraktionierungen innerhalb und zwischen den Verhandlungsblöcken, d.h. sowohl innerhalb in der Gruppe der OECD-Länder als auch innerhalb der Gruppe der Entwicklungs- und Schwellenländer. Drittens betonten Kritiker (z.B. Terhalle 2015), dass die bisherigen Strukturen internationaler Verhandlungen, d.h. die „Global Governance Architektur" mit ihrer erwarteten Zusammenarbeit staatlicher und nichtstaatlicher Akteure, vor allem nach westlichem Muster, nicht mehr im Einklang stünden mit der seit gut einem Jahrzehnt veränderten geopolitischen Situation, die sich aus dem wirtschaftlichen Aufstieg einzelner Schwellenländer ergeben habe.

Jeder der genannten Erklärungsansätze hat etwas für sich. Allen gemeinsam ist, dass sie von einem graduellen Bedeutungsverlust national- und zwischenstaatlicher Klimaverhandlungen ausgehen. Und zwar mit zwei

1 Dieser Beitrag basiert auf einem derzeit in Zusammenarbeit mit *Markus Lederer* und *Thomas Hickmann* an den Universitäten Potsdam und Münster vorbereiteten Forschungsprojekt zu „Neue Governance Arrangements und der Nationalstaat". Die Untersuchung von Städtenetzwerken ist ein zentraler Teil dieses Vorhabens. Auf eine ausführliche Nennung und Diskussion von Literatur habe ich in diesem Beitrag bewusst verzichtet.

politischen Schlussfolgerungen: die einen sehen nun umso mehr nichtstaatliche Akteure in der Pflicht, die Klimapolitik international voranzutreiben, für die anderen bedarf es neuer Verhandlungsmodalitäten zwischen den kritischen Akteuren, insbesondere den Regierungen Chinas und der USA. Weitgehend unbeachtet blieb in vielen dieser Diskussionen zumeist, dass mittlerweile ein wichtiger, neuer Prozess in Gang gekommen ist, der rasch an Bedeutung und Dynamik gewinnt und in der Lage sein könnte, die ins Stocken geratenen Verhandlungen indirekt wieder in Gang zu setzen. Internationale Klimapolitik scheint heute in der Praxis von anderen Akteuren vorangetrieben zu werden, nämlich vor allem von *subnationalen* Regierungen und Verwaltungen[2] in den Unterzeichnerstaaten des Kyoto-Protokolls. Werner Jann, der seine Arbeiten zumeist auf nationalstaatliche Verwaltungen und deren Dynamik fokussierte, war sich der bedeutenden Rolle dieser neuen Akteure mit ihren zahlreichen institutionellen Verbindungen bereits früh bewusst und analysierte sie in seiner Zusammenarbeit mit dem PROGRESS Vorhaben im Ostseeraum.

In den folgenden Abschnitten sollen vier miteinander verbundene Aspekte dieser neuen Form transnationaler Zusammenarbeit herausgearbeitet werden: In *Abschnitt 1* geht es zunächst um die Bedeutung subnationaler – konkret: städtischer – Akteure in der internationalen Klimapolitik, und zwar in ihren Rollen als „Problemverstärker" und als vom Klimawandel Betroffene. In *Abschnitt 2* sollen Städte als die derzeitigen klimapolitischen Innovatoren und Pioniere und in *Abschnitt 3* in ihrer Rolle als Mitglied von transnationalen Klima-Netzwerken dargestellt werden. In *Abschnitt 4* schließlich wird es um die Frage gehen, wie diese Prozesse hin zu einer Subnationalisierung der Klimapolitik zu beurteilen sind, vor allem im Hinblick auf dessen Stabilität und Dauerhaftigkeit, und ob es sich hier – im Vergleich zu traditionellem nationalstaatlichen Entscheidungsmechanismen – um alternative oder eher komplementäre klimapolitische Arrangements handelt.

---

2 Wenn in den folgenden Abschnitten von *subnationalen* Akteuren gesprochen wird, dann meine ich damit staatliche und nichtstaatliche Akteure unterhalb der nationalstaatlichen Ebene, beispielsweise auf der lokalen Ebene, der Distrikt- und bundesstaatlichen sowie der regionalen Ebene. Ähnliches gilt für subnationale Regierungen und Verwaltungen (die allesamt als staatliche Akteure auftreten), wobei städtische Regierungen und Verwaltungen mit unterschiedlichen Autonomiegraden zu dieser Gruppe gehören.

1. Urbanisierung, städtische Verwaltungen... und Klimawandel

Städtische Regierungen und Verwaltungen werden in den nächsten Jahrzehnten vor großen Herausforderungen stehen: im Jahr 2010 lebten bereits 50% der Weltbevölkerung in Städten, im Jahr 2030 geht man von einem Anteil von 60% und im Jahr 2050 von knapp 70% aus. Pro Woche nimmt die Stadtbevölkerung um 1,4 Millionen (also etwa in der Größe Münchens) zu, und diese Zunahme findet fast ausschließlich in Nicht-OECD-Ländern statt. In China werden bereits im Jahr 2030 rund 70% der Bevölkerung und damit etwa 1 Milliarde Menschen in Städten leben.

> „If current development trends were to continue, the global area of urbanized land could triple from 2000 to 2030, the equivalent to adding an area greater than the size of Manhattan every day. At the same time, the number of cars could double, from 1 billion today to 2 billion.“ (Global Commission 2014, S. 28)

Dieses Jahrhundert wird also, was die Bevölkerungsdynamik betrifft, ein städtisches Jahrhundert sein. Das wird Folgen für die bestehende städtische Infrastruktur haben und eine hohe Nachfrage nach zusätzlichen Investitionen auslösen. Nach Schätzungen des *National Intelligence Councils* (NIC 2012, S. 24) werden die physischen Investitionen in den Städten in den nächsten vier Jahrzehnten gigantisch sein und dasselbe Volumen erreichen wie historisch alle physischen Investitionen in den Städten bis 2010.

All das wird massive Folgen haben für die Umwelt- und Klimapolitik, denn bereits heute werden in städtischen Zentren rund 80% der globalen Bruttoinlandprodukts erzeugt und Städte sind verantwortlich für 70% des globalen Energieverbrauchs und einem ähnlich hohen Anteil an den globalen Treibhausgas (THG)-Emissionen. Obwohl in der Praxis Emissionsschätzungen methodisch sehr aufwendig und daher auch umstritten sind (Kennedy et al. 2011), zeigen Daten der Weltbank (World Bank 2011, S. 18), dass die 50 größten Städte quantitativ nach den USA und China immerhin an dritter Stelle bei den globalen THG-Emissionen liegen und damit z.B. den Emissionsanteil von Deutschland und Großbritannien zusammen übersteigen. Allein eine Stadt wie Bangkok hat höhere THG-Emissionen als Finnland, und Shanghai höhere THG-Emissionen als die aller skandinavischen Länder zusammen.

In einer neueren Studie der *Global Commission on the Economy and Climate* präzisieren die Autoren die Herausforderungen etwas und beschreiben drei Typen städtischer Entwicklung in den kommenden Jahrzehnten (Global Commission 2014, S. 28).

- „*Emerging Cities* are 291 rapidly expanding middle-income, mid-sized cities in China, India and other emerging economies, with populations of 1–10 million, and per capita incomes of US$ 2,000–20,000. These cities are likely to account for over a quarter of global income growth and over a third of energy-related emissions growth over the next two decades (...);
- *Global Megacities* are 33 major cultural centres with populations above 10 million and per capita incomes over US$2,000, including capital cities such as London, Beijing and Tokyo. This comparatively small number of cities will account for approximately 15% of global income growth and over a tenth of emissions growth out to 2030, with considerable diversity in the pace of economic and demographic change between them (...);
- *Mature Cities* are 144 prosperous, established, mid-sized cities in high-income countries with per capita incomes above US$20,000, such as Stuttgart, Stockholm and Hiroshima. These cities – which often form part of a regional economic network – will drive close to 20% of income growth out to 2030 and have the highest per capita emissions of any city group, averaging 12 tonnes of carbon dioxide equivalent (CO_2) per capita in 2030 (...)."

Für das Weltklima kommt also in Zukunft offensichtlich darauf an, inwieweit es Verwaltungen in der ersten Gruppe von Städten, den *emerging cities* (aber auch den boomenden urbanen Zentren in der Größe um die 500.000 Einwohner) gelingt, ihre THG-Emissionen massiv zu senken, d.h. ihren Energieverbrauch zu drosseln, die Transportsysteme zu reorganisieren und die Infrastruktur zu verbessern. Genau hier aber liegen auch die Chancen einer zukünftigen Umwelt- und Klimapolitik, wie *Abschnitt 2* noch näher zeigen wird.

Städtische Agglomerationen tragen aber aufgrund ihrer sozialen und wirtschaftlichen Entwicklungsdynamik nicht nur deutlich zum Klimawandel bei, sie sind von ihrer Größe her auch den Risiken, die mit dem Klimawandel einhergehen, am stärksten ausgesetzt. Das gilt vor allem für die „Verwundbarkeit" von Stadtregionen in Nicht-OECD-Ländern. Nach Angaben von UN-Habitat (2011, S. 2) werden im Jahr 2025 voraussichtlich 75% der städtischen Bevölkerung in Küstenregionen leben und daher, wie beispielsweise heute schon Bangkok, vom prognostizierten Anstieg des Meeresspiegels in den nächsten Jahrzehnten gravierend betroffen sein, und zwar mit geschätzten Kosten pro Jahr bis zu 1 Billion US$.

Ein Blick auf die Regionen mit extremen Wetterlagen und möglichen Naturkatastrophen (UN-Habitat 2011, S. 3) zeigt hier ebenfalls, dass vor allem Städte betroffen sein werden. Einer Studie von Maplecroft (www.maplecroft.com; September 2014) zufolge werden Dhaka, Manila, Bangkok, Yangon und Jakarta die weltweit am stärksten betroffenen Städte sein und die Wahrscheinlichkeit ist hoch, dass von diesen Katastrophen sozial benachteiligte Gruppen am stärksten betroffen sein werden. Das gilt z.B. für Nairobi, das laut IPCC (2011) angesichts der in Ostafrika prognostizierten hohen Niederschlagsmenge mit Überflutungen rechnen muss, die vor allem Armutsgruppen in den niedrig gelegenen Stadtteilen treffen würde. In Städten wie Delhi, Kairo oder Lima hingegen könnten längere Perioden von Trockenheit die verfügbaren Wasserressourcen reduzieren und damit gleich mehrere städtische Versorgungsprobleme verschärfen. Umweltflüchtlinge aus den Städten oder aus dem betroffenen Umland in die Städte könnten die jeweiligen Szenarien weiterhin verschlimmern.

2. Subnationale Verwaltungen und städtische Akteure als klimapolitische Pioniere?

Aus der Bedeutung von Städten und städtischen Agglomerationen für die Entwicklung der globalen THG Emissionen aber auch im Hinblick auf die gesellschaftlichen und wirtschaftlichen Folgen des Klimawandels, vor allem wenn man die gegenwärtigen Trends verlängert, lassen sich nicht nur Risiken formulieren, sondern auch Chancen, wenn sich städtische Verwaltungen – und lokale Akteure – zu alternativen Lösungsansätzen durchringen.

Städte waren in den vergangenen Jahrhunderten nicht nur der Brennpunkt wirtschaftlicher, sozialer und politischer Spannungen einzelner Gesellschaften, sondern städtische Akteure haben – mit aus diesem Grund – zahlreiche technologische, wirtschaftliche und nicht zuletzt soziale und politische Innovationen eingeleitet. Das erweist sich auch wieder in dem bislang betrachteten Politikfeld.

Bekannt ist, dass – je nach Urbanisierungsgrad, Entwicklungsstand und Bevölkerungsdichte – THG Emissionen in absoluten Zahlen zwar hoch, *pro Kopf* in Städten aber zumeist niedriger sind als im Landesdurchschnitt. Das gilt z.B. für eine Reihe von OECD-Ländern, wie die USA, Kanada und Großbritannien. Hier zeigen sich positive Skaleneffekte – und zwar sowohl bei der Erzeugung von TGH-Emissionen als auch deren möglicher Vermeidung. Wie Edward Glaeser (2009) es einmal zugespitzt auf die Umweltpolitik seines Landes formulierte „Living in the country is not the right way to care for the Earth. The best thing that we can do for the planet is build more skyscrapers.“

Auch die bereits genannte Studie (Global Commission 2014: Website) betont, dass die künftigen Bemühungen um Emissionsreduktionen vor allem dann, wenn sie auf die bereits genannten, knapp 300 „emerging cities“ ausgerichtet würden, zu „disproportionate benefits for the global economy and climate" führen könnten. Ähnliches gilt aber auch für die konsolidierten Städte und Mega-Cities, wie die Beispiele London, New York City, Milan, Mexico City und Bangkok zeigen (Croci et al. 2011). Mexico City z.B. konnte mit seiner *Green City* Initiative in den Jahren 2008 bis 2011 immerhin rund 7 Mio t THG einsparen und damit ungefähr soviel wie Finnland im Jahr 2010 gegenüber 2000 und der Pionier Deutschland im Jahr 2012 gegenüber 2010.

Mittlerweile haben eine Vielzahl an Städten mit Umweltinitiativen und lokalen Klimapolitiken begonnen. So lieferte z.B. die Stadtverwaltung von Sao Paulo Gesetzesvorlagen zur Nutzung von Solarenergie, die schließlich auch in anderen brasilianischen Städten verbindlich wurden. Darüber hinaus kam es zu zahlreichen Innovationen vor allem im energieintensiven Transportsektor; die Stadtverwaltung Rio de Janeiros arbeitet mit einem auf Klimapolitik spezialisierten Think Tank an ähnlichen technischen Verbesserungen („Rio Bus Rapid Transit", „Rio Bikes"). Das gleiche gilt für Jakarta, Medellin und Addis Abeba, wo die lokale Verwaltung in den letzten Jahren vor allem auf emissionsreduzierende Gebäuderichtlinien hinwirkte.

Gerade in den Bereichen des Städtebaus, des Transports und des Abfall-Managements gibt es hohe Einsparungspotenziale:

> „A synthesis of studies examining the economic case for investment in low-carbon development strategies in five cities – Leeds, UK; Kolkata, India; Lima, Peru; Johor Bahru, Malaysia, and Palembang, Indonesia – identifies numerous opportunities for cost-effective investments, for more efficient vehicles, transport systems and buildings, and for small-scale renewables. The review shows that savings in the range of 13–26% in energy use and GHG emissions are possible relative to business-as-usual trends in the next 10 years through investments, with payback periods of less than five years, assessed on commercial terms." (Global Commission 2014: Website)

Die Zunahme städtischer Innovationen in der Klimapolitik beschäftigte in den vergangenen Jahren auch die Sozialwissenschaften. Immer wieder genannt werden lokale Faktoren wie: informierte Bürgergruppen, Bürgerinitiativen und NROs, die klimapolitische Forderungen artikulieren; weitsichtige Entscheidungsträger und vor allem Bürgermeister, die sich daran orientieren (müssen); eine gute Qualität der lokalen Verwaltung, die in der Lage ist, neue Impulse aufzunehmen und umzusetzen; ein gutes lokales Geschäftsklima, das private inländische und ausländische Investitionen, Unternehmensansiedlungen und Neugründungen begünstigt; und nicht zuletzt überdurchschnittlich gut ausgebildete Arbeitnehmer, die in den neu entstehenden Unternehmensbereichen aktiv werden können.

Doch wie diese Faktoren konkret auf lokaler Ebene (politisch) zusammenwirken und klimapolitische Neuorientierungen zumeist innerhalb kurzer Zeiträume auslösen, ist noch weitgehend unbekannt. Das gilt vor allem für die genannten und strategisch wichtigen „emerging cities" in Entwicklungs- und Schwellenländern. Lokale Partizipationschancen und politischer Wettbewerb beispielsweise scheinen – wie in OECD-Ländern – hier zwar wichtige Rahmenbedingungen zu bilden und politische Anreize zu schaffen. Aber diese Faktoren erklären nun gerade nicht die energie- und klimapolitischen Innovationen in einzelnen chinesischen oder vietnamesischen Städten.

Interessant ist bei den genannten Initiativen, dass sie nicht allein von den lokalen Bedingungen geprägt werden, sondern dass sie in globalisierter und koordinierter Form stattfinden – und zwar vermittelt durch transnationale Städtenetzwerke.

3. Stadtverwaltungen und städtische Akteure und transnationale Städtenetzwerke in der Klimapolitik

In Europa kooperieren Stadtverwaltungen in unterschiedlicher Form (u.a. in „Städtepartnerschaften") und über Landesgrenzen hinweg bereits seit den 1950er-Jahren. Sie erhielten hierzu auch Unterstützung seitens europäischer Institutionen (Kern 2001). Werner Jann wandte sich zusammen mit Julia Fleischer und Thurid Hustedt diesen Entwicklungen konkret im Ostseeraum zu und analysierte die besonderen Kooperations- und Austauschprozesse in der städtischen Umweltpolitik.

In anderen Weltregionen fand ein derartiger Austausch zumeist erst seit den 1990er-Jahren statt, vor allem im Zuge von Demokratisierungsbewegungen und neuen Partizipations- und Wahlmöglichkeiten auf subnationaler Ebene, aber auch begünstigt durch neue Informations- und Kommunikationsformen. In Lateinamerika z.B. fanden in den 1990er verschiedene „Majors Conferences" statt, die sich u.a. mit der Professionalisierung lokaler Verwaltungen, vor allem in der Finanzverwaltung, der Förderung des Privatsektors und der Bürgerbeteiligung zuwandten (Campbell/Fuhr 2004) und dazu beitrugen, „best practices" und „best policy ideas" im Management von Städten auszutauschen. Viele dieser Zusammenkünfte erhielten seinerzeit logistische wie finanzielle Unterstützung seitens der Organisation Amerikanischer Staaten, von USAID, vor allem aber auch durch die Inter-Amerikanische Entwicklungsbank und die Weltbank, die den Regierungen und Verwaltungen nicht nur einen direkten Zugang zu Finanzmitteln, sondern auch zu den liberalisierten Kapitalmärkten verschafften.

Seit einigen Jahren wenden sich diese, mittlerweile globalisierten Städtenetzwerke verstärkt auch energie- und klima- und wachstumspolitischen Fragen („Green Growth") zu (Bulkeley/Betsill 2013; Bulkeley 2014). Neben regionalen Netzwerken, etwa in Lateinamerika, schaffen beispielsweise ICLEI (International Council for Local Environmental Initiatives), die CCP (Cities for Climate Protection), die UCLG (United Cities and Local Governments), die WMCC (World Majors Council on Climate Change) und die C40 (Climate Leadership Group) weltweit Foren für mehrere tausend Städte (OECD 2011, S. 265ff.; Acuto 2013).

Überdies wurden auch andere subnationale Verwaltungen aktiv, wie etwa die kalifornische Landesregierung und einige Bundesstaaten Brasiliens, die unlängst ein Abkommen zur Vermeidung entwaldungsbedingter THG-Emissionen und zum Emissionshandel unterzeichneten.

Während ICLEI eher mit mittelgroßen Städten zusammenarbeitet, und daher auch für die strategisch wichtigen „emerging cities" von Bedeutung sein könnte, vernetzt die C40, die sich als „Leadership Group" versteht, global eher die etablierten Städte und Mega-Cities. Nach Angaben der C40 betreut die Organisation gegenwärtig (2014) 69 Städte mit einem Anteil von 8% der Weltbevölkerung, 18% der Weltproduktion und insgesamt über 8.000 städtische Klimaprojekte. Aus Deutschland z.B. nehmen zwei Städte teil (Berlin und Heidelberg), aus anderen europäischen Staaten 17 Städte (weiterhin: Australien drei, Japan zwei, Nordamerika 14, Asien 15, Afrika sieben, Lateinamerika neun). Wie die Organisation selbstbewusst betont, werden städtische Entscheidungsträger zumeist

> „bombarded with advice from constituents, advocates, experts, and consultants, representing various agendas and perspectives. But when faced with a challenge, one valuable type of advice is often forgotten: insight from another megacity official who has been in the same position. Such experience can help city officials perform their jobs faster, better, and smarter." (C40 2014: Website)

Und genau für den letzten Aspekt steht die C40.

Überdies erhalten die C40 und ihre im Durchschnitt eher privilegierten Mitgliedsstädte finanzielle Zuwendungen und Expertise von wichtigen globalen Organisationen und Unternehmen im Klimabereich, so u.a. durch die Weltbank, Siemens und dem World Resources Institute (WRI).

Die genannten Netzwerke erlauben und fördern unterschiedliche Diffusionsprozesse für umwelt- und klimapolitische Innovationen, die gleich mehrere Regierungs- und Verwaltungsebenen umfassen: Zum einen erlauben sie einen direkten *horizontalen* Austausch von Innovationen und gemeinsames Lernen in einem noch unsicheren und unübersichtlichen Politikfeld mit hohen Eingangskosten. Sie führen aber auch zu einem konstruktiven Wettbewerb zwischen Städten weltweit – und das, wie man am Beispiel US-amerikanischer und chinesischer Stadtverwaltungen sieht, offenbar recht unabhängig von den jeweiligen nationalstaatlichen Präferenzen und Positionen ihrer Regierungen. Hier gibt es folglich transnationale Freiräume für Initiativen auf lokaler Ebene, die die Städte nutzen können – und offensichtlich auch nutzen.

Zweitens schaffen sie Möglichkeiten für nationale und internationale, staatliche und nicht-staatliche Akteure über die Netzwerke vertikalen, möglicherweise auch hierarchischen Einfluss (*Downloading*) auszuüben. Das gilt z.B. für mögliche Ressourcenbeiträge und Steuerungsversuche seitens Internationaler Organisationen, wie z.B. UN-Habitat, UNDP oder Weltbank oder einzelner Regierungen. Hierbei könnten Netzwerke externe Impulse „weiterleiten", sich möglicherweise aber durch externe Akteure funktionalisieren lassen. Angesichts der erheblichen Investitionen, die in den nächsten Jahren in Städten anstehen, sind „Andockungsversuche" an und Allianzen mit Netzwerken für einzelne Akteure, etwa Transport- und Baufirmen, aber auch Banken und Versicherungen, sehr attraktiv.

Interessant dürfte im Hinblick auf unsere Ausgangsfrage die dritte Form sein, nämlich ein *Uploading* spezifischer Politiken von subnationalen Netzwerken auf die nationalstaatliche Ebene. In diesem Arrangement nehmen Klima-Netzwerke Einfluss auf die Klimapolitik nationaler Regierungen und Verwaltungen. Nimmt man wieder die Beispiele US-amerikanischer oder chinesischer Städte, aber etwa auch von Ho Chi Minh City und Hanoi, die allesamt in der C40 versammelt sind, könnte man vermuten, dass die städtischen Entscheidungsträger und Verwaltungsmitglieder mit ihren jeweiligen nationalen Counterparts gut bekannt und in der Lage sind, diese für Innovationen zu mobilisieren.

4. Subnationale Verwaltungen in der internationalen Klimapolitik – alternative oder komplementäre Akteure?

Sind subnationale – und insbesondere städtische Verwaltungen – angesichts der genannten Trends nun funktionale Alternativen zu einer ins Stocken geratenen Klimapolitik zwischen traditionellen Nationalstaaten? Werden hier durch subnationale Akteure letztlich auch neue Formen internationaler Zusammenarbeit und Politik praktiziert und zentrale Beiträge zu Erzeugung globaler Gemeinschaftsgüter geleistet?

Zwar lässt sich angesichts der internationalen Klimaverhandlungen und des Aufstiegs neuer Schwellenländer durchaus eine Abschwächung des Trends hin zu „Global Governance“ beobachten, „Global Governance“ scheint aber in anderer Form, nämlich auf subnationaler Ebene durch eine Vielzahl an mittlerweile auch institutionalisierten Kooperationsformen zwischen staatlichen und nicht-staatlichen Akteuren de facto im Klimabereich – und global – praktiziert zu werden.

Zur Beurteilung der Rolle von Städten und Stadtverwaltungen in der internationalen Klimapolitik lassen sich eine Reihe von Faktoren anführen, die auch aus anderen Politikfeldern bekannt sind, und den Optimismus etwas dämpfen. Aus Dezentralisierungspolitiken ist z.B. bekannt, dass der Zugang lokaler Regierungen und Verwaltungen zu internationalen Kapitalmärkten nicht unproblematisch ist. Er führte in der Vergangenheit häufig zu lokalen Verschuldungsprozessen und trieb die Gesamtverschuldung des Staats voran, der dann gelegentlich auch die verschuldeten Gebietskörperschaften mit „bail-outs“ retten musste. Um derartige Prozesse zu verhindern, bedarf es zumeist gezielter innerstaatlicher Vereinbarungen wie „Schuldenbremsen“ oder „Fiskalpakte“, die den lokalen Verwaltungen fiskalische Disziplin auferlegen.

Zwar ist denkbar, dass auf lokaler Ebene konkrete Innovationen im Klimabereich erprobt und auch implementiert werden, Buschfeuer-Innovationen aber sind riskant. Für einen nachhaltigen und breiteren Effekt – vor allem wenn es zu einer verstärkten Marktsteuerung in der Klimapolitik kommen soll – dürften stabile nationale und internationale Rahmenbedingungen erforderlich sein. Erst diese schaffen die Anreize, das Vertrauen und das Maß an Überschaubarkeit, die notwendig sind, um replizierbare, private, längerfristige Investitionen in diesen neuen Geschäftsfeldern in Gang zu setzen. Ich vermute, dass Werner Jann gerade diesen steuerungspolitischen Aspekt noch deutlicher hervorheben würde.

Es sind zwar zahlreiche Fälle bekannt, in denen Stadtverwaltungen zu einer signifikanten Reduktion von THG-Emissionen beigetragen haben (beispielsweise Mexico City), in aggregierter Form liegen allerdings noch keine Schätzungen vor, was de facto im Großteil der Städte passiert und wie hoch die Reduktionen im Aggregat sind. Das gilt weniger für die privilegierten Städte des C40 Netzwerks, sondern vor allem in den klimapolitisch kritischen „emerging cities“, vor allem in Asien. Auch in diesen Fällen könnten die mangelhaften nationalen und internationalen Rahmenbedingungen ein „wait and see“ Verhalten auf Seiten der Entscheidungsträger begünstigen und sich bremsend auf die Erreichung der internationalen Reduktionsziele auswirken.

Auch die immer noch starke Betonung lokaler *technologischer* Alternativen (u.a. im Hinblick auf die Chancen „grünen Wachstums“) ist problematisch. Sie allein erlauben wahrscheinlich nicht, die notwendigen Emissionsreduktionen zu erreichen und *gleichzeitig* den systemischen Wandel in allen Wirtschaftssektoren (nachgerade in der Landwirtschaft und Viehzucht) und im Konsummuster von Gesellschaften in den nächsten Jahren einzuleiten (vgl. Zysman/Huberty 2012). Auch hier wiederum dürfte umsichtiges und qualifiziertes, nationalstaatliches Verwaltungshandeln notwendig sein, wie Werner Jann in seinen Arbeiten immer wieder betonte.

Es ist noch etwas früh, diese neuerlichen Entwicklungen in ihren größtenteils noch unklaren Kompositionen und Auswirkungen zu beurteilen. Es gibt aufgrund der Erfahrungen in anderen Politikfeldern Hinweise, dass es sich – aufgrund notwendiger wirtschaftlicher und klimapolitischer Rahmenbedingungen – bei diesen transnationalen Kooperationsformen wohl eher um komplementäre statt alternative oder gar substitutive Prozesse handelt. Aber über die politischen Prozesse und Governance-Formen, die diesen Prozessen nachgerade in den für die Entwicklung des künftigen Weltklima wichtigen „emerging cities“ zugrunde liegen, wissen wir bislang reichlich wenig.

Wie häufig bei neuen Phänomenen zeigt sich bei einzelnen Praktikern und Wissenschaftlern eine gewisse funktionale Begeisterung, die derzeit in der Praxis auch hilft, Akteure zu stützen, die nicht nur über neue Wege in der Energie- und Klimapolitik verhandeln, sondern diese auch konkret erproben und Erfahrungen darüber austauschen. Das ist angesichts ansteigender THG-Emissionen und der nach wie vor schwierigen Verhandlungen auf internationaler Ebene durchaus vorteilhaft.

Literatur

Acuto, M. (2013): The New Climate Leaders. In: Review of International Studies, 39 (4), S. 835–857

Barber, B. (2013): If Mayors Ruled the World. Dysfunctional Nations. Rising Cities. New Haven: Yale University Press

Betsill, M./Bulkeley, H. (2006): Cities and the Multilevel Governance of Global Climate Change. In: Global Governance, 12, S. 141–159

Bulkeley, H. (2014): Climate Change and Urban Governance: a New Politics? In: Lockie S./Sonnenfeld, D. A./Fisher, D. R. (eds.): Routledge International Handbook of Social and Environmental Change. London: Routledge, S. 157–169

Campbell, T./Fuhr, H. (eds.) (2004): Leadership and Innovation in Subnational Government: Case Studies from Latin America. Washington/D.C.: World Bank Institute

Croci, E. (2011): Comparing Mitigation Policies in Five Large Cities: London, New York City, Milan, Mexico City, and Bangkok. In: Hoornweg, D./Freire, M./Lee M. J./Perinaz, Bhada-Tata/Yuen, B. (eds.): Cities and Climate Change. Responding to an Urgent Agenda. Washington/D.C.: World Bank S. 55–86

Glaeser, E. L. (2009): Green Cities, Brown Suburbs. To Save the Planet, Build More Skyscrapers – Especially in California. In: City Journal (online), Winter 2009

Global Commission on the Economy and Climate (2014): Better Growth, Better Climat. The New Climate Economy Report. A Synthesis Report. Washington/D.C.: The Global Commission on the Economy and Climate, 2014 (Gleichzeitig online [September 2014] unter http://newclimateeconomy.report/cities/)

IPCC (2011): Summary for Policymakers. In: Intergovernmental Panel on Climate Change Special Report on Managing the Risks of Extreme Events and Disasters to Advance Climate Change Adaptation. Cambridge: Cambridge University Press

Kennedy, C. A. (2011): Greenhouse Gas Emission Baselines for Global Cities and Metropolitan Regions. In: Hoornweg, D./Freire, M./Lee M. J./Perinaz, Bhada-Tata/Yuen, B. (eds.): Cities and Climate Change. Responding to an Urgent Agenda. Washington/D.C.: World Bank, S. 15–54

Kern, K. (2001): Transnationale Städtenetzwerke in Europa. In: Schröter, E. (Hg.): Empirische Policy- und Verwaltungsforschung. Lokale, nationale und internationale Perspektiven. Opladen: Leske & Budrich, S. 95–116

NIC (2012): Global Trends 2030: Alternative Worlds. Washington/D.C.: National Intelligence Council

OECD (2011): Cities and Climate Change. Paris: OECD

Terhalle, M. (2015): Global Orders: Contestation and Transition. London: Palgrave-Macmillan (im Erscheinen)

UN Habitat (2011): Cities and Climate Change: Policy Directions. London: Earth Scan

World Bank (2011): Cities and Climate Change. An Urgent Agenda. Washington/D.C.: World Bank

Zysman, J./Huberty, M. (2012): Religion and Reality in the Search for Green Growth. In: Intereconomics, No. 3, S. 140–146

Anhang

Verzeichnis der Veröffentlichungen von Werner Jann

1. Monographien

Innenpolitik und politische Theorie. Ein Studienbuch (3. erw. Aufl.). Opladen 1988 (zusammen mit C. Böhret, E. Kronenwett)

(Teile abgedruckt u.a. in:

- Winand Bauer u.a.: Sozialwissenschaften in der Sekundarstufe II. Heft 1: Das politische System der Bundesrepublik Deutschland. Paderborn 1983;
- Susanne Liess/Dieter Rehfeld, Probleme langfristiger Politik – Grundsatzfragen und ausgewählte Beispiele. Sozialwissenschaftliche Materialien, Stuttgart 1983;
- Eberhard Hermes u.a.: Sozialwissenschaftliche Aspekte. Stuttgart1983;
- Gotthard Breit/Hans-Georg Merz: Bürokratisierung und Entbürokratisierung – Zum ‚Alltagsgesicht' des modernen Staates. Sozialwissenschaftliche Materialien, Stuttgart 1988;
- Carl Deichmann: Das politische System der Bundesrepublik Deutschland, Stuttgart 1988).

Handlungsspielräume und Steuerungspotential der regionalen Wirtschaftsförderung: Eine empirische Untersuchung anhand von Programmen aus zwei Bundesländern (Schriften zur öffentlichen Verwaltung und öffentlichen Wirtschaft, Bd. 67). Baden-Baden: Nomos 1982 (zusammen mit C. Böhret und E. Kronenwett)

Staatliche Programme und ‚Verwaltungskultur': Bekämpfung des Drogenmissbrauchs und der Jugendarbeitslosigkeit in Schweden, Großbritannien und der Bundesrepublik im Vergleich (Beiträge zur sozialwissenschaftlichen Forschung, Bd. 45). Opladen 1983

Policy-orientierte Aus- und Fortbildung für den öffentlichen Dienst: Erfahrungen in den USA und Lehren für die Bundesrepublik Deutschland. Basel 1987

Parlamente und Gesetzgebung. Akteure und Ressourcen der parlamentarischen Gesetzgebung im internationalen Vergleich (Habilitationsschrift). Speyer: Hochschule für Verwaltungswissenschaften Speyer 1989

Leistungstiefe im öffentlichen Sektor (Schriftenreihe Modernisierung des öffentlichen Sektors, Sonderband 3). Berlin 1996 (zusammen mit F. Naschold, Ch. Reichard u.a.)

Innovation, Effektivität, Nachhaltigkeit – Internationale Erfahrungen zentralstaatlicher Verwaltungsreform (Schriftenreihe Modernisierung des öffentlichen Sektors, Bd. 16). Berlin 1999 (zusammen mit F. Naschold und Ch. Reichard)

Verwaltung und Verwaltungswissenschaft in Deutschland. Einführung in die Verwaltungswissenschaft (Reihe: Grundwissen Politik, Bd. 36). Wiesbaden 2005 (zusammen mit J. Bogumil)

Agencies in Westeuropa (Schriftenreihe Interdisziplinäre Organisations- und Verwaltungsforschung, Bd. 15). Wiesbaden: VS 2007 (zusammen mit M. Döhler)

Verwaltung und Verwaltungswissenschaft in Deutschland. Einführung in die Verwaltungswissenschaft (2., völlig überarbeitete Auflage; Reihe: Grundwissen Politik, Bd. 36). Wiesbaden: VS 2009 (zusammen mit J. Bogumil)

Bürokratieabbau für Bürger – Internationale Erfahrungen und Lehren für Deutschland; Staatsmodernisierung (Studie im Auftrag der Friedrich-Ebert-Stiftung [Hg.]) Berlin 2009 (zusammen mit K. Wegrich, B. Jantz und S. Veit)

2. Herausgeberschaften

Spuren in die Zukunft, Festschrift zum 60. Geburtstag von Carl Böhret. Frankfurt/M. 1996 (zusammen mit M. Hofmann und P. Wordelmann)

Berlin-Brandenburg, Chancen der Erneuerung von Landesverwaltungen (Schriftenreihe des Kommunalwissenschaftlichen Instituts der Universität Potsdam, Bd. 2). Berlin 1997

Politik und Verwaltung auf dem Weg in die transindustrielle Gesellschaft. Festschrift zum 65. Geburtstag von Carl Böhret. Baden-Baden: Nomos 1998 (zusammen mit K. König, C. Landfried und P. Wordelmann)

Herausgeber der Reihe „Interdisziplinäre Organisations- und Verwaltungsforschung“, Opladen 1998ff. (zusammen mit Th. Edeling und D. Wagner)

Mitherausgeber der Reihe „Modernisierung des öffentlichen Sektors“, Berlin edition sigma 1993ff.

Mitherausgeber der Zeitschrift VOP, Verwaltung – Organisation – Personal. Wiesbaden: Gabler

Editorial Advisory Board der Zeitschrift Public Administration, An International Quarterly. Oxford: Blackwell

Mitherausgeber von „Schmollers Jahrbuch“ (ab 1999)

Mitherausgeber des „Verwaltungslexikons“ (mit P. Eichhorn u.a., ab der 3. Auflage 2003)

Regieren zu Beginn des 21. Jahrhunderts, 1. Auflage, Verlag Mohr Siebeck, 9 – Neue Staatswissenschaften, Tübingen 2008 (zusammen mit K. König)

3. Aufsätze und Forschungsberichte

Standortprogramme – wo sind sie geblieben? Ergebnisse einer empirischen Untersuchung zur Standortprogrammplanung in Nordrhein-Westfalen. In: Städte- und Gemeinderat, Jg. 30, H. 11/1977, S. 5–8 (zusammen mit A. Baestlein, G. Hunnius und M. Konukiewitz)

25 Jahre Lehre von Politik und Ökonomie am Otto-Suhr-Institut in Berlin: Eine Dokumentation. In: Politik und Wirtschaft. Festschrift für Gert von Eynern (Politische Vierteljahresschrift, Sonderheft 8). Opladen: Westdeutscher Verlag 1977, S. 14–25 (zusammen mit M. Th. Junkers)

State Grants and Local Development Planning. In: Hanf, K./Scharpf, F. W. (eds.): Interorganizational Policy Making: Limits to Coordination and Central Control. London: Sage 1978, S. 115–142 (zusammen mit A. Baestlein, G. Hunnius, M. Konukiewitz und H. Wollmann)

Handlungsspielräume und Entscheidungsfähigkeit des Staates, untersucht am Beispiel der Implementation politischer Programme. Empirisches Untersuchungsraster (Speyerer Arbeitshefte, Nr. 27). Speyer 1978 (zusammen mit E. Kronenwett)

Handlungsspielräume und Steuerungspotential der regionalen Wirtschaftsförderung. In: Ellwein, Th. /Bruder, W. (Hg.): Raumordnung und staatliche Steuerungsfähigkeit (Politische Vierteljahresschrift, Sonderheft 10). Opladen: Westdeutscher Verlag 1979, S. 76–110 (zusammen mit C. Böhret und E. Kronenwett)

Handlungsspielräume und Entscheidungsfähigkeit des politisch-administrativen Systems, untersucht am Beispiel der Förderung strukturschwacher Räume (Speyerer Forschungsberichte, Nr. 9 [2 Bde.]). Speyer 1979 (zusammen mit E. Kronenwett)

Der ‚Goldene Zügel' und die Kommunen: Ein Rückblick auf die These vom staatlichen ‚Durchgriff' am Beispiel der Standortprogrammplanung in Nordrhein-Westfalen. In: Wollmann, H. (Hg.): Politik im Dickicht der Bürokratie: Beiträge zur Implementationsforschung (Leviathan Sonderheft 3/1979). Opladen: Westdeutscher Verlag 1979, S. 103–128 (zusammen mit A. Baestlein, G. Hunnius und M. Konukiewitz)

Die Vorbereitung von Gesetzen in Schweden. In: Zeitschrift für Parlamentsfragen, Jg. 12, H. 3/1981, S. 377–398

Kategorien der Policy-Forschung (Speyerer Arbeitsheft Nr. 37; 2. unveränderte Auflage 1985). Speyer 1981

Verwaltungsskandale. In: Aus Politik und Zeitgeschichte, Beilage zur Wochenzeitung das Parlament, B 27/82 vom 10. Juli 1982 (wieder abgedruckt in: Dies.: Politik und Verwaltung. Opladen: Westdeutscher Verlag 1983, S. 35–52) (zusammen mit C. Böhret)

Der Policy-Ansatz. Ein Überblick über Entwicklungen in der Bundesrepublik Deutschland und in den USA (Speyerer Arbeitsheft, Nr. 45). Speyer 1983

Aktive Politik oder Krisenmanagement? Handlungsspielräume des Staates oder Barrieren einer zukunftsorientierten Politik. In: Trends und Probleme im politischen System der Bundesrepublik Deutschland. Politische Bildung, Jg. 16, H. 1/1983, S. 51–72 (zusammen mit C. Böhret)

Policy-Forschung – ein sinnvoller Schwerpunkt der Politikwissenschaft? In: Aus Politik und Zeitgeschichte, Beilage zur Wochenzeitung das Parlament, B 47/83 vom 26. November 1983, S. 26–38

Verwaltung im politischen Prozeß. In: Verwaltungsrundschau, Zeitschrift für Verwaltung in Praxis und Wissenschaft, Jg. 30, H. 2/1984, S. 37–43

The Internal Workings of Congress and Bundestag: Surprises and Second Thoughts. In: PS: Political Science, Vol. 17, No. 4/1984, S. 90–93

Policy-Forschung als angewandte Sozialforschung. In: Klages, H. (Hg.): Arbeitsperspektiven angewandter Sozialforschung. Opladen: Westdeutscher Verlag 1985, S. 64–111

Die Helfer des Kongresses: Eine Bestandsaufnahme der personellen und analytischen Ressourcen von Senat und Repräsentantenhaus (Speyerer Arbeitsheft 66). Speyer 1985

Politikanalyse durch die Fallmethode. Erfahrungen und Lehren aus den USA. In: Verwaltung und Fortbildung Jg. 13, H. 4/1985, S. 163–180

Von der Politik zur Ökonomie? Neuere Entwicklungen der amerikanischen Policy-Forschung (HiMon-Diskussionspapiere 76/86). Siegen 1986

Kein Parlament wie jedes andere: Die veränderte Rolle des Kongresses im politischen System der USA. In: Zeitschrift für Parlamentsfragen, Jg. 17 (1986), S. 224–249 (wieder abgedruckt in: Thaysen, U./Steffani, W. [Hg.] [1997]: Parlament und Gesellschaft. Opladen: Westdeutscher Verlag)

Teaching Policy Analysis by the Case Method: Experiences and Lessons from the United States. In: Teaching Public Administration, Vol. 6 (1986), S. 31–52

Politikwissenschaftliche Verwaltungsforschung. In: Beyme, K. von (Hg.): Politikwissenschaft in der Bundesrepublik Deutschland. Entwicklungsprobleme einer Disziplin (Politische Vierteljahresschrift, Sonderheft 17). Opladen: Westdeutscher Verlag 1986, S. 209–230

Vier Kulturtypen, die alles erklären? Kulturelle und Institutionelle Ansätze der neueren amerikanischen Politikwissenschaft. In: Politische Vierteljahresschrift, Jg. 27, H. 4/1986, S. 361–377

Der amerikanische Kongreß: berechenbar oder unberechenbar? In: Zeitschrift für Parlamentsfragen, Jg. 18 (1987), S. 312–318

Voraussetzungen und Instrumente innovativer Programme: Ein Überblick. In: Böhret, C./Klages, H./Reinermann, H./Siedentopf, H. (Hg.): Herausforderungen an die Innovationskraft der Verwaltung. Opladen: Westdeutscher Verlag 1987, S. 131–144

Strategien und Probleme der vergleichenden Verwaltungswissenschaft. In: Koch, R. (Hg.): Verwaltungsforschung in Perspektive. Ein Colloquium zur Methode, zum Konzept und zum Transfer. Baden-Baden: Nomos 1987, S. 39–55

Kleiner Literaturführer Politik und Verwaltung: Grundlegende und einführende Literatur im Überblick (Speyerer Arbeitsheft, Nr. 79). Speyer 1987 (zusammen mit M. Reisser)

Gesetzgebung in den Vereinigten Staaten von Amerika. In: Zeitschrift für Gesetzgebung, Jg. 3, H. 3/1988, S. 224–248

Politik als Aufgabe der Bürokratie: Die Ministerialbürokratie im politischen System der Bundesrepublik im Vergleich zu anderen westlichen Demokratien. In: Herrschaft der Bürokratie? Politische Bildung, Jg. 21, H. 2/1988, S. 39–56

Nations matter – Vom Eklektizismus zur Integration in der vergleichenden Policy-Forschung? In: Schmidt, M. G. (Hg.): Staatstätigkeit. International und historisch vergleichende Analysen (Politische Vierteljahresschrift, Sonderheft Nr. 19). Opladen: Westdeutscher Verlag 1988, S. 196–220 (zusammen mit J. Feick)

Pluralismus. In: Böhret, C./Jann, W./Kronenwett, E. (Hg.): Innenpolitik und politische Theorie. Opladen: Westdeutscher Verlag 1988, S. 169–178

Korporatismus. In: Böhret, C./Jann, W./Kronenwett, E. (Hg.): Innenpolitik und politische Theorie. Opladen: Westdeutscher Verlag 1988, S. 178–189

Staatslehre – Regierungslehre – Verwaltungslehre. In: Bandemer, S. von/Wewer, G. (Hg.): Regierungssystem und Regierungslehre. Fragestellungen, Analysekonzepte und Forschungsstand eines politikwissenschaftlichen Kernbereichs. Opladen: Westdeutscher Verlag 1989, S. 33–56

Comparative Policy Research – Eclecticism or Systematic Integration? (MPIFG discussion paper 89/2) Köln: Max-Planck-Institut für Gesellschaftsforschung 1989 (zusammen mit J. Feick)

Rheinland-Pfalz. In: Esche, F./Hartmann, J. (Hg.): Handbuch der deutschen Bundesländer (2. Auflage 1994). Frankfurt/M., New York; Campus 1990, S. 345–382 (zusammen mit O. W. Gabriel)

From analysis to political management? An outside look at public policy training in the United States. In: Wagner, P./Weiss/Wittrock, C. Björn/Wollmann, H. (Hg.): Social Sciences and Modern States: National Experiences and Theoretical Crossroads. Cambridge: Cambridge University Press 1991, S. 110–130

Was ist das Neue an der politikwissenschaftlichen Policy-Forschung und welchen Erkenntnisgewinn bringt es? In: König, K./Dose, N. (Hg.): Instrumente und Formen staatlichen Handelns. Köln u.a.O. 1992: Heymanns, S. 279–288

Regieren im Netzwerk der Regionen – Das Beispiel Ostseeregion. In: Böhret, C./ Wewer, G. (Hg.): Regieren im 21. Jahrhundert – zwischen Globalisierung und Regionalisierung. Opladen: Leske + Budrich 1993, S. 187–206

Neue Wege in der öffentlichen Verwaltung. In: Hill, H./Klages, H.: Qualitäts- und erfolgsorientiertes Verwaltungsmanagement. Aktuelle Tendenzen und Entwürfe (Schriftenreihe der Hochschule Speyer, Bd. 112). Berlin: Duncker & Humblot 1993, S. 77–90

Brandenburg. In: Hartmann, J. (Hg.): Handbuch der deutschen Bundesländer (2. revid. und aktualisierte Auflage 1994; 3. erw. und akt. Neuausgabe 1997). Frankfurt/M., New York: Campus1994, S. 177–223; S. 163–207 (zusammen mit B. Muszynski)

Wissenschaftler in der Regierung – Advokatoren der Verwissenschaftlichung der Politik? In: Murswieck, A. (Hg.): Regieren und Politikberatung. Opladen: Leske + Budrich 1994, S. 159–173

Institutionen und Organisationsformen des staatlichen Zukunftsmanagements. In: Böhret, C./Hill, H./Klages, H. (Hg.): Staat und Verwaltung im Dialog (Schriftenreihe der Deutschen Sektion des Internationalen Instituts für Verwaltungswissenschaften, Bd. 21). Baden-Baden: Nomos 1994, S. 121–132

Moderner Staat und effiziente Verwaltung. Zur Reform des öffentlichen Sektors in Deutschland (Gutachten für die Friedrich-Ebert-Stiftung). Bonn 1994

Common Security in the Baltic Sea Region: The View from the German Länder. In: Olof Palme International Center (ed.): Common security in northern europe after the cold war – the baltic sea region and the barents sea region, Seminar March 18–20, 1994 in Stockholm, S. 180–190

Zur Notwendigkeit der Modernisierung des öffentlichen Sektors. In: Die Gemeindekasse, Fachzeitschrift für das kommunale Finanzwesen, H. 4/1995, S. 97–109

Kennzahlen und Wettbewerb – Verwaltungsleistungen vergleichbar machen. In: Leitbild für einen modernen öffentlichen Sektor in Schleswig-Holstein. Erläuterung des Entwurfs durch Mitglieder der Projektgruppe. Kiel: Staatskanzlei Kiel 1995

Al Gore und die Neuerfindung von Regierung und Verwaltung: Lehren für Kontinentaleuropa? In: Reinermann, H. (Hg.): Neubau der Verwaltung. Informationstechnische Realitäten und Visionen (Schriftenreihe Verwaltungsinformatik, 11). Heidelberg: v. Decker 1995, S. 145–160

Politische Willensbildung und Entscheidungsstrukturen im Prozeß der deutschen Einigung – Im Osten nichts Neues? In: Lehmbruch, G. (Hg.): Einigung und Zerfall. Deutschland und Europa nach dem Ende des Ost-West-Konflikts (19. Wissenschaftlicher Kongreß der Deutschen Vereinigung für Politische Wissenschaft). Opladen: Westdeutscher Verlag 1995, S. 55–71

Thesen zu den künftigen Verwaltungsstrukturen eines gemeinsamen Bundeslandes Berlin-Brandenburg sowie der Metropole Berlin. In: Verwaltungsorganisation, H. 12/1996, S. 6–9 (zusammen mit Ch. Reichard und H. Wollmann)

Zukünftige Strukturen des öffentlichen Sektors. In: Görner, R. (Hg.): Lean Administration – Beamtenpolitisches Forum '95. Düsseldorf 1996, S. 129–147

Ministerialverwaltung nach dem Berlin-Umzug. In: Fischer, W./Mundhenke, E. (Hg.): New Public Management. Mehr Effektivität und Effizienz in der Bundesverwaltung (Schriftenreihe der Fachhochschule des Bundes für öffentliche Verwaltung, Bd. 24). Brühl 1996, S. 189–200

Generalüberholung der Bundesministerien – Thesen zur Modernisierung der Bundesverwaltung. In: Verwaltungsführung, Organisation, Personal (VOP) H. 8/1996, S. 12–16

Moderner Staat und effiziente Verwaltung. Zur Reform des öffentlichen Sektors. In: Theorie und Praxis der Sozialen Arbeit, Jg. 47, H. 9/1996, S. 14–20

Cooperation in Northern Europe for an Active Society. In: Euroforum 94, Seminar, European Cultural Foundation Finnish National Committee, May 25–26, 1994 (Tagungsband 1996)

Regieren ohne Wirkung? Was Regierungen können und was sie nicht können. In: Gegenwartskunde, Jg. 45, H. 3/1996, S. 301–308

Verwaltungspolitik – Die Zukunft des öffentlichen Sektors. In: Jann, W./Hofmann, M./Wordelmann, P. (Hg.): Spuren in die Zukunft. Carl Böhret zum 60. Geburtstag. Frankfurt/M.: Peter Lang 1996, S. 271–288

Regierungsumzug ohne Verwaltungsreform: verpaßte Chance? In: Klocksin. J./Hennicke, M. (Hg.): Aufbruch im Umbruch. Beiträge zur Zukunft von Bonn und Region. Bonn: Bouvier 1996, S. 88–93

Die Einführung des „Neuen Steuerungsmodells" in ausgewählten Modellkommunen (Forschungsbericht). Potsdam 1996(zusammen mit J. Franzke)

Zukünftige Organisation und Aufgabenverteilung im Bereich der Agrarverwaltung. Gutachten im Auftrag des MELF. Potsdam 1996 (zusammen mit J. Franzke)

Strategische Relevanz. In: Naschold, F./Budäus, D./Jann, W./Mezger, E./Oppen, M./Picot, A./Reichard, Ch./Schanze, E./Simon, N.: Leistungstiefe im öffentlichen Sektor. Berlin: edition sigma 1996, S. 45–62

Kommunal- und Funktionalreform in Brandenburg: Lehren für das neue Bundesland Berlin-Brandenburg? In: Jann, W. (Hg.): Berlin-Brandenburg: Chancen der Erneuerung von Landesverwaltungen (Schriftenreihe des Kommunalwissenschaftlichen Instituts der Universität Potsdam, Bd. 2) Berlin: Duncker & Humblot 1997, S. 53–77

Zukünftige Strukturen des Öffentlichen Dienstes. In: Battis, U./Jann, W.: Zukünftige Strukturen des Öffentlichen Dienstes (Leipziger Juristische Vorträge, H. 16). Leipzig: Universitätsverlag 1997, S. 33–49

Managementreformen kommen voran. In: Brandenburg Kommunal, Nr. 20/1997, S. 7–10 (zusammen mit Ch. Reichard)

Public Management Reform in Germany: A Revolution without a Theory? In: Kickert, W. J. M. (ed.): Public Management and Administrative Reform in Western Europe. Celtenham: Edward Elgar 1997, S. 81–100

Optimierung der Leistungstiefe – Neue Kooperationsformen und institutionelle Arrangements zwischen Verwaltung und Wirtschaft. In: Bullinger, H.-J. (Hg.): Dienstleistungen für das 21. Jahrhundert. Stuttgart: Schäffer-Poeschel 1997, S. 445–453

Öffentliche Dienstleistungen: Abschlußbericht des Arbeitskreises 9 des BMBF-Projektes Dienstleistung 2000plus (Schriftenreihe der Wissenschaftlichen Gesellschaft für Marktorienierte Unternehmensführung e.V.: Aktuelle Forschungsberichte; Bd. 1). Dresden 1997 (zusammen mit A. Töpfer)

Kriterien einer modernen Kommunalverfassung. In: Verwaltungsführung, Organisation, Personal (VOP), H. 5/1997, S. 9–13 (zusammen mit Ch. Reichard, C. Maaß, H. Wollmann)

Regierungsumzug als Chance zur Verwaltungsreform. In: König, Klaus (Hg.): Ministerialorganisation zwischen Bonn und Berlin (Speyerer Forschungsberichte, Nr. 173). Speyer 1997, S. 28–44

The Reform of Central Government in Germany: The Government's Move from Bonn to Berlin as a Chance for Administrative Reform. In: Jann, W./Petersen, H. G.: The Public Sector in Germany and Australia. Berlin: Berliner Debatte Wiss.-Verl. 1998

Instrumente innovativer Verwaltungspolitik. In: Hoffmann-Riem, W. (Hg.): Rechtswissenschaftliche Innovationsforschung, Baden-Baden: Nomos 1998, S. 145–167

Politik und Verwaltung im funktionalen Staat. In: Jann, W./König, K./Landfried, C./Wordelmann, P. (Hg.): Politik und Verwaltung auf dem Weg in die transindustrielle Gesellschaft. Festschrift zum 65. Geburtstag von Carl Böhret. Baden-Baden: Nomos 1998, S. 253–280

Neue Steuerungsrationalitäten in der Bundesverwaltung. Kommentierung aus wissenschaftlicher Sicht. In: König, K./Füchtner, N. (Hg.): „Schlanker Staat“ – Verwaltungsmodernisierung im Bund (Speyerer Forschungsberichte, Nr. 183). Speyer 1998

Lernen vom privaten Sektor – Bedrohung oder Chance – oder: Wer hat Angst vor Public Management? In: Edeling, T./Jann, W./Wagner, D. (Hg.): Öffentliches und Privates Management – Fundamentally Alike in all Unimportant Respects?“ Opladen: Leske + Budrich 1998, S. 11–51

Helmut Kohl und der ‚schlanke Staat'. In: Bilanz der Ära Kohl, Sonderheft der Zeitschrift Gegenwartskunde 1998, S. 229–266 (zusammen mit G. Wewer)

Die Transformation der politischen Institutionen und des Verwaltungssystems in Ostdeutschland. In: Ohnishi, T./Lins, U. (Hg.): Deutschland: Von der Vereinigung zur Integration (in japanischer Sprache). waseda libri mundi series 29, Tokyo 1999

Zur Entwicklung der öffentlichen Verwaltung. In: Holtmann, E./Ellwein, Th. (Hg.): 50 Jahre Bundesrepublik Deutschland (Politische Vierteljahresschrift, Sonderheft 30). Opladen: Westdeutscher Verlag 1999, S. 520–543

Verwaltungsreform auf der Ebene des Bundes: Binnenmodernisierung der Bundesverwaltung und Beendigung des Kombinationsmodells. In: RWI-Mitteilungen, Jg. 49, H. 3–4/1999, S. 191–198

Neue Steuerungslogik. In: Naschold, F./Jann, W./Reichard, Ch.: Innovation, Effektivität, Nachhaltigkeit – Internationale Erfahrungen zentralstaatlicher Verwaltungsreform (Schriftenreihe Modernisierung des öffentlichen Sektors, Bd. 16). Berlin: edition sigma 1999, S. 15–37

Verwaltungskulturen im internationalen Vergleich. Ein Überblick über den Stand der empirischen Forschung. In: Die Verwaltung. Zeitschrift für Verwaltungsrecht und Verwaltungswissenschaft, Bd. 33, H. 3/2000, S. 325–349

Von der Konvergenzdebatte zum substantiellen Programm-Monitoring. In: Friedrich-Ebert-Stiftung (Hg.): Markt, Macht, Macher. Wohin treibt das Programm? Mainzer Medien-Disput, Mainz 2000

Self-Assessment – Benchmarking – Quality Awards: Leistungsmessung beim Übergang von Management zu Governance. In: Hofmeister, A. (Hg.): Bewerten – Vergleichen – Gewinnen. Self-Assessment – Benchmarking – Quality Awards (Schriftenreihe der Schweizerischen Gesellschaft für Verwaltungswissenschaften – SGVW, Band 41). Bern: SGVW 2001, S. 17–35

Leistungsfähigkeit der Landesverwaltung. In: Derlien, H.-U. (Hg.): Zehn Jahre Verwaltungsaufbau Ost – eine Evaluation (Schriftenreihe der Deutschen Sektion des Internationalen Instituts für Verwaltungswissenschaften, Band 27). Baden-Baden: Nomos 2001, S. 103–120

Managing Parliaments in the 21st Century: From Policy-Making and Public Management to Governance. In: Falconer, P./Smith, C./Webster, C. William R. (ed.): Managing Parliaments in the 21st Century, EGPA Yearbook, Amsterdam u.a.O.: IOS Press 2001, S. 9–16

Verwaltungsreform als Verwaltungspolitik: Verwaltungsmodernisierung und Policy-Forschung. In: Schröter, E. (Hg.): Empirische Policy- und Verwaltungsforschung: Lokale, nationale und internationale Perspektiven. Festschrift für Hellmut Wollmann. Opladen: Leske + Budrich 2001, S. 321–344

Best Practice in Central Government Modernization. In: Wollmann, H. (ed.): Evaluating Public Sector Reforms: An International and Comparative Perspective. Revista International de Estudos Politicos, Rio de Janeiro 2001, S. 93–111 (zusammen mit Ch. Reichard)

Der Wandel verwaltungspolitischer Leitbilder: Vom Management zu Governance? In: König, K. (Hg.): Deutsche Verwaltung an der Wende zum 21. Jahrhundert. Baden-Baden: Nomos 2002, S. 279–303

Verwaltungskultur. In: König, K. (Hg.): Deutsche Verwaltung an der Wende zum 21. Jahrhundert. Baden-Baden: Nomos 2002, S. 425–447

Melhores praticas na modernizacao do Estado. In: Revista do Servico Publico, Vol. 53, No. 3 (2002)

Germany. In: OECD: Distributed Public Governance. Agencies, Authorities and other Government Bodies. Paris: OECD 2002, S. 97–111 (zusammen mit M. Döhler)

Estado, Administracao e Governacao na Alemanha – Tradicoes Concorrentes e Narrativas Dominantes. In: Finisterra – Revista de Reflexao e Critica, No 44 (2002)

Phasenmodelle und Politikprozesse: Der Policy Cycle. In: Schubert, K./Bandelow, N. C. (Hg.): Lehrbuch Politikfeldanalyse. München, Wien: Oldenbourg 2003, S. 71–104 (zusammen mit K. Wegrich)

Governance und Verwaltungspolitik. In: Benz, A. (Hg.): Governance – Eine Einführung. Studienbrief der Fernuniversität Hagen. Institut für Politikwissenschaft 2003 (zusammen mit K. Wegrich)

State, Administration and Governance in Germany – Competing Traditions and Dominant Narratives. In: Public Administration, Vol. 81, No. 1/2003, S. 95–118; in portugiesisch erschienen unter: Estado, Administracao e Governacao na Alemanha – Tradicoes Concorrentes e Narrativas Dominantes. In: TERRA Revista de Reflexao e Critica, Outono 2002

Moderne Arbeitsmarkt- und Sozialpolitik. Ein Mitglied der Hartz-Kommission äußert sich. In: KWI-Arbeitsheft Nr. 6/2003, S. 4–6

Evaluating Best Practice in Central Government Modernization. In: Wollmann, H. (ed.): Evaluating Public Sector Reforms, Cheltenham: Edward Elgar 2003, S. 36–55 (zusammen mit Ch. Reichard)

Verwaltungsmodernisierung auf Bundesebene. In: Jann, W./Bogumil, J./ Bouckaert, G./Budäus, D./Holtkamp, L./Kißler, L./Kuhlmann, S./Mezger, E./ Reichard, Ch./Wollmann, H. (Hg.): Status-Report Verwaltungsreform. Eine Zwischenbilanz nach zehn Jahren. Berlin: edition sigma 2004, S. 100–111

Einleitung: Instrumente, Resultate und Wirkungen – die deutsche Verwaltung im Modernisierungsschub. In: Jann, W./Bogumil, J./Bouckaert, G./Budäus, D./Holtkamp, L./Kißler, L./Kuhlmann, S./Mezger, E./Reichard, Ch./Wollmann, H. (Hg.): Status-Report Verwaltungsreform. Eine Zwischenbilanz nach zehn Jahren. Berlin: edition sigma 2004, S. 9–21

Die Entwicklung der Ministerialverwaltung in Mittel- und Osteuropa – organisationstheoretische Zugänge und Hypothesen. In: Benz, A./Siedentopf, H./ Sommermann, K.-P. (Hg.): Institutionenwandel in Regierung und Verwaltung. Festschrift für Klaus König zum 70. Geburtstag. Berlin: Duncker & Humblot 2004, S. 593–612

Die Hartz-Reformen am Arbeitsmarkt: Eine Zwischenbilanz. In: Jann, W./ Schmid, G. (Hg.): Eins zu eins? Ein Zwischenbericht der Hartz-Reformen am Arbeitsmarkt. Berlin: edition sigma 2004, S. 7–18 (zusammen mit G. Schmid)

Governance und Verwaltungspolitik. In: Benz, Arthur (Hg.): Governance – Regieren in komplexen Regelsystemen. Wiesbaden: VS 2004, S. 193–214 (zusammen mit K. Wegrich)

Entstehung der Policyforschung in den USA. In: Holtmann, Everhard (Hg.): Staatsentwicklung und Policyforschung. Wiesbaden: VS 2004, S. 87–93

Governance als Reformstrategie – Vom Wandel und der Bedeutung verwaltungspolitischer Leitbilder. In: Schuppert, G. F. (Hg.): Governance-Forschung. Vergewisserung über Stand und Entwicklungslinien. Baden-Baden: Nomos 2005, S. 21–43

Modern Governance: A European Perspective. In: Fraser-Moleketi, G. (ed.): The World We Could Win. Administering Global Governance, Amsterdam u.a.O.: IOS Press 2005, S. 146–157

Bürokratieabbau: Über einige Missverständnisse der aktuellen Debatte. In: Wirtschaftsdienst, Zeitschrift für Wirtschaftspolitik, 85. Jg., H. 10/2005, S. 627–631

Verfahren und Instrumente erfolgreicher (De-)Regulierung. In: Empter, St./Frick, F./Vehrkamp, R. (Hg.): Auf dem Weg zu moderner Regulierung. Gütersloh: Bertelsmann Stiftung 2005, S. 47–77 (zusammen mit K. Wegrich und S. Veit)

Gefangen im „Eisernen Dreieck“. Über zu viel Bürokratie nur zu jammern bringt nichts. Jedes Gesetz muss auf seine Kosten geprüft werden. In: Die Zeit vom 17.11.2005 (zusammen mit K. Wegrich)

Wandlungen von Verwaltungsmanagement und Verwaltungspolitik in Deutschland. In: Jann, W./Röber, M./Wollmann, H. (Hg.): Public Management – Grundlagen, Wirkungen, Kritik. Festschrift für Christoph Reichard zum 65. Geburtstag. Berlin: edition sigma 2006, S. 35–48

Governance in der sozialwissenschaftlichen Debatte. In: Hofmeister, A. (Hg.): Verwaltung wohin? Der öffentliche Sektor zwischen Stabilität und Veränderung. Bern: Verlag SGVW 2006, S. 140–144

Die skandinavische Schule der Verwaltungswissenschaft – Institutionentheorie und die Renaissance der Bürokratie. In: Bogumil, J./Jann, W./Nullmeier, F. (Hg.): Politik und Verwaltung (Politische Vierteljahresschrift, Sonderheft 37). Wiesbaden: VS 2006, S. 121–148

Perspektiven der politikwissenschaftlichen Verwaltungsforschung. In: Bogumil, J./Jann, W./Nullmeier, F. (Hg.): Politik und Verwaltung (Politische Vierteljahresschrift, Sonderheft 37). Wiesbaden: VS 2006, S. 9–26 (zusammen mit J. Bogumil und F. Nullmeier)

Bundesländer als Innovatoren – drei Fragen und ihre Antworten. In: Schimanke, D./Fischer, A./Bucksteeg, M. (Hg.): Wie lernt Politik? Voraussetzungen, Formen und Erfolge. Ein Werkstattbericht, Münster u.a.O.: Waxmann Verlag 2006, S. 93–105

Warum Bürokratieabbau so schwer ist. In: Berliner Republik 1/2007, S. 46–57

Vorwort. In: Jann, W./Döhler, M. (Hg.): Agencies in Westeuropa. Wiesbaden: VS 2007, S. 7–11 (zusammen mit M. Döhler)

Symposion on Coordination of Public Sector Organizations in the Era of Marketization and Joined-up Government – Introduction. In: International Review of Administrative Sciences, Vol. 73, Nr. 3, September 2007, S. 323–324 (zusammen mit P. Laegreid und K. Verhoest)

Gesetzgebung im politischen System Schwedens. In: Ismayr, W. (Hg.): Gesetzgebung in Westeuropa. EU-Staaten und Europäischen Union. Wiesbaden: VS 2008, S. 99–131

Bürokratiekostenmessung in Deutschland – Eine erste Bewertung des Programms „Bürokratieabbau und bessere Rechtsetzung" der Großen Koalition. In: Zeitschrift für Gesetzgebung 23. Jg., H. 1/2008, S. 51–68 (zusammen mit B. Jantz)

Public Administration Under Pressure – the Search for New Forms of Public Governance. In: Bertucci, G./Rosenbaum, A. (eds.): Implementing the Millennium Development Goals: Challenges and Responses for Public Administration. Contribution of the United Nations Committee of Experts on Public Administration, United Nations, New York 2007, S. 16–28

„The Governance, Autonomy and Coordination of Public Sector Organizations". In: Public Organization Review, Vol. 8, No. 2/2008, S. 93–96 (zusammen mit P. Lægreid und K. Verhoest)

Regieren als Governance Problem: Bedeutung und Möglichkeiten institutioneller Steuerung. In: Jann, W./König, K. (Hg.): Regieren zu Beginn des 21. Jahrhunderts. Tübingen: Mohr Siebeck 2008, S. 1–28

Wie bürokratisch ist Deutschland? Und warum? Generalisten und Spezialisten im Entbürokratisierungsspiel. In: dms – der moderne staat, 1/2008, S. 49–72 (zusammen mit K. Wegrich)

Does Executive Governance Matter? Executives and Policy Performance. In: Sustainable Governance Indicators 2009 – Policy Performance and Executive Capacity in the OECD. Bertelsmann Stiftung (ed.). Gütersloh: Verlag Bertelsmann Stiftung 2009, S. 145–186

Structure and Governance of Agencies in Germany: A lot of Continuity and Little Change. In: Roness, P. G./Sætren, H. (eds.): Change and Continuity in Public Sector Organizations; Fagbokforlaget, Bergen (Norway) 2009; S. 127–147 (zusammen mit T. Bach)

Praktische Fragen und theoretische Antworten: 50 Jahre Policy-Analyse und Verwaltungsforschung. In: 50 Jahre PVS. Politische Vierteljahresschrift, Jg. 50/H. 3 (Sept.). Wiesbaden: VS 2009, S. 476–505

Phasenmodelle und Politikprozesse: Der Policy Cycle. In: Schubert, K./Bandelow, N. C. (Hg.): Lehrbuch der Politikfeldanalyse 2.0. München: Oldenbourg 2009, S. 75–113 (zusammen mit K. Wegrich)

Animals in the administrative zoo: organisational change and agency autonomy in Germany, IRAS, January 22, 2010. In. International Review of Administrative Sciences Vol. 76, No. 3/2010, S. 443–468 (zusammen mit T. Bach)

Moderation Themenfeld I: Nachhaltige territoriale Gliederung im Informationszeitalter. In: Schimanke, D. (Hg.): Verwaltung und Raum. Zur Diskussion um Leistungsfähigkeit und Integrationsfunktion von Verwaltungseinheiten (Schriftenreihe der Deutschen Sektion des Internationalen Instituts für Verwaltungswissenschaften, Band 34). Baden-Baden: Nomos 2010, S. 37–38

Governance und Verwaltungspolitik. In: Benz, A./Dose, N. (Hg.): Governance – Regieren in komplexen Regelsystemen (2. akt. u. veränderte Aufl. 2010) Wiesbaden: VS 2010, S. 175–200 (zusammen mit K. Wegrich)

Shifting discourses, steady learning and sedimentation: the German reform trajectory in the long run. In: Eymeri-Douzans, J.-M./Pierre, J. (eds.): Administrative Reforms and Democratic Governance. London: Routledge 2011, S. 68–79 (zusammen mit J. Fleischer)

Interdisziplinäre Ausbildung und Forschung für den öffentlichen Sektor. In: ZPB Zeitschrift für Politikberatung, Vol. 4, No. 2/2011, S. 78–81 (zusammen mit B. Jantz und Th. Gebhardt)

Entbürokratisierung in Deutschland: Eine Schwäche der Bürokratie? In: Schimanke, D./Veit, S./Bull, H.-P.: Bürokratie im Irrgarten der Politik. Gedächtnisband für Hans-Ulrich Derlien. Baden-Baden: Nomos 2011, S. 85–99

Staatsparadigma und Verwaltungsreformen in Deutschland (auf Chinesisch). In: Deutschland Studien (China), Vol. 27, No. 4/2012, S. 4–17

Democratic Governance: The Strategic Capacity of the Core Executive and Social Groups. In: Bertelsmann Stiftung (ed.): Sustainable Governance Indicators 2011. Policy Performance and Governance Capacities in OECD. Gütersloh: Bertelsmann Stiftung 2011, S. 51–71 (zusammen mit M. Seyfried)

Gesetzgebung im politischen System Schwedens. In: Ismayr, W. (Hg.): Gesetzgebung in Westeuropa. EU-Staaten und Europäischen Union. Wiesbaden: VS 2013, S. 99–131 (Softcover-Auflage) (zusammen mit J. Tiessen)

Ministerien und verselbständigte Behörden in Deutschland: Lehren aus der internationalen Diskussion über ‚Agencification'. In: Reichard, Ch./Schröter, E. (Hg.): Zur Organisation öffentlicher Aufgaben. Effizienz, Effektivität und Legitimität. Opladen, Verlag Barbara Budrich 2013, S. 78–99

Analyse de l'évolution de l'imputabilité dans les administrations axées sur le marché de l'emploi – d'une concentration vers un partage des responsabilités? In: Revue Internationale des Sciences Administratives, Vol. 79, No. 2/2013, S. 235–258 (zusammen mit B. Jantz)

Mapping accountability changes in labour markets administration: from concentrated to shared accountability? In: International Review of Administrative Sciences, Vol. 79, No. 2/2013, S. 227–248 (zusammen mit B. Jantz)

Nunmehr alles Governance, oder was? Über die Bedeutung von Verwaltungen, Institutionen und Institutionentheorie. In: Bumke, Ch./Meinel, F./Voßkuhle, A. (Hg.): Verabschiedung und Wiederentdeckung des Staates im Spannungsfeld der Disziplinen (Beiheft 21 zur Zeitschrift *Der Staat).* Berlin, Duncker & Humblot 2013, S. 93–109

The development of policy analysis in Germany: practical problems and theoretical concepts. In: Blum, S./Schubert, K. (eds.): Policy Analysis in Germany. Bristol: Policy Press 2013, S. 29–43 (zusammen mit B. Jantz)

Phasenmodelle und Politikprozesse: Der Policy-Cycle. In: Schubert, K. /Bandelow, N. C. (Hg.): Lehrbuch der Politikfeldanalyse. München: Oldenburg De Gruyter 2014, S. 97–132 (zusammen mit K. Wegrich)

Germany. In: Wart, M. van/Hondeghem, A./Schwella, E. (eds.): Leadership and Culture. Comparative Models of Top Civil Servant Training. Hampshire: Palgrave McMillan 2015, S. 183–198 (zusammen mit S. Veit)

4. Kurzbeiträge für Lexika, Rezensionen, Hearings u.ä.

Beiträge zu Pipers Wörterbuch zur Politik, Bd. I: Politikwissenschaft (hrsgg. von D. Nohlen und R. O. Schultze). München 1985, 2. Aufl. 1990 (u.a. Politikfeldforschung, Policy Analysis) (zum Teil wieder abgedruckt in D. Nohlen [Hg.]: Wörterbuch Staat und Politik. München 1991)

Beiträge zum Verwaltungslexikon, hrsgg. von P. Eichhorn u.a., Baden-Baden: Nomos 1985, 2. Aufl. 1991 (u.a. Demokratisierung, Exekutive, Inkrementalismus, Kommunalpolitik, Politische Kultur, Repräsentation, Verwaltungsskandale)

New Political Science Association Founded in Germany. In: PS, Vol. XVII, No. 1/1984

Länderbericht „West-Germany". In: Cross National Policy Studies Directory, ed. by S. Nagel/D. Palumbo. In: Policy Studies Review, Vol.4, No. 1/1984 (zusammen mit H. Wollmann)

Prozesse öffentlicher Problemverarbeitung (Sammelrezension). In: Ellwein, Th. u.a. (Hg.): Jahrbuch zur Staats und Verwaltungswissenschaft, Band 1/1987. Baden-Baden: Nomos 1987

Artikel „Parlamentarismus" und „Typologien". In: Görlitz, A./Prätorius, R. (Hg.): Handbuch Politikwissenschaft. Grundlagen – Forschungsstand – Perspektiven. Reinbek: Rowohlt 1987

Schleswig-Holstein i regionernas Europa. In: Framtider II, 2/1992

Thesen zu den Grundsätzen der Funktionalreform (Artikel 1). In: Mitteilungen – Städte- und Gemeindebund Brandenburg, Mai 1994, S. 83–84

Stichwort „Politische Planung". In: Nohlen, D./Schultze, R.-O.: Lexikon der Politik, Band 1: Politische Theorien. München: Beck 1995

Artikel „Öffentliche Verwaltung“. In: Weidenfeld, W./Korte, K.-R. (Hg.): Handbuch zur deutschen Einheit (Neuauflage). Frankfurt/M. 1996

Verwaltungspolitisches Leitbild für die Modernisierung in Nordrhein-Westfalen, Anhörung des Ausschusses für Verwaltungsstrukturreform, 1. Februar 1996. Düsseldorf: Landtag Nordrhein-Westfalen

Staatliche Aufgaben, Öffentliche Anhörung der SPD-Bundestagsfraktion, 5. April 1996. Bonn: Bundeshaus

Modernisierung der Bundesverwaltung, Öffentliche Anhörung des Innenausschusses des Deutschen Bundestages, 22. Mai 1996, Bonn: Bundeshaus

12 Thesen zu den ‚Perspektiven der Modernisierung bei Bund, Ländern und Gemeinden. In: Moderne Verwaltung im Dienste der Bürger, hrsg. von der SPD-Fraktion im Deutschen Bundestag, 1997

Artikel „Verwaltungswissenschaft und Managementlehre“, „Neues Steuerungsmodell“ und „Hierarchieabbau und Dezentralisierung“. In: Blanke, B. u.a. (Hg.): Handbuch zur Verwaltungsreform (2. Auflage 2001). Opladen 1998: Leske + Budrich

Report of the Working Group on Transparency, Openness and Service to the Public. In: Hondeghem, A. (ed.): Ethics and Accountability in a Context of Governance and New Public Management – EGPA Yearbook. Paris: IOS 1998

Rezensionen in: ZParl, PVS, German Studies, DÖV, ZögU

Stichwort „Politische Planung“ und „Politikfeldanalyse“. In: Nohlen, D./Schultze, R.-O. (Hg.): Lexikon der Politikwissenschaft (1. Aufl.), Band N–Z. München: Beck 2002

Stichwort „Politische Planung“ und „Politikfeldanalyse“. In: Nohlen, D./Schultze, R.-O. (Hg.): Lexikon der Politikwissenschaft (2. Aufl.). Band N–Z, München: Beck 2004

Stichwort „Politische Planung“ und „Politikfeldanalyse“. In: Nohlen, D./Schultze, R.-O. (Hg.): Lexikon der Politikwissenschaft (3. erw. Aufl.), Band N–Z. München: Beck 2005

Stichworte „Verwaltungswissenschaft und Managementlehre“; „Neues Steuerungsmodell“; „Hierarchieabbau und Dezentralisierung“. In: Blanke, B./ Bandemer, St. von /Nullmeier, F./Wewer, G. (Hg.): Handbuch zur Verwaltungsreform (3. überarb. Aufl.). Wiesbaden: VS 2005

Stichwort „Innenpolitik“. In: Roller, E./Fuchs, D.: Lexikon Politik. Hundert Grundbegriffe. Stuttgart: Reclam 2007, S. 114–116

Stichworte „Verwaltungswissenschaft, Policy-Forschung, Managementlehre“. In: Blanke, B./Nullmeier, F./Reichard, Ch./Wewer, G. (Hg.): Handbuch zur Verwaltungsreform (4. akt. Aufl.). Wiesbaden: VS 2011, S. 67–78

Stichworte „Neues Steuerungsmodell“. In: Blanke, B./Nullmeier, F./Reichard, Ch./Wewer, G. (Hg.): Handbuch zur Verwaltungsreform (4. akt. Aufl.). Wiesbaden: VS 2011, S. 98–107

Autorinnen und Autoren

Albaeck, Erik, geb. 1955, Dr., Professor, Institut für Politikwissenschaft und Public Management, Universität von Süd-Dänemark
E-Mail: eri@sam.sdu.dk

Bach, Tobias, geb. 1979, Dr., Postdoctoral Researcher, Hertie School of Governance Berlin
E-Mail: bach@hertie-school.org

Böllhoff, Dominik, geb. 1973, Dr., Ministerialrat, Leiter des Sekretariats des Nationalen Normenkontrollrates beim Bundeskanzleramt
E-Mail: dominik.boellhoff@bk. bund.de

Bogumil, Jörg, geb. 1959, Dr. habil., Professor für Öffentliche Verwaltung, Stadt- und Regionalpolitik, Fakultät für Sozialwissenschaft, Ruhr-Universität Bochum
E-Mail: joerg.bogumil@rub.de

Bouckaert, Geert, geb. 1958, Professor, Sozialwissenschaftliche Fakultät, Katholische Universität Leuven, Präsident des International Institute of Administrative Sciences (IIAS)
E-Mail: geert.bouckaert@soc.kuleuven.be

Christensen, Tom, geb. 1949, Dr., Professor, Sozialwissenschaftliche Fakultät, Institut für Staatswissenschaft, Universität Oslo
E-Mail: tom.christensen@stv.uio.no

Döhler, Marian, geb. 1957, Dr., Professor für Politikfeldanalyse und Verwaltungswissenschaft, Philosophische Fakultät, Leibniz Universität Hannover
E-Mail: m.doehler@ ipw.uni-hannover.de

Edeling, Thomas, geb. 1948, Dr., em. Professor für Organisations- und Verwaltungssoziologie, Wirtschafts- und Sozialwissenschaftliche Fakultät der Universität Potsdam.
E-Mail: Edeling@uni-potsdam.de

Fleischer, Julia, geb. 1978, Dr., Associate Professor, Institut für Verwaltung und Organisationstheorie, Universität Bergen
E-Mail: julia.fleischer@uib.no.

Franzke, Jochen, geb. 1954, Dr. habil., Professor für Verwaltungswissenschaft, Wirtschafts- und Sozialwissenschaftliche Fakultät der Universität Potsdam
E-Mail: franzke@uni-potsdam.de.

Fuhr, Harald, geb. 1954, Dr., Professor für internationale Politik, Wirtschafts- und Sozialwissenschaftlichen Fakultät der Universität Potsdam
E-Mail: hfuhr@uni-potsdam.de

Gebhardt, Thomas, geb. 1967, Dr. phil., Academic Manager des Potsdam Centrum für Politik und Management (PCPM), Leiter des Bereichs „PCPM Executive Education“ UP Transfer GmbH
E-Mail: gebhardt@uni-potsdam.de

Laegreid, Per, geb. 1949, Dr., Professor, Institut für Verwaltung und Organisationstheorie, Universität Bergen
E-Mail: Per.Lagreid@aorg.uib.no

Hustedt, Thurid, geb. 1977, Dr., wissenschaftliche Mitarbeiterin, DFG-Graduiertenkolleg WIPACD, Wirtschafts- und Sozialwissenschaftliche Fakultät der Universität Potsdam
E-Mail: hustedt@uni-potsdam.de

Jantz, Bastian, geb. 1978, Dipl.-Ver. Wiss., Wissenschaftlicher Mitarbeiter, Wirtschafts- und Sozialwissenschaftlichen Fakultät der Universität Potsdam
E-Mail: bjantz@uni-potsdam.de

Klenk, Tanja, Dr., geb. 1974, Wissenschaftliche Mitarbeiterin, Wirtschafts- und Sozialwissenschaftliche Fakultät der Universität Potsdam
E-Mail: tklenk@uni-potsdam.de.

Kickert, Walter, geb. 1950, Dr., Professor, Sozialwissenschaftliche Fakultät, Erasmus Universität Rotterdam
E-Mail: kickert@fsw.eur.nl

Kuhlmann, Sabine, geb. 1970, Dr., Professorin für Politikwissenschaft, Verwaltung und Organisation, Wirtschafts- und Sozialwissenschaftliche Fakultät der Universität Potsdam
E-Mail: sabine.kuhlmann@uni-potsdam.de

Maaß, Christian, geb. 1971, Diplom-Politikwissenschaftler, Verantwortlicher des Zukunftsprogramms der Landeshauptstadt Potsdam
E-Mail: christian.maass@potsdam.de

Meier, Henk Erik, geb. 1972, Dr., Professor für Sozialwissenschaften des Sports, Institut für Sportwissenschaften der Westfälischen Wilhelms-Universität Münster
E-Mail: Henk.Erik.Meier@uni-muenster.de.

Pollitt, Christopher, geb. 1946, Emeritus Professor of Public Management, Public Management Institute, Katholische Universität Leuven
E-Mail: christopher.pollitt@soc.kuleuven.be

Reichard, Christoph, geb. 1941, Dr. rer. pol., em. Professor für Betriebswirtschaftslehre, insbesondere Public Management, Wirtschafts- und Sozialwissenschaftliche Fakultät der Universität Potsdam
E-Mail: reichard@uni-potsdam.de.

Reinhold, Marcel, Wissenschaftlicher Mitarbeiter am Institut für Sportwissenschaften der Westfälischen Wilhelms-Universität Münster
E-Mail: marcel.reinold@uni-muenster.de

Seyfried, Markus, geb. 1981, Dr., Wissenschaftlicher Mitarbeiter am Lehrstuhl für Politikwissenschaft, Verwaltung und Organisation, Wirtschafts- und Sozialwissenschaftlichen Fakultät der Universität Potsdam
E-Mail: seyfried@uni-potsdam.de

Veit, Sylvia, geb. 1977, Dr. rer. pol., Professorin für Public Management im Fachgebiet Wirtschaftswissenschaften der Universität Kassel, E-Mail: sveit@uni-kassel.de

Wagner, Dieter, geb. 1947, Dr. rer. oec., em. Professor für Betriebswirtschaftslehre mit dem Schwerpunkt Organisation und Personalwesen, Wirtschafts- und Sozialwissenschaftliche Fakultät der Universität Potsdam
E-Mail: wagner@uni-potsdam.de

Wegrich, Kai, geb. 1968, Professor of Public Administration & Public Policy, Hertie School of Governance
E-Mail: wegrich@hertie-school.org

Westphal, Volker-Gerd, Referatsleiter im Ministerium des Inneren und für Kommunales des Landes Brandenburg
E-Mail: volker-gerd.westphal@mik.brandenburg.de

Wewer, Göttrik, geb. 1954, Dr., Vice President E-Government, Deutsche Post AG
E-Mail: Goettrik.Wewer@deutschepost.de

Wollmann, Hellmut, geb. 1936, Dr. jur., em. Professor für Verwaltungslehre, Institut für Sozialwissenschaft der Humboldt-Universität zu Berlin
E-Mail: hellmut.wollmann@rz.hu-berlin.de